SOCIÉTÉ DES GENS DE LETTRES DE FRANCE

CONGRÈS LITTÉRAIRE INTERNATIONAL

DE PARIS

1878

Présidence de VICTOR HUGO

COMPTES RENDUS IN EXTENSO ET DOCUMENTS

PARIS
AUX BUREAUX DE LA SOCIÉTÉ DES GENS DE LETTRES
5, RUE GEOFFROY-MARIE, 5

AVIS AUX SOUSCRIPTEURS

DU VOLUME

DU CONGRÈS LITTÉRAIRE INTERNATIONAL DE 1878

On comprendra sans peine, pensons-nous, que le texte de ce volume ait été plus que tout autre exposé aux erreurs typographiques. Étant donné un travail de composition aussi considérable, exécuté d'après des manuscrits de diverses mains, et où abondent d'ailleurs les noms propres de toutes les nationalités ; alors surtout qu'il était impossible que la plupart des auteurs revissent les épreuves, l'incorrection de beaucoup de passages devenait inévitable.

MM. les souscripteurs sont donc instamment priés de vouloir bien signaler avant le 1er juillet 1880, à M. le délégué de la Société des gens de lettres, rue Geoffroy-Marie, 5, toutes les erreurs qu'ils auront été à même de relever.

A cette époque un *errata* général sera imprimé avec l'ensemble des observations reçues, pour être remis ou envoyé gratuitement à tous les souscripteurs.

CONGRÈS
LITTÉRAIRE INTERNATIONAL
DE PARIS 1878

PARIS. — IMPRIMERIE CHARLES BLOT, RUE BLEUE, 7.

SOCIÉTÉ DES GENS DE LETTRES DE FRANCE

CONGRÈS
LITTÉRAIRE INTERNATIONAL
DE PARIS
1878

PRÉSIDENCE DE VICTOR HUGO

COMPTES RENDUS IN EXTENSO ET DOCUMENTS

PARIS
AUX BUREAUX DE LA SOCIÉTÉ DES GENS DE LETTRES
5, RUE GEOFFROY-MARIE, 5

1879

L'idée du Congrès littéraire international qui a eu lieu à Paris en juin 1878, par l'initiative de la Société des gens de lettres de France, datait de plusieurs années.

Lors de l'Exposition universelle de 1867, une première tentative fut faite dans ce but; mais, réunie trop tardivement, la commission ne put faire à temps les préparatifs et communications nécessaires, et force fut de remettre à une autre époque l'exécution de ce projet.

Le décret, du commencement de 1876, annonçant pour le 1er mai 1878 l'ouverture d'une Exposition universelle à Paris, fut naturellement l'occasion attendue par la Société des gens de lettres, pour reprendre avec fruit l'œuvre commencée plusieurs années auparavant.

Dans les premiers mois de 1877, le Comité de la Société des gens de lettres forma, dans son sein, une Commission dite « *du Congrès littéraire* », avec laquelle se fondit, le 30 avril, une autre Commission déjà existante dite des « *Traités internationaux* ». — A partir de ce moment, les séances des deux Commission eurent régulièrement lieu, et toutes les questions se rattachant à l'organisation du futur Congrès y furent traitées avec un soin tout particulier.

Dans la séance du 10 janvier 1878, le programme du Congrès se trouvait assez avancé déjà pour qu'on pût sérieusement s'occuper d'arrêter les derniers détails de la prochaine solennité internationale.

Et le 14 janvier 1878, à la suite d'un rapport de M. le secrétaire organisateur du Congrès, le Comité de la Société des gens de lettres prenait les résolutions suivantes :

1° Le Congrès littéraire universel ne sera pas exclusivement consacré à la reconnaissance du droit de propriété littéraire, qui sera néanmoins la principale question, et celle qui sera traitée la première. A ce sujet, la Commission étudiera quelles autres questions subsidiaires elle doit préparer, pour en saisir plus tard le Comité.

2° Le Congrès aura pour président Victor Hugo.

3° Le Congrès commencera quelques jours après l'ouverture du centenaire de Voltaire, où M. Victor Hugo prononcera le discours embrassant à la fois les deux solennités.

4° M. le baron Taylor et les autres présidents honoraires de la Société des gens de lettres rempliront les fonctions de vice-présidents et formeront le bureau.

5° Les secrétaires en exercice du Comité (MM. Edouard Montagne, Jules Clère et André Theuriet, auxquels on adjoindra, sur sa demande, M. Charles Diguet), seront les secrétaires du Congrès.

Le 16 janvier, la Commission du Congrès littéraire était reçue en audience par M. le Ministre de l'Instruction publique et des Beaux-Arts. — Le Ministre approuvait et encourageait de tout son pouvoir la tâche poursuivie avec tant de zèle par la Société des gens de lettres; le Congrès pouvait donc compter sur son appui matériel et moral. — Les Ministres de l'Intérieur, des Affaires-Étrangères, et de l'Agriculture et du Commerce envoyaient également leur haute adhésion.

Pendant les mois qui suivirent, la commission s'occupa des travaux et de leur durée probable, de l'organisation matérielle du Congrès, de la direction à suivre au point de vue des discussions dans les différentes séances et du programme même de ces séances.

Au mois de mars paraissait dans la plupart des journaux de France et de l'étranger la note suivante :

« Le Comité de la *Société des gens de lettres* vient de décider
» qu'un Congrès littéraire aurait lieu à Paris, pendant l'Exposition uni-
» verselle. Ce Congrès, auquel sont conviés tous les écrivains étran-
» gers, aura pour objet principal la discussion des questions qui se
» rattachent au droit de propriété littéraire internationale, et la
» reconnaissance de ce droit, que les conventions diplomatiques ont
» été, jusqu'à ce jour, impuissantes à protéger efficacement.

» Nous ne pouvons qu'applaudir à cette résolution dont les effets
» seront certainement profitables aux intérêts des lettres et des arts;
» un grand nombre de littérateurs ont déjà répondu à l'appel qui leur
» a été adressé, et ce ne sera pas un des moindres attraits de l'Expo-
» sition que ces grandes assises de la littérature auxquelles assisteront
» toutes les notoriétés contemporaines.

» Nous croyons savoir que le gouvernement se montre dès à pré-
» sent très sympathique à l'idée, et qu'il doit mettre gracieusement à
» la disposition du Congrès une salle de l'un des bâtiments de l'État.

» Nous donnerons sous peu le programme des travaux du Congrès,
» dont nous savons déjà que Victor Hugo prononcera le discours
» d'ouverture. »

Presque en même temps, le président du Congrès et le président du Comité adressaient aux Ministres, aux Ambassadeurs
des puissances, résidant à Paris, l'invitation qui suit :

« Monsieur le Ministre,

» Le Comité de la Société des gens de lettres de France a pris
» l'initiative d'un Congrès littéraire international, qui se tiendra à
» Paris, pendant l'Exposition universelle.

» Les écrivains les plus autorisés de la France et de l'étranger,
» invités à ce Congrès, ont répondu avec un sympathique empresse-
» ment à l'appel qui leur a été adressé, et nous sommes fondés à
» croire, dès à présent, que cette solennité aura le retentissement et
» l'éclat d'un grand événement littéraire.

» Le but du Congrès est simple : la première et la principale des
» questions qui y seront discutées est celle du droit de propriété litté-
» raire internationale qui intéresse, au plus haut point, tous les litté-
» rateurs, à quelque degré qu'ils appartiennent.

» L'insuffisance des conventions diplomatiques actuellement exis-
» tantes, les difficultés qui résultent des formalités préventives accu-
» mulées dans ces conventions, les obstacles de toutes sortes que
» rencontre l'exercice du droit de propriété préoccupent depuis long-
» temps les législateurs. Les discussions du Congrès nous permettront,
» en éclairant tous ces points, d'arriver au vote d'une formule pré-
» cise, destinée à être introduite dans les futurs traités de commerce,
» et grâce à laquelle les écrivains trouveront désormais une protec-
» tion dans tous les pays.

» Permettez-nous d'espérer, monsieur le Ministre, que vous ne
» refuserez pas votre concours à une tentative dont les résultats ne
» peuvent être que profitables aux intérêts de la littérature et des
» arts ; et nous vous serons profondément reconnaissants si vous
» voulez bien lui donner votre haute approbation, en répondant à
» notre appel.

» Veuillez agréer, monsieur le Ministre, les assurances de notre
» haute considération.

» *Le Président du Comité,*
» Edmond About.

» *Le Président du Congrès,*
» Victor HUGO. »

Les littérateurs étrangers, la Société des auteurs dramatiques, le Syndicat de la presse, les membres de l'Institut, et tout ce qui dans le monde appartient aux lettres, aux arts ou aux sciences reçut une invitation analogue.

L'ordre du jour joint à l'invitation était ainsi libellé.

---

(1) La date des jours de réunion dut être plus tard modifiée, mais sans que rien ne fût changé au programme général.

Jeudi 6 juin (1). — *Séance non publique.*

Appel nominal des membres du Congrès. — Division des travaux. Nomination des commissions.

Samedi 8 juin. — *Séance publique.*

Discours par Victor Hugo. — De la propriété littéraire. — Discussion générale. — Du droit de propriété littéraire. — Des conditions de ce droit. — De sa durée. — La propriété littéraire doit-elle être assimilée aux autres propriétés, ou doit-elle être régie par une loi particulière.

Dimanche 9 juin. — *Séance publique.*

De la production. — Rapports des écrivains avec les imprimeurs, les éditeurs, les directeurs de journaux et de revues, et les directeurs de théâtres. — Rapports avec l'État. — De la censure. — Du colportage. — Associations ayant pour but de permettre aux écrivains d'éditer eux-mêmes leurs œuvres.

Mardi 11 juin. — *Séance publique.*

De la reproduction. — Rapports des écrivains avec les directeurs de journaux, les éditeurs et les directeurs de théâtre. — Traductions. — Représentations à l'étranger. — Du droit de propriété littéraire internationale.

De l'insuffisance des conventions internationales au point de vue de la protection de ce droit. — Recherche d'une formule précise destinée à être introduite désormais dans les traités de commerce et les conventions diplomatiques, pour y remplacer les anciennes formules.

Jeudi 13 juin.

Séance publique. — Des moyens d'améliorer le sort des écrivains. — Des associations fondées dans ce but. — De la création d'une banque de crédit littéraire. — Projets des statuts de cette banque.

Samedi 15 juin. — Séance publique.

Des rapports des écrivains des diverses nations entre eux. — Des sociétés littéraires. — Des affiliations. — De la nécessité d'une entente basée non seulement sur l'intérêt commun, mais encore sur le sentiment fraternel qui unit entre eux les hommes exerçant une même profession.

Dimanche 16 juin. — Séance non publique.

Rapports des commissions. — Votes sur ces rapports. — Nomination d'une commission permanente internationale.

Mardi 18 juin. — Séance publique.

Lecture des propositions adoptées par le Congrès.
Clôture des travaux.

L'appel de la Société des gens de lettres de France eut un grand retentissement; de toutes parts arrivèrent les adhésions; les plus grands noms, les talents les plus illustres, tinrent à honneur d'assister ou d'être représentés à ces assises universelles du monde littéraire.

Le Congrès littéraire international s'ouvrit enfin à Paris, le 11 juin 1878.

CONGRÈS LITTÉRAIRE INTERNATIONAL

DE 1878

LISTE DES MEMBRES

Quelque étendue que soit cette liste, nous ne saurions la présenter comme complète : les adhésions et la venue de nouveaux Membres s'étant produites presque jusqu'aux derniers moments des travaux du Congrès. Ainsi s'expliquera que dans les comptes-rendus des séances figurent des noms qui ne se trouvent pas sur cette liste dressée, d'après le dossier des lettres d'adhésion et d'après les premières feuilles de présence.

CONGRÈS LITTÉRAIRE INTERNATIONAL

DE 1878

LISTE DES MEMBRES

FRANCE

Membres du Comité de la Société des gens de lettres en exercice, composant le Comité d'organisation.

MM. ABOUT (Edmond). — ALTAROCHE. — BELLECOMBE (André de). — BELOT (Adolphe). — BOISGOBEY (Fortuné du). — CHAMPFLEURY. — CHAMPION (Maurice). — CLARETIE (Jules). — CLÈRE (Jules). — COLLAS (Louis). — FABRE (Ferdinand). — GOURDON DE GENOUILLAC. — HAMEL (Ernest). — HOUSSAYE (Arsène). — JAHYER (Félix). — LACRETELLE (Henri de), député. — LA LANDELLE (G. D.). — MONTAGNE (Edouard). — MORET (Eugène). — MULLER (Eugène). — REVILLON (Tony). — THEURIET (André). — VALOIS (Charles).

Suppléants.

MM. GERMOND DE LAVIGNE. — LYDEN (de). — PAZ (Eugène). — DOUAY (Edmond). — COPPÉE (François). — BOREL D'HAUTERIVE.

Présidents honoraires de la Société des gens de lettres.

MM. TAYLOR (le baron). — WEY (Francis). — THOMAS (Frédéric). — THIERRY (Édouard). — HUGO (Victor), de l'Académie française, sénateur. — SIMON (Jules), de l'Académie française, sénateur. — GONZALÈS (Emmanuel), délégué de la Société. — MASSON (Michel). — FÉVAL (Paul).

Membres du Conseil judiciaire de la Société des gens de lettres.

MM. ALLOU. — CELLIEZ (Henri), avocat. — THOMAS (Frédéric), avocat. — PATAILLE, avocat. — HUARD (Adrien), avocat. — COSTA, avocat à la Cour de cassation. — GUYON, avoué à la Cour. — RATIER, avoué au Tribunal de première instance. — MARRAUD, avocat agréé au Tribunal de commerce. BEAU, notaire honoraire. — BONNEAU, notaire de la Société.

Délégué ayant titre de Secrétaire organisateur du Congrès.

M. ZACCONE (Pierre).

Secrétaires organisateurs adjoints.

MM. CLÈRE (Jules). — THEURIET (André).

MEMBRES DE LA SOCIÉTÉ DES GENS DE LETTRES

MM. ASSOLANT (Alfred). — AURIAC (Eugène d'). — AUDEBRAND (Philibert). — AVENEL (Paul).

MM. BARBIER (Auguste), de l'Académie française. — BORNIER (Henri de). — BACQUÈS (Henri). — BERTHET (Élie). — BONNEMÈRE (Eugène). — BURTY (Philippe). — BANVILLE (Théodore de).

MM. CORTAMBERT (Richard). — COMETTANT (Oscar). — CAUVAIN (Henri). — CAUVAIN (Jules). — CARNÉ (Jules de). — CHALLAMEL (Augustin). — COCHERIS. — CARAGUEL (Clément).

MM. DAUDET (Alphonse). — DACLIN (Émile). — DENIS (Théophile). — DEMOGEOT (Jacques). — DENIZET (Jules). — DESCHANEL (Émile), député. — DIGUET (Charles). — DOUCET (Camille), secrétaire perpétuel de l'Académie française. — DUMAS (Alexandre), de l'Académie française. — DUTILLEUL (Eugène).

MM. EYRAUD (Achille). — ÉNAULT (Louis).

MM. FIGUIER (Louis). — FATH (Georges). — FAVRE (Jules), de l'Académie française, sénateur. — FOURNIER (Edouard).

MM. GUÉROULT (Constant). — GUAY (Marcel). — GUEULLETTE (Charles).

MM. HALT (Robert). — HAVARD (Henry). — HYENNE (Robert).

M. JOLIET (Charles).

M. KAEMPFEN.

MM. LAPOMMERAYE (Henri de). — LAPOINTE (Armand). — LEGOUVÉ (Ernest), de l'Académie française. — LE SENNE. — LESSEPS (Ferdinand de). — LOUDIER (Sophronyme). — LUBOMIRSKI (le prince Joseph). — LERMINA (Jules). — LARCHEY (Lorédan).

MM. MARC (Gabriel). — MALOT (Hector). — MARTIN (Henri), de l'Académie française, sénateur. — MEURICE (Paul). — MONSELET (Charles).

MM. POMPERY (de). — PESSARD (Hector). — PAGÈS (Alphonse). — PUYMAIGRE (comte de).

MM. RICHEBOURG (Émile). — RATISBONNE (Louis). — ROZIER (Victor). — RICHER (Léon). — RÉAL (Antony).

MM. SANDEAU (Jules), de l'Académie française. — SAUNIÈRE (Paul). — SECOND (Albéric). — SCHOLL (Aurélien). — SILVESTRE (Armand). — SIMONIN (Louis).

MM. TOUDOUZE (Gustave). — TISSOT (Victor).

M. UCHARD (Mario).

MM. VAINBERG (Sigismond). — VIAN (Louis). — VÉRON (Pierre). — VITU (Auguste).

Sénateurs.

MM. BATBIE. — BERTAULD. — BROGLIE (Duc de). — CORBON. — CRÉMIEUX. — DUPANLOUP (Mgr). — FOUCHER DE CAREIL. — KRANTZ. — LABOULAYE. — LÉONCE DE LAVERGNE. — LORGERIL (le Vicomte de). — PICHAT (Laurent). — SCHŒLCHER. — SICOTIÈRE (de La).

Députés.

MM. BLANC (Louis). — CARREY (E.). — DRÉO. — DRÉOLLE. — DUPRAT (Pascal). — JOURNAULT. — GIRARDIN (Émile de). — LOCKROY (E.). — PARFAIT (Noël). — PHILIPPE (J.). — SÉE (Camille). — SEPTENVILLE (Baron de). — SONNIER (de).

Membres de l'Académie française.

MM. AUGIER (Émile). — BLANC (Charles).

Publicistes.

MM. CONTRERAS (C. de). — DABLY (*Gazette de France*). — MAURICE (Georges). — MORILLOT. — MORTIMER D'OCAGNE (*Revue britannique*). — YUNG (Eug.), *Revue politique et littéraire*. — SARCEY (Francisque). — FOUQUIER. — MOISAND.

Jurisconsultes.

MM. MOLINARI (G. de). — LYON-CAEN. — RENAULT. — DREYFUS (F.). — DERODE (Carlos). — LARNAUDE. — SAUZET. — CLUNET (Ed.). — FLINIAUX.

Société des auteurs, compositeurs et éditeurs de musique.

MM. LAURENT DE RILLÉ. — MOREAU (Charles). — ROLLOT (Léopold), agent général de la Société.

Libraires-Éditeurs.

MM. HACHETTE (G.). — DIDOT (Alfred). — COLOMBIER. — CALMANN-LÉVY. — DUPUY. — PLON. — A. TEMPLIER. — BOUASSE-LEBEL. — DELALAIN. — DENTU, éditeur de la Société des gens de lettres.

MM. SAINT-VICTOR (Paul de). — CHENNEVIÈRES (de). — FORGE (Anatole de La). — BIOLLAY (Paul). — DEROULÈDE (Paul). — GRÉLOT (Félix). — FAURÉ. — LE BAILLY. — CHAIGNEAU. — THIRION. — LAFORÊT. — LIMOUSIN (C.). — WATTEVILLE (baron de). — GUILLAUME, directeur des Beaux-Arts. — PROTH (Mario). — D'ENNERY. — CADOL. — NAVARRETE (de). — COLLINS-LEVEY. — DESMOULIN. — DEMOMBYNES. — RAMA. — GERSON. — PASCAL. — MALAPERT. — FRANCOLIN. — RENAUDIN.

Représentants de la Société des gens de lettres à l'Étranger.

MM. COENAES (Louis), Belgique. — TISSOT (Victor), Suisse. — SONZOGNO (Édouard), Italie. — SUZOR (J [le comte de]), Russie. — CARLIER (Antoine), Angleterre.

ÉTRANGER

AMBASSADEURS ET MINISTRES PLÉNIPOTENTIAIRES

MM. BLESTGANA (S. Exc. A.), ministre du Chili. — BRUC (le Duc de), chargé d'affaires de la République de Saint-Marin. — TORRÈS-CAÏCEDO (S. Exc.), ministre de la République de Salvador. — CIALDINI (S. Exc. le général), ambassadeur d'Italie. — DIAZ (Juan J), chargé d'affaires de la République orientale de l'Uruguay. — HOHENLOHE (S. Exc. le Prince de), ambassadeur d'Allemagne. — ITAJUBA (S. Exc. le Vicomte d'), ministre du Brésil. — KERN (S. Exc.), ministre de Suisse. — MENDÈS LÉAL (S. Exc. J. Da Silva), ministre de Portugal. — MOLINS (S. Exc. le Marquis de), ambassadeur d'Espagne. — NOYES (S. Exc. le général E.), ministre plénipotentiaire des États-Unis. — REITHER (S. Exc.), chargé d'affaires de Bavière. — WIMPFFEN (S. Exc.), ambassadeur d'Autriche-Hongrie.

ALLEMAGNE

MM. BREITSCHWERT (Otto von), rédacteur en chef de la *Correspondance Daube*. — BUDDE, *Gazette de Cologne*. — CONRAD. — FRESENIUS, écrivain. — KALISCH, correspondant de la *Gartenlaube*. — LINDAU (Paul), écrivain. — LAUDSBERG. — LŒVENTHAL, correspondant du Bureau central littéraire de Berlin. — SCHWEICHEL (Robert), président de la Société *Berliner Presse*, à Berlin.

ANGLETERRE

MM. BLANCHARD JERROLD (Londres). — CARLIER. — CAMPBELL CLARKE, *Daily Telegraph*. — CARMICHAEL (Londres), de la Royal Society of Literature. — CRAWFORD. — HODGSON, professeur à l'Université d'Édimbourg. — LEIGHTON (John). — LELAUD (Charles). — MOLESWORTH. — SMALLEY (Londres). — STILLMANN. — TAYLOR (Tom). — WILLOUGHBY.

AUTRICHE-HONGRIE

MM. DURER (Ottomar) — GLASER (Hongrie). — GROSS (Ferdinand), correspondant de divers journaux autrichiens. — KOHN, correspondant du *Tagblatt*. — NORDMANN, président de la *Concordia* (Vienne). — NORDAU (D^r), publiciste hongrois. — PUFFKE (Eugène), docteur en droit, rédacteur de la *Politique de Prague*. — STOERK (Félix). — WITTMANN. — WOLOWSKI.

BELGIQUE

MM. DOGNÉE. — LAVELEYE (Emile de). — ROMBERG. — ROUX (Paul).

BRÉSIL

MM. ARTUS (J.-L.), correspondant du journal *Provincia di San Paulo*. — FONSECA (Simoes da). — PERALTA. — SANTA ANNA NÉRY, docteur en droit.

ESPAGNE

MM. ALFONSO (Luis), chroniqueur à l'Exposition. — ARRUTI. — DANVILA (don Manuel), député aux Cortès. — ESCOBAR (Alfredo), attaché d'ambassade. — GOYEM (Juan Iriati de). — MIRANDA (Vallejo), attaché à l'ambassade d'Espagne. — PASTOR (Emilio), journaliste. — PERAL (Juan del), de la Commission royale d'Espagne à l'Exposition. — QUINTANA (Albert), écrivain et journaliste. — RIOS (Fernandez de los). — SANTOS (Emilio de), commissaire délégué d'Espagne à l'Exposition.

ÉTATS-UNIS D'AMÉRIQUE

MM. BALCH. — BISHOP (H.), *Atlantic Monthly*. — CRANE, *American Register*. — HIGGUISON, *Athæneum Club*. — KNOX. LANIER (Sidney). — RICE (Thorndic), *North American Review* (New-York). — RYAN, *New-York Herald*. — RUPPANER (A.), juré international à l'Exposition. — SCAIFE, commissaire honoraire des États-Unis. — TAYLOR (Bayard). — WHITE (Andrew), président of Cornell University. — WHITEING, correspondant du *World* de New-York. — WILBOUR.

ITALIE

MM AJIAGHI (Carlo). — AMICIS (Edmondo de). — AMAR. — ANTONINI. — ARBIB (Edoardo). — BALZO (Carlo del). — BIGNAMI (Milan). — CAMERONI (Felice). — CAMPAGUANI (P.), journaliste. — CESARE (De). — CORRENTI (Cesare). — EANDI. — GARBEROGLIO. — GARIBOLDI. — GIACOSA. — MASSARANI (Tullo), président du jury des Beaux-Arts, sénateur — MACCHI (Mauro), député. — MAZENZA. — MORPUGO. — POZU. — ROMUSSI (Carlo). — SONZOGNO. — TRÈVES (E.), *L'Illustrazione Italiana*).

PAYS-BAS

MM. DUYL (Van), *Journal Algemen Haudelsblad.* — FRANQUINET (Maestricht). — HUET. — KELLER (Gérard), *Arnhemsche Courant.* — KNEPPELOUT. — OBREEN, correspondant du *Nieuwe Rotterdamsche Courant.*

PAYS SCANDINAVES
SUÈDE, NORVÈGE ET DANEMARK

MM. BRING (Gustave). — BŒTZMANN (Frédéric), journaliste (Norvège). — EKSTRAND. — HOST (de Copenhague), libraire-éditeur. — HOLST (H.-P.), conseiller d'État. — KAUFMANN (Richard), rédacteur en chef de *Nutiden* (Copenhague). — LÖMIROT (F.). — LUNDIN (C.), *Daglab*, à Stockholm (Suède). — WATT (Robert). — WYKAUDER, professeur agrégé de l'Université de Lund

PÉROU

M. OSWALDO YGAZZA, professeur à l'Université de Lima.

POLOGNE

MM. HOLEWINSKI (V. de). — MORSZTYN (Comte Casimir), correspondant de la *Revue slave.* — SIENKIEWICZ (Charles), *Gazette de Pologne* (Varsovie). — SZYMANOVSKI (V.), rédacteur du *Courrier de Varsovie.* — WISNIOWSKI (Sygurd), *Courrier de Varsovie*, à Varsovie.

PORTUGAL

MM. AMORIN (Francisco Gamez de). — BRITO-TRANCHA. — NEGRAO, journaliste.

RUSSIE

MM. BOBORYKINE KOLOSSOFF. — BORIS-TCHIVILER, correspondant du *Pravda* d'Odessa. — CHODZKIEWICZ (Ladislas), vice-président de la Société philologique. — DJUVARA, rédacteur du *Telegraphul* de Bucharest. — DRAGOMANOV (Michel). — KOVALENSKY, professeur de législation comparée à l'Université de Moscou. — POLONSKI (Léonidas), rédaction du *Messager de l'Europe* (Saint-Pétersbourg). — TCHONYKO (Woldemar), correspondant de la *Gazette russe* de Moscou. — TIMIRIAZEFF (Basile), Revue russe *Dielo* (Saint-Pétersbourg). — TOURGUENEFF (Yvan).

SUISSE

MM. DAPPLES. — FROSSARD. — LARDY. — TALLICHET, directeur de la *Revue suisse*.

PREMIÈRE JOURNÉE

11 juin

SÉANCE D'OUVERTURE

CONGRÈS LITTÉRAIRE INTERNATIONAL

PREMIÈRE JOURNÉE

SÉANCE D'OUVERTURE DU 11 JUIN 1878

(Salle du Grand-Orient)[1]

La séance est ouverte à deux heures un quart.

M. Edmond About, président du Comité de la Société des gens de lettres, prend place au bureau, assisté de MM. Michel Masson, Frédéric Thomas, Emmanuel Gonzalès, présidents honoraires de la Société, et M. Pierre Zaccone, secrétaire organisateur du Congrès. MM. Jules Clère, Édouard Montagne, André Theuriet, Charles Diguet, siègent comme secrétaires. M. le ministre de l'Instruction publique est représenté par M. le baron de Watteville, directeur des sciences et des lettres, auquel est adjoint M. Émile Daclin, sous-chef du cabinet.

Le Cercle de la librairie est représenté par les dix membres de sa commission de la propriété littéraire : MM. Hachette, président, J. Delalain, Alfred Didot, Dentu, Plon, Calmann Lévy, Colombier, Bouasse-Lebel, A. Templier, Dupuy;—la Société des compositeurs et éditeurs de musique, par MM. Laurent de Rillé, Paul Avenel, Charles Moreau, Le Bailly, Léopold Rollot, etc.

M. Edmond About, président, ouvre la séance par l'allocution suivante :

Messieurs et chers confrères,

C'est faute de mieux que je prends la liberté de me présenter devant vous et de présider la première réunion du Congrès.

Votre président s'appelle Victor Hugo. Nous ne pouvions pas offrir

---

(1) Les comptes-rendus des assemblées générales sont tous donnés d'après la sténographie qui en a été faite par M. Prosper Barué, membre de la Société des gens de lettres.

aux hommes de toutes les nations qui nous entourent de leurs sympathies un nom plus illustre, ni un écrivain plus véritablement écrivain, car la politique n'a été qu'un accident dans la vie du grand poète que nous nous enorgueillissons de compter à notre tête. (Bravo! bravo!)

Victor Hugo viendra, n'en doutez pas. C'est sa pensée qui nous anime ; il vous répètera, dans son magnifique langage, ce que je vous explique aujourd'hui. Nous avons pensé qu'il était opportun, qu'il était bon de profiter de cette Exposition universelle qui, peu d'années après nos désastres, rassemble à Paris des nations sœurs par l'esprit et le libéralisme, pour réunir les Latins, les Anglo-Saxons, les Slaves, parmi lesquels aujourd'hui nous ne comptons que des amis et pas d'ennemis, afin de discuter, d'élucider cette question jusqu'ici indéterminée qui s'appelle la propriété littéraire, pour chercher un moyen de protéger efficacement les droits de la pensée. (Très-bien!)

Pendant de longs siècles, l'homme de lettres n'a vécu que de grâces, et il est mort quelquefois de disgrâces.

Les hommes de lettres les plus heureux, pendant les derniers siècles, sont ceux qui ont eu la bonne fortune d'être adoptés par le roi ou par de grands seigneurs, et qui sont restés néanmoins libres dans leur servitude matérielle.

Aujourd'hui l'homme de lettres vivant de son travail est aussi honorable et honoré que le commerçant, que l'industriel. C'est un laboureur qui laboure le papier; c'est un industriel, c'est un négociant qui prend les idées, les féconde et les répand d'un bout à l'autre du monde.

Aujourd'hui, l'homme de lettres est indépendant, il vit de la vie de famille, il marche de pair avec les membres des classes les plus distinguées de la société. C'est en France, messieurs, grâce aux efforts d'hommes actifs et courageux, parmi lesquels il faut compter Voltaire et Beaumarchais, en arrivant jusqu'à Scribe, qui a été l'agent le plus résolu, le plus persévérant de la défense de nos droits, c'est chez nous que cette réforme s'est d'abord réalisée, pour rayonner de là sur le monde.

Nous ne sommes pas, en effet, les seuls à jouir de cette situation, nous avons été suivis par nos voisins. Le nom de Dickens, l'illustre romancier anglais, nous montre que ce n'est pas seulement en France qu'on peut vivre honorablement de sa plume et de son talent. Il existe en Europe, nous le savons, des écrivains qui marchent de pair avec les membres les plus considérés de la noblesse de leur patrie.

Nous rêvons la même fortune pour nos confrères. Nous voudrions que dans un temps plus ou moins rapproché, mais qu'il faut toujours viser de tous pays, les droits de l'étranger fussent partout identiques à ceux des auteurs indigènes. Non pas que nous ayons la pensée de réclamer en Russie la liberté de la presse telle que nous l'avons en

France ou qu'elle existe en Angleterre et en Italie, non. Chaque pays a ses mœurs dont il faut tenir compte, et nous ne voulons rien renverser. Mais puisqu'une heureuse circonstance nous a permis de rassembler autour de nous les écrivains les plus distingués de l'Europe et de la libre Amérique, nous voulons leur demander s'il ne serait pas possible d'obtenir, grâce à leur intervention, grâce à leur influence et à l'autorité qu'ils exercent par leur talent et leur caractère, la rédaction d'une loi universelle qui pourrait se formuler ainsi : « Dans tout pays civilisé, l'étranger jouira, pour la propriété de ses œuvres, des mêmes droits que les nationaux. »

Nous n'avons pas la prétention d'obtenir qu'à Leipsick, où la contravention s'opère ouvertement, les droits des auteurs français soient mieux sauvegardés que ceux des auteurs allemands; mais je crois que nous pourrons arriver à faire adopter en Europe et en Amérique une loi qui pourrait se formuler ainsi : « Les droits de l'écrivain étranger jouissent de la même protection que ceux de l'écrivain national. »

Je vous ai expliqué sommairement et un peu à bâtons rompus le but auquel nous voulons arriver.

Maintenant, mon ami Zaccone, qui a déployé tant de zèle et de dévouement pour organiser ce Congrès, va avoir l'honneur de vous lire l'exposé des travaux auxquels nous voulons vous convier. Nous n'avons aucun programme définitivement arrêté. Vous règlerez vous-même l'ordre et la nature de vos travaux; vous êtes une assemblée libre; faites pour le mieux; nous nous en rapportons à ce que vous ferez, et nous vous en remercions d'avance pour vous et pour nous.

Les applaudissements qui ont accueilli cette allocution ont montré qu'elle répondait au sentiment unanime de l'assemblée.

M. LE PRÉSIDENT. — La parole est à M. Zaccone pour la lecture d'un rapport.

M. Zaccone s'exprime ainsi :

MESSIEURS,

Lorsque le Comité de la Société des gens de lettres a pris l'initiative du Congrès littéraire international qui s'ouvre aujourd'hui, il a bien voulu me charger du soin d'organiser ce Congrès, et c'est avec empressement que j'ai accepté l'honneur qui m'était fait.

Je ne crois pas qu'il soit utile de vous raconter les divers incidents qui se sont produits au cours de mes travaux préparatoires. Les contrariétés éprouvées s'oublient facilement devant les résultats obtenus, et à cette heure nous n'avons plus qu'à exprimer notre gratitude pour la bienveillance que nous a témoignée le gouvernement par MM. les ministres de l'Instruction publique, et de l'Agriculture et du commerce.

Ces sympathies sont une manifestation précieuse en faveur de l'œuvre que nous entreprenons, et nous pouvons espérer qu'il nous sera donné d'atteindre le but que nous poursuivons.

La première et la principale des questions qui seront discutées dans le Congrès est celle du droit de propriété littéraire internationale, qui intéresse à un haut degré tous les littérateurs, à quelque pays qu'ils appartiennent.

L'insuffisance des conventions diplomatiques actuellement existantes, les difficultés qui résultent des formalités préventives accumulées dans ces conventions, les obstacles de toutes sortes que rencontre l'exercice du droit de propriété, préoccupent depuis longtemps les législateurs. Les discussions auxquelles chacun de nous va être appelé à prendre part, nous permettront, en éclairant tous ces points, d'arriver au vote d'une formule destinée à être introduite dans les futurs traités de commerce, et grâce à laquelle les écrivains trouveront désormais une protection efficace dans tous les pays.

Messieurs, s'il est une revendication respectable, sacrée, c'est certainement celle que nous prétendons défendre ici.

J'ajoute que, si nous avions pu douter du succès, nous serions dès à présent complètement rassurés. Avec le concours des illustres représentants de la littérature, qui ont si chaleureusement répondu à notre appel, il est impossible que nous ne réussissions pas cette fois à exercer une pression décisive sur les gouvernements.

Pression légitime celle-là, qui n'emprunte rien à la force et qui s'impose par la seule autorité de la raison et de la justice.

Je viens de dire que notre appel a été entendu, et ce n'est pas sans une émotion profonde que j'ai constaté la spontanéité avec laquelle les adhésions sont venues à nous de toutes les parties du monde.

L'Angleterre, l'Allemagne, la Russie, l'Amérique, l'Autriche, l'Italie, la Belgique, l'Espagne, le Portugal, etc., etc., se sont empressés de promettre le concours le plus actif à l'œuvre entreprise par la Société des Gens de lettres, et tous les hommes qui occupent une place dans les lettres, la politique, les sciences et les arts ont tenu à honneur de se rendre à notre convocation.

Ceux qui n'ont pu venir nous ont écrit, et, parmi les lettres qui nous parviennent encore chaque jour, il y en a de vraiment touchantes.

« Cependant, dit l'une de ces lettres, si la maladie me le permet, j'aurai l'honneur de me rendre à Paris et au Congrès, heureux d'y apporter personnellement mon humble obole pour contribuer à payer les dettes de tous les peuples envers celui qui a le plus prodigué son noble sang au profit de la liberté moderne. »

« Toute distinction qui vient de la France, dit l'autre, m'est doublement précieuse. Je suis de ceux qui disent: Tout homme a deux pays : le sien et puis la France. »

Messieurs, nous n'oublierons pas les noms de ces écrivains qui ont bien voulu s'associer à nos travaux, et ils resteront inscrits dans le livre d'or de notre Congrès, comme le témoignage le plus précieux de la sympathie que la France éveille encore à l'étranger.

Au surplus, on ne s'est trompé nulle part sur la véritable portée de la manifestation que nous préparons; et il semble qu'une entente se soit faite dès l'origine sur le principal objectif de notre Congrès. Pour le prouver, il me suffira de vous lire quelques extraits des réponses que nous ont adressées les ambassadeurs et ministres plénipotentiaires des puissances étrangères dont nous avions réclamé l'éminent concours.

Vous me pardonnerez de les reproduire ici au hasard et sans méthode.

Voici ce que nous écrit l'ambassadeur d'Autriche :

« Vous voulez bien me demander mon concours à cette tentative qui aura certainement dans sa suite des résultats heureux pour les intérêts de la littérature et des arts.

» Veuillez bien être certain, monsieur le président, que j'accompagne de tous mes vœux les travaux du Congrès qui se tiendra sous votre présidence, et que je répondrai avec plaisir à votre appel *en me faisant auprès de mon gouvernement l'interprète des propositions qu'il jugera utile de recommander.*

» *L'ambassadeur,*
» Wimpfen. »

Le ministre des États-Unis :

« *J'honore les lettres, et j'estime que les produits de la pensée constituent une propriété aussi réelle que les autres.* Je suivrai avec sympathie les travaux que la Société se propose de favoriser, et qui, sous sa direction, ne pourront manquer d'avoir tout l'éclat que la circonstance exige, toute la solidité que le sujet comporte.

» *Le ministre des États-Unis,*
» Noyes. »

L'ambassadeur d'Allemagne :

« Je suivrai avec intérêt les travaux auxquels le Congrès va se livrer, et je m'empresserai de transmettre à mon gouvernement les résolutions qui auront été prises à la suite de ses délibérations.

» Je saisis cette occasion pour vous assurer que toutes mes sympathies sont acquises à l'œuvre civilisatrice qui fera l'objet du Congrès, et qui aura, je n'en doute pas, le retentissement d'un grand événement littéraire.

» Le prince HOHENLOE. »

Le général Cialdini, ambassadeur d'Italie, ne s'exprime pas avec moins de sympathie :

« Je me plais à vous donner l'assurance que ma plus vive sympathie est dès à présent acquise à l'œuvre du Congrès convoqué par vous sous de si illustres auspices.

» *Je me suis empressé d'appeler l'attention du gouvernement royal* sur le programme que vous avez eu l'obligeance de m'adresser.

» *L'ambassadeur,*
» Général CIALDINI. »

Le ministre de Portugal n'est pas moins explicite, et nous y relevons l'expression du même intérêt élevé :

« Le gouvernement de Sa Majesté, auquel j'ai fait parvenir l'honorable invitation que vous avez bien voulu m'adresser, adhérant à la pensée exprimée dans cette invitation, a daigné m'honorer de son choix pour représenter le Portugal en qualité de délégué au Congrès spécial qui doit être tenu dans les premiers jours de juin.

» *Le ministre,*
» MENDES LÉAL. »

Vous le voyez, messieurs, et il est à peine besoin d'y insister : nul ne s'est trompé sur la partie de notre programme, la pensée qui s'en dégage a été comprise et retenue par tous : c'est le droit de propriété littéraire international pour lequel nous réclamons la protection des gouvernements, et c'est là, je le répète, le terrain sur lequel il nous importe de rester étroitement unis.

Quelles que soient d'ailleurs nos vues personnelles sur le droit de propriété littéraire, je pense qu'il ne peut y avoir qu'une opinion sur cet article de notre programme, et je suis convaincu que ce triomphe obtenu nous rendra faciles les autres conquêtes que nous visons.

A ce propos, pourtant, permettez-moi de placer ici une observation. — Je n'entends pas entrer dans le fond de la question, — mais il est un reproche qui nous a été adressé quelquefois et qu'il importe de relever.

On a dit que la loi réclamée ne doit profiter qu'aux pays producteurs, quelle sera préjudiciable aux nations qui, n'ont point de littérature nationale proprement dite, ou qui n'ayant point de produit à échanger, vivent aujourd'hui de la reproduction et de la traduction.

Demander aux publicateurs de ces pays de payer une redevance aux littérateurs étrangers, c'est les obliger, dit-on, à élever le prix des livres fabriqués, et leur exploitation se trouverait immédiatement atteinte dans sa source la plus féconde ; on en conclut que les littérateurs étrangers n'y gagneraient rien, que l'industrie de la librairie y périrait peut-être.

Eh bien ! il y a là une erreur profonde et que nous ne devons laisser s'accréditer.

Ce n'est pas notre intérêt, c'est l'intérêt de tous que nous prenons ici en main ; car le jour où les conventions diplomatiques auront imposé à tous le respect de la propriété littéraire ; le jour où cette propriété sera dans tous les pays efficacement protégée par un texte formel et précis, les éditeurs n'auront plus qu'un intérêt limité à publier les auteurs étrangers, et ils seront d'eux-mêmes amenés à provoquer leurs auteurs nationaux à la production.

Messieurs, je suis sûr que je parle ici à des hommes pénétrés du même sentiment supérieur qui a présidé à l'organisation de ce Congrès.

Notre but, nous pouvons l'avouer hautement, car il est généreux et grand, et, ce qui le prouve surabondamment, c'est l'unanimité des adhésions qui ont accueilli et encouragé notre entreprise.

Avoir réussi à provoquer un tel concours d'illustrations de tous les pays, c'est déjà la moitié du succès ! Mais nous ferons mieux.

Il n'y a pas de barrières pour l'expression de la pensée humaine, elle sait élever son vol et diriger son essor au-dessus de tous les obstacles, et ce qui sortira de nos assises littéraires, ce n'est pas seulement la reconnaissance du droit imprescriptible que nous réclamons, et qu'on ne saurait plus nous refuser, c'est surtout le germe d'une solidarité destinée à lier étroitement entre eux tous les hommes pour lesquels depuis longtemps déjà les nations n'ont plus de frontières.

La lecture du rapport de M. Zaccone est accueillie par des marques unanimes d'assentiment.

M. LE PRÉSIDENT. — Je vous invite à composer un bureau international. Nous ne sommes que vos hôtes et non vos directeurs. Je prie messieurs les délégués de chaque nation de s'entendre pour nommer chacun un président et un secrétaire, qui voudront bien prendre place au bureau et présider à tour de rôle nos réunions.

Nous allons procéder à l'appel nominal.

M. JULES CLÈRE, l'un des secrétaires, procède à l'appel nominal en commençant par les nations étrangères.

M. LE PRÉSIDENT. — Messieurs les délégués étrangers dont les noms auraient été omis sont priés de venir au bureau se faire inscrire.

Quelques délégués viennent donner leurs noms aux secrétaires.

M. LE PRÉSIDENT. — Nous allons procéder à la nomination du bureau international; nous sommes ici vos hôtes et non pas vos guides: vous êtes maîtres de votre bureau comme de votre ordre du jour. Veuillez donc choisir pour chaque pays un président et un secrétaire et les envoyer au bureau; nous sommes prêts à leur céder la place. Pour vous faciliter l'accomplissement de cette tâche, nous suspendons la séance pendant quelques minutes.

La séance est ouverte de nouveau après une suspension d'environ dix minutes.

M. LE PRÉSIDENT. — J'ai l'honneur de donner communication à l'assemblée du résultat du scrutin qui vient d'avoir lieu.

Ont été nommés :

Angleterre : M. Tom Taylor, président; M. Blanchard Jerrold, secrétaire. — *Autriche* : M. Witmann, président; M. Gross, secrétaire. — *Allemagne* : M. Schweichel, président; M. Lœventhal, secrétaire. — *Etats-Unis* : M. Andrew White, président; William Balch, secrétaire. — *Italie* : M. Mauromachi, député, président. — *Espagne* : M. Danvila, député, président; M. E. Pastor, secrétaire. — *Russie* : M. Ivan Tourgueneff, président; Boborykine, vice-président. — *Hollande* : M. Kneppelhout, président. — *Brésil* : M. Santa-Anna Néry, président. — *Pays scandinaves* : M. Claës Lundin.

M. LE PRÉSIDENT. — Je prie les honorables membres dont les noms viennent d'être proclamés de vouloir bien venir prendre place au bureau. (Applaudissements prolongés.)

MM. les membres du bureau provisoire cèdent la place aux délégués des sections étrangères, auxquels se joignent M. E. About, président du Comité de la Société des gens de lettres, et M. Zaccone, secrétaire, organisateur du Congrès.

M. Tourgueneff est installé par ses collègues au fauteuil de la présidence. En y prenant place, il dit : — Je suis d'un pays où l'éloquence parlementaire ne fleurit pas, et je réclame, messieurs, toute votre indulgence (Applaudissements.)

M. ZACCONE. — Je demande la parole.

M. le président. — La parole est à M. Zaccone.

M. Zaccone. — Messieurs, je voudrais vous présenter une observation indispensable. Le programme est plein de fautes : il ne faut pas s'y fier. La séance du mercredi n'aura pas lieu. Les deux séances prochaines auront lieu sans convocation jeudi et samedi de cette semaine, dans cette même salle et à la même heure.

L'*Événement*, qui a publié une indication erronée, est d'autant plus coupable que nous lui avons envoyé une lettre d'invitation.

Je vous prie, messieurs, de considérer ce que je vous dis comme une convocation pour jeudi et samedi, à la même heure.

Un membre dans la salle. — Il y a eu tant d'erreurs et de fausses indications que je demande que l'on envoie demain une lettre de convocation à chaque personne.

M. Zaccone. — Ce sera fait, sauf pour les membres étrangers dont nous n'avons pas l'adresse, et qui trouveront un avis de convocation dans tous les journaux. Je prie messieurs les délégués étrangers de vouloir bien donner leur adresse au bureau avant de quitter la salle.

M. le président. — La parole est à M. Edmond About.

M. E. About. — Messieurs, il s'agit de procéder à la division du travail : on s'en trouve quelquefois mal ; mais enfin c'est encore le meilleur moyen pour arriver promptement à un résultat sérieux.

Nous avons trois commissions à nommer.

L'une étudiera toutes les questions se rattachant à la définition du droit de la propriété littéraire proprement dite, aux conditions d'usage de ce droit à et sa durée.

La seconde commission étudiera toutes les questions qui ont rapport à la traduction, à l'adaptation et à tous les procédés de publication adaptés en Europe, à l'insuffisance des conventions diplomatiques au point de vue de la protection des œuvres littéraires d'une propriété qui n'est pas un vol !

Vous savez tous, messieurs, qu'il en coûte souvent plus pour déposer un ouvrage et accomplir les formalités exigées par les traités internationaux, que cet ouvrage ne rapporte.

L'adaptation est devenue une forme du vol. Nous voudrions réagir contre cet abus. Nous ne nous opposons pas à ce qu'on adapte nos œuvres, mais nous voudrions, — est-ce trop demander ? — que l'auteur principal fût largement dédommagé et qu'il ne fût pas obligé de payer un fauteuil d'orchestre pour entendre jouer sa pièce.

Nous avons à rechercher une nouvelle formule destinée à remplacer les anciennes qui se trouvent dans les traités de commerce.

La troisième commission aura à s'occuper de la condition des écrivains à notre époque, des associations littéraires, des institutions destinées à améliorer le sort des gens de lettres, et des mesures à prendre pour arriver à ce résultat.

Nous avons vu la condition de l'écrivain se transformer depuis quarante ans; il faut redoubler d'efforts pour assurer et agrandir nos conquêtes, et nous faisons appel aux lumières, à l'expérience des hommes de bonne volonté, que nous sommes heureux de voir réunis autour de nous.

Nous avons donc trois commissions à nommer :

La première, de Jurisprudence,
La seconde, Diplomatique,
Et la troisième, pour ainsi dire Sociale.

Cette dernière n'aura peut-être pas beaucoup de besogne. Nous avons déjà fait beaucoup en France. La Société des gens de lettres et celle des auteurs et compositeurs ont produit des résultats très importants et très heureux, dont j'aurai l'honneur de vous rendre compte.

A notre tour, nous aimerions à connaître par vous ce qui a été fait dans les autres pays.

La seconde commission, je vous l'ai dit, sera diplomatique; toutes les formules adoptées jusqu'à ce jour ont été défectueuses. Nous voudrions en trouver une qui fût parfaite, qui ne laissât place ni à la fraude ni au vol.

Enfin, nous faisons, dans la première commission, appel à tous les philosophes, à tous les juristes, à tous les penseurs, pour arriver à une bonne définition du droit de propriété littéraire.

Nous allons, si vous le voulez, procéder à la formation de ces trois commissions. Chacun de vous choisira celle où il croira pouvoir rendre le plus de services.

M. E. Gonzalès. — Je demande la parole.

M. le président. — La parole est à M. Gonzalès.

M. E. Gonzalès. — Messieurs, il me semble que le bureau n'est constitué qu'à moitié. On a nommé les présidents des sections étrangères, on n'a pas nommé le président du Cercle de la librairie ni celui de la Société des auteurs dramatiques, qui auront un grand rôle à jouer.

Je crois qu'il faudrait au commencement de la séance prochaine, ou plutôt immédiatement, procéder à ces nominations.

Plusieurs voix. — Appuyé! Le bureau n'est composé qu'à moitié.

M. E. About. — Il ne me semble pas qu'il y ait à nommer des délégués, puisque chacune des sociétés dont on vient de parler a un président, qu'il n'y a pas lieu de réélire.

M. Gonzalès. — Il y a à décider qu'ils feront partie du bureau. (Oui, oui, appuyé.)

M. E. About. — M. le président de la Société des auteurs dramatiques est M. Auguste Maquet; il n'est pas là, mais j'espère qu'il prendra part à nos prochaines réunions. Quant au président du Cercle de la librairie, c'est mon honorable ami, M. Georges Hachette, dont le nom me dispense de tout éloge. Je l'invite à venir prendre place au bureau. (Bravo! bravo!)

M. Georges Hachette quitte son banc et vient s'asseoir à côté de M. E. About.

M. E. About. — Nous allons procéder à l'appel nominal, nous prions chacun des membres de l'assemblée d'indiquer, à l'appel de son nom, dans quelle commission il désire être inscrit.

Je répète :

Première commission : Jurisprudence.
Deuxième commission : Questions diplomatiques.
Troisième commission : Questions sociales; étude de ce qui a été fait jusqu'à ce jour pour améliorer et assurer le sort de l'écrivain, et de ce qu'on pourrait faire encore.

M. Germond de Lavigne. — Il y a des écrivains étrangers qui font valoir qu'ils auraient avantage à faire partie des trois commissions.

M. E. About. — Ils ne sauraient être en même temps dans les trois commissions, qui pourront siéger simultanément, et dont les travaux seront d'ailleurs communiqués à l'assemblée tout entière; mais ils pourront parfaitement aller assister à une séance des commissions dont ils ne feront pas partie.

On procède à l'appel nominal et au classement des membres dans les trois commissions.

Ce classement pour les membres qui ont répondu a l'appel de leur nom, donne le résultat suivant :

PREMIÈRE COMMISSION

MM. Aymar, — Altaroche, — Assollant, — de Bellecombe, — Borel d'Hauterive, — Biollay, — Carlier, — Comettant, — Crawford, — Dably, — Delalain, — Dentu, — Dognée, —

Fauré, — Germond de Lavigne, — Gonzalès, — Grélot, —. Guay, — Hachette, — Higguison, — Huart, — Hyenne (Robert), — Kovalevski, — Le Senne, — La Landelle, — Le Bailly, — Lyon-Caen, — de Molinari, — Malot, — Masson, — Moreau, — Masenza, — Pataille, — Plon, — Ratisbonne, — Richer (Léon), — Révillon (Tony), — Laurent de Rillé, — Rollot, — de Santos (Emilio), — Tchonyko, — Thomas (Frédéric), — Vainberg, — Vian (Louis), — Willoughby, — Wittmann, — White.

DEUXIÈME COMMISSION

MM. About (Edmond), — Artus, — Bacquès (Henri), — Balch, — Belot, — Blanchard-Jerrold, — du Boisgobey, — Budde, — Celliez, — Champfleury, — Clère (Jules), — Denizet, — Dutilleul, — Figuier (Louis), — Fath, — Fournier, — Fliniaux, — Gariboldi, — Garberoglio, — Guyon, — Guyot, — Halt (Robert), — Joliet, — Kraus, — Lapointe, — Lowenthal, — Loudier, — Lubomirski, — Lundin, — de Lyden, — Larnaude, — Meurice (Paul), — Montagne, — Moisand, — Moret (Eugène), — Molesworth, — Polonski, — Renault, — Ryan, — Sonzogno, — Santa-Anna Néry, — Saunière (Paul), — Torrès-Caïcedo, — Templier, — Tourgueneff, — Taylor (Tom), — Theuriet, — Trèves, — Wolowski.

TROISIÈME COMMISSION

MM. Alfonso, — Audebrand. — d'Auriac, — de Banville, — Bœtzmann, — Bishop, — Boborykine, — Bonnemère, — Boris Tchiviler, — Challamel, — Collas, — Champion, — de Carné (Jules), — Conrad, — Cortambert, — Diguet, — van Dnyl, — Guéroult (Constant), — Gross (Ferdinand), — Gourdon de Genouillac, — Gueullette, — Hodgson, — Huet, — Jahyer, — Kaempfen, — Landsberg, — Lardy, — Loredan-Larchey, — Lomrot, — Leland, — Lermina, — Marc, — Mauro-Macchi, — Muller (Eug.), — Pagès, — Pozu, — Richebourg, — Réal (Antony), — Rozier, — Simonin, — Schweichel, — Schrimanofski, — Toudouze, — Tallichet. (1)

M. E About. — Il ne nous reste plus qu'à fixer le lieu et le jour de la réunion des trois groupes.

...... Mais on me fait observer que nous n'avons aujourd'hui parmi nous ni sénateurs, ni députés français ; nous avons dans

---

(1) Il est bien entendu que nous ne donnons ici que la formation primitive des commissions : beaucoup de membres s'y étant adjoints par la suite.

les deux Chambres des amis qui peuvent nous aider. Nous pensons qu'il est bon d'attendre, pour prendre une décision, la séance d'après-demain, à laquelle ils pourront prendre part. Si M. le président est de cet avis, je le prie de mettre cette proposition aux voix.

La proposition mise aux voix est adoptée.

Un membre. — Où se réunira le Congrès ?

M. E. About. — Il est convenu que, si nous nous trouvons à l'aise ici, nous ne chercherons pas d'autre local. Le jour où le grand nom de Victor Hugo attirera autour de nous trois mille spectateurs, nous choisirons une enceinte assez vaste, soit dans un monument public soit dans un théâtre.

En attendant, nous nous réunirons ici jeudi prochain, et nous fixerons le jour et l'heure des réunions des trois commissions. L'heure de une heure et demie que nous avons choisie nous paraît la plus convenable.

L'assemblée consultée déclare qu'elle se réunira jeudi, à une heure et demie, dans le même local.

M. Kaempfen. — Il a été entendu qu'au début de la prochaine séance, nous fixerons le lieu et l'heure des réunions des trois groupes ; que ferons-nous pendant le reste de la séance ?

M. E. About. — Nous avons des travaux tout prêts, notamment un travail de Me Cellier, conseil judiciaire de la Société.

M. Assollant. — Je demande s'il n'y aura qu'une seule salle mise à la disposition des commissions ?

M. E. About. — La maison du Grand-Orient est vaste et aménagée de façon à recevoir de nombreux hôtes ; nous y trouverons tous les locaux nécessaires ; d'ailleurs, vous avez près d'ici une maison qui se ferait un honneur de vous offrir l'hospitalité, c'est celle du *XIXe Siècle*. (Bravo ! bravo !)

M. Joliet. — Tout à l'heure, on a parlé des auteurs dramatiques. On ne les a donc pas invités ? Je demande quelle a été la réponse faite par la commission des auteurs dramatiques à notre invitation.

M. Zaccone. — La réponse sera courte et facile. Les convocations ont été faites régulièrement vendredi dernier ; je me suis rappelé que c'était le jour où siégeait la commission des auteurs dramatiques. J'ai envoyé par un exprès quinze cartes à son président, et je lui ai fait remettre en même temps une lettre dans laquelle je lui disais que, si la commission désirait un plus grand nombre de cartes, je me ferais un plaisir d'en ajouter ; on m'a répondu une, ou plutôt deux lettres.

J'ai même reçu, à mon domicile, une lettre de M. Paul Perrier, secrétaire de la commission dans laquelle il m'accuse réception des cartes et m'en remercie.

M. Robert Hyenne. — Je demande s'il est bien entendu que des convocations précises seront envoyées à tous les membres étrangers. Je crois, pour ma part, cette mesure indispensable, en présence des convocations et des programmes éronnés qui ont été publiés.

M. Zaccone. — Demain, nous enverrons des lettres à tous les délégués étrangers dont nous avons les adresses. — Ceux qui ne les ont pas données sont invités à le faire.

La séance est levée à quatre heures.

DEUXIÈME JOURNÉE

13 JUIN

SÉANCE GÉNÉRALE

ET

PROCÈS-VERBAUX DES COMMISSIONS

SECONDE SÉANCE

DU

CONGRÈS LITTÉRAIRE INTERNATIONAL

DEUXIÈME JOURNÉE
13 Juin 1878

Présidence de M. Tourgueneff.

La séance est ouverte à deux heures et quart.

La composition du bureau est la même qu'à la dernière séance.

M. Jules Clère, l'un des secrétaires, lit le procès-verbal de la dernière séance.

M. le président. — Quelqu'un a-t-il des observations à faire sur le procès-verbal ?

M. Edmond About. — J'ai à vous signaler deux omissions regrettables sur la liste des délégués. La première, des personnes omises, bien involontairement, est M. Torrès-Caïcedo, écrivain distingué et très apprécié comme diplomate. Il représente en France plusieurs États de l'Amérique du Sud, l'Uruguay, Salvador, etc.... Il n'a pas été élu, parce qu'étant seul de son pays, il n'a pas cru devoir se donner sa voix. Nous pensons que l'assemblée voudra bien réparer cette erreur, en l'invitant à prendre place au bureau. (Bravo ! bravo !)

Je vous dénonce aussi M. Alexandre Krauss, représentant de la République de Saint-Marin. Vous le savez, messieurs, les plus grands territoires ne font pas toujours les plus grands peuples, et la République de Saint-Marin a toujours tenu une place honorable dans le monde des lettres. Je pense que M. Krauss nous fera un grand honneur en voulant bien s'asseoir au bureau. Je crois même qu'il y est déjà. (Oui, oui. — Applaudissements.)

M. Edmond About. — L'un des secrétaires de l'assemblée nous

apprend que les listes des commissions sont affichées à la sortie de cette salle, et que vous pourrez vous retirer quand vous le jugerez convenable dans les locaux qui vous sont affectés, pour y procéder à la formation des bureaux des commissions respectives.

On a signalé tout à l'heure l'absence très regrettable d'un grand corps d'écrivains français, parmi lesquels il suffit de citer des noms tels que ceux d'Émile Augier, Dumas, Sardou, Labiche, d'Ennery : la Société des auteurs dramatiques.

Leur commission, par un malentendu que nous ne pouvons nous expliquer, ne figure pas parmi nous. Ce n'est que d'une façon indirecte que j'ai pu obtenir que deux de ses membres, M. d'Ennery, dont le nom est si populaire, et M. Édouard Cadol, vinssent aujourd'hui se réunir à nous. Il est bien certain, cependant, que l'œuvre que nous allons entreprendre profitera beaucoup plus à la Société des auteurs dramatiques qu'à celle des gens de lettres. (Bravo, très-bien !)

Car aujourd'hui nous n'avons plus le monopole du roman. Si l'étranger nous emprunte encore maintenant, un grand nombre de livres, l'Angleterre, l'Italie, l'Allemagne, etc., nous rendent largement la monnaie de notre pièce. L'étranger nous rend avec usure ce que nous lui donnons.

Sur le terrain du théâtre c'est autre chose : ce que nous recevons est peu, comparé à ce que nous donnons, ou plutôt à ce qu'on nous prend. L'industrie dramatique à l'étranger a exploité largement, et sans aucune compensation pour nous, la littérature dramatique française. De telle sorte qu'il en est résulté une chose regrettable, une conséquence fâcheuse qu'on n'aurait jamais prévue. Les auteurs français, voyant qu'on s'emparait de leurs pièces à l'étranger, sans aucun droit et sans scrupule, n'ont trouvé qu'un moyen de se défendre contre cette espèce de baratterie, c'est de ne pas faire imprimer leurs pièces que les directeurs de province ne peuvent plus jouer. Il en est résulté que le théâtre de province, en France, a été tué par la mauvaise foi de ceux qui exploitent le théâtre à l'étranger.

Cette question, messieurs, est une des questions capitales que nous aurons à examiner et à résoudre dans un sentiment d'équité, de solidarité, de confraternité internationale, car c'est l'esprit, ce sont les sentiments qui nous animent tous ici. (Bravo ! bravo !)

Mais il serait bon que nous fussions guidés dans leur étude par ceux-là qui sont les premiers intéressés à leur solution.

J'irai demain, si l'assemblée veut bien m'y autoriser, trouver, à la réunion de la commission des auteurs dramatiques qui a lieu tous les vendredis, mes excellents amis Sardou, Auguste Maquet, Labiche, et je leur demanderai de vouloir bien travailler avec nous à leur propre fortune. (Très bien! très bien!)

M. Gourdon de Genouillac. — Je demande pourquoi nous rejetterions à un jour ultérieur les travaux de nos commissions. Je crois que nous pourrions aujourd'hui former les commissions, nous réunir dans les locaux qui ont été retenus pour nous, procéder à l'élection des présidents et secrétaires, et enfin commencer nos travaux.

Plusieurs voix. — Appuyé!

M. Nollo. — En 1858, j'étais vice-président de la Société des auteurs dramatiques, à Turin. J'ai signé un contrat avec une personne qui était ici, à Paris, pour obtenir précisément, des auteurs français, l'autorisation de faire valoir leurs droits en Italie. M. Dumas répondit qu'il ne pouvait rien, que l'influence d'un homme était insuffisante pour amener ce résultat.

C'est un fait historique, et j'ai cru qu'il était de mon devoir d'apporter cet éclaircissement à l'assemblée.

M. le président. — Ce sont des questions qui seront débattues au sein des commissions. Ce sera alors le moment de les discuter et d'aviser aux mesures qu'il conviendra de prendre.

Je reviens à ce que M. Gourdon de Genouillac vient de proposer, et je demande à l'assemblée si elle veut décider que les commissions soient constituées aujourd'hui.

M. Frédéric Thomas. — Il me semble que nous pourrions nous réunir aujourd'hui pour ne pas perdre de temps. Les locaux ne nous manquent pas. On a oublié celui de la Société des gens de lettres, qui peut contenir cent personnes, et chaque commission en compte à peine autant. Nous avons aussi les bureaux du *XIXe Siècle*. Je propose donc qu'on se réunisse et qu'on ne nomme pas les présidents aujourd'hui même. Il nous arrivera demain des recrues qui mériteront peut-être les meilleures places. Mais d'ici là nous pourrons aborder les questions que nous aurons à examiner; nous n'aurons pas perdu notre temps, et nous arriverons samedi avec des rapports susceptibles de vous intéresser.

Je demande qu'aujourd'hui même, à l'issue de la séance, les commissions se réunissent dans les locaux qui leur sont affectés, pour examiner les questions qu'elles ont à élucider, et qu'elles ajournent à demain la nomination de leur bureau.

M. Zaccone. — Une simple observation pour répondre à M. Frédéric Thomas. Nous avons arrêté, ici même, trois locaux dans lesquels vous pouvez vous réunir dès à présent.

M. LE PRÉSIDENT. — Je mets aux voix l'adoption du procès-verbal.

Le procès-verbal est adopté.

M. LŒWENTHAL. — Messieurs, je viens de lire le discours que M. le président a prononcé avant-hier, à l'ouverture de la séance, et j'y trouve un fait contre lequel je crois devoir protester ; c'est le fait de la contrefaçon qui s'exercerait librement à Leipsick. Messieurs, il y a des voleurs partout, dans tous les pays, mais aussi il ne manque pas de lois qui les punissent, du moment qu'on les poursuit. Quand il n'y a pas de plaignants, il ne peut pas y avoir de juges. Les étrangers n'ont personne à Leipsick pour les représenter, pour sauvegarder leurs droits ; c'est pourquoi la plupart de ceux qui les volent restent impunis. Ce n'est pas la faute de Leipsick. Et je puis vous dire que ce n'est plus à Leipsick, c'est dans d'autres endroits que la contrefaçon s'exerce. Le temps où elle se faisait là est passé depuis que nous avons en Allemagne des lois qui protègent les droits des auteurs. Si j'ai attendu jusqu'à ce moment pour vous dire cela, c'est qu'avant-hier je n'avais pas bien entendu les paroles de M. le président. (Très bien!)

M. LERMINA. — Je demande aussi à ce qu'on réunisse les commissions aujourd'hui. Dans une réunion, si courte qu'elle soit, nous pourrons indiquer les points de discussion qui seront mis à l'étude, et, à la seconde réunion, nous arriverons tout préparés, et nous pourrons procéder à une discussion pratique et utile.

Il y a maintenant la question des bureaux qu'on a soulevée tout à l'heure ; je crois que dans toute commission, quelle que soit la déférence que nous ayons pour des membres que nous respectons tous, il est indispensable de nommer nos bureaux dès le début de la première séance. Un président sénateur ou député n'aurait peut-être pas la liberté de consacrer aux commissions tout le temps nécessaire. Le président, en outre, devra faire le métier absolument pratique de directeur de la discussion. Les sénateurs et les députés que nous attendons, et dont le concours nous est si précieux, apporteront dans nos travaux de grandes lumières ; mais nous pouvons nommer dès à présent des présidents hommes de lettres, au courant des questions, et les connaissant pratiquement. Les survenants seront nos présidents par le respect que nous leur témoignerons.

Il est important de presser nos travaux. J'ai à vous entretenir encore à ce propos d'une idée que je crois pratique.

Dans le programme rédigé d'abord, il a été dit que, dans les séances solennelles, on votera sur les rapports des commissions. Il est évident qu'il faut d'abord que les commissions élaborent leurs travaux, et il faut ensuite que la discussion générale s'engage sur les rapports des commissions.

Il n'y aura séance que lundi prochain. Au moment où cette assemblée se tiendra, il ne pourra pas y avoir de rapports déposés. Le mercredi, au contraire, on pourra commencer la discussion générale publique; les rapports auront été déposés, et je crois qu'il est nécessaire pour les étrangers que rien ne soit voté sans avoir été discuté en assemblée générale. Il y aura probablement sur chaque question une minorité, et il sera indispensable de décider qui, d'elle ou de la majorité de la commission, aura eu raison. Je crois donc qu'il faut que nous nommions, dès à présent, des présidents et que nous commencions immédiatement nos travaux, afin que les rapports des commissions soient déposés dès la seconde séance.

M. Sonzogno. — Messieurs, M. Edmond About a fait allusion à la baratterie des étrangers envers les écrivains français, j'ai l'honneur, depuis cinq ans, de représenter en Italie les intérêts des auteurs français; or, je demande si, depuis cinq ans, il y a eu quelque auteur, quelque écrivain français, qui ait été traduit en langue italienne sans avoir reçu une rémunération.

M. Edmond About. — L'honorable M. Sonzogno s'est mépris, sinon sur mes paroles, au moins sur ma pensée. J'ai dit, au contraire, que l'œuvre que nous poursuivons intéressait beaucoup moins les romanciers que les auteurs dramatiques. Les romanciers traitent maintenant de puissance à puissance avec les libraires étrangers. Je crois que personne ne me contredira.

Mais, en ce qui touche le théâtre, les conditions ne sont plus les mêmes. On voit, en Italie, des troupes soi disant françaises, qui ont pour spécialité de voler les auteurs français, et avec lesquelles nous avons essayé vainement de faire des traités.

J'ai parlé de la baratterie littéraire comme d'un fait historique qui pendant très-longtemps a défrayé la polémique internationale. Aujourd'hui, elle n'existe plus pour les romanciers. Ce sont les auteurs dramatiques qui sont dévalisés à l'étranger, non seulement par les étrangers, mais, il faut bien le dire, par des directeurs français.

M. Hector Malot (se tournant du côté où siège M. Sonzogno). — On a traduit un de mes romans en italien sans mon autorisation.

M. Noel Parfait. — On empiète sur le terrain des commissions.

M. Rorert Hyenne. — J'ai un fait important à faire connaître. (Bruit.) Je ne puis le taire. (Le bruit augmente; de toutes parts on crie : — Non! non!)

M. le président. — Nous ne pouvons pas continuer ainsi. Ces questions doivent être renvoyées aux commissions. (Bravo! bravo! — Bruit.)

M. le président. — Ceci nous prouve la nécessité de décider la question des commissions. C'est la seule manière d'arriver à un résultat quelconque, car bien d'autres questions seront soulevées qui devront être débattues en commissions.

Je demande donc à l'assemblée si elle veut adopter la proposition de M. Lermina?

M. Assolant. — Puisque dès les premiers moments on commence à entrer dans des discussions qui auraient dû être réservées pour être épuisées dans les commissions spéciales, il me semble qu'il serait plus simple de dissoudre les commissions et de commencer la discussion tous ensemble. (Exclamations et rires.)

M. le président. — Je crois que l'assemblée a répondu d'une façon indirecte à cette proposition.

Voix nombreuses. — Oui, oui. — (Rires.)

M. Compagnani. — Je viens protester contre les paroles de M. Edmond About, relatives au pillage des œuvres des auteurs dramatiques français en Italie. Les auteurs dramatiques français gagnent beaucoup d'argent en Italie.

M. Edmond About. — Sans répondre directement à M. Compagnani, qui croit que je suis un ennemi de l'Italie, dont je suis au contraire un des meilleurs et des plus anciens amis, laissez-moi vous dire que nous ne sommes pas venus ici pour plaider nos procès particuliers. J'ai parlé de contrefaçons, d'adaptations, d'usurpations de la propriété littéraire, ce sont là des faits historiques qui se sont passés dans toute l'Europe. Je n'ai nommé aucun pays, pas plus l'Italie que l'Angleterre, où l'on nous emprunte nos pièces sans notre consentement.

Je vous en prie, messieurs, laissons tous de côté nos affaires particulières. Nous ne sommes pas venus ici pour nous quereller, mais pour nous entendre; nous avons un intérêt unique. (Très-bien! très-bien! bravo!)

M. Compagnani. — Si j'ai dit un mot qui ait trahi ma pensée ou que vous ayez pu mal interpréter, je le retire. (Bravo! bravo!)

M. Sonzogno. — En mon nom et au nom de mes amis, dont

je me fais l'interprète, je remercie M. About de ce qu'il vient de dire.

M. Edmond About. — Je n'ai fait que vous exprimer ma pensée ; on ne remercie pas un homme qui montre le fond de son cœur.

Ce que nous devons tous penser, c'est que nous sommes réunis dans une idée commune ; que nous avons tous un même intérêt, un même but : c'est d'attribuer *suum cuique*, à chacun son droit ; c'est pour cela que nous sommes réunis ; c'est dans ce but que nous avons appelé à nous les jurisconsultes les plus distingués de la Chambre et du Sénat. Si, dans le cours de la discussion, il échappe à l'un de nous une parole un peu vive, je réclame d'avance pour lui l'indulgence internationale. (Bravo ! bravo !)

M. le président. — L'incident est définitivement clos. J'ai l'honneur de mettre aux voix la proposition de M. Lermina. Que ceux qui sont d'avis que les commissions se réunissent immédiatement veuillent bien lever la main.

Que ceux qui sont d'un avis contraire veuillent bien lever la main.

La proposition est adoptée.

M. Zaccone. — Je demande à l'assemblée la permission de lui faire, avant qu'elle se sépare, quelques communications urgentes et indispensables.

Samedi prochain, nous nous réunissons ici à la même heure, sans convocation.

Le lundi, 17 courant, nous avons une séance solennelle au théâtre du Châtelet, sous la présidence de Victor Hugo, à une heure et demie précises.

Enfin, sur la proposition de M. Champfleury, il a été décidé, qu'à l'issue de la séance solennelle les membres de l'assemblée prendront part à un banquet dans les salons du Grand-Hôtel-Continental. Le prix est de 15 francs par tête ; ceux des membres de l'assemblée qui voudront y prendre part sont priés de se faire inscrire à la Société des gens de lettres.

Un membre. — Dans quels locaux les commissions vont-elles se réunir ?

M. le président. — On va vous donner les indications nécessaires. J'invite ceux des membres de l'assemblée qui n'étaient pas présents à la dernière séance à choisir la commission dont ils désirent faire partie, et à faire inscrire leurs noms sur la liste des membres de cette commission.

M. Zaccone. — Il est bien entendu qu'on ne nous enverra de

lettres de convocation ni pour la séance du 15, ni pour la séance solennelle du 17. Pour cette dernière, je vous prie de vouloir bien venir retirer vos cartes d'entrée à la Société des gens de lettres, à partir de dimanche, 9 heures du matin.

Un membre. — A partir de samedi?

M. Zaccone. — C'est impossible, elles ne seront prêtes que dimanche matin. Je vous recommande d'être très exacts et d'arriver avant une heure et demie, car la salle du Châtelet n'est à notre disposition que jusqu'à 5 heures.

Un membre. — Les délégués étrangers demandent si la carte qu'ils doivent retirer servira pour la séance ou pour le banquet.

M. Zaccone. — La carte de délégué vous servira pour retirer votre billet d'entrée pour la séance solennelle. Pour entrer au banquet, on se fera reconnaître à la porte.

M. le président. — Les listes des trois commissions sont affichées près de la porte. Les membres de l'assemblée qui n'ont pas encore fait leur choix sont priés de se faire inscrire.

M. Lubomirski. — Il est regrettable que le ministre n'ait pas donné une salle. (Protestations.)

M. Zaccone. — Il en a donné une; nous n'avons pas pu profiter de son offre.

M. le président. — La séance est levée.

Les trois commissions se rendent dans les salles qui leur ont été affectées.

PROCÈS-VERBAUX DES COMMISSIONS

Première Commission.

Questions se rattachant à la définition du droit de propriété littéraire. — Des conditions de ce droit. — De sa durée, etc., etc.

PREMIÈRE SÉANCE

L'an mil huit cent soixante-dix-huit, le jeudi 13 juin, à trois heures et demie du soir, la 1re commission de la propriété littéraire s'est réunie, dans une des salles du *Grand-Orient*, à Paris, rue Cadet, n° 16, sous la double présidence de MM. Antoine Carlier et Michel Masson.

Membres présents :

MM. Emmanuel Gonzalès, — Germond de Lavigne, — Jules Philippe, député; — Le Bailly, — L. Rollot, — Ch. Moreau, — Eugène Dognée (Belgique), — Hector Malot, — Louis Ratisbonne, — André Borel d'Hauterive, — Lesenne (Napoléon Madeleine), — Alfred Assolant, — Tony Révillon, — Pancrazio Champagnani, — Moïse Amar, — A. Carlo Romussi, — Félix Grélot, — Adrien Huard, — Gourdon de Genouillac, — Yves Guyot, — Paul Biollay, — Eugène Plon, — Ferdinand Fabre, — Robert Hyenne, — Léon Richer, — Charles Lyon-Caen, — Georges Hachette, — Jules Pataille, — Frédéric Thomas, — G. de la Landelle, — C. H. E. Carmichaël (Angleterre), — Sigismond Vainberg, — André Morillot, — Edm. Tallichet (Suisse), — E. Dentu, — E. Pastor, — Edmond Douay, — Jules Clère, — Diguet.

Secrétaire : M. Marcel Guay.

M. LE PRÉSIDENT CARLIER déclare ouverte la discussion sur le droit de propriété littéraire, et invite MM. les membres de la commission à régler l'ordre dans lequel ils aborderont les questions soumises à leur examen par la Société des gens de lettres de France.

M. ADRIEN HUART propose qu'on étudie en premier lieu la question de savoir si la propriété littéraire doit être assimilée aux autres propriétés, ou si elle doit être régie par une loi particulière. Il se prononce de la manière la plus formelle pour le principe de l'assimilation de ces deux propriétés : la propriété littéraire et la propriété matérielle.

M. Pataille a la parole sur la position de la question, et déclare que l'honorable préopinant ne saurait, logiquement, étudier le principe de l'association de deux droits, dont l'un, à l'heure présente, n'est pas, ou est mal défini. Que l'on recherche, avant tout, et que l'on exprime ce que c'est que la propriété littéraire. Cette question prime toutes les autres. Pour comparer, et peut-être identifier deux choses dont l'une est connue et dont l'autre ne l'est pas encore, il faut qu'on dise ce que c'est que le droit d'auteur, et qu'on n'oublie pas que la science est une langue bien faite.

M. Frédéric Thomas estime également que la recherche d'une formule du droit d'auteur doit précéder toutes les autres investigations.

M. le président consulte l'assemblée, qui déclare adopter l'ordre proposé par MM. Pataille et Frédéric Thomas.

M. Frédéric Thomas reprend la parole.—Le législateur français a fui, en 1866, devant l'emploi de l'expression « propriété littéraire ». Rassemblés ici pour traiter la question philosophique, nous ne devons pas éluder un problème de terminologie et, sous couleur de dire « droits des auteurs et de leurs ayants cause », ne rien dire du tout. Les théoriciens doivent se garder de rougir de ces mots « propriété littéraire », sous prétexte qu'on en a abusé ces derniers temps, et qu'il en est sorti une théorie toute armée : celle de la perpétuité.

M. Frédéric Thomas déclare qu'il n'a point peur de cette théorie toute armée.

M. G. de la Landelle ne peut admettre que la définition romaine de la propriété matérielle puisse sans danger être étendue à la propriété littéraire. Si les légistes ont dit que la propriété de droit commun comprend, encore aujourd'hui, le triple droit d'user de la façon la plus absolue, de jouir et d'abuser; si le droit d'abuser implique celui de transformer et de détruire, on ne doit pas se résoudre à admettre que la législation reconnaisse soit à l'écrivain, soit à ses héritiers, le droit de dénaturer l'œuvre littéraire, et l'on doit protester hautement contre le mot de M. Alph. Karr. Le *jus abutendi* doit être écarté. Non, la propriété littéraire n'est pas une propriété sans épithète, mais une propriété *sui generis*.

M. le président Carlier. — Sans vouloir participer directement à la discussion, je ne puis m'empêcher de m'associer aux critiques de M. de La Landelle. Le droit d'auteur est un droit divin. J'appartiens à l'humanité, non à moi-même.

M. DE LA LANDELLE. —La propriété littéraire est une propriété *sui generis*. Je ne puis en abuser.

M. HUARD fait remarquer que le *jus abutendi*, dans le langage des jurisconsultes romains, n'est autre chose que le droit de disposer (traduction de M. Pellat), et que ces mots n'ont pas le sens péjoratif qui vient de leur être attribué.

M. DOGNÉE pense qu'il ne s'agit pas ici d'une question de mots.— L'adoption de l'expression « propriété littéraire » a une immense portée. Consacrée par des Codes étrangers, je l'ai recommandée, dit l'orateur, à l'attention des écrivains belges. Il faut remarquer, en outre, que les conventions internationales emploient très souvent cette expression.

M. CARMICHAËL rappelle que les lois anglaises emploient l'expression « droit de copie ».

M. EMMANUEL GONZALÈS déclare que, quel que soit le parti que l'on prenne en ce qui touche la définition du droit de propriété intellectuelle, ce droit ne saurait comprendre la faculté, pour le propriétaire d'un tableau, de le mutiler ou de le brûler. C'est là, du reste, une hypothèse particulière, spéciale à la propriété artistique, mais qu'on peut rapprocher d'une hypothèse correspondante, si l'on suppose un manuscrit. Quoi qu'il en soit, on peut adopter l'expression « propriété littéraire », et déclarer en même temps que la réglementation seule distinguera la propriété littéraire et la propriété matérielle.

M. DOGNÉE, dans le cours d'une courte discussion contradictoire, à laquelle prennent part MM. Gonzalès, Germond de Lavigne et Robert Hyenne, ayant rappelé que la législation anglaise considère les droits d'auteur comme un droit mobilier, M. le président Carlier invite ceux des membres de la commission qui posséderaient des documents précis sur l'état des législations étrangères à les communiquer au bureau, dans le cas où la discussion s'écarterait du terrain philosophique, sur lequel elle est présentement engagée, et où l'on invoquerait l'autorité du droit positif comparé.

M. F. THOMAS déclare que la discussion ne doit pas être étendue à l'étude des diverses législations étrangères, au moins en ce moment. C'est nier la propriété littéraire que d'invoquer des textes limitatifs de la durée du droit exclusif de l'écrivain.

M. CHARLES LYON-CAEN a la parole sur la position de la question de savoir comment la propriété littéraire doit-être définie. Il faudrait rechercher, en même temps, si le droit d'auteur est un privilège, ou si c'est un droit. A ce point de vue, les législations étrangères peuvent offrir d'utiles renseignements.

M. Emmanuel Gonzalès. — L'orateur croit opportun de rappeler que la loi de 1793, qui est une loi française et dont on ne peut faire abstraction quand il s'agit, *en France*, de définir le droit de l'écrivain, contient, au moins virtuellement, une déclaration de principe identique à celle qu'il supplie ses collègues de vouloir bien adopter. Sans examiner les autres monuments législatifs de l'Europe ou de l'Amérique, est-il permis d'oublier que la loi de 1793 porte, dans sa rubrique, les mots suivants : « Loi relative aux droits de propriété des auteurs, compositeurs de musique, peintres et dessinateurs ; » que l'article 1er de cette même loi s'exprime ainsi : «Les auteurs d'écrits en tous genres... jouiront, durant leur vie entière, du droit exclusif de vendre, faire vendre, distribuer leurs ouvrages dans le territoire de la République, et d'en céder la PROPRIÉTÉ en tout ou en partie? » Ce n'est pas tout, on lit encore dans l'article 5 : « Tout débitant d'édition contrefaite sera tenu de payer au véritable propriétaire une somme équivalente au prix de trois mille exemplaires de l'édition originale... » Enfin, l'article 7 s'exprime comme il suit : « Les héritiers de l'auteur d'un ouvrage de littérature ou de gravure, ou de toute autre production de l'esprit ou du génie, qui appartiennent aux beaux-arts, en auront la *propriété* exclusive pendant dix années. »

M. Moïse Amar (Italie), invoquant l'autorité de M. Renouard, déclare que l'emploi, dans les lois, des mots *propriété littéraire*, a été cause de plus d'une confusion et d'une difficulté. Le droit de l'écrivain sur son œuvre n'est pas un droit de propriété, puisqu'il manque d'objet ; la propriété ne se comprend pas sans la possession. La loi italienne parle du « droit des auteurs d'œuvres intellectuelles. » Les expressions « propriété littéraire » sont cependant des expressions commodes, mais seulement dans la pratique.

M. Robert Hyenne déclare qu'il ne peut voir autre chose dans la propriété littéraire qu'une propriété, et que la législation positive doit, quand elle le réglemente, se servir du mot « propriété ».

M. Adrien Huard ne voit pas seulement un mot dans l'expression « propriété littéraire ». Il voit encore, sous ce mot, une chose très-réelle. Pour lui, le droit que les législations ont reconnu aux littérateurs n'est pas un droit à une récompense pour un service rendu, c'est un véritable droit de propriété. Le droit de l'auteur est un droit de propriété, ou il n'existe pas. M. Adrien Huard regrette que le mot de « propriété », se rencontrant dans beaucoup de lois étrangères, le droit de propriété, avec tous ses caractères, ne se trouve, à vrai dire, que dans la loi mexicaine. Et encore, cette dernière loi a-t-elle consacré entre le droit de *représentation* et le droit de *publication* une différence irrationnelle, puisqu'elle a fait du premier de ces droits un droit temporaire, et du second un droit perpétuel. Il faut employer le mot de « propriété littéraire », puisque cette expression implique l'assimilation de la propriété littéraire et de la propriété ordinaire; il faut employer le mot de « propriété littéraire », puisque, si l'on compare les origines et les justifications des deux droits, le droit de l'auteur a pour fondement le travail le plus personnel et le plus sacré, au lieu que la propriété ordinaire rappelle l'occupation; puisque l'auteur, s'il ne peut être considéré comme propriétaire d'une idée, peut l'être parfaitement d'un livre, c'est-à-dire d'un corps certain, c'est-à-dire de la forme qu'il a donnée à ses conceptions.

M. RATISBONNE n'admet l'emploi du mot « propriété » que par le bénéfice d'une distinction. — Le *jus abutendi* emportant le droit de détruire, il ne faut pas, dit l'orateur, qu'un livre tombe dans des mains capables, je ne dis pas de détruire, mais de ne pas le réimprimer. Ce qui importe, c'est que, si l'œuvre, enfant de l'auteur, produit des fruits matériels, elle produise d'abord les aliments que l'enfant doit à son père.

L'article 205 du Code civil français ne s'exprime-t-il pas ainsi : « Les enfants doivent des aliments à leurs père et mère? »

M. DIGUET appuie l'opinion de M. Ratisbonne. On peut se servir du mot de « propriété », qualifier le droit de l'écrivain de « propriété littéraire », et cela tout en déclarant que l'expropriation pour cause d'utilité publique peut y être appliquée. Il suffirait de décider que, sur la demande des corps constitués, des Sociétés de gens de lettres, etc., la réimpression fût faite d'office. Il faut même aller plus loin, et étendre cette solution au cas où, l'œuvre étant manuscrite, les héritiers de l'auteur ne permettraient pas la publication.

M. ANDRÉ MORILLOT désire éclairer la commission sur la portée du vote qu'elle semble se préparer à émettre. — Pour l'orateur, le droit de l'auteur n'est pas une propriété; il ne saurait donc admettre le mot, n'admettant pas la chose. A l'exemple de M. Renouard, M. A. Morillot refuse de voir dans le droit de l'auteur autre chose qu'un privilège accordé par la loi positive, privilège qui résulte d'un contrat innommé entre l'Etat et l'auteur, au moment même où ce dernier publie son œuvre. Il n'y a, dans cette conception, rien dont les auteurs puissent s'offenser. Il y aurait plutôt, à bien examiner les choses, prétexte à satisfaction pour leur juste orgueil, puisque le législateur moderne s'ingénie à leur créer une condition supérieure à celle des tiers et à les tirer du droit commun : le législateur montre ainsi quelle estime il professe pour la dignité de leur travail et l'excellence de leur œuvre.

Que l'on consulte les législations étrangères, et l'on verra que cette création ingénieuse et raffinée du droit moderne est presque partout consacrée, en sorte que l'orateur la considère comme un véritable progrès. Sans doute, la protection accordée à l'auteur pourra être étendue et fortifiée, mais le droit de l'écrivain a, d'ores et déjà, trouvé la seule forme juridique qu'il peut comporter.

L'orateur rejette donc l'expression *propriété littéraire*, comme synonyme du terme *droit d'auteur;* car il entend ne pas affirmer le caractère perpétuel de la propriété littéraire, qui découlerait fatalement de l'emploi du mot *propriété*. Il invoque ensuite l'autorité de certaines lois étrangères. Il importe peu que le Mexique, dans son nouveau Code civil, ait adopté un droit d'auteur perpétuel, en qualifiant de propriété le droit dont il s'agit. M. Morillot ne croit pas devoir se préoccuper d'un exemple, tout à fait isolé, d'ailleurs, au point de modifier les conclusions ci-dessus énoncées. Et, ce qui le fortifie dans cette détermination, c'est que des législations moins exotiques, comme celles de l'Allemagne et de la Norwège, ont rejeté la perpétuité. Le premier de ces textes, la loi ALLEMANDE de 1876, est intitulé : « Loi relative au droit d'auteur. » Le deuxième, la loi NORWÉGIENNE du 8 juin 1876, porte cette rubrique : « Loi sur la protection du droit *vulgairement* nommé propriété littéraire. »

M. GERMOND DE LAVIGNE demande la parole.

M. MORILLOT propose à la commission de ne pas adopter une expression si différente de la terminologie légale des autres peuples. Il résume et complète ainsi son argumentation, en demandant à MM. les membres de la commission d'user de la forme *syllogistique : Le droit de propriété relative d'une personne à une chose suppose un sujet et un objet*, c'est-à-dire une personne et une chose matérielle; *or, en matière d'œuvres de l'esprit, l'objet fait absolument défaut; donc, le droit de l'auteur d'une œuvre intellectuelle n'est pas un droit de propriété*, puisque, des deux éléments nécessaires pour constituer la propriété, l'un manque et rend l'autre inutile ; donc, l'expression « propriété littéraire » n'est pas scientifique.

Si l'on objecte que le droit s'exerce sur la *forme* donnée à sa pensée par l'auteur, et que la propriété dite *littéraire* a dès lors un objet, je réponds que l'objet du droit de l'auteur est une pure pensée, et n'a rien de commun avec l'exemplaire imprimé ou la feuille du manuscrit. Qu'un incendie survienne, l'œuvre demeure incombustible.

Plusieurs membres. — Que pensez-vous des tableaux de Raphaël? L'artiste était-il propriétaire du signe ou de la pensée?

M. Morillot. — J'arrive maintenant aux conséquences qu'entraînerait l'adoption du mot « propriété littéraire ». J'en signalerai deux, qui me paraissent dangereuses et, dès lors, suffisantes pour vous la faire rejeter.

1º La propriété littéraire serait perpétuelle. Or, toutes les législations, moins une, adoptent la temporanéité. Qu'est-ce qu'une propriété qui dure trente ans, cinquante ans ? Ce n'est pas une propriété.

2º Si on admettait la perpétuité de la propriété littéraire, ce qui impliquerait l'adoption du mot *propriété*, il faudrait l'appliquer à toutes les œuvres intellectuelles, c'est-à-dire même aux dessins et modèles industriels et aux inventions, ce qui est *impossible*.

Plusieurs membres. — Nous sommes ici pour traiter de la propriété littéraire, non de la propriété industrielle.

M. Charles Lyon-Caen et M. A. Huard. — La propriété industrielle est une propriété toute différente.

M. Morillot. — Toutes les questions se tiennent. Vous ne pouvez pas omettre d'examiner, même un instant, un des aspects du droit des inventeurs, des industriels, etc. On doit s'y risquer. Si l'on admet le mot de « propriété littéraire », on admet la perpétuité du droit de l'écrivain ; si on admet la perpétuité du droit de l'écrivain, comme il est impossible que, de principes identiques, on déduise des conséquences contradictoires, on admet aussi, non seulement la perpétuité du droit sur les œuvres d'art, mais encore la propriété de ce qu'on appelle vulgairement « la propriété industrielle », et on doit logiquement proclamer que la perpétuité doit s'étendre aux dessins, aux modèles et aux inventions. On ne doit pas distinguer entre les diverses catégories d'auteurs. C'est là un *redoutable* argument d'analogie ; on ne saurait être indifférent aux progrès de l'industrie et à la liberté du commerce, incompatible avec la perpétuité de ce qu'on appelle « la propriété industrielle ».

M. GERMOND DE LAVIGNE déclare que l'on ne peut affirmer d'une façon absolue que la tendance universelle des législations condamne l'emploi du mot « propriété littéraire ». Par exemple, la proposition de loi votée par le Congrès des députés espagnols, le 7 juillet 1877, si elle ne consacre pas la perpétuité, est un acheminement vers un état législatif plus parfait. Elle est intitulée : « Loi sur la propriété intellectuelle », et ces dernières expressions sont répétées à chaque instant dans son texte. L'orateur demande la permission de lire le Rapport présenté au Congrès des députés espagnols, le 4 janvier 1877, sur la proposition de loi présentée par M. Manuel Danvila. Tout d'abord, il fait remarquer que la loi du 7 juillet 1877 contient une série de dispositions très-rationnelles et très-juridiques sur la propriété littéraire internationale (articles 46 à 49), qu'il regrette de ne pouvoir exposer ici, car elles consacrent des règles dont l'étude rentre plus spécialement dans l'objet des travaux de la deuxième commission du Congrès. Il est heureux, cependant, de les signaler à la première commission, car elles montrent que l'Espagne, en même temps qu'elle a voulu augmenter la protection du droit de l'auteur quant à la durée (ce qui est porté de 50 à 80 ans), a entendu, quant à l'espace, étendre aussi ce même droit. C'est ainsi que l'universalité de la propriété littéraire se trouve, au profit de l'auteur étranger, puissamment fortifiée dans le 3e paragraphe de l'article 49 : « Tout auteur... en assurant le droit de propriété dans l'un des deux pays contractants... l'assure aussi dans l'autre sans nouvelles formalités, et avec les conditions légales du pays où il aura été d'abord assuré. » Je traiterai, du reste, ce dernier point dans la deuxième commission du Congrès.

C'est l'article 6, lequel, ainsi que les autres articles de la loi, *est complètement inconnu en France*, qui règle la durée de la propriété littéraire en Espagne. Il est ainsi conçu : « La propriété intellectuelle sera viagère, aussi bien en la personne de l'auteur et du traducteur, qu'en celle des autres personnes auxquelles elle aura été transmise par actes entre-vifs. Elle passera ensuite aux héritiers légitimes ou testamentaires, pour une durée de quatre-vingts ans, comptés à partir de la mort du propriétaire. » Ce texte établit, pour employer les expressions du Rapport de la commission, une « perpétuité légale ». Quoique partisan convaincu de la perpétuité de la propriété littéraire, M. G. de Lavigne pense que cette disposition mérite d'être citée dans le sein de la première commission du Congrès littéraire, puisque le législateur espagnol, s'il transige, en apparence, au fond, considère la question de la propriété littéraire perpétuelle comme une question d'opportunité, comme un problème dont la solution est simplement différée.

C'est ce qui résulte du Rapport que M. Germond de Lavigne a traduit lui-même et dont il extrait les passages suivants (1) :

La commission, nommée pour examiner la proposition de loi sur la propriété intellectuelle présentée par plusieurs députés, s'est trouvée unanimement d'accord pour reconnaître l'insuffisance de la loi du 10 juin 1847, et pour proclamer comme le *desideratum* de la science et comme le but de ses aspirations, la perpétuité de la propriété des produits de l'intelligence humaine. Mais, désireuse de procéder, dans une circonstance aussi délicate, avec entière connaissance de cause, la commission a provoqué diverses conférences avec les hommes les plus distingués dans les lettres et dans les arts, elle a tenu à entendre les ministres du *Fomento* et de la Justice. Alors que ceux-ci se sont résolument opposés à voir proclamer le principe de la perpétuité en matière de propriété intellectuelle, une semblable unanimité ne s'est pas faite parmi les littérateurs et les artistes pour proclamer un principe qui serait en Europe une véritable innovation.

Il y avait donc à choisir entre abandonner un travail aussi important que celui qui était proposé, ou accepter, selon que le ministère était disposé à y consentir, une durée de la propriété intellectuelle plus étendue que celle reconnue par la législation en vigueur, jusqu'à ce que la marche du temps et le mouvement des idées vinssent donner aux œuvres de l'intelligence les caractères propres de leur respectable origine. Entre ces deux extrêmes, les signataires du présent rapport ont pensé que, sans froisser leurs convictions intimes, ils pouvaient accepter, pour la propriété intellectuelle, une existence temporaire calculée de telle sorte qu'elle constituât un véritable progrès, et une transaction prudente entre les partisans de la perpétuité, et ceux qui entendent maintenir l'état législatif actuel. Quatre-vingts ans et la vie de l'auteur constitueront dans leurs effets une perpétuité légale; et les auteurs espagnols y trouveront un encouragement suffisant pour honorer leur patrie par les produits de leur intelligence.

Nous avons prévu la nomination d'une commission qui sera chargée de former le règlement nécessaire pour l'exécution de la loi, y compris le règlement des théâtres. Cette commission recherchera et

---

(1) La proposition de loi a été faite, le 6 novembre 1876, par don Manuel Danvila, de Victor Balaguer, de Mariano Carreras y Gonzalès, d'Emilio Castelar, de J. Emilio de Santa, de Gaspar Nunez de Arce, d'Ignacio J. Escobar.

déterminera le moment où il pourra être opportun de provoquer une nouvelle loi ayant pour base la perpétuité de la propriété intellectuelle.

M. Tony Révillon prend la parole. — L'écrivain, pour l'orateur, n'est pas investi d'une propriété plus sacrée que le propriétaire ordinaire. La propriété n'est, en effet, autre chose que la nature mise en œuvre par le travail. M. Tony Révillon croit à l'existence d'un grand fonds commun d'idées, mais il croit aussi au droit de l'écrivain sur la forme qu'il a créée. Ce qui le préoccupe uniquement, c'est la question *morale* de la propriété littéraire ; c'est l'état des moyens propres à empêcher la destruction juridique de l'œuvre, lorsque celle-ci est tombée entre des mains indignes ou incapables. Sous cette réserve, l'orateur pense, comme M. Ratisbonne, que la perpétuité de la propriété littéraire n'a rien d'effrayant.

M. Emmanuel Gonzalès trouve la doctrine de l'honorable préopinant conforme, de tout point, à la raison et à la liberté. A supposer, d'ailleurs, que cette fuite éperdue des parlements étrangers devant la solution de la question du droit de l'écrivain soit réelle, l'orateur ne s'en préoccupe que fort peu. Certaines lois étrangères, a-t-on rappelé, n'osent pas dire « propriété »; elles disent « droit de copie, droit d'auteur. » Eh bien! qu'on en provoque la réforme, et qu'on n'invoque pas l'autorité là où la raison et la philosophie suffisent pour l'examen et la solution d'une question de principe. Quant au droit moral de l'auteur sur son œuvre, il n'est pas sans intérêt de se souvenir que Chateaubriand a fait quatorze éditions d'*Atala* nullement identiques les unes aux autres, et qu'un tel fait démontre surabondamment la nécessité de laisser à l'écrivain le droit de révision.

M. le président Carlier donne ensuite la parole à M. Charles Lyon-Caen, que trois de ses collègues ont chargé de faire une proposition relative à la définition du droit de l'auteur.

M. Pataille fait immédiatement une motion d'ordre.—Il faut, dit l'orateur, que la première commission se borne à éclaircir les questions; il ne doit être émis de vote que dans l'assemblée générale. La commission est appelée à préparer des éléments, à fournir des éclaircissements, des matériaux, dont le rapporteur usera plus tard. Il serait bon, d'ailleurs, que chaque groupe de délégués, pour ainsi dire, fît un résumé des doctrines et des systèmes théoriques présentés dans le pays qu'il représente. Le rapporteur général y puiserait des documents précis, qui complèteraient heureusement la discussion orale.

M. LE PRÉSIDENT consulte la commission. Il est décidé que M. Lyon-Caen donnera lecture de sa proposition.

M. CH. LYON-CAEN dépose une proposition signée de lui et de MM. Adrien Huard, Hachette et Eug. Plon. Tout d'abord, l'orateur cite, à l'appui des idées émises dans cette proposition, un passage tiré de l'exposé des motifs du projet de loi belge de 1878.

M. LYON-CAEN donne ensuite lecture de la proposition qui vient d'être déposée.

M. ROBERT HYENNE estime que les divers points à examiner en ce qui concerne le principe de la propriété littéraire (essence, définition, durée, etc.) doivent être, comme il l'a déjà fait remarquer au début de la séance, abordés séparément et faire l'objet d'une solution distincte. Il est persuadé qu'il y a lieu, tout d'abord, d'ériger en principe l'existence de la propriété littéraire comme un fait légitime et indéniable, abstraction faite de ce qui pourra être ultérieurement décidé quant à son caractère et à sa durée. Sous le bénéfice de cette observation et pour répondre à cette pensée, M. Robert Hyenne croit devoir proposer, d'accord avec M. Emmanuel Gonzalès, l'adoption de la formule suivante :

Toute œuvre de l'esprit, dès qu'elle revêt une forme matérielle permettant de la transmettre et de la faire durer, constitue, en principe, pour l'auteur, une PROPRIÉTÉ.

Signé : Robert HYENNE.
Emmanuel GONZALÈS.

Enfin, M. EDMOND DOUAY propose à la commission de vouloir bien voter la formule dont suit la teneur :

La propriété littéraire est l'œuvre intellectuelle, manuscrite ou imprimée, qu'un auteur a le droit personnel de posséder, de modifier, d'exploiter, de transmettre, comme toutes les autres propriétés. La transmission de cette propriété diffère des autres transmissions en ce que les ayants droit, héritiers, éditeurs ou acquéreurs ne peuvent ni détruire, ni modifier en quoi que ce soit l'œuvre qui constitue la propriété littéraire.

Signé : Edmond DOUAY.

La première commission, sur la proposition de M. le président Carlier, décide que la discussion continuera le samedi 15 juin, à une heure très précise, et se sépare à cinq heures du soir.

L'un des présidents, *Le secrétaire de la première commission*
A. CARLIER. MARCEL GUAY.

Deuxième Commission.

De la reproduction. — De la traduction. — De l'adaptation, etc., etc. — De l'insuffisance des conventions diplomatiques au point de vue de la protection du droit de propriété littéraire internationale. — Recherche d'une formule destinée à être introduite dans les traités de commerce pour y remplacer les anciennes formules.

Membres présents :

MM. About (Edmond), — Artus, — Bacquès (Henri), — Balch, — Belot, — Blanchard Jerrold, — du Boisgobey, — Budde, — Boborykine, — Bouasse-Lebel, — Jules de Carné, — Celliez, — Champfleury, — Clère (Jules), — Colombier, — E. Cadol, — Denizet, — Didot, — Dréolle, — Dupuy, — Dutilleul, — Duyl (Van), — Fath, — Figuier (Louis), — Fournier, — Fliniaux, — Enoch, — Estrée, — Garberoglio, — Gariboldi, — Guillard, — Guyon, — Halt (Robert), — Havard, — Holevshinski, — Jahyer, — Joliet, — Kraus (Alexandre), — Larnaude, — Lapointe, — Loërmroz, — Loudier (Sophronyme), — Lorchpheth (Henri), — Lœwenthal, — Lubomirski, — Lundin, — de Lyden, — Lévy (Calmann), — Magimel (librairie Didot), — Meurice (Paul), — Moisand, — Montagne, — Moret (Eugène), — Negrao, — Paz (Eugène), — Polonski, — Renault (Louis), — Ryan, — Santa-Anna Néry, — Saunière (Paul), — Sonzogno, — Smallez, — Scaiffe, — Templier, — Theuriet, — Toudouze, — Tom Taylor, — Tourgueneff, — Trèves, — White (A. D.), — Witman, — Withe Andrews, — Wolowski.

Procès-verbal de la séance du jeudi 13 juin 1878.

Aussitôt après la séance du Congrès international, les membres faisant partie de la deuxième commission se sont réunis. Ils sont au nombre de soixante-quatre.

M. TOURGUENEFF, président de ladite séance, ayant provisoirement gardé le fauteuil de la présidence, invite les membres présents à procéder à la formation de leur bureau.

M. ADOLPHE BELOT fait observer que, pour ne pas perdre un temps précieux, il conviendrait peut-être de désigner par acclamation les membres du bureau, et il ajoute que M. Edmond About, qui a imprimé une direction si sûre aux premiers travaux du Congrès, lui semble tout naturellement désigné pour remplir les fonctions de président.

La proposition de M. Adolphe Belot est accueillie à l'unanimité, et M. Edmond About est porté à la présidence de la deuxième commission du Congrès.

Sont ensuite nommés :

Vice-présidents : MM. Tourgueneff et Molesword.

Secrétaires : Vanduyl et Félix Jahyer.

Le bureau une fois constitué, M. LE PRÉSIDENT fait savoir que M. Henry Celliez, membre du conseil judiciaire de la Société des gens de lettres et un de nos confrères les plus érudits et les plus dévoués aux intérêts de notre Société, est l'auteur d'une étude très complète sur les questions qui nous préoccupent, étude dont la lecture serait du plus grand intérêt pour la direction des travaux de la commission.

M. ADOLPHE BELOT appuie la proposition de M. le président et demande qu'on écoute sans interrompre la lecture du travail de M. Henry Celliez; chacun prendra des notes, afin de pouvoir ensuite parler sur les divers points contenus dans cette étude qui paraîtraient sujets à discussion.

La proposition de M. Belot est adoptée à l'unanimité.

LE PRÉSIDENT donne la parole à M. Celliez pour la lecture de son étude ainsi dénommée : *Proposition d'un vœu à exprimer par le Congrès.*

M. CELLIEZ lit alors son travail.

PROPOSITION D'UN VŒU A EXPRIMER AU CONGRÈS, relativement au droit des auteurs sur leurs œuvres publiées en pays étranger, par M. *Henry Celliez*, lue à la deuxième section du Congrès le 13 juin.

I

DU DROIT DES AUTEURS SUR LES ŒUVRES INTELLECTUELLES

1. — Par quelque dénomination qu'on exprime le droit des auteurs sur leurs œuvres littéraires, scientifiques ou artistiques, qu'on lui accorde ou qu'on lui refuse le nom de *propriété*, toutes les opinions proclament que l'auteur a le droit exclusif de distribuer ses œuvres. La loi française du 19 juillet 1793, en consacrant ce droit exclusif et en employant le mot *distribuer*, qui implique l'idée de communication à des personnes déterminées, y ajoute les mots *vendre et faire vendre*, qui impliquent à la fois l'idée de communication publique et celle de profit à tirer des œuvres qui sont le résultat du travail de l'auteur.

2. — On a beaucoup discuté sur l'origine et la valeur du droit des auteurs, ainsi que sur la convenance d'y attribuer le nom de *propriété* et d'y appliquer les règles générales de la propriété. Tous ces

débats n'ont point donné de résultat doctrinal accepté par tous ; mais ils ont abouti à des stipulations pratiques de toutes les législations européennes, assurant aux auteurs durant leur vie, et à leurs représentants pendant un nombre d'années après eux, la disposition personnelle de leurs œuvres et le produit à en recueillir.

Cette unanimité vient de ce que le droit des auteurs est un droit naturel qui consiste dans la faculté inhérente à l'homme de garder pour lui-même sa pensée, ou d'en communiquer l'expression à ses semblables.

Ce droit-là lui est essentiellement propre.

Aussi peut-il, seul, former l'objet de la propriété intellectuelle; objet qu'on a vainement cherché dans l'œuvre elle-même, dont l'auteur est dessaisi quand il l'a livrée au public avec l'intention que chacun se l'assimile.

3. — Cette vérité que la propriété intellectuelle a pour objet le droit de communication de l'œuvre au public, sans avoir été expressément formulée, anime les conventions que l'esprit moderne a inspirées aux nations, pour se procurer la jouissance nécessaire des œuvres littéraires, scientifiques et artistiques, tout en assurant aux auteurs qui usent de leur propriété, par l'exercice du droit de communication au public étranger, la même protection et les mêmes avantages locaux qui sont accordés aux auteurs nationaux.

Mais partout l'exercice du droit de communication au public étranger est entravé par un ensemble de formalités nombreuses et compliquées qui l'ont rendu relativement très rare.

En parcourant les traités entre la France et les autres nations, nous pourrons constater cette tendance des conventions diplomatiques qui ont réglé, dans notre siècle, les rapports internationaux quant aux droits des auteurs d'œuvres scientifiques, littéraires et artistiques.

II

COUP D'ŒIL SUR LES TRAITÉS ENTRE LA FRANCE ET LES AUTRES NATIONS

4. — Chaque traité porte deux dates; il se compose d'un préambule qui exprime le but de la convention, et d'un certain nombre d'articles adoptés par les plénipotentiaires pour formuler les clauses de cette convention.

Nous nous attachons surtout à la date de la signature, qui marque l'époque de la conception des formules exprimant la pensée dominante des contractants, dans ce concert entre la France et les autres nations. Néanmoins, pour éviter les erreurs dans l'application de diverses citations, nous mentionnerons aussi, dans la nomenclature des traités annexée au présent travail, la deuxième date se rapportant à l'acte législatif par lequel le gouvernement français déclare que les ratifications ont été échangées entre lui et le gouvernement de la nation contractante.

Il y a lieu de distinguer plusieurs séries dans ces traités.

TRAITÉS DE 1843 A 1851.

5. — La première série commence au traité avec le royaume de Sardaigne, signé le 28 août 1843, et comprend ceux avec le Portugal, le Hanovre et l'Angleterre, signés les 12 avril, 20 octobre et 3 novembre 1851.

6. — Le préambule du traité avec la Sardaigne, qui a été aussi placé en tête des traités avec le Portugal et le Hanovre, manifeste le désir des gouvernements « de protéger les sciences et les arts, et d'encourager les entreprises qui s'y rapportent » ; c'est dans ce but qu'ils recherchent les mesures à adopter pour « garantir aux auteurs et à leurs ayants cause la propriété de leurs œuvres littéraires ou artistiques dont la publication aurait lieu dans leurs Etats respectifs. »

Le préambule caractérisant la convention entre le président de la République française et la reine du Royaume-Uni de la Grande-Bretagne et d'Irlande, est plus simple et plus pratique. Il ne manifeste pas d'autre désir que celui « d'étendre dans les deux pays la jouissance des droits d'auteur pour les ouvrages de littérature et de beaux-arts qui pourront être publiés pour la première fois dans l'un des deux ».

7. — Cette pensée, précisée entre les gouvernements de France et d'Angleterre, est bien celle qui va s'exprimer par les formules adoptées dans les articles des quatre traités.

Avec la Sardaigne on a dit : « Le droit des auteurs sur les ouvrages d'esprit et d'art, tels que, etc..., s'exercera simultanément sur le territoire des deux Etats. » Et l'on a développé ainsi cette déclaration : « de telle sorte que la reproduction ou la contrefaçon, dans l'un des deux Etats, d'ouvrages publiés dans l'autre Etat, soit assimilée à celle des ouvrages qui auraient été originairement publiés dans l'Etat même ».

Dans le traité de Portugal, on a déclaré ceci : « Le droit de propriété des ouvrages d'esprit ou d'art, comprenant, etc., tel que ce droit est reconnu par les législations respectives, est reconnu et réciproquement garanti. »

Le traité du Hanovre stipule : « Le droit exclusif de publier (*Vervielfaltigen*) leurs ouvrages d'esprit ou d'art, tels que, etc., sera protégé réciproquement dans les deux Etats ; il assimile la réimpression et la reproduction des ouvrages étrangers à celle des ouvrages nationaux, et applique à cette contrefaçon les lois nationales.

Enfin, le traité anglais donne aux « auteurs d'œuvres de littérature ou d'art, auxquels les lois de l'un des deux pays garantissent le droit de propriété ou d'auteur, la faculté d'exercer ledit droit sur le territoire de l'autre pays. »

8. — Le principe fondamental de ces conventions diplomatiques de 1843 à 1851, est donc la réciprocité dans la reconnaissance du droit des auteurs, et dans la répression, en vertu de la loi nationale, des contrefaçons commises dans le pays contre des ouvrages publiés originairement dans l'autre pays.

Ce principe de la réciprocité était déjà posé dans les lois de plusieurs pays, de 1830 à 1844, pour assurer la protection de leurs droits aux auteurs étrangers, appartenant à des pays dont les lois seraient également protectrices pour les œuvres venant des étrangers. (Voir la note ci-dessous.)

LOI FRANÇAISE DU 28 MARS 1852.

9. — En 1852, la France a pris une grande initiative. Elle a supprimé, quant à elle, la condition de la réciprocité. Un décret du 28 mars, ayant force de loi, a disposé en ces termes :

La contrefaçon sur le territoire français d'ouvrages publiés à l'étranger, et mentionnés dans l'article 425 du Code pénal, constitue un délit.

Ainsi, désormais, le territoire de la France sera hospitalier pour les auteurs étrangers, sans condition ! L'œuvre de l'étranger sera, en France, traitée de la même manière que l'œuvre de l'auteur français.

Si, depuis un quart de siècle, l'exemple de la France avait été suivi, si chaque nation avait proclamé le même principe, il n'y aurait plus besoin de traités diplomatiques.

Dans chaque pays, la violation du droit exclusif de publication appartenant à l'auteur serait classée comme un délit, quelle que soit la nationalité de l'auteur; de même que toute atteinte à la propriété d'un objet matériel est réprimée par chaque loi nationale, sans qu'on se préoccupe du lieu de naissance du propriétaire victime du délit.

TRAITÉS DE 1852 à 1864.

10. — Cette initiative de la France a déterminé un mouvement rapide dans le travail de la diplomatie. De 1852 à 1856 il a été conclu vingt traités, dans la plupart desquels (1) on cite le décret du 28

---

(1) Brunswick, 8 août 1852. — Belgique, 22 août 1852. — Hesse-Darmstadt, 18 septembre 1852. — Hesse-Hombourg, 2 octobre 1852. — Reuss (branche aînée),

mars; cependant, tout en y rendant un juste hommage, on ne l'adopte pas encore; on y trouve seulement l'occasion de pratiquer la réciprocité que les contractants étrangers persistent à regarder comme la condition absolue d'un traité. Même six de ces conventions rappellent que la nation contractante avait antérieurement promulgué une ou plusieurs lois pour donner protection sur son territoire aux œuvres des auteurs (1). L'un de ces traités, celui du 10 mai 1856 avec le royaume de Saxe, explique catégoriquement cette disposition :

« Un décret publié à Paris, le 28 mars 1852, ayant interdit la réimpression, en France, des ouvrages d'auteurs étrangers, et l'ayant assimilée au délit de contrefaçon des œuvres originairement publiées en France, et la loi saxonne du 22 février 1844 ayant consacré en Saxe les droits de propriété des auteurs étrangers, et simplement subordonné la jouissance de ce droit à la preuve de réciprocité, S. M. l'empereur des Français et S. M. le roi de Saxe ont résolu d'adopter d'un commun accord, etc. »

11. — Pendant cette période de 1852 à 1856, la formule des conventions, quant à l'indication de leur but, est toujours transcrite d'après le préambule du traité de Sardaigne de 1843, sauf quelques variantes qui n'en changent pas le caractère.

12. — Les articles, stipulant l'assimilation des œuvres étrangères aux œuvres nationales et l'application des lois du pays pour la protection de ces œuvres, sont rédigés, savoir :

1° D'après le traité du Hanovre, du 20 octobre 1851, dans les huit contrats avec le duché de Brunswick, 8 août 1852; — l'Électorat de Hesse-Cassel, 7 mai 1853; — le Grand-duché de Saxe-Weimar, 17 mai 1853; — la principauté de Schwarzbourg-Sondershausen, 7 décembre 1853; la Ville libre de Hambourg, 2 mai 1856; — le Grand-duché de Luxembourg, 4 juillet 1856;

2° D'après le traité avec la Grande-Bretagne, du 3 novembre 1851, dans le contrat avec le royaume des Pays-Bas, du 29 mars 1855;

3° Le traité avec la Belgique, du 22 août 1852, introduit une rédaction nouvelle, qui est suivie dans le contrat avec le royaume de Saxe, du 19 mai 1856;

---

24 février 1853. — Nassau, 2 mars 1853. — Reuss (branche cadette), 30 mars 1853. — Saxe Weimar, 17 mai 1853. — Schwarzbourg-Sondershausen, 7 décembre 1853. — Schwarzbourg-Rudolstadt, 16 décembre 1853. — Waldeck et Pyrmont, 4 février 1854. — Pays-Bas, 29 mars 1855. — Saxe, 19 mars 1856. — Luxembourg, 4 juillet 1856.

(1) Lois rappelées : Brunswick, 10 février 1842; — Hesse Darmstadt, 25 septembre 1830; — Hesse Hombourg, plusieurs lois non datées; — Reuss (branche aînée), *idem*; — Waldeck et Pyrmont, *idem*; — Saxe, 22 février 1844.

4° Le traité avec le Grand-duché de Hesse-Darmstadt, du 18 septembre 1852, introduit une autre modification qui est adoptée dans les six contrats suivants : — Landgraviat de Hesse-Hombourg, 2 octobre 1852, — Principauté de Reuss (branche aînée), 24 février 1853, — Duché de Nassau, 2 mars 1853, — Principauté de Reuss (branche cadette), 30 mars 1853, — Principauté de Waldeck et Pyrmont, 4 février 1854, — Grand-duché de Bade, 3 avril 1854;

5° Ces diverses formules se retrouvent, non pas textuellement, mais en termes analogues, dans le traité avec le royaume d'Espagne, du 15 novembre 1853.

13. — De 1857 à 1864, les traités sont moins nombreux que dans la période 1852 à 1856.

Une convention supplémentaire avec les Pays-Bas, du 2 avril 1860, a ajouté au traité du 29 mars 1855 l'autorisation de publier, dans ce royaume, des chrestomathies composées de fragments ou extraits d'auteurs français.

Quatre traités : avec le Grand-duché de Bade, du 2 juillet 1857; avec le canton de Genève, du 3 octobre 1858; avec la Russie, du 6 avril 1861; avec la Confédération suisse, du 30 juin 1864, — sont conçus dans les mêmes idées que ceux de la période précédente, mais diffèrent souvent dans la rédaction.

Trois autres : avec la Belgique, du 1er mai 1861; avec l'Italie, du 29 juin 1862; avec la Prusse, du 2 août 1862; reproduisent la rédaction de précédents traités, de 1852 à 1856.

TRAITÉS DE 1865.

14. — En 1865, la diplomatie a déployé une grande activité. Du 4 mars au 16 décembre 1865, il a été signé vingt-six traités et quatre en 1866-1867. Ces trente traités n'ont point introduit de dispositions nouvelles; ils ont appliqué celles admises précédemment, en mélangeant quelquefois dans un même contrat des dispositions empruntées à divers, sans modification dans la rédaction de chacune.

Enfin, le 7 janvier 1869, un traité avec la Belgique a simplifié les formalités réglées en 1861, pour l'exercice du droit des auteurs, et une convention du 11 août 1875 avec l'Angleterre a abrogé l'article 3 du traité de 1851, sur les représentations dramatiques.

Tels sont tous les traités de la France avec toutes les autres nations, de 1843 à 1875.

III

RESTRICTION PAR LES TRAITÉS DES DROITS DES AUTEURS A L'ÉTRANGER.

15. — Mais le régime des traités que nous venons de passer en revue s'est compliqué, depuis 1854, par suite d'une préoccupation qui ne nous paraît pas justifiée quand on l'examine sans préjugé.

Tout en reconnaissant, ou en acceptant la convenance d'attribuer à l'auteur étranger la même protection pour ses œuvres que celle qui est instituée au profit des auteurs nationaux, les rédacteurs des traités, depuis 1854, ont pris un soin tout particulier de ne point accorder à l'auteur étranger *plus de droit que ne lui en donne la législation de son propre pays*.

16. — Les rédacteurs des traités de la première série n'étaient pas, à ce point de vue, animés du même esprit.

Les traités de Sardaigne de 1843, 1846, 1850 ne contiennent aucune disposition qui se rapporte à cette restriction appliquée à l'auteur étranger au moment où on l'accueille dans le pays pour être assimilé aux nationaux.

Les traités de 1851 à 1853 ou s'abstiennent, ou expriment une pensée contraire.

C'est ainsi que la convention du 12 avril 1851, avec le Portugal, déclare que le droit de propriété sur les ouvrages d'esprit ou d'art, tel que ce droit est ou sera réglé par les législations respectives, est reconnu et réciproquement garanti pendant la vie entière des auteurs, et à leurs héritiers ou ayants cause pendant vingt ans au moins. Cette disposition indique la volonté de ne faire, à raison de la législation de l'étranger, aucune différence entre les étrangers et les nationaux ; volonté clairement manifestée, d'ailleurs, par l'adoption à l'égard de tous d'une règle commune de durée, et par la déclaration suivante : « Il est entendu que si les lois de l'un des deux États respectifs viennent à accorder à ses nationaux un délai plus long, cette augmentation de délai sera également concédée aux nationaux de l'autre État, s'ils l'y réclament. »

Le fait s'est présenté peu d'années après; les auteurs portugais ont pu profiter, en France, de la loi du 8 avril 1854 qui, en confirmant le droit des veuves établi par la loi de 1810, a porté la durée du droit des enfants à trente ans après le décès de la veuve.

La convention du 3 novembre 1851, avec la Grande-Bretagne, est formellement exclusive de la pensée de restriction qui naîtra, plus tard, en 1854, car elle donne à l'auteur de chaque pays la faculté d'exercer son droit de propriété ou d'auteur sur les territoires de l'autre pays « pendant le même espace de temps et dans les mêmes limites que s'exercerait, dans cet autre pays lui-même, le droit attribué aux auteurs d'ouvrages de même nature qui y seraient publiés. »

Le traité du 15 novembre 1853 avec l'Espagne est dans le même ordre d'idées, quand il fixe à une semblable durée le droit de propriété littéraire des Espagnols en France et des Français en Espagne.

17. — En 1854, commence l'autre courant d'idées que nous signalons, et qui a continué jusque dans les derniers traités.

La convention du 3 avril 1854 avec le grand-duché de Bade, dit que les auteurs ne jouiront pas, dans l'autre pays, de la protection contre la reproduction illicite de leurs œuvres « au delà du terme fixé pour la durée de cette protection par la législation de leur propre pays ».

Le 29 mars 1855, en traitant avec les Pays-Bas, on a écrit : « Les droits à exercer réciproquement dans l'un ou l'autre pays ne pourront pas être plus étendus que ceux qu'accorde la législation du pays auquel l'auteur appartient. »

Le traité du 30 octobre 1858 avec Genève porte : « Cette protection ne pourra pas dépasser celle qui est acquise aux auteurs dans leur propre pays. »

Le sentiment manifesté par ces formules, qui se répètent dans tous les traités postérieurs, semble inspiré par une sorte de jalousie tenant à l'exagération de l'idée de réciprocité. On ne veut pas que l'auteur, accueilli dans un pays étranger, y soit traité de la même manière que les nationaux, — si, dans son propre pays, ces nationaux doivent être moins bien traités quant à la durée et à l'étendue de leurs droits sur leurs œuvres. On ne veut pas que la protection donnée à l'auteur étranger puisse dépasser celle qu'il trouve chez lui.

18. — Ce système efface la vertu originelle du décret de 1852, auquel la France semble renoncer quand elle consent à y déroger dans la loi spéciale qu'elle établit par un traité avec une nation contractante, et quand elle étend cette loi spéciale à ses contrats avec la presque totalité des autres nations.

IV

PROPOSITION D'UN VŒU A EXPRIMER PAR LE CONGRÈS

19. — Ne serait-il pas bien plus naturel de convenir que l'œuvre de l'auteur étranger, qui sera communiquée au public national, jouira dans le pays des mêmes droits que les œuvres des auteurs nationaux ?

En quoi la nation hospitalière souffrira-t-elle, parce que le droit privatif de l'auteur ou de ses représentants sera éteint plus tôt, ou sera moins étendu, dans son pays d'origine ?

Si la nation hospitalière voulait imiter chez elle la durée ou l'étendue du droit de l'auteur étranger, dans la mesure de la durée ou de l'étendue réglées par la loi du pays d'origine, il serait équitable, alors, d'accorder au droit privatif de l'auteur étranger sur son œuvre une durée plus longue, ou une plus grande étendue, quand cette durée ou cette étendue dépasseraient, dans son pays d'origine, celles établies dans l'autre pays pour les auteurs nationaux.

Il n'y a qu'une seule manière d'être juste envers tous, c'est l'assimilation absolue des œuvres, quelle qu'en soit l'origine, nationale ou étrangère, lorsqu'il s'agit de régler le droit privatif de communication au public d'un pays déterminé : toutes doivent être soumises à la loi du pays.

20. — Parmi les formules que nous avons cherchées pour exprimer cette assimilation de toutes les œuvres nationales ou étrangères, voici celle qui nous a paru la plus simple et la plus nette :

Lorsqu'une œuvre littéraire, scientifique ou artistique sera communiquée au public, dans un pays autre que son pays d'origine, elle y sera traitée suivant les mêmes lois que les œuvres d'origine nationale.

Nous proposons au Congrès de formuler un vœu dans ces termes.

21. — Cette formule aura l'avantage de se prêter également à la rédaction des lois, et à la rédaction des traités, par les nations qui accueilleraient favorablement le vœu du Congrès.

S'agira-t-il d'une loi intérieure à promulguer dans un pays quelconque, on se servira ainsi de la formule du vœu :

Lorsqu'une œuvre littéraire, scientifique ou artistique d'origine étrangère sera publiée (ici le nom du pays où se rédige la loi), *elle y sera traitée suivant les mêmes lois que les œuvres d'origine nationale.*

S'il s'agit d'un traité à dresser entre deux nations qui auront le désir de se conformer au vœu du Congrès, supposons par exemple l'Espagne et la France, on écrira :

Lorsqu'une œuvre littéraire, scientifique ou artistique, d'origine espagnole, sera communiquée au public en France, ou d'origine française sera communiquée au public en Espagne, elle sera traitée suivant les mêmes lois que les œuvres d'origine nationale.

22. — Avec une pareille disposition, il n'y a plus à se pré-

occuper ni de la nature de l'œuvre, ni du mode de communication au public.

Est-ce une œuvre de l'esprit ou une œuvre de l'art (pour prendre les expressions usitées dans un certain nombre de traités antérieurs), — est-ce un écrit, un livre, une traduction, une pièce de théâtre, une composition musicale, un dessin, une peinture, une lithographie, une sculpture, une photographie, etc., tous mots empruntés aux traités qui ont cherché à tout prévoir, — l'œuvre sera nécessairement comprise dans l'une de ces qualifications : *littéraire*, *scientifique* ou *artistique*, qui embrassent tous les modes suivant lesquels l'homme peut communiquer à ses semblables les pensées et les sentiments conçus par son âme.

Le public sera-t-il saisi par des copies multipliées à la main, ou à l'aide de procédés mécaniques, ou par des expositions aux regards, ou par des représentations théâtrales, ou par des concerts, ou par tout autre mode qui pourra être inventé, — tous les procédés quelconques se trouvent expressément désignés par ces termes : «Communication au public.»

Le droit naturel appartenant à l'auteur de communiquer à ses semblables, soit à quelques-uns, soit au public, l'œuvre par laquelle il a exprimé son idée ou son sentiment sera ainsi protégée dans chaque État suivant la loi de l'État.

23. — L'auteur n'a pas le droit de demander autre chose.

Quand il transporte sa personne dans un État étranger à son lieu de naissance, il ne peut pas faire autrement que de se soumettre aux lois du pays qui régissent les communications des résidants entre eux par le voisinage, par le commerce, par tous les contrats, par la publication d'œuvres de toutes sortes.

Ce principe est inscrit en tête du Code civil français :

« Les lois de police et de sûreté obligent tous ceux qui habitent le territoire. » Il est généralement admis par les autres nations. Or, jusqu'à ce jour, les lois qui ont restreint ou réglementé l'exercice du droit de publication, ont toujours eu, par quelque côté, le caractère de lois de police. Elles ne seront tout à fait lavées de cette tache que lorsqu'elles se borneront à une seule disposition: « Nul ne peut, de quelque manière que ce soit, communiquer au public une œuvre littéraire, scientifique ou artistique, sans le consentement préalable de l'auteur ou de ses ayants droit. »

Quand l'auteur, au lieu de se transporter dans le pays où il désire que son œuvre soit communiquée au public, se contente d'y envoyer cette œuvre, ou la confie à un habitant du pays pour la répandre, il est tout naturel qu'il la soumette aux lois nationales, comme il y soumettrait sa personne s'il se rendait dans le pays.

24. — De même, la nation qui accueille l'œuvre n'a aucune raison légitime pour y appliquer d'autres lois qu'aux œuvres nées dans le pays, pas plus qu'elle n'invente ou ne cherche au dehors d'autres lois que les siennes, pour les appliquer aux personnes étrangères qui passent ou résident dans le pays.

25 — En adoptant la rédaction d'un vœu dans le sens de celui qui est ici proposé, le Congrès se conformerait comme nous venons de l'expliquer, — aux principes du droit naturel, — aux lois générales qui régissent tous les États, — aux sentiments qui ont inspiré tous les traités entre la France et les autres nations depuis trente-cinq ans.

26 — Le présent travail n'a touché, — ni aux questions de détail auxquelles pourraient donner lieu l'examen des traités, telles que : le droit de traduction, le droit de représentation dramatique, la reproduction par les journaux, etc., — ni aux formalités multiples imposées aux auteurs comme conditions pour l'exercice de leurs droits, telles que : déclarations, dépôts, enregistrements, etc.

En effet, l'adoption par le Congrès du vœu qui lui est proposé, et son application dans les lois intérieures des divers pays, ou dans les traités internationaux, rendraient superflues toutes ces dispositions accessoires, puisque chaque auteur étranger serait simplement soumis aux lois et règlements du pays, comme les nationaux eux-mêmes.

C'est pourquoi,—dans les textes des traités que nous avons ici annexés, — nous reproduisons seulement les articles ayant trait aux droits réciproquement reconnus aux auteurs des deux pays, quant à la publication de leurs œuvres, droits dont l'expression se trouvera désormais concentrée dans la formule que nous proposons pour consacrer — dans chaque pays — l'égalité entre les auteurs de toutes les nations.

La lecture de la proposition de M⁰ Celliez a été fréquemment interrompue par les applaudissements de l'assemblée. L'impression de ce travail est aussitôt demandée par un grand nombre de membres, dont plusieurs voteraient également l'impression des divers traités.

M. PAUL SAUNIÈRE prie M⁰ Celliez de faire connaître s'il n'y a pas un traité type dont, suivant lui, on pourrait se rapprocher sans l'adopter entièrement.

M⁰ CELLIEZ répète que chacun pourra lui demander communication des divers traités pour les étudier à loisir, et M. le président propose que l'étude soit imprimée sans les annexes.

L'impression de l'étude de M. Henry Celliez, sans les annexes, est mise aux voix et adoptée à l'unanimité.

Plusieurs membres demandent que ce travail soit communiqué aux journaux. M. Adolphe Belot pense qu'il convient d'envoyer aux journaux simplement la formule indiquée par Mᵉ Celliez, cette formule résumant l'ensemble de son étude; plus tard on pourra la mettre en discussion, et, si on la reconnaît être la meilleure des formules cherchées, les membres du Congrès faisant partie du deuxième bureau devraient prendre l'engagement de la soutenir par leur influence, leur parole ou leur plume, dans leur pays respectif.

A M. Sonzogno, qui pose cette question : — « Comment ferez-vous pour faire valoir cette formule à l'étranger ? » — M. EDMOND ABOUT, président, répond qu'il croit difficile d'engager aujourd'hui une discussion générale ; il ajoute : Nous ne sommes pas d'ailleurs des législateurs, et nous aurons seulement à discuter l'esquisse du traité international qui nous est soumis, de façon à chercher à l'imposer et à le faire introduire dans les lois ; nous formulerons notre *desideratum*. Pour cela, nous avons, dès maintenant, à procéder à l'impression de l'étude de Mᵉ Celliez, à nous en pénétrer ensuite, de façon que, dès après-demain, chacun puisse être en mesure de la discuter s'il y a lieu.

Pour répondre ensuite à l'avis exprimé tout à l'heure par quelques membres, M. LE PRÉSIDENT demande si l'assemblée entend communiquer la proposition de Mᵉ Celliez aux journaux ; quant à lui, il se hâte de faire observer que cette façon d'agir serait contraire aux usages des assemblées délibérantes..

Se rangeant à cette opinion, l'assemblée décide que, d'ici à la nouvelle séance, la formule sera seule transmise aux journaux.

M. CADOL, appuyant cette décision, fait remarquer que si l'assemblée a voté l'impression de l'étude de Mᵉ Celliez, c'est justement pour qu'avant de la répandre on en puisse étudier les termes, jusqu'à ce qu'elle ait été discutée: il n'y a donc pas lieu de la publier.

M. TOURGUENEFF ajoute encore que, en raison de la situation exceptionnelle où se trouve la Russie, par rapport à la propriété littéraire, les sept ou huit de ses compatriotes qui sont venus avec lui au Congrès international ont absolument besoin de se concerter et d'étudier la formule à adopter; en conséquence, il demande donc aussi que la discussion ne soit pas commencée avant la séance de samedi prochain.

Cette observation obtient l'assentiment général.

M. LE PRÉSIDENT déclare alors la séance terminée.

L'un des secrétaires,
FÉLIX JAHYER.

TROISIEME COMMISSION

De la condition des écrivains à notre époque. — Des associations littéraires. — Exposé des diverses institutions tendant à améliorer le sort des gens de lettres. — Vœux à formuler pour l'avenir.

Séance du jeudi 13 *juin* 1878.

Présidences successives de M. Mauro-Macchi, délégué italien, président, — et de M. Philibert Audebrand, vice-président, délégué français.

A l'issue de la séance du Congrès, les délégués de la troisième commission se réunissent dans leur bureau.

M. Mauro-Macchi, délégué italien, est élu, par acclamation, président de la commission, et prend place au fauteuil.

Sont élus ensuite :

Vice-présidents : MM. Robert Schweichel, délégué allemand, et M. Philibert Audebrand, délégué français.

Secrétaires : MM. Louis Collas et Victor Rozier, délégués français.

M. LE PRÉSIDENT remercie la commission de l'honneur qu'elle vient de lui faire. Il dit qu'il fera tous ses efforts pour bien diriger la discussion du programme qui incombe à la commission et qui est d'une importance capitale. Il rappelle les termes de ce programme, qui sont : « De la condition des écrivains à notre époque ; — des associations littéraires. — Exposé des diverses institutions tendant à améliorer le sort des gens de lettres. — Vœux à formuler pour l'avenir. »

Après cet exposé, accueilli avec une faveur marquée, il est procédé à l'appel nominal.

Sont présents les délégués dont les noms suivent, savoir :

Délégués étrangers : MM. Luis Alfonso (Espagne), — Batzmann (Norwège), — W. H. Bishop (États-Unis d'Amérique du Nord), — Boris Tchivilev (Russie), — Conrad (Allemagne), — Alfred Flinch (Danemark), — Ernest Franco (Italie), — Ferdinand Gross (Autriche), — Huet (Hollande), — Louis Kolisch (Allemagne), — Richard Kaufmann (Danemark), — Mauro-Macchi (Italie), — Nordau (Hongrie), — Pozzi (Italie), — Robert Schweichel (Allemagne), — Venceslas Szylmanowski (Pologne), — Tchouiski (Russie), — Vollo (Italie),

Délégués français : MM. Antony Réal, — Philibert Audebrand, — Eugène d'Auriac, — Théodore de Banville, — Eugène Bonnemère, — Augustin Challamel, — Maurice Champion, — Louis Collas, — Richard Cortambert, — Charles Diguet, — Constant Guéroult, — Charles Gueullette, — Laforêt, — Lorédan Larchey, — Jules Lermina, — Gabriel Marc, — Eugène Muller, — Alphonse Pagès, — E. de Pompery, — Mario Proth, — Émile Richebourg, — Victor Rozier.

M. Jules Lermina demande la parole et expose qu'il conviendrait d'établir une sorte de questionnaire pour régler la marche des travaux. Il présente dans ce but un projet de programme dont il donne lecture, et qui est ainsi conçu :

1° Examiner et constater la situation morale et matérielle des écrivains dans tous les pays.

Situation morale

Sont-ils estimés? — Sont-ils l'objet de préjugés injustifiables? — Quels sont ces préjugés et sur quelles apparences sont-ils basés?

Situation matérielle

Les productions de l'esprit sont-elles bien ou mal payées? — Quelle est la proportion pour les diverses branches de littérature? — D'où vient la différence des prix? — Quelles sont les prétentions ordinaires des directeurs de journaux ou revues, éditeurs, etc. — A quelle cause attribuer l'élévation ou la diminution des prix?

Situation sociale

Quels sont les rapports de l'écrivain avec l'autorité? — De la censure. — Des entraves administratives. — Exposé sommaire des lois intérieures, restrictives des droits de la pensée.

2° Examiner et résumer les progrès à réaliser et les réformes à poursuivre.

3° Examiner quels résultats on peut attendre de l'entente internationale :

Au point de vue moral. Au point de vue matériel. Au point de vue social.

Moral.

Appui mutuel que doivent se porter les écrivains des divers pays. — Expansion des traductions. — Propagande.

Matériel.

Par les travaux des 1re et 2e Commissions sur la propriété littéraire. — Par une sorte de coalition des producteurs littéraires.

Social.

Par le concours que les écrivains doivent se prêter mutuellement, lorsque les droits de la pensée sont lésés, en quelque pays que ce soit.

4° Des moyens pratiques :
De la création d'une Commission permanente internationale.
De l'organisation de Cercles reliés entre eux par une correspondance régulière;
De l'organisation d'un système de publicité international, et, s'il est possible, de la création d'un organe périodique, revue internationale.

M. Eugène Muller pense qu'avant d'adopter ce projet comme base des travaux de la commission, il conviendrait d'examiner successivement chacun des articles proposés pour établir une marche définitive de la discussion.

M. Eugène d'Auriac dit qu'il voit, en effet, des lacunes dans ce projet, et il lui paraît nécessaire de les remplir avant de l'adopter.

M. Jules Lermina répond que ce programme n'a d'autre but que de former une sorte de cadre, à l'aide duquel on pourrait commencer les travaux; mais il est évident que rien n'obligerait à se tenir dans la discussion des points indiqués, et que d'autres questions pourraient être traitées, la commission restant toujours maîtresse de modifier comme elle l'entend son ordre du jour.

M. le président, après s'être assuré que le projet qui vient d'être lu est appuyé, met aux voix la question de savoir si la commission l'adopte comme base de ses travaux.

La proposition mise aux voix est adoptée.

M. Pozi, délégué italien, pense qu'il faut tout d'abord traiter la question générale. — Nous nous sommes réunis fraternellement, dit-il; bien que les auteurs français soient plus heureux que ceux de la plupart des autres pays, et particulièrement de l'Italie, il faut chercher à relever partout l'homme de lettres. L'Italie compte de grands littérateurs, mais ils seraient restés dans l'ombre s'ils n'avaient pas eu le moyen de faire imprimer leurs œuvres. En général, le mot *poète* est synonyme de pauvre, financièrement parlant. Leur position est misérable; car, pour être lu, il faut donner son livre. Les questions proposées par M. Jules Lermina semblent donc excellentes : c'est par l'appui mutuel que se prêteront les écrivains de tous les pays, par la création de sociétés internationales, de cercles communiquant ensemble, que l'on pourra obtenir des résultats satisfaisants.

M. Augustin Challamel voudrait qu'un délégué de chaque nation prît la parole et exposât, comme vient de le faire M. Pozi, la situation de l'homme de lettres dans son pays. Il voudrait que l'orateur ne se bornât pas à l'exposer de vive voix, mais qu'il résumât en outre sa pensée dans une note écrite, qu'il déposerait sur le bureau.

M. Eugène Muller fait remarquer que toutes les nations ne sont pas représentées dans la commission.

M. Eugène d'Auriac dit que, notamment, il n'y a pas de délégué anglais. Il sait qu'il existe à Londres une Société de gens de lettres, dont il serait nécessaire de connaître le fonctionnement. Il serait donc important d'inviter un délégué de cette nation, comme de celles qui ne sont pas représentées dans la commission, à venir exposer la situation de l'homme de lettres dans leur pays.

M. Emile Richebourg dit que plusieurs délégués, qui font partie d'autres commissions, se proposent de venir dans chacun des bureaux, pour y être entendus, entre autres M. Rollot, agent général de la Société des auteurs, compositeurs et éditeurs de musique.

M. Vollo, délégué italien, dit que la cameraderie, désignée en Italie sous le nom d'*Eglises littéraires,* est le fléau des gens de lettres. Il y a des auteurs de talent qui restent obscurs à côté d'auteurs médiocres, mais qui obtiennent une certaine célébrité ; c'est que les uns ont des amis que n'ont pas su se créer les autres. La presse, en Italie, est un pouvoir réel ; elle fait à son gré le jour ou la nuit : celui qu'elle favorise réussit, tandis que celui qu'elle délaisse systématiquement croupit dans l'ombre. Donc, celui qui appartient à une coterie puissante est sûr du succès, celui qui manque de savoir-faire est méconnu. Il y a là une véritable plaie à laquelle il faudrait apporter remède.

M. Laforêt dit qu'il serait à désirer que la discussion ne dégénérât pas en questions par trop générales, et qu'on se renfermât davantage dans le programme qui vient d'être adopté. Il voudrait qu'on écartât tout exposé qui s'éloigne de ce programme.

M. le président répond à M. Laforêt que M. Vollo est resté dans la question, et que ce qu'il vient de dire se rapporte absolument au sujet qui fait l'objet de la discussion.

M. Augustin Challamel demande qu'un délégué d'une autre nation fasse, en ce qui le concerne, un exposé analogue à celui que vient de faire M. Vollo.

M. Eugène Muller craint que quelques délégués étrangers éprouvent de la difficulté à s'exprimer en français ; il pense qu'il leur serait facile d'obvier à cet inconvénient en écrivant à l'avance les paroles qu'ils se proposent de prononcer.

M. Augustin Challamel répond que ce ne sont pas des discours que l'on attend des délégués étrangers, mais bien l'exposé des faits dont les membres de la commission saisiront toujours le sens.

M. Boris Tchivilev, délégué russe, dit que les gens de lettres n'ont pas lieu de se plaindre en Russie. La somme de lecteurs y est énorme. Les dames russes lisent plus que les dames françaises, espagnoles ou italiennes ; de sorte que le talent se fait jour facilement. Il y a, en Russie, comme partout, des hommes de lettres malheureux et des spéculateurs qui exploitent leur misère ; mais c'est là l'exception.

M. Ferdinand Gross, délégué autrichien, expose la situation des journalistes en Autriche :

Les écrivains jouissent en Autriche d'une considération générale et incontestée; mais il n'en a pas toujours été ainsi ; il y eut une époque où le poète et le littérateur étaient regardés « comme bêtes malfaisantes » ; quant aux journalistes, ils n'existaient pas. Le journalisme politique était un monopole d'Etat. La presse en Autriche ne date réellement que de 1849. Quoique adolescente encore, cette presse jouit d'une position indépendante et honorée dont elle peut à bon droit se féliciter. On compte, parmi les journalistes autrichiens, bon nombre de conseillers municipaux et de députés ; le président de la Société des gens de lettres de Vienne fut nommé membre de la commission impériale de l'Exposition universelle de 1873, et après cette Exposition, l'empereur François-Joseph conférait à des journalistes des décorations qui entraînent un titre de noblesse.

La plupart des écrivains contemporains jouissent de sinécures officielles, soit dans les bureaux d'un ministère, soit dans une bibliothèque ou dans un musée impérial.

La Société des gens de lettres de Vienne, *la Concordia*, vient elle-même, par tous les moyens en son pouvoir, au secours des hommes de lettres ou des journalistes malheureux ; elle se divise en deux sections : l'une s'occupe des membres malades, accorde des prêts ou des secours ; elle se charge des funérailles des sociétaires défunts ; elle fait des donations aux veuves et aux orphelins. L'autre section est une société d'assurance complète sur la vie, pour la vieillesse et pour les survivants. Elle dispose de près de deux millions de francs, et, moyennant certains apports annuels, elle fait actuellement à ses membres une pension de 600 florins, soit 1,500 francs, après vingt-cinq années de sociétariat, ou dans le cas d'incapacité de travailler. En un mot, la position de l'homme de lettres en Autriche, et surtout des journalistes, est bonne.

M. Nordau, délégué hongrois, dit que la Hongrie a six millions de magyares; mais que, dans ce nombre, il ne faut compter que quelques milliers d'acheteurs. Il est donc très-rare de voir deux éditions d'un livre ; M. Yokaï, seul, est arrivé à avoir plusieurs éditions d'un de ses ouvrages. Il suit de là qu'on abandonne la littérature pour le journalisme : c'est plus lucratif.

M. Villemain, l'académicien français, a dit que la littérature conduisait à tout : cela est vrai pour les hommes de lettres hongrois ; ils commencent par être écrivains pour se faire connaître; puis, s'ils ont quelque mérite, ils finissent par obtenir de bons emplois. Un des plus grands ministres qu'ait eus la Hongrie, M. le baron Eotvos a commencé par être romancier ; puis il s'est jeté dans le journalisme, et c'est ainsi qu'il est arrivé aux plus hautes dignités.

M. Eugène Muller reconnaît qu'il se trompait en craignant que les délégués étrangers eussent quelque peine à s'exprimer; il voit, au contraire, qu'ils s'expriment en fort bons termes et que ces craintes étaient loin d'être fondées.

M. le président dit qu'il ne s'attendait pas à l'honneur qu'on lui a fait au début de la séance. Il est forcé de se retirer. Il consulte l'assemblée sur la fixation de sa prochaine réunion. Il est décidé que la commission se réunira le samedi 15 juin, après la séance du Congrès.

M. Mauro-Macchi cède le fauteuil à M. Philibert Audebrand, vice-président.

M. Huet, délégué hollandais, dit que la Hollande a trois ou quatre millions d'habitants, et qu'on y parle plusieurs langues. Il ne s'y trouve pas, à proprement parler, d'hommes de lettres, ou du moins il y en a fort peu, aucun ne pouvant vivre de sa plume. Les quelques auteurs qui méritent ce titre ne sont donc pas récompensés de leurs travaux; ainsi, Mme X...., le plus grand écrivain de la Hollande, connue en France par des travaux remarqués, dont la *Revue des Deux-Mondes* a publié un roman : *le Major Franz*, vit médiocrement avec son mari; sa position est à peine aisée, et son avenir n'est nullement assuré. Il est donc rare qu'un livre se tire à plus de mille exemplaires. Cet abandon de la littérature nationale ne vient pas du défaut de lecteurs. On lit beaucoup en Hollande. Mais la diffusion des langues fait qu'on y trouve plus facilement la *Revue des Deux-Mondes*, qui y compte trois cents abonnés, ou des revues anglaises, allemandes, italiennes, que des livres nationaux.

S'il n'y a pas, en Hollande, de littérature proprement dite, il y a des journaux, et conséquemment des journalistes : M. Huet est lui-même correspondant d'un journal qui se publie à Batavia, et qui fait assez bien ses affaires.

Il n'y a pas, en Hollande, de Société de gens de lettres. Les journalistes n'y jouissent pas de l'estime qui leur est due. Ils ne sont pas absolument exclus des grandes réunions, mais on les tient un peu à l'écart, sans qu'on puisse, d'ailleurs, trouver aucune raison pour expliquer ce fait.

La France n'aurait qu'un médiocre intérêt à faire un traité avec la Hollande.

M. Émile Richebourg répond qu'un traité international serait, au contraire, très-avantageux pour la France comme pour la Hollande. A Amsterdam, à La Haye et dans d'autre villes, on publie des livres français. Ce sont ces publications qui tuent la littérature nationale.

M. Huet dit qu'il n'est pas à sa connaissance qu'aucun livre français eût été imprimé en Hollande.

M. Émile Richebourg répond que ces livres ne sont pas imprimés en Hollande; mais qu'ils arrivent tout fabriqués de Leipsick ou d'autres lieux, et qu'un traité international servirait à son avis les deux pays.

M. le président fait observer à M. Émile Richebourg qu'il s'écarte de la question réservée à la troisième commission.

M. Émile Richebourg répond qu'il a été poussé à faire cette digression par suite des dernières paroles de M. Huet.

Un délégué anglais dit que les journalistes sont très favorisés en Angleterre depuis que M. Cobden a fait abolir les droits sur la presse; les avantages de cette loi ne se sont pas fait sentir seulement à Londres, mais dans toutes les villes où s'impriment des journaux.

M. Venceslas Szymanowski, délégué polonais, rédacteur en chef du *Courrier de Varsovie,* dit qu'en Pologne la littérature suit le courant imprimé aux littératures européennes dans la seconde moitié du dix-neuvième siècle. Là aussi, le journal tue le livre. A Varsovie, il paraît plus de soixante publications ou feuilles périodiques en langue polonaise, dont douze journaux quotidiens. Les choses étant telles, il en résulte un abaissement du niveau des talents; on écrit à tant la ligne, c'est-à-dire le plus possible, sans trop s'inquiéter de la valeur de la production. Il y a cependant à Varsovie, des littérateurs et des poètes d'un réel talent, mais en général la médiocrité productive prime le travail de ceux qui ne pensent qu'à la valeur intrinsèque de leurs œuvres.

Les théâtres ne comportent pas de droits d'auteur, mais une prime d'entrée seulement, qui varie de 800 francs à 1,500 francs, s'il s'agit d'une pièce remplissant tout le spectacle.

Malgré l'affluence des journaux, certains livres atteignent un tirage assez élevé. Les œuvres de Kovzeniouvski, de Fredo et de Syrokomla ont été imprimés à dix et douze mille exemplaires.

La condition de l'homme de lettres en Pologne, sans être excellente, n'est donc pas des plus mauvaises.

En général, on peut dire de la littérature polonaise, qu'elle a germé et qu'elle prospère, grâce à ses propres efforts et sans chercher d'appui en dehors d'elle-même.

Pour prouver l'estime dont le pays entoure les hommes de talent qui travaillent à sa gloire, il suffit d'un seul exemple :

L'idée de fêter le jubilé de cinquante ans de Kraszewski, un des plus éminents écrivains polonais, a trouvé un tel écho sympathique dans toutes les classes de la population, que les souscriptions ont atteint plusieurs centaines de mille francs.

Il y a eu à Varsovie une Société de gens de lettres : elle n'existe plus. On s'occupe d'organiser actuellement une caisse de secours ; une pétition a été adressée à cet effet à Saint-Pétersbourg. On attend la réponse du ministre.

M. LE PRÉSIDENT pense que le programme de M. Lermina, adopté par la commission, est complexe. Il serait d'avis que les questions fussent divisées pour être discutées séparément, afin d'arriver plus sûrement au résultat que l'on veut obtenir.

M. JULES LERMINA répond qu'à son avis, la marche de la discussion est normale ; il croit que l'ordre du jour se déroule de lui-même et que les choses peuvent continuer ainsi.

La séance est levée à cinq heures.

Le président de la troisième commission,
MAURO-MACCHI.

L'un des secrétaires,
VICTOR ROZIER.

L'un des vice-présidents,
PHILIBERT AUDEBRAUD

TROISIÈME JOURNÉE

15 JUIN

SÉANCE GÉNÉRALE

ET

PROCÈS-VERBAUX DES COMMISSIONS

TROISIÈME SÉANCE

DU

CONGRÈS LITTÉRAIRE INTERNATIONAL

TROISIÈME JOURNÉE
15 Juin 1878

Présidence de M. Tourguéneff.

La séance est ouverte à deux heures dix minutes.

M. le président. — La parole est à M. Diguet pour la lecture du procès-verbal de la dernière séance.

M. Diguet lit le procès-verbal.

M. le président. — Quelqu'un demande-t-il la parole sur le procès-verbal ?

M. Lubomirski. — J'ai dit à la dernière séance qu'il était regrettable qu'aucun des pouvoirs publics n'ait donné une salle pour la séance solennelle de lundi. Le procès-verbal ne relate pas mes paroles ; je demande qu'elles y soient insérées.

M. Edmond About. — Ce ne serait pas juste. Hier même le gouvernement français a mis à la disposition du Congrès une salle fort belle et même illustre par son histoire, celle de l'ancien Sénat. Mais, outre que cette salle est dans une situation excentrique, puisqu'elle est placée au Luxembourg, on a constaté qu'elle serait beaucoup trop étroite pour recevoir le Congrès et les personnes que nous voulons inviter à cette séance solennelle. D'ailleurs, au moment où cette proposition nous était faite par le gouvernement, nous avions déjà traité et signé une convention avec le directeur du théâtre du Châtelet, et nous ne pouvions pas rompre un marché librement consenti et conclu. Nous croyons que l'assemblée voudra bien rendre justice au gouvernement, qui s'est montré désireux de nous venir en aide.

M. Edmond About. — Je crois que c'est moi qui aurais le plus à me plaindre du procès-verbal, et je suis sûr que M. Diguet, qui est un des membres les plus spirituels de la Société des gens de lettres, fera de lui-même les quelques retranchements qui me paraissent nécessaires (1).

M. Mauro-Macchi. — Je prie l'assemblée de m'excuser si je n'exprime pas ma pensée aussi nettement que je le voudrais.

Personne n'apprécie et n'estime plus que moi l'éloquence de M. Edmond About; mais je pense qu'il n'est pas d'usage d'exprimer des jugements dans un procès-verbal. Un procès-verbal doit noter les faits rapidement, sans les juger, soit en bien, soit en mal. J'exprime le vœu qu'ils soient rédigés désormais dans cet esprit. (Très-bien, très-bien.)

M. le président. — Ces observations fort justes seront prises en considération, et le procès-verbal sera rectifié. Je mets aux voix le procès-verbal amendé.

Le procès-verbal mis aux voix est adopté.

M. le président. — La parole est à M. Lœwenthal, délégué allemand.

M. Lœwenthal commence son discours.

M. Robert Hyenne interrompant l'orateur. — Je demande qu'on renvoie ce discours à la seconde commission.

M. Edmond About. — Je pense, messieurs, que nous sommes précisément ici pour entendre les communications de ce genre. Le rapport sera certainement renvoyé par l'assemblée à la commission spéciale.

Un membre. — Je demande s'il y a un ordre du jour pour cette séance, et s'il n'y en a pas, qu'on en établisse un. Je demande qu'on discute l'ordre et la durée du Congrès. Nous ne savons pas le nombre de séances qu'il aura, dans quel local il se réunira, si ce local sera changé : nous demandons également des explications sur la séance publique qui doit avoir lieu lundi.

M. Edmond About. — Je crois que mon honorable confrère a fait une confusion entre une séance publique et une séance générale. Nous nous sommes réunis déjà deux fois en séances générales. Nous sommes aujourd'hui encore réunis en séance générale, sauf à rentrer un peu plus tard dans nos commissions. Quant à la question de l'ordre du jour des assemblées générales,

---

(1) M. Ed. About fait ici allusion à des appréciations élogieuses à son adresse qui se trouvent dans le procès-verbal.

il n'a pu être établi d'avance, par une bonne raison, c'est que le Congrès ne sera réellement un congrès qu'après la séance publique. Nous n'avons eu jusqu'ici, à proprement parler, que des séances préparatoires. Nous ne sommes pas encore au complet. La Société des auteurs dramatiques, qui viendra, après les explications que j'ai eu l'honneur de lui fournir, n'a pas encore envoyé sa commission se joindre à nous; mais, je vous le répète, elle viendra. (Bravo! bravo!) Elle entrera pour la première fois dans nos rangs après demain lundi. Nous sommes obligés de travailler sans elle.

Toutes les nations ne sont pas encore représentées : la Belgique, par exemple.

Une voix, au fond de la salle, à gauche. — La Belgique a des représentants dans l'assemblée.

M. Edmond About. — Si la Belgique est représentée ici, elle ne l'est pas officiellement, et personne n'est venu, au nom de ses écrivains, réclamer à notre bureau une place que nous tenons à voir occuper. Les Belges ont été retenus chez eux par les élections extrêmement importantes qui viennent d'avoir lieu, dont vous connaissez les résultats, et qui coïncident précisément avec le jour de la réunion de notre première assemblée. M. de Laveleye, par exemple, est arrivé seulement aujourd'hui à Paris.

Nous ne sommes pas au complet; il nous a donc été impossible de faire un ordre du jour général pour toutes les séances. Mais nous en avons fait un particulier pour la séance d'aujourd'hui; il comprend la lecture de la motion de M. Lœwenthal, qui a été déposée à la dernière séance, une communication de notre président, M. Tourgueneff; enfin, une question que j'aurai l'honneur de soumettre à l'assemblée, sur la façon d'organiser notre réunion de lundi prochain. En attendant, je pense que nous devons laisser la parole à M. Lœwenthal, qui n'en a nullement abusé.

M. Polonski. — Nous avons à nous occuper de la formule proposée par M. Celliez; nous pourrions la discuter ensemble.

M. Edmond About. — Le travail de M. Celliez a été lu seulement à un tiers de l'assemblée, dans une commission. Il vient d'être imprimé, et il n'a été distribué qu'aujourd'hui. Il me paraît logique que nous ayons le temps d'en prendre connaissance. Jamais on a vu une assemblée discuter un rapport avant que ses membres aient eu le temps d'en prendre connaissance.

M. le président. — Monsieur Lœwenthal, vous avez la parole; continuez, je vous prie. (Applaudissements.)

M. Lœwenthal achève son discours.

M. Lœwenthal, dont le discours (1) a été fréquemment souligné par des marques d'assentiment, se rassied au milieu des témoignages d'approbation et des applaudissements de l'assemblée.

M. le président. — Je crois être l'interprète du sentiment général de l'assemblée en remerciant M. Lœwenthal. (Très bien, très bien.) Il me semble que la proposition de M. Lœwenthal doit être renvoyée à la deuxième commission.

M. Robert Halt. — Je désire proposer à l'Assemblée la discussion d'une question qui n'a pas été introduite dans l'ordre du jour. Si ce n'est pas une question internationale, c'est au moins une question française du plus vif intérêt. Je veux parler de la commission du colportage.

Voix nombreuses. — L'ordre du jour ! l'ordre du jour !

M. Robert Halt. — Je demande à M. le président qu'il veuille bien inviter les personnes qui demandent l'ordre du jour à prouver que la commission du colportage ne cause aucun dommage aux écrivains français. (Réclamations réitérées et plus accentuées : — L'ordre du jour ! l'ordre du jour ! — Renvoyé à la troisième commission).

M. Edmond About. — Je veux rappeler à M. Robert Halt que la question dont il voudrait saisir l'Assemblée est purement française, et que nous sommes réunis en Congrès international. Je le prie de vouloir se rappeler ce vieux dicton de notre pays : « Il faut laver son linge sale en famille. » (Marques d'assentiment.)

Que dirions-nous si un étranger, appartenant à une des grandes nations où la censure existe encore, venait apporter ici une protestation contre la censure ? Nous dirions qu'il agit imprudemment et d'une façon inopportune. Nous sommes en Europe, restons en Europe. (Très bien.)

De toutes parts. — L'ordre du jour ! l'ordre du jour !

M. le président. — Nous allons, pour nous conformer aux vœux de l'Assemblée, rentrer dans l'ordre du jour. Je ne m'attendais pas à ce qu'il y aurait aujourd'hui séance publique ; je croyais assister à une simple réunion de la seconde commission, et j'avais préparé quelques observations sur le rapport que M. Cellier nous a lu avant-hier. Après avoir entendu l'observation faite par M. Edmond About, qui nous a fait remarquer que

---

(1) Dont on trouvera le texte plus loin.

ce travail n'a été distribué qu'aujourd'hui et qu'on n'a pas encore eu le temps d'en prendre connaissance, je renonce à la parole, me réservant de présenter mes observations à la séance prochaine. Vous aurez tous lu le travail de M. Celliez, et nous pourrons le discuter utilement. La parole est à M. Edmond About.

M. Edmond About. — Je voudrais vous entretenir un instant de la séance publique du 17 juin ; mais, avant d'aborder ce sujet et de crainte d'oublier une chose très grave, permettez-moi de mettre la charrue avant les bœufs, et de vous demander le jour de notre prochaine réunion au Grand-Orient.

Lundi. nous serons dans un théâtre, assemblés, *ad pompam et ostentationem*, pour faire connaître au public les sentiments qui nous animent, et non pour élaborer les travaux que nous avons à accomplir. Je vous prie de vouloir bien dire quel jour vous avez l'intention de nous réunir ici pour continuer nos réunions.

Ne pensez-vous point que nous pourrions nous retrouver ici mercredi, et ainsi de suite, de deux jours en deux jours ? Cela permettrait à chaque membre de vaquer à ses affaires.

Un membre. — Mardi.

M. Edmond About. — Nous sommes tous plus ou moins des travailleurs, et nous ne pouvons pas négliger totalement nos occupations. Je sais bien que plusieurs des membres étrangers peuvent désirer abréger un séjour à Paris qui peut leur sembler onéreux, mais ils ont tant de choses à voir, sans parler de l'Exposition, que je compte sur leur patience et leur bonne volonté. D'ailleurs, je le répète, chacun de nous a ses affaires ; les auteurs dramatiques ont leurs répétitions, et je crois qu'une réunion, tous les deux jours, est tout ce qu'on peut demander à notre bonne volonté.

M. le président. — Je consulte l'assemblée pour savoir si elle veut se réunir mercredi prochain.

L'assemblée consultée décide qu'elle se réunira mercredi prochain à la même heure : une heure et demie pour deux heures.

M. Edmond About. — Arrivons maintenant à la séance de lundi prochain. Nous avons loué la salle du Châtelet ; elle est mise, je n'ai pas besoin de vous le dire, gratuitement à la disposition de MM. les délégués français et étrangers. Quant au programme, il n'est pas clos : il n'est qu'ouvert. Je vais le résumer très-brièvement. Nous espérons que M. Jules Simon voudra bien nous apporter le concours de son grand talent. Victor

Hugo parlera ; c'est le seul homme dont on ne puisse pas faire l'éloge sans pléonasme.

Nous espérons aussi que MM. les délégués étrangers voudront bien prendre la parole, et je viens prier ceux d'entre eux qui auraient l'intention d'occuper la tribune, de vouloir bien nous le dire, afin que nous sachions combien de temps durera la séance. Nous ne pouvons pas dépasser cinq heures, car il faut que la direction ait le temps de tout préparer pour la représentation du soir. De deux heures à cinq heures, il y a place pour un certain nombre de discours ou de lectures.

Que ceux qui veulent prendre la parole aient la bonté de nous le dire.

Nous espérons que notre président M. Tourgueneff, M. le député Mauro-Macchi, délégué de l'Italie, et M. Molesworth, voudront bien nous prêter le concours de leur éloquence et parler au nom de leurs compatriotes. Nous les en remercions d'avance.

Il y a encore à régler une question d'ordre intérieur qui n'a pas été tranchée. Convient-il que, dans la salle, les membres du Congrès se placent suivant les convenances de chacun et les habitudes de famille, et que nous arrivions avec nos femmes, nos sœurs et nos parents? Ne pensez-vous pas qu'il faudrait que le Congrès s'isole, que nous nous réservions la scène, réduite à deux ou trois places, pour les membres du bureau, les présidents nommés par les délégués des divers pays, les membres du cercle de la librairie, ceux de la commission des auteurs dramatiques, et que le rez-de-chaussée tout entier soit occupé par les membres du Congrès, les membres de la Société des gens de lettres et de la Société des auteurs dramatiques. Les loges, les galeries, seraient mises à la disposition des délégués français et étrangers et des invités. Il en résulterait peut-être un petit inconvénient pour ceux d'entre nous qui n'auraient à leur disposition qu'une ou deux places. On peut éprouver un certain embarras à laisser seule dans une salle de théâtre une jeune femme ou une jeune fille. Mais, comme il y a beaucoup de loges où l'on est chez soi, et que nous serons en bonne compagnie, je crois que nous pouvons passer sur ce léger inconvénient.

Je demande à l'assemblée de vouloir bien décider que les membres du Congrès se réuniront au rez-de-chaussée du théâtre, et que les galeries et les loges seront réservées aux invités.

M. LE PRÉSIDENT. — Je consulte l'assemblée.

L'assemblée adopte la proposition de M. Edmond About.

M. EDMOND ABOUT. — Encore un mot. M. Clère, l'un de vos

secrétaires, m'avertit que nous n'avons pas toutes les adresses des délégués. Nous avons l'intention, le désir d'envoyer à domicile vos billets pour la séance publique qui se tiendra au théâtre du Châtelet. Nous le ferons avec tout le soin et toute l'exactitude possibles, et nous prions ceux d'entre vous qui n'ont pas donné à la Société des gens de lettres leur adresse à Paris, de vouloir bien se faire inscrire.

Un membre. — Comment nos familles pourront-elles entrer dans la salle ?

M. Edmond About. — Avec les billets de la salle du Châtelet. Ceux d'entre vous qui désirent une loge, ou deux ou trois places, sont priés de l'indiquer. Il n'y aura probablement pas assez de places pour répondre à toutes les demandes ; mais nous nous promettons de faire pour le mieux.

Un membre. — Invitera-t-on tous les membres de la Société des auteurs dramatiques ?

M. Edmond About. — Tous.

Un membre. — Les places seront absolument gratuites. Y aura-t-il un public étranger au Congrès ?

M. Edmond About. — Nous avons l'intention, pour les places situées aux étages supérieurs, que nous n'oserions pas vous offrir, de faire ce que nous avons fait à l'occasion du centenaire de Voltaire : d'inviter la jeune famille de France, les étudiants de nos Facultés. C'est un public intelligent et sympathique. (Très bien ! Très bien !)

Un membre. — Je désire faire une rectification. Mon honorable ami, M. Edmond About, a dit que la Belgique n'était pas représentée au Congrès. C'est une erreur. La Belgique a répondu à l'appel qui lui a été adressé. Elle a pris part dès la première séance aux travaux du Congrès ; elle continuera jusqu'à la fin ; elle ne demande pas à participer aux honneurs, mais elle sera toujours à la peine. (Applaudissements.)

Un membre. — Je demande qu'on transmette ce qui vient d'être dit aux bureaux de la Société des gens de lettres, où l'on s'occupe de la distribution des billets. Est-il entendu qu'on donne à chaque délégué deux places : une pour lui, une autre pour une personne de sa famille, ou bien chacun de nous aura-t-il droit à deux places sans compter la sienne ? Je demande qu'on prenne une décision claire et nette.

M. Edmond About. — Il me semble que l'assemblée est maîtresse de faire ce qui lui plaît, et qu'on n'aura qu'à exécuter ses décisions. Je n'ai pas dit que le bureau de la Société des gens de lettres était infaillible, et cela est si vrai, que j'ai cru devoir porter la question devant l'assemblée et l'avertir des difficultés nombreuses que soulevait la distribution des places.

M. Gourdon de Genouillac. — On a tellement commencé la distribution que voici un des billets qu'on a déjà donnés. Je me permettrai de faire remarquer à monsieur le président qu'il a oublié le service des journaux dont il n'a pas parlé. Je voudrais que l'assemblée statuât sur cette question. Ce service comporte un certain nombre de places. Il ne serait pas possible d'envoyer aux journalistes des places des étages supérieurs, cela n'est pas dans les usages. Si vous réservez aux membres du Congrès les places d'orchestre, et à leurs invités celles du premier étage, que vous restera-t-il pour la presse ? Je demande en outre si on acceptera les billets qui ont déjà été distribués ?

M. Edmond About. — Nous n'avons, croyez-le bien, aucun esprit d'exclusion contre les journalistes.

Quant aux billets donnés, ils sont annulés.

M. Gourdon de Genouillac. — Voici deux fauteuils donnés à M. Paul Saunière.

M. Edmond About. — C'est une erreur qu'on a faite. Ils ne sont pas valables.

Un membre. — La distribution des billets, telle que vous allez la régler, va faire un nombre incalculable de veuves. Nous serons obligés de laisser errer des dames seules. Je trouve qu'il faudrait donner, au moins trois places à chaque délégué : une pour lui, et deux pour les membres de sa famille.

M. A. Pagès. — Je demande qu'on donne à chaque membre du Congrès trois billets, dont un personnel et les deux autres pour sa famille.

M. Edmond About. — Je ne puis vous dire qu'une chose, c'est que nous ferons pour le mieux. Nous prendrons la salle telle qu'elle est, et nous distribuerons les places de notre mieux. Quant à espérer contenter tout le monde, c'est ce qui n'est arrivé dans aucun temps.

M. Jules Clère. — Le théâtre contient environ 3,500 places, en y comprenant celles du haut. Nous avons à envoyer une loge à chaque ambassade, à faire le service de la presse, à donner à Victor Hugo les places qu'il nous demandera. Nous sommes plus de deux cents, et je crois qu'il n'est pas possible de donner trois places par délégué.

M. d'Auriac. — On fait remarquer qu'il y a parmi nous des

étrangers qui se contenteront d'une place. Je prie M. Clère d'en tenir compte.

M. Jahyer. — Je demande qu'on n'envoie pas de places à domicile; il y a beaucoup de membres qui sont absents, ce serait autant de places perdues, ou tout au moins qu'on n'en adresse qu'à ceux qui en feront la demande. (Très bien!) Je demande qu'on mette ma proposition aux voix.

Une voix. — Les bureaux de la Société seront-ils ouverts demain ?

M. Edmond About. — Ils le seront.

M. Jahyer. — J'insiste pour qu'on mette ma proposition aux voix.

M. Robert Hyenne. — On doit savoir à qui on a déjà remis des billets. Je demande qu'on avertisse ceux qui en ont, qu'ils ne sont plus valables.

M. Champfleury. — On vient de nous dire qu'il y a quelques billets qui ont été distribués. Il serait impossible de les retirer, mais il me semble qu'on pourrait mettre sur les nouveaux cette mention : *Seuls valables*.

M. Jules Clère. — Il n'y a eu que trois ou quatre billets distribués.

M. le président. — Il y a tant de propositions qui se croisent qu'il est impossible de rien mettre aux voix. Il est urgent d'introduire un peu d'ordre dans la discussion.

M. Jahyer. — Je demande qu'on n'envoie de billets qu'à ceux qui en auront fait la demande; les autres iront les retirer dans la journée de dimanche. Sur quatre cents membres qui composent la Société des gens de lettres, il y en a plus de cent qui ne sont pas à Paris.

Une voix. — Envoyez un seul billet à chaque membre; ceux qui en voudront davantage iront les demander.

Un membre. — Aucune assemblée ne peut discuter sur une proposition qui n'est pas déterminée. Je demande qu'on nomme immédiatement une commission qui formulera la proposition sur laquelle nous aurons à voter.

Un autre membre. — Je demande qu'une commission soit chargée de tous les détails de l'organisation de la séance publique qui aura lieu lundi au Châtelet.

M. Gourdon de Genouillac. — La commission existe; elle demande seulement un avis à l'assemblée.

M. de Carné. — Je fais une proposition : envoyez à chacun

un billet. Ceux qui en voudront davantage iront les demander à la Société des gens de lettres. Je demande que ma proposition soit mise aux voix.

M. E. Gonzalès. — L'envoi de billets par la poste n'est pas pratique. Vous envoyez cent, deux cents, trois cents billets, combien de membres sont absents, et ne les reçoivent pas. Autant de places qui resteront vides. En outre, le service n'est pas toujours exactement fait. Ainsi, un billet que j'ai fait jeter à la boîte hier à trois heures, pour notre président, M. Tourgueneff, ne lui est pas encore parvenu. Qui vous dit qu'un concierge ne s'emparera pas de la place pour en tirer profit? Nous avons vu, au centenaire de Voltaire, des places de trois francs vendues soixante francs devant le théâtre.

M. Gourdon de Genouillac. — Avant de savoir ce qu'on donnera à chaque délégué et comment on lui enverra ou lui remettra ses places, il est un point sur lequel nous désirons être fixés.

Il convient d'abord d'envoyer des invitations aux sénateurs, aux députés, aux notabilités que nous sommes convenus d'inviter et qui formeront une assistance d'élite. Il faut donc leur envoyer leurs places individuellement.

Quand ce premier travail aura été fait, et qu'il aura pris, je le suppose, vingt-cinq loges et cent fauteuils de balcon, que nous aurons fait également le service aux journaux, nous verrons ce qui nous restera de places disponibles à partager entre nous.

M. Fournier. — Il faut savoir combien nous sommes et combien de places nous avons à nous partager, afin de déterminer si nous en aurons deux, la nôtre mise à part. Nous avons droit, pour le travail que nous avons fait, et pour celui que nous ferons encore, à un privilège. Ce privilège, nous le réclamons.

M. Antony Réal — La carte de chaque délégué lui servira pour entrer au théâtre, ensuite on lui donnera des billets pour sa famille.

M. le président. — La carte de délégué ne pourra pas servir pour entrer au théâtre; elle ne désigne aucune place, et vous ne sauriez où vous mettre.

M. Molesworth. — Je demande que la question soit renvoyée aux secrétaires; ils ont entendu la discussion, ils se soumettront à vos instructions, à vos volontés.

M. Santa-Anna Néry. — Nous demandons que la commission formée par la Société des gens de lettres fasse une proposition, nous l'accepterons ou nous la refuserons. C'est là le seul moyen pratique de terminer ce débat.

Je prie monsieur le président de mettre cette proposition aux voix.

M. Edmond About. — Voici, messieurs, nos désirs :

Nous voudrions d'abord que tous les délégués eussent une place au rez-de-chaussée.

Nous voudrions ensuite que tous les délégués qui ont ici des membres de leurs familles pussent les faire assister à la séance.

On a proposé tout à l'heure que les délégués entrassent avce leur carte, cela me paraît très-pratique, bien que ces cartes ne soient pas numérotées. Nous ne sommes pas trop nombreux pour remplir les places du rez-de-chaussée du théâtre, et nous sommes trop bien élevés pour nous y culbuter.

Je propose à l'assemblée de décider que les cartes délivrées à chacun des délégués leur serviront pour entrer au rez-de-chaussée du théâtre.

L'assemblée consultée accepte la proposition.

M. Edmond About. — Cette décision annule les billets qui ont été donnés.

Pour le reste, je propose à l'assemblée de nous en remettre à mon ami M. Emmanuel Gonzalès, délégué de la Société des gens de lettres, homme d'une grande expérience, de manières charmantes et d'une aménité parfaite. (Très bien! très bien! approuvé!)

M. Edmond About. — Pour lui rendre sa tâche possible, je prie chacun des membres de l'assemblée de venir, à la fin de la séance, se faire inscrire et demander le nombre de places qu'il désire avoir. De cette façon, vous pourrez aller retirer dès demain, dix heures du matin, au siège de la Société, les places qui vous seront attribuées. Nous ne pourrons pas vous en donner plus que le théâtre n'en contient; mais vous pouvez être assurés que nous ferons pour le mieux. L'assemblée veut-elle adopter cette proposition? (Marques unanimes d'assentiment.)

M Challamel. — Il a été convenu qu'on enverrait un billet d'entrée non seulement à chaque délégué, mais à chaque membre de la Société des gens de lettres.

M. Edmond About. — Nous ne pouvons pas envoyer de places aux membres qui habitent la province, mais nous en donnerons à tous ceux qui nous en demanderont.

Si la Société se compose de quatre ou cinq cents membres, parmi lesquels beaucoup sont malades, absents ou occupés, ou qui se soucient peu d'assister à la réunion qui aura lieu au Châtelet. Dans nos assemblées, alors qu'il s'agit de discuter des questions vitales, on a toutes les peines du monde à réunir cent trente membres.

Les journaux publieront demain matin un avis invitant les membres de la Société qui voudront assister à la réunion à venir retirer leurs cartes aux bureaux de la Société.

Et maintenant, messieurs, il est bien convenu que l'estrade, la scène, sera occupée par votre bureau, auquel s'adjoindront les présidents et secrétaires des sections étrangères. — Je tiens beaucoup à ce que la Belgique, malgré la modestie de son représentant, y figure. — La commission des auteurs dramatiques voudra bien également se réunir à nous. L'estrade sera disposée pour contenir quatre-vingts personnes, de sorte que tous ceux que je viens d'énumérer puissent s'y trouver réunis. Le parterre et l'orchestre appartiendront exclusivement aux membres du Congrès.

Les étages supérieurs seront réservés aux invités, à la presse et aux familles des membres du Congrès.

M. LE PRÉSIDENT. — Je mets aux voix la proposition que M. Ed. About vient de formuler. La proposition, mise aux voix, est adoptée.

M. LE PRÉSIDENT. — On me demande si l'habit noir et la cravate blanche sont de rigueur. Je pense que oui, mais seulement pour les membres du bureau.

L'assemblée, consultée, décide que les membres du bureau viendront en habit noir et cravate blanche.

La séance est levée à quatre heures moins vingt minutes.

PREMIÈRE COMMISSION

DEUXIÈME SÉANCE

L'an mil huit cent soixante dix-huit, le samedi 15 juin, à une heure du soir, la première commission de la propriété littéraire s'est réunie dans une des salles du *Grand-Orient*, à Paris, rue Cadet, n° 16, sous la présidence de MM. Antoine Carlier et Michel Masson.

Membres présents à la séance :

MM. de La Landelle, — J. Pataille, — S. Vainberg, — A. Morillot, — Paul Delalain, — Ad. Huard, — Ch. Lyon-Caen, —

L. Ratisbonne — E. Dognée (Belgique), — Dentu, — Paul Biollay, — Frédéric Thomas, — Robert Hyenne, — Carmichaël (Angleterre), — Tony Révillon, — A. de Bellecombe, — A. Assolant, — Eug. Plon, — Germond de Lavigne.

Secrétaire : M. Marcel Guay.

Sur l'invitation de M. LE PRÉSIDENT CARLIER, il est fait lecture, par M. LE SECRÉTAIRE, du procès-verbal de la séance précédente. Aucune réclamation n'étant faite sur la rédaction, le procès-verbal est mis aux voix et adopté.

M. LE PRÉSIDENT, après avoir déclaré la discussion ouverte, donne la parole à M. Tony Révillon.

M. TONY RÉVILLON propose à la commission de reprendre le débat sur la définition de la propriété littéraire au point où il a été laissé, après quoi l'on étudiera les questions portées au programme rédigé par la Société des gens de lettres et relatives aux conditions d'exercice du droit d'auteur, à son assimilation ou à sa non-assimilation au droit de propriété, etc.

Cette proposition est adoptée.

M. DE LA LANDELLE a la parole, à l'effet d'exposer ses opinions sur la définition de la propriété littéraire et sur la convenance qu'il y a, suivant lui, à préciser préalablement les droits qui dérivent, en général, de toute production intellectuelle.

La question à l'étude dans le sein de votre commission, dit l'orateur, est l'une des plus sérieuses qui puissent être soumises à l'esprit humain, car elle est celle qui la touche de plus près.

Il appartient au Congrès littéraire international de lui laisser toute son ampleur, de l'élargir même, s'il est possible, et, avant de le ramener à ses termes rigoureux, d'établir le principe général duquel émane le droit de propriété littéraire que nous avons mission de définir et de préciser, afin de n'être pas exposés à nous égarer faute d'un bon point de départ.

La propriété *littéraire* n'est évidemment que l'une des variétés de la propriété *intellectuelle*. C'est donc la propriété intellectuelle qu'il importe d'apprécier tout d'abord.

En outre, il convient de procéder avec un sentiment libéral et fraternel, de ne point nous retrancher dans notre spécialité, si vaste qu'elle soit, et de ne négliger aucun des intérêts sacrés de l'art, de l'invention, du génie, et cela en proclamant pour débuter une vérité fondamentale, ARTICLE PREMIER, dont je crois me permettre d'indiquer le sens :

« *En équité, toute production intellectuelle confère à son auteur*
» *des droits qui constituent une propriété naturelle, d'ordre*

» *supérieur, que des lois spéciales doivent protéger, régir et*
» *limiter, suivant la nature de cette production.* »

Voici, messieurs, quel doit être, d'après moi, l'esprit du premier paragraphe soumis à vos appréciations, afin qu'on ne puisse accuser les publicistes, les historiens, les poètes, les écrivains de tous genres, et généralement tous les membres du Congrès littéraire international, d'avoir oublié ou méconnu les droits similaires qui reposent sur le principe de la propriété intellectuelle.

Ce principe, hautement réclamé, fermement établi, à chacun des autres groupes d'en tirer les conséquences qui le concernent, suivant la nature de ses productions; au nôtre, de se restreindre à rechercher les droits afférents aux seuls travaux scientifiques et littéraires.

En résumé, M. de La Landelle propose à la commission de discuter le *premier article* et d'en arrêter les termes; il en découlera naturellement un *article deuxième*, qui définira la propriété littéraire.

En effet, loin de demander une assimilation complète avec les autres propriétés, je désirerais que la propriété littéraire fût, sous des rapports très divers, réglée par des dispositions absolument différentes.

Ainsi, par exemple, je voudrais que, même du vivant de l'auteur, la *cession* absolue de tous les droits, impliquant la toute propriété de son œuvre et sa non-exploitation, parfois au bout de très peu de temps, ne pût jamais être définitive. Qu'arrive-t-il en effet aujourd'hui? — et le cas se présente assez fréquemment, — l'auteur, en vertu d'une imprudente convention qui ne saurait être annulée, est dépossédé sans ressources, et son ouvrage, qui, mieux exploité, aurait pu lui rapporter honneur et profit, demeure improductif sans avantages aucuns pour qui que ce soit.

Ce point et plusieurs autres analogues sont dignes assurément d'être étudiés, et de leur étude il doit résulter encore, selon moi, que la propriété littéraire ne saurait être absolument assimilée aux autres propriétés.

L'auteur qui, sans réserves aucunes, a *cédé* la toute-propriété d'un ouvrage, est-il privé par le fait du droit de le corriger, d'en effacer les taches, d'en extirper les erreurs? En matière historique, en matière scientifique, ce droit n'est-il pas nécessaire? Et sera-t-il interdit à un poète de redresser un vers faux qui, par mégarde, lui aura échappé? Si cependant l'auteur conserve le droit de retoucher et de remanier son œuvre, que devient celui de l'acquéreur?

Aucune cession absolue et définitive d'une propriété littéraire ne doit-elle être? Mais toute autre propriété peut être absolument et définitivement vendue!

Ajouterai-je, d'autre part, qu'en France la propriété littéraire n'est pas soumise à l'expropriation pour cause d'utilité publique, ainsi que l'atteste un arrêt de la Cour de cassation du 3 mars 1826. J'estime que cet arrêt demande également à être soumis à un examen judicieux.

Par ces observations diverses, messieurs, je semble empiéter sur la suite du programme qui nous est tracé; mais les diverses parties de ce programme sont tellement connexes qu'on ne saurait guère les discuter isolément. Le droit de propriété littéraire, ses conditions ni même sa durée peuvent-ils bien être déterminés sans que la propriété littéraire même ait été définie, et peut-elle bien être définie sans que, de deux choses l'une, elle soit assimilée aux autres propriétés, ou au contraire déclarée d'une nature telle qu'elle doive être régie par une loi particulière?

M. Eug. Dognée (Belgique), rappelle que, dans le cours de la première séance, l'honorable préopinant a qualifié la propriété littéraire de propriété *sui generis*. Il pense que le mot *propriété* sans adjonction des mots *sui generis* doit entrer dans la définition du droit de l'auteur. L'honorable membre corrobore les arguments tirés des textes cités par M. E. Gonzalès dans la séance précédente, en faisant remarquer que la loi de 1793 n'est pas le seul document législatif qui ait employé franchement le mot *propriété* pour désigner le droit des écrivains sur leurs ouvrages. La loi des 13-19 janvier 1791 relative aux spectacles dispose dans son article 2 ce qui suit: « Les ouvrages des auteurs morts depuis cinq ans et plus sont une *propriété* publique. » Et elle dit, dans son article 5, que « les héritiers ou cessionnaires des auteurs seront *propriétaires* de leurs ouvrages durant l'espace de cinq ans après la mort de l'auteur » On peut citer encore le décret du 1er germinal an XIII (22 mars 1805), dont la rubrique est ainsi conçue : « Décret impérial concernant les droits des *propriétaires* d'ouvrages posthumes». L'orateur rappelle ensuite les termes du préambule de ce décret : « Napoléon..... vu les lois sur les propriétés littéraires; considérant qu'elles déclarent propriétés publiques les ouvrages des auteurs morts depuis plus de dix ans; que les dépositaires, acquéreurs, héritiers ou propriétaires des ouvrages posthumes d'auteurs morts depuis plus de dix ans, hésitent à publier ces ouvrages dans la crainte de s'en voir contester la propriété exclusive et dans l'incertitude de la durée de cette propriété; que l'ouvrage inédit est comme l'ouvrage qui n'existe pas... »

Enfin l'article 1er qui comprend cinq lignes emploie trois fois les mots *propriété* ou *propriétaire*.

« Les *propriétaires*..... d'un ouvrage posthume ont les mêmes droits que l'auteur; et les dispositions des lois sur la *propriété* exclusive des auteurs et sur sa durée leur sont applicables, toutefois à la charge d'imprimer séparément les œuvres posthumes, et sans les joindre à une nouvelle édition des ouvrages déjà publiés et devenus *propriété* publique.

Ces textes prouvent surabondamment, ajoute M. Dognée, qu'on aurait tort de reculer devant l'emploi du mot *propriété*, puisqu'il n'est pas incompatible avec les restrictions qui peuvent découler, suivant certains membres, de la nature spéciale du droit d'auteur.

Les dispositions du projet de loi voté par le Congrès des députés espagnols, et que mon collègue, M. Germond de Lavigne, a fait connaître aux membres du Congrès, sont encore très significatives, puisque la terminologie, en 1877, est la même que celle du législateur de 1791, de 1793 et de 1805.

L'orateur, revenant encore à la France, rappelle que la loi de 1854 est intitulée : « Loi sur le droit de *propriété* garantie aux veuves et aux enfants des auteurs... » *Ce qui n'a pas empêché le législateur de 1854, obsédé par une idée de prescription acquisitive* de fixer la durée du droit accordé aux enfants de l'auteur à *trente ans*. Enfin M. Dognée ne se lassera pas de répéter que les nombreux traités littéraires intervenus entre la France et les diverses nations emploient le mot PROPRIÉTÉ.

Passant à un autre ordre de considération, et après avoir remercié M. Lyon-Caen d'avoir fait connaître à la commission le projet de loi belge de 1877, qui emploie le mot *propriété littéraire*, lequel, du reste, est appliqué aux droits d'auteur en Belgique depuis près d'un siècle, l'honorable délégué de la Belgique fait remarquer que les législations étrangères considèrent toutes la contrefaçon littéraire comme un délit pénal. C'est ce dont il s'est assuré en consultant l'ouvrage récent de M. Marcel Guay sur la « Répression de la contrefaçon en matière de propriété littéraire, d'après la science rationnelle et les législations positives ». L'auteur de cet ouvrage analyse successivement les lois de tous les Etats de l'Europe et de l'Amérique en matière de contrefaçon, et constate que ces lois ont séparément et distinctement prévu le *délit* et le *dommage*. Or, fait observer M. Dognée, si ces textes voient dans la contrefaçon un délit pénal, en même temps qu'un fait productif de dommages-intérêts, qui ne voit que le droit d'auteur est une propriété ? Autrement le certificat serait passible uniquement de la réparation civile.

L'orateur termine cette première partie de son argumentation en disant que l'innovation proposée par M. de La Landelle ne consisterait pas à introduire dans la législation française et dans certaines législations étrangères le mot de *propriété* consacré depuis quatre-vingt-sept ans, mais bien à l'en bannir.

Quant aux opinions émises par M. de La Landelle, touchant la réglementation du droit de l'écrivain en général et de la cession du droit en particulier, l'orateur ne refuse pas à la loi le droit d'intervenir. Sans doute, la propriété admise comprend le droit de disposer et même celui d'abuser : les Allemands ont solidement établi ce point.

Mais, ajoute M. Dognée, je ne veux pas que la pensée sorte de sa voie humanitaire, et l'ordre d'idées dans lequel est entré M. de La Landelle n'est nullement incompatible avec une notion du droit d'auteur qui consiste à en faire une propriété, différente sans doute de la propriété matérielle, plus haute et plus belle que celle-ci, mais enfin une propriété.

M. Morillot est d'avis que M. de La Landelle n'a pas le droit de déqualifier la propriété, consacrée par des traditions séculaires et impérissables. On ne peut à la fin appeler le droit de l'auteur une *propriété* sui generis et laisser entière la question de savoir si elle sera limitée quant à sa durée, quant au mode d'en user, etc. Je consens, ajoute l'orateur, à voter une définition de la propriété littéraire comprenant les mots « propriété *sui generis* », car ces deux mots suffisent pour marquer que ce n'est pas une propriété. Or, pour moi, le droit des littérateurs est autre chose qu'une propriété.

M. Ad. Huard. — La propriété des mines est *sui generis*. N'est-elle pas cependant une propriété ?

Après une discussion très courte, à laquelle prennent part MM. Ratisbonne, Morillot et Ad. Huard, M. de La Landelle reprend la parole.

M. de La Landelle persiste à considérer comme dangereux l'emploi de l'expression *propriété littéraire*. D'après l'article 544 du Code civil français, dit l'orateur, « la propriété est le droit de jouir et disposer des choses de la façon la plus absolue, pourvu qu'on n'en fasse pas un usage prohibé par les lois ou par les règlements ». Or un règlement supérieur dicté par la raison et par la bonne foi, puissant comme l'évidence, interdit de dégrader une œuvre de l'esprit, de la rendre méconnaissable, de la déshonorer, de la tuer.

Ainsi les lois applicables à une propriété de n'importe quel genre sont parfaitement applicables aussi à la propriété littéraire, propriété privée garantie ou à garantir par des lois particulières.

La question toutefois ne saurait être tranchée sans péril, je le répète, en se bornant à l'article unique : « La propriété littéraire est une propriété. »

Rien de plus difficile, pour ne pas dire impossible, que de déterminer la valeur vénale d'une œuvre de l'esprit, quand la pratique démontre les étranges fluctuations de cette valeur. Or, toute propriété entraîne l'établissement de taxes, d'impôts, auxquels n'échappent point, hélas ! toutes les productions intellectuelles, témoin les onéreux brevets d'invention, mais dont la propriété littéraire, en tant que production de l'esprit, est heureusement exempte.

Cette face de la question mérite une attention réfléchie.

M. Edmond About, venant de faire avertir MM. les présidents de la première commission que la séance plénière vient de commencer, la séance particulière de la première commission est suspendue à deux heures un quart.

Elle est reprise à trois heures quarante-cinq minutes.

Sur la proposition de M. le président Carlier, la commission décide, après une discussion à laquelle prennent part MM. Robert Hyenne, Ratisbonne, Léon Richer et Tony Révillon :

1° Que la discussion ne soit pas reprise; 2° que la prochaine séance aura lieu le mardi 18 du courant, à une heure très précise du soir.

La séance est levée à quatre heures.

L'un des présidents,
A. Carlier.

Le secrétaire,
Marcel Guay.

TROISIÈME COMMISSION

Séance du samedi 15 juin 1878.

Présidence de M. Mauro-Macchi, *délégué italien.*

Lecture du procès-verbal de la séance du 13 juin par M. Victor Rozier, secrétaire. Le procès-verbal est adopté à l'unanimité par les délégués présents, qui sont :

Pour les pays étrangers : MM. Luis Alfonso (Espagne), — Frédéric Baetzmann (Norvège), — W.-H. Bishop (Etats-Unis de l'Amérique du Nord), — Boris Tchiviler (Russie), — Conrad (Allemagne), — Alfred Flinck (Danemark), — Ernesto Franco (Italie), — Frossard (Suisse), — E. Glæser (Hongrie), — Ferdinand Gross (Autriche), — Huet (Hollande), — Kaemfen (Allemagne), — Louis Kolisch (Allemagne), — Richard Kauffmann (Danemark), — Mauro-Macchi (Italie), — H. Nordau (Hongrie), — Pozzi (Italie), — Robert Schweichel (Allemagne), — Szbymanowsky (Pologne), — Torrès-Caïcedo (Amérique centrale), — Tchouiski (Russie), — Volo (Italie), — Peralta (Costa-Rica).

Pour la France : MM. Antony Réal, — Eugène d'Auriac, — Eugène Bonnemère, — Augustin Challamel, — Champfleury, — Maurice Champion, — Richard Cortambert, — Charles Diguet, — Constant Guéroult, — Charles Gueullette, — Laforêt, — Lorédan Larchey, — Jules Lermina, — Gabriel Marc, — Eugène Muller, — Alphonse Pagès, — P. de Pompéry, — Mario Proth, — Émile Richebourg, — Victor Rozier.

M. Victor Rozier, secrétaire, demandant à être remplacé pendant la séance de ce jour, et M. Louis Collas n'étant pas présent, plusieurs délégués désignent M. Alphonse Pagès, qui accepte et vient prendre place au bureau.

M. le président lit une lettre d'excuses de M. Philibert Audebrand, vice-président élu à la précédente séance et qu'une ophtalmie aiguë empêche de suivre aujourd'hui les travaux du Congrès.

La parole est donnée à M. Luis Alfonso, délégué espagnol.

L'orateur résume en quelques mots la situation des gens de lettres dans son pays.

Cette situation est meilleure moralement que matériellement. En Espagne, les écrivains de talent sont lus et estimés quelquefois, même de ceux de leurs compatriotes qui ne partagent pas leurs opinions politiques. L'Espagne sent qu'elle s'honore elle-même en honorant ses grands prosateurs et ses grands poètes. Quintana a été couronné de lauriers par les mains mêmes d'Isabelle II. Aujourd'hui, le nom de Castelar est prononcé avec fierté par tous les Espagnols, à quelque parti qu'ils appartiennent.

Il n'y a donc pas de préjugés dans le pays de l'orateur contre les écrivains, et les portes des salons les plus aristocratiques leur sont ouvertes à deux battants, dès qu'ils ont le moyen de s'acheter un habit noir.

Mais il arrive rarement qu'un ouvrage ait plusieurs éditions et enrichisse son auteur. Ce phénomène s'est produit un jour. Un volume de poésies de Campoamor, *Las Dolóras*, a été réimprimé treize fois. Exception se greffant sur une exception, car Campoamor était riche avant d'être poète.

Les éditeurs ne paient pas, en général, de droits d'auteur aux poètes.

Les auteurs dramatiques sont un peu plus favorisés par la fortune. Ayala, Echegaray, Garcia Gutienez attirent la foule à Madrid, comme Dumas, Sardou et Augier à Paris; cependant, il est bien rare qu'un auteur dramatique arrive à gagner plus de quatorze à quinze mille francs par an.

Il semblerait que les journalistes dussent être plus heureux au point de vue matériel que les poètes et les auteurs dramatiques. On aurait tort de le croire. Il n'y a guère que le journal *la Correspondencia de España* qui soit devenu millionnaire, et l'on sait, dit l'orateur, que nous comptons par réaux.

Les romanciers, chroniqueurs, critiques, etc., ne gagnent pas davantage, mais trouvent souvent, lorsqu'ils ont appelé l'attention sur eux, des emplois avantageux dans l'administration.

Il existe à Madrid, depuis quelques années, une association de gens de lettres et d'artistes (*Asociation de escritores y artistas*) qui a déjà rendu de grands services.

Les deux fléaux qu'ont à combattre les écrivains espagnols sont l'envahissement des productions étrangères, traduits à vil prix, et le manque de lecteurs. Une bonne loi internationale préparée par les deux premières commissions délivrera l'Espagne du premier de ces fléaux; la paix et le progrès viendront à bout du second. L'orateur termine par un éloge de la beauté des femmes espagnoles, qui ont sans doute, dit-il, peu de goût pour la lecture, parce qu'elles se savent plutôt faites pour inspirer les poètes que pour lire leurs ouvrages.

Le spirituel discours de M. Luis Alfonso est souligné fréquemment par les applaudissements de l'auditoire.

M. LE PRÉSIDENT, après avoir annoncé que trois délégués nouveaux viennent de se faire inscrire sur la liste de la troisième commission (MM. Manuel M. Peralta, ministre résident de la république de Costa-Rica, à Washington; Carlo del Balzo, journaliste napolitain, et Mᵉ Albert Liouville, avocat, délégué français), donne la parole à M. Frédéric Baetzmann, journaliste norvégien.

L'orateur fait remarquer, en commençant, que les trois pays scandinaves parlent trois dialectes d'une même langue; cette langue est parlée, en réalité, par huit millions d'habitants, et qui tous aiment l'instruction et la lecture.

Aussi la situation des gens de lettres est-elle satisfaisante dans les pays scandinaves.

Au point de vue moral, ils sont à peu près tous respectés et estimés. Le journalisme, l'enseignement même, conduisent souvent ceux qui les ont exercés avec honneur, à de hautes situations administratives ou politiques. Plusieurs des ministres de Suède et de Norvège ont appartenu à la presse ou ont été professeurs, et la Suède a en ce moment pour ministre des finances un homme très habile qui s'est fait connaître d'abord comme écrivain. Peut-être a-t-on quelquefois été trop loin dans cette voie, notamment en Danemark, et y a-t-il à revenir jusqu'à un certain point sur cette idée que « talent littéraire » est synonyme « d'habileté politique ». Le gouvernement du Danemark, entre les années 1848 et 1866, a pu être appelé le régime des professeurs et des journalistes.

Au point de vue matériel, les écrivains scandinaves parviennent facilement à l'aisance, rarement à la fortune.

Les ouvrages les mieux rétribués sont les livres scolaires ou les livres de piété. Une pièce de théâtre en cinq actes peut être payée jusqu'à cinq et six mille francs, sans compter ce qu'on appelle en France les droits d'auteur, qui peuvent doubler la somme. Un roman rapporte en général à l'écrivain, cent francs la feuille pour chaque édition de mille exemplaires.

Les journaux sont nombreux. Il y en a environ 300 en Suède, 300 en Danemark, et 200 en Norvège. Sur ce nombre, 16 environ sont quotidiens en Norvège, 16 aussi en Suède. Mais le plus fort tirage d'un journal norvégien ne dépasse guère 6,000 exemplaires, et d'un journal suédois 12 à 14,000. Les appointements des rédacteurs varient de 2,000 à 15,000 francs par an. Le plus ancien journal suédois compte actuellement 234 ans d'existence, et est, par suite, l'un des plus anciens journaux du monde. La presse norvégienne date seulement de 1763.

Les journaux et les journalistes suédois l'emportent par l'importance et par le mérite sur ceux des autres pays scandinaves.

Le défaut commun est qu'avec de bons articles de fonds, au point de vue politique, la presse manque de bons articles littéraires et ne soit pas aussi bien et aussi promptement renseigné que celle de certains autres pays. En un mot, le talent existe, le métier laisse à désirer.

Les journalistes suédois ont un Congrès annuel, et ceux de Stockholm font tous partie d'une société, d'où les discussions politiques sont bannies. L'une et l'autre institution rendent de grands services professionnels et sociaux. Le Danemark commence à suivre sur ce point les exemples de la Suède, mais on se heurte là, comme en Norvége, à une difficulté : la plus grande division des partis. Dans ces deux pays, il y aussi moins de tolérance dans les discussions de haute métaphysique.

En somme, les écrivains scandinaves sont honorés, libres, et ils gagnent assez d'argent pour vivre dans l'aisance, pas assez pour attirer à leur profession ceux qui n'ont pas pour elle une vocation bien arrêtée.

L'orateur termine par quelques mots de remerciements à l'adresse de la France, qui a organisé ce Congrès, et il est remercié lui-même par des applaudissements unanimes.

Le président donne la parole à M. Torrès-Caïcedo, ministre plénipotentiaire de la République du Salvador, délégué de l'Amérique centrale, et qui parle en même temps au nom de plusieurs Républiques de l'Amérique du Sud.

L'orateur veut d'abord redresser une erreur que l'on commet généralement lorsqu'il est question de son pays. Il n'y a pas chez nous, dit-il, que des généraux et que des révolutions. On nous reproche de faire une révolution tous les dix ans. Vous en faites une tous les quinze ans. Il faut nous excuser en pensant que nous sommes un peuple plus jeune et qui se calmera avec l'âge. Mais outre des généraux, nous avons eu des poètes comme Alarcon, nous en avons comme Bello, qui a même traduit Victor Hugo; nous avons des écrivains de toutes sortes, nous avons surtout des journalistes.

Au point de vue matériel, la condition des gens de lettres des républiques de l'Amérique centrale et du nord de l'Amérique du Sud n'est pas brillante. Cela vient sans doute de ce que ces pays ne sont pas riches.

Au point de vue moral, cette condition est, au contraire, satisfaisante. On regarde bien encore un peu les poètes comme des demi-fous; mais les journalistes sont considérés, parce que tous, à peu près, n'écrivent que pour soutenir une idée, que pour élever un drapeau. Un journaliste peut devenir député, ministre, président de la République. La liberté absolue de la presse, qui peut aller jusqu'à la diffamation, jusqu'à la calomnie, a eu d'abord quelques inconvénients, mais on s'y est vite habitué, et les mensonges et les violences ne compromettent plus que leurs auteurs.

Comme en Espagne, les traductions faites à vil prix et qui ne valent même pas le plus souvent ce vil prix dont on les paye, causent un grand tort à la littérature nationale.

Il y a bien çà et là quelques sociétés littéraires, mais la plupart ne sont que de petites académies et attendent l'impulsion de l'Académie de Madrid avec qui elles correspondent.

Il y a aussi des revues. Celle de Bogota est particulièrement remarquable.

L'orateur fait appel pour compléter les renseignements qu'il vient de donner à ses confrères de l'Amérique du Sud, et termine par des vœux pour que le présent Congrès aboutisse à un résultat pratique. (Applaudissements.)

La parole est donnée à M. Robert Schweichel, délégué allemand, envoyé plus spécialement par la Société *Berliner Presse*.

L'orateur ne peut traiter isolément la situation morale et la situation matérielle des écrivains allemands, et il n'a qualité que pour parler des journalistes.

Depuis huit ou dix années que le timbre a été aboli en Allemagne, l'industrialisme s'est emparé de la presse. On a fondé des journaux et des revues, non plus pour soutenir des opinions politiques, mais pour faire œuvre de spéculation. Aussi les journalistes ne sont-ils pas toujours considérés, et les gouvernements ont-ils pris l'habitude de regarder leurs existences comme des *existences catilinaires*. D'autre part, les gens d'affaires voyant la presse envahie par des écrivains sans instruction et sans talent, ont généralement pour eux une médiocre estime.

Les journalistes véritablement hommes de lettres, loin d'être atteints par cette juste méfiance, n'en sont au contraire que plus estimés.

Les journalistes ne gagnent pas autant d'argent qu'en France et qu'en Angleterre. Ils ne peuvent être placés, à ce point de vue, qu'au troisième rang, après les auteurs dramatiques et les romanciers. Les rédacteurs en chef font en même temps le travail confié en France aux secrétaires de rédaction. Leur traitement varie pour les journaux politiques et quotidiens entre 3,000 et 12,000 francs.

Les auteurs dramatiques reçoivent des scènes... royales un tant pour cent fixé d'avance, tandis qu'ils font des arrangements particuliers avec les directeurs de théâtre non subventionnés.

Quand ils ont du succès ils peuvent arriver à une grande fortune.

Les feuilletons et les romans sont payés pour le premier tirage de 60 à 400 francs la feuille de seize pages, selon la réputation de l'auteur.

De même que les auteurs dramatiques, les autres écrivains de l'Allemagne ont fondé dans les principales villes des sociétés qui ont pour but de défendre les intérêts de leurs membres et de les secourir dans le besoin.

Telle est l'association *Berliner Presse*, dont l'orateur a déposé les statuts sur le bureau.

Telle est la *Deutschen-Journalistentag* qui se réunit chaque année en congrès et possède un bureau permanent La *Deutschen-Journalistentag* a même fondé une caisse de retraite. Les journalistes autrichiens font partie de cette société, ainsi que de la *Schillers-Stiftung* ou *Fondation de Schiller*, dont le but est de soutenir tout écrivain de mérite allemand, et au besoin même la famille s'il est mort en la laissant sans ressource. Cette dernière association possède aujourd'hui un capital de 1,200,000 francs. (Applaudissements.)

M. CARLO DEL BALZO, délégué napolitain, annonce qu'il demandera la parole au début de la prochaine séance pour faire un rapport sur la situation particulière de la littérature et des gens de lettres dans l'Italie méridionale.

M. CORTAMBERT, délégué français, demande que l'on nomme un rapporteur pour faire un résumé des procès-verbaux des séances de la troisième commission, résumé qui devra être lu en séance générale.

M. VICTOR ROZIER, délégué français, demande que les notes remises sur le bureau par les délégués étrangers soient conservées dans les archives du Congrès.

M. EUGÈNE MULLER, délégué français, voudrait qu'un de ses confrères français, M. de Lapommeraye, par exemple, qui est au courant de l'histoire de la Société des gens de lettres, fît, pour les écrivains français, le rapport verbal qu'ont fait pour les écrivains de leur pays les délégués étrangers.

M. AUGUSTIN CHALLAMEL regrette que le délégué du Portugal ne soit pas présent. L'orateur reçoit depuis deux années un journal portugais, et il constate que, sauf une ou deux nouvelles indigènes, tous les romans et toutes les nouvelles que ce journal contient sont des traductions. Lorsque les éditeurs de traduction portugaise auront à payer des droits d'auteur sérieux aux auteurs originaux, la littérature nationale pourra lutter à armes égales avec les littératures étrangères.

M. VOLO, délégué italien, annonce qu'il complétera, dans une séance ultérieure, les renseignements qu'il a donnés le premier jour.

M. Frossart, délégué suisse, dit que la situation morale des écrivains de la Suisse française est excellente, ces écrivains n'ayant pas à vivre de leur travail et ne prenant la plume que par goût, par conviction. Leur situation matérielle est tout autre ou plutôt elle n'existe pas : on ne trouverait pas à vivre de cette plume dans la Suisse française, et tous les écrivains ont une profession quelconque, ce qui fait que l'homme de lettres proprement dit est inconnu dans le pays.

Dans la jeunesse de l'orateur, il n'y avait pas d'éditeurs en Suisse; il y en a maintenant quatre ou cinq à Lausanne, autant à Genève et autant à Neufchâtel.

Un Institut, à l'imitation de celui de France, a été fondé à Genève il y a une quinzaine d'années. Cet Institut fonde des prix, donne des récompenses et devient un centre de ralliement.

Deux revues végétaient isolément : l'une dans le canton de Vaud, l'autre dans celui de Genève, la *Revue suisse* et la *Bibliothèque universelle*. Un éditeur intelligent, qui est lui-même un écrivain de grand talent, M. Talichet, les a réunies en une seule publication, et les voilà maintenant qui obtiennent un vrai succès, au grand avantage de la littérature de la Suisse française, qui ne les alimentent pas à elle seule, mais qui leur apporte un appoint sérieux.

L'orateur regrette que M. Talichet, qui est en ce moment à Paris, ne soit pas présent, et formule le vœu que la troisième commission le prie de venir assister, ainsi que M. Rambert, à une prochaine séance. (Applaudissements).

M. Glæser, Hongrois, habitant Paris, demande que, si une association littéraire internationale est fondée par le Congrès, cette association soit appelée : *République des lettres*.

M. Bishop s'inscrit pour parler à la prochaine séance de la littérature et des écrivains de l'Amérique du Nord.

M. Champfleury pense qu'on pourrait nommer comme rapporteur de la commission un délégué étranger. On pourrait nommer M. Luis Alfonso.

M. le président insiste pour que cette élection soit remise à une séance ultérieure.

La séance est levée à cinq heures et demie.

Le président,   *Le secrétaire par intérim,*
Mauro-Macchi.   Alphonse Pagès.

QUATRIÈME JOURNÉE

17 JUIN

SÉANCE PUBLIQUE
AU THÉATRE DU CHATELET

BANQUET AU GRAND HOTEL CONTINENTAL

SÉANCE PUBLIQUE

DU

CONGRÈS LITTÉRAIRE INTERNATIONAL

QUATRIÈME JOURNÉE
17 Juin 1878

Tenue au Théâtre du Châtelet

Sous la présidence de M. **VICTOR HUGO**.

Le bureau est composé de MM. Mauro-Macchi, Deschanel, Scheybel, Tourgueneff, Jules Simon, Hérold, Emmanuel Gonzalès et Pierre Zaccone.

Secrétaires : MM. Édouard Montagne, Jules Clère, Charles Diguet et André Theuriet.

Un grand nombre de sénateurs et de députés, le comité tout entier de la Société des gens de lettres, se tiennent derrière le bureau. Aux fauteuils d'orchestre sont assis les autres membres de la Société, ainsi que les délégués étrangers.

Victor Hugo apparaît sur l'estrade entouré par les membres du bureau. Il est accueilli par des applaudissements prolongés.

Victor Hugo s'assied au fauteuil de la présidence, et déclare la séance ouverte.

La parole est à M. Edmond About, président du comité.

DISCOURS DE M. ABOUT
PRÉSIDENT DE LA SOCIÉTÉ DES GENS DE LETTRES

L'Exposition universelle et cette heureuse invasion de Paris par tous les amis que la France a conservés ou retrouvés dans le monde nous ont suggéré l'idée du Congrès qui s'ouvre aujourd'hui. Nous avons pensé qu'au moment où tous les peuples civilisés s'appliquent de bonne foi à garantir par des conventions internationales les droits des inventeurs, des industriels et des commerçants, il y avait quelque chose à faire, ou du moins à tenter, dans l'intérêt des hommes qui vivent des productions de l'esprit.

Assurément, messieurs, la condition de l'écrivain est meilleure aujourd'hui qu'elle ne l'a jamais été dans l'histoire. Ses ressources sont moins précaires que celles du vagabond divin Homère, qui possédait une besace et un bâton ; sa vie est plus indépendante que celle de Virgile et d'Horace et de tous les illustres protégés de Mécène, et, sans aller chercher si loin des termes de comparaison, il suffit de relire une préface de Corneille ou de parcourir la liste des pensions octroyées par Louis XIV aux principaux artisans de sa gloire pour voir que nos ancêtres et nos maîtres incomparables, les demi-dieux de la littérature, mangeaient un pain plus dur ou plus amer que le nôtre. Mecœnas fut un galant homme, et Louis XIV un roi magnifique ; mais on n'a jamais vu ni ministres, ni rois aussi généreux que le public de notre temps, ce bon public qui paye en droits d'auteur, pour une seule représentation d'*Hernani* ou des *Fourchambault*, six mois de la pension que le grand roi donnait à Corneille.

Il est vrai que l'argent a perdu de son prix, et c'est précisément la cherté croissante des choses et la difficulté de vivre, plus pressante et plus âpre de jour en jour, qui nous poussent à revendiquer les droits de l'écrivain partout où l'on hésite encore à les reconnaître.

Quand les auteurs étaient hébergés par les princes, par les ministres, les grands seigneurs ou les financiers, le produit de leur plume était pour eux comme un surcroît de revenu, que les comédiens, les éditeurs et les contrefacteurs pouvaient écorner sans trop grand crime; mais du jour où les écrivains n'ont à compter que sur eux-mêmes, il est juste, il est nécessaire que le fruit du travail leur revienne en entier.

Ce principe est non seulement incontesté, mais appliqué loyalement depuis tantôt un demi-siècle en France et dans presque tous les Etats du monde civilisé. Chez nous, les gens de lettres et les auteurs dramatiques ont fondé deux puissantes associations qui protègent avec un soin jaloux les droits de chacun de leurs membres, tels qu'ils sont définis et consacrés par une loi juste et libérale.

Les lois des nations voisines ne sont ni plus injustes ni moins libérales que la nôtre, je le dis bien haut. En Angleterre, en Italie, en Allemagne, la propriété des écrivains nationaux est admirablement garantie. Ce qui manque presque partout, c'est une protection suffisante des droits de l'écrivain étranger. Il reste à rédiger une loi internationale en vertu de laquelle l'écrivain étranger jouisse en tout pays des mêmes avantages que les écrivains nationaux, c'est-à-dire qu'il ne puisse être ni réimprimé, ni traduit, ni joué sans son consentement formel.

La propriété, messieurs, est une des bases les plus solides de la société moderne, et tous les gouvernements la protègent d'un commun accord. Lisez tous les traités internationaux qui régissent l'extradition, vous verrez qu'il n'y a pas dans le monde civilisé deux façons de juger les hommes qui s'approprient le bien d'autrui. Pourquoi donc, je vous le demande, les traités ne m'assurent-ils pas la propriété du livre que j'ai fait, quand ils me garantissent la propriété du champ que je n'ai pas créé et de la maison que je n'ai point bâtie ?

Pourquoi ? Ce n'est certes pas faute de droiture ni de bienveillance ; mais les bonnes lois, et surtout les bonnes lois internationales ne s'improvisent pas. Le principe de la propriété intellectuelle est nouveau ; il a fallu et il faudra encore un peu de temps pour en déduire et en formuler toutes les conséquences. La loi que nous appelons de nos vœux ne sera l'œuvre ni d'un jour ni d'un homme.

Aussi avons-nous convoqué, pour accélérer la besogne, tous les hommes compétents de la France et de l'étranger : la littérature française et de l'étranger. La littérature française prête et emprunte tous les jours aux littératures étrangères ; nous demandons que cet échange soit soumis, comme tous les autres, à une bonne et cordiale réciprocité. Dans la première des trois réunions préparatoires auxquelles j'ai eu l'honneur d'assister, le mélange des auteurs français et des auteurs étrangers qui se serraient les uns contre les autres comme des livres sur un rayon a fait tressaillir en moi la fibre de la fraternité littéraire ; j'ai senti qu'une bibliothèque est un monde et qu'elle n'est pas un pays. Le même sentiment anime tous les membres de ce Congrès, la même pensée les inspire ; ils sont unanimement résolus à préparer la loi commune, la loi universelle qui garantira tôt ou tard la propriété des ouvrages de l'esprit.

Nous ne pouvons que la préparer et non la faire, car nous ne sommes ni une assemblée législative ni un congrès diplomatique ; nous n'avons ni mandat ni pouvoir.

Mais ne savez-vous pas, messieurs, qu'en toute chose la raison, tôt ou tard, a raison ? Quelque respect qu'on doive à la routine, quelque soumission qu'il faille s'imposer devant la force, c'est l'esprit qui règne ici-bas. Les plus grandes nations sont menées par des écrivains comme vous. Le premier ministre de la Grande-Bretagne est un des romanciers les plus ingénieux et les plus délicats que l'Angleterre ait vus naître. En Espagne et en Italie un ministre est généralement un publiciste arrivé quand il n'est pas, comme notre cher Castelar, un poète qui a aspiré à descendre. La France a vu réalisé et dépassé le mot fameux de Napoléon : « Si Corneille eût vécu de mon temps, j'eu aurais fait mon premier ministre.» En effet, il y a eu, en 1848, un jour, et un beau jour vraiment, où Lamartine fut roi de France ! Aujourd'hui l'orateur de la majorité parlementaire, le président de la commission du budget, le *leader* de notre politique intérieure et extérieure est un écrivain de profession que j'ai vu, tout fumant des feux de la tribune, courir à son journal prendre la plume et travailler jusqu'à minuit, entre le député Spuller et le sénateur journaliste Challemel-Lacour. Et qui donc a fondé notre troisième et indestructible République, après avoir libéré le territoire national? Un journaliste, un critique, un historien, dont les mérites littéraires, légèrement éclipsés aujourd'hui par l'éclat de son patriotisme, feront un jour gloire sur gloire! Les orateurs les plus considérables du Sénat, Jules Simon, Littré, Eugène Pelletan, Charton, Henri Martin, Foucher de Careil étaient et sont restés hommes de lettres.

Monsieur le Président, si vous n'étiez pas là, je prendrais la liberté de citer votre nom à l'appui de ma thèse. Le monde n'appartient ni à la force ni au hasard, mais au génie, ce noble serviteur du droit. Une loi rédigée sous vos auspices et proposée en votre nom à tous les peuples civilisés n'attendrait pas longtemps la sanction officielle. Vous pouvez donc ajouter à toutes les grandes choses que vous avez faites une œuvre utile à tout ce peuple d'écrivains français et étrangers qui vous écoute comme un maître et vous suit comme un guide. Victor Hugo, vous qui faites le bien par un don de nature, comme le soleil fait le jour, donnez à la littérature européenne un régime plus agréable et meilleur. Au nom de la Société des gens de lettres, qui se glorifie de vous compter parmi ses présidents honoraires, je vous prie de vouloir bien ouvrir le Congrès.

Après ce discours, interrompu souvent par de nombreux bravos, M. Victor Hugo se lève et prononce les paroles suivantes :

Messieurs,

Ce qui fait la grandeur de la mémorable année où nous sommes, c'est que, souverainement, par dessus les rumeurs et les clameurs, imposant une interruption majestueuse aux hostilités étonnées, elle donne la parole à la civilisation. On peut dire d'elle : c'est une année obéie. Ce qu'elle a voulu faire, elle le fait. Elle remplace l'ancien ordre du jour, la guerre, par un ordre du jour nouveau, le progrès. Elle a raison des résistances. Les menaces grondent, mais l'union des peuples sourit. L'œuvre de l'année 1878 sera indestructible et complète. Rien de provisoire. On sent dans tout ce qui se fait je ne sais quoi de définitif. Cette glorieuse année proclame, par l'Exposition de Paris, l'alliance des industries; par le centenaire de Voltaire, l'alliance des philosophies; par le Congrès ici rassemblé, l'alliance des littératures (Applaudissements); vaste fédération du travail sous toutes les formes; auguste édifice de la fraternité humaine qui a pour base les paysans et les ouvriers, et pour couronnement les esprits. (Bravos.)

L'industrie cherche l'utile, la philosophie cherche le vrai, la littérature cherche le beau. L'utile, le vrai, le beau, voilà le triple but de tout l'effort humain; et le triomphe de ce sublime effort, c'est, messieurs, la civilisation entre les peuples et la paix entre les hommes.

C'est pour constater ce triomphe que, de tous les points du monde civilisé, vous êtes accourus ici. Vous êtes les intelligences considérables que les nations aiment et vénèrent, vous êtes les talents célèbres, les généreuses voix écoutées, les âmes en travail de progrès; vous êtes les combattants pacificateurs; vous apportez ici le rayonnement des renommées; vous êtes les ambassadeurs de l'esprit humain dans ce grand Paris. Soyez les bienvenus, écrivains, orateurs, poètes, philosophes, penseurs, lutteurs, la France vous salue! (Applaudissements prolongés.)

Vous et nous, nous sommes les concitoyens de la cité universelle. Tous, la main dans la main, affirmons notre unité et notre alliance. Entrons tous ensemble dans la grande patrie sereine, dans l'absolu, qui est la justice; dans l'idéal, qui est la vérité.

Ce n'est pas pour un intérêt personnel ou restreint que vous êtes réunis ici, c'est pour l'intérêt universel. Qu'est-ce que la littérature? C'est la mise en marche de l'esprit humain. Qu'est-ce que la civilisation! C'est la perpétuelle découverte que fait à chaque pas l'esprit humain en marche; de là, le mot Progrès. On peut dire que littérature et civilisation sont identiques.

Les peuples se mesurent à leur littérature; une armée de deux millions d'hommes passe, une *Iliade* reste; Xerxès a l'armée, l'épopée lui manque; Xerxès s'évanouit. La Grèce est petite par le territoire et grande par Eschyle. (Mouvement.) Rome n'est qu'une ville; mais par Tacite, Lucrèce, Virgile et Juvénal, cette ville emplit le monde. Si vous évoquez l'Espagne, Cervantes surgit: si vous parlez de l'Italis, Dante se dresse; si vous nommez l'Angleterre, Shakespeare apparaît. A de certains moments, la France se résume dans un génie, et le resplendissement de Paris se confond avec la clarté de Voltaire. (Bravos répétés.)

Messieurs, votre mission est haute. Vous êtes une sorte d'assemblée constituante de la littérature. Vous avez qualité, sinon pour voter des lois, du moins pour les dicter. Dites des choses justes, énoncez des idées vraies, et si, par impossible, vous n'êtes pas écoutés, eh bien, vous mettrez la législation dans son tort.

Vous allez faire une fondation : la propriété littéraire. Elle est dans le droit, vous allez l'introduire dans le Code; car, je l'affirme, il sera tenu compte de vos solutions et de vos conseils.

Vous allez faire comprendre aux législateurs qui voudraient réduire la littérature à n'être qu'un fait local que la littérature est un fait universel. La littérature, c'est le gouvernement du genre humain par l'esprit humain. (Bravo!)

La propriété littéraire est d'utilité générale. Toutes les vieilles législations monarchiques ont nié et nient encore la propriété littéraire. Dans quel but? Dans un but d'asservissement. L'écrivain propriétaire, c'est l'écrivain libre. Lui ôter la propriété, c'est lui ôter l'indépendance. On l'espère du moins. De là ce sophisme singulier, qui serait puéril s'il n'était perfide. La pensée appartient à tous, donc elle ne peut être propriété, donc la propriété littéraire n'existe pas. Confusion étrange : d'abord de la faculté de penser, qui est générale, avec la pensée, qui est individuelle; la pensée, c'est le *moi*; ensuite, confusion de la pensée, chose abstraite, avec le livre, chose matérielle. La pensée de l'écrivain, en tant que pensée, échappe à toute main qui voudrait la saisir; elle s'envole d'âme en âme; elle a ce don et cette force, *virum volitare per ora;* mais le livre est distinct de la pensée; comme livre il est saisissable, tellement saisissable qu'il est quelquefois saisi. (On rit.) Le livre, produit de l'imprimerie, appartient à l'industrie, et détermine, sous toutes ses formes, un vaste mouvement commercial; il se vend et s'achète; il est une propriété, valeur créée et non acquise, richesse ajoutée par l'écrivain à la propriété nationale, et certes, à tous les points de vue, la plus incontestable des propriétés. Cette propriété inviolable, les gouvernements despotiques la violent; ils confisquent le livre, espérant ainsi confisquer l'écrivain. De là le système des pensions royales. Prendre tout et rendre un peu. Spoliation et sujétion de l'écrivain. On le vole, puis on l'achète. Effort inutile, du reste. L'écrivain échappe. On le fait pauvre; il reste libre. (Applaudissements.) Qui pourrait acheter ces consciences superbes, Rabelais, Molière, Pascal? Mais la tentative n'en est pas moins faite, et le résultat est lugubre. La monarchie est on ne sait quelle succession terrible des forces vitales d'une nation; les historiographes donnent aux rois les titres de *pères de la nation* et de *pères des lettres;* tout se tient, dans le funeste ensemble monarchique: Dangeau, flatteur, le constate d'un côté; Vauban, sévère, le constate de l'autre; et pour ce qu'on appelle le « grand siècle », par exemple, la façon dont les rois sont *pères de la nation* et *pères des lettres* aboutit à ces deux faits sinistres : le peuple sans pain, Corneille sans souliers. (Longs applaudissements.)

Quelle sombre rature au grand règne!

Voilà où mène la confiscation de la propriété née du travail, soit que cette confiscation pèse sur le peuple, soit qu'elle pèse sur l'écrivain.

Messieurs, rentrons dans le principe : le respect de la propriété. Constatons la propriété littéraire ; mais, en même temps, fondons le domaine public. Allons plus loin. Agrandissons-le. Que la loi donne à tous les éditeurs le droit de publier tous les livres après la mort des auteurs, à la seule condition de payer aux héritiers directs une redevance très faible, qui ne dépasse en aucun cas cinq ou dix pour cent du bénéfice net. Ce système très simple qui concilie la propriété incontestable de l'écrivain avec le droit non moins incontestable du domaine public a été indiqué, dans la commission de 1836, par celui qui vous parle en ce moment, et l'on peut trouver cette solution, avec tous ses développements, dans les procès-verbaux de la commission, publiés alors par le ministère de l'intérieur.

Le principe est double, ne l'oublions pas. Le livre, comme livre, appartient à l'auteur ; mais comme pensée, il appartient — le mot n'est pas trop vaste — au genre humain. Toutes les intelligences y ont droit. Si l'un des deux droits, le droit de l'écrivain et le droit de l'esprit humain, devait être sacrifié, ce serait certes le droit de l'écrivain, car l'intérêt public est notre préoccupation unique, et tous, je le déclare, doivent passer avant nous. (Marques d'approbation.)

Mais, je viens de le dire, ce sacrifice n'est pas nécessaire.

Ah ! la lumière ! la lumière toujours ! la lumière partout ! Le besoin de tout, c'est la lumière. La lumière est dans le livre. Ouvrez le livre tout grand. Laissez-le rayonner, laissez-le faire. Qui que vous soyez qui voulez cultiver, vivifier, édifier, attendrir, apaiser, mettez des livres partout ; enseignez, montrez, démontrez ; multipliez les écoles ; les écoles sont les points lumineux de la civilisation.

Vous avez soin de vos villes, vous voulez être en sûreté dans vos demeures, vous êtes préoccupés de ce péril : laisser la rue obscure ; songez à ce péril plus grand encore : laissez obscur l'esprit humain. Les intelligences sont des routes ouvertes ; elles ont des allants et venants, elles ont des visiteurs, bien ou mal intentionnés ; elles peuvent avoir des passants funestes ; une mauvaise pensée est identique à un voleur de nuit : l'âme a ses malfaiteurs ; faites le jour partout ; ne laissez pas dans l'intelligence humaine de ces coins ténébreux où peut se blottir la superstition, où peut se cacher l'erreur, où peut s'embusquer le mensonge. L'ignorance est un crépuscule ; le mal y rôde. Songez à l'éclairage des rues, soit ; mais songez aussi, songez surtout à l'éclairage des esprits. (Applaudissements prolongés.)

Il faut pour cela, certes, une prodigieuse dépense de lumière. C'est à cette dépense de lumière que depuis trois siècles la France s'emploie. Messieurs, laissez-moi dire une parole filiale, qui, du reste, est dans vos cœurs comme dans le mien. Rien ne prévaudra contre la France. La France est d'intérêt public. La France s'élève sur l'horizon de tous les peuples. Ah! disent-ils, il fait jour, la France est là! (Oui! oui! — Bravos répétés.)

Qu'il puisse y avoir des objections à la France, cela étonne; il y en a pourtant; la France a des ennemis. Ce sont les ennemis mêmes de la civilisation; les ennemis du livre, les ennemis de la pensée libre, les ennemis de l'émancipation, de l'examen, de la délivrance; ceux qui voient dans le dogme un éternel maître et dans le genre humain un éternel mineur. Mais ils perdent leur peine, le passé est passé, les nations ne reviennent pas à leur vomissement, les aveuglements ont une fin, les dimensions de l'ignorance et de l'erreur sont limitées. Prenez-en votre parti, hommes du passé, nous ne vous craignons pas! allez, faites, nous vous regardons avec curiosité! essayez vos forces, insultez 89, découronnez Paris, dites anathème à la liberté de conscience, à la liberté de la presse, à la liberté de la tribune, anathème à la loi civile, anathème à la révolution, anathème à la tolérance, anathème à la science, anathème au progrès. Ne vous lassez pas. Rêvez, pendant que vous y êtes, un *Syllabus* assez grand pour la France et un éteignoir assez grand pour le Soleil! (Acclamation unanime. Triple salve d'applaudissements.)

Je ne veux pas finir par une parole amère. Montons et restons dans la sérénité immuable de la pensée. Nous avons commencé l'affirmation de la concorde et de la paix; continuons cette affirmation hautaine et tranquille.

Je l'ai dit ailleurs, et je le répète, toute la sagesse humaine tient dans ces deux mots : Conciliation et Réconciliation; conciliation pour les idées, réconciliation pour les hommes.

Messieurs, nous sommes ici entre philosophes, profitons de l'occasion, ne nous gênons pas, disons des vérités. (Sourires et marques d'approbation.) En voici une terrible : le genre humain a une maladie, la haine. La haine est mère de la guerre; la mère est infâme, la fille est affreuse.

Rendons-leur coup sur coup. Haine à la haine! Guerre à la guerre! (Sensation.)

Savez-vous ce que c'est que cette parole du Christ : *Aimez-vous les uns les autres*? C'est le désarmement universel. C'est la guérison du genre humain. La vraie rédemption, c'est celle-là. Aimez-vous. On désarme mieux son ennemi en lui tendant la main qu'en lui montrant le poing. Ce conseil de Jésus est un ordre de Dieu. Il est bon. Nous l'acceptons. Nous sommes avec le Christ, nous autres! L'écrivain est avec l'apôtre; celui qui pense est avec celui qui aime. (Bravos.)

Ah! poussons le cri de la civilisation! Non! non! non! nous ne voulons ni des barbares qui guerroient, ni des sauvages qui assassinent! Nous ne voulons ni de la guerre de peuple à peuple, ni la guerre d'homme à homme. Toute tuerie est non seulement féroce, mais insensée. La gloire est absurde, et le poignard est imbécile. Nous sommes les combattants de l'esprit, et nous avons pour devoir d'empêcher le combat de la matière ; notre fonction est de toujours nous jeter entre les deux armées. Le droit à la vie est inviolable. Nous ne voyons pas les couronnes, s'il y en a ; nous ne voyons que les têtes. Faire grâce, c'est faire la paix. Quand les heures funestes sonnent, nous demandons aux rois d'épargner la vie des peuples, et nous demandons aux Républiques d'épargner la vie des empereurs. (Applaudissements.)

C'est un beau jour pour le proscrit que le jour où il supplie un peuple pour un prince, et où il tâche d'user, en faveur d'un empereur, de ce grand droit de grâce qui est le droit de l'exil.

Oui, concilier et réconcilier, telle est notre mission, à nous, philosophes. O mes frères de la science, de la poésie et de l'art, constatons la toute-puissance civilisatrice de la pensée ! A chaque pas que le genre humain fait vers la paix, sentons croître en nous la joie profonde de la vérité. Ayons le fier contentement du travail utile. La vérité est une et n'a pas de rayon divergent ; elle n'a qu'un synonyme : la justice. Il n'y a pas deux lumières, il n'y en a qu'une : la raison. Il n'y a pas deux façons d'être honnête, sensé et vrai.

Le rayon qui est dans l'*Iliade* est identique à la clarté qui est dans le *Dictionnaire philosophique*. Cet incorruptible rayon traverse les siècles avec la droiture de la flèche et la pureté de l'aurore. Ce rayon triomphera de la nuit, c'est-à-dire de l'antagonisme et de la haine. C'est là le grand prodige littéraire. Il n'y en a pas de plus beau. La force déconcertée et stupéfaite devant le droit, l'arrestation de la guerre par l'esprit, c'est, ô Voltaire ! la violence domptée par la sagesse ; c'est, ô Homère ! Achille pris aux cheveux par Minerve. (Longs applaudissements.)

Et maintenant que je vais finir, permettez-moi un vœu, un vœu qui ne s'adresse à aucun parti et qui s'adresse à tous les cœurs.

Messieurs, il y a un Romain qui est célèbre par une idée fixe, il disait : Détruisons Carthage ! J'ai aussi moi une pensée qui m'obsède, et la voici : Détruisons la haine. Si les lettres humaines ont un but, c'est celui-là : *Humaniores litteræ*. Messieurs, la meilleure destruction de la haine se fait par le pardon. Ah ! que cette grande année ne s'achève pas sans la pacification définitive, qu'elle se termine avec sagesse et en cordialité, et qu'après avoir éteint la guerre étrangère elle éteigne la guerre civile. C'est le souhait profond de nos âmes. La France à cette heure montre au monde son hospitalité, qu'elle lui montre aussi sa clémence. La clémence !

Mettons sur la tête de la France cette couronne ! Toute fête est fraternelle ; une fête qui ne pardonne pas à quelqu'un n'est pas une fête. (Vive émotion. Bravos redoublés.) La logique d'une joie publique, c'est l'amnistie. Que ce soit là la clôture de cette admirable solennité : l'Exposition universelle. Réconciliation ! Certes, cette rencontre de tout l'effort commun du genre humain, ce rendez-vous des merveilles de l'industrie et du travail, cette salutation des chefs-d'œuvre entre eux, se confrontant et se comparant, c'est un spectacle auguste ! Mais il est un spectacle plus auguste encore, c'est l'exilé debout à l'horizon et la patrie ouvrant les bras ! (Longue acclamation ; les membres français et étrangers du Congrès qui entourent l'orateur sur l'estrade viennent le féliciter et lui serrer la main, au milieu des applaudissements répétés de la salle entière.)

Le silence étant rétabli, M. Victor Hugo donne la parole à M. Mauro-Macchi, délégué italien, qui prononce les paroles suivantes :

Messieurs,

Il me faut un grand courage, pour ne pas dire une imprudente témérité, pour oser prendre la parole en ce moment après l'étonnant discours que vient de prononcer un orateur tel que Victor Hugo.

Je suis bien loin, hélas ! de parler avec éloquence quand je m'exprime dans ma langue maternelle, comment pourrai-je m'en tirer étant forcé de me servir d'une langue qui n'est pas la mienne. Et cependant cette langue je l'aime à plusieurs titres. D'abord parce que c'est la langue d'une nation que j'aime avec passion depuis mon enfance (Bravo ! bravo ;) ensuite parce qu'elle me rend le service de me permettre d'être ici l'interprète de mes compatriotes auprès de vous tous, messieurs, qui êtes venus de tous les points du globe pour assister à cette fête pacifique.

Mais, puisque mes compatriotes m'ont fait l'honneur de me nommer président de leur délégation, je sens que j'ai le devoir d'exprimer leur adhésion aux pensées que Victor Hugo a exprimées dans son admirable discours. (Bravo ! bravo !)

Messieurs, les hommes de lettres de l'Italie groupés autour de moi sont convaincus que la religion du siècle c'est le progrès ; que les littératures forment des alliances bien plus sûres, bien plus sincères, bien plus vraies que les diplomaties ; que la paix est le plus grand bienfait, et que le cri généreux de « Guerre à la guerre ! » que faisait résonner il y a un moment avec sa voix puissante M. Victor Hugo, a déjà résonné dans notre patrie.

Nous aussi nous savons que l'école est le plus puissant agent de la civilisation. Nous savons qu'il faut désirer la conciliation pour les États et la réconciliation pour les hommes ; nous savons que celui qui pense est véritablement celui qui aime. Nous faisons des vœux, avec

Victor Hugo, pour que cette année soit l'année de la proclamation de la paix, et qu'elle voie non seulement la fin des guerres nationales, mais la fin de l'extermination de l'homme par l'homme, en Italie comme en France. Nous faisons des vœux pour l'abolition de la peine de mort. (Bravo! très bien!)

La plupart de nous, Italiens, sommes nés sur des territoires asservis à la domination étrangère. Nous avons été obligés de consacrer la majeure partie de notre existence à combattre nos envahisseurs, afin de les obliger à rentrer chez eux. C'était la seule manière qu'il y eût pour nous de vivre en liberté et pour eux de vivre en paix. (Marques d'approbation.) Cette lutte nous était imposée par le patriotisme; elle a coûté à nos cœurs bercés dans les sentiments d'amour de l'humanité.

Aussi nous avons été heureux de nous inscrire dans cette grande république des lettres ouverte à tous, où il n'y a pas de différence de noms et dans laquelle le seul pouvoir reconnu est celui du génie! (Vifs applaudissements.)

Dans la république littéraire, Cervantes n'est pas seulement à l'Espagne; comme Victor Hugo n'est pas seulement à la France, comme Dante,—me permettrai-je d'ajouter,—n'est pas seulement à l'Italie. Je puis le dire dans ce pays où il a trouvé de si fervents admirateurs, où Lamennais a consacré les dernières années de son existence à le traduire.

Dans cette république littéraire, où nous sommes entrés pour apaiser l'effervescence de nos sentiments patriotiques, règnent la paix, la confraternité. Cependant il s'y produit quelquefois quelques malentendus attestés par quelques procès entre auteurs et traducteurs. Nous avons eu, par exemple, un procès fameux intenté par les représentants d'un homme de génie au sujet d'un de ses drames qu'on avait sans son autorisation traduit en mélodrame populaire.

Si le Congrès peut réussir à écarter toute équivoque, tout malentendu, à régler toutes ces questions, nous n'aurons pas perdu notre temps.

Nous, Italiens, nous déclarons pour notre part et par ma voix que nous sommes prêts à accepter toute convention basée sur la parfaite réciprocité, c'est-à-dire sur la justice (Bravo! bravo!)

C'est ainsi qu'on parviendra à rendre plus facile et plus prochaine cette fraternité des peuples que nous appelons de tous nos vœux, et à la réalisation de laquelle nous avons consacré toute notre existence. (Ce discours s'achève au milieu d'applaudissements prolongés.)

M. LE PRÉSIDENT donne alors la parole à M. Tourgueneff, délégué pour la Russie.

M. TOURGUENEFF lit le discours suivant :

Messieurs,

Parlant au nom de mes compatriotes les délégués russes, je me hâte de vous rassurer en m'engageant à ne dire que de courtes paroles. Permettez-moi seulement un rapprochement significatif, qui prouvera des relations constantes entre nos deux nations et la grande influence que le génie français a toujours exercée sur la Russie.

Je vais rapprocher trois dates séparées chacune par l'intervalle d'un siècle. Vers 1678, nous n'avions encore aucune littérature nationale; nos livres s'écrivaient en vieux slavon, et l'on pouvait à bon droit ranger la Russie parmi les peuples demi-barbares, tenant plus à l'Asie qu'à l'Europe. Peu de temps avant cette année, le tzar Alexis, déjà touché par le premier souffle de la civilisation, avait fait construire au kremlin de Moscou un théâtre sur lequel se donnèrent des drames religieux dans le genre des *Mystères*, et un opéra venu d'Italie : *Orphée*. Ce théâtre, il est vrai, fut fermé après sa mort; mais la première pièce qui servit à l'inauguration de la scène restaurée, ce fut le *Médecin malgré lui*, de votre Molière (Sensation.), dont la traduction passe pour être l'œuvre de la grande-duchesse Sophie, fille d'Alexis et régente pendant la minorité de son jeune frère, devenu Pierre le Grand. Sans doute les spectateurs d'alors ne virent guère qu'un amuseur dans l'auteur du *Misanthrope;* mais nous, nous sommes heureux de rencontrer ce grand nom dès l'aube de notre civilisation naissante.

Cent années plus tard, en 1778, quand cette littérature s'essayait à vivre, l'auteur de nos premières comédies originales, Von Wiezine, était à Paris le témoin du triomphe de Voltaire à la Comédie Française, et il en donnait le récit dans une lettre publique et très-répandue, où perce l'admiration la plus enthousiaste pour le patriarche de Ferney, alors maître et modèle de notre littérature, comme des littératures de l'Europe entière. (Applaudissements.)

Cent années se sont écoulées encore. A Molière avait succédé Voltaire; à Voltaire a succédé Victor Hugo. Les lettres russes existent enfin; elles ont acquis en Europe le droit de cité. Nous pouvons rappeler devant vous, non sans orgueil, des noms qui ne vous sont plus inconnus, ceux des poètes Pouchkine, Lermoltoff et Krytoff; ceux des prosateurs Karamzine et Gogol (Toute la salle :—Tourgueneff!); et vous avez bien voulu convoquer quelques écrivains russes pour coopérer au Congrès international de la littérature. Il y a deux siècles, sans trop vous comprendre, nous allions déjà vers vous; il y a un siècle, nous étions vos disciples; aujourd'hui vous nous acceptez pour collègues. Il se produit ce fait singulier nouveau dans les annales de la Russie, qu'un simple et modeste écrivain, qui n'est ni diplomate ni militaire, qui n'a point de rang dans le *tchinn*, dans la hiérarchie des emplois, a l'honneur de porter ici la parole au nom de son pays pour saluer Paris et la France, ces promoteurs des grandes idées et des généreuses aspirations. (L'orateur est chaleureusement applaudi.).

M. LE PRÉSIDENT donne alors la parole à M. Blanchard-Jerrold, délégué anglais qui s'exprime ainsi :

Au nom de mes collègues et des auteurs anglais absents, qui m'ont chargé de les représenter dans ce Congrès et d'en rédiger un rapport qui leur sera transmis à mon retour à Londres, je désire témoigner à notre illustre président et à la Société des gens de lettres de France nos sincères remerciements de ce qu'ils ont inauguré un mouvement littéraire international qui — nous en sommes persuadés — aboutira à asseoir nos droits sur cette base équitable que M° Celliez a appelée « l'égalité entre les auteurs de toutes les nations ».

Cette initiative est digne de ce grand pays, qui fut le premier à proclamer la protection, *par l'État*, des œuvres de tout auteur — tant français qu'étranger, — et à bannir du sol de la France le brigandage littéraire.

Messieurs, une lettre que j'ai eu l'honneur de recevoir hier de M. Gladstone, vous montrera, je le crois, qu'il y a des hommes d'État capables et prêts à donner l'autorité de la loi à toute résolution sage et libérale à laquelle nous pourrions aboutir par le bien commun des lettres et des arts.

Dans sa lettre, M. Gladstone dit :

« Je me sens à peine autorisé, comme homme de lettres, à émettre une opinion au sujet de la propriété littéraire, vu que mon droit à porter ce titre pourrait être mis en question.

» Il y a quarante ans, pourtant, j'aidais avec persévérance, et même avec zèle, M° Talfourd dans ses efforts pour amener un remaniement équitable dans notre loi. Ce étant, j'ose dire que je verrais avec une vive satisfaction prendre des mesures pour le plus grand développement du principe de la propriété littéraire internationale, — surtout si elles pouvaient rendre meilleur marché qu'ils ne sont à présent en Angleterre, non pas les revues ou autres publications périodiques, mais les *livres*. »

Ce concours de l'illustre chef du parti libéral anglais, et les conclusions des commissaires royaux, qui viennent de présenter aux Chambres leur rapport sur la propriété littéraire, *nationale* et *internationale*, nous donnent lieu d'espérer que les résolutions prises par ce Congrès recevront l'attention immédiate du gouvernement et du parlement britanniques.

En me résumant, permettez-moi, messieurs, d'émettre le vœu que, le premier Congrès international des gens de lettres ayant eu lieu dans le pays de Montaigne, de Molière et de Hugo, vous vous donnerez rendez-vous, l'année prochaine, dans le pays de Shakespaere et de Milton.

De vifs applaudissements accueillent les dernières paroles de l'orateur.

La parole est donnée à M. Lœventhal, délégué allemand :

Messieurs, dit M. Lowenthal, si les précédents orateurs ont cru devoir implorer votre indulgence; je dois l'implorer moi-même à bien plus juste titre.

En l'absence de notre président empêché, c'est moi qui dois parler au nom des délégués allemands. C'est ma patrie bien-aimée que je représente, ce sont ses sentiments envers vous dont j'aurai à vous parler.

Nous sommes ici réunis en Congrès littéraire. Eh bien! lorsque je vois ce parterre, je ne puis m'empêcher de penser à un autre Congrès qui a eu lieu, celui-là à Erfürth, et où se trouvait un parterre de rois. Notre Congrès aussi a un parterre de rois; mais en 1815 c'était la force matérielle, — je ne puis employer une autre expression qui dictait des lois; — aujourd'hui c'est la force spirituelle. (Marques d'approbation.)

Voilà, messieurs, le progrès dont nous sommes les fils dévoués et dont parlait notre président Victor Hugo. Le progrès c'est la transformation de la force matérielle en force spirituelle. Je voulais vous parler de la force toute puissante de la pensée sur toutes les choses matérielles; sur les individus comme sur les peuples. Mais ma voix serait trop faible après celui qui vous en a parlé et que je n'ai pas besoin de vous désigner davantage, c'est Victor Hugo. Il a parlé du domaine littéraire; je ne dois pas en parler après lui. Nous nous unissons tous à lui pour dire que la pensée doit être libre, que rien ne doit arrêter son essor. Nous n'avons tous qu'un ennemi commun : c'est l'ignorance. (Marques d'approbation.)

Je parle au nom de mon pays; permettez-moi de vous dire qu'une des qualités de l'Allemagne, c'est qu'elle s'efforce de connaître les autres nations. Les mérites des peuples et leurs défauts proviennent de leur vie historique. Il n'y a rien à dire là-dessus; mais je crois que l'Allemagne a ce mérite de connaître les autres peuples ou tout au moins de s'efforcer de les connaître.

Nous connaissons la France, c'est pourquoi nous lui rendons justice, c'est pourquoi nous l'aimons. Si nous ne la connaissions pas, nous ne l'aimerions pas; et je suis assez sûr de pouvoir vous dire la même chose pour l'Allemagne: Connaissez-nous, vous nous aimerez aussi; car si vous luttez ici, comme l'a dit Victor Hugo, nous luttons aussi avec vous pour la justice, et vous nous trouverez toujours à vos côtés pour soutenir ce combat. (Très-bien.)

Le Congrès littéraire a fait le premier pas. C'est en effet le premier Congrès littéraire international provoqué pour faire connaître les peuples entre eux. J'espère que ce ne sera pas le dernier, car c'est la France qui en a pris l'initiative, et elle mène à bonne fin tout ce qu'elle entreprend. (Très-bien.)

C'est pourquoi j'ai confiance en votre œuvre, c'est pourquoi vous trouvez ici l'Allemagne réunie à vous pour travailler au but qui nous est cher à tous.

Dans le monde littéraire, je ne veux pas dire que nous occupons un rang plus élevé que les autres nations, mais je puis dire que nous occupons un rang assez élevé pour pouvoir, comme disait hier M. Edmond About, traiter de puissance à puissance. Si chez nous le monde littéraire a fait son devoir, la tâche était plus lourde et plus difficile: ne l'oubliez pas, messieurs. Nous n'étions pas comme vous, un peuple réuni; nous n'avions pas, comme vous, un seul roi qui nous guidait: nous étions dispersés. Nous n'avions rien pour nous guider que notre idée seule et notre tenacité qui est notre qualité allemande.

Je prononcerai un seul nom qui ne vous est peut-être pas bien connu, c'est celui de Lessing. Il a travaillé pour la pensée libre, il a combattu les ténèbres et le mensonge dans un temps où parmi nous on ne distinguait pas encore la vérité du mensonge, dans un temps où les peuples injuriaient ceux qui voulaient l'éclairer sur les bons principes.

Il vivait dans un temps où les hommes de lettres formaient une classe malheureuse et presque méprisée. Il fut chassé de la maison paternelle pour la liberté, méprisé par ses concitoyens qui ne le comprenaient pas; il resta seul sans que personne lui sut gré de son isolement, mais il resta ferme défenseur de la libre pensée dont il n'abandonna jamais la cause. Il a bien mérité de cette patrie qui nous unit tous ici, celle de la pensée libre. (Très bien!)

Je pourrais vous citer encore d'autres noms, mais cela nous mènerait trop loin; vous les connaissez pour la plupart, mais pas tous, car l'Allemagne n'est pas assez connue à l'étranger: c'est son plus grand défaut.

Mais il y a un autre champ de bataille, le champ de la science, sur lequel—un de vos plus illustres savants le constatait récemment—nous ne sommes pas indignes de vous. Au contraire, nous sommes vos égaux. Je veux parler de la science proprement dite : l'astronomie, la médecine, la jurisprudence, la philosophie. C'est aussi une arme contre les ténèbres, c'est aussi une barrière élevée contre l'ennemi de l'humanité ; car la science c'est l'arme la plus puissante contre ceux qui, ne sachant pas penser, voudraient empêcher les autres de penser.

Nous avons les mêmes croyances que votre bien honoré, et chez nous vénéré, Victor Hugo. Je suis fier de pouvoir vous dire qu'il est vénéré chez nous comme chez vous.

Je vous le disais, les différents peuples ont leurs défauts et leurs qualités. Vous avez les vôtres, nous avons les nôtres. Nous ne sommes pas faits pour vous combattre, mais pour nous compléter et mener à bien l'œuvre qui nous unit.

Permettez-moi encore une remarque, elle ne sera pas longue. Vous étiez Français, vous vous êtes appelés *Francs* dans le vieux temps, et vous méritez ce nom par votre franchise. Vous nous avez invités, vous nous avez tendu une main amicale ; je sais que cette amitié est franche, et je puis vous dire que nous y répondons avec la même franchise. Nous serrons de tout cœur la main que vous nous tendez. (Marques d'approbation. — Très bien ! très-bien ! — Applaudissements.)

M. LE PRÉSIDENT donne la parole à M. Jules Simon.

Le nom de notre président honoraire est accueilli par des applaudissements prolongés.

M. JULES SIMON s'exprime ainsi :

Victor Hugo et quelques-uns de nos confrères qui m'entourent veulent bien me prier de prononcer les dernières paroles à cette séance.

Je ne puis le faire sans exprimer d'abord ce qui est la pensée de tous et la mienne.

Il me serait impossible de commencer mon discours autrement que par des remerciements cordiaux et sincères à notre grand poète qui nous a apporté l'autorité de sa magnifique parole, et l'autorité encore plus grande de son nom qui illustre les lettres françaises.

Je dois aussi remercier tous ceux qui ont pris la parole dans cette séance. J'ai trouvé dans leurs discours deux choses qui m'ont beaucoup plu et profondément touché : l'une, c'est un grand sentiment de la fraternité des peuples. Il est bon, il est heureux que ce soit dans une réunion d'écrivains et de penseurs que ce sentiment se soit manifesté avec cette unanimité et cette énergie (Bravo ! bravo ! — Applaudissements.) ; l'autre, qui ne nous est pas moins chère, c'est le sentiment de la dignité de la profession littéraire. (Applaudissements.)

Nous sommes venus ici, messieurs, pour défendre ce qu'on appelle quelquefois les droits des gens de lettres. On a parlé de la propriété littéraire. M. Edmond About en a parlé avec ce talent qui lui est particulier, et dont on ne saurait dire si c'est l'esprit ou le bon sens qui en est la qualité maîtresse. (Bravo! bravo!)

Il nous disait, au commencement de la séance : « Je suis propriétaire de mon livre que j'ai fait, au moins autant que je puis l'être de ma maison que je n'ai pas bâtie. » Assurément cela est vrai, et il a mille fois raison. Ils ont raison tous ces orateurs qui sont venus l'un après l'autre dire : « Nous désirons, nous demandons qu'il y ait une entente entre tous les peuples de l'Europe pour que la propriété littéraire soit constituée et consacrée partout sur les mêmes bases, et pour que chaque peuple accorde à l'auteur étranger qui lui communique ses œuvres, la même protection et les mêmes droits qu'il assure à ses nationaux. » Tout le monde l'a répété, et c'est juste.

Mais quand Victor Hugo a pris la parole, qu'avez-vous entendu? une pensée qui est dans l'âme d'Edmond About, de M. Tourgueneff, de M. Blanchar-dJerrold, de M. Lœwenthal, de tous les délégués étrangers, de tous les gens de lettres français, de tous ceux qui ont l'honneur de tenir une plume; c'est que, quand nous parlons de la propriété de nos œuvres, qui, certes, sont bien à nous, nous pensons à la dignité de la profession littéraire, au progrès des lettres, aux intérêts de la civilisation dont nous sommes les serviteurs et les interprètes. (Applaudissements.)

Il y a eu un temps, messieurs, où les hommes de lettres étaient réduits à vivre de l'aumône des grands,

Puis, quand vint l'émancipation, il a fallu que l'Etat vint au secours des hommes de lettres en leur donnant des pensions.

Nous voulons que le poète, que le philosophe, que le romancier, que l'historien, que l'écrivain, pour tout dire, possède d'abord sa liberté et son indépendance, puisqu'il n'est dans le monde que pour donner au monde des leçons d'indépendance et de liberté. (Applaudissements. — Bravo! bravo!)

C'est pour cela, messieurs, que nous sommes ici autre chose qu'une assemblée d'hommes songeant à ce qui est fort respectable, d'ailleurs : leurs intérêts. Ce ne sont pas nos intérêts seuls qui sont en jeu, c'est l'avenir de la pensée. Voilà l'intérêt qui nous anime, et voilà ce qui fait la grandeur de notre Congrès littéraire. C'est une idée juste et raisonnable, et nos confrères de la Société des gens de lettres ont eu mille fois raison de réunir un Congrès littéraire international au moment où la France convie l'Europe et l'univers à une Exposition internationale universelle. Ici et là nous faisons la même chose.

Si tous ceux qui depuis plus d'un an se préparent à l'Exposition universelle : les ingénieurs, qui ont conçu les idées, les négociants, qui ont risqué leurs capitaux, les savants, qui ont inventé des mécaniques, tous ces ouvriers qui ont donné leurs mains industrieuses, et peut-être leur génie pour couvrir le Trocadéro et le Champ de Mars de toutes les merveilles réalisées par la pensée et la main humaine; si tous ces hommes pouvaient exprimer le fond de leur pensée, ils vous diraient : la philosophie de l'Exposition universelle peut se résumer en deux mots : Ils ont fait par le travail et le génie la guerre à cet ennemi dont vous avez parlé; ils ont fait la guerre à la haine; ils veulent que désormais les peuples ne se fassent plus la guerre, ni à coup de canons ni à coups de tarifs! (Bravo! bravo! — Applaudissements prolongés.)

Je ne suis pas peu fier pour mon pays que nous donnions ce grand spectacle si peu de temps après 1870, parce que cela prouve que nous comprenons, en patriotes et en philosophes ce mot, que je ne prononcerais pas sans cela : la revanche! (Applaudissements unanimes.)

Eh bien, messieurs, en même temps que les travailleurs qui produisent des œuvres matérielles se réunissent au Champ de Mars, les travailleurs qui produisent des livres viennent ici, et dès qu'ils ouvrent la bouche qu'entendez-vous? Guerre à la haine, conciliation, réconciliation. Voilà ce que le plus grand de tous vous a dit, et ce qui était dans le cœur de tous les autres. (Bravo! bravo!)

Je suis donc heureux, messieurs, qu'on m'ait prié de clore cette séance, et qu'on m'ait donné ainsi l'occasion de rappeler que ce sont les idées et les sentiments qui s'en dégagent, et d'en remercier non seulement nos nationaux, mais... comment parlerai-je des autres? Faudra-t-il que je les appelle des étrangers? Non, vous effaceriez ce mot pour le remplacer par le nom béni d'hôtes et d'amis. (Applaudissements prolongés.)

Oui, messieurs, vous êtes ici au milieu de vos amis, de vos frères. Nous ne demandons pas, nous ne rêvons pas, nous ne voudrions pas qu'il y eût identité entre les nations. Il faut que chaque peuple ait son originalité. Nous avons tous nos traditions que nous aimons comme une religion. (Applaudissements.)

Nous avons nos drapeaux qui sont notre religion, nous avons nos grands hommes qui sont nos aïeux, nous avons le sol nourricier de la patrie notre mère! L'amour de la patrie, c'est nous, Français, qui pourrions l'enseigner aux autres depuis que notre France a tant souffert! (Applaudissements.)

Restons ce que nous sommes, gardons chacun notre passé, notre esprit avec sa tournure particulière et les idées qui nous sont propres.

Travaillons ensemble à la cause commune, à la cause de la liberté, à la cause de l'humanité; soyons les initiateurs du progrès humain. C'est vous, messieurs; c'est vous, mes amis; c'est vous, mes maîtres, qui entrez les premiers dans ce champ de bataille immense où l'on ne connaît d'autres armes que la vérité et l'amour; et vous, Victor Hugo, introduisez-nous dans ces espaces où vous planez et où vous entraînez après vous le reste de l'humanité. (Applaudissements prolongés.)

M. Jules Simon est entouré et félicité chaleureusement par tous les membres du bureau.

Avant que M. le président n'ait levé la séance, M. Santa-Anna Néry, délégué du Brésil, demande la parole et s'exprime ainsi :

MESSIEURS,

Notre séance ne serait pas complète si vous n'entendiez pas quelqu'un de vos hôtes de l'Amérique du Sud venir vous remercier de l'accueil si bienveillant, si cordial, si indulgent, que vous avez fait à tous les délégués étrangers.

Nous, Brésiliens en particulier, nous sommes les fils de la France, issus de son sang et de sa pensée. Pendant plus de cinquante ans, le Brésil n'était connu en Europe que sous le nom de *France Antarctique*.

Aujourd'hui, grâce à la vapeur et à l'électricité, le Brésil est devenu pour ainsi dire un faubourg de l'Europe. Je ne viens pas faire un discours, je viens seulement vous remercier, remercier ce maître illustre que nous admirons tous, dont le nom est populaire des Amazones jusqu'à La Plata, ce créateur de la civilisation moderne qui a nom Victor Hugo!

Je viens aussi remercier M. Jules Simon, le philosophe qui a soutenu tant de luttes pour la liberté de la pensée et combattu pour l'affranchissement de l'humanité.

Messieurs, je n'étais pas préparé pour vous parler, laissez-moi cependant évoquer encore un souvenir. Il y a quelques années le Brésil abolissait l'esclavage, cette lèpre que la métropole nous avait léguée. Eh bien, messieurs, ce grand résultat, ce résultat magnifique, a été le résultat des protestations indignées de vos grands penseurs, à la tête desquels se placent Voltaire et Victor Hugo! de ces illustres maîtres que je vois ici !

En terminant, je ne veux vous dire qu'une chose : nous vous remercions et nous vous prions de pousser de cœur, comme nous le poussons, ce cri : *Vive la France!* (Les applaudissements éclatent de toutes parts et les cris de *Vive la France!* terminent la séance.)

Victor Hugo a levé la séance à trois heures et demie, et chacun s'est retiré sous la meilleure impression, assuré du succès qui ne peut manquer de couronner les efforts des gens de lettres qui ont eu l'heureuse idée de ce Congrès.

Le soir, on s'est réuni dans un banquet fraternel à l'Hôtel Continental. Deux cents personnes, délégués étrangers, membres de la Société des gens de lettres, sénateurs, députés, littérateurs, avaient pris place autour d'une table somptueusement servie.

Voici les noms classés selon leur nationalité, et par lettre alphabétique, des cent quatre-vingt-dix-huit convives qui ont pris part au banquet :

ALLEMAGNE : MM. Breitschevert (Otto Von), — Kohn, — Kalisch, — Landsberg, — Lœwenthal, — Schweichel.

AMÉRIQUE DU SUD : MM. Péralta (Manuel), — Swalley (Georges).

ANGLETERRE : MM. Carlier, — Crauford, — Hogson, — Leighton (John).

AUTRICHE-HONGRIE : MM. Glaser, — Gross (Ferdinand), — Nordau, — Wittmann.

BELGIQUE : MM. Dognée, — Coënaes, — de Laveleye.

BRÉSIL : M. de Fonseca.

DANEMARK : MM. Holst, — Kauffmann, — Watt (Robert).

ESPAGNE : MM. Alfonso, — Calzdo (Adolfo), — Lafarre (Fernandez), — Del Peral, — Quintana, — de Santos, — de Roberty de la Cerda.

ÉTATS-UNIS : MM. Bishop, — King, — Knox, — Ruppauer, — Scaife, — Whiteing (Richard), — White (Andrew).

FRANCE : MM. Victor Hugo, *sénateur*, — Jules Simon, *sénateur*, — Foucher de Careil, *sénateur*, — Noël Parfait, *député*, — O. de Watteville, *directeur au ministère de l'Instruction publique*.

COMITÉ : Edmond About, *président*, — Altaroche, *vice-président*, — Emmanuel Gonzalès, *délégué*, — du Boisgobey, — Adolphe Belot, — André de Bellecombe, — Jules Clère, — Champfleury, — Gourdon de Genouillac, — Arsène Houssaye, — Félix Jahyer, — de La Landelle, — Eugène Moret, — Édouard Montagne, — Eugène Muller, — André Theuriet, — Tony Révillon, — Borel d'Hauterive, — Edmond Douay, — Germond de Lavigne, — de Lyden, — Eugène Paz.

MEMBRES DU CONSEIL JUDICIAIRE : Adrien Huart, — Frédéric Thomas. — DIVERS : Alfred Assolant, — Philibert Audebrand, — Jules d'Auriac, — Henri Bacquès, — Paul Biollay, — Bonnemère, — Blondeau, — Balch, — Jules de Carné, — Augustin Challamel, — Albert Collignon, — Richard Cortambert, — Caseaux, — Oscar Comettant, — Émile Daclin, — Camille

Debans, — Charles Diguet, — Abraham Dreyfus, — Ernest Daudet, — Paul Déroulède, — Derode, — Dehaille, — Louis Énault, — Georges Fath, — Louis Figuier, — Frossard, — Paul Foucher, — Fliniaux, — Félix Grélot, — Marcel Gay, — Constant Guéroult, — Charles Gueullette, — Gaillardet, — Yves Guyot, — Augustin Hélie, — Henri Havard, — Hirch Hermann, — Robert Hyenne, — Charles Joliet, — Jourde, — Kœmpfen, — Kowalski, — Ernest Lamy, — Henri de Lapommeraye, — Jules Lermina, — Albert Liouville, — Lubomirski, — E. Labiche, *vice-président de la Société des auteurs dramatiques*, — S. Loudier, — Armand Lapointe, — Loredan Larchey, — Laforet, — Fernand Michel, — Paul Meurice, — Amédée Marteau, — Millet, — Moisand, — Mayer, — Gabriel Marc, — Hector Malot, — de Molinari, — Paul Parfait, — Alphonse Pagès, — de Pompery, — Marius Proth, — Pataille, — Planchut, — Victor Rozier, — Reboullet, — Ratisbonne, — Émile Richebourg, — Ristelhuber, — Paul de Saint-Victor, — Scharapor, — Stilmann, — Paul Saunière, — Le Senne, — Louis Limousin, — Schalck de la Faverie, — Sargent, — Small, — Léopold Stapleaux, — Amédée Tissot, — Toudouze, — Tchoniko, — Wainberg, — Vian. — LIBRAIRES : Bouasse-Lebel, — Jules Colombier, — Paul Delalain, — Théodore Dupuy, — Dentu, — Georges Hachette, — Richard Lesclide, — Plon, — A. Templier. — LES DOCTEURS : Barri, — Déclat.

ITALIE : MM. Apaghi, — Amar, — de Amicis, — Del Balza, — Cameroni, — Campagnani, — Caponi, — Garberaglio, — Gariboldi, — Mauro-Macchi, *député*, — Tullo Massarini, *sénateur*, — Pozzi, — Romussi, — Sonzogno, — Vollo.

PAYS-BAS : MM. Van Duyl, — Obreen.

PORTUGAL : M. Négrao.

POLOGNE : M. Symanowski.

ROUMANIE : M. Djuvara.

RUSSIE : MM. Boborykine, — Chondzkiewicz, — Dragomanof, — Tchwiileff, — Tourgueneff.

SAN-SALVADOR : M. Torrès-Caïcedo.

SAINT-MARIN : M. Kraus fils.

SUÈDE : MM. Jolin, — Lomret, — Claës Lundies.

PRUSSE : MM. Tallichet, — Wymetal.

Au dessert, des toasts ont été portés ; nous les insérons *in extenso* d'après la sténographie.

Toast porté par M. Torrès-Caïcedo.

Messieurs,

Vous avez accueilli fraternellement les délégués étrangers. Vous les avez encouragés à travailler, à lutter avec vous pour la grande cause de la liberté et de la justice.

C'est pour cela que votre illustre président n'est pas seulement un Français, il est le citoyen du monde entier. (Très bien ! bravo !)

En Amérique, le pays de la liberté et du soleil, il est populaire. Il représente la pensée. (Applaudissements.)

Il y a des noms qui sont populaires en Amérique. Celui de Lamartine, le poète du sentiment; celui de Victor Hugo, le grand poète, qui, pareil à l'aigle, regarde face à face le soleil de la liberté !

Il y a encore le nom de Bastiat, que je me permettrai d'appeler le romancier de la vérité !

Le nom de Jules Simon, penseur si profond et si sympathique. (Bravo ! bravo !)

Nous n'oublions pas nos écrivains espagnols, mais nous aimons vos publicistes français, et parmi eux Edmond About, dont l'esprit est si gaulois.

Vous avez, messieurs, de grandes vertus qui tiennent à votre race. Vous êtes organisateurs par excellence. Quand vous faites une révolution, elle rayonne sur le monde entier. Vous pensez, vous parlez, et vous êtes écoutés !

Je suis heureux de vous tenir ce langage, parce que je vous dois beaucoup de gratitude et que j'ai la mémoire du cœur.

Il y a eu l'année terrible, mais vous nous donnez l'année féconde ! (Bravo ! bravo !)

Vous avez été surpris, la victoire vous a trahis, et aujourd'hui vous offrez au monde le spectacle de l'union, du progrès et de la concorde.

Vous avez proclamé haine à la haine et amour à ceux qui aiment ! (Bravo ! bravo !)

J'ai eu aujourd'hui le très grand bonheur, le très grand honneur d'avoir été appelé l'ami et d'être assis à côté de ce génie, de ce grand poète, qui depuis si longtemps combat l'absolutisme sous toutes ses formes, de ce créateur de toutes les libertés !

Nous assistons, messieurs, à une chose grande, à l'émancipation de la pensée. Il y a eu des conventions pour garantir la marque d'une fabrique, nous désirons qu'on garantisse la propriété de la pensée. Et l'on s'étonnera quand ce sera fait que ce n'ait pas été fait depuis longtemps.

Nous avons l'Exposition, ce champ de bataille pacifique de l'humanité, où les rivalités mêmes sont les plus heureuses. Nous avons le Congrès où l'Europe entière est réunie dans un but de pacification.

Nous avons le Congrès littéraire qui sera la préface de quelque chose de grand, des Congrès pour l'abolissement de la guerre et l'éblissement de la paix universelle.

Aujourd'hui les machines luttent entre elles de puissance. La science a trouvé le moyen de centupler la force de l'homme en mettant à son service les forces de la nature.

Les civilisations boiteuses disparaissent pour toujours.

Je bois à l'alliance de nos deux pays!

Je bois à la prospérité des races latines! (Applaudissements.)

Toast porté par M. Emmanuel Gonzalès.

Messieurs,

Je viens porter un toast.

Pour qu'un toast soit bon il faut qu'il soit court.

Ce toast, je le porte aux délégués étrangers qui sont venus à nous.

Je n'ai pas à vous répéter ce qui a été dit si éloquemment dans nos réunions et dans la séance solennelle d'inauguration.

Nous avons appelé les écrivains étrangers, et ils sont venus à nous. Nous voulons supprimer les banquettes irlandaises qui sont entre les pays.

Je propose qu'on nomme affiliés à la Société des gens de lettres et membres correspondants de cette Société les délégués étrangers qui ont bien voulu accepter notre invitation et notre hospitalité. (Bravo! bravo! accepté!)

Je n'offre pas les remerciements de l'assemblée à Victor Hugo, à Jules Simon, à Edmond About, qui ont, par leur parole, donné tant d'éclat à notre séance solennelle. Ce serait un pléonasme! (Applaudissements.)

Toast porté par M. Glaser, délégué de la Hongrie.

Messieurs,

S'il n'y a plus aujourd'hui, dans les trois quarts du monde civilisé, de différence, légalement parlant, entre le déshérité du sort et le millionnaire, entre le duc qui remonte aux croisades et l'ouvrier qui descend de l'ouvrier, entre l'adorateur de Jésus-Christ et le fervent de Jéhova, si les entraves du passé ne nous empêchent plus de respirer, nous le devons à ce pays dont nous sommes les hôtes si gracieusement accueillis, à ce pays qui a tout sacrifié, qui a souvent risqué jusqu'à son existence pour défendre le grand principe de l'égalité, sa gloire la plus haute et la plus pure devant l'histoire.

Et aujourd'hui que nous sommes conviés par ce pays initiateur, par ce peuple brave et généreux, à l'effet de réunir en un faisceau fraternel tous les enfants de la grande république des lettres, je ne puis m'empêcher de me rappeler, moi Hongrois, que le peuple qui habite les rives du Danube a puisé dans l'exemple donné par ce grand pays le courage de lutter, lui aussi, pour les droits de l'homme. Je ne puis m'empêcher de me rappeler, moi israélite, fils de la race la plus persécutée et autrefois la plus malheureuse de l'univers, que c'est à la France qu'elle doit son affranchissement et que je dois me trouver ici, moi humble et chétif, l'égal, humainement parlant, de tant d'illustrations littéraires.

C'est donc avec un sentiment de profonde gratitude que je lève mon verre pour boire à la France émancipatrice de la pensée, à la France champion de tous les opprimés, à la France libératrice des consciences, à cette France enfin, ma seconde patrie, que j'aime avec toutes les fibres de mon âme, et que tout homme qui a le cœur bien placé doit aimer comme l'âme même de l'humanité!

Toast porté par M. LUIS ALFONSO, représentant de l'Espagne.

MESSIEURS,

Je ne croyais pas être appelé à prendre la parole devant vous; j'espérais que l'Espagne serait représentée par un plus digne et un plus autorisé que moi, qui suis encore un mineur dans les exercices littéraires.

Mais lorsque le général et le capitaine sont absents, c'est à l'humble soldat que revient l'honneur de combattre. Voilà pourquoi je prends la parole, craignant seulement que les blessures ne soient pour votre belle langue française, que je parle sans la posséder, comme M. Jourdain faisait de la prose sans le savoir.

Messieurs, l'Espagne a des titres particuliers aux sympathies des écrivains français; la ressemblance des idées, des goûts, des sentiments, la communauté de race, la position géographique et les similitudes historiques. Espagnols et Français sont presque nourris par le même sol, égayés par les mêmes fleurs, baignés par les mêmes mers, réchauffés par le même soleil. Nous sommes frères en littérature, nous marchons la main dans la main, unis par un même amour des belles lettres qui nous fait, comme les Italiens, esclaves de l'enthousiasme, maîtres de la pensée.

Avant tout et surtout nous sommes poètes, quelquefois pauvres, mais toujours fiers, quelquefois sans fortune, jamais sans esprit.

Nous sommes poètes, c'est souvent notre tort dans la vie réelle. Horace l'a dit :

> *Aut insanus homo, aut versus facit.*
> Ou il est fou, ou il fait des vers.

Tour à tour protégés ou persécutés, bafoués ou adorés, les poètes de tout temps ont coudouyé la folie. Si tous les fous n'ont pas quelque chose du poète, tous les poètes ont quelque chose du fou.

N'oublions pas les liens de parenté littéraire qui font des Français et des Espagnols une même famille.

Jadis les écrivains français s'appliquaient à l'étude de notre littérature, autrefois si florissante. Corneille et Molière en deux colonnes du merveilleux portique de la scène française s'inspiraient d'Alarcòn et de Tirso de Malina, comme Lesage de Perez de Guevara et de Vicinti Espinel. Aujourd'hui les poètes espagnols se font un honneur de traduire Victor Hugo.

Je bois, messieurs, à la grande république littéraire universelle! je bois aux lettres françaises et à leur gloire poétique, la plus brillante de nos jours, à Victor Hugo! (Bravo!)

Permettez-moi d'ajouter que, Français et Espagnols, nous avons d'autant plus de raisons de boire à nos santés — et c'est peut-être ce qui explique pourquoi nous sommes poètes — que nous avons le privilège de posséder les vins les plus généreux et les femmes les plus charmantes! (Bravo! bravo!)

Toast porté par M. HOLST, poète danois.

MESSIEURS,

En réponse à ce qui a été dit ce matin, permettez-moi, à moi petit Danois, de dire deux mots comme représentant de la littérature danoise. A côté des grandes puissances ma patrie compte pour peu de chose : elle a cependant une existence littéraire.

Ma patrie a une ressemblance avec la France. Vos grands écrivains, vos classiques jusqu'à Victor Hugo, sont connus chez nous. Il y a cent ans votre Molière a exercé une grande influence sur les œuvres si originales de notre grand poète comique Œhlensleger.

Le génie de Victor Hugo est admiré dans ma patrie. Il y a longtemps que nous avons acclamé le poète, que nous sommes ses disciples. Il nous a enlevés sur ses ailes gigantesques comme il nous a enlevés tous aujourd'hui par ses accents inspirés.

Au nom de l'école des poètes danois, je le remercie, parce qu'il a éclairé son siècle par ses grandes pensées. (Bravo! bravo!)

Je fais aussi mes remerciements à cette belle et noble France, dont le Danemark s'honore d'avoir toujours été le fidèle allié.

Je bois à la France ! (Applaudissements.)

Toast porté par M. Schweichel, délégué de l'Allemagne.

Messieurs,

Je serai très court. Ce matin, après le discours de Victor Hugo, je lui ai dit : « Monsieur, je serais honoré de vous donner la main au nom de l'Allemagne que je suis fier de représenter. » Quand j'ai touché la main de la France en touchant celle de Victor Hugo, cela m'a rappelé les temps de la Révolution française et Schiller fait citoyen français.

Aujourd'hui ce ne sont pas les enfants, mais ceux qui se sont inspirés des chants de Schiller qui sont reçus par vous, non pas comme des étrangers, mais, selon la parole de M. Jules Simon, comme des amis.

C'est la liberté et le travail qui unissent les nations entre elles ; c'est à nous qu'il appartient de propager chez tous les peuples par la littérature les idées libérales.

J'espère que notre réunion contribuera à hâter l'avènement du progrès que l'humanité attend depuis longtemps avec impatience.

Je vous demande la permission de porter un toast à la fraternité de tous les gens de lettres qui se dévouent au service de l'humanité !

Toast porté par M. Massarani, sénateur italien.

Messieurs,

La France a aujourd'hui la main dans la main de toutes les nations du monde.

Nous tous, en parcourant ces galeries immenses où se déroulent les trésors de l'industrie, les miracles de l'art, nous voyons le foyer commun d'où jaillissent toutes ces lumières, le foyer commun d'où rayonne la lumière et son flambeau.

Ce foyer, nous le retrouvons au fond de nos consciences. C'est à vous, messieurs, que revient l'honneur de symboliser toutes les grandes choses, c'est vous qui êtes les gardiens du feu sacré ; c'est sur vous qu'il reflète son éclat. (Bravo ! Bravo !)

N'ayant l'honneur de compter parmi vous que par votre indulgence, n'ayant l'honneur de compter dans le monde des arts que par les sympathies qui entourent mon pays, j'ai mes coudées franches pour vous dire que parmi les ouvriers de la cause commune, parmi les travailleurs de l'humanité, c'est vous, messieurs, c'est vous, penseurs, qui occupez les sommets d'où l'on voit plus tôt surgir le soleil.

Le soleil brille pour tout le monde. Que chacun de nous y prenne sa place, et qu'il nous trouve toujours, penseurs ou artistes, réunis dans une même égalité fraternelle.

Je bois, messieurs, à cette fraternité bénie de la science et du travail, des lettres et des arts, qui n'est elle-même qu'un gage, qu'un symbole de la fraternité des peuples ! (Applaudissements).

Je vous remercie de vos marques de sympathie qui sont adressées à mon pays et qui parviendront jusqu'à son cœur. (Bravo ! Bravo !).

Toast porté par M. DE LAVELEYE, délégué de la Belgique.

MESSIEURS,

Je viens vous remercier au nom de la Belgique. C'est un bien petit pays à côté des grands pays qui nous ont fait entendre leur voix. Mais, je crois pouvoir le dire, c'est une nation sœur de la France, qui a toujours eu ses sympathies et qui est née grâce à la protection de l'épée de la France en 1830. (Bravo ! Bravo !).

Il y a bien peu de temps, je n'aurais pas pu m'asseoir à cette table ; je n'aurais pas pu prendre la parole ici, car mon pays est le pays par excellence de la contrefaçon : vous vous en souvenez. Quand vous arriviez en Belgique, vous nous disiez : « Vous êtes d'abominables voleurs ! nous y avons renoncé. » Mais, messieurs, ne l'oubliez pas : par cette habitude de réimpression nous avons introduit dans le monde, ceci est très-sûr, le livre à bon marché. (Bravo! bravo !)

M. Gladstone a appelé l'attention publique sur ce point : L'Angleterre fait des livres chers, l'Allemagne fait encore des livres chers ; en Belgique, nous faisons des livres à bon marché. En France, depuis que la contrefaçon n'existe plus en Belgique, vous en faites aussi. Ce n'est pas là une petite chose : l'émancipation des classes les plus nombreuses se fait par les livres à bon marché. Le livre qui se vend 15 ou 20 francs comme en Angleterre, n'est pas un livre d'émancipation, c'est un régal pour les favorisés de la fortune.

Notre siècle, messieurs, je le crois profondément, est appelé à fonder la démocratie, à établir l'égalité. (Bravo ! Bravo !).

Proclamer l'égalité, c'est faire tout pour la diffusion de la lumière.

Permettez-moi d'ajouter un mot qui est un souvenir, je ne dirai pas personnel, il se rapporte à l'homme illustre qui nous préside.

La cause que vous fondez triomphera, parce qu'elle a pour patron Victor Hugo qui, comme poëte et comme Français, a toujours été le champion de toutes les causes justes.

En 1828 il publiait ce livre qui a fait le tour du monde : *Les derniers jours d'un condamné.* Aujourd'hui la peine de mort est abolie dans vingt-cinq pays; en Belgique on n'exécute plus.

Ce souvenir qui est peut-être oublié, mais qui m'a remué jusqu'au fond du cœur, le voici : En 1859 un homme a levé d'une main héroïque le drapeau de l'émancipation des nègres, c'était John Brown. On n'a rien fait pour immortaliser sa mémoire, on ne lui a même pas élevé une statue ! En 1859 on exécuta John Brown. Victor Hugo poussa un cri d'horreur qui retentît dans le monde entier. Il annonça que les États-Unis paieraient cher leur égarement.

Il l'ont payé par une guerre qui a coûté vingt milliards et deux millions d'hommes. La justice s'est faite.

Je ne rappelle ce souvenir, qui ne se rattache pas à l'objet de cette réunion, que pour dire que, puisque Victor Hugo patronne cette chose juste qui s'appelle *la propriété littéraire,* cette idée finira par triompher.

Je bois à la France, je bois à Victor Hugo, défenseur de toutes les idées justes, de tous les droits méconnus ! (Bravo ! bravo ! — Applaudissements prolongés).

Toast porté par M. Négrao, délégué portugais.

Permettez-moi de porter un toast au génie que nous admirons et que nous aimons : A Victor Hugo ! (Bravo ! bravo !)

Toast porté par M. Wittmann, délégué de la Société des gens de lettres de Vienne.

Messieurs,

Ayant l'honneur de représenter au milieu de vous la Société des gens de lettres de Vienne, je croirais manquer à mon devoir si je ne saisissais pas cette occasion pour vous dire, au nom de mes confrères, combien nous sommes sympathiques à l'œuvre dont la Société des gens de lettres de Paris a pris l'initiative, et combien nous nous sentons disposés à seconder de tous nos efforts cette noble entreprise.

Et vraiment, messieurs, s'il en était autrement nous serions tout simplement des ingrats.

La propriété littéraire en Autriche comme en Allemagne est une propriété bien jeune, et encore aujourd'hui bien faiblement constituée. Mais enfin si cette propriété existe, si le travailleur de la pensée jouit aujourd'hui de son droit, s'il touche même, quelquefois, des droits (Hilarité.), c'est à la France que nous le devons, cette nation qui toujours donne la première le signal de la réforme quand il s'agit de mettre en pratique les idées de fraternité, de liberté, d'égalité et de justice.

Car enfin, messieurs, la question qui nous occupe tous ici à quoi se réduit-elle? à une question de fraternité et d'égalité, c'est-à-dire à une question de liberté.

Il fut un temps, messieurs, ou c'était autre chose. Par exemple, un directeur de théâtre de Vienne, apprenant que son ministre allait signer un traité avec la France pour la sauvegarde de la propriété littéraire, courut chez l'Excellence pour lui dire : « Ne signez pas ce traité-là, il ne profiterait qu'à la France ! » C'était sa manière à cet homme, d'ailleurs respectable, de comprendre la propriété, et de faire un compliment flatteur aux auteurs dramatiques de votre pays. Il avouait que la littérature dramatique recevait alors sa nourriture, son pain quotidien — si je puis m'exprimer ainsi — de la France.

Eh bien, messieurs, cette parole d'un directeur de théâtre autrichien n'est plus possible aujourd'hui. Nous sentons, nous savons aujourd'hui que rien ne profitera à la France qui ne nous profite à nous-mêmes. (Bravo! bravo!) On ne sauvegarde son droit qu'à la condition de respecter le droit d'autrui. C'est pour cela que nous sommes ici. Il faut enfin que la pensée de l'homme soit respectée, au moins au même titre que le papier sur lequel on l'imprime. C'est pour cela que nous, délégués de la Société des gens de lettres de Vienne, faibles par le nombre, mais forts par le corps littéraire que nous représentons, nous sommes au milieu de vous.

Permettez-moi de dire un mot en passant sur la position particulière qu'occupent les Autrichiens en général. Un homme célèbre en Italie a bien voulu nous rappeler qu'on nous a priés un jour de rentrer chez nous; il est malheureux que ce soit arrivé précisément au moment où l'on nous a mis nous-mêmes hors de chez nous. (Bravo! — Applaudissements.) On pourrait croire que nous sommes comme les tziganes, que nous n'avons ni feu ni lieu.

Je vais vous dire une chose qui vous paraîtra peut-être un peu forte : Nous cherchons notre patrie littéraire C'est ce qu'on répète et c'est pour contredire cette assertion que j'ai pris la parole. Autrichiens par la politique et la géographie, nous appartenons à l'Allemagne du Sud, à cette partie de l'Allemagne qui se souvient parfois, non sans fierté, d'avoir donné le jour à de très grands penseurs, à quelques-uns de ces poètes qui ne sont pour ainsi dire d'aucuns pays, qui sont placés si haut qu'on les voit de partout et dont le nom ne souffre pas de barrières. Dans la séance mémorable à laquelle nous venons d'assister, dans ce concert d'éloquence dont les paroles sublimes résonnent encore dans nos cœurs, nous avons entendu prononcer les grands noms de la littérature européenne : Dante, Milton, Shakspeare, Molière, Voltaire. A tous ces noms permettez-moi d'ajouter ceux de Uhland......

Je ne viens pas vous dire, comme mon compatriote de l'autre côté de la frontière, je connais la France, et vous ne connaissez pas l'Allemagne.

Gœthe, cet homme immense qui a pressenti le génie de Victor Hugo, a salué sur le déclin de sa vie le printemps renaissant de la littérature française. (Vifs applaudissements.)

Gœthe, ce grand poète allemand, a eu l'honneur d'être nommé citoyen français ; c'est un détail qui est généralement peu connu ; il entrevoyait même pour ses descendants la possibilité de venir un jour en France, de s'y établir et de jouir de leurs droits de citoyen.

C'est en nous inspirant des mêmes pensées que nous, gens de lettres de Vienne, nous sommes venus à Paris vous dire : Marchez à la recherche de ce qui est vrai, de ce qui est juste, nous vous suivrons.

Messieurs, je porte un toast à la fraternité littéraire ! Puisse-t-elle ne pas être seulement une illusion couleur de rose, mais devenir un lien entre tous les membres de l'Europe littéraire ! (Vifs applaudissements.)

Toast porté par M. LABORYKINE, délégué russe.

MESSIEURS,

Ce n'est qu'en l'absence de notre président que je me permets de prendre la parole. Je serai très bref, surtout après l'éloquent discours que vous venez d'entendre.

Je parlerai des absents. Notre génération littéraire a une sympathie prononcée pour une école de romanciers modernes français qui ne peut pas ne pas avoir les sympathies de tous ceux qui préfèrent l'observation de la nature à la phrase et à la déclamation. J'ai été heureux de contribuer à faire connaître à mes compatriotes cette école illustre.

Permettez-moi de porter un toast au chef de cette école, à l'artiste éminent, au grand romancier qui a nom Gustave Flaubert !

Toast porté par M. LUNDIES, délégué suédois.

MESSIEURS,

M. Holst vous a parlé au nom du Danemark ; mais il est deux

autres peuples scandinaves qui éprouvent le besoin de vous remercier de votre accueil.

Mes compatriotes, Suédois et Norvégiens, ont toujours montré une grande sympathie pour la France ; ils continueront, j'en suis sûr, à témoigner la même sympathie. Nous faisons tous des vœux pour la France.

Quand la France a montré au monde étonné cette résurrection si rapide et si grande, nous nous sommes tous réjouis.

Au nom de tous mes confrères de Suède et de Norvège, je bois à la santé des écrivains français ! je bois à la prospérité de la France ! (Applaudissements.)

Toast porté par M. WHITE, délégué des États-Unis d'Amérique.

MESSIEURS,

Au nom de mes collègues et de mes compatriotes, permettez-moi de vous remercier très sincèrement du bon accueil que vous nous avez fait depuis notre arrivée à Paris.

Permettez-moi de porter un toast à l'alliance entre la France et les États-Unis ! Elle a été commencée pendant la guerre d'indépendance par Lafayette ; elle est achevée par l'apôtre de la fraternité des peuples : Victor Hugo ! (Applaudissements.)

M. EUGÈNE MORET, commissaire du banquet, s'exprime ainsi :

MESSIEURS,

Je ne vous ferai pas un long discours. Voltaire aimait le café, cela l'a fait vivre longtemps. Je vous invite à passer au salon, où l'on va vous servir le café. (Rires et applaudissements.)

C'était une excellente idée ; car, une fois libre de ses mouvements, chacun est allé serrer avec effusion la main de tous.

Deux toasts ont encore été portés, l'un au baron Taylor, et l'autre à M. Pierre Zaccone, l'organisateur du Congrès.

La fête s'est terminée comme elle avait commencé : avec la cordialité la plus parfaite.

CINQUIÈME JOURNÉE

18 JUIN

PROCÈS-VERBAL

DE LA

PREMIÈRE COMMISSION

CONGRÈS LITTÉRAIRE INTERNATIONAL

CINQUIÈME JOURNÉE
18 juin 1878.

PREMIÈRE COMMISSION

L'an mil huit cent soixante-dix-huit, le mardi dix-huit juin, à une heure quinze minutes du soir, la première commission de la propriété littéraire s'est réunie, dans l'une des salles du *Grand-Orient*, à Paris, rue Cadet, n° 16, sous la présidence de MM. Antoine Carlier et Michel Masson.

Membres présents à la séance : MM. A. de Bellecombe, — Dognée, — N.-M. Lejeune, — Robert Hyenne, — Dentu, — Pataille, — Carmichaël (Angleterre), — Paul Biollay, — de la Landelle, — Hector Malot, — Ch. Lyon-Caen, — Germond de Lavigne, — Paul Delalain, — Tony Révillon, — Ratisbonne, Edmond Douay, — Molinari, — Yves Guyot, — Alfred Assolant, — Frédéric Thomas.

Secrétaire : M. Marcel Guay.

Le procès-verbal de la deuxième séance est lu et adopté.

M. N.-M. Lejeune demande la parole pour présenter quelques observations sur la théorie de la propriété littéraire.

M. Lejeune dit que, dans sa conviction, le droit de l'écrivain sur son œuvre constitue une propriété selon le droit naturel. Il s'applique à combattre les trois objections principales soulevées dans le système de la non-propriété, savoir : 1° que cette propriété n'est pas de droit commun, puisqu'on la qualifie de littéraire ; 2° qu'elle manque du caractère de perpétuité, essentiel à la propriété ; 3° qu'elle manque aussi d'objet ou, du moins, que l'objet n'est pas corporel.

M. Lejeune combat ainsi ces trois arguments :

1° La loi française du 19 juillet 1793, qui, la première, a consacré le principe du droit de propriété au profit de l'écrivain, ne renferme la qualification de *littéraire* ni dans son texte, ni dans son sommaire; et les autres lois gardent le même silence. Mais cette qualification est due aux écrivains et aux jurisconsultes, qui l'ont introduite dans le langage usuel, de même qu'il est d'usage de dire *propriété foncière,* eu parlant des terrains et des maisons.

2° Il n'est pas essentiel que la propriété soit perpétuelle. Dans le droit moderne, la propriété est soumise aux règlements établis par la loi et l'autorité : il y a la propriété spéciale des mines; la défense de vendre la récolte avant la maturité; la défense de couper les blés en vert; il y a l'usufruit, qui est une propriété temporaire; il y a la propriété d'une maison par étages répartis distinctement entre diverses personnes.

Chez certains peuples, la propriété n'est pas encore perpétuelle. Nous savons que, dans les temps anciens, elle ne fut souvent que temporaire, selon l'organisation politique des nations.

Puis, nous pourrions admettre que la propriété littéraire est perpétuelle, ainsi qu'on l'a fait au Mexique, ce qui est de droit naturel.

3° On oppose surtout que le droit d'auteur est incorporel; qu'ainsi la propriété littéraire n'aura pas d'objet corporel.

Mais, dit M. Lejeune, dans le droit commun, article 544 du Code civil, la propriété est le droit de jouir et disposer des choses de la manière la plus absolue, pourvu qu'on n'en fasse pas un usage prohibé par les lois ou par les règlements.

Donc, le Code civil ne distingue pas entre les choses corporelles ou incorporelles. Il n'y avait pas non plus de distinction dans les lois anciennes. On ne voit pas davantage de distinction dans les lois étrangères. Donc, la propriété peut avoir pour objet une chose incorporelle, par exemple une rente sur particulier ou sur l'État, une action dans une société.

Il n'est donc pas surprenant que le droit d'auteur soit l'objet d'une propriété. A mon avis, ajoute M. Lejeune, il y a là une propriété de droit commun, c'est-à-dire que la propriété littéraire est pour l'écrivain le droit de jouir et disposer de son ouvrage de la manière la plus absolue, pourvu qu'il n'en fasse pas un usage prohibé par les lois ou par les règlements, ce qui rentre bien dans la définition de l'article 544.

Quel est donc, à proprement parler, l'objet de la propriété littéraire?

Ma composition, mon œuvre, la forme que j'ai donnée à une réunion d'idées assemblées, sont la chose que j'ai créée.

Je n'abandonne pas cette création au lecteur, en lui communiquant ma pensée : je lui en donne la jouissance intellectuelle ou spirituelle ; mais je me réserve les profits matériels, les avantages de l'exploitation pécuniaire.

C'est le fruit de mon travail : j'ai créé une chose nouvelle à l'aide de mon intelligence ; j'en suis le maître, le propriétaire : elle m'appartient équitablement et rationnellement ; de même qu'un artisan devient propriétaire de la chose corporelle qu'il fabrique, avec droit d'en retirer tous les avantages.

Moi écrivain, je suis l'artisan d'une œuvre incorporelle, de même qu'un ouvrier est l'artisan d'un objet corporel. On ne dépouille pas cet ouvrier de sa chose ; on trouve équitable qu'il garde pour lui tous les profits de cette chose, le prix entier. Or, qu'a fait l'écrivain ? Il a été l'ouvrier, l'artisan d'un ouvrage qui prendra la forme d'un livre. N'est-il pas aussi juste qu'il en retire tous les avantages, les produits pécuniaires ?

La controverse a un grand intérêt pratique : l'écrivain, propriétaire, aura l'action réelle. Si un individu s'empare de mon ouvrage, je le revendiquerai. Mon nom est le signe de ma possession, de ma propriété d'origine, de l'occupation qui consacre et conserve mon droit. Cette action en revendication me sera surtout utile et efficace contre plusieurs ravisseurs successifs, qui auront réussi à jeter le trouble dans l'exercice de mon droit d'auteur.

Après ces explications, M. Lejeune, voulant rester impartial entre les deux systèmes qui se combattent encore aujourd'hui, cite un texte législatif, ou plutôt une disposition constitutionnelle qui concerne les produits de la pensée. C'est l'article 357 de la constitution du 5 fructidor, an III (22 août 1795), ainsi conçu : « La loi doit pourvoir à la récompense des inventeurs ou au maintien de la propriété exclusive de leurs découvertes ou de leurs productions. »

M. LE PRÉSIDENT CARLIER met ensuite aux voix une proposition émanée de M. de Bellecombe, et ainsi conçue : « Les formules qui ont été présentées sur la définition de la propriété littéraire seront soumises immédiatement à la discussion et à l'adoption par les membres de la première commission. »

Cette motion est mise aux voix et adoptée.

En conséquence, M. le président prononce la clôture de la discussion générale, et invite ceux des membres de la commission qui auraient rédigé des projets de définition à les déposer sur le bureau.

Quelques membres prient M. Lyon-Caen de vouloir bien relire la formule qu'il a déposée, dans la dernière séance, en son nom et en celui de MM. Hachette et Huard. D'après cette définition, le droit des auteurs est « une propriété fondée sur le droit naturel, non sur un privilège ».

M. Germond de Lavigne propose ensuite la formule suivante :

« La propriété intellectuelle est soumise au même droit régulateur que les autres propriétés, et n'admet d'autres limites que celles imposées par la loi ou par la volonté de ceux qui la détiennent. »

L'honorable membre estime, cependant, que la définition contenue dans l'article 1er de la loi votée par le Congrès des députés espagnols le 7 juillet 1877 mériterait d'être prise en sérieuse considération par ses collègues ; elle est, en effet, plus précise, car elle exprime que « la propriété intellectuelle comprend les productions scientifiques, littéraires et artistiques qui peuvent être publiées par l'impression ou autre moyen semblable. »

M. Ratisbonne propose de déclarer que le droit de l'auteur sur son œuvre constitue une des formes de la propriété, et, de toutes, la plus sacrée.

M. Frédéric Thomas appelle l'attention de l'assemblée sur ces mots « une des formes de la propriété », qu'il considère comme très heureusement choisis. Ils réussissent, en effet, à délier le nœud gordien de la définition de la propriété littéraire. L'orateur pense que cette expression doit être adoptée par ceux qui ne consentent pas à transiger sur l'emploi du mot *propriété* appliqué au droit de l'écrivain. Convaincu que ce droit est une propriété, aussi bien que celles des bois et des mines, il votera, en conséquence, toute définition qui, satisfaisante sur les autres points, présentera la propriété littéraire comme une des formes de la propriété.

Après quelques observations faites, en sens contraire, par MM. Pataille et Dognée, M. Carmichaël a la parole pour exposer les motifs qui l'empêcheront de prendre part au vote qui aura lieu sur les diverses formules du droit de l'auteur. L'honorable délégué anglais ne croit pas pouvoir donner son approbation à l'une des définitions proposées sans s'exposer à émettre une critique à l'adresse de la législation de son pays, laquelle traite la propriété littéraire comme une création du droit positif.

MM. Frédéric Thomas et de La Landelle font observer à

M. Carmichaël que le patriotisme n'exclut pas la révision des législations actuellement en vigueur et le désir de les perfectionner.

M. Carmichael déclare qu'il comprend très-nettement l'ordre d'idées que les préopinants lui soumettent, mais qu'il préfère, en dernière analyse, n'émettre aucun vote.

La séance est suspendue à deux heures, à l'effet de permettre aux auteurs des diverses définitions d'en réduire le nombre en les simplifiant et en les fondant entre elles.

Elle est reprise à deux heures dix minutes.

Sur la proposition de M. Hector Malot, la commission, à raison de la longueur présumée des débats et de l'importance exceptionnelle de la discussion qui va s'ouvrir, décide qu'elle nommera un troisième président. M. Frédéric Thomas est élu président à l'unanimité, et prend place au bureau.

M. Pataille a la parole pour lire la formule suivante, adoptée par plusieurs groupes, et sur laquelle la délibération va commencer.

FORMULE PROPOSÉE A LA COMMISSION

« *Le droit de l'auteur sur son œuvre constitue, non une concession de la loi, mais une des formes de la propriété, que le législateur doit garantir.* »

La commission décide tout d'abord, sur la demande de M. Ratisbonne, que la division aura lieu, et qu'on discutera séparément les membres de phrase qui composent la formule précédente. En conséquence, M. le président déclare ouverte la discussion sur le premier membre de phrase, ainsi conçu : « *Le droit de l'auteur sur son œuvre constitue, non une concession de la loi...* »

M. de Bellecombe s'élève énergiquement contre l'emploi des mots « non une concession de la loi, mais... » C'est là, dit l'orateur, une forme craintive de définition, qu'il faut se garder de proposer aux législateurs de l'avenir. Il suffit de déclarer que « le droit de l'auteur sur son œuvre constitue une des formes de la propriété. » Ces expressions montreraient, à elles seules, que la commission ne considère pas la propriété littéraire comme un privilège, mais comme un droit. Ce n'est pas tout. Le style des législateurs diffère profondément du style adopté dans la formule qu'on propose. Un législateur ne dit pas : « Tel droit est, non ceci, mais cela... »

M. Lyon-Caen estime que la rédaction proposée doit être maintenue. Il est indispensable de dire que la propriété littéraire n'est pas une concession de la loi. Autrement, la commission n'exprimerait pas, avec toute la netteté désirable, qu'elle entend se séparer des systèmes théoriques ou législatifs qui ont réduit le droit de l'auteur à un privilège.

M. de Bellecombe répond qu'il persiste dans l'opinion qu'il a émise. Le législateur n'argumente ni ne démontre. Son rôle se bornera, en effet, à constater ici, comme dans toute autre matière, une règle de droit naturel. Il ne saurait atteindre plus sûrement ce but idéal qu'en déclarant, catégoriquement et sans parenthèse, que la propriété littéraire est une des formes de la propriété, ou mieux, que la propriété littéraire est une propriété. Au surplus, la formule, ainsi arrêtée, serait plus visiblement une définition.

Personne ne demandant la parole, la formule est mise aux voix, depuis les mots « le droit de l'auteur..... » jusqu'à ceux-ci « non une concession de la loi ». Ce premier membre de phrase est adopté.

L'assemblée délibère ensuite sur le second des membres de phrase de la formule « *mais une des formes de la propriété....* ». MM. Pataille et Dognée ayant proposé un amendement qui substituerait aux mots précédents ceux-ci « mais une propriété..... », M. le président propose tout d'abord à la commission de voter sur cet amendement. Le scrutin donne les résultats suivants :

Pour l'amendement. . . . . 7 voix.
Contre   »   . . . . 10 »

En conséquence, l'amendement est rejeté.

M. Frédéric Thomas met ensuite aux voix l'adoption des mots « *mais une des formes de la propriété* ».

A la majorité, la commission se prononce pour le maintien de ces mots dans la formule.

La commission est invitée par M. le président à voter sur le troisième et dernier membre de phrase « *que le législateur doit garantir* ».

M. Hector MALOT voudrait qu'on employât cumulativement les mots *reconnaître et garantir*.

M. ADRIEN HUARD combat cette proposition; le mot *réglementer* paraît suffisant à l'orateur.

M. RATISBONNE émet l'avis que l'on rédige ainsi la fin de la définition : « ... que le législateur *doit reconnaître et ne peut que réglementer*. »

M. DOGNÉE se range à l'opinion qui considère le mot *garantir* comme suffisant. On pourrait peut-être le remplacer par le mot *constituer*. Quoi qu'il en soit, comme il est essentiel que la formule exprime une idée contraire à toute idée de faveur légale; comme il est, d'un autre côté, nécessaire de dire que le législateur intervient pour organiser la propriété littéraire, il ne faut pas ajouter le mot *réglementer*.

M. Robert HYENNE répudie également le mot *réglementer*.

MM. PATAILLE et KOWALEWSKI déclarent que, l'article 544 du Code civil français visant les *règlements*, l'addition de ce mot ne saurait être blâmée.

M. RATISBONNE se rallierait à une définition contenant les mots « reconnaître, garantir et ne peut que réglementer. » Une semblable formule présenterait l'avantage d'être compréhensible et d'attester les difficultés et les complexités que la commission a entrevues dans le cours de la discussion.

Divers projets de rédaction sont déposés sur le bureau. Ils se réduisent aux quatre suivants :

1er projet. — « ... que le législateur doit *garantir*. »

2e projet. — « ... que le législateur doit *reconnaître et garantir*. »

3e projet. — « ... que le législateur doit *reconnaître, garantir et réglementer*. »

4e projet. — « ... que le législateur doit *garantir* et *organiser*.

Les 2e, 3e et 4e rédactions ci-dessus sont mises aux voix. A la majorité, elles sont successivement rejetées.

M. LE PRÉSIDENT soumet au vote de la commission la rédaction suivante : ... *que le législateur doit garantir*. Ce dernier des membres de phrase de la formule proposée, au nom de plusieurs groupes, est adopté à la majorité de dix voix contre neuf.

En conséquence, le premier des articles du projet que la première commission soumettra au Congrès par l'organe d'un rapporteur, qui sera nommé à la fin de la séance, se formule en ces termes :

ARTICLE PREMIER.

« *Le droit de l'auteur sur son œuvre constitue, non une concession de la loi, mais une des formes de la propriété, que le législateur doit garantir.* »

Sur la proposition de M. Frédéric Thomas, la commission aborde l'étude des autres questions portées au programme du Congrès.

La discussion est ouverte sur la durée du droit de propriété littéraire.

M. EDMOND DOUAY déclare qu'il ne reculerait pas devant l'adoption du système connu sous le nom de *système du domaine public payant*, même appliqué dès le décès de l'écrivain. L'établissement d'une redevance au profit des représentants légaux du propriétaire originaire lui semble concilier le droit de l'auteur et l'intérêt du public.

Après une discussion contradictoire, à laquelle prennent part MM. Lyon-Caen, Tony Révillon, Hector Malot, Delalain, Pataille et Ratisbonne, la délibération sur le principe et l'application du domaine public payant est ajournée jusqu'à ce que la commission se soit prononcée sur la perpétuité de la propriété littéraire.

M. ADRIEN HUARD estime que la perpétuité de la propriété littéraire est la conséquence logique de l'article 1er que la Commission vient d'adopter. En déclarant que le droit de l'auteur sur son œuvre constitue une des formes de la propriété, on n'a pas fait autre chose que d'attribuer implicitement à l'auteur et à ses ayants cause un droit perpétuel.

Le droit de l'auteur est une propriété. Ce n'est pas tout. Cette propriété est la plus respectable et la plus sacrée : elle a pour origine le travail, au lieu que le droit ordinaire de propriété rappelle l'occupation, la violence, la guerre.

Dès lors, comment comprendre que nous, hommes de lettres, nous refusions d'attribuer à la propriété littéraire le caractère de la perpétuité, que l'on reconnaît être inséparable de la propriété de droit commun, moins relevée et moins méritante que la première ? L'hypothèse d'un héritier ignorant ou imbu de certaines idées politiques et religieuses qui l'entraînent à supprimer l'œuvre littéraire de son auteur, est presque chimérique : la formalité du dépôt dans les bibliothèques publiques, l'extension de l'imprimerie et de tous les procédés de reproduction, l'intérêt personnel me paraissent devoir empêcher presque toujours la complète disparition d'un écrit. Quoi qu'il en soit, si ce danger existe, on peut proclamer la perpétuité et édicter une déchéance, au bout d'un certain laps de temps, contre l'héritier négligent ou obstiné.

M. Dognée combat le système de la perpétuité. Trois raisons principales lui semblent devoir être indiquées : 1° l'orateur admet le droit de la société, le droit du pauvre sur l'œuvre d'un écrivain : il faut que les livres soient vendus le meilleur marché possible ; 2° toutes les propriétés ne sont pas absolues et perpétuelles ; le droit littéraire peut donc être limité sans cesser pour cela d'être une propriété. La mitoyenneté des murs, l'extinction des servitudes par le non-usage, la perte de la propriété ordinaire par la prescription n'empêchent pas la propriété matérielle d'être et de rester une propriété ; il est nécessaire que le public puisse, à partir d'un certain moment, invoquer une succession ; 3° enfin, le danger des mutilations intéressées ou maladroites apportées à une œuvre littéraire n'est rien moins que chimérique ; qu'on se rappelle, en effet, l'exemple des éditions de Pascal publiées *ad usum Delphini!* M. Dognée termine par une argumentation, en disant qu'il s'accommoderait d'une propriété littéraire aussi prolongée que possible, mais accessible un jour donné au public, et, en conséquence, il votera contre le système défendu par M. Adrien Huard.

M. Gustave de Molinari déclare qu'il votera pour la perpétuité de la propriété littéraire. L'orateur veut le droit commun, rien que le droit commun.

L'auteur doit pouvoir, en effet, vendre son œuvre à perpétuité, puisqu'il en est propriétaire. Or, cette faculté, dont tant de personnes s'effraient, n'est autre chose que la consécration de son droit, loin d'en être une exagération. Les objections qu'on a opposées aux défenseurs de la perpétuité ont leur source principale dans une fausse conception de l'intérêt de la littérature. La limitation de la durée du droit de l'auteur est, en effet, un mauvais moyen de sauvegarder l'intégrité des productions littéraires, et d'assurer le bon marché et l'exploitation intelligente des ouvrages. Les livres de Pascal n'ont-ils pas été mutilés à une époque où le domaine public pouvait librement s'en emparer ? D'un autre côté, la temporanéité du droit de l'écrivain n'a pas les conséquences économiques qu'on suppose communément en être inséparables. Les propriétés publiques sont partout et toujours plus mal exploitées que les propriétés privées, et l'on ne saurait prétendre que le domaine public littéraire fasse exception à cette règle. Ce n'est pas tout. Les ouvrages tombés dans le domaine public et pour lesquels on ne paye aucun droit aux ayants cause de l'auteur ne se vendent pas meilleur marché que les autres. En fait, ils se vendent aussi cher, parfois même plus cher. Si un éditeur a retiré de l'immense ossuaire littéraire du passé quelque ouvrage oublié et qu'il n'ait pas eu la main heureuse, il en sera pour ses frais de réimpression ; si, au contraire, l'ouvrage qu'il a exhumé retrouve un regain de popularité, aussitôt une foule de concurrents viendront lui enlever une bonne part de sa trouvaille. Il ne peut alors se prémunir contre ce risque qu'en augmentant son prix de vente d'une *prime* qui égale, si elle ne la dépasse point, la somme qu'il paye pour exploiter les œuvres appropriées. Et, bien peu d'éditeurs s'avisant d'affronter ce risque, il en résulte qu'une foule d'œuvres de mérite demeurent à jamais enfouies dans les catacombes du domaine public ! Le régime du domaine public au bout d'un certain temps est un préjugé *communiste*. Il faut braver ce préjugé universellement répandu.

Ajouterai-je que la formule suivante « la propriété littéraire est perpétuelle », est trop ambitieuse, j'allais dire pleine de périls ! Je demande simplement à la première commission, qui a déclaré que la propriété littéraire est une propriété, de la traiter comme telle. Que faut-il pour atteindre ce but, pour exprimer que le droit de l'auteur sur son œuvre est le droit d'un propriétaire ? Déclarer, en repoussant toute terminologie pompeuse, que « le Congrès reconnaît la propriété littéraire *dans sa durée naturelle* ». Ces seuls mots impliqueront l'assimilation entière de la propriété littéraire aux autres propriétés. Ils n'arrêteront pas la pensée sur l'idée que la postérité la plus reculée paiera des droits aux ayants droit des auteurs de cinq ou six mille romans, pièces de théâtre, etc., que le *Journal de la Librairie* enregistre chaque année. Un bon nombre d'ouvrages meurent en naissant, et, parmi ceux qui vivent, combien subsistent encore au bout d'une année ? combien au bout de dix années ? combien enfin après un siècle ? On aurait beau garantir leur existence indéfiniment, vivraient-ils un jour de plus ? Quelle loi protectrice de la propriété littéraire pourrait nous forcer à lire les poésies de Lefranc de Pompignan ?

Après tout, l'expression importe peu. Ce qu'il faut, c'est supprimer le communisme littéraire et dénier aux législateurs, sans craindre de risquer la popularité du Congrès, le droit de raccourcir ou d'allonger à leur fantaisie la durée de la propriété littéraire.

Ce vœu sera clairement formulé si l'on proclame que le droit de l'écrivain sur son œuvre est perpétuel, ou si, se rappelant que les œuvres de l'homme, y compris même celles de l'homme de lettres, sont généralement mortelles comme leurs auteurs, on déclare que la propriété littéraire est illimitée dans sa durée.

M. Kowalewski, répondant à une des parties de l'argumentation de M. de Molinari, présente quelques observations sur la propriété communale en Russie et sur la manière dont elle est administrée.

M. Yves Guyot soutient et développe la thèse de la perpétuité de la propriété littéraire. La perpétuité n'est pas un obstacle à la diffusion des lumières et à l'intérêt général. Rien n'empêche, en effet, de soumettre le droit de l'écrivain et de ses ayants cause à la prescription *acquisitive* et de l'assimiler, sous cet autre point de vue, au droit de tout propriétaire. Ce qui semble à l'orateur militer le plus puissamment en faveur d'un système qui déclarerait prescriptible la propriété littéraire, c'est que la prescription atteindrait la majorité des livres. L'intérêt général est donc sauvegardé.

La gloire littéraire n'est pas, du reste, incompatible avec le profit matériel, et le profit matériel à perpétuité. Si Corneille avait eu la propriété perpétuelle de ses œuvres, aurait-il eu des souliers percés? Il aurait vendu son droit, et, comme ce droit était illimité dans sa durée, il l'eût vendu très cher. Il eût été riche, et une légende sans dignité ne serait pas devenue vraisemblable.

Sur la proposition de plusieurs membres, la commission prononce la clôture de la discussion sur la durée de la propriété littéraire.

M. Frédéric Thomas annonce le dépôt de plusieurs formules sur la durée du droit d'auteur. Chacune d'elles pouvant provoquer un débat assez long, il est d'avis que la commission devrait préalablement émettre un vote sur le principe de la perpétuité de la propriété littéraire, sauf à se prononcer ultérieurement sur la formule qu'il conviendra de soumettre à l'approbation définitive du Congrès.

Ce mode de procéder est adopté à l'unanimité. En conséquence, le scrutin est ouvert sur le principe de la perpétuité de la propriété littéraire sans rédaction de formule.

M. LE PRÉSIDENT communique en ces termes à l'assemblée le résultat du vote :

PRINCIPE

A la majorité de onze voix, la première commission adopte, sans le formuler, le principe de la perpétuité de la propriété littéraire.

M. LE PRÉSIDENT donne ensuite la parole aux membres de la commission qui ont transmis au bureau des projets de formule de la perpétuité de la propriété littéraire.

M. DE MOLINARI pense que l'on pourrait rédiger ainsi qu'il suit le principe pour lequel ses collègues viennent de se prononcer : « Le droit de propriété de l'auteur sur son œuvre est illimité dans sa durée. »

M. RATISBONNE fait observer que, pour donner au principe une formule qui ne soit ni ambitieuse ni contraire à la réalité des faits, qui attestent le petit nombre d'œuvres perpétuelles, la commission pourrait adopter la rédaction suivante, laquelle lui semble réunir l'exactitude et la simplicité : « Le droit de l'auteur a pour durée celle de l'œuvre elle-même. »

Enfin, M. HUARD demande que l'on mette aux voix cette formule, qu'il estime être plus juridique que les précédentes : « Le droit de l'auteur, de ses héritiers et ayants cause, est perpétuel. »
De même que pour la propriété dite *ordinaire*, le droit de propriété littéraire ne peut être regardé comme périssant au décès de l'auteur ou à une époque déterminée à l'avance et *à priori*. C'est cette idée que la formule doit rendre avec toute la précision possible.

La majorité des membres de la commission, sans se prononcer sur le mérite des deux premières rédactions, ayant proposé la mise aux voix immédiate de la formule présentée par M. Huard, M. le Président donne lecture de cette disposition. Elle est adoptée à la majorité de quatorze voix. En conséquence, le Congrès sera invité à statuer sur la disposition suivante, qui formera le deuxième des articles adoptés par la présente commission.

ARTICLE DEUXIÈME

« *Le droit de l'auteur, de ses héritiers ou ayants cause, est perpétuel.* »

M. FRÉDÉRIC THOMAS propose à la commission d'entendre les

membres qui ont déposé entre ses mains des projets d'organisation de la perpétuité de la propriété littéraire, et donne la parole à M. Adrien Huard.

M. ADRIEN HUARD rappelle que, dans le cours de la présente séance, il a offert aux adversaires de la perpétuité absolue et réglée par le droit commun un correctif qui lui paraît de nature à rallier tous les suffrages. Si l'on veut empêcher les héritiers de supprimer les livres dont la teneur déplaît à leurs opinions, si l'on estime que ce danger est réel, deux lignes, inscrites dans le projet de loi que la commission élabore, suffiront pour prévenir toute inquiétude. Que l'on décide, en effet, que l'héritier qui sera resté dix années sans publier l'œuvre dont il est propriétaire, pourra être déchu de tous ses droits, et la peine suivra immédiatement le mal. D'un autre côté, cette déchéance supplée merveilleusement à l'expropriation pour cause d'utilité publique des œuvres littéraires, pour laquelle on rencontrerait, dans l'application, les mêmes obstacles que pour le régime du domaine public payant.

MM. GERMOND DE LAVIGNE et DELALAIN proposent d'adopter un délai de vingt années pour cette déchéance. C'est cette durée que les dispositions votées par le Congrès des députés espagnols, le 7 juillet 1877, ont fixée.

M. HUARD, se rangeant à l'avis du préopinant, substitue un délai de vingt années à la durée qu'il avait proposée tout d'abord.

La commission adopte, à la majorité de quatorze voix, la proposition de M. Huard, qui constituera le premier paragraphe de l'article 3.

ARTICLE TROISIÈME

« § 1ᵉʳ. — *Néanmoins, pourra être déchu de ses droits l'héritier qui sera resté vingt années sans publier l'œuvre dont il est propriétaire.* »

M. ROBERT HYENNE propose ensuite à ses collègues de vouloir bien adopter une disposition qui serait, suivant lui, l'utile complément de la formule qui vient d'être votée. L'orateur fait remarquer que, la nécessité de la reproduction de l'œuvre pouvant se présenter immédiatement après le décès de l'écrivain, il faudrait se préoccuper de l'intérêt public aussitôt qu'un conflit entre cet intérêt et la volonté des successeurs de l'auteur devient supposable. En conséquence, il demande que la commission exprime son opinion sur la résolution suivante :

« Les héritiers de l'auteur ou ses ayants cause ne pourront empêcher la publication de ses œuvres, du moment que les éditeurs leur accorderont la rémunération à laquelle ils auront droit. »

M. Lyon-Caen fait remarquer que cette disposition, si elle passait dans les législations, donnerait lieu à des procès interminables.

M. de La Landelle déclare qu'il verrait avec peine l'établissement d'un système qui ne respecterait pas la volonté posthume de l'écrivain. Celui-ci doit pouvoir rétracter l'œuvre dont il rougit dans sa vieillesse ; il doit aussi avoir le droit d'imposer à son héritier la *non-reproduction* de certains de ses ouvrages.

Après quelques observations de M. Ratisbonne, la proposition de M. Robert Hyenne est mise aux voix et rejetée.

Une seconde série de projets de réglementation de la perpétuité de la propriété littéraire ayant été déposée sur le bureau, M. Frédéric Thomas déclare ouverte la discussion sur ces projets, qui, sauf de légères variantes dans leur rédaction, établissent une transaction entre la perpétuité de la propriété littéraire et le domaine public payant, en reculant le commencement du régime de rétribution perpétuelle jusqu'à l'expiration des délais fixés pour la durée *posthume* du droit d'auteur par les diverses législations existantes, et qui composerait le § 2 de l'article troisième à soumettre à l'approbation définitive du Congrès. La parole sera donnée aux membres de la commission qui se proposeront soit de défendre, soit de combattre la perpétuité absolue ou le domaine public payant, considéré soit en lui-même et abstraction faite de son point de départ, soit relativement à l'application qui en serait ajournée jusqu'à un certain délai compté à partir du décès de l'auteur.

En conséquence, M. le Secrétaire donne lecture de la formule présentée par M. Ratisbonne, conçue dans les termes suivants :

FORMULE DE M. RATISBONNE

« En outre, le droit de l'auteur, absolu de son vivant, transmissible à ses héritiers et ayants cause, passe, moyennant redevance perpétuelle, dans le domaine public au bout d'un certain temps, lequel sera déterminé selon l'état actuel des diverses législations. »

M. L. Ratisbonne, sur les observations de M. Lyon-Caen, modifie ainsi la rédaction de la formule par lui présentée.

« En outre, à l'expiration du délai fixé pour la durée des droits d'auteur par la loi actuellement en vigueur dans les différents pays, toute personne pourra reproduire librement les œuvres littéraires, à charge de payer une redevance aux héritiers et ayants cause de l'auteur. »

En conséquence de cette modification, M. le président, après avoir consulté la commission, déclare que c'est sur cette dernière formule que la délibération devra être engagée, s'il y a lieu.

M. Edmond Douay défend l'idée d'une redevance à payer à l'expiration d'un certain délai de jouissance. Ce compromis est propre à contenter les auteurs et les libraires ; et, tout en assurant aux premiers la rémunération de leur travail, il préviendrait bien des difficultés pratiques. La perpétuité de la propriété littéraire ne doit pas seulement profiter à l'auteur ; elle doit encore profiter à tous par le domaine public *payant*, c'est-à-dire par la libre concurrence. La propriété littéraire monopolisée serait un régime funeste à la gloire des écrivains et à l'intérêt général. En un mot, l'orateur adopte le système proposé depuis longtemps par Victor Hugo, système non seulement rationnel, mais admirablement pratique. L'unique solution du problème est le « domaine public payant, » et payant un droit très faible. La perception de tant pour cent sur le prix de vente est le plus sûr moyen de concilier la plus grande diffusion possible des idées avec le droit de l'écrivain sur son œuvre. L'orateur se rallierait même à un projet qui ouvrirait le domaine public payant dès la mort de l'écrivain.

M. Ch. Lyon-Caen estime au contraire que le régime du domaine public payant est éminemment impropre à remédier aux inconvénients de la perpétuité de la propriété littéraire : il empirerait la situation, et, loin d'organiser le droit des auteurs et de leurs ayants cause, il donnerait lieu à des embarras pratiques et à des difficultés insurmontables. La détermination du tant pour cent sur le prix de chaque exemplaire impliquerait l'intervention de l'Etat, des bureaux, une caisse, une administration pour défendre la propriété privée. Il y a plus, le système proposé par M. E. Douay provoquerait des *inquisitions* et des vexations de toute nature. D'ailleurs il ne peut se concilier avec les exigences commerciales ; il est indispensable que l'éditeur sache ce qu'il achète. Or, il ne pourrait en être ainsi lorsqu'une concurrence générale mettrait le livre à la merci de tous et exposerait, dans la plupart des cas, le libraire à des pertes. Dès que l'œuvre pourrait être réimprimée par toute personne, il n'y aurait plus d'éditeur possible, puisque le contrat serait purement *aléatoire*.

Enfin, ajoute M. Ch. Lyon-Caen, une considération, qui n'est pas sans valeur, doit empêcher la commission de se déclarer pour le système du domaine public payant. L'auteur, lorsqu'il a vendu lui-même la propriété de son œuvre, ou qu'il s'en est remis à ses héritiers du soin de l'exploiter à l'exclusion de toutes autres personnes, sous le régime actuellement en vigueur en France, a choisi les éditeurs ou les parents les plus dignes de sa confiance : il a cherché à prévenir les mutilations et les altérations de son livre. Ces précautions, applicables sous l'empire de la législation actuelle, ne pourraient plus être prises sous l'empire du domaine public payant. L'ayant cause de l'écrivain serait à la merci d'éditeurs qu'il n'aurait pas choisis, qu'il ne connaîtrait pas ou dont il se défierait.

L'orateur conclut en faisant remarquer que ce dernier inconvénient et la difficulté d'évaluer la redevance sont les deux raisons principales qui s'opposent, suivant lui, à l'adoption du système du domaine public payant.

M. Tony-Révillon prend la parole et émet l'avis que l'établissement de la redevance, même immédiatement après la publication de l'œuvre, ne lui paraît pas difficile à introduire dans les lois existantes. Les complications dont parle le précédent orateur ne se présenteront pas, si l'on songe que la mise en pratique de ce système peut se réduire à l'attribution, aux héritiers d'un tant pour cent égal à celui qu'ils recueillent aujourd'hui (dix pour cent environ). Ce mécanisme, très simple et très ingénieux tout ensemble, permettra aux législateurs, en provoquant une concurrence universelle, de créer enfin la perpétuité de la propriété littéraire. Les descendants de quelques-uns de nos grands écrivains ne seront pas obligés de demander des secours aux ministres ou à la Société des gens de lettres. Ils ne solliciteront rien, ils toucheront les tantièmes auxquels ils ont droit.

« Je ne demande pas, ajoute l'orateur, que la redevance soit déclarée incessible et insaisissable. Je suis fort éloigné de vouloir créer des majorats au profit de la postérité de l'auteur. Je vais même jusqu'à proposer de soumettre à l'impôt cette redevance, ces dix pour cent que le législateur, décrétant le domaine public payant perpétuel, reconnaîtrait être dus par tout publicateur aux ayants droit de l'écrivain. »

M. Hector Malot se prononce également pour le système de la redevance perpétuelle ; mais il ne voudrait en voir commencer l'application qu'après les cinquante ans, les trente ans, les dix ans, etc., de jouissance exclusive reconnue aux héritiers par les diverses législations existantes. Il ne faut pas que l'enfant perde le droit exclusif de reproduction de l'œuvre de son père.

M. Ch. Lyon-Caen déclare que le système de M. H. Malot, qui réserve aux héritiers immédiats de l'auteur, c'est-à-dire aux personnes amies et connues de ce dernier le droit de pourvoir seuls à l'exploitation du livre, lui paraîtrait de nature à rallier les suffrages de la commission, si le second des inconvénients qui lui semblent attachés au régime de la redevance ne subsistait pas tout entier. Sans doute, sous le régime de la redevance, amendé dans les termes proposés par M. H. Malot, l'auteur ne craindrait pas pour son livre la mauvaise exploitation d'un collatéral inintelligent ou envieux, ni celle d'un libraire ennemi ; mais la seconde des objections, celle qu'on tire de la difficulté d'évaluer et de percevoir la redevance, n'a pas été réfutée. Quelle que soit la surveillance que l'on imagine, elle se trouvera généralement en défaut, et il sera aisé d'échapper à l'acquittement de la rétribution par une fabrication clandestine.

M. L. Ratisbonne. — Cette seconde objection ne m'arrête pas. Je demanderai à M. Lyon-Caen si le fisc est embarrassé pour savoir combien de bouteilles de vin sont renfermées dans une cave. La perception de tant pour cent sur le prix de chaque exemplaire d'un ouvrage n'est pas un problème plus compliqué que ceux que l'administration résout tous les jours.

Je me rallie donc à la solution proposé par M. H. Malot, qui préviendra certainement le danger des confiscations et des mutilations posthumes. Je veux, à l'expiration des cinquante, trente, dix ans du droit exclusif des héritiers, je veux un domaine public éternel, mais un domaine public payant. La durée du droit sera celle de l'œuvre elle-même. Lamartine disait, en 1841, que la société doit jouir du livre, mais sans dépouiller le propriétaire. Il ne faut pas que l'hôpital attende les petit-fils de nos grands écrivains. Notre Déclaration des droits de l'Homme n'est pas autre chose que la déclaration des droits de l'écrivain : il faut l'appliquer.

M. Pataille déclare qu'il votera contre le domaine public payant. Le droit du public est un simple droit d'usage. La concurrence illimitée n'est pas autre chose que la négation du droit sacré de l'auteur sur son œuvre, puisqu'il ne peut, avec le système proposé, défendre son œuvre contre les exploitations inintelligentes, déloyales.

M. de Molinari déclare qu'il entend par perpétuité de la propriété littéraire un régime qui implique l'assimilation de cette propriété à la propriété de droit, et que, en conséquence, il ne saurait admettre, à aucune époque de la durée du droit littéraire, l'avènement d'un domaine public payant. Ce dernier système présente d'ailleurs un double inconvénient : le règlement des bases de la redevance est impossible à obtenir équitablement, et la création de majorats littéraires au profit des auteurs ou de leurs ayants cause résulterait, si on déclare la redevance incessible et insaisissable, de la perception d'un tant pour cent sur le prix de chaque exemplaire et de la concurrence illimitée.

M. Pataille dit que, puisque la commission a adopté le principe de la propriété littéraire perpétuelle, le meilleur moyen de régler cette propriété consiste dans un système de *prorogations successives*, qu'il peut formuler en trois paragraphes :

« § 1. — Le droit de publication par tous moyens appartient d'une « manière absolue à l'auteur pendant sa vie ou à ses cessionnaires « dans les limites du contrat de cession. »

« § 2. — Après le décès de l'auteur, son droit, s'il n'en a pas dis-« posé de son vivant ou par testament, passe à ses héritiers, et leur « appartient pendant une durée qui, en présence des législations « existantes, doit être de cinquante ans, au moins à partir du décès. »

« § 3. — A l'expiration du terme fixé, le droit de publication « appartient à tous pendant une nouvelle période de cinquante ans, « à la charge de payer une redevance aux descendants de l'auteur, « s'il en existe. »

En conséquence, l'orateur propose à la commission de délibérer sur les formules précédentes, avec droit de division et vote spécial sur chaque paragraphe. Il dépose le texte de sa proposition sur le bureau.

M. Eug. Plon dit qu'il est heureux, à raison de ses sympathies pour les auteurs, de prendre part aux travaux du Congrès. La propriété littéraire et artistique ayant tous les caractères d'un droit naturel, et les auteurs en réclamant la perpétuité, il lui eût paru tout à fait injuste de ne pas admettre cette perpétuité.

Il rappelle que, déjà, la commission de 1861-1863 avait proclamé les mêmes principes; mais le souvenir de ce qui s'est passé à cette époque lui fait craindre que la commission de 1878 ne fasse aujourd'hui fausse route dans leur application.

En effet, la sous-commission chargée d'élaborer le projet de loi en 1861-1863 prit pour base le système de la redevance ou du domaine public payant, appliqué cinquante ans après la mort de l'auteur. Le rapporteur de la sous-commission était un jurisconsulte éminent. Le projet de loi fut mûrement médité, discuté largement, et rédigé avec beaucoup de savoir et de compétence. Néanmoins, le législateur le jugea inapplicable, et ce fut précisément le système du domaine plublic payant qui fut rejeté.

M. PLON craint qu'en préconisant de nouveau ce système, la commission de 1878 n'arrive pas à un plus heureux résultat, et qu'elle retarde ainsi la reconnaissance par le législateur de la perpétuité de la propriété littéraire et artistique.

La liste des orateurs inscrits pour prendre la parole étant épuisée, la commission, consultée par M. le président, prononce la clôture de la discussion et décide qu'elle votera aujourd'hui même sur la solution proposée par M. Ratisbonne. A la majorité, cette solution est adoptée.

En conséquence de ce vote, la clause suivante formera le deuxième et dernier paragraphe de l'article 3ᵉ.

ARTICLE TROISIÈME

« § 2. — *En outre, à l'expiration du délai fixé pour la durée* « *des droits d'auteur par les lois actuellement en vigueur dans les* « *différents pays, toute personne pourra reproduire librement les* « *œuvres littéraires, à charge de payer une redevance aux héri-* « *tiers et ayants cause de l'auteur.* »

Plusieurs membres de la commission demandent ensuite à M. le président de mettre aux voix l'ensemble du projet qui sera soumis aux délibérations du Congrès réuni en séance plénière, après avoir donné préalablement lecture des articles 1ᵉʳ et 2ᵉ, ci-dessus transcrits, et des §§ 1 et 2 de l'article 3ᵉ et dernier, dont la teneur a déjà été rapportée plus haut.

A la suite d'une première épreuve, le scrutin donne les résultats suivants :

        Pour l'adoption . . . . 7 voix.
        Contre . . . . 7 —

M. le président, en donnant connaissance de ces résultats à la commission, engage les membres qui se sont abstenus à ne pas persévérer dans leur abstention, afin que le Congrès puisse se prononcer dès maintenant sur la définition et la durée de la propriété littéraire, qui, logiquement, doivent être discutées préalablement à tout autre objet. Les travaux de la seconde et ceux de la troisième commission, relatifs : les premiers, à la protection internationale de la propriété littéraire et à la recherche d'une formule uniforme destinée à être inscrite dans les conventions diplomatiques; les seconds, à provoquer la formation de nouvelles sociétés littéraires et à favoriser le développement des associations déjà instituées en vue de réprimer la contrefaçon nationale ou internationale, ne peuvent être utilement présentés à l'approbation du Congrès tant que les principes fondamentaux ne sont pas discutés et formulés. Or, la première commission a reçu le mandat de préparer les premières assises du monument que les écrivains de tous les pays attendent de la réunion organisée par la Société des gens de lettres de France.

Plusieurs membres appuient cette observation. La commission décide que le vote sur l'ensemble du projet sera recommencé, mais que, cette fois, il sera *définitif*.

L'ensemble des trois articles est adopté à la majorité de onze voix.

A l'unanimité, M. Eugène Dognée, délégué de la Belgique, est nommé rapporteur. Le résumé des travaux de la première commission sera présenté à la séance générale, qui aura lieu demain, dix-neuf juin.

Sur l'invitation de M. le président, la commission décide qu'elle se réunira demain, à une heure très précise. L'ordre du jour de la prochaine séance appellera en premier lieu la lecture du rapport de M. Dognée, afin que des rectifications, s'il y a lieu, puissent être apportées à sa rédaction, avant l'ouverture de la séance plénière du Congrès.

La séance est levée à six heures du soir.

Certifié exact le procès-verbal de la troisième séance de la première commission du Congrès.

L'un des présidents,   *Le secrétaire,*
A. CARLIER,   MARCEL GUAY.

SIXIÈME JOURNÉE

19 JUIN

SÉANCE GÉNÉRALE

ET

PROCÈS-VERBAUX DES COMMISSIONS

CINQUIÈME SÉANCE GÉNÉRALE

DU

CONGRÈS LITTÉRAIRE INTERNATIONAL

SIXIÈME JOURNÉE
19 Juin 1878

Présidence de M. Ivan Tourgueneff.

La séance est ouverte à deux heures dix minutes.

M. le Président. — La parole est à l'un des secrétaires, M. Theuriet, pour la lecture du procès-verbal de la séance du 15 juin 1878.

M. Theuriet lit le procès-verbal.

M. le Président. — Personne n'a d'observations à faire sur le procès-verbal ? Le procès-verbal est adopté.
La parole est à M. Montagne pour la lecture du procès-verbal de la séance publique du 17 juin 1878.

M. Edouard Montagne, l'un des secrétaires, donne lecture du procès-verbal de la séance du 17 juin.

M. le Président. — Personne n'a d'observations à faire sur le procès-verbal ?

M. Léon Richer. — Je demande la parole, plutôt à propos du procès-verbal que sur le procès-verbal. Jusqu'à ce jour, nous avons entendu des comptes rendus très bien faits, très intéressants et très instructifs. Je demande si le Congrès possède les ressources nécessaires pour qu'une publication très complète de nos travaux soit faite après leur achèvement, de telle sorte qu'ils restent, non seulement dans les achives de la Société des gens de lettres, mais entre les mains des membres du Congrès et de tous ceux qui s'intéressent aux questions que nous traitons ici.

Je demande s'il aura un compte-rendu très complet, imprimé et publié?

M. Emmanuel Gonzalès. — Je demande à répondre, parce que notre président, M. Tourgueneff, n'est pas au courant comme moi des ressources de notre Société.

Le comité a décidé que, coûte que coûte, la Société ferait les frais de l'impression de tous les travaux du Congrès. Le recueil sera absolument complet; il formera peut-être deux volumes. Le ministre de l'instruction publique et M. de Wateville ont déclaré qu'il souscriraient pour un certain nombre d'exemplaires. Ce recueil comprendra tous les travaux du Congrès et tout ce qui s'y rattache : discours, rapports, formules, correspondances, tout y sera; nous le ferons aussi complet que possible.

Maintenant, messieurs, je dois dire que ce livre, une fois fait, ne sera pas distribué gratuitement. La Société ne pourrait pas supporter cette charge, après toutes celles que le Congrès lui occasionnera. Le ministre nous a accordé une subvention de trois mille francs, mais les dépenses s'élèveront assurément de six à sept mille francs. Le ministre souscrira, et le livre sera vendu. Il y aura tant de personnes intéressées à le lire, à le posséder, que les frais que nous ferons seront certainement couverts, nous n'en doutons pas.

M. le président. — Personne ne demande plus la parole? Personne n'a plus d'observations à présenter sur le procès-verbal? Le procès-verbal de la séance publique du 17 juin est adopté. Nous avons reçu plusieurs lettres dont je dois donner connaissance à l'assemblée. La première est de M. le délégué de la République du Salvador, qui nous annonce qu'il sera retenu aujourd'hui à l'Exposition universelle par ses fonctions de membre du Jury, et qui nous prie de l'excuser s'il ne vient pas prendre part à nos travaux.

Il y aussi d'autres lettres d'excuses de personnes qui n'ont pas pu assister à notre séance d'ouverture.

La première est de l'ambassadeur d'Angleterre.

Plusieurs voix. — Lisez.

M. le président donne successivement lecture des lettres des ambassadeurs d'Angleterre, d'Autriche-Hongrie, d'Espagne et du Brésil, de M. le ministre des affaires étrangères de France, de M. de Lesseps, etc.

M. Emmanuel Gonzalès. — Cela explique les quelques fauteuils vides qu'on a remarqués dans la salle du Châtelet.

M. Edmond About donne lecture d'une lettre qui lui est adressée par M. Pierre Zaccone, et par laquelle M. le secrétaire-organisateur du Congrès demande d'être relevé de ses fonctions, par suite d'indisposition.

Je crois, messieurs, ajoute M. Edmond About, que l'occasion serait excellente pour déclarer que nous sommes tous reconnaissants envers M. Pierre Zaccone, des efforts qu'il a faits depuis longtemps, depuis plus d'une année, pour organiser notre Congrès. — S'il n'a pas toujours réussi, il n'a marchandé ni son temps ni sa peine pour remplir une tâche difficile. Tout travail mérite un salaire.

Je crois, messieurs, qu'il serait profondément ému et probablement bientôt guéri, si nous émettions un vote dans lequel nous le remercierons de ce qu'il a fait. (Bravo! bravo!—Applaudissements unanimes.)

M. Edmond About. — Bien que Paris ne soit pas encore port de mer, je crois que notre excellent confrère ne sera pas vingt-quatre heures avant d'entendre le bruit de vos bravos.

M. Jules de Carné. — Je demande que l'assemblée remercie également les secrétaires qui ont fait preuve de tant de zèle. (Applaudissements.)

M. Lubormiski. — Je regrette que les ambassadeurs étrangers n'aient pas cru devoir répondre à l'invitation qui leur a été faite.

M. Edmond About. — Mon cher confrère, avez-vous des canons? (Rires.) Eh bien, alors, ne déclarez pas la guerre à l'Europe.

M. Lubormiski. — Je suis petit, c'est vrai, mais comme membre de la Société, je suis grand.

M. Edmond About. — Les diplomates ont d'autres affaires que les nôtres. Il s'agit pour nous d'assurer les droits des hommes de lettres, et surtout, comme l'a dit Victor Hugo dans son magnifique langage, d'assurer notre indépendance et notre dignité. Les diplomates réunis à Paris ont d'autres... comment dirais-je, d'autres chats à fouetter.

Voix diverses. — Non, non.

M. Edmond About. — Non, ce ne serait pas digne de nous, mais d'autres intérêts à surveiller. L'empereur d'Allemagne est très malade; un congrès est réuni à Berlin pour résoudre des questions internationales d'une plus haute importance.

M. Lubormiski. — Je ne trouve pas.

M. Edmond About. — Je ne dis pas pour nous, mais pour l'Europe. Cultivons notre jardin, sans nous inquiéter du reste. (Bravo! bravo! — L'ordre du jour.)

M. le président. — Messieurs les secrétaires ont mis sous mes yeux des mémoires qui doivent être renvoyés aux diverses commissions : ceux-ci à la première, ceux-là à la seconde, et ces derniers à la troisième.

M. Robert Halt. — Il a été remis à la première section une lettre adressée à M. Desmoulin, qui contient l'adhésion au Congrès d'une société littéraire : qu'est-elle devenue?

M. Carlier. — J'en ai parlé à M. Edmond About. C'est une Société d'instituteurs qui sont à la fois auteurs et éditeurs de leurs œuvres et qui désirent prendre part au Congrès. Je crois que l'assemblée toute entière se fera un devoir de les accueillir.

M. Edmond About. — J'ai reçu la communication de mon confrère, mais je n'ai pas encore le texte de la lettre. Peut-être est-il en ce moment aux bureaux du *XIXe Siècle*. Dans tous les cas, je suis certain de répondre à votre pensée la plus intime en disant que le jour où les instituteurs de France ou de l'étranger veulent se mettre à l'abri derrière notre autorité; le jour où ces hommes modestes, et les plus mal rétribués du monde, viennent nous apprendre qu'ils ont fait des petits livres; — que dis-je, il n'y a pas de petits livres parmi ceux qui servent à l'éducation; — qu'ils sont devenus auteurs, et qu'ils réclament notre protection; quand ces hommes modestes, dont la vie est une vie de sacrifices et de dévouement, viennent à nous, nous ne devons regretter qu'une chose, c'est de ne pas avoir les bras assez larges pour les embrasser tous! (Bravo! bravo!)

Un homme, un Dieu! a dit laissez venir à nous les petits enfants; laissons venir à nous, messieurs, ceux qui ont consacré leur existence aux petits enfants. (Applaudissements).

M. Eugène Muller. — La troisième commission, dont je fais partie, a entendu les délégués des divers pays. Elle a entendu un délégué anglais, qui s'est présenté au nom des journalistes. Nous désirerions qu'un autre membre se présentât devant elle et parlât au nom des littérateurs proprement dits. Si l'un des délégués anglais veut bien se déranger et venir à ce titre parmi nous, je crois qu'il nous rendra service.

M. le président. — Y a-t-il parmi les délégués anglais un membre qui veuille accepter cette tâche?

M. Edmond About. — M. Malesworth ne s'est présenté au nom de la presse anglaise que parce que la presse n'avait pas d'autres représentants. Mais vous n'ignorez pas, messieurs, que M. Malesworth est un historien, et qu'il peut parler également au nom des écrivains du livre. Rien n'empêche d'ailleurs que messieurs les délégués anglais, qui appartiennent à une autre commission, n'aillent se faire entendre dans la troisième. Il faudrait qu'il y eût constamment une circulation perpétuelle de tous les esprits à travers toutes les commissions.

M. le président. — J'aurais à dire quelques mots sur trois brochures qu'on a mises entre mes mains. La première porte pour titre : *La Littérature oukraïnienne*. Le nom est bizarre; l'auteur, homme très distingué, a préféré ce nom à celui beaucoup plus connu de littérature petite russienne. Il critique avec raison la façon de procéder de notre gouvernement vis-à-vis de la littérature oukraïnienne, qu'il suppose, à tort, je crois, entachée de séparatisme. L'auteur, M. Dragousand, ne demande pas que nous prenions des mesures qu'il n'est pas en notre pouvoir de prendre ; il désire seulement que sa brochure soit déposée dans les archives du Congrès pour qu'elle puisse servir à quelque chose dans les temps futurs. Je crois qu'il faut obéir à son vœu, et j'ai l'honneur de vous proposer le dépôt de la brochure dans les archives de notre Congrès.

L'assemblée consultée décide que la brochure sera déposée dans les archives du Congrès.

M. Mauro-Macchi. — Il en sera fait mention dans le compte-rendu de la séance, et je pense que la place de cette petite brochure est dans le procès-verbal de la séance à titre d'annexe. (Marques unanimes d'assentiment.)

M. le président. — La seconde brochure a pour titre : *Rénovation sociale basée sur les lois de la nature*, par Démétrius Goubaref. Je ne connaissais ni l'auteur ni le sujet qu'il traite, et je ne vois pas en quoi il peut se rattacher aux travaux de notre Congrès. Dans tous les cas, je crois qu'on peut déposer cette brochure aux archives. (Oui! oui!)

M. Mauro-Macchi. — Qui sait si son projet de rénovation ne réussira pas? (Rires et marques d'approbation.)

M. le président. — Enfin la troisième, écrite en russe et publiée en 1871, est une espèce d'étude sur trois ou quatre procès criminels récents, sur la façon de poser les questions au jury, etc. C'est peut-être très bon; c'est peut-être l'œuvre d'un avocat distingué, car nous en avons aussi maintenant. Je crois qu'il n'y a qu'à lui faire suivre le même chemin qu'aux deux précédentes. (Approuvé).

M. le président. — Je me permettrai maintenant de poser une question aux rapporteurs des diverses commissions. Quand seront-ils prêts à déposer leurs rapports? Je ne crois pas qu'il y ait un seul rapport prêt à être remis sur le bureau aujourd'hui même?

M. Robert Hyenne. — Pardon, monsieur le président, il y a un rapport de la première commission.

M. Edmond About. — La première commission a tenu encore aujourd'hui une séance très importante; elle a rédigé un rapport dont elle demande l'insertion au procès-verbal.

M. le président. — La parole est à M. Dognée.

M. Dognée. — J'ai l'honneur de déposer un rapport sur le bureau de l'assemblée au nom de la première commission.

Voix nombreuses. — Lisez! lisez!

M. Dognée donne lecture du rapport suivant :

Le programme des question à étudier par la première commission du Congrès littéraire internationnal portait ce qui suit : *Du droit de propriété littéraire. Questions se rattachant à sa définition. Des conditions de ce droit. De sa durée. La propriété littéraire doit elle être assimilée aux autres propriétés ou doit-elle être régie par une loi particulière ?*

Le thème était vaste, la tâche laborieuse. Préciser la nature si discutée d'un droit dont on vient à peine de constater l'existence ; formuler nettement les caractères que vous voulez voir consacrer par les législations de tous les pays ; fixer, en tous ses détails, le mode d'exercice du droit nouveau ; concilier les intérêts des auteurs et de la mission civilisatrice du livre ; poser des bases qui, d'un pays, passeront partout où va la pensée écrite, c'était un cadre immense qui semblait dépasser les limites étroites des discussion d'un Congrès.

Heureusement, messieurs, ces questions reparaissaient, parmi nous, à la suite de longues réflexions, d'études sérieuses. Depuis longtemps elles avaient été élucidées par les publiscites, discutées par les assemblées législatives, examinées dans des réunions spéciales. Les ouvrages déjà répandus, les lois existant dans la plupart des pays, les connaissances spéciales de nos collègues, facilitaient le travail, éclairaient et abrégeaient nos débats inaugurés par des exposés éloquents et lucides. A la commission dont j'ai suivi les travaux, ces éléments pratiques n'ont point fait défaut, et le rapporteur, que par l'une de ces amabilités si fréquentes ici on a daigné choisir parmi les étrangers les moins autorisés, n'a qu'à reproduire, en l'affaiblissant, l'écho des discussions dont il voudrait pouvoir rendre l'animation courtoise, la science condensée en mots expressifs.

En recherchant les caratères de la propriété littéraire, en s'efforçant d'en préciser la nature, d'en déterminer l'essence, les orateurs qui se succédaient, le secrétaire fidèle qui résumait les divers arguments, touchaient à des questions qui leur sont chères, moins par intérêt personnel que pour sauvegarder l'honneur et la dignité de l'écrivain.

Si je ne puis, messieurs, vous redire ces démonstrations éloquentes, n'en accusez que l'impuissance du rapporteur. Heureux d'écouter ceux dont j'ai l'honneur passager d'être collègue, avide de m'instruire en assistant au débat que vous allez aborder sur les thèse élaborées par notre travail préparatoire, je m'efforcerai, du moins, d'être aussi clair que je le puis, aussi bref que j'oserai pour ne point manquer à la confiance bienveillante de mes confrères de la première commission.

La légitimité du droit des auteurs sur leur œuvre n'est plus guère niée à notre époque, quoique parfois on en méconnaisse le caractère sacré, bien que certaines législations se refusent à en consacrer les bénéfices.

La première commisson a tenu à honneur de proclamer clairement la nature de ce droit ; la recherche d'une formule explicite lui a semblé son premier thème à résoudre.

Les débats relatifs à cette question ont mis en présence les deux systèmes contradictoires, qui, de la théorie, ont passé dans les lois positives, dictant des prescriptions en apparence inconciliables. De ces divergences d'opinions théoriques, bien plus que d'un refus d'accorder aux travailleurs de l'esprit la juste rémunération de leur labeur, provient la variété des législations.

La première de ces thèses, qui a encore été défendue au sein de nos réunions, traite l'écrivain comme un travailleur d'une nature particulière : par déférence, affirme-t-on. Sans aller jusqu'à prétendre qu'il ne soit pas créateur, parce qu'il profiterait des idées déjà apportées par d'autres au fonds commun de l'humanité, on suppose qu'il ne s'astreint à son labeur que dans l'intérêt de tous, faisant abnégation de ses intérêts personnels. Les nations civilisées doivent le récompenser de son apostolat ; aussi la loi organise-t-elle à son profit une rémunération, au moyen du produit financier de son œuvre. Elle l'autorise à percevoir des redevances, des droits d'auteur, droits de publication ou de copie ; les lui assure pendant sa vie, et même les maintient pendant un certain laps d'années après sa mort, au profit de ses héritiers.

Le temps a marché, les idées ont progressé depuis l'époque où les écrivains se contentaient de solliciter humblement un secours protecteur. Ils ne se bornent même plus à réclamer, des lois, l'octroi d'un privilège sur le produit financier de leurs leurs livres ; ils viennent aujourd'hui revendiquer une propriété dont on ne pourra les spolier.

Malgré quelques restes d'idées surannées qui trouvent encore d'éloquents interprètes, il est évident, de nos jours, que toute propriété repose sur la reconnaissance des droits du travailleur. Ce droit exclusif d'un individu sur une fraction de la fortune commune de l'humanité ne se justifie, à propos des choses matérielles, que parce que cet homme, ou l'un de ses ancêtres, a, à la sueur de son front, transformé le lopin de sol aride en champ fécond, les matériaux informes en constructions utiles. Pour reconnaître ce service rendu à l'humanité, les conventions sociales, depuis les origines de la civilisation, protègent le propriétaire. Lui seul peut se servir de son bien, en jouir, quitte toutefois à n'en point faire un usage qui porterait atteinte aux exigences de la communauté nationale, aux intérêts légitimes de ses concitoyens. Hormis ces réserves, que précisent les lois et les règlements accrus et modifiés sans cesse par les exigences plus nombreuses de la vie sociale, personne ne peut attenter à la propriété privée. La répression pénale frappe sévèrement quiconque se rend coupable du moindre acte d'usurpation.

Propriétaire exclusif, l'homme peut échanger son domaine contre tout équivalent, matériel ou moral, qui lui fait choisir son intérêt ou son caprice. Les lois règlent les modes de la transmission de propriété, soit définitive par la vente ou le don, soit même passagère par la location. Bien plus, lors même que la mort supprime le propriétaire, la propriété persiste au profit de ses descendants ou de ceux qu'il a désignés pour lui succéder.

C'est sur cette organisation complexe que reposent, a-t-on souvent répété, et les nations et la famille : conditions indispensables de la civilisation, éléments tout progrès. La reconnaissance de la propriété, la faculté d'en disposer à son gré, ne sont que la consécration d'un droit naturel qui tire son origine du travail. L'hérédité, établie par les lois, encourage la production du travail favorise l'épargne au profit de la moralité et de la richesse générale. L'appel fait à l'amour paternel se traduit par un effort plus constant, plus résolu, dont les produits accroissent l'avoir commun où la patrie trouve ses conditions de grandeur et de prospérité, où l'humanité puise les engins de sa marche en avant.

Or, messieurs, toutes ces raisons d'ordre public, que l'on peut invoquer en faveur de la propriété matérielle, ne reparaissent-elles point au profit de la propriété littéraire ? Le travail de la pensée serait-il inférieur au travail manuel ? Plus pénible, moins certain d'atteindre un but, il reste plus respectable.

Les nations, la civilisation tout entière, ne sont elles pas aussi intéressées à ce qu'ils produisent des livres et du blé ? Œuvre immatérielle mais existante, et par suite bien susceptible de propriété, la production littéraire ne fournit-elle point les aliments à l'intelligence ? N'est-elle pas devenue le besoin social le plus impérieux ? Quel pays n'en sent la nécessité et ne doit tenter d'en encourager l'éclosion féconde ? Et si l'on reconnaît que c'est le travail originaire qui légitime la propriété, aucune propriété n'est aussi sacrée que celle qu'a créée l'homme par l'effort de sa pensée.

Consacrer les droits résultant du labeur matériel, garantir contre toute atteinte la propriété, qui cependant ne peut toujours remonter à cette noble origine et parfois même s'est établie jadis par une occupation violente, un abus de la force tandis qu'on nierait le droit naturel du travail créateur de la pensée, serait professer la plus suprême et la plus illogique des injustices.

Les hommes le sentent, les nations le comprennent, les législateurs l'admettent. Seulement, pour le proclamer nettement, il a fallu de longues réflexions. Le droit marche à pas lents, pour progresser sûrement ; mais, comme son guide la justice, il arrive toujours. Écoutant les réclamations des auteurs, les législateurs se sont préoccupés de cette classe de travailleurs. Sans oser rompre encore avec les vieilles prescriptions légales que nous puisons encore dans la sagesse ancienne se souvenant déjà que Martial flétrissait le plagiaire en l'assimilant au voleur d'enfants dont il lui imprimait le nom, peu à peu, pas à pas, la loi s'est occupée des travailleurs de la pensée. On leur a reconnu certains droits.

Pallier si faiblement que ce soit une injustice, c'est en déclarer le caractère odieux, préparer la réparation complète.

Ainsi se sont hasardées certaines législations dont on a rappelé les dispositions dans nos discussions. Timidement, elles ont reconnu certains droits aux auteurs ; leurs progrès successifs n'ont été arrêtés par aucun retour en arrière. Sans aller jusqu'à la consécration complète et radicale que nous réclamons aujourd'hui, elles acroissaient de jour en jour les droits de l'écrivain sur son œuvre, soit quant à son étendue, soit quant à sa durée. Le jour se faisait lentement ; nous pouvons compt er être bientôt en pleine lumière.

Constatant ce progrès évident, récapitulant les conquêtes successives, trouvant dans la législation des divers pays des améliorations qui s'imposent ensuite aux voisins, lisant, dans des projets de lois non encore votés, une reconnaissance plus large encore, nos confrères de la première commission en sont venus naturellement, non point à relier ces maigres lauriers en faiseau, mais à remonter directement aux principes, pour substituer une formule nette et catégorique aux à-peu-près dont on se contente encore.

La vérité est toujours claire dans sa simplicité.

Ce n'est point à un octroi de la loi qu'il faut demander désormais la consécration des droits de l'écrivain. Quelle que soit la rénumération que la législation lui dispense, il ne peut être satisfait si l'on ne consent à le traiter selon son droit naturel préexistant à toute législation. La raison, l'équité, le font propriétaire au même titre que le détenteur de toute autre propriété. A chaque pas, ce mot, que les législateurs redoutaient d'inscrire dans les lois, craignant des conséquences encore indéterminées dans un domaine peu connu, s'est cependant glissé ; nous avons entendu grand nombre de citations confirmant ce fait.

Pourquoi donc ne pas dire franchement ce que l'on sent déjà, ce qui est vrai ?

Les écrivains, les écrivains français surtout, possèdent le privilège d'exprimer nettement leur pensée, de rejeter tous ambages, de formuler des propositions, dont la netteté contribue quelque jour au succès.

Cessons donc désormais, lorsque nous parlerons des droits primordiaux de l'écrivain sur son œuvre, d'employer les expressions de *droits d'auteurs, droits de copie, droits de publication,* etc. ; il n'est qu'un mot qui dise franchement et nettement la vérité : le mot *propriété*.

S'il ne s'agissait ici que d'une discussion de termes, il n'importerait peut-être guère. La plupart d'entre nous, et je suis de ceux-là, préfèrent la réalité à la déclaration la plus emphatique, le moindre droit à la plus solennelle promulgation. Mais en répudiant l'expression rationnelle, on ne se perd point seulement dans une terminologie nébuleuse, on a recours à des formules qui rappellent l'ancienne idée d'un *octroi légal*, d'un don législatif, j'allais dire d'une sorte d'aumône officielle ; d'un salaire exceptionnel, alors qu'il n'y a qu'un travailleur revendiquant sa création.

La première commission a donc déclaré que la propriété littéraire ne pouvait être créée par loi, mais préexistait à toute loi, était de droit naturel. Comme toute autre propriété, elle sera réglée, quant à son usage, par des dispositions législatives, à propos desquelles mes collègues auront encore à vous soumettre diverses idées. Le titulaire en disposera à son gré entre la limite des prohibitions législatives et réglementaires qu'imposent l'intérêt public et les droits des citoyens. Véritable propriété, la loi doit la garantir, en frappant de peine toute atteinte illégale, sans préjudice des droits à l'indemnité due pour l'acte illicite.

C'est sous l'empire de ces convictions que les membres de la première commission ont adopté la rédaction suivante, que nous soumettons à votre approbation definitive :

Le droit de l'auteur sur son œuvre constitue, non une concession de la loi, mais une des formes de la propriété, que le législateur doit garantir.

Après avoir caractérisé la propriété littéraire, la question qui s'imposait à notre examen était celle de son organisation. Le point le plus important regarde naturellement la durée de cette forme de la propriété ; les lois actuelles concédant des droits, et même les projets où l'on reconnait implicitement la propriété des auteurs, limitent tous la durée pendant laquelle peuvent s'exercer ces droits. L'usage cesse à certaine époque déterminée. Au Mexique seulement, nous a-t-on appris, on admet la perpétuité. Partout ailleurs, de quelque façon que l'on traite les auteurs, après un laps de temps plus ou moins long, variant de 10 à 80 ans, la loi clôt l'exercice des droits de l'auteur. L'œuvre devient alors chose commune : tout le monde peut s'en servir, tous sont autorisés à l'exploiter ; sur elle, des droits exclusifs ne sont plus reconnus.

La majorité de votre première commission a cru devoir poser en principe la perpétuité de cette propriété. Comme pour la propriété des choses matérielles, le droit ne périt ni au décès de l'auteur, ni à une époque déterminée à l'avance. On a repoussé, comme faisant céder le principe à des cas particuliers, l'objection tirée de l'abus qu'un successeur fait quelquefois de l'œuvre de son ancêtre. La prise de possession, exercée par le public sur le livre que le premier propriétaire lui a volontairement livré, n'a pas paru non plus pouvoir constituer un droit se fortifiant assez par le seul effet des années pour légitimer une dépossession. En tous cas, dans l'organisation légale des droits à exercer, il reste possible de réserver le seul droit indiscutable du domaine public, celui de retrouver, de relire de nouvelles éditions de l'œuvre. La majoration du prix de vente, nécessitée par une redevance due au propriétaire, ne peut être considérée comme une entrave sérieuse à la propagation de l'œuvre utile. L'opinion qui attribue la perpétuité à la propriété littéraire a donc prévalu.

La première commission a aussi écarté l'idée d'une sorte de dépossession de l'auteur lors du décès de l'écrivain, quitte à établir un système de redevance au profit des représentants légaux du propriétaire originaire. C'est le système qu'on a qualifié de *domaine public payant.*

Dans cette organisation, l'auteur possède seul, sa vie durant, le domaine absolu de son œuvre. Lorsqu'il ne peut plus exercer son droit, un être moral, le public, acquiert la faculté d'éditer toute œuvre que l'auteur avait mise à sa disposition moyennant payement du prix de l'exemplaire acheté. L'hérédité a transféré la propriété, mais restreint la jouissance à la collation des bénéfices provenant de l'exploitation commerciale. Le règlement de cette exploitation, et surtout le texte même de l'œuvre échappent à l'héritier. Il touchera la rétribution offerte par tout éditeur qui se présenterait. En cas de dissentiment sur le montant de cette redevance, la justice prononcera. Le désir de répandre les livres, de ne point permettre à un héritier de mettre la *lumière sous le boisseau* a inspiré les généreux défenseurs de cette thèse. La majorité de cette commission a cependant pensé qu'afin de consacrer l'assimilation de la propriété littéraire aux autres propriétés civiles, on devait écarter cette organisation, au moins pendant toute la période pour laquelle les diverses législations admettent des droits d'auteur.

L'article 2 a donc été accepté dans les termes suivants :

Le droit de l'auteur, de ses héritiers et de ses ayants cause, est perpétuel.

Cependant à la nécessité d'empêcher qu'un héritier ne cherche à supprimer un livre dont la teneur déplairait à ses opinions, la commission demande de prononcer la déchéance de tous droits, même du bénéfice de redevances, contre le successeur qui laisse passer certain délai sans publier l'œuvre dont il est propriétaire. Pour fixer ce délai, la commission a choisi la durée la plus longue déjà fixée par un corps de loi complet : la loi espagnole. C'est à la suite de cette discussion que la majorité de la commission a admis la rédaction suivante, à joindre à la déclaration de perpétuité :

Néanmoins pourra être déchu de ses droits l'héritier qui sera resté vingt années sans publier l'œuvre dont il est propriétaire.

Le système du domaine public payant, malgré les critiques qu'il a rencontrées, a cependant réuni une approbation suffisante pour se faire admettre, mais seulement après expiration du délai pendant lequel les héritiers des écrivains obtiennent, dans les divers pays, la jouissance de leurs droits. La contribution de la propriété littéraire aux charges publiques a été scrupuleusement réservée. En réclamant la garantie de leur propriété légitime, les écrivains acceptent volontiers leur obligation de subir les exigences fiscales nécessitées par l'intérêt commun. En réclamant un droit, on ne prétend point se soustraire à un devoir.

La commission émet le vœu que toutes les législations étendent la durée de reconnaissance provisoire à l'égal de ce que fait l'Espagne. La clause suivante a donc été adoptée :

En outre, après expiration du délai fixé, pour la durée des droits d'auteur, par les lois actuellement en vigueur dans les différents pays, toute personne pourra reproduire libre-

ment les œuvres littéraires, à charge de payer une redevance aux héritiers et ayants cause de l'auteur. Cette redevance sera soumise à l'impôt.

Ce que nous vous convions à voter aujourd'hui se résume, messieurs, dans notre article premier.

La première commission l'a admis unanimement, fière et heureuse de poser ainsi la première assise du monument utile que les écrivains de tous les pays attendent des travaux du Congrès. Permettez-moi d'ajouter que nous tous, vos hôtes reconnaissants, nous garderons comme un précieux souvenir la mémoire de votre accueil fraternel; que nous apprécions l'honneur que nous vous devons d'avoir pu, par notre humble concours, collaboré avec des hommes aussi éminents, à une œuvre de justice et de progrès.

Ce rapport est accueilli par de nombreux applaudissements.

M. LE PRÉSIDENT. — Messieurs, j'ai l'honneur de vous proposer de faire imprimer et distribuer à chacun des membres du Congrès l'excellent, l'éloquent travail que nous venons d'entendre, afin que chacun de nous ait une base solide pour appuyer les objections qu'il croira devoir faire aux conclusions de ce rapport.

VOIX NOMBREUSES. — Oui! oui!

M. EDMOND ABOUT. — M. le président vient de vous soumettre une question. Sans doute, le rapport dans son ensemble mérite l'approbation et l'assentiment de l'assemblée; cependant comme il soulève des questions extrêmement graves, par exemple celle de la perpétuité de la propriété littéraire qui pourrait avoir des inconvénients, il peut être discuté, il le sera, soyez-en sûrs. M. le président vous a demandé d'en voter l'impression et la distribution, afin que chacun sache sur quels points il doit porter son effort pour appuyer ou combattre les conclusions de votre troisième commission. Nous sommes tous unanimes sur ce point, c'est qu'un travail aussi sérieux doit être imprimé et distribué.

M. LOUIS RATISBONNE. — Je demande l'impression, mais sans préjudice de la discussion immédiate.

M. EDMOND ABOUT. — Il me paraît très difficile de discuter en ce moment: nous ne sommes pas des improvisateurs. L'honorable rapporteur a pris un jour, ou au moins quelques heures pour rédiger son rapport. Ne serait-il pas imprudent de notre part de nous livrer *hic et nunc* à la discussion.

M. Hector Malot. — Je suis tout à fait d'avis qu'on imprime et qu'on distribue ce rapport qui est très remarquable; mais si nous ajournons la discussion dans quelle voie allons-nous entrer? Combien de temps siègerons-nous si on commence par imprimer et distribuer les rapports avant de les discuter ?

M. Edmond About. — L'observation est fort juste, mais nous perdrions encore plus de temps si nous discutions les rapports sans en avoir pris connaissance et sans les avoir étudiés. D'ailleurs M. Tony Révillon vient de me faire passer un petit mot pour m'annoncer que Victor Hugo viendra à la prochaine séance et parlera sur la perpétuité de la propriété littéraire. Nous ne pourrions donc mettre en discussion aujourd'hui que le premier paragraphe du rapport, et nous serions forcés de réserver pour la prochaine séance la discussion sur l'ensemble des conclusions du rapport.

Plusieurs voix. — Oui, oui, discutons le premier paragraphe.

M. Dognée. — Je regrette de ne pas m'être bien fait comprendre de l'assemblée. Nous n'avons pas été unanimes sur la question de la perpétuité de la propriété; loin de là, et, s'il m'est permis de commettre une légère indiscrétion, le rapporteur même n'était pas de l'avis qui a prévalu.

Nous ne demandons aujourd'hui la discussion que sur la première partie du rapport, sur notre définition de la propriété littéraire. Quant aux questions que cette définition entraîne après elle, nous les examinerons dans une prochaine séance. (Approuvé.)

M. le président lit le paragraphe qui va être discuté.

M° Cellier, conseil judiciaire de la Société. — La formule pourrait être mieux précisée. Nous devons proclamer avant tout, dans toutes nos décisions, que la propriété littéraire n'est pas une concession de la loi. Elle est de droit naturel, non seulement par les raisons qui viennent d'être déduites, mais parce qu'elle est l'œuvre, le produit du travail intellectuel, qui est supérieur au travail matériel, et parce que, comme je crois l'avoir dit dans la brochure qui vous a été distribuée, elle est l'œuvre d'un homme qui a seul le droit de communiquer cette œuvre à ses semblables. C'est par ce côté philosophique qu'elle est de droit naturel. Ce qui n'empêche pas que l'œuvre du travail matériel ne soit aussi une propriété de droit naturel : il y a lieu à perfectionner la formule.

M. Edmond About. — La loi ne crée pas un droit, elle le sanctionne. La loi ne nous fait pas une politesse en déclarant que la récolte que nous avons fait pousser à la sueur de notre front nous appartient.

Un membre de la délégation russe. — La discussion est-elle ouverte?

M. Edmond About. — Si l'assemblée voulait bien voter immédiatement l'impression du rapport, nous pourrions gagner vingt-quatre heures. On porterait la copie immédiatement à l'imprimerie; la composition et la correction pourraient être faites dans la soirée, le tirage dans la nuit, et nous pourrions opérer la distribution du fascicule demain matin; de cette façon nous aurions vingt-quatre heures pour nous préparer à la discussion qui aurait lieu dans la séance de vendredi.

M. le président. — Je consulte l'assemblée pour savoir si elle veut ordonner l'impression et la distribution du rapport de M. Dognée.

L'assemblée décide que le rapport sera imprimé et distribué.

Messieurs les secrétaires envoient séance tenante le rapport à l'imprimeur.

M. Edmond About. — Un des membres de l'assemblée me demande si le vote de l'assemblée emporte l'adoption du rapport; assurément non. Lorsque dans un parlement un rapport est envoyé à l'impression, il ne s'ensuit nullement que le projet est adopté.

M. Carmichael. — J'ai demandé la parole pour un fait personnel. Je suis ici le représentant d'une Société littéraire anglaise, la Société royale, et je fais partie de la première commission. Du moment où je me suis aperçu que mes honorables confrères dans leurs discussions, dans leurs propositions, dans leurs formules, se mettaient en opposition avec la jurisprudence de mon pays, je me suis dit que je ne pouvais pas sur un sol étranger me mettre en conflit avec la jurisprudence de mon pays, bien qu'au fond de l'âme il pourrait se faire que je sois d'accord avec vous.

Je vais retourner chez moi, dans mon pays, et j'espère travailler à l'amélioration des lois existantes : vous savez que cette question est à l'ordre du jour en Angleterre. Nous avons nommé une commission royale. Il y aura des débats, et peut-être une codification. Je ne puis donc prendre un parti sur les formules qui ont été lues et proposées par votre première commission. Ainsi, messieurs, par les raisons que je viens de vous exprimer, je ne puis me mettre, sur le sol étranger, en conflit avec la jurisprudence de mon pays.

M. Mauro-Macchi. — On ne peut que respecter un scrupule dicté par une aussi grande délicatesse de conscience; mais il ne faut pas pousser les choses à tel point qu'on en vienne à refuser son concours aux études auxquelles nous nous livrons pour améliorer les législations existantes.

M. Carmichael. — Ce n'est pas mon concours que je refuse.

M. Mauro-Macchi. — Alors tout est bien. Vous ne vous mettez pas en révolte contre votre pays en partageant nos travaux. Si votre pays a une législation parfaite, faites nous la connaître pour que nous l'adoptions; si elle n'est pas parfaite, unissez vos efforts aux nôtres pour la faire réformer. (Très bien! très bien!)

M. Edmond About. — J'appuie ce que M. Mauro-Macchi a dit. M. Carmichaël a montré une grande délicatesse de conscience en se tenant en dehors de la discussion. Je crois cependant qu'il pousse le scrupule un peu loin. Il nous a parlé d'une commission royale nommée pour élucider ces questions. Cette commission a fait un rapport qu'on m'a remis; je l'ai fait immédiatement traduire; on l'imprime en ce moment, et je vous demande la permission de le mettre à votre disposition; vous en trouverez tous un exemplaire qui vous sera destiné à votre prochaine réunion. C'est un des travaux les plus libéraux, les plus sympathiques qui ait été jamais fait; je ne puis même le comparer qu'à la loi espagnole qui a été votée le mois dernier.

M. Robert Hyenne. — Je propose à l'assemblée de voter des remerciements au président du Comité des gens de lettres, M. Edmond About, pour tout ce qu'il a bien voulu faire pour le Congrès, notamment en faisant imprimer et en mettant à notre disposition le rapport de la commission royale d'Angleterre. (Vifs applaudissements).

Un membre. — Quand aura lieu la prochaine réunion?

M. Edmond About. — Vendredi, messieurs, à moins que Victor Hugo ne choisisse un autre jour; le petit mot que j'ai reçu ne porte pas d'indication.

M. Tony Révillon. — Victor Hugo est aux ordres de l'assemblée.

M. Edmond About. — En ce cas, messieurs, n'intervertissons pas l'ordre de nos séances. Donc à vendredi deux heures.

M. Emmanuel Gonzalès. — Je n'ai qu'une courte communication à faire. Vous n'avez pas oublié, messieurs, que dans le toast que j'ai porté au banquet, j'ai exprimé le vœu que tous les délégués étrangers fussent affiliés à la Société, qui deviendrait ainsi une société mère, et qu'ils prissent le titre de membres correspondants. J'ai soumis mon vœu au comité de la Société, qui a tenu séance hier, et qui a pris une décision conforme; je suis heureux de vous l'annoncer. (Bravo! bravo!)

C'est d'autant plus opportun que le président de la Société des gens de lettres de Berlin vient de me dire qu'il a besoin de nos statuts pour constituer l'union des hommes de lettres de son pays sur des bases solides.

Je lui ai promis de lui donner non seulement les statuts, mais un historique complet des luttes que la Société a eu à soutenir depuis sa fondation, et qui ne sont pas encore terminées.

M. LE PRÉSIDENT. — La séance est levée.

Les membres rentrent dans leurs commissions; il est trois heures et demie.

Première Commission.

QUATRIÈME SÉANCE (*antérieure à la séance générale du Congrès*).

L'an mil huit cent soixante dix-huit, le mercredi dix-neuf juin, à une heure quinze minutes du soir, la première commission de la propriété littéraire s'est réunie dans l'une des salles du *Grand-Orient*, à Paris, rue Cadet, n° 16, sous la présidence de MM. Antoine Carlier, Michel Masson et Frédéric Thomas.

Membres présents: MM. Tony Révillon, — A. Huard, — Dentu, — de la Landelle, — Dognée (Belgique), — Paul Biollay, — Rama, — Georges Hachette, — E. Plon, — Jules Clère, — Molinari, — Paul Delalain, — E. Gonzalès, — Francolin, — Scharapow (de la Russie), — H. Celliez, — R. Hyenne, — Demonsbynes, — Louis Vian, — Vainberg, — Carlos Derode, — Tallichet (Suisse).

Secrétaire: M. Marcel Guay.

M. LE PRÉSIDENT CARLIER invite M. le secrétaire à donner lecture du procès-verbal de la dernière séance; mais les notes nécessaires pour la rédaction du procès-verbal ayant été confiées à M. Dognée, rapporteur de la première commission, il est seulement donné lecture des articles 1, 2 et 3 votés dans la séance du mardi 18 juin.

Sur les observations de M. Tony Révillon, la rédaction du paragraphe 2 et dernier de l'article 3, est ainsi rétablie, *in fine* :
« ..... à charge de payer aux héritiers et ayants cause de l'auteur une redevance *soumise à l'impôt*. »

M. Dognée, chargé de présenter à l'assemblée générale le rapport sur les travaux de la première commission et sur les articles ci-dessus visés, donne à la commission lecture du travail qu'il se propose de déposer sur le bureau du Congrès à l'issue de la présente séance. Des remerciements unanimes sont adressés à l'hono- rable rapporteur, et M. le président déclare que le procès-verbal contiendra l'expression des éloges qui ont été donnés à M. Dognée, à raison de la fidélité et du talent dont il a fait preuve dans son exposé des opinions émises au sein de la première commission.

M. Tony Révillon a la parole pour annoncer à ses collègues que M. Victor Hugo désire prendre part aux discussions qui seront engagées, en assemblée générale, sur le rapport de M. Dognée. En conséquence, l'orateur renouvellera ladite communication dans la séance plénière du Congrès.

M. Henri Celliez demande la parole pour donner lecture d'une étude suivie d'un projet de loi sur la propriété des œuvres *littéraire*, *scientifique* et *artistique*. La commision s'empresse de déférer à ce désir, et, après avoir écouté la communication de l'orateur, décide que le travail dont il a bien voulu donner connaissance sera inséré dans le procès-verbal de la présente séance.

M. H. Celliez s'est exprimé en ces termes :

I

« Lorsqu'un homme a créé une œuvre littéraire, scientifique ou artistique, il a la faculté de la garder pour lui ou de la communiquer aux autres hommes, à l'aide de tous les procédés propres à la nature de l'œuvre : copie, impression, gravure, traduction, reproduction par les journaux, exposition aux regards, représentation dramatique, exécution dans des lieux publics, etc., etc.

Cette faculté est évidemment de droit naturel; car elle n'a pas d'autre source que la qualité d'auteur de celui qui a fait l'œuvre.

L'exercice de ce droit naturel de communication de l'œuvre au public, constitue évidemment au profit de l'auteur, un BIEN qui peut entrer dans la classification de la loi commune.

En effet, le Code civil français porte :

« Article 516. Tous les biens sont meubles ou immeubles.

« Article 527. Les biens sont meubles par leur nature ou par *la
« détermination de la loi.*

« Article 528. Sont meubles par leur nature, les corps qui peuvent
« se transporter d'un lieu à un autre.

« Article 529. Sont meubles par la détermination de la loi :
« Les obligations (dettes) et actions (créances) qui ont pour objet
« des sommes exigibles ou des effets mobiliers,
« Les actions ou intérêts dans les Compagnies de finance, de com-
« merce ou d'industrie,
« Les rentes perpétuelles ou viagères, soit sur l'État, soit sur des
« particuliers. »

Les biens meubles que désigne l'article 528 sont dénommés biens corporels ; ceux que désigne l'article 529 sont dénommés biens incorporels, parce qu'ils consistent dans l'exercice de certains droits, et non pas dans des corps transportables.

Le législateur usera de son droit et fera son devoir, — après tous les essais de lois particulières en 1793, en 1810, en 1844, en 1854, en 1866, sans compter les travaux de diverses grandes commissions, — en renonçant à cette recherche de l'impossible, c'est-à-dire de la définition et de la délimitation en durée et en étendue de la propriété d'un droit incorporel ; il remplira l'office que lui donne le Code civil, en déclarant que le bien incorporel consistant dans le droit de communiquer au public une œuvre littéraire, scientifique ou artistique, est *meuble par la détermination de la loi.*

Désormais, ce bien meuble sera régi par la loi générale, qui est le Code civil, comme tous les autres biens meubles. Par exemple, on leur appliquera les règles : sur la libre disposition des biens (art. 537, 539), sur la propriété (544 à 547) et ses modes d'acquisition et de transmission (711, 712). Ce bien pourra être l'objet de tous les contrats civils réglés par le Code, tels que la vente, le louage, la Société, etc.

II

Cependant, le caractère personnel du droit de communication au public, par l'auteur, exige une exception à la règle générale, pour lui conserver la faculté, pendant sa vie, de modifier ou de discontinuer cette communication suivant sa volonté.

Maintenant qu'il n'existera plus une loi particulière pour conférer à l'auteur son droit exclusif de communication jusqu'à son dernier jour, une certaine disposition du Code civil gênerait sa liberté : c'est la règle absolue des articles 1400 et 1401, en matière de mariage, qui place dans la communauté *légale* tous les biens meubles des époux.

Cette disposition aurait pour effet, quand la communauté sera dissoute par le décès du conjoint, de diviser le droit de communication de l'œuvre, entre les héritiers du conjoint décédé et l'auteur survivant qui se verrait ainsi tenu de laisser continuer la publication de l'œuvre, lors même que son goût ou sa conscience lui inspirerait la volonté de la suspendre durant sa vie.

Sans doute, l'auteur pourra éviter ce danger en combinant les clauses de son contrat de mariage, pour la rédaction desquelles les futurs époux sont entièrement libres (1387, 1527). Mais si l'auteur, comme cela arrive fréquemment, manque de prévoyance, ou s'il n'apprécie pas exactement les conséquences de l'apport en communauté du droit de communiquer ses œuvres, ou s'il se marie sans contrat, la règle de la communauté légale sera forcément appliquée.

Le législateur pourra y pourvoir en plaçant une exception dans la loi spéciale qui ajoutera à l'article 529 une *détermination* de meuble.

III

Les considérations ci-dessus justifient la proposition au Congrès d'émettre le vœu de voir promulguer par le législateur français une loi qui serait ainsi libellée.

Article premier.

La loi reconnaît à l'auteur de toute œuvre littéraire, scientifique ou artistique, le droit exclusif de communiquer son œuvre au public.

Art. 2.

Ce droit constitue, pour lui et pour ses cessionnaires, héritiers, successeurs irréguliers, donataires et légataires, un bien meuble par la détermination de la loi, comme il est dit aux articles 527 et 529 du Code civil.

Art. 3.

Toutefois, en cas de mariage et de survivance de l'auteur, ce bien ne sera pas compris dans la communauté légale.

Art. 4.

Sont ou demeurent abrogées toutes les lois antérieures, savoir : (Suit l'énumération.)

IV

Pour garantir les auteurs et leurs ayants droit contre les entreprises de la contrefaçon, le Code pénal continuera à être appliqué. Seulement, pour faire concorder avec les dispositions du projet de loi la rédaction de l'article 425, il conviendra de la modifier, et de la libeller ainsi :

Article 425. Toute communication au public d'une œuvre littéraire, scientifique ou artistique, sans le consentement préalable de l'auteur ou de ses ayants droit, est une contrefaçon ; et toute contrefaçon est un délit.

M. de La Landelle pense qu'un projet de loi sur la propriété littéraire devrait se préoccuper du sort réservé au testament de l'auteur, lorsque celui-ci y a manifesté l'intention de faire retirer de la circulation un ouvrage, imprimé sans doute, mais dont l'esprit général diffère des opinions qu'il professait au moment de sa mort. La loi, dit l'orateur, devrait respecter le vœu de l'écrivain.

M. Adrien Huard fait remarquer que le projet de M° Celliez diffère peu, au fond, de l'article 1er admis par la commission, en ce qui concerne la qualification du droit de l'auteur. En effet, un *bien meuble* est évidemment une propriété. Or, M° Celliez propose de déclarer que la propriété littéraire est un *bien meuble par la détermination de la loi*. Mais l'orateur estime que ce projet n'est pas susceptible d'une généralisation internationale : c'est ce qui ressort des faits mêmes de la citation de certains articles du Code civil français et relatifs à la dénomination de différentes classes de meubles, à l'acquisition et à la transmission des biens incorporels, au régime matrimonial, etc.

La séance est suspendue à deux heures et demie, à l'effet de permettre aux membres de la commission d'assister à l'assemblée générale du Congrès, réuni en séance plénière.

Elle est reprise à trois heures et demie.

M. Plon fait observer que le § 2 de l'article 3 voté par la commission, contenant, sous certaines conditions, une application du système connu sous le nom de *domaine public payant*, il serait utile de compulser les procès-verbaux de la commission de la propriété littéraire instituée en 1861. Cette commission, dont l'orateur fut l'un des secrétaires, consacra, en effet, de longues séances à l'étude des difficultés pratiques que lui semblait présenter ce système. Ce serait peut-être gagner du temps que de prendre le texte du projet de loi de 1861-1863, œuvre d'un savant jurisconsulte, pour base du travail actuel.

Sur l'objection faite par plusieurs membres, qu'on n'a pas à rédiger un projet de loi, mais à émettre des vœux, M. Plon répond qu'on a posé tous les principes dans les articles déjà votés, et que si l'on ne doit pas faire un projet de loi complet, alors il ne faut pas aller plus loin, mais laisser au législateur le soin de donner une forme législative aux principes et de les appliquer dans tous les détails.

M.. Pataille annonce qu'il mettra à la disposition de la commission quelques livraisons de ses *Annales* de la propriété industrielle, historique et littéraire. Le projet de loi de 1863 se trouve, en effet, transcrit dans ces livraisons.

Une discussion contradictoire, à laquelle prennent part MM. Pataille, Ratisbonne et Robert Hyenne, est ensuite engagée sur le point de savoir si la première commission doit considérer ses travaux comme terminés et son mandat comme rempli. Instituée, en effet, pour traiter de la définition de la propriété littéraire et poser les principes, elle ne doit pas, suivant M. Ratisbonne, aborder les cas particuliers proposés par plusieurs membres, tels que la discussion sur le droit de traduction, sous peine d'exposer le Congrès à entendre, sur les travaux de la deuxième commission, instituée pour l'étude du droit international, un rapport exprimant des théories contraires, peut-être, à celles qui auraient prévalu dans la commission ici assemblée.

Sous le bénéfice de ces observations et sur la proposition de M. Pataille, la commission déclare, sans discussion et à l'unanimité, que *le droit de traduction est la conséquence du droit de propriété littéraire*.

M. Pataille demande la parole pour présenter quelques observations sur les œuvres posthumes. La loi française actuelle, dit l'orateur, n'est plus d'accord avec le principe de la perpétuité que l'article 2, voté par la commission dans la dernière séance, a consacré. Je ne pense donc pas, ajoute M. Pataille, que la commission puisse se séparer sans avoir émis un vote sur le droit des détenteurs d'œuvres posthumes. Ne pourrait-on pas déclarer que le propriétaire d'une œuvre posthume autre que l'héritier, ne sera plus assimilé à un auteur (ce serait attacher trop d'importance à la possession fortuite de dix ou vingt pages d'un écrivain que de lui donner un droit perpétuel), mais qu'il aura un droit temporaire, de quarante ou de cinquante ans, par exemple?

M. Dognée donne connaissance de l'article 4 du projet belge de 1878 sur la propriété littéraire, article relatif à la propriété des ouvrages posthumes.

M. Vian demande si la commission estime qu'un législateur doive obliger les héritiers d'un écrivain à publier un des manuscrits qu'ils détiennent.

M. Louis Ratisbonne ne pense pas que la commission puisse agiter la question des œuvres posthumes. Il exprime cependant l'avis que le principe de la loi française actuelle sur les ouvrages posthumes n'est pas incompatible avec le vote de la perpétuité émis dans la dernière séance. La loi de 1866 peut faire place à une loi qui déclare perpétuelle la propriété littéraire, et cela sans qu'il soit besoin de reviser les textes législatifs sur les œuvres posthumes.

M. Frédéric Thomas appuie cette opinion.

M. Tallichet fait une motion d'ordre. Il estime que la discussion s'égare, et ne doit pas porter sur les œuvres posthumes.

M. Louis Ratisbonne, sans vouloir traiter la question, laquelle est difficile et comporterait de très longs développements, estime que les manuscrits d'un auteur, s'ils ne sont pas publiés par ceux qui les détiennent, doivent être soumis à l'expropriation pour cause d'utilité publique. Du reste, il peut se faire que l'ouverture du domaine public payant, si elle a eu lieu au moment où l'opinion publique paraît réclamer la publication des manuscrits d'un auteur décédé, rende la question moins intéressante. Quoi qu'il en soit, l'orateur ne veut pas que le législateur autorise des inquisitions intolérables. L'héritier ne saurait être contraint à publier un manuscrit!

M. Vainberg rattache la proposition émise en dernier lieu par M. Ratisbonne, à ce principe de droit incontesté et consacré par le droit français, que nul ne peut être contraint d'accepter une succession (art. 775 du Code civil).

M. Louis Ratisbonne raconte comment il fut amené à ne publier qu'une certaine partie des œuvres manuscrites que lui avait laissées Alfred de Vigny. Le poète, dont il était l'exécuteur testamentaire, n'avait autorisé qu'une publication partielle. L'orateur devait respecter ses volontés dernières.

M. le président Carlier voudrait que le fils n'eût pas le droit, de déshonorer la mémoire de son père, en publiant un ouvrage que le père a écrit et n'a pas cru devoir publier lui-même.

M. de La Landelle demande qu'on discute aussi les questions qui se rattachent à *l'adaptation* et à l'expropriation pour cause d'utilité publique.

M. Carlos Derode propose d'apporter des observations écrites sur la matière de l'expropriation littéraire. Il a spécialement suivi en 1866 les discussions législatives sur le droit d'auteur, et il serait heureux de remettre à la commission, en les complétant, les notes qu'il a recueillies, soit sur la loi de 1866 elle-même, soit sur les questions qu'elle n'a pas tranchées : celle de l'expropriation, par exemple.

M. Tony Révillon propose d'écouter la suite et la fin du rapport que M. Dognée lira vendredi prochain au Congrès réuni en assemblée générale. On pourra ensuite le faire imprimer.

M. Dognée prend la parole et donne connaissance à la commission des pages qu'il a consacrées à l'article 2 et aux §§ 1 et 2 de l'article 3 du projet présenté au Congrès.

M. Delalain fait observer que, la loi votée par le Congrès des députés espagnols, en 1877, lorsqu'elle fixe quatre-vingts ans pour la durée *posthume* de la propriété littéraire, choisit pour point de départ de cette période la mort du *propriétaire*. Si donc M. Dognée, dans son rapport, propose aux délégués étrangers d'émettre le vœu que tous les pays adoptent la propriété intellectuelle *octogénaire* votée par le congrès des députés espagnols, comme le mot « propriétaire » vise le *cessionnaire*, *l'ayant cause*, etc., il serait juste, de ne calculer le délai de quatre-vingts ans que suivant le mode établi par la loi française de 1866, c'est-à-dire de lui assigner pour point de départ la mort de l'auteur.

M. Frédéric Thomas appuie cette observation, laquelle est adoptée.

M. le président Carlier propose à la commission de se réunir vendredi prochain, à midi et demi.

M. Adrien Huard fait immédiatement une motion d'ordre. La commission, dit l'orateur, si elle décide qu'elle se réunira vendredi prochain, ne doit-elle pas déclarer que la séance aura uniquement pour objet la lecture du procès-verbal de la présente séance et celle du rapport de M. Dognée ? L'orateur propose à la commission d'écarter la question des œuvres posthumes. Il y a huit ou dix autres questions d'un égal intérêt ; or, le temps manque pour les agiter et les résoudre. De plus, la commission doit limiter son travail à l'étude des questions de principe : il en résulte que l'*adaptation*, par exemple, ne doit pas figurer dans l'ordre du jour. Enfin, ne devra-t-on pas, au moins, se borner aux observations que suggérera la lecture complète du rapport?

M. Robert Hyenne propose de discuter dans la prochaine séance la question de l'expropriation littéraire.

La séance est levée à quatre heures vingt minutes.

M. le président propose à la commission de se réunir vendredi prochain à midi et demi. Cette proposition est adoptée.

L'un des présidents,
A. Carlier.

Le secrétaire de la première commission,
Marcel Guay.

Deuxième Commission.

Procès-verbal de la séance du 19 juin 1878.

Présidence de M. Edmond About

M. le président donne la parole à M. Jahyer, l'un des secrétaires, pour la lecture du procès-verbal de la séance du 13 juin 1878.

Le procès-verbal est lu et adopté à l'unanimité.

Le secrétaire demande la parole pour faire savoir que le samedi 15 juin, après la séance générale, qui s'est tenue à deux heures, plusieurs membres de la deuxième commission, en l'absence de leur président, se sont réunis et ont invité M. Tourgueneff, premier vice-président, à prendre le fauteuil de la présidence et à ouvrir une séance pour les membres de la commission. — M. Tourgueneff ne pouvant se rendre à ce désir, en raison d'affaires qui réclamaient ailleurs sa présence, M. Molesworth, second vice-président, a pris place au fauteuil et a donné la parole à M. Fliniaux, auteur d'une contre-proposition à celle de M° Celliez.

M. Fliniaux a lu alors la proposition suivante :

Le Congrès international exprime le vœu que, chez les diverses nations, les œuvres et productions de tous genres soient régies par des dispositions de lois se rapprochant le plus possible les unes des autres.
Ce but ne pouvant être atteint que progressivement, et dans les limites de l'initiative des différents législateurs, le Congrès émet la proposition suivante comme devant servir de base aux conventions internationales :
Les productions de tous genres jouiront, dans les pays autres que le pays d'origine de l'auteur, de la même garantie et de la même protection que les œuvres nationales elles-mêmes.
Toutefois, en ce qui concerne la durée du droit, elle sera réglée, conformément au principe du statut personnel, par la loi du pays d'origine de l'auteur et de ses héritiers.

MM. Santa-Anna Néry, Lubomirski, Havart, ont pris part à la discussion de laquelle il a paru résulter que, dans l'opinion de la majorité, la proposition de M. Fliniaux ne saurait être acceptée avant d'avoir été mûrement étudiée et débattue. On est donc convenu de la soumettre à la discussion dans la prochaine assemblée, qui réunirait sans doute un plus grand nombre de membres.

M. Germond de Lavigne a ensuite demandé la parole pour expliquer la proposition suivante formulée par la loi espagnole.

REPRODUCTION

Art. 7. — Nul ne pourra reproduire une œuvre d'autrui sans la permission de l'auteur, fût-ce sous prétexte de l'annoter, de la commenter, de l'additionner ou d'en améliorer l'édition.

TRADUCTION

Art. 10. — Le propriétaire d'une œuvre étrangère en exercera la propriété sous toutes formes, selon les lois de son pays. Il n'aura droit à la propriété des traductions que pour le temps pendant lequel il possèdera l'œuvre originale dans le pays où elle aura été publiée pour la première fois, et conformément aux lois de ce pays.

FORMULE INTERNATIONALE

Art. 49. — 1º Il y aura, entre les deux parties contractantes, réciprocité absolue, parfaite et complète.
2º Les deux parties contractantes s'obligent à se traiter mutuellement sur le pied de la nation la plus favorisée.

3º Tout auteur ou ses ayants droit, en assurant le droit de propriété dans l'un des deux pays contractants, l'assurent aussi dans l'autre pays sans nouvelles formalités, et avec les conditions légales du pays où il aura été d'abord assuré.

4º Le fait d'assurer dans un des pays contractants le droit de propriété, assure en même temps le droit de traduction dans le même pays et dans le pays contractant.

5º En ce qui concerne l'exécution des œuvres dramatiques ou musicales, soit dans l'idiome du pays où les œuvres sont représentées, soit dans tout autre idiome, les sujets de chacun des pays contractants auront dans l'autre les mêmes droits que les sujets de celui-ci, et réciproquement.

6º Sont interdites dans chaque pays l'impression, la vente, l'importation et l'exportation des œuvres composées dans la langue de l'autre pays, si elles ne sont pas autorisées par le propriétaire de l'œuvre originale.

7º Tous les dialectes parlés dans un pays sont considérés comme la langue de ce pays.

Ces explications ont été écoutées avec le plus grand intérêt, mais aucune discussion n'a été et ne pouvait être prise, l'assemblée étant trop peu nombreuse.

Sur une remarque faite par M. Havard sur la propriété littéraire, M. Vandnyl, secrétaire-délégué de la Hollande, informe que dans son pays la propriété littéraire est très mal assurée; mais que le parlement est saisi d'un projet de loi qui paraît devoir répondre favorablement aux espérances des littérateurs.

L'assemblée remercie M. Vandnyl de sa communication.

M. LE PRÉSIDENT lève la séance à cinq heures et demie.

Le compte-rendu de cette séance ayant été donné de vive voix par M. le secrétaire, M. le président, pour la régularité des écritures, demande qu'un procès-verbal soit dressé comme pour les séances ordinaires.

C'est ce procès-verbal, dont le secrétaire vient d'achever la lecture pour être soumis à l'approbation de l'assemblée.

M. LE PRÉSIDENT donne ensuite la parole à M. le prince Lubomirski.

L'orateur dénonce à la commission une brochure imprimée à Naunbourg, publiée par le libraire Paetz, et qui est une contrefaçon, sur laquelle il appelle l'attention des gens de lettres.

M. Adolphe Belot reconnaît la justesse des observations de M. Lubomirski; seulement il voudrait qu'on ne signalât pas un pays plutôt qu'un autre; car, en général et partout, on publie nos œuvres sans s'occuper le moins du monde de nos droits; mais n'accusons pas : ce qu'il faut, ajoute l'orateur, c'est reconnaître nettement la situation.

M. Lubomirski fait remarquer qu'il s'agit ici de contrefaçon pure et non de traduction.

M. Adolphe Belot insiste en disant que partout, à l'étranger, on méconnaît nos droits, tandis qu'au contraire, en France, on agit le plus souvent autrement. Il est heureux de pouvoir faire connaître que tous les romans anglais traduits en France et publiés par la maison Hachette ne le sont pas sans que l'éditeur se soit préalablement entendu avec les auteurs. M. Hachette paye peu, c'est vrai, mais il paye.

M. Adolphe Belot ajoute que depuis quelques années M. Sonzogno, éditeur italien, agit de la sorte avec nous. En Angleterre, en Allemagne, en Amérique, en Espagne, cela ne se fait pas.

Non seulement on ne s'entend pas avec l'auteur, on ne le paye pas, dit M. Figuier; mais souvent on ne met pas le nom de l'auteur sur le livre, et quelquefois même on y substitue un autre nom. Oui, le mal est immense, s'écrie M. Figuier, mais il ne faut pas énumérer les torts; gardons nos griefs et cherchons le remède.

Est-il vrai qu'en Allemagne on contrefasse les œuvres allemandes même? demande M. Jules de Carné.

M. le président reconnaît la justesse de toutes les observations qui viennent d'être faites par les divers orateurs; mais il fait observer que nous sommes rassemblés ici pour faire une loi; une loi est de sa nature une chose générale; éliminons donc nos droits particuliers.

M. Ivan Tourgueneff cite encore un fait à l'honneur de M. Hachette, qui a fait traduire un roman, *Entre ciel et terre*, de Otto Ludwig, et a tenu compte à l'auteur de tous ses droits.

M. Edmond About, président, croit que si l'on faisait connaître tous les traits de probité qui honorent la maison Hachette, l'énumération pourrait prendre beaucoup de temps.

Ecartant donc tout ce qui n'a pas un rapport direct au travail que se propose d'accomplir la seconde commission, le président donne la parole à M. Tourgueneff, désireux de soumettre diverses observations à l'assemblée, en prenant pour point de départ le travail de Mᵉ Henri Celliez et la formule qui le régit.

En raison de notre législation existante, qui est tout à fait en défaveur de la France et en faveur de la Russie, dit M. Tourgueneff, voici les amendements que les délégués russes proposent de joindre à cette formule.

A ce mot d'amendement plusieurs membres demandent aussitôt la parole.

M. Ivan Tourgueneff fait remarquer quelle est la situation actuelle des œuvres françaises et russes; il rappelle que la cour de Russie a fondé un théâtre qui ne vit que de productions françaises, pour lesquelles il n'a jamais rien été payé à leurs auteurs. Espérer changer l'état de choses en vigueur serait chimérique: il faut donc essayer de l'améliorer, et c'est là le but des amendements étudiés et proposés par les délégués russes.

M. le président dit que la loi telle qu'elle sera amendée par les délégués russes passera bien avant la loi telle qu'elle sera formulée pour la France; mais ce qu'il est urgent de proclamer, c'est une formule qui peu à peu sera introduite dans les traités internationaux, puisque MM. les délégués de la Russie se sont partagé le travail; écoutons chacun d'eux avant d'entrer dans la discussion.

M. Polonski a la parole.

L'orateur commence par se défendre de la piraterie littéraire dont, au début de la séance, on a accusé les éditeurs étrangers. Il dit que le journal dont il est le directeur a toujours payé pour les œuvres qu'il a reproduites. Si nous achetons beaucoup d'œuvres françaises, ajoute M. Polonski, c'est parce que notre pays n'a pas de littérature et que nous voulons étudier; mais la loi est telle en Russie que la formule de M° Celliez n'y saurait entrer dans un traité international. Il nous est donc difficile de la voter; aussi proposons-nous des amendements.

La discussion devenant générale, M. Boborykine demande la parole pour l'ordre du jour. « Nous sera-t-il permis de traiter la question russe dans la séance? dit l'orateur; plusieurs délégués devant partir, il est indispensable que nous donnions aujourd'hui le résultat de nos délibérations. Notre travail est divisé en deux parties : la première a trait aux œuvres de science et de littérature ; la seconde, aux productions du théâtre. Veuillez, monsieur le président, donner la parole à M. Polonski, qui a traité la première partie; je parlerai ensuite sur la seconde. »

M. Jules de Carné fait observer que M. Tourgueneff a demandé la parole depuis quelques instants.

M. le président donne la parole à M. Tourgueneff. L'orateur, remontant au but de la discussion, commence par déclarer excellente la formule de M⁰ Henri Celliez; elle est même idéale. Mais, il le répète, les Russes ne sont pas dans la situation de l'accepter telle qu'elle est; ils sont les tard-venus; ils sont dans leur tort, ils le reconnaissent; ils ne peuvent traiter d'égal à égal, en raison des lois qui les régissent; la formule est trop absolue pour eux. Ils ne peuvent pourtant pas rester dans la situation où ils sont actuellement; c'est pourquoi ils proposent des amendements.

On dit : il y a trois manières de reproduire : la réimpression, la traduction, l'adaptation. D'abord, en Russie on n'a pas le droit de réimprimer un livre français. Reste donc la traduction et l'adaptation. Eh bien, pour la traduction, nous proposons d'abord que personne n'ait le droit de traduire avant de s'être entendu avec l'auteur; mais nous désirons ensuite que le traité passé pour une œuvre scientifique ou littéraire entre l'auteur et l'éditeur ne dépasse pas le terme de deux années. Pour le théâtre, on pourrait le porter à quatre années.

Quant à la compilation et à l'adaptation, il est très difficile de saisir ceux qui cultivent cette sorte de littérature. Vingt ou trente lignes prises à un auteur et intercalées dans un journal peuvent passer pour une citation ou une réclame. — On pourrait fixer à deux pages le maximum de la compilation. — Quant à la question d'art comprise dans la formule de M⁰ Celliez, les délégués russes ne l'ont pas étudiée.

La parole est donnée de nouveau à M. Polonski. L'orateur veut qu'on ait en vue le consommateur aussi bien que le producteur. Il étudie la formule de M⁰ Celliez, et la trouve trop absolue, non seulement au point de vue de la législation russe, comme il l'a dit précédemment, mais quant à l'intérêt même du consommateur, dont il entend prendre la défense. Suivant l'orateur, la propriété littéraire ne peut être absolue quand il s'agit de la traduction. Une œuvre de génie paraît en France; si un Russe, quelquefois pour fort peu d'argent, peut acquérir pour toujours le droit de reproduction, et que ce soit un spéculateur peu soucieux des beautés de l'ouvrage, qui confie cette traduction à un homme sans talent, il arrivera donc qu'il faudra subir à tout jamais cette mauvaise traduction et se priver d'une seconde qui pourrait être excellente. M. Polonski voudrait, comme l'a dit M. Tourgueneff, que le traité entre auteur et éditeur pour une traduction prît fin à l'expiration de la seconde année.

Passant à l'adaptation, l'orateur émet en théorie la similitude de la propriété littéraire et de la propriété de l'inventaire. Pour se résumer, établissant une distinction entre la production et la reproduction, M. Polonski voudrait que la première fût régie suivant la formule de M° Celliez, et la seconde selon les amendements proposés par M. Tourgueneff au nom des délégués russes.

En présence de l'opposition que soulève dans l'assemblée l'idée d'amender la formule de M° Celliez, M. Boborykine explique franchement le genre d'exploitation auquel les auteurs français sont soumis en Russie. Il n'y a pas à espérer le bon vouloir de tous. Une corporation d'éditeurs et d'auteurs n'a pas voulu accepter la participation au Congrès. On ne doit pas s'y tromper, il sera difficile de faire même fort peu de chose pour améliorer la situation actuelle. Pour la production, on a dit : « Depuis trente ans, le théâtre Michel joue les comédies et les drames français sans payer la moindre rétribution; » cela est vrai, mais les œuvres représentées sur ces théâtres particuliers reconnaissent les droits d'auteur, et les acquittent si faiblement que ce soit. Quant à la traduction, c'est une question de vie ou de mort pour les éditeurs russes. Les délégués ici présents n'ont pas qualité pour agir : non seulement on ne leur a pas donné de mandat, mais, comme l'orateur vient de le dire, il y a eu refus par plusieurs de les accompagner au Congrès. Les délégués n'ont donc guère de chances pour être écoutés à leur retour.

M. Ivan Tourgueneff ajoute vivement : Nous n'avons pas à nous préoccuper des personnes que cela peut blesser en Russie. Cherchons à nous entendre avec les confrères auxquels nous nous sommes réunis.

M. Adolphe Belot remercie M. Boborykine et les délégués russes de la franchise et de la loyauté qu'ils ont apportées dans leurs communications. Il reconnaît la difficulté de leur tâche et les excellents sentiments qui les animent. Il est heureux de voir la différence, très bonne et très précise, qu'ils font de la traduction et de l'adaptation. Mais il n'en reste pas moins vrai que la situation des auteurs français au théâtre Michel est absolument intolérable. Les choses y vont si loin que les acteurs français qui veulent jouer nos pièces nouvelles sont obligés de les acheter eux-mêmes aux auteurs. Ce que l'orateur demande, c'est que, rentrés dans leur pays, messieurs les délégués russes veuillent bien protester contre cet état de choses.

Quant à ce qu'on a dit du danger de concéder pour toujours la traduction d'une œuvre à un éditeur, M. Adolphe Belot, retournant le mot de M. Polonski, fait remarquer qu'en acceptant cette doctrine, si le premier traducteur fait un travail remarquable, on serait alors amené à le déposséder pour confier à un homme incapable une deuxième traduction. — Il y a donc lieu, suivant l'orateur, d'être absolu en principe, de ne rien restreindre, et d'attendre s'il le faut, pour voir l'accomplissement de la législation que nous souhaitons voir adopter.

MM. GERMOND DELAVIGNE et FÉLIX JAHYER sont également d'avis qu'on ne parle pas de délai. Ce qu'ils veulent avant tout et uniquement, c'est que l'on demande le consentement de l'auteur, car alors celui-ci choisit lui-même son traducteur. Voilà la base. Une fois le consentement donné, ne parlons plus de délai, c'est inutile.

M. IVAN TOURGUENEFF reconnaît que, si on vote la formule de M⁰ Henri Celliez, on aura établi un excellent principe; son gouvernement lui-même sera tout disposé à le trouver d'une beauté parfaite, mais tout cela n'aboutira à rien de pratique chez eux.

M. FIGUIER trouve la formule complète; il demande qu'on n'introduise pas d'amendements, spécialement pour la Russie, qui se reconnaît elle-même en dehors des lois générales.

Mais nous ne sommes pas seuls, dit M. Tourgueneff; l'Angleterre, l'Amérique, l'Allemagne, l'Espagne, ne se prêteront pas plus que nous à ce que vous demandez. D'ailleurs nous acceptons la formule; seulement nous voudrions, sans en changer les termes précis, ajouter à côté d'elle quelques amendements.

M. LADISLAS CHODZKIEWICZ fait remarquer que le Congrès ne se réunit pas pour faire une loi, mais seulement pour étudier un vœu; or, la formule de M⁰ Celliez est une loi.

Non, c'est bien un vœu, dit M⁰ CELLIEZ.

M. CHODZKIEWICZ croit que ce que l'on doit seulement vouloir, c'est que la propriété littéraire soit traitée en Russie comme elle l'est en France.

Mais alors, dit M. TOURGUENEFF, vous ne demandez que ce qui existe : un Français a le droit de traduire ce qu'il veut et qui il veut.

MM. GERMOND DE LAVIGNE et LUBOMIRSKI font remarquer à l'orateur qu'il est dans l'erreur, et que, s'il a été traduit en France, il aurait pu faire un procès, en cas de refus de payement par l'éditeur.

M. LE PRÉSIDENT fait observer que les débats se prolongeant

sur ce sujet, il serait bon de les interrompre pour les reprendre à une prochaine séance, parce qu'il y a lieu d'entendre aujourd'hui une communication très importante que M. Otto von Breitschwert doit faire de la part de M. de Lavelye.

M. Otto von Breitschwert a la parole. Il soumet à l'assemblée les résolutions suivantes, pour les adopter d'abord, et pour en recommander l'adoption au Congrès entier :

« Le Congrès, tout en maintenant sa tendance principale, selon laquelle l'écrivain étranger doit jouir, dans chaque pays, des mêmes droits que ceux de l'écrivain indigène, reconnaît pourtant l'insuffisance des législations existantes sur les droits d'auteur, et déclare qu'il désire l'uniformité sagement établie, de ces lois, dans le monde civilisé entier. »

M. Jules de Carné croit que cette communication doit être faite directement à l'assemblée générale.

M. le président reconnaît qu'elle intéresse, en effet, le Congrès tout entier; mais il pense qu'il est toujours bon de l'entendre en ce moment.

M. Otto von Breitschwert, développant alors sa proposition, dit que le Congrès doit chercher les moyens pratiques pour arriver au résultat désiré. Le plus efficace de ces moyens, c'est l'association à d'autres Sociétés animées du même esprit de progrès et de justice.

Or, le Congrès du droit international va se réunir prochainement à Paris. On s'y occupera du droit littéraire international. L'orateur pense que ce Congrès, qui réunira les hommes les plus distingués de la science, les jurisconsultes les plus universellement estimés, et le Congrès littéraire, qui jouit de l'avantage d'une publicité illimitée et d'une immense influence sur les couches lettrées de toutes les nations, sont appelés à se compléter en unissant leurs efforts. Il voudrait donc que le président du Congrès littéraire international invitât tous ses membres à participer au Congrès du droit international.

Sur une observation de M. Jules Clère, qui craint que ce Congrès ne soit pas ouvert à d'autres études qu'à l'étude du droit, M. Otto von Breitschwert répond que le Congrès fermé de droit des gens qui se réunira à Paris, a mis, de sa propre initiative, le droit littéraire sur son ordre du jour, et que le Congrès du droit de gens, ouvert à tous, qui se tiendra à Francfort, admettra sans doute la discussion de la propriété littéraire.

M. Otto von Breitschwert affirme que tout ce qui se fera au

Congrès littéraire pourra être présenté, discuté et défendu au Congrès de droit international.

Des remerciements sont adressés à l'orateur pour sa communication.

M. Robert-Halt, reprenant ensuite la discussion sur la formule de M° Henri Celliez, trouve que les délégués russes se préoccupent peut-être trop de difficultés qui ne surgiront sans doute pas.

M. Ivan Tourguenéff ajoute à ce qu'il a dit antérieurement que le gouvernement russe s'inquiète beaucoup de ce qu'on pense en France, et que les amendements qu'il veut faire adopter ici, pouvant être considérés en Russie comme l'expression d'une partie de l'opinion publique russe, auraient un grand poids dans ce pays, s'ils y arrivaient ayant reçu l'approbation de l'opinion publique française. C'est pourquoi il persiste à les proposer.

M° Henry Celliez demande alors la parole pour expliquer son étude; il rappelle que le principe même de la réciprocité absolue est adopté dans les traités étrangers. Quant à sa formule, lorsqu'il l'a établie, il ne s'est pas inquiété de savoir quelles sont les lois des étrangers. Ce qu'on veut, c'est l'égalité des auteurs dans le même pays. En allant en Allemagne, un Français, quoi qu'il fasse, demande à être traité comme y est traité un Allemand. — Si nous allons en Russie, qu'on nous y traite comme les Russes; si cela nous est désavantageux, nous le verrons bien; ce que nous demandons, c'est *l'entrée* dans le pays aux mêmes conditions que les nationaux. Ensuite, et peu à peu, les législations, qui sont l'œuvre des mœurs, se modifieront. Que, d'abord, le Congrès adopte une formule; c'est là un vœu et non une loi. Ce vœu déterminera peut-être les pays étrangers à faire des traités.

Si les Russes acceptent, cela ne changera rien à l'état actuel des choses, dit M. Tourgueneff.

Cela nous est indifférent; acceptez, ajoute M° Celliez, cela sera d'accord avec ce que vous nous disiez tout à l'heure; vous rapporterez dans votre pays votre opinion ratifiée par l'opinion française, et elle ne sera pas sans poids sur votre gouvernement.

M. Artus, délégué du Brésil, demande que des remerciements soient votés à M° Celliez pour son excellent travail.

Ces remerciements sont votés à l'unanimité.

M. Louis Renault, après s'être joint au vote général, demande à Mᵉ Celliez quelques explications sur sa formule, qui ne lui paraît pas parfaitement claire. Il ne comprend pas très bien le mot *communiqué*.

Mᵉ CELLIEZ dit que ce mot répond justement au principe qu'il a formulé au commencement de son travail. Il relit sa formule et en explique le sens.

Quelques observations s'échangent alors entre les deux orateurs, et, comme plusieurs membres semblent vouloir prendre part à la discussion, M. le président fait remarquer que, le sujet étant loin d'être épuisé, il y a lieu, en raison de l'heure avancée, de ne pas prolonger le débat, d'autant qu'une contre-proposition à l'étude de Mᵉ Celliez, redigée par M. Fliniaux, est à l'ordre du jour. Il demande donc à l'assemblée de se séparer.

Après avoir fixé la prochaine séance de la deuxième commission à la suite de l'assemblée générale que doit présider Victor Hugo, vendredi à une heure et demie, M. le président lève la séance à cinq heures et quart.

Le secrétaire,
FÉLIX JAYHER.

Troisième Commission.

Séance du mercredi 19 juin 1878.

Présidence de M. MAURO-MACCHI.

La séance est ouverte à quatre heures et demie.

Sont présents les délégués dont les noms suivent :

Délégués étrangers : MM. Luis Alfonso (Espagne), — Carlo del Balzo (Italie), — Batzmann (Norvège), — W. H. Bishop (États-Unis de l'Amérique du Nord), — Boris Tchivilev (Russie), — Conrad (Allemagne), — Alfred Flinch (Danemark), — Ernest Franco (Italie), — Ferdinand Gross (Autriche), — Louis

Kolisch (Allemagne), — Richard Kaufmann (Danemark), — Mauro-Macchi (Italie), — Nordau (Hongrie), — Peralta (Costa-Rica), — Pozzi (Italie), — Robert Schweichel (Allemagne), — Szymanowski (Pologne), — Tchouiski (Russie).

Délégués français : Antony-Réal, — Philibert Audebrand, — Eugène d'Auriac, — Eugène Bonnemère, — Augustin Challamel, — Maurice Champion, — Louis Collas, — Richard Cortambert, — Charles Diguet, — Constant Guéroult, — Charles Gueullette, — Kaempfen, — Laforêt, — Lorédan Larchey, — Jules Lermina, — Hector Malot, — Édouard Montagne, — Eugène Muller, — Alphonse Pagès, — E. de Pompery, — Mario Proth, — Tony Révillon, — Émile Richebourg, — Victor Rozier.

M. Torres-Caïcedo, délégué de la République de Salvador retenu par les travaux du jury de l'Exposition universelle, dont il est membre, s'excuse de ne pouvoir assister à la séance.

Le procès-verbal de la séance du samedi 15 juin est lu et adopté.

Après cette lecture, M. le président félicite M. Alphonse Pagès pour le soin qu'il a apporté dans la rédaction de ce procès-verbal.

M. le président fait connaître à la commission qu'il a reçu communication d'un travail de M. Robert Halt, délégué français, relatif à la question du colportage en France. Ce document est trop volumineux pour qu'il en soit donné lecture. En conséquence, il le remet à M. Augustin Challamel, délégué français, en l'invitant à faire un rapport sur ce mémoire.

M. Louis Collas, délégué français, est d'avis d'écarter la discussion que souleverait la proposition de M. Robert Halt, cette proposition ne rentrant pas directement dans les attributions du Congrès, et pouvant entraîner la commission dans une voie gênante pour les délégués étrangers.

M. le président demande à la commission si elle est disposée à nommer le rapporteur de ses travaux au Congrès. On pourrait nommer deux rapporteurs : l'un étranger et l'autre français.

Cette proposition, mise aux voix, est adoptée.

M. Antony-Réal demande que le vote ait lieu au scrutin secret.

Le vote a lieu immédiatement et donne les résultats suivants :

Votants : 29. — Majorité absolue : 15.

M. Luis Alfonso, délégué espagnol, obtient 29 suffrages.
M. Jules Lermina, délégué français, — 20 —
M. Alphonse Pagès, délégué français, — 7 —
M. Ferdinand Gross, délégué autrichien, — 1 —
M. Lapomeraye, délégué français, — 1 —

En conséquence, M. le président proclame rapporteurs de la commission : MM. Luis Alfonso et Jules Lermina.

M. Carlo del Balzo, délégué napolitain, lit un mémoire très brillant sur la condition des gens de lettres à Naples. Après avoir tracé sommairement l'histoire littéraire de Naples, les conditions découlant fatalement du despotisme qui enchaîna ce pays pendant de longs siècles, M. del Balzo cite les hommes illustres qui jetèrent sur Naples le plus grand éclat : les poètes Torquato Tasso, Marini et Casti, Salvator Rosa; les philosophes Bernardino Telesio, qui créa le naturalisme expérimental et fut le précurseur de Galilée et de Newton; Tommeso Campanella et Giordano Bruno, ces glorieux martyrs de l'Inquisition. Il cite encore Venini, Camesecchi, Palerrio, Pomponaccio, martyrs aussi du despotisme... Et faisant appel aux souvenirs de M. Mauro-Macchi, qui est lui-même un des illustres champions de la libre pensée en Italie, il lui demande, dans un élan patriotique, s'il dit bien la vérité ?

— Tout cela est vrai, lui répond M. Mauro-Macchi.

Puis, arrivant à l'état actuel de la littérature à Naples, M. Carlo del Balzo dit que le mouvement littéraire n'y est pas encore avancé. Depuis 1860, cependant, il progresse rapidement, grâce aux efforts de deux patriotes éminents : Luigi Settembrini, qui a laissé une école florissante d'élèves, auxquels il a légué une histoire de la littérature italienne, devenue en quelque sorte leur bible, et Francesco de Sanctis, le ministre actuel de l'instruction publique en Italie, critique éminent, qui a formé un cercle philologique appelé à devenir le centre de la vie littéraire napolitaine.

On compte à Naples un cercle des gens de lettres, des académies, des sociétés dramatiques ; il y a un journal littéraire; mais les lecteurs n'y sont pas nombreux, et, par suite, les éditeurs font défaut. Il faut citer un éditeur pourtant. M. Marghiori a fondé, il y a quelques années le *Journal napolitain scientifique et littéraire*. Cette publication renferme de bons articles, mais sa périodicité est trop restreinte. Turin, Milan, Boulogne ont des journaux qui se répandent au loin ; le *Petit journal de Naples,* comme d'ailleurs les livres qui y sont imprimés, dépasse bien rarement les anciennes frontières du royaume napolitain. Les romanciers, les poètes, les auteurs dramatiques ne publient donc rien à Naples ; ils vont chercher des éditeurs à Florence, à Milan, à Bologne.

Cependant, il y a à Naples de jeunes auteurs, non sans mérite, qui ne peuvent se produire. M. Carlo del Balzo, rappelant les difficultés qu'ont rencontrées pour faire éditer leur premier livre, Manzoni, Schiller, Michel Cervantès, Byron, Vico, pense qu'il faudrait fonder, par actions, des sociétés d'éditeurs, ayant auprès d'eux une commission d'examen. Les manuscrits leur seraient présentés, et ceux qui seraient jugés dignes de l'impression, seraient édités et distribués à tous les actionnaires, en même temps qu'ils seraient mis en vente. On pourrait même jeter les fondements d'une société internationale d'éditeurs. En attendant cette vaste création, M. Carlo del Balzo demande que la commission formule un règlement sur les bases qu'il vient d'indiquer. Si son projet se réalise, aucun livre d'un mérite réel ne restera dans l'obscurité, « et les bons livres, dit-il en terminant, sont les bataillons immortels de la civilisation et de la paix. »

M. Laforêt dit que le travail qui vient d'être lu renferme des propositions très sérieuses. Il demande quand aura lieu la discussion de ces propositions.

M. le président répond que ces questions seront étudiées par le rapporteur qui devra les mentionner dans son rapport.

M. Bishop, délégué des Etats-Unis de l'Amérique du Nord, dit que les Américains songent surtout à développer les institutions matérielles de leur pays, et qu'ils délaissent un peu la littérature nationale. Il y a, cependant, des auteurs distingués aux Etats-Unis. Ils y sont estimés, et un assez grand nombre d'entre eux doivent à leurs travaux littéraires de hauts emplois qui sont attribués à peu près exclusivement aux écrivains de talent. Les ministres accrédités près des autres nations sont tous des hommes de lettres : M. Bayard Taylor, à Berlin; M. James Russel Lœvel, à Madrid, sont poètes et romanciers. Avant eux, Washington Irwing, en Espagne ; Hawthorne, à Liverpool; Matley, à La Haye et à Londres, n'ont dû leur élévation qu'à la renommée que leur avait faite leur génie littéraire. Mais tous les écrivains littéraires ne peuvent être nommés ambassadeurs, et il en est beaucoup qui ne peuvent compter sur leurs œuvres pour vivre : non parce qu'on ne lit pas en Amérique, — la lecture y est en honneur, — mais parce que les livres anglais ou les traductions des livres français, allemands, russes, scandinaves, viennent prendre la place des œuvres nationales. L'absence de conventions internationales laisse dans le domaine public tous les livres étrangers; et les éditeurs, pour ne pas payer de droits d'auteur, préfèrent les publier que de faire appel aux auteurs américains. Des éditeurs obscurs ont fait imprimer récemment sur de mauvais papier les meilleurs ouvrages anglais, tels que ceux de Charles Krade, de George Elliot : ils vendent ces ouvrages à très bas prix et en inondent le pays.

Il y a bien quelques éditeurs qui se respectent, entre autres les Haspers, qui publient de belles éditions de romans américains; mais ils sont fort rares.

Il ne reste aux écrivains américains, pour se produire, que les revues et *magazines*; mais ces publications ne sont pas assez nombreuses, et l'éditeur de l'une d'elles disait, il y a peu de temps, qu'il était dans l'obligation de refuser trois cents manuscrits environ par mois.

Les conférences (*the lecture*) sont très en vogue et peuvent fournir une belle rémunération. M. Taylor reçoit, pour chacune de ses conférences, de 500 à 1,500 francs.

Si les véritables littérateurs trouvent difficilement à placer leurs œuvres, il n'en est pas de même des journalistes. Les États-Unis comptent quarante millions d'habitants, et le journal y est un besoin, une nécessité. Il n'est pas une seule famille qui ne lise un journal. Le peuple américain lit beaucoup aussi, et c'est par le journal qu'il s'instruit.

Ces journaux, dont le format est très grand, notamment ceux qui se publient à New-York et à Chicago, contiennent beaucoup de matières; ils sont très répandus, et les éditeurs ne reculent devant aucuns frais pour satisfaire leur clientèle. On sait que le *Herald* de New-York et le *Telegraph* de Londres, joignant leurs efforts, ont envoyé Stanley dans le centre de l'Afrique, et, en ce moment, le premier de ces journaux met à la disposition du hardi explorateur un vaisseau, *le Polaris*, pour aller au pôle Nord.

Les journalistes ne sont pas aussi estimés que les autres gens de lettres, en raison des polémiques un peu vives qu'ils ont entre eux; mais, en revanche, ils sont puissants, parce qu'on les craint, parce qu'ils ont dans les mains un énorme pouvoir : la publicité.

Les journaux sont le plus souvent la propriété de gens riches qui les emploient pour servir leur ambition. Les journalistes qu'ils s'attachent reçoivent une forte rémunération de leurs travaux.

La liberté de la presse est absolue en Amérique, et peut-être est-ce là un fait regrettable.

Il n'y a pas, aux Etats-Unis, de société de gens de lettres. M. Bishop ignorait, avant de venir à Paris, qu'il y en eût une en France. Il admire cette institution, et il veut étudier son fonctionnement.

En somme, dit en terminant M. Bishop, nous avons tout à apprendre et rien à enseigner.

M. Venceslas Szymanowski, délégué polonais, lit une proposition dont voici les principales dispositions : Il constate que tous les pays ne font pas entre eux un échange égal de leurs livres ; pour un volume anglais ou allemand qu'on lit en France, on lit dix volumes français à Londres ou à Berlin ; la proportion est encore plus marquée pour l'Espagne et l'Italie. Quant aux pays slaves et scandinaves, ils reçoivent de la France qui n'accepte rien d'eux.

Et cependant, il se publie dans toutes les parties du monde des œuvres importantes et d'un intérêt universel.

Pour obvier à cet état de choses, M. Szymanowski voudrait qu'une clause, insérée dans les traités internationaux relatifs à la propriété littéraire, stipulât la création de comités chargés de désigner les œuvres dignes d'être universellement traduites. Par ce moyen, ces livres ne resteraient plus ainsi inconnus au reste du monde. Ils seraient mis en lumière et traduits dans chaque langue. L'emprunt régulier fait au génie de chaque race augmenterait le fonds moral de l'humanité. Ce serait en quelque sorte une exposition permanente des œuvres de l'esprit.

L'Angleterre a répandu la Bible : le Congrès littéraire, par l'initiative de cette proposition, propagerait à son tour les chefs-d'œuvre inconnus.

C'est une idée à l'état d'embryon, ajoute M. Szymanowski. La France est une famille puissante, elle gagnerait à élargir le cercle au milieu duquel elle vit.

Il demande que sa proposition soit mise à l'étude.

M. Peralta, délégué de l'Amérique du Sud, dit que le Congrès n'a pas qualité pour traiter cette question ; qu'il s'agit là d'une question d'éditeurs, et qu'en effet des éditeurs français font ce que demande M. Szymanowski. Il cite notamment la maison Hachette et M. Germer-Baillère, qui, dans une collection dont le titre générique est *Bibliothèque internationale*, publient la traduction de tous les livres étrangers qui ont obtenu quelque succès dans leur pays.

M. Carlo del Balzo, délégué napolitain, demande que l'on mette à l'ordre du jour de la prochaine séance la discussion des diverses propositions faites à la commission.

M. le président répond que ces propositions seront discutées après examen du rapporteur; qu'il ne s'agit jusqu'ici que de simples expositions.

M. Nordau, délégué hongrois, pense que la discussion devrait s'ouvrir avant que le rapporteur commençât son travail.

M. Eugène Muller, délégué français, insiste pour que la discussion des diverses propositions soumises à la commission se fasse avant le travail du rapporteur. Le rapporteur doit se baser sur les conclusions adoptées par la commission, et refléter, aussi exactement que possible, le résultat des délibérations.

M. le président répond que c'est bien ainsi qu'il entend les choses; mais il est d'avis que cette discussion ne doit commencer que lorsque toutes les propositions auront été émises.

M. Eugène d'Auriac, délégué français, rappelle qu'il a émis le désir de voir un délégué anglais venir exposer la condition des écrivains en Angleterre et donner un exposé de la constitution de la Société des gens de lettres de Londres. Il peut lui-même donner sur cette Société quelques renseignements qu'il voudrait voir compléter par un délégué plus compétent.

Cette Société, dit M. Eugène d'Auriac, est connue sous le nom de *Literary fund*. Elle diffère beaucoup, par son organisation, de la Société des gens de lettres établie en France.

Elle a pour but de venir au secours des auteurs tombés dans l'indigence.

Elle possède un capital de 1,000,000 de francs environ, et elle retire en outre de ses propriétés immobilières un revenu annuel de 15,000 francs. De plus, elle est soutenue par le patronage et les souscriptions de la famille royale, ainsi que d'autres nombreux bienfaiteurs.

D'après un règlement, qui date de vingt ans à peu près, on a établi une nouvelle organisation dont voici les points essentiels : les administrateurs sont autorisés à accorder des pensions annuelles révocables aux hommes de lettres ou aux savants tombés dans la misère. Ils sont autorisés aussi à consentir, en faveur de la même catégorie d'individus, qui se trouveraient momentanément dans le besoin, des emprunts ne portant aucun intérêt.

Les administrateurs doivent encore entretenir, dans les bâtiments qui appartiennent à la Société, un appartement pouvant servir aux réunions journalières des membres qui voudraient y venir, soit pour causer, soit pour travailler, et qui y trouveraient tous les livres à consulter, tels que dictionnaires, encyclopédies, auteurs classiques.

M. ALPHONSE PAGÈS, délégué français, dit que la constitution des Sociétés des gens de lettres dans les divers pays devra tenir une large place dans le rapport de M. Luis Alfonso. Il serait à désirer que les délégués étrangers qui possèdent les statuts de ces sociétés les remissent au rapporteur. A défaut de statuts, ils pourraient lui fournir des renseignements sur l'organisation de ces Sociétés, afin qu'il fût à même d'établir un travail comparatif qui serait du plus haut intérêt.

M. CARLO DEL BALZO, délégué napolitain, demande que les délégués qui ont émis des propositions veuillent bien les formuler dans un écrit distinct, et qu'ils déposent ce libellé sur le bureau.

M. LE PRÉSIDENT rappelle qu'un exposé de la condition des gens de lettres en France doit être fait à la commission. Il fait appel, pour ce travail, à MM. Tony Révillon et Hector Malot, qui assistent à la séance.

M. NORDAU, délégué hongrois, rappelle que M. Jules Lermina a été chargé de faire cet exposé.

M. JULES LERMINA est prêt à céder la parole à l'un de ses deux confrères.

Après quelques explications, la commission décide que M. Jules Lermina donnera, dans cette séance, un aperçu de la situation de l'homme de lettres en France, et qu'à la prochaine séance M. Tony Révillon fera un autre rapport sur le même sujet.

M. JULES LERMINA prend la parole. Il sera bref et ne dira que quelques mots sur l'état moral, sur l'état matériel, et sur la condition des écrivains français.

Sur l'état moral, il dit qu'avant le Révolution les écrivains, sans être des laquais, ne jouissaient pas de la considération dont ils étaient dignes. Depuis 1789, leur position s'est modifiée : ils ont voulu avoir dans la société le rang auquel a droit tout travailleur qui se respecte, et ils y sont parvenus. Aujourd'hui les hommes de lettres, qu'ils soient historiens ou journalistes, poètes ou romanciers, sont estimés. Si parmi eux il se trouve quelques brebis galeuses, on les exclut : le calomniateur, le diffamateur voit retomber sur lui le mal qu'il a voulu faire et il rentre dans les ténèbres. L'écrivain sérieux, au contraire, celui qui fait luire la vérité, et rend par là d'éminents services, est distingué de la foule. M. Edmond About rappelait, il y a quelques jours, que M. Gambetta était journaliste et avocat avant de devenir le chef du parti démocratique.

L'état matériel s'est modifié grandement. L'homme de lettres n'est plus débraillé : le bohême traditionnel a disparu. L'écrivain s'attache à être correct, dans son costume comme dans ses actes. Il est plein de probité et d'honneur, et il a conquis le droit de bourgeoisie, qu'on lui contestait à une autre époque. Il travaille régulièrement; et ses travaux, il faut le dire, sont aujourd'hui mieux rétribués : ses ressources lui permettent d'élever sa famille.

L'on comptait, en France, il n'y a pas bien longtemps, tout au plus trois ou quatre cent mille lecteurs; aujourd'hui, il y en a six millions et plus. Léo Lespès a créé une couche de lecteurs qui n'existait pas avant lui. Sous le pseudonyme de *Thimothée Trimm*, et secondé par Ponson du Terrail, il a vulgarisé la littérature. L'un et l'autre ont habitué ceux qui s'étaient abstenus jusque-là à lire leurs articles, leurs feuilletons, et cette habitude une fois prise, le goût du lecteur s'est élargi. Jadis, il ne lisait que les faits divers, les comptes-rendus des causes célèbres, les romans de cape et d'épée ; aujourd'hui il lit, dans le journal *le Temps*, les romans si bien faits de notre confrère Hector Malot; dans *le Petit Journal*, ceux d'Emile Richebourg, qui sait si bien exprimer les sentiments honnêtes. La presse, aujourd'hui, est devenue une école de morale.

Les auteurs dramatiques aussi ont élevé le niveau littéraire. On écoute maintenant des pièces comme *les Fourchambault*, d'Emile Augier ; dans d'autres pièces, ils intruisent en restant amusants, tels que Verne et d'Ennery, dans le *Voyage autour du monde*, qui ont ouvert la voie aux pièces scientifiques.

La condition morale et matérielle des écrivains est donc agrandie.

Quant à leur état social, le Congrès peut émettre le vœu que partout s'abaissent les barrières qui arrêtent la pensée dans son essor et que partout la presse devienne libre. M. Jules Lermina ne veut pas faire le procès d'un régime déchu, mais constate que la République a amendé la pensée en rendant la liberté.

M. ALPHONSE PAGÈS, délégué français, fait remarquer que M. Jules Lermina n'a pas parlé de la Société des gens de lettres et que M. Tony Révillon pourrait traiter cette question.

M. Eugène Muller, délégué français, voudrait que M. Tony Révillon, qui a longtemps fait partie du comité des gens de lettres, exposât, avec cette facilité de parole qui lui est propre, comment fonctionne la Société, comment elle progresse.

Un délégué étranger propose qu'on se réunisse jeudi, à deux heures. Les délégués étrangers, dit-il, sont à Paris depuis quinze jours. Quelques-uns ont hâte de partir. En se réunissant plus souvent on gagnerait du temps.

M. le président dit que la première condition pour gagner du temps, c'est de n'en pas perdre. La commission ne peut se réunir jeudi ; mais elle peut commencer sa séance vendredi avant le Congrès.

M. Eugène Muller fait observer que M Tony Révillon doit accompagner vendredi M. Victor Hugo et qu'il ne pourrait venir avant l'ouverture de la séance du Congrès.

Après avoir consulté la commission, M. le président déclare que la prochaine séance aura lieu vendredi prochain, 21 juin, à l'issue de la séance générale du Congrès.

La séance est levée à cinq heures un quart.

L'un des vice-présidents de la troisième commission,
    Philibert Audebrand.

                          L'un des secrétaires,
                              Victor Rozier.

SEPTIÈME JOURNÉE

21 JUIN

SÉANCE GÉNÉRALE

ET

PROCÈS-VERBAUX DES COMMISSIONS

SÉANCE GÉNÉRALE

DU

CONGRÈS LITTÉRAIRE INTERNATIONAL

SEPTIÈME JOURNÉE
21 Juin 1878

Présidence de M. Victor Hugo

La séance est ouverte à 2 heures 10 minutes.

M. le président. — La parole est à M. Jules Clère, l'un des secrétaires, pour la lecture du procès-verbal de la dernière séance.

Lecture du procès-verbal de la séance du 19 juin.

M. le président. — Vous avez entendu la lecture du procès-verbal ; je le soumets à la délibération du congrès.

M. Lubomirski. — Je demande la parole sur le procès-verbal. J'avais fait remarquer combien il était regrettable que les ambassadeurs étrangers n'eussent pas répondu a notre invitation. Puisque les littérateurs de tous les pays étaient réunis, ils auraient pu assister à notre séance solennelle. A ceci, M. Édmont About a répondu qu'ils avaient d'autres chats à fouetter. Si M. Edmond About, et je regrette qu'il ne soit pas ici... (Voix nombreuses : — Il est ici!), si M. Edmont About a parlé en son nom personnel, je n'ai rien à dire. Si c'est au nom des ambassadeurs, je répète que je regrette qu'ils se soient donné le mot.

Une voix. — Il y en avait à la séance.

(M. Lubomirski s'assied au milieu du bruit et des exclamations. L'assemblée témoigne sa désapprobation pour la motion de M. Lubomirski.)

M. Robert Hyenne. — Je demande qu'on fasse une rectification au procès-verbal. On a dit que c'était M. Robert Halt qui avait signalé au Congrès la lettre des instituteurs ; c'est Robert Hyenne qu'il aurait fallu dire.

M. Robert Halt. — Si j'avais entendu la phrase du procès-verbal, à laquelle mon honorable confrère fait allusion, j'aurais été le premier à demander la rectification.

M. le président. — La rectification sera faite.

M. Edmond About. — Je demande la parole pour un fait qui nous intéresse tous. Je crois que nous sommes tous unanimes sur ce point. Je ne parle pas comme ambassadeur des ambassadeurs qui n'ont pas besoin d'ambassadeurs, mais comme membre de l'assemblée.

Je crois que les ambassadeurs ne nous ont manqué en rien, puisqu'ils se sont excusés de la façon la plus courtoise. Ils ne sont pas venus tous. Ceux qui sont venus nous ont fait grand plaisir et grand honneur. Ceux qui ne sont pas venus se sont excusés de la façon la plus irréprochable. Ils ont autre chose à faire en ce moment que d'assister à nos débats. L'Europe est loin d'être calme et paisible ; de grands problèmes s'agitent en ce moment.

Je vous demande de faire justice par un vote unanime de l'interpellation de M. Lubomirski. (Marques unanimes d'assentiment. (M. Lubomirski se lève et veut prononcer quelques mots ; il en est empêché par les cris : — Assez ! assez !)

M. le président. — Le sentiment de l'assemblée s'est suffisamment manifesté. Je pense qu'on peut considérer l'incident comme terminé.

Je mets en délibération le rapport de votre commission. Vous savez les points sur lesquels votre attention est appelée. Le premier point est ainsi formulé dans le rapport de la commission (M. le vice-président Mauro-Macchi donne lecture de la formule) :

« Le droit de l'auteur sur son œuvre constitue non une conces-
» sion de loi, mais une des formes de la propriété que le législateur
» doit garantir. »

La séance est suspendue un instant. On distribue le rapport de la première commission et celui de la commission royale anglaise, sur la propriété littéraire, traduit et imprimé par les soins de M. Edmond About, et offert par lui à l'assemblée.

M. le président. — Je mets aux voix le procès-verbal de la dernière séance.

Le procès-verbal mis aux voix est adopté.

M. le président. — J'ai une remarque à faire au Congrès sur l'ordre de la délibération.

La première proposition est relative à la qualification du droit de propriété littéraire. C'est évidemment une mauvaise définition que de la considérer comme une concession de la loi. La question est de savoir si on doit la considérer comme une propriété et une émanation du droit naturel. C'est une question de rédaction qui ne me paraît pas de nature à soulever de grandes difficultés. Je pense qu'on pourrait la réserver et commencer par discuter la seconde question qui est d'une extrême gravité. Je vous ferai remarquer qu'elle contient tout le principe de la propriété en elle-même.

Si l'assemblée est de cet avis, je vais mettre en délibération la seconde proposition. (Marques unanimes d'assentiment).

M. le vice-président Mauro-Macchi donne lecture de la seconde proposition qui est ainsi conçue :

« Le droit de l'auteur, de ses héritiers et de ses ayants cause, est
» perpétuel.
» Néanmoins, pourra être déchu de ses droits, l'héritier qui sera
» resté vingt années sans publier l'œuvre dont il est propriétaire.
» En outre, après l'expiration du délai fixé pour la durée des droits
» d'auteur par les lois actuellement en vigueur dans les différents
» pays, toute personne pourra reproduire librement les œuvres litté-
» raires, à charge de payer une redevance aux héritiers ou ayants
» cause de l'auteur. Cette redevance sera soumise à l'impôt. »

M. le président. — Vous le voyez, la question est très compliquée; elle peut être très diversement appréciée. La perpétuité de la propriété tient au mode d'exécution de cette propriété. Je crois que la discussion doit être engagée sur l'ensemble du système.

La parole est à M. del Balzo.

M. del Balzo lit un discours dont voici le texte :

« *Le droit de propriété littéraire peut-il être proclamé perpétuel?* »

Messieurs,

Avant tout, excusez-moi, si je prends la parole dans une question si difficile, moi sans renommée, quand il y a ici de savants illustres. Je parle parce que j'aime le travail, et en étant ici je veux porter ma pierre à l'édifice que vous allez faire.

La propriété littéraire est un droit, elle n'est pas une concession de la loi. La propriété littéraire est un fait, parce que toutes les lois l'ont sanctionnée.

Voilà deux affirmations très justes.

La propriété littéraire en étant une propriété comme toute autre, doit être perpétuelle.

Voilà une affirmation tout à fait fausse.

Je serai très bref dans mes observations. Il suffit ici d'accentuer Nous ne sommes pas ici pour faire de l'éloquence, mais pour faire des faits.

Je crois que la propriété littéraire est une propriété toute spéciale, qu'on ne peut pas confondre avec les autres propriétés, soit immobilières, soit industrielles, soit commerciales. On a écrit des volumes sur le droit de propriété; et moi, certainement, je n'ai pas l'intention de faire de l'érudition à bon marché en vous répétant les arguments développés par des savants très distingués de tous les peuples européens. Seulement, il est très utile pour notre discussion de résumer l'argument plus fort qu'on a présenté jusqu'à présent contre les socialistes, qui détruit l'affirmation de Proudhon : la propriété, c'est le vol.

Le droit de propriété se fonde sur le travail, sur l'activité individuelle, sur l'explication matérielle et morale de l'homme : toutes ses facultés concourent à la former. L'homme a le droit de garder une maison, un morceau de terrain, un établissement, parce que avec son travail incessant, quotidien, avec ses soins intelligents, il a donné à la maison, au terrain, à l'établissement industriel, une forme particulière, une physionomie spéciale, une empreinte régulière, enfin parce qu'il a donné à la matière son caractère individuel. Dans son terrain, dans sa maison il y a son histoire, l'histoire de son travail rude, de ses joies et de ses douleurs, de ses espérances et de ses chagrins, en un mot toute sa vie.

La propriété c'est le respect du travail humain, ou mieux, la conséquence du travail individuel. Voilà l'origine de la propriété. C'est une origine sacrée, sacrée comme la vie même de l'homme, comme son droit de liberté; d'autant plus qu'il ne peut pas être libre sans être propriétaire. La propriété est l'indépendance, et l'indépendance c'est la liberté.

Le droit de propriété littéraire a la même origine que toute propriété. L'écrivain qui a écrit un livre a donné aux idées manifestées dans le livre une physionomie spéciale, l'originalité de son intelligence; il a travaillé sur les idées comme le travailleur des champs sur le terrain. Le livre lui appartient. Il est un ouvrier de la pensée. Il a travaillé pour chercher l'utile, le vrai, le beau; il est juste qu'il soit récompensé, que la société respecte son travail glorieux.

La différence entre le droit de propriété littéraire et les autres propriétés commence ensuite, c'est-à-dire après la mort du propriétaire. Je pense garder perpétuellement, et transmettre à mes héritiers, une maison que je n'ai pas faite, parce que, pour garder debout cette maison, il est nécessaire que j'en prenne soin, il y a besoin de mon travail, de mon activité personnelle. Si je l'abandonne, elle tombe, ma propriété périt. J'ai droit sur la maison, parce que je lui donne ma physionomie, elle est toujours le fruit de mon travail. Mais moi, fils, je ne peux pas, je n'ai pas le droit de garder pour toujours le livre qu'a fait mon père et moins encore de transmettre ma propriété à mes héritiers, parce que le livre n'a pas besoin de mon intelligence, de mon énergie individuelle. Il est là, seul plein de vie et de force, comme l'esprit; il appartient à toute la société, à toute l'humanité. Il serait un privilège haïssable de donner ce *droit* de propriété perpétuel aux héritiers des écrivains; ce serait voler les droits de l'esprit humain, de la civilisation, du progrès; ce serait empêcher la marche des idées; ce serait plusieurs fois trahir même les intentions des auteurs qui ont travaillé avec le but d'être utiles aux peuples. Et s'ils pouvaient se lever de leurs tombeaux, ils diraient à leurs descendants : travaillez comme nous avons travaillé, luttez, soyez utiles à la société, soyez bons et forts citoyens si vous voulez vraiment garder l'héritage glorieux que nous vous avons laissé, mais abandonnez nos livres à la patrie, à la science, à l'art, à l'humanité.

Messieurs, rappelons-nous que nous sommes ici pour les intérêts de l'art et de la science.

Il faut chercher les moyens les plus efficaces pour assurer aux ouvriers de la pensée une vie libre et bienséante, parce que la liberté des écrivains signifie liberté des peuples. Nous ne voulons pas des Médicis, des Augustes, des Louis XIV; nous ne voulons pas des gens de lettres courtisans, nous désirons de toute la force de nos cœurs que le Mécène des écrivains soit le peuple devenu souverain de soi-même. Mais n'oublions pas les intérêts sacrés et même plus importants de la civilisation et du travail collectif de l'esprit humain. Donnons aux héritiers un droit, plus ou moins grand sur les recettes qu'on fait en imprimant les livres de leurs ascendants, mais refusons notre assentiment à la proposition qui affirme la propriété littéraire perpétuelle.

Messieurs, l'illustre poète qui nous préside, a dit que toute sagesse humaine se résume dans deux mots : Conciliation, Réconciliation. Concilions les intérêts de tous, et nous aurons bien mérité de la civilisation.

M. le président. — Quelqu'un demande-t-il la parole ?

M. Louis Ratisbonne. — Je ne dirai que deux mots : l'auteur du discours que nous venons d'entendre l'a terminé en nous disant qu'il pensait avoir réalisé la conciliation. Il me semble qu'il n'a rien réalisé. Il n'a pas tenu compte du droit de l'écrivain. Le droit de l'écrivain est un droit personnel; celui de la Société est un droit collectif et commun. L'individu ne peut pas dépouiller tout le monde, mais tout le monde n'a pas le droit de dépouiller l'individu.

C'est tout ce que j'avais à dire. J'espère que nous arriverons à concilier réellement, et d'une façon équitable, l'intérêt de l'auteur et l'intérêt social. (Très bien! très bien!)

M. Léon Richer — Un simple mot. Un des paragraphes de la proposition mise en discussion accorde à l'héritier le droit exagéré, absolu, de ne pas publier les œuvres de son auteur pendant vingt ans. C'est un droit de confiscation que nous donnons à l'héritier.

Je prends un exemple : supposons que les héritiers de notre illustre président voulussent, pendant vingt ans, mettre l'interdit sur cette œuvre immense ; ils pourraient ainsi priver nos fils de se nourrir de cette grande œuvre ? — Non, c'est impossible. Nous ne pouvons pas donner à l'héritier le droit de suspendre, pendant vingt ans, la publication de l'œuvre d'un écrivain. Cette proposition me paraît souverainement mauvaise. (Marques d'approbation.)

M. Antony Réal. — Il me semble qu'il y a une formule bien plus simple à prendre. La propriété littéraire doit être comme toute autre propriété.

Lorsque l'auteur n'est plus, si l'héritier laisse tomber son œuvre en désuétude, la propriété de cette œuvre retombe dans le même état que toute autre propriété, de tout champ que son propriétaire ne cultive pas, de toute maison que son propriétaire n'entretient pas, et que l'Etat prend alors pour lui.

Voix nombreuses. — C'est inexact. (M. Antony Réal proteste, engage une discussion avec ses voisins et se rassied.)

M. Edmond About. — Je crois que le préopinant est absolument dans l'erreur. Il est certain que le propriétaire d'un champ a le droit de laisser son champ en friche pendant dix ans, vingt ans, à perpétuité, sans que l'Etat ait jamais le droit de se saisir de sa propriété et de la donner à cultiver à un plus diligent. Donc, il y aura toujours une différence sensible entre la propriété littéraire et la propriété immobilière, matérielle. Quoique nous fassions, nous n'arriverons jamais à ce que les deux propriétés soient soumises au même régime.

A l'heure qu'il est, on accorde aux héritiers le droit d'exploiter l'œuvre de leur ascendant, pendant un délai qui varie de dix à quatre-vingts ans, c'est le terme le plus long ; il a été adopté par la législation espagnole. Ce n'est pas assez. Il n'est pas admissible que les héritiers d'un grand écrivain puissent être réduits à tendre la main aux admirateurs de leur père ou de leur grand-père. Il serait scandaleux que la société laissât dans la misère les héritiers d'un grand homme. Nous avons tous traité avec des éditeurs. Nous leur avons vendu, pour un temps plus ou moins long, la propriété d'une ou plusieurs de nos œuvres. Dans ces traités, on introduit toujours une clause ainsi conçue : « Le jour où il sera prouvé que l'éditeur a laissé passer une ou deux années sans réimprimer le livre dont l'édition est épuisée, l'auteur rentre dans la pleine possession de son œuvre. »

Je crois que le domaine public devrait aussi prendre possession de l'œuvre que les héritiers, pour une raison ou pour une autre, laisseraient inexploitée. Supposez le cas où Mgr Dupanloup deviendrait propriétaire de l'œuvre de Voltaire ! (Hilarité. — Marques d'approbations.)

M. Edmond About. — Les droits de la société sont aussi respectables que les droits de l'auteur.

Il est certain qu'en France, ceux qui n'ont rien, sont plus nombreux que ceux qui possèdent des millions. Cependant il serait injuste que les prolétaires voulussent s'emparer de la fortune des messieurs de Rothschild. Jamais la société ne pourra s'emparer des œuvres d'un auteur, à moins que les héritiers de l'auteur ne l'aient eux-mêmes, par leur inaction, laissé tomber dans le domaine public. — Je crois qu'il y a une solution possible entre les projets des deux préopinants. L'auteur, maître de son œuvre tant qu'il vit ; les héritiers, maîtres des œuvres de leur auteur ou de leur ancêtre pendant un temps normal plus ou moins long ; prenez cinquante ans, si vous voulez, et, en cas d'abandon par eux, le domaine public s'emparant de l'œuvre.

M. Molinari a publié, dans le *Journal des Débats*, un article dont le bon sens pratique m'a frappé, et que je regrette de ne pouvoir vous lire, parce qu'il résume admirablement la question.

M. Dognée, *rapporteur*. — Je n'ai pas l'intention de faire un discours, et si M. Molinari veut venir nous expliquer son système, nous l'écouterons avec plaisir. Je tiens seulement à répondre un mot à M. Edmond About. En critiquant les conclusions de la commission, il a oublié ce que je vous demande la permission de vous relire : *Néanmoins pourra être déchu de ses droits l'héritier qui sera resté vingt années sans publier l'œuvre dont il est propriétaire.*

M. Frignaut. — Je n'ai qu'un mot à dire, qui aura rapport à un petit amendement qui concilierait, peut-être, les diverses opinions. On vous dit, d'un côté, il y a le droit de l'héritier; de l'autre, il y a le droit de la société. Et l'on vous dit, en outre : voilà une œuvre colossale; pendant vingt ans, elle va rester là, sans que personne puisse s'en servir et sans qu'on puisse la propager. On propose de dire que l'héritier ne pourra point ne pas publier; d'autres, au contraire, veulent que l'héritier puisse arrêter toute publication pendant vingt ans. Comment concilier ces deux idées? Je crois qu'on les concilierait en ajoutant quelques mots au projet de la commission, et en établissant que le domaine public pourra s'emparer de l'œuvre inexploitée au moyen d'une mise en demeure. L'éditeur qui voudrait publier un livre que l'héritier ne publierait pas, ferait une mise en demeure à l'héritier d'avoir à exploiter l'œuvre de son auteur, lui déclarant qu'à son défaut il entend la publier; et, après un certain délai, l'héritier serait déchu de son droit. Est-ce pratique? — Je le crois.

On me dit : Mais si l'héritier n'a pas d'argent? Il y aurait peut-être lieu, en ce cas, de se reporter au troisième paragraphe de la proposition, et de le fondre avec le second, en accordant une redevance à l'héritier.

Lorsque l'héritier publiera l'œuvre de son ancêtre, il n'y aura rien à dire, et personne, pendant le délai que vous fixerez, ne pourra venir contester son droit. S'il ne publie pas, un éditeur se présente et vient lui dire : Voulez-vous publier? L'héritier lui répond : « Je n'ai pas la volonté ou les moyens de publier. » Alors, après cette mise en demeure demeurée infructueuse, et moyennant le payement d'un tant pour cent à l'héritier, l'éditeur pourra publier l'œuvre.

Si l'éditeur se présente, c'est qu'il sait que l'œuvre est importante et qu'elle produira des bénéfices; il ne reculera pas devant le payement d'une redevance à l'héritier.

L'héritier peut ne pas être un homme littéraire; il peut ne pas connaître l'importance des œuvres de son auteur; mais alors l'éditeur vient lui dire: « Cette œuvre a de la valeur, et la preuve, c'est que je l'édite en vertu de la loi, en vous payant une redevance de tant pour cent. ».

Voilà le système que je propose et je le crois bon.

M. Molinari. — Je ne prends la parole que sur la provocation de notre spirituel confrère, M. Edmond About. Je ne crois pas beaucoup au danger contre lequel on s'efforce de se prémunir. Ce danger existe, mais il a des proportions modestes. Lorsqu'il s'agit d'une œuvre importante, d'une œuvre de génie, cette œuvre a, par là même, une très grande valeur; et on ne laisse jamais inexploitée une œuvre qui a une valeur considérable. Je ne crois pas qu'il y ait des précautions à prendre contre les propriétaires de terrains sur le boulevard des Italiens, qui les laisseraient improductifs.

Cependant, supposez le cas que M. About a supposé : admettez que les œuvres de Voltaire tombent entre les mains de ses adversaires, au point qu'il y ait une tentative de suppression de ces œuvres. Je ne crois pas à cette tentative; elles sont répandues à des milliers d'exemplaires qu'on ne pourrait espérer annuler; et on ne pourrait les laisser inexploitées.

Qu'y a-t-il à faire si vous vous trouvez vis-à-vis d'un livre inexploité pendant vingt années par la négligence ou le mauvais vouloir d'un héritier? Il vous reste, en ce cas, une ressource : s'il s'agit d'une œuvre qui intéresse l'humanité, vous avez le droit d'expropriation pour cause d'utilité publique. La société est armée de ce droit, aussi bien lorsqu'il s'agit de propriété littéraire que de propriété matérielle.

Voix nombreuses. — C'est une erreur : ce droit n'existe pas, il faudrait le créer.

M. Eugène Muller. — Je rentrerai, si vous le voulez, dans la discussion générale. Je désire répondre quelques mots au premier orateur. Je suis, pour ma part, parfaitement partisan de la perpétuité littéraire.

Ce système soulève beaucoup d'objections que vous connaissez. Établir la propriété littéraire viagère, c'est donner plus de droits à l'auteur qui vit vieux qu'à celui qui meurt jeune; c'est donner une prime d'encouragement à la longévité. Mais, messieurs, ne considérons pas seulement la longévité des auteurs, mais celle des œuvres. Il y a deux catégories d'œuvres. Il y a celles qui ne durent pas et meurent avant leurs auteurs. Eh bien! si la propriété est viagère, ces œuvres auront une protection d'autant plus grande qu'elles en méritent moins. Elles seront protégées dans toute leur durée.

S'il s'agit, au contraire, d'une œuvre méditée, d'une œuvre de génie, d'une œuvre durable, voyez l'injustice que vous commettriez. Précisément, parce que cette œuvre sera durable, parce qu'elle survivra à son auteur, qui y aura mis tout son travail, tout son génie, vous la protégerez moins! — N'est-il pas juste que les œuvres soient protégées dans ce que j'appellerai leur durée naturelle; que celles qui durent un an, soient protégées pendant un an; que celles qui durent toujours, soient protégées toujours?

Voilà le principe qu'il faut admettre; si vous ne le faites pas, vous commettrez une injustice. Est-ce là ce que vous voulez faire?

M. Del balzo. — Je demande la parole pour une rectification. Je n'ai pas nié la perpétuité de la propriété littéraire, j'ai seulement dit qu'il fallait la limiter. Je me suis mal exprimé.

M. Mauro-Macchi. — Je veux répondre à M. Léon Richer. Je dis qu'il faut respecter le terme de vingt années, pendant lequel l'héritier est libre de ne pas publier l'œuvre de son auteur; d'abord, par un sentiment de la propriété elle-même, ensuite par un sentiment de dignité de nous-mêmes.

Reconnaissez-vous à un homme le droit de changer d'avis, oui ou non? Si vous reconnaissez ce grand droit dans une carrière longue de plus d'un demi-siècle, comme nous en avons ici un grand exemple, si vous croyez qu'un auteur peut changer d'avis, est-ce que vous pourrez lui nier le droit d'empêcher la reproduction de celle de ses œuvres qu'il croit, qu'il sait nuisible à la société, qui est contraire à ses nouvelles convictions.

Notre grand poète Alexandre Manzoni a commencé, étant jeune, à professer des sentiments d'athéisme, puis il est devenu catholique. Est-ce qu'on aurait pu l'empêcher, tant qu'il était vivant et même après sa mort, par sa volonté exprimée et imposée à ses héritiers, d'empêcher la reproduction de ses premières œuvres?

Je ne parle pas seulement de lui, mais de Lamennais, qui, de catholique fervent, est devenu rationaliste non moins fervent?

Eh bien, si l'auteur croit de son devoir d'empêcher la reproduction de ses propres œuvres, qu'il estime nuisibles à la société, n'est-il pas juste de conserver à ses héritiers, pendant quelques années, le droit d'empêcher, tant que son cadavre n'est pas refroidi, la reproduction d'œuvres qu'il croyait pernicieuses pour la société? Je réclame ce droit au nom de la moralité, du respect de la conscience humaine, au nom du droit de propriété. Respectons dans l'auteur le droit d'empêcher après sa mort, pendant quelques années, la réimpression d'un livre qui contient, à son avis, des doctrines perverses. Quant au droit de la société, il ne court aucun danger. Si le livre est bon, si le jugement de l'auteur est faux, — cela peut arriver, — qu'est-ce que vingt années dans la vie des nations, dans la vie de l'humanité?

Je ne vous demande pas d'accepter le terme de vingt années. Prenez quinze années, trente années, le terme que vous voudrez. Je n'ai eu qu'un but en prenant la parole : défendre les droits de la propriété littéraire, les droits de la conscience, le droit d'empêcher, au moins, pendant quelque temps, la réimpression d'une œuvre qu'il juge nuisible. (Bravo ! bravo !)

M. Hector Malot. — Je viens, messieurs, vous prier de vouloir bien serrer la discussion.

Nous discutons deux grandes questions : celle de la perpétuité de la propriété littéraire, et celle du droit, qui appartient au domaine public, de publier les œuvres d'un auteur après sa mort, en payant une redevance à ses héritiers ou ayants droit.

Nous savons que Victor Hugo doit parler sur le domaine public, il serait bon de l'entendre; nous suivrons après le cours de la discussion. (Approbation. — Oui ! oui !)

Victor Hugo. — Je ne me crois pas le droit d'interrompre l'ordre de la discussion. Je ne prendrai la parole que si l'assemblée l'exige. (Oui ! oui ! Parlez ! parlez !)

M. Victor Hugo. — Puisque vous désirez connaître mon avis, je vais vous le dire. Ceci, du reste, est une simple conversation.

Messieurs, dans cette grave question de la propriété littéraire, il y a deux unités en présence : l'auteur et la société. Je me sers de ce mot unité, pour abréger ; ce sont comme deux personnes distinctes. Ces deux personnes, ces deux unités savent ce qu'elles font et ce qu'elles veulent. Seules elles le savent.

Tout à l'heure nous allons aborder la question d'un tiers, l'héritier. Quant à moi, je n'hésite pas à dire que le droit le plus absolu, le plus complet, appartient à ces deux unités : l'auteur qui est la première unité, la société qui est la seconde.

L'auteur sait ce qu'il fait.

La société sait ce qu'elle veut.

L'auteur donne le livre, la société l'accepte ou ne l'accepte pas. Le livre est fait par l'auteur, le sort du livre est fait par la société.

L'héritier ne fait pas le livre; il ne peut avoir les droits de l'auteur. L'héritier ne fait pas les succès; il ne peut avoir le droit de la société.

Je verrais avec peine le Congrès reconnaître une valeur quelconque à la volonté des héritiers.

Ne prenons pas de faux points de départ.

L'auteur sait ce qu'il fait.

La société sait ce qu'elle fait.

L'héritier non. Il est neutre et passif.

Examinons d'abord les droits contradictoires de ces deux unités : l'auteur qui crée le livre ; la société qui accepte ou refuse cette création.

L'auteur a évidemment un droit absolu sur son œuvre ; ce droit est complet. Il va très loin, car il va jusqu'à la destruction : mais entendons-nous bien sur cette destruction.

Avant la publication, l'auteur a un droit incontestable et illimité. Supposez un homme comme Dante, Molière, Shakespeare. Supposez-le au moment où il vient de terminer une grande œuvre. Son manuscrit est là, devant lui, supposez qu'il ait la fantaisie de le jeter au feu, personne ne peut l'en empêcher. Shakespeare peut détruire *Hamlet*, Molière *Tartuffe*, Dante l'*Enfer*.

Mais dès que l'œuvre est publiée, l'auteur n'en est plus le maître. C'est alors l'autre personnage qui s'en empare ; appelez-le du nom que vous voudrez : esprit humain, domaine public, société. C'est ce personnage-là qui dit : Je suis là, je prends cette œuvre, j'en fais ce que je crois devoir en faire, moi esprit humain je la possède. Elle est à moi désormais. Et que mon honorable ami, M. de Molinari, me permette de le lui dire, l'œuvre n'appartient plus à l'auteur lui-même. Il n'en peut désormais rien retrancher. A sa mort tout reparaît. Sa volonté n'y peut rien. Voltaire du fond de son tombeau voudrait supprimer *la Pucelle*, M. Dupanloup la publierait.

L'homme qui vous parle en ce moment a commencé par être catholique et monarchique. Il a subi les conséquences d'une éducation aristocratique et cléricale. L'a-t-on vu refuser l'autorisation de rééditer des œuvres de sa presque enfance ? Non ! (Bravo ! Bravo !)

J'ai tenu à marquer mon point de départ. J'ai voulu pouvoir dire : voilà d'où je suis parti, et voilà où je suis arrivé.

J'ai dit cela dans l'exil : je suis parti de la condition la plus heureuse et je suis monté jusqu'au malheur qui est la conséquence du devoir accompli, de la conscience obéie ! (Applaudissements.)

Je ne veux pas supprimer les premières années de ma vie. Mais je vais bien plus loin, je dis : il ne dépend pas de l'auteur de faire une rature dans son œuvre quand il l'a publiée. Il peut faire une correction de style, il ne peut pas faire une rature de conscience. Pourquoi ? Parce que l'autre personnage, le public, en a pris possession.

Il m'est arrivé quelquefois d'écrire des paroles sévères que plus tard j'aurais voulu effacer. Il m'est arrivé un jour — je puis bien vous dire cela — de flétrir le nom d'un homme très coupable, et j'ai certes bien fait de flétrir ce nom. Mais cet homme avait un fils. Ce fils a eu une fin héroïque : il est mort admirablement pour son pays ! — Alors j'ai usé de mon droit; j'ai interdit que ce nom fût prononcé sur les théâtres de Paris, où on lisait les pièces dont je viens de vous parler. Mais il n'a pas été en mon pouvoir d'effacer de l'œuvre le nom déshonoré. L'héroïsme du fils n'a pas pu effacer la faute du père.

Je voudrais le faire, je ne le pourrais pas; si je l'avais pu, je l'aurais fait.

Vous voyez donc à quel point le public, la conscience humaine, l'esprit humain, cet autre personnage qui est en présence de l'auteur, a un droit absolu, droit auquel on ne peut toucher. Tout ce que l'auteur peut faire, c'est d'écrire loyalement. Quant à moi, j'ai la paix et la sécurité de la conscience. Cela me suffit. (Applaudissements.)

Faisons notre devoir, et laissons l'avenir juger. Une fois l'auteur mort, une fois l'auteur disparu, son œuvre n'appartient plus qu'à sa mémoire, qu'elle flétrira ou glorifiera. (C'est vrai. — Très bien !)

Je déclare que s'il me fallait choisir entre le droit de l'écrivain et le droit du domaine public, je choisirai le droit du domaine public. Avant tout, nous sommes des hommes de dévouement et de sacrifices; nous devons travailler pour tous avant de travailler pour nous.

Cela dit, arrive un troisième personnage, une troisième unité à laquelle je prends le plus profond intérêt : c'est l'héritier, c'est l'enfant. Ici, se pose la question très délicate, très curieuse, très intéressante de l'hérédité et de la forme qu'elle devrait avoir.

Je vous demande la permission de vous soumettre, très rapidement, les idées qui me paraissent résulter de l'examen très attentif que j'ai fait de cette question.

Qu'est-ce qu'un livre?

L'auteur le sait. Il l'a écrit.

La société le sait. Elle le lit.

L'héritier ne le sait pas. Cela ne le regarde pas.

Joseph de Maistre, héritier de Voltaire n'aurait pas le droit de dire : je m'y connais.

L'héritier n'a pas le droit de faire une rature, de supprimer une ligne. Il n'a pas le droit de retarder d'une minute ni d'amoindrir d'un exemplaire la publication de l'œuvre de son auteur. (Bravo ! Bravo ! — Très bien !)

Il n'a qu'un droit : vivre de la part d'héritage que son ascendant lui a léguée.

Messieurs, je le dis tout net, je considère toutes les formes de la législation actuelle qui constituent le droit de l'héritier pour un temps déterminé comme détestable. Elles lui accordent une autorité complète qu'elles n'ont pas le droit de lui donner, et elles lui accordent le droit de publication pour un temps limité, ce qui est en partie sans utilité.

L'héritier, selon moi, n'a qu'un droit, je le répète ; vivre de l'œuvre de son ascendant. Ce droit est sacré, et certes, il ne serait pas facile de me faire déshériter nos enfants et nos petits-enfants. Nous travaillons d'abord pour tous les hommes, ensuite pour nos enfants.

Mais ce que nous voulons fermement, c'est que le droit de publication reste absolu et entier au domaine public. C'est le droit de l'intelligence humaine.

C'est pour cela qu'il y a beaucoup d'années, — je suis de ceux qui ont la tristesse de remonter loin dans leurs souvenirs, — j'ai proposé un mécanisme très simple, qui me paraissait et me paraît encore avoir l'avantage de concilier tous les droits des trois personnages : l'auteur, le domaine public, l'héritier. Voici ce système : l'auteur mort, son livre appartient au domaine public, n'importe qui peut le publier immédiatement, en pleine liberté, car je suis pour la liberté. A quelles conditions ? Je vais vous le dire.

Il existe dans nos lois un article qui n'a pas de sanction, ce qui fait qu'il a été très souvent violé. C'est un article qui exige que tout éditeur, avant de publier une œuvre, fasse à la direction de la librairie au ministère de l'intérieur, une déclaration portant sur les points que voici :

1er point : quel est le livre qu'il va publier ?
2me point : quel en est l'imprimeur ?
3me point : quel sera le format ?
4me point : quel est le nom de l'auteur.

Ici s'arrête la déclaration exigée par la loi. Je voudrais qu'on y ajoutât deux autres indications que je vais vous dire.

L'éditeur serait tenu de déclarer quel serait le prix de revient pour chaque exemplaire, du livre qu'il entend publier, et quel est le prix auquel il entend le vendre. Entre ces deux prix, dans cet intervalle, est inclus le bénéfice de l'éditeur. Cela étant, vous avez des données certaines : le nombre d'exemplaires, le prix de revient et le prix de vente, et vous pouvez, de la façon la plus simple, évaluer le bénéfice.

Ici on me dira : Vous établissez le bénéfice de l'éditeur sur sa simple déclaration et sans savoir s'il vendra son édition ? Non, je veux que la loi soit absolument juste, je veux même qu'elle incline plutôt en faveur du domaine public que des héritiers. Aussi, je vous dis : l'éditeur ne sera tenu de rendre compte du bénéfice qu'il aura fait que lorsqu'il viendra déposer une nouvelle déclaration. Alors on lui dit : « Vous avez vendu la première édition, puisque vous voulez en publier une seconde. Vous devez aux héritiers leur droit. Ce droit, messieurs, ne l'oubliez pas, doit être très modéré, car il faut que jamais le droit de l'héritier ne puisse être une entrave au droit du domaine public, une entrave à la diffusion des livres. Je ne demanderai qu'une redevance de cinq ou dix pour cent sur le bénéfice réalisé.

Aucune objection possible. L'éditeur ne peut pas trouver onéreuse une condition qui s'applique à des bénéfices acquis et d'une telle modération ; car s'il a gagné mille francs, on ne lui en demande que cent et on lui laisse neuf cents francs. Vous voyez à quel point lui est avantageuse la loi que je propose et que je voudrais voir voter.

Je répète que ceci est une simple conversation. Nous cherchons tous mutuellement à nous éclairer. J'ai beaucoup étudié cette question dans l'intérêt de la lumière et de la liberté.

Je cherche les objections, et j'avoue que je ne les trouve pas. Je vois s'écrouler toutes les objections à l'ancien système, tout ce qui a été dit sur la volonté bonne ou mauvaise d'un héritier, sur un évêque confisquant Voltaire. Cela a été excellemment dit, cela était juste dans l'ancien système : dans le mien cela s'évanouit.

L'héritier n'existe que comme partie prenante, prélevant une redevance très faible sur le produit de l'œuvre de son ascendant, sauf les concessions faites et stipulées par l'auteur, de son vivant, contrats qui font loi, sauf ces réserves, l'éditeur peut publier l'œuvre à autant d'exemplaires qu'il lui convient, dans le format qui lui plaît. Il fait sa déclaration, il paie la redevance, et tout est dit.

Ici une objection : c'est que notre loi a une lacune. Il y a dans cette assemblée des jurisconsultes, ils savent qu'il n'y a pas de prescription sans sanction ; or, cette prescription n'a pas de sanction. L'éditeur fait la déclaration qui lui est imposée par la loi, s'il le veut. De là beaucoup de fraudes dont les auteurs dès à présent sont victimes. Il faudrait que la loi attachât une sanction à cette obligation.

Je voudrais que les jurisconsultes voulussent bien l'indiquer eux-mêmes. Il me semble qu'on pourrait assimiler la fausse déclaration faite par un éditeur, à un faux en écriture publique ou privée. Il faut donc une sanction ; ce n'est, à mon sens, qu'à cette condition qu'on pourra utiliser le système que j'ai l'honneur de vous expliquer et que j'ai proposé, il y a de longues années.

Ce système a été repris, avec beaucoup de loyauté et de compétence, par un éditeur distingué, que je regrette de ne pas voir ici, M. Hetzel. Il a publié sur ce sujet un écrit excellent.

Une telle loi, à mon avis, serait utile. Je ne dispose certainement pas de l'opinion des écrivains très considérables qui m'écoutent, mais il serait très utile que dans leurs résolutions ils se préoccupassent de ce que j'ai eu l'honneur de leur dire :

Premièrement. Il n'y a que deux intéressés véritables : l'écrivain et la société.

Deuxièmement. L'intérêt de l'héritier, quoique très respectable, doit passer après.

L'intérêt de l'héritier doit être sauvegardé, mais dans des conditions tellement modérées, que dans aucun cas, cet intérêt ne passe avant l'intérêt social.

Vous avez vu s'écrouler toutes les objections. Vous avez entendu mes paroles. Je ne voudrais pas peser sur votre détermination, et je ne veux pas savoir dans quelle proportion vous la ferez concorder avec les conseils que je vous donne.

Je crois que votre décision sera bonne.

Je suis sûr que l'avenir appartient à la solution que je vous ai proposée.

Si vous ne l'acceptez pas, l'avenir est patient; il a le temps. Il attendra ! (Applaudissements prolongés.)

M. Mauro-Macchi. — Parmi toutes les qualités qui distinguent à un si haut degré l'illustre orateur que nous venons d'entendre, il en est une qu'il possède au plus haut point, c'est de jeter une grande lumière même sur les plus petits détails. Je m'empresse de déclarer que je fais adhésion complète à la plupart des considérations qu'il a si admirablement développées. J'ai seulement besoin, en ce qui touche la question de principes, de quelques éclaircissements.

Je reconnais, cela va sans dire, que dès qu'un auteur quelconque a livré son œuvre au public, il ne peut plus la retirer. Toutes les littératures du monde prouvent qu'une fois que notre œuvre a été livrée à la publicité ce principe devient la règle absolue. C'est un fait accompli. La vérité est que quand un livre est publié il reste tel qu'il est, sauf à l'auteur à en publier d'autres qui détruisent l'effet du premier.

Je demande maintenant si l'auteur, qui n'a ni le droit ni la puissance de détruire son œuvre, peut, tant qu'il est vivant, en empêcher la reproduction. C'est un droit naturel, et celui qui réimprimerait son livre sans son autorisation se rendrait coupable d'un vol. Si son autorisation est nécessaire, il a donc le droit non pas de détruire son œuvre, mais d'en empêcher la reproduction. La question consiste à savoir si ce droit peut passer pour un certain temps à l'héritier ? Victor Hugo le nie d'une façon tellement formelle que sa négation produit une certaine impression.

Je commence par reconnaître avec lui, qu'en aucun cas l'héritier n'a le droit de rien changer, fût-ce une voyelle, c'est « sacré. » Tel le livre est dans le manuscrit de l'auteur à sa mort, tel il doit paraître ; mais la publication ne peut-elle en être suspendue pour un temps limité et dans un intérêt quelconque ?

Victor Hugo reconnaît que l'héritier a des droits que nous devons ménager. Il nous propose un système qu'il a déjà présenté comme législateur en 1836. Nous devons l'examiner avec soin pour nous mettre d'accord avec lui.

Me CELLIEZ. — J'avais demandé la parole pour vous faire connaître une idée que j'ai déjà formulée devant la première section. On m'a fait le reproche d'avoir présenté un projet de loi; en réalité, ce n'est qu'un vœu. Cette idée est fondée sur ce que la propriété littéraire devrait être une propriété semblable à toutes les autres. Il ne devrait pas y avoir de lois spéciales pour elle. Notre code classe les biens en immeubles et en meubles, et ces derniers en corporels et incorporels. Il m'avait semblé qu'on pouvait ajouter à l'énumération des meubles incorporels la propriété littéraire, qui aurait joui de tous les droits et aurait été soumise à la loi commune.

Je viens d'entendre des paroles qui, je l'avoue, jettent un grand trouble dans mes idées antérieures. L'orateur qui vient de parler nous a dit à quel point Victor Hugo fait la lumière sur les grandes questions. Cette formule qui indique les droits des deux individus, l'auteur et la Société, qui donne une si grande satisfaction à notre désir à tous de voir se réaliser ce *desideratum* que l'œuvre, une fois publiée, appartienne au monde entier, cette formule m'a beaucoup frappé, comme elle vous a frappé vous-mêmes.

Il nous a dit : l'auteur est maître de son livre tant qu'il est vivant, parce que, ainsi que j'ai eu l'occasion de le dire, il y a là un droit naturel qui tient à la faculté qu'il a de livrer ou de ne pas livrer son œuvre au public, de parler ou de se taire. C'est pour cela qu'il est propriétaire, ce n'est pas parce qu'il travaille. Nous ne pouvons pas rayer le travail de la vie humaine. Il n'y a pas de vie sans travail : les oisifs même sont forcés de travailler pour s'amuser.

Le rapport de la première commission a déclaré que la propriété littéraire prend sa naissance dans le travail comme toutes les autres propriétés. J'ajoute qu'elle prend aussi naissance dans la faculté qu'a l'auteur de communiquer ou de ne pas communiquer son œuvre. Nous lui laissons ce droit de propriété pendant toute sa vie, sauf le droit du domaine public, auquel vous ne pouvez pas enlever l'expression de vos pensées quand vous les avez formulées et que vous les lui avez livrées.

Il faut donc arriver au domaine public. La proposition qui vous est faite de déclarer que l'héritier n'a pas le droit de supprimer, même pour un temps, la communication au public de l'œuvre de son auteur, a une grande justesse et m'a beaucoup frappé, bien que les considérations sur lesquelles elle s'appuie soient plus sentimentales que juridiques. L'orateur qui a succédé à Victor Hugo penche beaucoup pour l'adoption de l'idée qui vous a été soumise par notre illustre maître.

Ce projet présente dans cette forme un avantage très considérable. Il se rattache à une loi existante, et en pratique au moins en France, car j'ignore si elle existe dans d'autres législations. C'est une précaution excellente dont on a fait cependant parfois un très mauvais usage. On s'en est servi comme d'un moyen de police très efficace et très puissant. Je me rappelle avoir lu dans la discussion de la loi sur la librairie, en 1818, dans laquelle la propriété littéraire se trouvait à l'état d'accessoire, cette affirmation que la police avait une si grande puissance, qu'en Autriche, grâce à elle, les œuvres de Voltaire et de Rousseau n'avaient jamais pénétré.

Une voix. — C'est une erreur, ils sont lus et appréciés en Autriche.

Mᵉ Celliez. — Je vous cite incidemment une chose que j'ai lue il y a peu de temps. Je continue : la formalité du dépôt et de la déclaration qui a pu servir aux méchancetés législatives pourrait être utile au monde entier en facilitant les relations entre l'héritier, qui a un droit, et le public qui a un autre droit.

L'héritier a un droit : il n'a pas tous les droits. Ainsi que le disait M. Mauro-Macchi, il n'a pas celui de corriger l'œuvre de son ancêtre ; il n'a pas le droit de la cacher. Si l'auteur veut que son héritier fasse une chose ou une autre, il lui en imposera l'obligation et continuera en lui sa personne.

L'héritier n'a de droit que sur le produit de l'œuvre, comme sur celui de la maison, du titre de rente. C'est le titre de cette propriété que nous voulons créer. On a demandé qui de l'éditeur ou de l'imprimeur devrait faire cette déclaration. Il me semble que ce doit être l'éditeur, dont le rôle est prépondérant. On veut qu'il déclare le prix de revient et le prix de vente de l'œuvre. A la rigueur il n'aurait pas besoin de le déclarer, parce que c'est un fait public.

On a cherché s'il n'y aurait pas des moyens d'assurer l'héritier contre les fausses déclarations ; il y aura toujours l'intérêt de l'héritier, qui sera en droit de critiquer les déclarations, du moment qu'il sera inscrit dans la loi que c'est dans son intérêt qu'elles sont faites. On pourrait aussi ordonner que le journal de la librairie publiât toutes les déclarations. L'héritier connaîtrait ainsi toutes celles qui seraient faites. Si la déclaration n'est pas sincère, et tend à diminuer le bénéfice auquel il a droit, il pourra la critiquer. Je ne crois pas qu'il faille aller jusqu'à faire un crime d'une déclaration inexacte.

Victor Hugo. — Ce que j'ai eu l'honneur de vous dire porte encore sur un autre point. Je vous écoute avec grand profit, M⁰ Celliez. Je voudrais qu'il y eût une sanction pénale, non pas seulement pour la déclaration relative au prix de revient, mais pour celle qui est relative au nombre d'exemplaires. Ainsi, il est à la connaissance de beaucoup d'entre nous — je pourrais me citer moi-même — que tel éditeur (ce que je dis remonte loin et ne peut blesser aucun de nos éditeurs actuels) ayant reçu ou acquis d'un auteur le droit de vendre son ouvrage à 3,000 exemplaires, en faisait tirer clandestinement 15,000.

Si la loi punit, avec raison, les dommages faits à la fortune des particuliers, il n'y a pas de fait plus dommageable que celui-là. Il faudrait que la loi attachât une sanction pénale à la fausse déclaration, autrement on déclarera 2,000 exemplaires et on tirera 20,000. Je vous soumets ces difficultés, M⁰ Celliez, parce que vous êtes à même de les résoudre.

M⁰ Celliez. — Je crois qu'il suffît de savoir qu'il y aura une sanction civile.

Le dépôt et la déclaration sont divisés entre l'imprimeur et l'éditeur. Vous voudriez, avec raison, que ce fut l'éditeur qui fit la déclaration. S'il ne la faisait pas conforme à la vérité, il est clair que l'héritier le poursuivrait devant la justice et qu'il obtiendrait satisfaction. Une sanction pénale n'ajouterait rien aux garanties que l'héritier peut réclamer.

Je me résume en exprimant ma très grande reconnaissance à l'auteur de ce projet, Victor Hugo, pour l'avoir expliqué d'une façon si explicite qui nous a permis de sentir une chose que je n'avais jamais sentie jusqu'ici.

M. Louis Figuier. — Je demande au Congrès s'il ne décidera pas immédiatement que le discours de Victor Hugo sera imprimé pour nous être distribué dans la séance prochaine. Il contient la solution que nous cherchons. Je demande que le discours soit imprimé et distribué à la prochaine séance.

Victor Hugo. — Permettez-moi de faire une objection. J'ai

parlé sans avoir l'idée de la publication. Vous attachez trop d'importance à des paroles qui n'ont de valeur que par la conscience de l'homme qui les prononce. Vous les avez tous entendues.

Si, plus tard, les procès-verbaux sont destinés à l'impression, elles pourront y trouver place.

M. Ivan Tourgueneff. — Je n'ai que deux mots à dire. Je ne veux élever aucune objection. J'avoue que, jusqu'à présent, cette grande question avait été pour moi une question ouverte ; depuis que j'ai entendu Victor Hugo, la lumière s'est faite ; je suis parfaitement de son avis.

Seulement, je crois devoir à une amitié de trente ans de vous soumettre en peu de mots le fait suivant :

Mon ami, M. Viardot, qui a eu l'honneur d'être le collègue de Victor Hugo en 1836, avait partagé la même conviction. Seulement, il avait cru trouver une solution peut-être plus pratique ; je ne le crois pas. Il proposait, tout en admettant les idées de Victor Hugo sur les droits de l'auteur, du domaine public et de l'héritier, il proposait, dis-je, la nomination d'une commission permanente composée de gens de lettres et d'éditeurs, qui auraient à fixer chaque année l'intérêt, le tant pour cent que l'éditeur aurait à payer sur l'ouvrage d'un auteur mort.

Il est évident que ce système présenterait des difficultés mais au total tout s'arrangerait facilement.

Je ne prétends pas que cette idée soit plus pratique ; je crois, au contraire, que la solution présentée par notre président est meilleure.

Si vous le désirez, mon ami, M. Viardot, vous enverra un extrait d'un article paru sur ce sujet depuis quarante ans.

M. le rapporteur. — Mon rôle ici n'est pas de parler, mais de vous donner les explications nécessaires. L'opinion de M. Viardot a été discutée dans un autre Congrès, en Belgique. C'était, en réalité, une sorte d'expropriation des œuvres de l'auteur au profit du domaine public, pour laquelle il y avait un jury spécial composé d'auteurs et d'éditeurs, chargés d'apprécier la valeur de l'œuvre. Cette solution a été repoussée.

Victor Hugo. — L'ordre des inscriptions donne la parole à M. Léon Richer.

M. Léon Richer. — Je n'ai pour le moment rien à ajouter aux observations que j'ai déjà présentées.

M. Mauro-Macchi a pris dans ce Congrès une influence très légitime. Revenant tout à l'heure sur son précédent discours, il a compris qu'aucun auteur ne peut en effet rien effacer de son œuvre. Mais, quand il parle des héritiers, il est moins affirmatif; il hésite encore. Qu'il me permette de lui dire que, si court que soit le délai pendant lequel on accorderait à l'héritier le droit de suspendre la publication de l'œuvre de son ancêtre, on consacrerait par là même le droit de censure du fils sur l'œuvre de son père. Je ne puis admettre qu'une conscience censure une autre conscience. Non, il n'appartient pas au fils de dire: « Cette œuvre de mon père est mauvaise. »

Nous ne voulons pas de la censure du gouvernement, nous n'acceptons pas davantage celle de l'héritier. Voilà ce que j'avais à dire à propos du droit de confiscation qu'on voudrait accorder à l'héritier.

M̄ᵉ PATAILLE. — Je ne veux dire que deux mots. Je les dis comme jurisconsulte et non comme auteur. Depuis quarante années, je m'occupe du droit de propriété littéraire. Comme auteur, j'ai fait quelques livres; mais ils m'ont toujours plus coûté qu'ils ne m'ont rapporté.

Je ne puis qu'applaudir aux paroles de notre maître; mais, comme jurisconsulte, je me range dans le camp opposé. Les arguments qu'il a fournis ne portent point le débat sur le terrain du droit.

Je n'admets pas que ce qu'on appelle le domaine public — ou la société — puisse devenir propriétaire de mon livre. Il devient propriétaire de la pensée que j'ai émise dans un livre, ou dans une brochure dès que ce livre ou cette brochure sont publiés. Mais pour mon livre, il n'en est pas de même; je le garde pour moi-même, pour mes enfants; et dire que c'est le domaine public qui me succède, c'est dépouiller mes enfants.

Je parle, je le répète, non comme auteur, mais comme jurisconsulte. Permettez-moi de vous rappeler cette parole dite par le grand poète Horace dans un sentiment d'orgueil légitime: *Exegi monumentum œre perennius!* Qui pourrait rechercher aujourd'hui les héritiers d'Horace, de Virgile ou d'Homère? Il n'est pas donné à tous de faire des livres qui s'imposent au monde entier, aux générations présentes et aux générations futures. Il faut voir les choses comme elles sont; à côté des grands poètes, des grandes œuvres, il y a des travaux modestes qui ont leur raison d'être, et qui ont droit au soleil. — Reconnaître le droit du domaine public prenant naissance à la mort de l'auteur, c'est dépouiller l'héritier au profit de ce que vous appelez le domaine public. Je ne l'admets que pour la pensée. Je le nie quant au livre.

Ce domaine public payant ne satisfera pas souvent la bourse de l'héritier et présentera dans la pratique d'énormes difficultés. Divers jurisconsultes, parmi lesquels je citerai M⁰ Duvergier, avaient préparé, eu 1862, un projet de loi en trente articles sur ces matières. Ce projet a subi la discussion au Conseil d'État, et il est mort là. — Il n'a pas pu arriver jusqu'à la Chambre.

Permettez-moi de vous indiquer deux objections. Vous rendez le domaine public immédiatement propriétaire à la mort de l'auteur. C'est contraire au principe général que vous avez posé, que l'auteur est maître de son œuvre. Si c'est à lui qu'elle appartient, il doit être maître de tester, de la léguer à un héritier déterminé, pour qu'il veille sur son œuvre comme on charge un parent ou un ami de veiller sur sa tombe. S'il peut importer à un homme que sa tombe ne soit pas détruite, il importe beaucoup plus à un auteur que son œuvre ne soit pas reproduite dans de mauvaises conditions, qui la ravaleraient. Supposez un grand opéra livré aux orgues de barbarie, personne ne veut plus en entendre parler. Ce qui arriverait pour la musique arrive également pour les œuvres littéraires. Je citais l'autre jour l'exemple d'un très grand artiste à qui on avait offert une somme considérable pour lithographier un de ses tableaux, et qui l'a refusée. Un beau jour, cet artiste a accordé gratuitement l'autorisation à un graveur, auquel il reconnaissait assez de talent pour ajouter à sa propre gloire, qu'il a préférée à l'argent. Dans votre système, l'auteur est complètement désarmé.

J'ai une seconde objection à vous soumettre. L'auteur, dont vous reconnaissez les droits, vend son œuvre. Il ne peut donc la vendre que pour le temps, totalement incertain, qui lui reste à vivre. Il ne peut faire qu'un contrat très aléatoire, et par conséquent très peu lucratif pour lui.

En 1866, nous avons réalisé un grand progrès en obtenant du législateur que l'œuvre littéraire serait protégée pendant cinquante ans après la mort de son auteur. Portons le délai, si vous le voulez, à quatre-vingts ans comme en Espagne, mais! pour Dieu, fixons une date, car rien n'est plus propre à augmenter la valeur d'une œuvre.

C'est la question d'argent que nous traitons. Il faut que l'auteur soit certain que son œuvre sera protégée par la loi, pendant un temps déterminé, après sa mort. Il faut que l'éditeur qui achète sache ce qu'il achète. Supposez que l'auteur ait vendu son œuvre pour cinquante ou soixante ans; l'éditeur sait que ses droits seront garantis pendant cette période.

Supposez qu'il s'agisse d'un de ces petits livres qui se vendent très peu, qui peuvent à peine rapporter leurs frais; l'héritier se sacrifie pour la gloire de son auteur. Il publie à ses frais une édition convenable. Il vend quelques exemplaires du livre ; un éditeur voit que cela réussit, il met immédiatement ses presses en mouvement; il fait une édition en contradiction avec celle de l'héritier qui, ne disposant pas des mêmes moyens, ne pourra lutter contre lui. Encore une fois, le domaine public s'emparant de l'œuvre immédiatement après la mort de l'auteur, c'est pour moi une expropriation sans garanties, la pire de toutes les expropriations. Le prix de l'indemnité n'est pas indiqué, et c'est un prix minime. S'il y des auteurs assez généreux pour vouloir livrer au public leur pensée et leur livre, rien ne les empêchera de le faire par testament, et de stipuler qu'ils lèguent à tous la propriété de leurs œuvres.

Accepter votre système, c'est aller à l'encontre de la loi qui existe et de la loi de la famille.

M. Sonzogno. — Je voudrais donner l'avis d'une grande personnalité italienne, M. Alexandre Manzoni ; qu'il ait été athée ou catholique, nous Italiens, nous l'avons toujours aimé et admiré, et aujourd'hui nous le pleurons.

Manzoni ne parle que de la propriété de l'auteur vivant. Vous avez entendu sur la même question notre illustre président Victor Hugo.

M. Ivan Tourgueneff. — Je demande la parole pour une motion d'ordre. On n'a pas voté l'impression du discours de Victor Hugo.

M. Victor Hugo. — Permettez-moi, mes honorables confrères, d'insister, tout en vous remerciant, pour le rejet de cette proposition. Le caractère de cette réunion doit être maintenu. De quel droit imprimerait-on un discours plutôt qu'un autre ? Je demande qu'il ne soit pas créé de privilège, qu'aucun discours ne soit publié. Si plus tard vous voulez faire une publication, vous pourrez y donner place aux paroles que j'ai prononcées. Mais je ne crois pas qu'il convienne de donner à un discours un privilège qui n'a pas été donné à un autre.

M. Mauro Macchi. — La question de l'impression de tous les procès-verbaux et de tous les discours est indépendante de celle qui nous occupe en ce moment. Victor Hugo ne veut pas qu'on lui accorde un privilège auquel il aurait droit. Je respecte son principe.

J'ai dit que tout en faisant adhésion à la plupart de ses observations, je désirais voir mettre la discussion sur le terrain où il l'a transportée. C'est pour avoir ce terrain à notre disposition que nous demandons l'impression de son discours.

(L'impression du discours de Victor Hugo, mise aux voix, est votée par l'assemblée).

M. EDMOND ABOUT. — M⁰ Pataille me paraît avoir poussé les principes un peu loin. Les bases de la propriété littéraire ne peuvent jamais être les mêmes que celles des autres propriétés. Il est impossible que les héritiers de l'auteur exercent le droit de suppression. Dans aucune société civilisée on ne saurait accorder aux héritiers de Voltaire le *Jus utendi* et *abutendi;* donc ce ne sera jamais qu'une quasi propriété. Il y a le droit de ce que j'appellerais la famille spirituelle de l'auteur, je veux dire les lecteurs de son livre.

Pourquoi écrit-on? c'est sans doute pour vivre et pour s'enrichir, et l'auteur a certainement droit à une juste rétribution de son travail. Mais on écrit surtout pour la société; pour ses contemporains.

Pourquoi Molière a-t-il écrit ses chefs-d'œuvre? Est-ce pour sa femme qui le trompait?

Pourquoi La Fontaine a-t-il écrit ses œuvres? Est-ce pour sa femme qui n'avait nul souci de lui?

Pour qui les écrivains qui sont restés célibataires ont-ils écrit?

La vérité, c'est qu'on n'écrit pas seulement pour gagner de l'argent, mais pour être là vivant et mort.

Reconnaissons à la société, au domaine public un droit qui résulte de la volonté première de l'auteur; reconnaissons à l'héritier un droit aussi légitime, mais seulement élémentaire. Quand au moyen pratique à employer pour concilier ces deux droits, je pense qu'avant de rien décider, nous devons consulter les éditeurs. (Marques d'assentiment.)

M. JULES LERMINA. — C'est justement à ce point de vue que je demande la parole. Je suis de l'avis de Victor Hugo quant au principe; dans la pratique je diffère de lui.

Victor Hugo a demandé que l'éditeur fût forcé de faire la déclaration du prix de revient et du prix de vente du livre, afin de permettre d'apprécier son bénéfice sur lequel on prélèverait la part de l'héritier. Pourquoi faire après notre mort ce que nous ne faisons pas nous-mêmes de notre vivant? Comment les choses se passent-elles ordinairement? Nous allons trouver un éditeur, il nous dit je consens à vous acheter votre œuvre, le volume se vendra 3 francs 50 centimes, je vous donnerai tant pour cent, c'est connu d'avance, et cela varie depuis 40 centimes jusqu'à 1 franc par volume.

Le fils pourrait venir dire à l'éditeur combien payez-vous par volume et à quel nombre tirez-vous ? 1,500, 2,000 ? Ceci fait, l'éditeur n'a pas besoin de dévoiler ses secrets de boutique. Il peut avoir des procédés économiques à lui : nous n'avons pas à entrer dans ces détails. L'éditeur n'a qu'à fixer le tant pour cent qu'il veut payer à l'héritier sur le prix fixé pour le public.

Le second point sur lequel je voudrais vous dire un mot, a été, je crois, oublié par notre illustre maître, et qui est très importante, car nos enfants seraient exposés à n'avoir rien.

Vous dites, en effet, que l'éditeur ne devra rien tant qu'il n'aura pas vendu l'édition tout entière. Je suis éditeur, je fais une chose très simple, je prends *Notre-Dame de Paris*, je tire à cent mille exemplaires; pendant la vente, l'héritier sera mort de faim. Voilà le résultat auquel vous arriverez si vous attendez que l'argent soit rentré dans la poche de l'éditeur.

Ce qu'il faut, c'est que l'éditeur paye au moment de la mise en vente, car, ne l'oublions pas, quand il publie un livre, c'est qu'il croit qu'il gagnera de l'argent avec ce livre.

Nous aimons mieux, je parle pour le commun des mortels, l'éditeur qui nous donne des conditions un peu moins bonnes et qui nous paye comptant à celui qui ne nous paye qu'au fur et à mesure de la vente. Il faut donc que l'éditeur, lorsqu'il aura déclaré qu'il tire à tant d'exemplaires, paye à l'héritier un tant pour cent sur chaque volume le jour de la mise en vente, autrement vous vous heurterez aux mêmes difficultés que lorsqu'il s'agit d'impôts sur le revenu, vous n'aurez aucun moyen de vérifier l'exactitude du prix de revient indiqué par l'éditeur. Je persiste à penser que le moyen que j'indique est seul pratique. (Très bien !)

M. KOUVALESKI. — C'est en qualité de légiste français qu'un des précédents orateurs a attaqué l'opinion de notre illustre maître, c'est en qualité de légiste étranger que je viens la défendre.

La plupart des légistes de l'Allemagne et de la Russie se placent au même point de vue que Victor Hugo. Ils soutiennent que l'auteur et le public ensuite ont les premiers droits sur une œuvre, l'héritier ne vient qu'après. C'est dans ce sens que s'expriment nos plus illustres jurisconsultes. Je viens appuyer l'opinion émise ici par Victor Hugo en citant des autorités très considérables.

M. Eugène Muller. — Une chose me frappe dans cette discussion. On argue toujours de ce fait : la mort de l'auteur. Mais si l'auteur meurt à vingt ans, après avoir fait une œuvre immense, son œuvre tombera beaucoup plutôt dans le domaine public que celle des hommes qui, comme notre illustre président, ont le bonheur, et j'en remercie Dieu, de parcourir une longue carrière.

M. Robert Hyenne. — Pour moi, je trouve bien autrement sûr le droit du domaine public que le droit de l'héritier ; et ceci, non seulement pour la raison que M. Edmond About a donnée, à savoir que c'est pour le public que l'auteur écrit, mais par une seconde raison qui fait que véritablement le public est bien l'héritier de l'auteur.

Constamment, le public, en payant une subvention à l'auteur, acquiert de nouveaux droits à la propriété de l'œuvre qui a été faite pour lui. Le fils, au contraire, très souvent ne fait rien pour l'auteur quand il ne lui fait pas de mal.

Pour ces deux raisons réunies, les droits du public sont supérieurs à ceux de l'héritier.

M. Antony Réal. — Je tiens à relever cette erreur que le fils ne peut pas supprimer l'œuvre du père. Je dis que l'œuvre appartient à l'héritier qui a le droit de la supprimer. (Marques unanimes de désapprobation.)

M. Antony Réal. — Je vais citer un fait ; je ne parle ni au point de vue politique, ni au point de vue religieux, mais le père peut quelquefois avoir fait une œuvre immorale ; le fils doit pouvoir la supprimer. (Bruit, dénégations.) Ma maison m'appartient, j'ai le droit de la supprimer.

Voix nombreuses. — La clôture, la clôture.

M. Louis Ratisbonne. — Je désire que cette réunion ne se sépare pas sans avoir pris au moins une résolution. Une question bien posée est à moitié résolue. Quelle que soit notre opinion sur la solution à donner à la grande question, nous sommes d'accord sur ce point qu'elle a été admirablement posée. Notre illustre président nous a dit : La propriété littéraire met en présence deux unités : l'auteur d'une part et la société de l'autre. La propriété, il la reconnaît perpétuelle pour la société quant au droit moral, perpétuelle pour l'auteur et ses héritiers.

Je crois que nous pouvons résumer l'état de la question et voter tous ensemble que la propriété est perpétuelle. Nous pouvons émettre le vœu que toutes les législations reconnaissent ce droit et l'organisent. Les uns veulent une base d'organisation, les autres en veulent une autre, mais on ne diffère pas sur le principe de la perpétuité.

M. Pascal. — Il me semble qu'il faudrait d'abord s'entendre. Je crois avoir compris que l'auteur n'avait pas le droit de supprimer son œuvre ni d'en interdire la publication. Vous parlez de propriété ; suis-je, moi l'auteur, le maître de mon livre, oui ou non.

M. C. Derode. — Ceci est parfaitement exact et doit être mis à l'ordre du jour.

M. Victor Hugo. — Permettez-moi de répondre aux questions qui ont été soulevées par les préopinants. L'auteur est maître de son œuvre de son vivant, il a le droit de jeter son manuscrit avant de l'avoir communiqué. Pendant que l'auteur est vivant personne n'a le droit de publier son œuvre. L'auteur peut de son vivant supprimer toute espèce d'édition, ce peut être un malheur. Il y aura probablement des contrefaçons qui rendront ses prétentions illusoires ; mais personne ne peut obliger un auteur à publier ou à laisser publier malgré lui son œuvre. Cela n'a jamais fait question : le droit de l'auteur sur son œuvre est entier.

Ce que j'ai tâché d'indiquer très clairement, c'est que l'auteur peut bien de son vivant empêcher la reproduction de son esprit, mais que l'esprit humain est le seul maître du livre. L'auteur peut retarder, suspendre la publication de son œuvre ; si l'esprit humain le veut, les retards disparaîtront. L'auteur pendant sa vie dispose de son œuvre, mais après sa mort la postérité reprend ses droits.

Il y a un grand nom qui représente tout un siècle. Cet homme a fait un livre regrettable ; je crois bien que s'il pouvait l'effacer du fond de son tombeau, il aurait beau le vouloir, il y aurait toujours quelqu'un pour réimprimer la *Pucelle*.

Le droit de l'auteur de son vivant est incontestable ; mais il est certain aussi que la postérité a un droit sur l'œuvre de l'auteur. Nous ne pouvons pas l'empêcher, et j'ajoute qu'il est heureux qu'il en soit ainsi, car c'est la liberté. (Applaudissements.)

Je mets aux voix la proposition de M. Ratisbonne ; je désire que l'assemblée forme un vœu sur la propriété littéraire ; qu'elle déclare qu'elle n'est pas une concession, mais un droit naturel. Les législations nous ont accordé des délais de protection de plus en plus longs : vingt ans, trente ans, cinquante ans ; nous demandons que le droit soit perpétuel.

La proposition, mise aux voix, est adoptée. (Applaudissements prolongés).

Victor Hugo. — On me demande de fixer le jour de la prochaine réunion. MM. les rapporteurs demandent que la séance n'ait lieu que mardi. Il n'y a pas d'opposition ?

M. Jules de Carné. — Il avait été décidé qu'il serait envoyé un exemplaire de nos statuts à chacun des délégués étrangers : jusqu'ici ils n'ont encore rien reçu.

M. Jules Clère. — Il n'existe plus d'exemplaires des anciens statuts, et le projet de revision sera prochainement soumis aux délibérations de l'assemblée générale de la Société des gens de lettres.

La séance est levée à quatre heures quarante-cinq minutes.

Première Commission.

CINQUIÈME SÉANCE

L'an mil huit cent soixante-dix-huit, le vendredi vingt-un juin, à une heure du soir, la première commission de la propriété littéraire s'est réunie dans l'une des salles du *Grand-Orient*, à Paris, rue Cadet, nº 16, sous la présidence de MM. Antoine Carlier, Michel Masson et Frédéric Thomas.

Membres présents : MM. Dognée, — Plon, — Carmicaël (Angleterre), — Robert Hyenne, — Louis Ratisbonne, — Lyon-Caen, — Paul Biollay, — Pataille, — Adrien Huard, — Léon Richer, — Costa, — Hector Malot, — Rama, — Scharapow, — Carlos Derode, — Dentu, — L. Vian.

Secrétaire : M. Marcel Guay.

Il est donné lecture du procès-verbal de la quatrième séance.

— M. Robert Hyenne demande la parole sur le procès-verbal et réclame contre une omission qui s'y est glissée. Il rappelle que, dans le cours de la précédente séance, il a énergiquement revendiqué le droit pour la première commission du Congrès de s'occuper, au point de vue des principes qu'il importe d'établir, des questions de la *reproduction*, de la *traduction* et de l'*adaptation*. Il a fondé cette revendication sur la division des travaux établie par la commission spécialement chargée de ce soin au mois de mai dernier et votée à l'unanimité par les délégués réunis à cet effet. Du reste, la première commission n'a à s'occuper des questions ci-dessus mentionnées qu'au point de vue des définitions et des principes applicables en matière de droit international.

M. Robert Hyenne fait ensuite observer que le § 2 de l'article 3, voté dans la séance du 18 juin, ne doit pas comprendre, à la suite du mot « redevance, » ceux-ci : « soumise à l'impôt, » et que c'est à tort que, dans la séance du 19 juin, M. Tony Révillon en a demandé l'addition lors de la lecture du procès-verbal de la troisième séance de la commission. MM. de la Landelle et Ratisbonne appuient cette observation. Plusieurs membres déclarent également que l'assujettissement de la propriété littéraire à l'impôt avait été proposé par M. Tony Révillon et par M. Ratisbonne en vue de soustraire la redevance à une assimilation quelconque avec les majorats, surtout si elle devait être déclarée incessible et insaisissable ; mais ils ajoutent que la commission n'avait pas voté sur cette proposition.

Sous la réserve des observations qui précèdent, le procès-verbal de la cinquième séance est mis aux voix et adopté.

M. Frédéric Thomas déclare ouverte la discussion sur les questions que la commission doit encore examiner avant de prononcer la clôture de ses travaux.

M. Ch. Lyon-Caen demande, tout d'abord, si la commission ne considère pas son mandat comme terminé. Si elle décide qu'elle ne se séparera pas dès maintenant, l'orateur propose d'examiner les questions qui se rattachent au dépôt ou à l'enregistrement. La saisie et l'expropriation du droit d'auteur pourraient être aussi mises à l'ordre du jour.

M. Louis Ratisbonne est d'avis que ces diverses questions rentrent dans le domaine de la deuxième commission du Congrès.

M. Léon Richer, M. Lyon-Caen et M. Robert Hyenne estiment, au contraire, que l'on pourrait fixer certains points généraux, et voter, *sans discussion*, sur les principes qu'il convient de poser relativement à l'expropriation, à la saisie, au dépôt, aux œuvres posthumes, et à l'adaptation, ainsi qu'à la contrefaçon.

M. Louis Ratisbonne pense que, si la commission désire entrer dans la voie qu'on lui propose, il ne faut pas voter sur des principes dont la formule soit propre à être insérée dans les conventions internationales, mais bien sur des principes susceptibles de prendre place dans la législation particulière de chaque pays.

M. DE LA LANDELLE rappelle qu'un décret du 28 décembre 1861 avait institué une commission chargée de préparer un projet de loi pour *réglementer* la propriété littéraire. Cette commission, dont les travaux ont abouti à un projet de loi, avait adopté le système de la redevance. Peut-être conviendrait-il d'adopter la proposition faite par M. Plon à la précédente séance, et d'entendre l'analyse de ce projet de loi que M. Derode a préparée pour la séance de ce jour.

M. PLON et M. LYON-CAEN pensent que la commission ne doit pas proposer un projet de loi relatif à l'application du système de la redevance.

M. ROBERT HYENNE exprime le désir que la commission, dans ses futures décisions, s'inspire des solutions adoptées en 1858 par le Congrès de Bruxelles.

M. C. DERODE demande à la commission la permission de lire quelques pages du travail qu'il a préparé. Après une discussion contradictoire, il est décidé que M. Derode lira la partie de son mémoire relative à la condition des auteurs nationaux en France.

M. C. DERODE, après avoir rappelé les diverses lois sur la propriété littéraire qui ont suivi celle de 1793, expose l'état actuel de la législation française, et analyse, tout d'abord, la loi du 14 juillet 1866.

La séance générale du Congrès allant commencer, la commission se sépare à deux heures cinq minutes. Elle se réunira à l'issue de l'assemblée générale.

La séance est reprise à quatre heures et demie.

M. le président Carlier exprime l'avis que la commission pourrait prononcer aujourd'hui même la clôture de ses travaux. Plusieurs membres sont, en effet, dans l'impossibilité d'assister régulièrement aux séances; d'autres désireraient, maintenant que l'assemblée générale est saisie d'un rapport sur les trois articles votés dans la troisième séance de la première commission du Congrès, que le mandat de la première commission fût considéré comme rempli, ce qui permettrait d'assister aux réunions tenues par la seconde ou par la troisième commission.

MM. Robert Hyenne et Dognée ayant fait remarquer que quelques collègues sont absents et ont proposé de lire des mémoires, la commission décide qu'elle se réunira mardi prochain, à une heure précise.

La séance est levée à quatre heures quarante-cinq minutes.

L'un des présidents, *Le secrétaire,*
Marcel Guay.

Deuxième commission

Séance du vendredi 21 juin 1878.

Présidence de M. Ivan Tourgueneff, *premier vice-président.*

Après la clôture de la séance du Congrès international, sur la demande de M. Félix Jahyer, secrétaire de la seconde commission, M. Ivan Tourgueneff propose aux membres faisant partie de cette commission, de vouloir bien, malgré l'heure avancée, se réunir, ne fût-ce qu'un moment, pour la lecture du procès-verbal de la dernière séance tenue par la seconde commission. On pourrait ensuite se séparer si on le jugeait convenable, mais on aurait au moins gagné vingt minutes pour la séance à venir.

Cette proposition ayant été approuvée, M. Ivan Tourgueneff, vice-président, prend le fauteuil de la présidence, et donne la parole à M. Félix Jahyer, l'un des secrétaires, pour la lecture du procès-verbal.

Le procès-verbal est lu et adopté après quelques légères observations de MM. Polonski et Molesworth, auxquelles il sera fait droit.

M. LE PRÉSIDENT lit une lettre de M. Lœventhal, qui dénonce aux membres du Congrès la publication, à son insu, à Chicago, (Amérique) de plusieurs de ses ouvrages, traduits en anglais.

Après un échange de quelques paroles, entre MM. Lubomirski et Ivan Tourgueneff, au sujet d'une observation faite par M. Edmond About à M. Lubomirski dans la séance précédente, M. Jules Clère demande que les membres de la deuxième commission se réunissent le lendemain, samedi, à une heure et demie, et que deux autres séances aient lieu lundi et mardi, afin que nous puissions avancer le travail qui nous est confié.

Plusieurs membres font observer que l'on n'est pas en mesure de prévenir à temps les délégués absents pour la réunion de samedi, qui serait alors nécessairement peu nombreuse, et veulent qu'on fixe à lundi seulement la prochaine séance.

M. JULES CLÈRE insiste avec force pour qu'on se réunisse dès le lendemain; il fait observer que les délégués étrangers vont bientôt nous quitter, et que nous n'avons pas une minute à perdre.

La proposition de M. Jules Clère, mise aux voix, est repoussée à la majorité de deux voix. La prochaine séance est alors fixée au lundi 24 juin, à une heure et demie très précise.

La séance est levée à cinq heures et demie.

Le secrétaire,
F. JAHYER.

Troisième commission.

Séance du vendredi 21 juin 1878.

Présidence de M. Mauro Macchi

La séance est ouverte à quatre heures quarante-cinq minutes.

La parole est à M. Tony Révillon, qui défend les écrivains des époques antérieures du reproche de servilité que leur a adressé M. Lermina; ils ont forcément subi les exigences qui leur étaient imposées, on ne saurait les accuser d'avoir obéi à des préoccupations cupides; la question d'argent a toujours été accessoire pour l'homme de lettres français; il serait plus exact de dire qu'ils ont peut-être trop cédé aux suggestions de l'amour-propre, une des faiblesses dominantes de notre caractère; il compte sur les institutions nouvelles pour nous en corriger, ou du moins l'atténuer.

M. Tony Révillon croit aussi que M. Lermina a tracé un tableau trop embelli de la situation matérielle des écrivains contemporains. Apprécier la condition de tous par celle de quelques-uns, et conclure des quelques années de prospérité exceptionnelle pour juger l'ensemble de la carrière d'un homme de lettres, c'est se placer à un point de vue inexact. C'est la moyenne qu'il faut prendre pour base. M. Tony Révillon, pour combattre une appréciation trop optimiste, cite Balzac, dont le revenu en moyenne n'a pas dépassé 12,000 francs, et Victor Hugo, qui n'a réellement commencé l'édifice de sa fortune qu'en 1860.

La Société des gens de lettres de France compte 552 membres, sur lesquels 123 seulement demandent uniquement à leur plume leurs moyens d'existence. Les autres sont obligés de demander à diverses carrières des compléments de ressources, et sur ces 123 il n'y en a que 80 qui obtiennent de leur travail une rémunération convenable et la sécurité matérielle. Cette statistique, qui arrive à la conclusion que le sixième seulement des membres de la société peut s'applaudir de la part qui lui est faite, donne à peu près exactement la mesure de la condition des hommes de lettres en France.

Il y a donc des progrès à réaliser; M. Tony Révillon cherche les moyens qui peuvent y aider, et en propose trois.

1° L'association. La Société des gens de lettres lui paraît un exemple concluant. Elle a eu d'humbles débuts en 1838. En dépit des railleries qui ont salué son berceau, grâce à la persévérance et aux sacrifices de ses fondateurs, elle a progressivement grandi, et quoique son budget ne soit pas en rapport avec l'importance de son rôle, elle assure à ses membres des avantages incontestables, leur distribue des droits de reproduction qu'on aurait jamais osé espérer il y a trente ans; parvient à élever au chiffre de 5 centimes la ligne le droit de reproduire leurs œuvres à Paris; leur fournit conseil et protection dans les conflits qui peuvent s'élever entre eux, les journaux et les éditeurs; leur fournit des médecins en cas de maladie, des secours dans les jours de détresse, et leur fait des avances, qui leur permettent d'attendre le produit de leur travail. Le chemin parcouru par la Société est énorme; encouragée par le souvenir de ses devanciers, elle ne s'arrêtera pas dans la voie des améliorations et des progrès.

L'isolement livrait les auteurs des livres et les auteurs dramatiques à la merci de la spéculation. Scribe a pris en main les intérêts de ses derniers; la Société formée sous ses auspices les entoure d'une protection constante, et, tandis qu'autrefois quelques-uns seulement percevaient des droits dérisoires, tous aujourd'hui touchent des émoluments proportionnés au succès que leurs œuvres ont obtenu auprès du public.

La Société des gens de lettres et celle des auteurs dramatiques ont prouvé aux plus aveugles les bienfaits de l'association; il faudrait que le principe fut partout largement appliqué, que les journalistes, par exemple, fondassent une société sœur des deux autres. L'idée serait féconde pour eux, comme pour tous ceux qui feront appel aux droits et aux devoirs de la solidarité.

2° Aux yeux de M. Tony Revillon, le second remède serait dans la création d'institutions de crédit et dans l'amélioration de celles qui existent déjà. La Société des gens de lettres a mobilisé sur son capital une somme de 40,000 francs destinée au fonctionnement du crédit littéraire. Grâce à cela, les auteurs peuvent traverser la période souvent difficile qui sépare le placement d'un ouvrage du moment où ils en doivent toucher le payement; moyennant un intérêt de 5 pour 100, ils reçoivent des avances et échappent ainsi à la fiscalité des usuriers de la littérature, les pires de tous, et dont les exigences ont souvent atteint des proportions monstrueuses.

Mais cette institution, qui rend déjà d'immenses services, est insuffisante; il faudrait que l'idée fût généralisée, qu'une banque générale fût fondée pour venir en aide à tous ceux qui tiennent la plume; une commission formée d'hommes d'affaires et d'hommes de lettres en rédigerait les statuts et en surveillerait le fonctionnement. Ce qui prouve que l'idée n'est pas du domaine du rêve et de l'utopie, c'est que des hommes très pratiques tels que M. Pereire ont très sérieusement songé à la réaliser.

3º L'amélioration que M. Tony Révillon propose en troisième lieu, c'est la suppression de tout ce qui a le caractère de mesure préventive, et son remplacement par la responsabilité largement imposée à l'écrivain. Parmi ces entraves qui, en dehors du caractère et de la valeur d'une œuvre, en entravent l'expansion, M. Tony Révillon place la loi du colportage, le cautionnement des journaux, les impôts énormes qui pèsent sur le papier imprimé, sous forme de frais de transports et autres droits. Il croit que la troisième commission a qualité pour discuter ces réformes et en préparer l'adoption.

De chaleureux applaudissements suivent cette allocution de M. Tony Révillon.

M. LE PRÉSIDENT lit une lettre de M. Louis Alfonso qui s'excuse de ne pouvoir assister à la séance.

M. AUGUSTIN CHALLAMEL rend compte d'une lettre de M. Robert Halt, délégué français, qui demande que la troisième commission intervienne pour demander la suppression de la loi sur le colportage en France.

M. Challamel estime que cette question étant toute spéciale à notre pays, il est inopportun de lui consacrer une discussion étendue, qu'elle doit seulement trouver place dans le vœu qui a été formulé en termes généraux pour que l'expansion des œuvres littéraires, dont la liberté est le premier besoin, soit affranchie de toute mesure restrictive ; il propose la formule suivante :

« Le Congrès littéraire international émet le vœu que la liberté de la pensée soit complète chez tous les peuples ; il estime que, en publiant et en faisant circuler son œuvre partout et sans entrave, un écrivain agit sous sa responsabilité personnelle. Le Congrès déclare que les contraventions ou délits commis par un écrivain doivent être jugés selon le droit commun. »

M. SCHWEYÉ, délégué allemand, allègue que le débat sur le colportage ne s'appliquant pas aux lois et aux usages de son pays, il le croit inopportun, et déclare que pour son compte il n'y prendra pas part.

Les conclusions de M. Challamel sont adoptées.

M. JULES LERMINA appuie les propositions de M. Tony Révillon et voudrait que l'institution du crédit littéraire fût appliquée à tous les pays.

La commission décide que les propositions de M. Tony Révillon seront mises à l'ordre du jour d'une prochaine séance.

M. Lermina lit ensuite un projet de règlement d'une association littéraire internationale dont voici la teneur :

« Article premier. — Il est fondé une *Association littéraire internationale*, ouverte aux écrivains de tous les pays, dont les effets tendent à l'accroissement du patrimoine intellectuel de l'humanité.

« Art. 2. — L'*Association littéraire internationale* a pour objet :

« 1° La défense du principe de la propriété littéraire ;

« 2° L'organisation de relations régulières entre les groupes littéraires existant dans les divers pays ;

« 3° L'échange de toutes communications utiles au progrès de la littérature ;

« 4° L'initiation de toutes fondations, telles que Sociétés nouvelles, Cercles, Bibliothèques, présentant un caractère international ;

« 5° L'étude des moyens pratiques pour parvenir à la création d'une Revue internationale ou de toutes autres publications pouvant concourir au but poursuivi.

« Art. 3. — L'*Association littéraire internationale* a son siège principal à Paris, à la Société des gens de lettres de France.

« Elle s'affilie les sociétés littéraires des divers pays dont le siège porte le titre de Branche de l'*Association littéraire internationale*.

« Art. 4. — Elle est dirigée par un Comité de soixante membres, Français et étrangers, résidant à Paris. Ce nombre pourra être augmenté en raison de l'affiliation de nations nouvelles à l'Association.

« Un conseil judiciaire est chargé de l'étude de toutes questions de législation internationale.

« Art. 5. — Les attributions du Comité sont :

« La rédaction du règlement intérieur de l'Association ;

« La fixation des cotisations nécessaires à son fonctionnement ;

« L'exécution de toutes mesures prises par le Congrès ou l'Assemblée générale de l'Association ;

« L'admission des nouveaux associés et l'affiliation des Sociétés littéraires ;

« La correspondance ;

« L'administration générale de l'Association.

« Art 6. — Chaque année, les membres de l'*Association littéraire internationale* seront convoqués en assemblée générale ;

« Le Comité adresse à cette assemblée le compte rendu de ses travaux.

« Art. 7. — L'*Association littéraire internationale* organisera, au siège de la Société, une Bibliothèque ouverte aux publications des diverses nations, et tenue à la disposition des membres de l'Association.

« Art. 8. — Elle organisera des réunions et conférences ayant pour objet l'étude des littératures des divers pays.

« Art. 9. — Un cercle international, organisé par les soins de l'Association, servira de lieu permanent de réunion aux littérateurs de tous les pays, et s'affiliera aux cercles littéraires des autres nations.

« Art. 10. — Une Commission d'Édition, choisie parmi les membres du Comité, sera chargée spécialement de réunir les éléments nécessaires à la création d'une Revue internationale ou de toute autre publication répondant à la pensée qui a présidée à la fondation de l'Association.

« Aat. 11. — Le Cercle, la Bibliothèque, les Conférences sont adminitrés par le Comité de l'Association.

« Art. 12. — Le Président d'honneur de l'Association est Victor Hugo.

« Art. 13. — Le Comité sera élu au scrutin de liste, par le Congrès littéraire international, en assemblée générale non publique.

« Art. 14. — Dans les deux mois qui suivront cette élection, les membres de l'Association seront réunis en assemblée générale extraordinaire, à l'effet de discuter, d'approuver, s'il y a lieu, le règlement intérieur élaboré par le Comité.

« Art. 15. — Sont de droit membres de l'Association, sous réserve de leur adhésion aux règlements, les membres de toutes Sociétés littéraires aujourd'hui existantes.

« Art. 16. — La première assemblée générale ordinaire sera convoquée par les soins du Comité, dans le courant du mois de juin 1879. »

M. Collas demande la parole ; il se rallie à l'idée qui vient d'être émise et est convaincu qu'elle portera ses fruits ; mais il fait observer que le terme du Congrès approche ; que si nous ne déterminons pas l'ordre des délibérations et si nous n'en limitons pas le champ, nous ne pourrons jamais épuiser notre programme.

M. Laforêt s'inspirant de la même idée, voudrait qu'une sous-commission, pour épargner des débats stériles, fût chargée d'étudier préablement le projet de M. Jules Lermina.

La commission, désireuse de hâter l'accomplissement de son mandat, discute les heures auxquelles elle pourra se réunir dimanche prochain ; plusieurs avis sont proposés et la convocation pour ce jour-là est abandonnée.

M. Eugène Muller rappelle, que dans l'assemblée plénière du Congrès, la discussion s'est attardée sur un ou deux articles sans pouvoir aboutir. Il ajoute que le projet de M. Lermina, dont tout le monde approuve l'esprit, peut provoquer des objections pratiques et soulever un débat dont il est impossible de prévoir la durée ; il propose d'en adopter le principe et d'en renvoyer la discussion à une séance ultérieure.

Le projet de M. Jules Lermina est adopté en principe, et il est décidé que les articles seront soumis à l'examen de la troisième commission, mardi, à l'issue de l'assemblée plénière.

M. Laforêt lit une lettre qui lui a été adressée par M. Mary-Lafont, qui propose qu'une allocation de 100,000 francs soit demandée au gouvernement comme encouragement aux lettres. Il propose l'ordre du jour, qui est voté par la commission.

La séance est levée à cinq heures quarante-cinq minutes.

L'un des vice-présidents,
Philibert Audebrand.

Le secrétaire,
Louis Collas.

HUITIÈME JOURNÉE

24 JUIN

PROCÈS-VERBAL

DE LA

DEUXIÈME COMMISSION

CONGRÈS LITTÉRAIRE INTERNATIONAL

HUITIÈME JOURNÉE
24 Juin 1878

Deuxième commission

Séance du lundi 24 juin 1878.

Présidence de M. Molesworth

Malgré le petit nombre de délégués présents, la séance est ouverte à deux heures sous la présidence de M. Molesworth.

M. Félix Jahyer, secrétaire, a la parole pour la lecture du procès-verbal de la séance du 21 juin.

Le procès-verbal est lu et adopté.

M. le président communique à l'assemblée une lettre de M. Artus, délégué du Brésil, par laquelle il exprime qu'il lui paraît regrettable que, dans la séance du 19 juin, les délégués de l'Angleterre et de la Russie, par un scrupule honorable, aient fait des réserves pour l'adoption, les premiers, de l'article 2 du rapport de la première commission; les seconds, du vœu formulé par M° Celliez. Dans la seconde commission, ces honorables délégués auraient dû tenir compte de l'intérêt général qui nous guide, plutôt que de croire leur conscience engagée par un vote qui serait même contraire aux lois existantes dans leur pays. Quels que soient nos lois ou traités en vigueur, ajoute M. Artus, nous devons tous ne nous occuper que d'une seule et unique chose, nous associer sans réserve aux vœux exprimés par les trois commissions, sauf à en débattre la rédaction. Nous devons accepter ces vœux, d'abord en notre nom personnel, ensuite comme délégué, promettant de les faire prévaloir, soit par des journaux, soit par nos relations, afin d'attirer l'attention des légistes sur cette révolution pacifique qui doit avoir pour couronnement la justice.

M. Artus demande enfin qu'il soit pris la résolution suivante, afin de ne pas prolonger nos travaux à l'infini :

« Dores et déjà, les membres de la deuxième commission ne pourront prendre la parole que sur les questions qui lui ont été soumises par la circulaire du 13 juin. Toutefois il sera dérogé à cet ordre pour entendre la lecture des rapports se rattachant spécialement à ces questions. »

La réunion ayant son ordre du jour défini, reçoit la lettre de M. Artus à titre de simple communication et passe à ses travaux.

M. LE PRÉSIDENT dit être allé rendre visite à ses compatriotes pour les prier d'assister à nos séances. M. Blanchard-Jerrold, quoique fort souffrant, a promis de venir ; M. Tom Taylor quitte la France, mais il écrira à M. About pour lui donner toute sa pensée sur les travaux du Congrès.

M. SANTA-ANNA NÉRY interpelle le bureau. On ne peut entrer dans le vif de la question, dit-il, les membres du bureau ne sont pas à leur poste.

UN MEMBRE fait remarquer que le bureau a son président et son secrétaire, c'est donc aux délégués absents qu'il faut plutôt s'en prendre si on ne peut entamer la discussion.

M. JULES CLÈRE rappelle les efforts qu'il a faits à la séance du 21 pour qu'on se réunisse le 22 et le 24, et le peu de succès obtenu par sa motion.

En présence du petit nombre des membres présents, M. Jahyer propose à l'assemblée de voter que l'on inscrive au procès-verbal les noms des délégués qui ont répondu à la convocation adressée de vive voix et par les journaux.

Cette proposition est adoptée. Une liste circule dans l'assemblée, de laquelle il résulte que les membres présents sont :

MM. Molesworth, président ; Félix Jahyer, secrétaire ; Wittmann, A. Templier, Kraus fils, Marcel Guay, Edmond Douay, Serge Scharapov, Basile Timiriageff, Henri Allart, Jules Clère, Simoës da Fonseca, de Santa-Anna Néry, Henri Celliez, G. Fath,

Louis Figuier, Fliniaux, Sonzogno, Lubomirski, Michel Masson et Larnaude.

M. FLINIAUX demande que la discussion commence sur la formule de M⁰ Celliez.

M⁰ CELLIEZ préférerait qu'on commençât par la contre-proposition de M. Fliniaux.

M. LARNAUDE, agrégé à la Faculté de droit de Bordeaux, après quelques paroles ayant trait à une plainte adressée par MM. Figuier et Lubomirski au sujet de contrefaçons de livres d'eux en Allemagne et en Italie, attaque la formule de M⁰ Celliez, à laquelle il reproche trois choses :

1º Elle ne contient rien qui se rapporte à la traduction ;

2º Elle n'est pas un progrès sur la législation existante, parce qu'il faudra remplir à l'étranger les formalités de dépôts et d'enregistrement demandées pour les œuvres nationales ;

3º M⁰ Celliez veut que l'œuvre soit protégée suivant la loi du pays où elle entre; or, si cette loi étrangère est moins favorable que la loi française, l'auteur français y perdra un avantage acquis dans son pays.

M⁰ LARNAUDE demande donc qu'on repousse la formule de M⁰ Celliez pour les trois motifs qu'il développe devant l'assemblée.

M⁰ CELLIEZ croit que l'auteur, dans le second reproche, le plus grave qu'il fait à sa formule, a pris pour base de son argumentation le traité existant avec l'Italie; s'il étudiait l'ensemble des traités, il verrait que la situation actuelle est loin d'être bonne. D'ailleurs, l'orateur fait observer que nous n'avons pas à prendre en considération les lois des différents pays pour nous favoriser quand même, nous autres Français. Nous ne parlons pas au nom d'une nation, mais de toutes. La justice veut que nous soyons tous égaux. C'est un principe que nous avons à poser, principe d'égalité et pas autre chose : c'est ce sentiment-là qui a dicté la formule.

M. LARNAUDE insiste, désirant prouver qu'il est de l'intérêt des auteurs de n'accomplir les formalités qu'une seule fois, dans le pays où le livre a été produit. Un des meilleurs moyens pour protéger la propriété littéraire est justement d'éviter que les formalités se multiplient.

L'orateur voudrait que les délégués étrangers fussent appelés à formuler leur *desideratum*. Cela servirait à préciser les discussions. Un orateur de chaque pays doit exprimer ce qu'il voudrait voir adopter par le Congrès.

M. Félix Jahyer fait remarquer à l'orateur que ce vœu a été formulé dès la première séance de la seconde commission, et que les délégués russes ont seuls fait entendre leur voix en ce sens.

M. Louis Figuier défend la formule de Mᵉ Celliez, dont il trouve l'économie générale excellente.

M. Molesworth invite M. Larnaude à mettre en formule les idées qu'il vient d'exprimer.

M. Larnaude rédige à l'instant la formule suivante :

Toute œuvre littéraire, scientifique ou artistique sera traitée, dans les pays autres que son pays d'origine, suivant les mêmes lois que les œuvres d'origine nationale.

Pour que cette protection existe, il suffira à l'auteur d'avoir accompli, dans le pays où le livre a été publié, les formalités d'usage (du pays).

En ce qui concerne la traduction et l'adaptation, le Congrès exprime le vœu que les traités internationaux réservent à l'auteur le droit exclusif d'autoriser la traduction ou l'adaptation de son œuvre.

Une discussion s'engage alors pour et contre cette nouvelle formule, discussion à laquelle prennent part Mᵉ Henri Celliez, MM. Sonzogno, Fliniaux, Félix Jahyer, Lubomirski et Chodzkiéwiez.

M. Scharapov présente une nouvelle proposition rédigée en ces termes :

Lorsqu'une œuvre littéraire, scientifique ou artistique, sera communiquée au public dans un pays autre que son pays d'origine (originale ou en traduction), elle y sera traitée suivant les mêmes lois que les œuvres d'origine nationale.

M. Fliniaux ne croit pas que les mots ajoutés par M. Scharapov à la formule de Mᵉ Celliez soient de nature à l'améliorer. Il demande à lire sa nouvelle contre-proposition à cette formule de Mᵉ Celliez, ayant modifié les termes de celle qu'il avait lue à l'avant-dernière séance.

La nouvelle proposition est ainsi conçue :

Proposition de M. Fliniaux.

I

Le Congrès exprime le vœu que, chez toutes les nations, le droit des auteurs sur les œuvres littéraires, dramatiques et artistiques, soit reconnu et protégé par des lois uniformes.

Ce but idéal ne pouvant être atteint que progressivement et dans les limites de l'initiative des différents législateurs, le Congrès propose, comme bases des Conventions internationales, les clauses suivantes :

II

1º L'auteur conservera, *pendant toute sa vie*, dans le pays étranger, la propriété complète de ses œuvres qui ne pourront y être traduites, annotées, modifiées, adaptées au théâtre, représentées, et publiées sous aucune forme, sans son autorisation expresse.

Il pourra poursuivre à l'étranger la contrefaçon de ses œuvres, suivant la procédure établie en pays étranger et conformément au droit commun.

2º *Après la mort de l'auteur*, le droit de ses héritiers ou ayants cause sera, dans chacun des pays contractants, réglé, quant à sa nature, sa durée et son étendue, suivant le statut personnel de l'auteur au moment de son décès, c'est-à-dire, conformément à la loi de son pays d'origine.

Ces héritiers ou ayants cause pourront poursuivre à l'étranger les contrefacteurs, suivant la procédure établie en pays étranger et conformément au droit commun.

L'orateur défend longuement sa proposition.

Mᵉ Celliez redresse quelques erreurs commises par l'orateur au point de vue du droit. Il ajoute qu'on a déjà de la difficulté à interpréter et à appliquer la loi dans son propre pays et qu'il serait difficile d'invoquer en France la loi anglaise, par exemple, les juges français eux-mêmes pouvant arguer de leur ignorance de cette loi.

Mᵉ Celliez répète qu'il a voulu consacrer un principe et non faire une loi. Il veut qu'un auteur soit traité pour le bienfait de son œuvre. Chaque pays lui donnera à la fois les bénéfices et les charges de la loi qui le régit.

M. E. Douay émet la proposition suivante :

Aucune œuvre ne peut être ni reproduite, ni traduite, ni modifiée d'aucune façon dans son texte authentique sans l'autorisation écrite et préalable de l'auteur.

L'orateur demande ensuite l'égalité devant les lois nationales particulières qui régissent chaque auteur.

La discussion devenant générale, M. Santa-Anna Néry demande qu'on vote sur la formule de Mᵉ Celliez et sur la proposition développée au commencement de la séance par M. Larnaude, et ayant trait aux délégués étrangers.

M. Jules Clère demande la parole au nom du comité de la Société des gens de lettres. Le comité prie la deuxième commission de vouloir bien nommer son rapporteur dans cette séance. M. Jules Clère, en son nom personnel, demande ensuite que la deuxième commission se réunisse demain à midi et demi, pour la lecture du rapport.

Ces deux propositions, mises aux voix, sont adoptées.

M. Jahyer insiste pour que la formule de Mᵉ Celliez soit d'abord mise aux voix, puis ensuite celle de M. Larnaude, afin que la discussion ne se prolonge pas inutilement. Chacun doit être fixé actuellement sur ce qu'il veut.

La formule de Mᵉ Celliez, mise aux voix, n'est pas adoptée.

La formule de M. Larnaude, mise aux voix, est adoptée.

M. Félix Jahyer demande à l'assemblée de nommer son rapporteur.

M. Larnaude est désigné pour faire son rapport, qui sera lu mardi à midi et demi dans la séance fixée pour la deuxième commission, avant d'être présenté à une heure et demie à l'assemblée générale.

La séance est levée à quatre heures un quart.

Le secrétaire,
Félix Jahyer.

Lettre de M. Artus, délégué du Brésil à M. le président de la deuxième commission et lue dans le procès-verbal du 24 juin :

Monsieur le Président de la deuxième commission du Congrès littéraire international.

Monsieur le Président,

Étant, pour cause majeure, forcé de m'absenter pendant quelques jours, je viens vous prier de bien vouloir donner lecture de la proposition incluse, que je voulais formuler hier, si la Commission avait décidé d'entrer en séance, après la lecture du procès-verbal; elle est précédée de quelques réflexions venant à son appui.

Recevez, monsieur le Président, mes remerciements anticipés, et l'expression de ma haute considération.

J. L. ARTUS,
Délégué du Brésil.

MESSIEURS,

Dans la séance du 19 juin, les délégués de l'Angleterre et de la Russie, par un scrupule honorable, ont fait des réserves pour l'adoption ; le premier, de l'article 2 du rapport de la première Commission, le second, du vœu formulé par Me Celliez dans la deuxième Commission.

Il me paraît que ces honorables délégués, quoique étant représentants de leur nation, auraient dû tenir compte plutôt de l'intérêt général qui nous guide, que de croire leur conscience engagée par un vote qui serait même contraire aux lois existantes de leur pays.

Ce que nous demandons tous par ce Congrès, c'est d'énoncer hautement que les États doivent la protection à la littérature, aux sciences et aux arts, qu'ils doivent reconnaître la pensée de l'écrivain comme un droit naturel et doivent garantir ce droit par des lois.

Or, il me semble que notre vœu individuel doit se manifester tout d'abord, avant de nous occuper du pays que nous représentons. Nous sommes réunis par le même désir : faire triompher un principe.

Pour le moment c'est une occupation stérile que de s'occuper à savoir si un pays admettra ou n'admettra pas les vœux exprimés par le Congrès ; si dans un autre les législateurs ne feront aucun cas de nos désirs ; je veux croire que c'est possible, quant au présent. Mais, lorsque les bases de notre travail seront bien établies, que les idées seront claires, précises, alors le temps ne sera pas éloigné où ces mêmes législateurs, dont les délégués craignent le refus ou le dédain, seront les premiers à défendre les droits légitimes évoqués par un Congrès, composé d'hommes aussi autorisés par leurs talents que par leur renommée.

Ce serait une besogne de plusieurs mois, si chaque délégué venait à comparer la législation de son pays avec les dispositions radicales, qui sont soumises à vos délibérations.

Il serait encore moins dans nos attributions de venir dire au Brésil, par exemple, vous qui n'avez pas de loi sur la propriété littéraire : faites-en une. De dire à la Russie, de changer la durée du terme auquel les œuvres littéraires appartiennent au domaine public, etc., etc. Non, ce n'est pas là, je le suppose, le but que le Congrès s'est proposé.

Nous devons tous, quels que soient les lois ou traités en vigueur, ne nous occuper que d'une seule et unique chose : celle de nous associer sans réserve aux vœux exprimés par les trois Commissions, sauf à en débattre la rédaction. Nous devons accepter, d'abord en notre nom personnel, ensuite comme délégué, ces vœux, en promettant de faire tous nos efforts pour les faire prévaloir, soit par des écrits, soit par des journaux, soit dans nos relations, afin d'attirer l'attention des légistes, sur cette révolution pacifique qui doit avoir pour couronne la Justice.

Voilà, je crois, le véritable but de notre présence au Congrès. — Dès lors, que ces honorables collègues craintifs viennent fièrement attacher leurs noms à cette œuvre grandiose qui va sortir lumineuse de nos délibérations ; ils auront bien mérité de l'estime de leurs concitoyens et du Congrès littéraire international.

La convention de Genève de secours aux blessés à son début n'avait l'adhésion que de deux ou trois puissances, aujourd'hui elle est presque universelle, parce que la nécessité en a été reconnue.

Il en sera de même de notre Congrès lorsqu'il aura établi le principe incontestable de la propriété de la pensée humaine. De là viendra la nécessité de l'application de ce principe. Cette nécessité suppléera à celle de la convention de Genève, parce que la pensée ne reconnaissant pas de frontière, fera cesser les instincts brutaux de la guerre, pour faire place à l'harmonie des travaux littéraires et artistiques.

En suite de ce qui précède, il serait donc utile, afin de ne pas prolonger à l'infini ses travaux, que la deuxième Commission prit la résolution suivante :

Dores et déjà, les membres de la deuxième Commission ne pourront prendre la parole, que sur les questions qui lui ont été soumises par la circulaire du 13 juin. Toutefois, il sera dérogé à cet ordre, pour entendre la lecture de rapports se rattachant spécialement à ces questions.

J. L. ARTUS.

NEUVIÈME JOURNÉE

25 JUIN

SÉANCE GÉNÉRALE

ET

PROCÈS-VERBAUX DES COMMISSIONS

SÉANCE GÉNÉRALE

DU

CONGRÈS LITTÉRAIRE INTERNATIONAL

NEUVIÈME JOURNÉE
25 Juin 1878

Présidence de M. Victor Hugo.

La séance est ouverte à deux heures et quart.

M. Diguet, l'un des secrétaires, lit le procès-verbal de la dernière séance.

M. Hector Malot. — Je demande la parole sur le procès-verbal. Nous avons voté l'impression du discours de Victor Hugo, mais je crois que nous avons aussi voté sa distribution. On ne nous l'a pas remis; c'est d'autant plus regrettable que nous avions remis la séance à mardi, afin d'être sûrs de l'avoir.

M. Jules Clère. — Nous faisons tout le possible. On n'a encore apporté de l'imprimerie que vingt-cinq exemplaires, qui ont été remis aux membres du bureau et à quelques-uns de nos confrères. Nous en attendons d'autres de minute en minute; aussitôt qu'ils arriveront, on les distribuera.

M. le président. — Je mets aux voix le procès-verbal.

Le procès-verbal est adopté.

L'ordre du jour appelle la lecture du rapport de la deuxième commission.

M. Larnaude, rapporteur, monte sur l'estrade.

M. le président. — Je demande à l'assemblée si, avant d'entendre la lecture des rapports, — il y en a plusieurs, il y a en outre un discours de M. Caïcedo, — elle ne veut pas continuer la délibération sur la question qui a déjà été discutée à la précédente séance.

M. Robert Hyenne. — Il n'a pas été fixé d'ordre du jour à la dernière séance.

M. le président. — La réunion est maîtresse de son ordre du jour ; elle peut donc décider, si elle le juge à propos, qu'elle passera à la continuation de la délibération commencée dans la précédente séance. Vous êtes maîtres absolus.

M. Félix Jahyer. — Il me semble qu'il serait très utile de lire tout au moins les rapports des deux commissions, pour qu'on pût, s'il y a lieu, en voter l'impression.

M. Robert Hyenne. — Il serait entendu que la discussion reprendrait après la lecture des rapports.

M. le président. — Cela établi, je donne la parole au rapporteur de la deuxième commission.

M. Larnaude, rapporteur de la deuxième commission, donne lecture du rapport suivant :

Messieurs,

Je viens, au nom de la 2e Commission, soumettre au Congrès littéraire international le résumé des travaux auxquels elle s'est livrée et les résolutions qu'elle a prises. Les questions qu'elle avait à examiner étaient nombreuses et délicates, elle a dû en ajourner quelques-unes, en passer d'autres sous silence. Son excuse, si excuse il y a, c'est le peu de temps qu'elle a pu consacrer à des matières qui, pour être examinées avec fruit, exigent des études et des recherches nombreuses.

Voici quel était son programme :

De la reproduction, de la traduction, de l'adaptation, de l'insuffisance des conventions diplomatiques au point de vue de la protection du droit de propriété littéraire internationale. Recherche d'une formule destinée à être introduite dans les traités de commerce pour y remplacer les anciennes formules.

Pour tout résumer d'un mot, c'était la protection de la propriété littéraire au point de vue international que votre 2e Commission avait à examiner. Toutes ces questions, Messieurs, je n'ai pas à en rappeler ici l'importance ni l'actualité. La présence au milieu de nous, dans ce Congrès, de tant d'illustres écrivains étrangers, accourus de tous les coins du monde, n'est-elle pas la plus éloquente démonstration de la nécessité de ces études ?

Le problème à résoudre, Messieurs, est celui-ci : Un Français, par exemple, publie un ouvrage en France ; cet ouvrage pourra-t-il être réimprimé, traduit, adapté en pays étranger sans la permission de l'auteur ? Vous répondez tous : « Non », Messieurs, et en cela vous ne faites que suivre les indications du plus élémentaire bon sens ; et cependant une pareille réponse est bien loin de la vérité et de la réalité des choses. C'est qu'en effet, dans ce difficile problème, il faut tenir compte des différences considérables qui existent entre les diverses nations au point de vue de la production littéraire et de la littérature nationale. Tel pays a une littérature brillante, une production littéraire considérable ; tel autre, au contraire, a une littérature à peine naissante, qui a besoin pour se maintenir, pour progresser, pour devenir plus forte, d'emprunter le secours des pays voisins. Quel est l'intérêt du pays qui produit peu ? C'est que la réimpression, la traduction du livre étranger soient aussi faciles que possible. Quel est l'intérêt du pays qui produit beaucoup ? C'est que sa production littéraire soit respectée. Il a tout à gagner à cette protection, puisqu'il n'emprunte presque rien au pays voisin et que celui-ci, au contraire, lui emprunte beaucoup.

C'est dans la conciliation de ces intérêts divers que gît la difficulté, c'est cette difficulté que la 2e Commission a essayé de résoudre. Vous aurez à décider, Messieurs, si elle y est parvenue.

La Commission a d'abord été unanime sur ce point que, quelle que fût la nation dont il s'agit, il y avait, au point de vue naturel, nécessité pour elle de protéger ce droit de propriété littéraire d'un auteur étranger. De même que toute nation civilisée réprime chez elle le vol ordinaire, quelle que soit la nationalité de la personne qui en a été la victime, de même elle doit tenir à honneur de réprimer ce vol d'une autre nature qu'on appelle la contrefaçon. Mais, comment arriver à cette protection ? Avant d'en venir à la discussion des idées diverses qui ont été émises au sein de la Commission, je crois indispensable d'exposer brièvement l'état actuel de la législation et des traités internationaux sur ce sujet. Cela nous permettra de voir sur quels points les conventions diplomatiques actuellement existantes sont insuffisantes, et d'arriver ainsi à l'indication du remède qui vous est proposé par la 2e Commission.

La diversité des législations en ce qui concerne la protection de la propriété littéraire est considérable. Les unes, tout en admettant ce droit, le limitent à la vie de l'auteur ; les autres le font survivre à l'auteur un certain nombre d'années, mais ce nombre d'années est essentiellement variable ; quelques-unes déclarent ce droit perpétuel ; il en est, enfin, qui ne le reconnaissent en aucune façon et n'ont à son sujet aucune disposition expresse. De là des conflits nombreux.

Ces conflits ne naîtraient pas, ou du moins naîtraient fort atténués, si les législations des différents pays avaient suivi le généreux exemple qui leur a été donné par la France en 1852. Le décret-loi du 28 mars 1852 a décidé, en effet, que la contrefaçon, sur le territoire français, d'ouvrages publiés à l'étranger constitue un délit dont la répression peut être poursuivie conformément aux articles 427 et 429 du Code pénal, et cela sans condition de réciprocité. Mais, ce décret, s'il nous a valu beaucoup d'éloges, a trouvé, en revanche, fort peu d'imitateurs.

Quant aux traités internationaux conclus sur ce point jusqu'à ce jour, ils peuvent être ramenés aux deux types suivants.

Les uns accordent à la propriété littéraire étrangère la même protection qu'à la propriété littéraire nationale, sous la condition, pour l'auteur, de remplir dans le pays étranger les formalités requises par la législation de ce pays. Ce sont là les traités les plus nombreux.

Les autres, au contraire, ne subordonnent cette garantie qu'à l'observation, dans le pays où le livre a été publié pour la première fois, des formalités d'usage.

Il faut ajouter que certains traités, tout en accordant aux ouvrages étrangers la protection dont jouissent les ouvrages publiés dans le pays lui-même, restreignent cette protection lorsqu'elle est moindre dans le pays d'origine que dans le pays où le livre a pénétré.

D'autres, au contraire, répudiant cette distinction, accordent au livre étranger toute la protection qui est accordée au livre publié dans le pays, même lorsque cette protection est plus grande que celle du pays d'origine.

Certains membres de votre 2ᵉ Commission, préoccupés avant tout de voir cette restriction disparaître des traités existants, proposaient de soumettre les œuvres littéraires, scientifiques et autres publiés dans un pays, mais reproduites dans un autre, aux lois et règlements de ce dernier pays, et cela à tous les points de vue, aussi bien au point de vue de la protection considérée en elle-même qu'en ce qui concerne les moyens destinés à l'obtenir. En un mot, dans ce système, l'auteur dont le livre serait réimprimé à l'étranger, jouirait dans ce dernier pays de toute la protection accordée aux livres nationaux, mais il faudrait pour cela qu'il se conformât aux règlements en vigueur dans ce pays, qu'il accomplît les formalités de dépôt, d'enregistrement exigées des écrivains nationaux eux-mêmes.

De cette proposition, messieurs, la 2ᵉ Commission n'a cru devoir adopter que la première partie. Elle a décidé à une grande majorité que, pour la question de savoir quelle loi il faudrait appliquer à cette production littéraire qui passe la frontière, il faudrait se référer à la loi du pays où le livre a ainsi pénétré; que si la législation de ce pays, par exemple, protège pendant quatre-vingts ans la propriété littéraire après la mort de l'auteur, tandis que la législation du pays d'origine ne la protège que pendant cinquante ans, c'est ce délai de quatre-vingts ans qu'il faudra appliquer. Comme le disait en excellents termes le membre de la 2ᵉ Commission qui, dans une remarquable étude qui vous a été distribuée, proposait ce système : « Le droit naturel » appartenant à l'auteur de communiquer à ses semblables, soit à quel- » ques-uns, soit au public, l'œuvre par laquelle il a exprimé son idée » ou son sentiment, sera ainsi protégée dans chaque État suivant la loi » de l'État. L'auteur n'a pas le droit de demander autre chose. »

Peu importe, par conséquent, que la loi du lieu où le livre a vu le jour pour la première fois soit plus restrictive.

En passant la frontière, le livre change, pour ainsi dire, de nationalité en ce qui concerne la protection dont jouira désormais son auteur. Si la législation de ce dernier pays est plus favorable, tant mieux pour lui; si elle l'est moins, que l'auteur se résigne à ce sacrifice.

Cette première résolution de la 2ᵉ commission a, Messieurs, le grand avantage de pouvoir très facilement être introduite dans les traités internationaux. En se demandant, en effet, qu'à être traité d'après la loi du pays où le livre a pénétré, l'auteur ne réclame aucun privilège; il veut seulement jouir des avantages des lois du pays. Ce désir modeste sera le plus souvent facile à réaliser.

En votant cette première résolution, qui se formule ainsi :

Toute œuvre littéraire, scientifique ou artistique sera traitée dans les pays autres que son pays d'origine, suivant les mêmes lois que les œuvres d'origine nationale.

La 2ᵉ Commission a écarté par là même une seconde proposition qui était le contre-pied de cette dernière. L'auteur de cet autre projet voulait que la protection, accordée à l'œuvre pénétrant à l'étranger, fût toujours celle de la loi du pays d'origine. Ce système, longuement et savamment défendu par son auteur, n'a pas trouvé d'adhérents. Cette formule, plus avantageuse peut-être pour l'auteur dans sa simplicité, a paru à la commission trop difficile à obtenir des gouvernements étrangers.

Mais pour que cette protection existe, pour que le livre étranger soit protégé par la loi du pays où il est réimprimé, quelles formalités l'auteur va-t-il avoir à remplir ? C'est ici, messieurs, que la Commission s'est écartée de la formule adoptée par l'auteur de la proposition que je vous citais tout à l'heure. S'inspirant des traités les plus récents sur cette matière importante, la Commission a préféré au système des formalités à accomplir dans le pays où le livre pénètre, celui de l'accomplissement pur et simple des formalités à accomplir dans le pays d'origine. Elle a pensé qu'il y avait là une manière bien plus commode pour l'auteur d'arriver à faire respecter son droit. Au lieu de formalités quelquefois compliquées, souvent difficiles à connaître, plus souvent encore difficiles à accomplir, étant donnée la distance qui sépare les deux pays, la Commission a préféré le système qui a été déjà consacré notamment par les traités avec la Belgique et l'Italie. Il suffira donc à l'Italien, par exemple, d'assurer dans son pays son droit de propriété littéraire par les dépôt et enregistrement, exigés par sa loi nationale. Muni de la preuve de ce dépôt de cet enregistrement. il pourra poursuivre en tout pays la contrefaçon de son œuvre, en se conformant, bien entendu, aux lois du pays où s'intentera son action.

Telle est, messieurs, la deuxième résolution de votre commission. Elle se formule ainsi :

Pour que cette protection lui soit assurée, il suffira à l'auteur d'avoir accompli dans le pays où le livre a été publié pour la première fois les formalités d'usage.

Votre 2e Commission avait enfin à s'occuper de la traduction et de l'adaptation des œuvres littéraires, scientifiques, etc... en pays étranger. Sur ce point, messieurs, les traités actuellement existants sont d'une insuffisance qu'il importe de proclamer hautement ; ils sont conçus vis-à-vis de l'auteur dans un esprit de rigueur qu'il est de l'intérêt de tous de faire au plus tôt disparaître. D'après presque tous les traités, le droit de l'auteur d'empêcher de traduire son œuvre n'est pas indéfini. Il est soumis aux deux restrictions qui suivent;

1o Ce droit ne dure que pendant un certain temps, cinq ans ici, trois ans plus loin, et dans quelques pays un an seulement;

2o Il faut de plus que l'auteur fasse traduire lui-même son œuvre dans un délai assez court, le plus souvent dans un délai d'un an.

Il y a là, messieurs, un système qui est condamné par les résultats auxquels il a abouti, par les fraudes nombreuses qu'il a suscitées. Dans certains pays, dis-je, il y a toute une catégorie d'écrivains, si on peut leur donner ce nom, qui vivent exclusivement du produit que leur procure la traduction de livres étrangers. A l'affût de ces ouvrages, ces écrivains attendent l'expiration des délais fixés par les conventions diplomatiques, et, une fois ces délais expirés, entreprennent un travail désormais impuni. Est-ce là un système bien moral, messieurs ? Est-ce qu'il n'importe pas à l'auteur de n'accorder qu'à bon escient à une personne étrangère, la permission de traduire un livre qui renferme sa pensée la plus intime? Est-ce qu'il n'importe pas souvent qu'il surveille lui-même la traduction, qu'il dirige le traducteur, pour que cette pensée ne soit pas inexactement reproduite ? Et, d'autre part, en ne considérant que le côté pécuniaire de la question, est-il juste qu'on exproprie ainsi violemment, et au bout d'un temps très court, un auteur de ce qu'il a le droit légitime de considérer comme sa propriété ? N'y a-t-il pas une contradiction vraiment bizarre dans cette reconnaissance du droit de propriété littéraire par un traité où, quelques lignes plus bas, on décide que le droit d'autoriser la traduction ne durera qu'un temps très court.

Votre 2e Commission l'a pensé, messieurs, et elle présente à vos suffrages cette troisième résolution :

En ce qui concerne la traduction et l'adaptation, le Congrès littéraire international exprime le vœu que les traités internationaux réservent à l'auteur le droit exclusif d'autoriser cette traduction et cette adaptation.

Telles sont, messieurs, aussi fidèlement résumées qu'il m'a été donné de le faire dans un temps relativement très court, les discussions et les décisions de votre 2e Commission. Comme je le disais au début, elle n'a pas pu traiter à fond et comme elles le méritaient la plupart des questions si nombreuses qui s'imposaient à son examen : le temps lui a fait défaut. Telle qu'elle est, son œuvre est sans doute imparfaite, incomplète en plusieurs points. A vous de la rectifier et de la compléter, si vous ne préférez laisser ce soin à un autre Congrès.

Un membre. — Je propose au Congrès d'adresser des remerciements et des félicitations à M. Larnaude, qui, nommé rapporteur hier, à quatre heures, vient de nous lire un discours qui ne nous fait regretter, ni par la forme ni par le fond, qu'il ait été fait aussi rapidement.

Je demande que, selon l'usage, ce rapport soit imprimé et distribué.

M. le président. — Cette proposition me paraît conforme au sentiment général de l'assemblée ; elle est adoptée.

M. Edmond About. — Dans l'excellent rapport que vous avez entendu, il y a une omission très regrettable que je prends la liberté de vous soumettre. Il n'a pas été question de la sauvegarde des droits des auteurs dramatiques sur leurs pièces représentées à l'étranger. Le comité des auteurs dramatiques, à la suite d'un malentendu que je ne parviens pas encore à m'expliquer, s'est détaché de notre travail ; il ne faut pas que nos confrères soient punis de son abstention. Songez que les pièces des auteurs français sont jouées sans aucune rétribution.

M. Larnaude, *rapporteur de la seconde commission.* — La commission ne s'est pas occupée de la question que vient de soulever M. Edmond About. Maintenant, j'ajoute que les mots *adaptation* et *traduction*, qui se trouvent dans les conclusions du rapport, peuvent s'appliquer aux pièces de théâtre.

M. Edmond About. — Ce n'est pas assez. Ce n'est ni adapter ni traduire une pièce que de la jouer dans son texte même sur un théâtre étranger.

M. le rapporteur. — La question, je le répète, n'a pas été soulevée; mais je pense que les membres de la seconde commission ne s'opposeront pas à ce qu'on ajoute une phrase qui donne satisfaction à la réclamation présentée par M. Edmond About.

M. le président. — Il me semble que cela concilierait tout.

M. Edmond About. — Les auteurs dramatiques vous demanderaient d'ajouter cette simple phrase : « Nulle pièce de théâtre ne pourra être représentée sans le consentement de son auteur. »

Ceci rentre dans l'esprit de l'excellent rapport de M. Larnaude, et la commission aurait certainement voté cette addition. Le rapport n'est pas discuté. Nous pouvons ajouter cette phrase supplémentaire.

M. Félix Jahyer. — En disant : Toute œuvre, la commission a compris non seulement les livres, mais aussi les pièces de théâtre. Les mots « toute œuvre » s'appliquant aussi bien aux auteurs de musique et aux statuaires, mettons, si vous le voulez « toute œuvre littéraire, dramatique ou scientifique ». Pour moi, cela me paraît inutile.

M. Robert Hyenne. — Vous avez dit « toute œuvre », mais vous avez ôté les mots « traduction et publication ». Je fais en pays étranger des pièces adaptées; j'échappe à votre prohibition.

M. Félix Jahyer. — On a dit « toute œuvre sera traitée », etc.

M. d'Auriac. — Vous entrez dans la discussion qui n'est pas ouverte.

M. le président. — Lorsque le rapport sera discuté, les observations qui viennent d'être présentées arriveront en ordre utile. La parole est à M. Luis Alfonso pour la lecture de son rapport.

M. le rapporteur. — On me fait observer que je n'ai pas encore lu mon rapport à la commission et que je ne dois pas en donner lecture à l'assemblée.

Voix nombreuses. — C'est très juste.

M. Santa-Anna Néry. — M. le rapporteur de la troisième commission n'a pas encore soumis son rapport à sa commission; et on lui objecte qu'il ne peut pas en donner lecture à l'assemblée. Je demande que la troisième commission se réunisse pour l'entendre, ou bien que le rapporteur nous donne lecture de son rapport, et que les membres de la commission fassent leurs observations s'ils en ont à faire. Le premier parti me paraît le meilleur. Nous sommes très pressés par le temps; la moitié des délégués étrangers s'en vont. Je demande que la troisième commission se réunisse d'urgence.

M. Jules Lermina. — Il avait été convenu que la troisième commission se réunirait à midi. J'étais ici à l'heure fixée avec mon rapport; M. Luis Alfonso n'y était pas. Je trouve qu'il est de règle que nous consultions la troisième commission et que nous lui soumettions nos rapports.

M. le président. — L'incident est vidé. La parole est à M. Torrès Caïcedo pour la lecture d'un travail qu'il désire soumettre au Congrès.

M. Richard Cortambert. — Je suis chargé par M. Torrès Caïcedo de vous lire un travail sur la propriété littéraire, fait par lui depuis quelques jours, et déposé sur votre bureau depuis vendredi.

M. Richard Cortambert commence sa lecture presque aussitôt interrompue.

M. Pascal. — L'assemblée a accepté comme terrain de discussion le discours de Victor Hugo. Il ne me paraît pas qu'on doive apporter ici un autre texte de discussion.

M. Richard Cortambert. — C'est justement une réponse au discours de Victor Hugo.

(Mouvements divers. — La réunion paraît favorable à l'avis de M. Pascal).

La séance est suspendue pendant quelques minutes.

M. le président. — On me fait remarquer que le Congrès ne doit plus avoir que trois séances. Il est important que nous ne perdions pas de temps et que nous utilisions les moments qui nous sont comptés. Nous allons passer à la continuation de nos travaux. Il importe, dans l'intérêt de tous et du sort de nos délibérations, que nous ne nous occupions que des choses les plus utiles. M. Santa-Anna Néry a demandé la parole pour formuler une proposition au nom d'un grand nombre de délégués étrangers.

M. Santa-Anna Néry. — Le Congrès ne doit plus siéger que pendant quelques jours. Je viens, au nom d'un grand nombre de délégués étrangers, avec l'appui de la Société des gens de lettres, vous soumettre une proposition très simple. Il ne faut pas que les travaux du Congrès se bornent aux réunions que nous avons eues; il faut que les pays étrangers soient saisis de cette grande question de la propriété littéraire.

Messieurs, vous êtes Français; vous ne savez peut-être pas l'importance d'une délibération prise par une assemblée comme la vôtre, présidée par Victor Hugo, dont le nom retentit dans le monde entier et est applaudi jusqu'au fond des Amazones. Les décisions du Congrès seront reçues avec le respect et l'admiration que nous éprouvons dans l'Amérique du Sud pour Victor Hugo, qui est l'âme de la civilisation moderne !

Je vous propose que nos travaux ne se bornent pas à ces quelques séances, et qu'on nomme un comité permanent de délégués étrangers choisis parmi ceux qui restent à Paris. Ils pourront donner à leurs confrères des informations sûres sur ce qui se passe dans leur pays, sur les falsifications, les contrefaçons auxquelles on se livre dans toutes les contrées. Je suis persuadé que les membres de la Société des gens de lettres perdent par an plus de 100,000 francs sur les livres publiés clandestinement dans l'Amérique du Sud. On trouve dans les villages les plus reculés de mon pays, *Notre-Dame de Paris* et les romans de M. de Montépin. (Rires. — Exclamations.)

M. Santa-Anna Néry. — Je ne sais pas si c'est une preuve de civilisation. Je reviens à ceci : Vous perdez des sommes fabuleuses. Vous avez même des compatriotes qui ont des succursales au Brésil et qui éditent des traductions ordinairement informes avec lesquelles ils retardent le progrès dans mon pays. Nos hommes de science ne voyant pas leurs œuvres protégées n'ont aucun intérêt à les produire.

Je demande qu'on nomme, parmi les délégués qui résident à Paris ou qui sont en relations continuelles avec cette ville, un certain nombre de membres qui formeront un comité permanent. Ils recevront l'impulsion de la Société des gens de lettres pour transmettre à leurs pays les principes de la propriété littéraire, et ils informeront la Société des actes de pillage éhonté qui se pratiquent chez eux. Je demande qu'on mette ma proposition aux voix.

M. Jules Clère. — La proposition de M. Santa-Anna Néry est inscrite dans notre programme. Elle est à notre ordre du jour comme conclusion des travaux. Nous demandons la continuation de la discussion.

M. le président. — La proposition arrivera à son ordre.

Nous reprenons la discussion commencée dans la précédente séance. La parole est à M. Delalain qui se présente au nom du cercle de la librairie.

M. le rapporteur Dognée. — Je demande la parole ; j'ai reçu communication des résolutions du Cercle de la librairie ; j'en donnerai lecture à l'assemblée. Il est bien périlleux de venir prendre la parole dans cette réunion pour combattre l'opinion d'un homme aussi considérable. Je ne m'excuse pas envers Victor Hugo ; j'accomplis un devoir : il comprendra que je ne puis hésiter.

La première commission, encore sous l'impression de sa parole, a hésité ; elle a eu besoin de faire de grands efforts pour descendre sur un terrain pratique. Je viens en son nom vous demander le vote des propositions que j'ai eu l'honneur de vous apporter et qu'elle maintient.

Pendant que nous délibérions, le Cercle de la librairie s'était réuni. Il a rédigé un rapport qui nous a été apporté et dont je vais avoir l'honneur de vous donner lecture.

M. Dognée donne lecture du rapport du Cercle de la librairie dont les conclusions sont ainsi formulées :

« La durée de la jouissance du droit exclusif et absolu de l'auteur
» et de ses ayants droit doit être le même dans chaque pays ; mais
» au cas ou une législation ne la déclarerait que temporaire, l'œuvre
» doit tomber à l'expiration de la période déterminée par la loi dans
» le domaine public pur et simple, sans qu'il y ait lieu à aucune
» redevance. » (*Voir le texte du document page 287*).

La commission a reçu communication de ce travail. Auteurs et éditeurs sont quelque peu associés comme l'a fait remarquer Me Frédéric Thomas. Ils ne sont plus divisés par les anciennes règles, les anciens privilèges. Les éditeurs marchent la main dans la main avec les auteurs. Ce sont, à certains points de vue, des collaborateurs dont le concours est souvent bien précieux.

Ce n'est cependant point en vue des seuls éditeurs que la commission a le regret de persister dans sa manière de voir et de vous demander de voter les propositions qu'elle vous a soumises; c'est à un triple point de vue.

Sans doute, chacun de nous demande la diffusion des lumières et souhaite que le livre se répande dans le monde entier avec la rapidité de l'étincelle électrique. Mais il faut voir s'il n'est pas possible de concilier l'intérêt de l'humanité avec celui de l'ouvrier de la plume. Il faut chercher la conciliation et la réconciliation. Ce n'est pas impossible. Nous n'avons jamais repoussé d'une manière générale le système du domaine public payant.

Vous vous souvenez, que dans notre proposition, le droit du domaine public n'arrive qu'à une certaine époque. C'est là une différence avec l'opinion de Victor Hugo, qui nous dit, le genre humain prend possession le jour même de la mort de l'auteur. Ici, messieurs, nous avons des objections tirées de trois ordres d'idées différentes. Les auteurs de trois genres de personnes seraient sacrifiés. D'abord, les intérêts des héritiers. Je suis d'accord ici avec Victor Hugo, l'héritier n'a qu'un droit, toucher le produit de l'œuvre de son ancêtre; nous ne voulons pas qu'il puisse changer une virgule de la parole écrite. Nous allons plus loin, nous ne permettons pas, et cela n'existe pas dans la loi, qu'il reste inactif: nous demandons que l'héritier qui n'exploite pas l'œuvre de son ancêtre soit déchu.

Au point de vue de l'héritier qui est saisi à la mort de l'auteur, il y en a de deux sortes. Il y a l'enfant, et la femme qui nous a souvent aidé, soutenus par l'appui moral qu'elle nous a donné. Puis, il y a les générations suivantes; leur droit en s'étendant s'est amoindri, et nous les avons traités plus défavorablement; ils nous sont pour ainsi dire indifférents.

Je reviens aux premiers, à quel régime vont-ils être soumis? Ils seront voués à une série de procès. Où les retrouvera-t-on? partout, dans les plus petits villages. Il n'y a plus de frontières pour ceux qui écrivent. Comment ira-t-on chercher des héritiers quand il faudra traiter avec eux pour leur payer cette redevance? Comment iront-ils à Rio-Janeiro dans le fond des Amazones, dans le monde entier, réclamer les droits qui leur seraient accordés par la loi? Leurs droits seraient sacrifiés. Mais cette objection tirée de l'intérêt des héritiers me préoccupe peu. Il y en a deux qui me préoccupent davantage: c'est l'auteur et le domaine public.

Vous avez déclaré que le travailleur de la pensée est propriétaire de ce qu'il a fait, c'est une banalité. Il faut de toute nécessité que l'auteur vive du produit de son œuvre. Et quand nous entrons sur le terrain des nécessités sociales, il faut tenir compte des règles et des exigences du commerce.

Si la mort de l'auteur devient une époque fatale où son livre tombe dans le domaine public, comment pourra-t-il de son vivant recevoir immédiatement le prix de son œuvre? Que lui répondra l'éditeur de bonne foi? Il lui dira : Vous pouvez mourir demain, un malheur est si vite arrivé. Il ne risquera pas ses capitaux dans une opération aussi aléatoire; ou bien il lui dira: « Je vous paierai tant par an. »

Qu'arrivera-t-il? Un auteur consciencieux, des meilleurs, au prix des plus grands sacrifices, fera un livre qui lui aura coûté de longues veilles, des années peut-être de privation. Lorsque l'ouvrage sera terminé, il ira le présenter à un éditeur qui lui dira : « Je ne puis vous le payer, qui sait si vous n'allez pas mourir ? »

Ainsi les droits de l'auteur sur son œuvre, le droit de vivre du produit de son travail intellectuel, sont sérieusement compromis, ou, pour parler plus net, sacrifiés par la conséquence forcée d'une idée généreuse et grande.

J'arrive à la troisième personne : au domaine public payant, entrant en possession immédiatement à la mort de l'auteur; et celui-là, cher maître, c'est celui dont vous vous préoccupez tant; je vous en remercie au nom des travailleurs. Le domaine public, cette masse qu'on ne connaît pas, mais qui aime à lire pour se sentir grandir dans les luttes de la vie de tous les jours, avec le système du domaine payant immédiat, on n'est pas sûr d'obtenir cette diffusion des lumières que nous souhaitons tous.

Quel est l'éditeur qui voudra risquer ses capitaux pour l'établissement d'un livre coûteux à établir, quand il saura qu'il ne peut pas compter sur un privilège, et qu'on peut d'un moment à l'autre venir lui saper le marché. C'est la liberté, mais c'est l'impossibilité pour elle d'accomplir son œuvre d'émancipation et de progrès. Si l'éditeur n'est pas assuré de la propriété de l'œuvre pour un temps déterminé, il ne fera rien. Il arrivera que des œuvres qui ne s'imposent pas immédiatement aux masses resteront sans être publiés. (Très bien! Très bien!)

Il en résultera que ce régime nuira à la fois aux héritiers, aux auteurs et au domaine public.

Voilà, cher maître, les raisons qui, je vous en demande pardon, ont dicté notre conviction profonde; vous aimez trop les gens à convictions pour ne pas leur pardonner quand ils sont d'un avis contraire au vôtre.

M. Emmanuel Gonzalès. — M. Dognée vient de vous présenter

avec une éloquence, on peut dire entraînante, des arguments qui m'ont frappé, mais qui m'ont fait l'effet d'un mirage à tous les points de vue. Je ne veux pas faire un discours, je veux simplement examiner en quelques mots les raisons qu'il a fait valoir.

1° Il a parlé des héritiers, de la difficulté de trouver les héritiers pour traiter avec eux. Cet argument n'est pas sérieux. La propriété littéraire sera soumise, comme toutes les autres, à toutes les lois qui régissent les héritages. Au besoin, si les héritiers ne se présentent pas, les fonds seront déposés dans une caisse publique. Donc, l'argument me paraît absolument sans valeur.

Passons à la question du traité avec l'éditeur. Victor Hugo n'a pas dit d'une manière absolue, à la mort de l'écrivain le domaine public s'empare de son œuvre; il a fait des réserves.

Victor Hugo. — J'ai dit en propres termes — le texte est là, on peut le lire, — sauf réserve des conventions faites du vivant de l'auteur, entre lui et les éditeurs, les contrats font loi. Je n'ai pas voulu interrompre le précédent orateur.

J'ajoute que l'on a parlé très longuement sur une chose que je n'ai pas dite. J'ai dit : les héritiers directs. — Quant à moi, je fais un tel cas de la liberté d'écrire et de penser, que je n'attribue d'hérédité qu'à l'héritier direct.

Je suis très fâché que dans une discussion aussi grave, on ait parlé de choses que je n'ai pas dites.

M. Emmanuel Gonzalès. — Je m'empare des mots de Victor Hugo. Il a fait une réserve. Les traités faits par l'auteur, les contrats signés par lui font loi. De ce côté encore tout l'argument tombe.

Il y a maintenant la troisième question, celle du domaine public. On nous a dit que, du moment où les éditeurs ne seraient pas assurés d'un privilège, ils ne publieraient pas les œuvres des auteurs. Vous me prouverez alors qu'on n'a jamais publié Lafontaine, Corneille, Molière, Racine, Boileau. Tous les jours on lance des éditions illustrées de nos classiques français. Cet argument n'est donc pas meilleur que les autres.

J'ai fini, J'ai voulu seulement et d'une manière succincte, rétablir les faits sous leur vrai jour, je crois y avoir réussi. (Très bien! Très bien!)

M. A. Huard. — Messieurs, il y a un point qu'il faudrait bien préciser. Ce que nous avons entendu combattre, c'est le domaine public payant commençant à la mort de l'auteur.

Au contraire, s'il s'agit d'un domaine public qui ne commence à payer qu'à l'expiration du délai actuellement accordé par les diverses législations, il est évident que c'est un progrès que nous vous demandons de réaliser, conformément au rapport de M. Dognée.

Il me semble que j'ai entendu notre illustre maître dire qu'on s'était mépris sur sa pensée, et qu'il voulait qu'on tînt compte des traités passés par l'auteur.

Ici nous nous heurtons à une difficulté pratique. Ce serait donc l'auteur qui, dans le traité, déterminerait lui-même le terme à l'expiration duquel le domaine public entrerait en possession de l'œuvre; c'est impossible. Car, si je comprends bien la pensée émise tout à l'heure, il faudrait que l'auteur eût dit : Je vous cède pour dix ans, vingt ans, mes droits d'auteur. C'est lui-même qui déterminerait la durée de son droit. S'il venait dire : «Je cède mes droits à perpétuité» il faudrait donc respecter sa volonté? Nous parlons pratique; nous sommes là en face des nécessités de la pratique, et c'est pour cela que je demande que l'on précise bien.

J'ai compris, à la dernière séance, que ce qu'il s'agissait de sanctionner, c'était le domaine public payant entrant en possession à la mort de l'auteur. C'est contre cela que nous nous sommes élevés, non pas par dédain de l'intérêt social, mais parce que cela soulève dans la pratique d'insurmontables difficultés.

La première concerne l'auteur. Vous voulez lui assurer une juste rémunération de sa peine. Vous voulez plus que cela : vous avez reconnu que le droit de l'auteur est un droit de propriété. C'est la plus sacrée de toutes les propriétés. Si cela est vrai, il faut assurer à l'auteur le moyen de tirer profit de cette propriété sacrée et respectable. Eh bien! il va se trouver en face d'un éditeur; s'il n'est pas assuré de faire jouir cet éditeur d'un privilège suspensif pendant un temps certain, jamais il ne trouvera un éditeur qui consente à lui payer une somme un peu considérable. Il peut mourir demain, et si à cette époque le domaine public prend possession de l'œuvre, jamais il ne trouvera un éditeur.

M. Dognée vous a signalé les inconvénients qui résulteraient de l'adoption du domaine public payant entrant en possession immédiatement à la mort de l'auteur. Ces inconvénients disparaissent presque complètement si vous adoptez la proposition de votre commission, si ce domaine public payant ne commence qu'à l'expiration d'une période déterminée, pendant laquelle les héritiers de l'auteur auront les mêmes droits que l'auteur lui-même.

Dans toutes les législations il y a une période. Les uns accordent vingt ans, les plus favorables donnent quatre-vingts ans. Nous vous proposons de faire commencer le domaine public payant à l'expiration de cette période. De cette manière, l'auteur, de son vivant, et l'héritier après lui, pourront encore faire des traités avec les éditeurs. Ils pourront dire alors: « je vous assure, pendant une période certaine, le droit de reproduction exclusive; si vous faites des dépenses considérables pour éditer le livre de mon auteur, vous pourrez rentrer dans vos déboursés; vous ferez une bonne opération. »

Donc ces inconvénients du domaine public commençant immédiatement à la mort de l'auteur en ce qui concerne l'auteur, le domaine public et l'héritier, disparaissent si vous acceptez notre proposition.

Nous vous recommandons l'adoption de ce système, parce qu'il nous paraît réaliser un progrès manifeste sur l'état de choses actuel.

En acceptant le domaine public payant entrant en possession au bout de cinquante ans, vous ne sacrifiez pas ce droit de propriété que vous voulez perpétuel. Sans compromettre en rien les droits du domaine public ni les droits de l'auteur, qui n'en deviendront que plus productifs, et en réservant aussi les droits de l'héritier, qui aura droit à une redevance, à une rémunération perpétuelle, vous aurez ainsi réalisé un progrès considérable. (Applaudissements.)

M. Léon Richer. — Je remarque que, dans la discussion, on a passé tout de suite au troisième paragraphe des conclusions de la première commission. Lorsque nous avons clos la dernière séance, nous en étions à la seconde proposition. On a voté la première, et on n'a pas discuté le second paragraphe, ainsi conçu :

« Néanmoins pourra être déchu de ses droits, etc... »

Je demande au rapporteur de nous dire si ce droit de confiscation pendant vingt ans est maintenu?

M. Dognée, *rapporteur*. — Quant au changement d'ordre de la discussion, il a été voté par l'assemblée générale.

L'article premier a été voté implicitement. On a voté formellement le premier paragraphe de l'article 2 à la suite du discours de notre illustre président. On a quelque peu modifié l'ordre de la discussion pour la rendre plus facile.

Permettez-moi de répondre encore un mot à un reproche qui a été adressé au rapporteur, et qui m'a été très sensible. Si j'ai combattu certains arguments fournis en faveur du domaine public payant s'ouvrant à la mort de l'auteur, c'est à la suite d'une décision prise par la commission dont je suis l'organe. Mon devoir était d'agir comme je l'ai fait.

Un membre. — Le principe du domaine public payant est admis dans les deux systèmes. Dans le premier, il commencerait au moment de la mort de l'auteur ; dans le second, il ne commencerait qu'à l'expiration du délai de protection accordé par les diverses législations dans les divers pays.

La première objection faite au premier système est celle-ci : Le domaine public commencera bien à la mort de l'auteur, mais à la condition que ce dernier n'aura fait ni traité ni contrat. Or, si l'auteur conserve de son vivant le droit de disposer de son œuvre, le domaine public ne prendra jamais possession de l'œuvre. Ne serait-il pas possible de concilier les deux systèmes en décidant que, sans doute, la concession que l'auteur aura consentie devra être respectée après sa mort, mais seulement pour un délai déterminé ?

Voix diverses. — C'est le projet de la commission.

Le même membre. — Ce n'est pas le projet de la commission. Ce projet dit : Le droit du domaine public commencera à la fin du délai accordé dans les différents pays. Il ne parle pas du droit que l'on veut accorder à l'auteur lui-même, de concéder un droit exclusif sur son œuvre. Je crois que les deux systèmes pourraient être conciliés au moyen de la modification que je propose.

On a parlé aussi de la difficulté qu'il y aurait à rechercher les héritiers. Notre illustre président a répondu que, dans son système, il ne s'agissait que des enfants et des petits-enfants. Mais supposons que le droit soit plus étendu et qu'il s'agisse d'appliquer les principes du Code civil, en étendant les droits successifs jusqu'au douzième degré.

Je vous répéterai que, dans notre système, les mêmes difficultés se présentent, car, au moment où le domaine public s'emparera de l'œuvre, il devra payer une redevance à l'héritier qu'il faudra trouver.

Je résume ainsi l'amendement que je propose.

« Le domaine public payant commencera à la mort de l'auteur, si ce dernier n'a pas jugé à propos, de son vivant. Dans ce cas, il commencera à l'expiration du temps que vous aurez fixé, de telle sorte que l'œuvre tombera toujours sûrement dans le domaine public. »

M. Robert Hyenne. — L'opinion considérable de notre illustre président se fortifie par l'adhésion d'un écrivain éminent, M. Emile de Girardin. Je crois que l'intention de Victor Hugo est de prendre la parole; nous sommes tous impatients de l'entendre.

Voix nombreuses. — Oui! oui!

Victor Hugo. — Messieurs, je remercie mon très éloquent contradicteur le rapporteur de la première commission. Il est impossible de combattre un adversaire en termes plus élevés et plus courtois. Pour moi, si j'éprouve un embarras, c'est de trouver en face de moi un contradicteur qui mérite tous les égards possibles.

Ceci dit, permettez-moi d'entrer en toute liberté dans la discussion. Je ne comprends rien à la déclaration de guerre au domaine public.

Comment! on ne publie pas les œuvres de Corneille, de Lafontaine, de Racine, de Molière?

Le domaine public n'existe donc pas?

Où sont ces dangers, ces périls, tout ce que le Cercle de la librairie a bien voulu nous prédire?

Ce sont des objections qu'on peut faire au domaine public, tel qu'il existe aujourd'hui.

Le domaine public est détestable, dit-on, à la mort de l'auteur, mais excellent aussitôt qu'arrive l'expiration : de quoi?... de la plus étrange rêverie que jamais des législateurs aient appliquée à un mode de propriété, du délai fixé pour l'expropriation d'un livre.

Vous entrez dans le caprice absolu des gens qui ne s'y connaissent pas.

J'ai le droit de parler avec quelque liberté des législateurs. Les hommes qui font des lois quelquefois s'y connaissent; en matière littéraire, ils ne s'y connaissent pas.

Sont-ils d'accord au moins entre eux? Non. Le délai de protection qu'ils accordent est ici de dix ans, là de vingt ans, plus loin de cinquante ans; ils vont même jusqu'à quatre-vingts ans. Pourquoi? Ils n'en savent rien. Je les défie de donner une raison!

Et c'est sur cette ignorance absolue des législateurs que vous voulez fonder, vous qui vous y connaissez, une législation. Vous qui êtes compétents, vous accepterez l'arrêt rendu par des incompétents.

Je leur dirai : « Pourquoi ce délai ici de vingt ans, là de cinquante ans? Quels motifs avez-vous? » Je les défie de répondre.

Je suis prêt à donner la parole à celui de mes contradicteurs qui voudra me dire les motifs pour lesquels, dans tous les pays civilisés, la législation attribue à l'héritier, après la mort de son auteur, un laps de temps variable pendant lequel l'héritier, absolu maître de l'œuvre, peut la publier ou ne pas la publier. Pourquoi l'œuvre est-elle livrée pendant un temps qui varie selon la frontière et les fantaisies du législateur, au caprice de l'héritier? Que l'on me donne une raison.

M. Louis Ratisbonne. — C'est basé sur un privilège royal qu'accordait jadis la faveur du souverain. Les législateurs ont copié là dessus les dispositions qu'ils ont édictées.

Victor Hugo. — Je vous remercie de l'appui que vous me prêtez.

M. Louis Ratisbonne. — Notre illustre président nous demande pour quels motifs les législations accordent vingt ans, trente ans ou cinquante ans de protection à l'héritier? Il n'y en a aucune; c'est du pur arbitraire. C'est précisément pour ce motif que j'ai pu, à la fin de la dernière séance, dégager ce principe, que la propriété littéraire n'est pas une concession de la loi, mais un droit, c'est le droit de l'homme de lettres. Nous avons prononcé cette vérité, c'est notre charte.

Comment l'organiser?

Le domaine public payant se trouve en présence d'un autre système qui est le monopole. M. Molinari l'a soutenu à la dernière séance. Je ne suis pas de son avis. Je n'admets pas la propriété littéraire monopolisée dans les mains de l'héritier maître de la séquestrer. Voltaire pourrait tomber dans les mains de M. Dupanloup, et M. Dupanloup dans les mains d'Edmond About.

M. Edmond About. — Je publierais ses œuvres.

M. Louis Ratisbonne. — J'admets le système de Victor Hugo, mais je lui demande la permission de ne pas être de son avis sur la façon dont il comprend le domaine public payant. Il y a deux systèmes : la concurrence libre se saisissant de l'ouvrage aussitôt la mort de l'auteur, et la protection temporaire. Je ne demande pas cinquante ans, mais je demande un délai. Et voici pourquoi, à l'heure qu'il est, nous avons une propriété dont nous sommes assurés. Nous sommes propriétaires pendant cinquante années. Je craindrais, en disant que le domaine public prend possession de notre œuvre à notre mort, de nous causer à nous-mêmes un grave préjudice. On nous a dit à ce sujet des choses charmantes. Nous sommes tous partisans de la propriété littéraire; mais si quelqu'un vient à nous, se déclare ami de la propriété, et nous dépossède de notre propriété, je lui dirai : « Vous aimez trop ma propriété, vous la dévorez. » (Rires.)

Toutefois, les objections qu'on peut faire au domaine public payant entrant en possession à la mort de l'auteur ne sont pas de la même valeur que celles qui s'appliquent au monopole.

Je demande que le domaine public ne soit saisi qu'après un certain temps à dater de la mort de l'auteur. Nous sommes un Congrès, et nous ne pouvons formuler que des vœux.

Vous choisirez entre le monopole et le domaine public payant, entrant en possession immédiatement après la mort de l'auteur, ou après un certain délai.

Il nous importe d'affirmer que la propriété est un droit, puis ensuite que la propriété est un droit perpétuel qui ne peut pas rester indéfiniment comme un monopole entre les mains de l'héritier, et qu'au bout d'un temps indéterminé la publication de toutes les œuvres deviendra libre, à la charge de payer une redevance. Si vous faites cela, vous ferez beaucoup. (Marques d'approbation de la part d'un certain nombre de membres.)

Victor Hugo. — J'ai entendu avec plaisir les paroles qui viennent d'être prononcées; mais je ferai remarquer à la réunion que mes adversaires n'ont pas répondu à ma question.

Je demande un contradicteur. Toute la base de l'objection contre le domaine public payant immédiat se réduit à ceci : l'écart que les diverses législations ont mis entre la mort de l'auteur et l'entrée en possession du domaine public.

J'ai déclaré que chez tous les peuples les législateurs avaient émis des verdicts différents sans savoir pourquoi, dix ans, vingt ans, trente ans, cinquante ans; qu'aucun de ceux qui ont rendu ces décrets étranges ne sait pourquoi. Vous, vous connaissez cette matière.

C'est là toute la question; il s'agit de détruire cette invention bizarre des législateurs ignorants. C'est à vous, législateurs indirects, mais compétents, qu'il appartient d'accomplir cette tâche.

Je dis que, puisque c'est là toute la question, je voudrais qu'un de mes honorables contradicteurs eût la bonté de venir me dire s'il y a une raison et de me la faire connaître. Je voudrais qu'il vînt me dire : En France, le délai est de cinquante ans; en Angleterre, le délai est de trente ans, voici la raison de trente ans; en Espagne, le délai est de quatre-vingts ans, voici la raison des quatre-vingts ans.

Qu'un de mes honorables contradicteurs ait la bonté de me donner ces explications, et je continuerai.

M. J. Garnier. — Je ferai une petite remarque, une réponse à votre question. C'est que le législateur a successivement accordé un délai de plus en plus grand pour la durée de la propriété littéraire, a mesure qu'il a été de plus en plus convaincu que c'est une propriété. Au dernier siècle on n'accordait rien.

En 1873, le législateur comprit qu'il y avait là une propriété, et il accorda sept ans; puis vingt ans. Il s'est trouvé ensuite un homme de beaucoup d'esprit et qui s'appelait Jobard, qui a défendu, avec la plus grande énergie, la pérennité de la propriété littéraire. Il est arrivé à convaincre les Belges d'abord, ensuite les Espagnols et d'autres encore. C'est lui qui a été la cause de la loi de 1866.

Il y a donc une propriété perpétuelle qui durera tant qu'elle pourra durer.

Maintenant, vous êtes tous du sentiment qu'il y a une propriété perpétuelle. C'est un fait acquis; reste à en organiser l'exercice.

Victor Hugo. — J'ai encore à remercier M. J. Garnier. La question reste toujours sans réponse. Vous m'avez dit que les législateurs, très ignorants, qui ont eu la bonté de s'occuper de nos affaires, avaient commencé par croire qu'il n'y avait pas là de propriété, et qu'ils étaient arrivés ensuite, de concession en concession, jusqu'à accorder quatre-vingts ans. En réalité, qu'ont-ils constitué? J'attends toujours une réponse.

En réalité, qu'ont-ils constitué ces législateurs qui, avec une ignorance et une légèreté incompréhensibles, ont légiféré sur ces matières? Qu'ont-ils pensé? Ils ont cru entrevoir que l'héritier du sang était l'héritier de l'esprit. Ils ont cru entrevoir que l'héritier du sang devait avoir la connaissance de la chose dont il héritait, et que, par conséquent, en remettant à l'héritier du sang le droit de disposer de la chose dont il héritait, ils faisaient une loi juste et intelligente.

Voilà où ils se sont largement trompés. L'héritier du sang est l'héritier du sang. L'écrivain, en tant qu'écrivain, n'a qu'un héritier : c'est l'héritier de l'esprit; c'est l'esprit humain; c'est le domaine public. Voilà la vérité absolue.

Les législateurs se sont trompés ; ils ont attribué à l'héritier du sang une faculté qui est pleine d'inconvénients, celle d'administrer une propriété qu'il ne connaît pas. L'héritier du sang est, le plus souvent, à la discrétion de son éditeur. Cela ne repose sur aucune espèce de logique. Il y a une confusion faite par le législateur entre l'héritier du sang et l'héritier de l'esprit. Ce que je voudrais, c'est qu'on conservât à l'héritier du sang son droit, et qu'on donne à l'héritier de l'esprit ce qui lui appartient, en établissant le domaine public payant immédiat, tandis que les législations existantes n'ont aucune raison d'être.

Ici arrive une objection qui n'en est pas une. Ceux qui l'ont faite n'ont pas entendu mes paroles. On me dit : Comment ! le domaine public s'emparera immédiatement de l'œuvre ? Mais si l'auteur l'a vendue pour vingt ans, celui qui l'a achetée va donc être dépossédé ? Aucun éditeur ne voudra plus acheter une œuvre.

J'avais dit précisément le contraire ; le texte est là. J'avais dit : « Sauf réserve des concessions faites par l'auteur de son vivant et des contrats qu'il aura signés. »

Il en résulte que si vous avez vendu à un éditeur, pour un laps de temps déterminé, la propriété d'une de vos œuvres, le domaine public ne prendra possession de cette œuvre qu'après le délai fixé par vous.

Il faut s'y connaître dans ces matières. Vous vous y connaissez, les législateurs ne s'y connaissent pas.

Je suis étonné que les représentants de la librairie qui sont ici fassent comme s'ils ne savaient pas. Je vais leur apprendre ce qu'ils savent très bien.

Un auteur vend l'exploitation d'un livre sous telle forme, à tel nombre d'exemplaires, pendant tel temps ; il stipule le format et quelquefois même le prix de vente du livre.

En même temps, à un autre éditeur, il vend un autre format, dans d'autres conditions.

En même temps, à un autre encore, un autre format.

A un autre, un mode de publication différent ; par exemple, une édition illustrée à deux sous.

Il y a quelqu'un qui vous parle ici, et qui a sept éditeurs.

Alors, quand j'entends des hommes que je sais compétents, des hommes que j'honore et que j'estime ; quand je les entends dire : On ne trouvera pas d'éditeurs, en présence de la concurrence et de la liberté illimitée de publication, pour acheter et éditer un livre, je m'étonne. Oui, on a vu du vivant de l'auteur et de son consentement, plusieurs éditeurs publier un même livre. L'homme qui vous parle le fait.

Voilà un argument qui s'écroule entièrement et qui n'aurait pas dû être produit.

Premier argument : Le domaine public payant immédiat supprimerait la faculté qu'un auteur a de vendre un livre pour un temps déterminé. Je déclare que non. L'auteur conserve tous ses droits.

Second argument : Le domaine public payant immédiat, en créant une concurrence énorme, nuira à la fois aux auteurs et aux éditeurs. Les livres ne trouveront plus d'éditeurs sérieux.

Eh bien, le fait actuel vivant et qui vous parle proteste par ses résultats mêmes contre ce qui a été dit. Je vous déclare que quelqu'un qui vous parle a sept éditeurs ayant des intérêts contradictoires, publiant des éditions différentes, pour un temps différent. Vous voyez que ces prétendus arguments n'existent pas.

M. Gourdon de Genouillac. — M. le président disait tout à l'heure : Je voudrais bien savoir pour quelle raison des gens qui ne connaissent pas la matière littéraire ont légiféré? Mon Dieu! je m'étonne...

Victor Hugo. — Répondez-vous à la question que je fais? Je demande à être interrompu par quelqu'un qui me réponde. Si c'est un discours que vous voulez enter sur cette conversation, je vous demande la permission de continuer.

M. Gourdon de Genouillac. — J'avais pensé que vous aviez terminé votre discours.

Victor Hugo. — Je continue :

Remarquez, messieurs, voici l'argumentation telle qu'on nous l'a présentée, dans sa simplicité.

Le domaine public payant est déclaré détestable le lendemain de la mort de l'auteur, mais excellent, pourvu qu'on respecte les laps de temps un peu chimériques imposés par les diverses législations pour laisser à l'héritier du sang le droit d'exploiter l'ouvrage de son ascendant.

Le domaine public payant est déclaré très bon, une fois les cinquante ou les quatre-vingts ans écoulés. J'ai demandé pour quel motifs : personne ne me l'a dit. Je n'ai pas rencontré de contradicteurs, je n'ai rencontré que des appuis, et je dois vous faire remarquer qu'on ne voit pas d'autres motifs que le caprice des législateurs qui ont cru que l'héritier du sang était l'héritier de l'esprit.

C'est à la rectification de cette erreur que tend le mécanisme que j'ai eu l'honneur de vous indiquer. Il est bien démontré que cet intervalle ordonné par le législateur, et pour la conservation duquel un certain nombre de nos confrères semblent insister, il est démontré qu'il n'a aucune raison d'être. D'une part, j'ai prouvé que le domaine public payant, immédiat, n'empêche pas l'auteur de vendre, de son vivant, son ouvrage pour cinquante années s'il trouve un éditeur qui veuille le lui acheter. Il lui vend, et tout est dit ; l'acheteur est seul maître de l'œuvre pour le temps pendant lequel elle lui a été concédée

On a dit : C'est porter atteinte au droit de propriété. Vous savez, messieurs, que la propriété, toute sacrée qu'elle est, reçoit cependant des limites. Je vous dis une chose élémentaire en vous disant : On ne possède pas une maison comme on possède une mine ; une forêt, comme un littoral ; un cours d'eau, comme un champ. La propriété, il y a des jurisconsultes qui m'entendent, est limitée, selon que l'objet appartient dans une mesure plus ou moins grande, à l'intérêt général.

La propriété littéraire appartient plus que toute autre à l'intérêt général ; elle doit subir certaines limites. La loi peut très bien interdire la vente que ferait l'auteur de la propriété perpétuelle de son œuvre ; c'est une simple restriction. C'est donc très simple ; la loi peut interdire la vente absolue, elle peut accorder à l'auteur cinquante ans. Je crois qu'il n'y a pas d'auteur qui ne se contente d'une possession de cinquante ans.

Maintenant qu'il est bien entendu que l'entrée en possession du domaine public ne gêne pas l'auteur et lui laisse le droit de vendre la propriété de son œuvre ; qu'il est également bien établi qu'il n'y a aucune raison plausible aux divers laps de temps que les divers législateurs ont indiqués dans les divers pays ; il me reste à examiner la valeur des objections qui me sont faites.

Cette difficulté de trouver des éditeurs pour un livre, malgré la concurrence, je crois vous avoir démontré qu'elle s'évanouissait d'elle-même ; puisque, du vivant de l'auteur, une concurrence peut s'établir sur ses livres. C'est la preuve qu'avec mon système, il s'établirait des concurrences énormes qui profiteraient à tous, au public comme aux libraires ; et je suis contrarié de voir des hommes aussi intelligents que les éditeurs qui m'entourent, soutenir la thèse contraire.

Est-ce que vous voyez une interruption dans la publication des grandes œuvres des grands écrivains français ? Est-ce que ce n'est pas là le domaine le plus exploité de la librairie ? Est-ce qu'elle ne s'empare pas de ces grandes œuvres ? Qu'ils renoncent à cet argument qui n'est pas digne d'eux !

Revenons à la chose en elle-même. Supposez le domaine public payant, immédiat, établi. Savez-vous ce qui en résultera ? Il en résultera ceci : l'émancipation et la mise en liberté des écrivains, car je veux combler cette lacune.

On ne m'a pas fait une objection qu'on aurait pu et qu'on aurait dû me faire ; c'est celle-ci, et je vais y répondre : Vous stipulez seulement pour l'héritier direct ; car remarquez encore que je n'ai stipulé que pour l'héritier direct, et que tous les arguments que l'on a fait valoir au sujet des héritiers collatéraux et de la difficulté qu'on aurait à les découvrir disparaissent.

Voilà l'objection qu'on peut faire : Vous stipulez pour l'héritier direct à l'extinction des héritiers directs. Que se passe-t-il ?

De deux choses l'une : ou le domaine public continue d'exploiter l'œuvre sans payer de droits puisqu'il n'y a plus d'héritiers directs, où il continue d'exploiter l'œuvre en payant une redevance.

Eh bien, c'est ici, messieurs, je vous le déclare, que j'affirme l'utilité de la redevance perpétuelle. Vous le savez tous, rien ne serait plus utile qu'une sorte de fonds commun, un capital considérable, des revenus solides appliqués aux besoins de la littérature en continuelle voie de formation. Il y a beaucoup de jeunes écrivains, de jeunes esprits, de jeunes auteurs qui sont pleins de talent et d'avenir, et qui rencontrent au début d'immenses difficultés. Quelques-uns ne percent pas, l'encouragement leur a manqué, le pain leur a manqué. Les gouvernements, je l'ai expliqué dans mes premières paroles publiques, ont créé le système des pensions, système stérile pour les écrivains. Mais supposez que la littérature française par sa propre force, par ce décime prélevé sur l'immense produit du domaine public, possède un vaste fonds littéraire administré par un syndicat d'écrivains, par cette Société des gens de lettres qui représente le grand mouvement intellectuel de l'Europe. Supposez que votre comité ait cette très grande fonction d'administrer ce que j'appellerai la liste civile de la littérature.

Connaissez-vous rien de plus beau que ceci : Toutes les œuvres qui n'ont plus d'héritiers directs tombent dans le domaine public payant et le produit sert à encourager, à vivifier, à féconder les jeunes esprits !

Y aurait-il rien de plus beau que ce secours admirable donné par les écrivains morts aux jeunes écrivains vivants ?

Est-ce que vous ne trouvez pas qu'au lieu de recevoir tristement, petitement, une espèce d'aumône royale, le jeune écrivain entrant dans la carrière ne se sentirait pas grandi en se voyant soutenu dans son œuvre par ces grands génies : Corneille et Molière. (Applaudissements prolongés.)

Victor Hugo. — C'est là votre indépendance, votre fortune. Nous sommes tous une famille; les morts appartiennent aux vivants ; les vivants doivent être protégés par les morts. Quelle plus belle protection pourriez-vous souhaiter.

Je vous demande avec instance de créer le domaine public payant dans les conditions que j'ai indiquées. Il n'y a aucun motif pour retarder d'une heure la prise de possession de l'esprit humain.

M. Edmond About. — J'ai demandé la parole à propos des sept éditeurs de notre illustre maître. Tout le monde ne peut pas s'offrir ce luxe royal. Je crois que pour avoir sept éditeurs qui vous publient en même temps, il est bon d'avoir une loi qui retarde de cinquante ans l'envoi en possession du domaine public.

Nous sommes tous avec vous, nous désirons que le domaine public hérite, qu'il fasse le bien des générations qui viendront après nous. Mais il faut reconnaître que le législateur s'est montré de plus en plus bienveillant lorsqu'il a laissé à l'homme de lettres ou à son héritier un délai de cinquante ans avant l'envoi en possession du domaine public. Il a agi dans l'intérêt de l'écrivain et de l'héritier.

Prenons un exemple. M. Littré, que nous respectons tous, et dont toute la vie a été consacré au travail. Il avait entrepris dans ses vieux jours un travail immense que nous connaissons tous, son dictionnaire. M. Littré est allé trouver un éditeur, le meilleur homme du monde, il lui a dit : Voici un ouvrage qui vous coûtera cinq cent mille francs à publier, mais je crois qu'étant donnée la loi actuelle vous vous tirerez d'affaire. M. Georges Hachette a étudié la question, et il s'est dit : M. Littré a peut-être peu de temps à vivre, mais puisque la loi lui donne le droit d'exploiter son œuvre exclusivement pendant cinquante ans, je puis publier son dictionnaire. Sans cette loi, M. Georges Hachette se serait dit : M. Littré est souffrant, il a été enrhumé cet hiver, il ne serait pas prudent de baser une opération aussi lourde sur ses chances de longévité.

Mme de Balzac a plus gagné avec une seule édition des œuvres de son mari que ce pauvre Balzac pendant toute sa vie. Pourquoi ? Parce qu'elle a pu traiter avec un riche éditeur qui a dépensé deux cent mille francs pour établir une magnifique édition. Qui donc aurait dépensé deux cent mille francs si le domaine public était entré en possession à la mort de Balzac ? On aurait eu beaucoup d'éditions, mais pas une bonne.

Voici donc le véritable but de cette institution dont nous devons remercier les législateurs. Vous-mêmes vous n'avez rien trouvé de mieux à nous proposer.

L'auteur qui veut traiter voudrait bien le faire aux meilleures conditions possibles; mais ces conditions seront d'autant meilleures que le livre sera livré à l'éditeur pour un plus long temps. Si c'est pour deux ans la rétribution sera misérable. Si c'était à l'infini la rétribution ne serait pas proportionnée. La propriété littéraire n'est pas comme toutes les autres propriétés, l'auteur ne peut pas, lui, vivant, disposer de son œuvre pour toujours, il est obligé de rester dans les limites de la loi de son pays, c'est-à-dire qu'il peut vendre son livre pour vingt ans, trente ans, cinquante ans ou quatre-vingts ans, selon la propriété que la loi lui reconnaît. Conservons donc ce délai de protection qui ne saurait nuire au domaine public, et qui est encore plus utile à l'auteur qu'à sa famille. Conservons-lui pendant cinquante ans; et, s'il est possible, pendant quatre-vingts ans, la propriété de ses œuvres. (Applaudissements partant d'un certain nombre de bancs.)

Victor Hugo. — J'ai demandé que le droit de l'auteur fût limité à cinquante ans, et j'accorde parfaitement à l'auteur le droit de vendre son œuvre pour un temps déterminé. M. Littré aurait pu vendre son dictionnaire pour cinquante ans. Je demande que la loi reconnaisse ce droit à l'auteur.

Mᵉ Celliez. — Je ne demande qu'à lire six lignes que j'ai formulées d'après le sentiment qui vient d'être exprimé. Il s'agit de l'exercice du droit de propriété par l'auteur, soit que son œuvre soit exploitée par lui-même ou par un autre avec son concours et son assentiment.

Cet exercice du droit de propriété de l'auteur aurait lieu pendant sa vie; de plus, des contrats pourront stipuler pour leur exécution postérieure au décès pendant un nombre d'années dont le maximum sera fixé par la loi.

Mᵉ Pataille. — Le domaine public est devenu propriétaire de l'idée, non pas du droit de la publier: il ne l'a jamais acheté ni payé. Si vous voulez être logique, vous direz que l'auteur est propriétaire de son œuvre à perpétuité.

Pourquoi cela n'a-t-il pas été adopté ? parce que les familles s'éteignent. Le droit de la propriété littéraire a été un droit incompris. Les premiers législateurs ont cru faire beaucoup en donnant dix ans, puis vingt, trente, cinquante et enfin quatre-vingts. Vous avez voté la perpétuité de cette propriété. Il s'agit de la régler d'une manière utile.

La première condition, c'est qu'il y ait un délai déterminé qui permette à celui qui entreprend une édition d'aller jusqu'au bout. Ce qui faisait l'inconvénient de notre ancienne législation, c'était précisément ce manque de délai déterminé. La loi prenait pour base la vie de l'auteur, celle de sa veuve, puis vingt ans pour les héritiers directs, et dix ans pour les héritiers indirects.

Que pouvait faire l'éditeur? choisir le moindre délai. Il ne pouvait pas compter sur le plus quand il n'était assuré que du moins.

L'avantage de la loi de 1866 a été de dire d'une manière fixe : vous aurez un droit de cinquante ans à partir du décès de l'auteur. Il y avait même de bons esprits qui voulaient que ce délai partît du jour de la publication de l'œuvre. On ne l'a pas fait parce que l'auteur a le droit de modifier son œuvre, de l'anéantir; c'est pour cela qu'on n'a fait commencer le délai qu'au décès de l'auteur.

Pour que ce délai profite à l'auteur et à sa famille il faut qu'il soit fixe; c'est pour cela que nous avons adopté le terme de cinquante ans en émettant le vœu qu'il soit porté à quatre-vingts ans comme en Espagne. A partir de ce moment, on pourra appliquer le domaine public payant. Il aura ses inconvénients, mais ce ne sera plus une expropriation, une spoliation; la pire de toutes les expropriations, car lorsqu'on m'exproprie ma maison on me la paie. Tandis que vous voulez m'exproprier dans la personne de mes héritiers en fixant une redevance arbitraire et problématique. Quand le délai de cinquante ou de quatre-vingts ans sera expiré, faites tomber, si vous le voulez, mon œuvre dans le domaine public; mais c'est vous qui la ferez tomber, car il n'y a aucuns droits.

Permettez-moi de prendre un moment la défense des législateurs. Nous n'avons rien inventé lorsque nous avons formulé à la commission la disposition qui vous est soumise. Elle se trouve dans la loi de 1862.

Et savez-vous, messieurs, quels sont les ignorants qui ont travaillé à cette loi? ce sont MM. Barthe, Dupin, Théophile Gauthier, etc., etc. Ils n'ont pas réussi, et ont fait la loi de 1866 qui nous régit encore; votre commission n'a été que l'écho des hommes que je vous cite. (La clôture! La clôture).

M. MALAPERT. — Je n'ai qu'un mot à dire sur le système du domaine public payant. M. le président nous a dit que les fonds provenant de la redevance seraient affectés aux littérateurs malheureux. C'est une idée très noble et très grande comme toutes celles qui sont émises par notre illustre président, mais il y a un malheur, c'est que comme ce seront les éditeurs qui paieront, ils crieront comme les directeurs de théâtre crient aujourd'hui contre le droit des pauvres.

M. Jules de Carné. — Nous avons l'honneur d'avoir ici les éditeurs les plus importants : nous serions heureux d'entendre leur avis.

M. Georges Hachette. — J'ai à développer devant vous, en deux mots, une résolution adoptée par nous au sujet du domaine public payant. On vous a cité l'exemple de M. Littré. Dans une circonstance semblable, quand il s'agit d'une œuvre aussi considérable, si la loi n'accordait pas un délai assez long, l'auteur ne trouverait pas à vendre sa propriété. Si au contraire il vient nous trouver et s'il peut vous dire : Je vous apporte mon œuvre avec le droit de l'exploiter, soit en compte à demi, soit en vous la vendant une fois pour toutes, il aura chance de traiter dans des conditions avantageuses. Par conséquent, il me semble qu'il y a là un argument qui milite en faveur de la protection pendant un temps déterminé en France : c'est cinquante ans.

Le domaine public payant a encore un autre inconvénient. Lorsqu'un ouvrage sera tombé dans le domaine public payant, et que l'éditeur français sera astreint à payer une redevance, nous ferons revivre la contrefaçon et nous verrons arriver de l'étranger de mauvaises éditions à très bon marché, et les auteurs perdront des sommes importantes sur les exemplaires vendus en France. Je crois que l'adoption du domaine public payant ne donnerait pas une satisfaction complète aux auteurs.

M. le rapporteur vous a parlé de l'opinion des éditeurs et de la résolution que nous avons prise dans la réunion que nous avons eue. Je puis vous la lire. Toutes les questions ont été indiquées et traitées dans ces quelques lignes qui résument l'intérêt général.

Plusieurs voix. — Le rapporteur en a donné lecture.

M. Georges Hachette. — En résumé, sans admettre une propriété perpétuelle, nous croyons que le meilleur système est d'admettre une propriété extrêmement longue. Nous repoussons de la façon la plus absolue le domaine public payant, comme contraire aux intérêts des auteurs et des éditeurs.

M. Antony Réal. — Je n'ai qu'un mot à dire. Il faut, comme l'a dit Victor Hugo, que les morts protègent les vivants. Mais je me fais un devoir de conscience de vous demander que le droit de propriété absolue passe à l'héritier après la mort de l'auteur.

Il faut que le fils puisse empêcher, à perpétuité, tout éditeur de rééditer, de réimprimer le livre de son père.

M. LE RAPPORTEUR. — Messieurs, j'ai demandé la parole, parce que je crois que nous en sommes arrivés au point où il faut voter. Permettez-moi seulement de faire deux observations.

J'ai entendu critiquer le rapport et j'en suis heureux, car les critiques sont faites pour nous éclairer mutuellement, et nous sommes presque arrivés à faire la lumière.

M. Edmond About nous a apporté le concours de son bon sens si profond, il a fait valoir des arguments de nature à faire voter nos résolutions même par ceux qui y étaient opposés. Non pas que nous voulions le leur faire admettre comme des principes. Les lois sont l'expression des besoins des sociétés ; il faut bien avoir égard à ce qui se passe et renoncer pendant un certain temps à ses desiderata. Le domaine public payant est le desideratum de notre illustre maître. Nous l'acceptons, mais seulement nous demandons qu'il ne commence qu'après une période de cinquante ans.

Victor Hugo lui-même, en vous expliquant ce que doit être la propriété littéraire que vous venez de déclarer perpétuelle, vous a dit qu'elle devait être réorganisée, c'est ce que nous avons cherché à faire.

Tout le monde reconnaît que l'auteur, de son vivant, doit pouvoir faire des traités. Tout le monde admet la perpétuité de la propriété littéraire, mais si on ne limite pas le droit de l'auteur, qu'arrivera-t-il ? C'est qu'il deviendra de style pour les éditeurs d'exiger la cession du droit à perpétuité sans profit pour l'auteur et au détriment du domaine public. Il faut donc que nous limitions ce droit.

Il y a encore une chose que Victor Hugo a critiquée, c'est la variation qui existe entre les diverses législations.

Nous faisons un projet de loi que nous espérons voir passer dans les différentes législations, nous n'avons pas voulu froisser dans notre rapport les préjugés qui sont encore en faveur dans les divers pays. Nous avons demandé, nous avons choisi un terme moyen. Il nous fallait choisir une limite, un chiffre arbitraire. Nous avons pris ce qui existe dans la plupart des nations.

Ce rapport écrit à la hâte sur l'angle d'un bureau, dit tout ce qu'il pouvait dire. La commission émet le vœu que toutes les législations augmentent la durée de la protection. Nous n'avons pas demandé un terme plutôt qu'un autre.

Nous sommes partisans du domaine public payant, commençant à une époque quelconque après la mort de l'auteur. Nous voulons voir se former dans la nation cette caisse de protection qui sera réalisée au profit des jeunes littérateurs. Nous sommes d'accord pour qu'il ne commence pas immédiatement à la mort de l'auteur. La commission vous demande de fixer la période transitoire pendant laquelle l'auteur pourra faire des traités. Voulez-vous vingt ans, trente ans, cinquante ans, quatre-vingts ans, vous êtes libres. La commission n'a pas voulu heurter ce qui existe dans différents pays. Notre désir est que cette période soit accrue et atteigne quatre-vingts ans, comme en Espagne. Notre rédaction a cet avantage d'inviter tous les pays à reconnaître peu à peu la propriété littéraire. Elle admet enfin le principe du domaine public payant, commençant à une certaine époque suffisante pour permettre à l'auteur de tirer de son œuvre pendant sa vie, le meilleur parti possible. (Applaudissements sur plusieurs bancs. — Aux voix ! Aux voix !)

M. LE PRÉSIDENT. — Je vais mettre aux voix les conclusions de la commission, ainsi conçues :

En outre, après l'expiration du délai fixé, pour la durée des droits d'auteur, par les lois actuellement en vigueur dans les différents pays, toute personne pourra reproduire librement les œuvres littéraires, à charge de payer une redevance aux héritiers et ayants cause de l'auteur. Cette redevance sera soumise à l'impôt.

M. DELALAIN. — Je demande qu'on vote d'abord sur la première partie jusqu'au mot — à charge.

Mᵉ CELLIEZ. — Je propose un amendement dans le même sens. Mon amendement a l'avantage de conserver le côté philosophique de la proposition de notre président Victor Hugo.
On conserverait les deux premiers articles et on continuerait ainsi :

« ART. 3. — La Société a le droit et le devoir d'assurer à chaque
» homme la faculté de prendre connaissance de chaque œuvre litté-
» raire, scientifique ou artistique qui a été mise en public par chaque
» auteur.

» ART. 4. — Pour concilier avec le droit de la Société énoncé
» dans l'art. 3 les droits de propriété proclamés par les art. 1 et 2,
» ces droits seront exercés de la manière expliquée dans les articles
» suivants. »

» ART. 5. — Le droit de propriété de l'auteur sera exercé au
» moyen de l'exploitation de son œuvre faite par lui-même ou avec

» son concours, ou de son consentement, au moyen de tous les pro-
» cédés, propres à la nature de l'œuvre, tels que copie, impression,
» traduction, reproduction par les journaux, dessins, gravure, mou-
» lage, photographie, exposition aux regards, représentation théâ-
» trale, parole publique, etc., etc.

» Art. 6. — Cet exercice du droit de propriété de l'auteur aura
» lieu pendant sa vie et de plus, — pour garantir contre les chances
» aléatoires de durée de la vie humaine les personnes avec lesquelles
» l'auteur traitera et leur assurer une durée certaine d'exploitation.
» — Ces contrats pourront stipuler pour leur exécution postérieure
» au décès un nombre d'années dont le maximum sera fixé par la
» loi. »

» Art. 7. — A l'expiration du terme ci-dessus l'exploitation de
» toute œuvre littéraire, scientifique ou artistique qui aura été mise
» en public par son auteur, deviendra entièrement libre. Tout le
» monde pourra s'y livrer sans être tenu de demander aucun consen-
» tement aux propriétaires qui sont : Les héritiers, les successeurs
» irréguliers (excepté l'État), les donateurs et les légataires.

» L'exercice du droit de propriété de ces représentants légaux de
» l'auteur aura lieu par la perception sur chaque exploitant d'une
» redevance proportionnelle au prix encaissé comme produit de son
» exploitation.

» La proposition sera fixée par la loi.

» Les exploitants devront, aux époques réglées par la loi, justifier
» aux propriétaires du chiffre de leurs recettes qui sera établie tant
» par leurs déclarations réglementaires que par tous les moyens
» légaux d'investigation.

» Art. 8. — Pour les œuvres créées par deux ou plusieurs colla-
» borateurs l'article 6 s'appliquera au dernier survivant des au-
» teurs. »

M. Louis Ratisbonne. — Je crains qu'en ayant la prétention de concilier nous n'arrivions à tout embrouiller. On a opposé au projet de la commission un autre projet. Je vous propose une autre formule. Le droit de propriété, vous l'avez reconnu, peut constituer un monopole entre les mains de l'héritier. Adoptez cette formule : Au bout d'un certain temps après la mort de l'auteur, l'œuvre tombe dans le domaine public ; l'exploitation est libre.

M. le rapporteur. — Je demande que l'on mette aux voix

la proposition de la commission jusqu'à ces mots : « Cette redevance sera soumise à l'impôt ». (Aux voix ! Aux voix !).

La proposition, mise aux voix, est adoptée.

M. le rapporteur. — La commission demande qu'on mette aux voix le paragraphe relatif à la déchéance de l'héritier.

M. Léon Richer. — Cet article présente de graves inconvénients. Je demande que la discussion continue sur cet article, à cause du droit de confiscation accordé à l'héritier pour vingt années. Qu'on ne vote pas sans avoir discuté.

M. le président. — Cet article soulève des objections; il serait utile d'en remettre la discussion à la prochaine séance.

M. Edmond About. — La prochaine réunion aura lieu jeudi, et samedi nous nous réunirons pour la dernière fois.

La séance est levée à cinq heures.

Première Commission.

SIXIÈME ET DERNIÈRE SÉANCE

(Antérieure à la réunion générale du Congrès du même jour).

L'an mil huit cent soixante dix-huit, le mardi, vingt-cinq juin, à une heure quinze minutes du soir, la première commission de la propriété littéraire s'est réunie dans l'une des salles du Grand Orient, à Paris, rue Cadet n° 16, sous la présidence successive de MM. Dogné et Frédéric Thomas.

Membres présents : MM. Robert Hyenne, — Delalain, — Dentu, — Georges Hachette, — Plon — Pataille, — Léon Richer, — Edmond Douay, — Carlos Derode, — A. Blomme (Belgique), — Hector Malot, — de La Landelle, — Louis Ratisbonne, — A. de Bellecombe, — Elie Berthet, — Frédéric Thomas.

Secrétaire : M. Marcel Guay.

Présidence provisoire de M. Dognée

M. le président propose à la commission d'entendre tout d'abord la lecture du procès-verbal de la cinquième séance. Ce procès-verbal est lu, mis aux voix et adopté.

M. Marcel Guay a la parole pour faire connaître une des complications pratiques auxquelles l'adoption du système du domaine public payant a conduit le législateur italien. L'article 9 *in fine* de la loi du 25 juin 1865 règle ainsi les droits du créancier de la redevance, lorsqu'ils sont en conflit avec ceux des créanciers de la personne soumise au régime du domaine public payant : « La créance qui naît de cette cause (c'est-à-dire la créance de la rétribution de 5 pour 100 sur le prix fait de chaque exemplaire) est privilégiée à l'égard de toute autre par les exemplaires reproduits. »

Voici comment un des commentateurs de la loi italienne a expliqué cette disposition : « La loi, dit M. Drago, a accordé par là une puissante garantie à celui auquel le droit d'auteur appartient, afin qu'il ne fût privé ni directement ni indirectement du bénéfice qu'elle lui accordait. L'intérêt public avait provoqué une loi nouvelle par l'exercice du droit de propriété littéraire, mais il n'en fallait pas moins protéger l'héritier ou l'ayant cause contre une perte injuste. L'article signifie que la créance de celui à qui le droit d'auteur appartient sera préférée à toutes autres créances (qu'elles soient chirographaires ou hypothécaires, ou même comprises au nombre de celles que la loi, à raison de leur qualité, *ex causâ*, déclare privilégiées) sur les exemplaires reproduits. En conséquence, si la personne astreinte au paiement de la redevance était tellement chargée de dettes que ses créanciers dussent provoquer la vente de ses biens meubles et immeubles, ces créanciers ne pourront pas faire vendre à leur profit exclusif les exemplaires que le débiteur aura reproduits, ni bénéficier seuls de la saisie des créances qu'il pourrait avoir comme vendeur d'une partie ou de la totalité de ces exemplaires ; il faudra que celui à qui appartient le droit d'auteur, le titulaire de la redevance, ait obtenu dans son intégralité la somme dont la loi le rend créancier. Et, si le débiteur avait pour tout patrimoine les exemplaires de l'ouvrage ou les créances résultant des opérations à crédit faites sur ces exemplaires, la personne qu'il faut payer par préférence à toute autre est celle à qui appartient le droit d'auteur ; cela résulte des termes généraux de la loi : *Il credito... e privilegiato, in confronto di qualunque altro, sugli esemplari riprodotti*. Comme le législateur n'a fait ici aucune distinction, encore que le code civil établisse diverses catégories de créances privilégiées et de créances hypothécaires, il faut en conclure tout naturellement qu'il a entendu donner, lors de la vente, des exemplaires soumis à la redevance, une préférence *absolue* à celui à qui appartient le droit d'auteur. Bien entendu, ce dernier conserve le droit de faire vendre les biens meubles et immeubles de reproduction, lorsque, déduction faite sur la valeur desdits biens de toutes les créances privilégiées ou hypothécaires dont ils pouvaient être grevés, il reste encore un excédent d'actif suffisant pour le désintéresser. Le code civil dispose, en effet, dans l'article 1948, que, quiconque s'est obligé personnellement, est tenu de remplir l'engagement qu'il a contracté sur tous ses biens, meubles et immeubles, présents et à venir ».

M. MARCEL GUAY propose à la commission de délibérer sur la question de savoir si la règle du droit italien ne mériterait pas de prendre place dans l'article 3 du projet voté dans la séance du 18 juin, lequel sera soumis à la discussion générale, dans le sein du Congrès, à l'issue de la présente séance.

Adversaire du domaine public payant, et partisan de la perpétuité de la propriété littéraire et de l'application du droit commun à cette propriété, l'orateur voit, sans doute, dans la qualification légale de créance privilégiée donnée à la créance exercée contre le reproducteur, un palliatif bien insuffisant. Toutefois, il estime que l'on ne saurait constituer trop énergiquement la sanction *civile* du droit de propriété littéraire, alors même que l'ouverture du domaine public payant serait reculée à une époque très éloignée de la mort de l'écrivain, comme l'a proposé le projet de la première commission.

M. LE PRÉSIDENT, avant de mettre aux voix la prise en considération de la proposition de M. Marcel Guay, propose à la commission d'entendre les orateurs qui se proposent de combattre ou de défendre, dans la séance générale du Congrès, qui commence aujourd'hui même, à deux heures, le principe du domaine public payant, et de régler l'ordre de discussion qu'il conviendra de proposer aux membres du Congrès, lorsqu'ils aborderont l'examen du rapport de M. Dognée.

En conséquence, M. le président donne la parole à M. PAUL DELALAIN, que ses confrères du Cercle de la librairie ont chargé de lire une *Note sur les inconvénients du régime du domaine public payant*. M. Paul Delalain donne lecture à la commission de cette note qu'il présentera au nom du Cercle de la librairie dans la séance générale du Congrès littéraire. Après quelques observations de plusieurs membres, le texte définitif en est ainsi arrêté :

Les partisans du domaine public payant, respectant le droit absolu de l'auteur, sa vie durant, et ne reconnaissant à ses héritiers ou ayants droit qu'un droit pécuniaire mais perpétuel, proposent d'accorder à tout le monde la faculté de publier l'œuvre moyennant l'acquittement d'une redevance aux propriétaires.

Au premier abord, ce système est séduisant; car il semble écarter à tout jamais la dépossession d'un auteur et assurer au public une jouissance qui lui importe et qu'il revendique. Mais ce n'est là qu'une apparence; en réalité, ce système ne produit ni l'un ni l'autre de ces résultats, et il est d'une pratique tellement difficile qu'on peut la dire impossible.

D'une part, en effet, l'argument qui s'appuie sur le désir d'assurer à l'auteur et à sa famille à perpétuité les fruits de son œuvre, tombe devant l'impossibilité de déclarer le droit de l'auteur incessible et insaisissable.

Ce droit est un bien dont on ne peut pas faire un bien de mainmorte et dont les circonstances ne permettent pas toujours à l'auteur ou à ses héritiers directs de toucher les seuls revenus; et une vente, souvent inévitable, les dépossédera au profit de tiers.

D'autre part, comment le droit aux fruits s'appliquera-t-il dans la pratique? Ne sera-t-il pas très difficile et très onéreux pour tous les représentants, sur la tête desquels reposera cette propriété souvent indivise, de réclamer leur part de redevance en justifiant de leur qualité.

Comment, en outre, celui qui voudra publier une œuvre sera-t-il assuré de n'avoir point des concurrents qui feront l'économie de cette redevance que, lui, il aura payée? Car le système du domaine public payant aura pour conséquence de faire renaître une nouvelle contrefaçon. Si les héritiers ou ayants droit de l'auteur peuvent encore aisément surveiller leurs compatriotes et les habitants des contrées limitrophes, quels moyens d'action, sûrs et efficaces, auront-ils sur des pays plus éloignés où le publicateur pourra échapper au paiement de la redevance, dont il aura quelquefois le soin d'écarter la revendication par une copie et une imitation servile de l'œuvre déjà publiée ailleurs avec redevance?

Cette situation entraînera pour le propriétaire de l'œuvre des recherches incessantes, des procès nombreux, des frais considérables qui viendront troubler, amoindrir, peut-être même annuler sa jouissance. Elle compromet à la fois et les intérêts qu'on veut sauvegarder et la diffusion même de l'œuvre.

De plus, l'auteur verra restreindre les fruits immédiats qu'il pouvait retirer de son œuvre. La vie est un élément trop aléatoire pour servir de base certaine à un contrat entre l'auteur et celui auquel il confie le soin de publier et propager son œuvre. Or, pour améliorer efficacement la situation des auteurs et leur permettre de trouver une récrimination non seulement juste, mais encore, ce qui est souvent utile, immédiate, il faut une base nette et précise sur laquelle puisse s'appuyer un contrat.

Le système du domaine public payant va donc à l'encontre du but poursuivi.

Présidence de M. Frédéric Thomas.

M. le président demande à MM. les membres de la commission si quelques-uns d'entre eux se proposent de défendre, dans la séance générale du Congrès, le système du domaine public payant appliqué dès la mort de l'auteur.

Aucun des membres présents à la séance n'ayant demandé la parole pour répondre à la question posée par M. le président, la commission décide qu'elle examinera la doctrine que M. Edm. Douay a l'intention de soutenir dans la réunion plénière.

M. Edm. Douay, reconnaissant que le système du domaine public payant ne peut s'appliquer immédiatement après la mort de l'auteur sans difficulté, croit qu'il serait légitime d'admettre une restriction qui consisterait dans l'attribution à l'auteur du droit de conclure des contrats dont l'exécution serait obligatoire pour les héritiers et pour les éditeurs.

M. Dognée émet l'avis qu'une semblable proposition équivaut en fait à la consécration absolue de la perpétuité. L'auteur vendrait le plus souvent une propriété littéraire perpétuelle, en sorte que l'ouverture du domaine public payant, que la première commission a voulu seulement ajourner, n'aurait presque jamais lieu. L'orateur ajoute qu'il se rallierait, du reste, à un système qui permettrait à l'auteur de consentir des cessions successives de trente années de propriété littéraire. Ces cessions du droit d'auteur se comporteraient comme des cessions d'usufruit. On éviterait par là de constituer des majorats littéraires en faveur de l'auteur.

Plusieurs membres font observer que M. Dognée n'admettant pas le domaine public payant après trente ans, mais persistant à le reculer jusqu'à l'expiration de la durée assignée au droit des héritiers par les législations actuelles, le système qu'il présente crée des majorats de nue-propriétés.

M. Frédéric Thomas, président, demande la permission de présenter les observations que lui a suggérées une étude attentive du domaine public payant ouvert dès la mort de l'auteur. Il faut, en effet, avant de discuter les autres théories, résumer les arguments qu'il sera opportun d'opposer, dans la séance générale, aux orateurs qui soutiendraient le projet de M. Victor Hugo.

Or, si l'on examine ce projet au point de vue des conséquences qu'entraînerait son adoption, on doit reconnaître qu'il est éminemment désastreux pour les *auteurs* eux-mêmes, pour les *héritiers* et les *éditeurs*, enfin pour la *Société*.

M. Robert Hyenne déclare que la difficulté qu'il y aurait à reconnaître les héritiers après un certain temps, afin de leur assurer le payement de la redevance, l'empêche de donner au système du domaine public payant une approbation sans réserve.

MM. Frédéric Thomas et Louis Ratisbonne estiment que M. Dognée, rapporteur de la première commission, dans le sein de laquelle personne n'a défendu le domaine public payant ouvert immédiatement après la mort de l'auteur, devra, dans l'assemblée générale, soutenir lui-même la discussion que pourra soulever la discussion de son rapport, en prenant pour base l'argumentation même qu'il a développée dans son travail. La réfutation de la théorie de M. V. Hugo y est, en effet, indirectement contenue.

Cette proposition est adoptée.

M. Elie Berthet, qui n'a pu assister régulièrement aux séances du Congrès, signale à la commission de graves erreurs et d'importantes lacunes qu'il a remarquées dans les journaux.

M. Frédéric Thomas *pense que la première commission, avant de se séparer, doit considérer le vote du 21 juin comme préparé par ses travaux et par ses discussions. C'est grâce à elle que le principe de la perpétuité a été proclamé par le Congrès. Quel que soit le mode d'organisation pratique de ce principe qui doive triompher, cette déclaration est, en quelque sorte, son œuvre et son honneur.*

L'un des présidents,   *Le secrétaire,*
Frédéric Thomas.   Marcel Guay.

Deuxième Commission.

Séance du mardi 25 juin 1878.

Présidence de M. WITTMANN.

(Antérieure à la réunion générale du Congrès du même jour.)

M. LE PRÉSIDENT invite M. Félix Jahyer, secrétaire, à lire le procès-verbal de la dernière séance.

Le procès-verbal de la séance du 24 juin est lu et adopté.

M. LARNAUDE demande la parole pour la lecture de son rapport.

Le rapport est applaudi et voté à l'unanimité et par acclamation.

M. LE PRÉSIDENT lit le projet de résolution ci-après adressé par M. Bacquès. Il fait ensuite remarquer que cette proposition arrive comme le docteur après la guérison.

On décide qu'il sera donné acte dans le procès-verbal de la réception tardive de cette proposition.

Avant de lever la séance, M. le président demande si la deuxième commission aura à se réunir à nouveau.

UN MEMBRE fait observer que cela dépendra de la décision prise sur le rapport en assemblée générale.

La séance est levée à deux heures.

Le secrétaire,
FÉLIX JAYHER.

PROJET DE RÉSOLUTION

Le Congrès littéraire international réuni à Paris pour étudier les questions se rattachant à la propriété littéraire ;

Considérant qu'il est conforme à la justice universelle d'assurer aux auteurs la jouissance légitime et exclusive de leurs œuvres scientifiques, littéraires et artistiques, en quelque lieu que ces œuvres aient vu le jour et à quelque nation que l'auteur appartienne ;

Considérant, d'un autre côté, que la France a déjà, par un décret du 28 mars 1852, accordé aux auteurs étrangers, sans obligation de réciprocité, le bénéfice des dispositions inscrites dans la loi en faveur des auteurs français.

Émet le vœu que le principe de la reconnaissance internationale des œuvres littéraires, artistiques et scientifiques au profit des auteurs prenne place dans la législation de tous les peuples civilisés et que des négociations diplomatiques soient ouvertes pour obtenir une convention internationale destinée à consacrer définitivement, dans chaque pays, l'assimilation complète et absolue des auteurs étrangers et des auteurs nationaux sans qu'on ait à exiger pour la conservation et revendication de leurs droits d'autres formalités et d'autres obligations que celles imposées aux auteurs du pays.

Le Congrès décide en outre qu'il élira une commission chargée de poursuivre auprès des pouvoirs compétents la réalisation de ces vœux.

Troisième Commission.

Séance du mardi 25 juin 1878.

Présidence de M. PHILIBERT AUDEBRAND, *vice-président.*

La séance est ouverte à trois heures.

Sont présents les délégués dont les noms suivent :

Délégués étrangers. — MM. Luis Alfonso (Espagne), — Carlo del Balzo (Naples), — W. H. Bishop (Etats-Unis de l'Amérique du Nord). — Ferdinand Gross (délégué autrichien), — Robert Schweichel (délégué allemand), — Venceslas Szymanowski (délégués polonais).

Délégués français. — MM. Antony-Réal, — Philibert Audebrand, — Eugène d'Auriac, — Augustin Challamel, — Maurice Champion, — Louis Collas, — Charles Gueulette, — Laforêt, — La Pommeraye, — Jules Lermina, Edouard Montagne, — Eugène Muller. — Alphonse Pagès, — E. de Pompery, — Emile Richebourg, — Victor Rozier.

M. LE PRÉSIDENT donne communication d'une lettre de M. Ernesto Pazi, délégué italien, qui s'excuse de ne pouvoir assister à la séance par suite d'un départ obligé, et qui déclare adhérer au projet d'association internationale exposé dans la dernière séance par M. Jules Lermina. Si ce projet est adopté par l'assemblée, ce sera, pense-t-il, le plus grand résultat obtenu pour les étrangers dans le Congrès.

M. LE PRÉSIDENT donne ensuite la parole à M. Jules Lermina, qui lit le projet de rapport au Congrès.

MESSIEURS ET CHERS CONFRÈRES,

Le programme dont l'étude était confiée à votre 3e commission était ainsi conçu :

De la condition des écrivains à notre époque. — Des associations littéraires. — Exposé de diverses associations tendant à améliorer le sort des gens de lettres dans les divers pays. — Vœux à formuler pour l'avenir.

A premier examen, ce programme apparaissait un peu vague, trop interminé : il embrassait des problèmes si vastes, si complexes que le temps semblait devoir nous manquer pour les aborder utilement. Cependant nous nous sommes mis à l'œuvre : tous les bons vouloirs se sont unis dans un effort commun, et le travail de tous a singulièrement facilité la tâche de celui qui vous parle en ce moment, et qui ne saurait remercier trop hautement, de l'honneur qu'ils lui ont fait, ses confrères français et étrangers.

Nous sommes heureux de vous déclarer, Messieurs, que les conclusions qui vous seront soumises ont été votées à l'unanimité, et que tous, sans distinction de nationalité, se sont ralliés aux idées qui leur paraissaient répondre le plus complètement à la conception même qui a présidé à la réunion du Congrès, c'est-à-dire :

Transformer la rencontre passagère des écrivains de toutes les nations en union permanente, et, par cette union, concourir non seulement à l'amélioration du sort matériel des écrivains, mais encore... mais surtout au progrès de la littérature par l'échange incessant des œuvres et des idées.

Notre attention s'est portée sur tout ce qui présentait un caractère international, sur les mesures qui pouvaient exercer une influence effective sur le bien-être matériel, sur la dignité, sur la valeur morale des écrivains des diverses nations.

Insistons sur le point qui nous a paru le plus grave, le plus digne d'étude.

Il est une région sereine où règne la paix, c'est la région de l'art, qui n'est qu'une des formes de l'harmonie universelle, c'est la région de la pensée, qui n'est qu'une émanation de la justice. Là, regardant de haut les haines et les compétitions qui désolent la terre, ignorants des barrières élevées entre les hommes et des frontières élevées entre les peuples : Shakespeare donne la main à Molière, Dante Alighieri à Cervantès, Eschyle à Victor Hugo. Là s'épand la lumière sublime où viennent s'éclairer toutes les âmes, foyer jamais refroidi où s'échauffent toutes les consciences, réalisation par delà l'espace et le temps de la fraternité humaine.

Fraternité, messieurs, le mot est prononcé. Dussent les législateurs refuser de traduire dans les codes les formules que vous aurez décrétées, dussent les droits du travailleur spirituel être longtemps encore discutés ou méconnus, le Congrès international pourra être fier de son œuvre.

Car il aura constaté, affirmé, proclamé que tous, nous nous sentons, nous nous savons frères et que tous, nous tendons à un même but, nous connaître, c'est-à-dire nous aimer les uns les autres.

« Qu'on le veuille ou qu'on le nie, a dit un de nos maîtres, Eugène
» Pelletan, c'est l'écrivain qui représente le génie d'un peuple, c'est
» lui qui en élève sans cesse l'intelligence, c'est lui qui dirige mora-
» lement la société, qui la réforme, qui la transforme et qui, de
» progrès en progrès, dégage pour la porter en pleine lumière l'idée
» du droit, enfouie dans la conscience! »

Quelle est, dans toutes les nations, la condition morale et matérielle de ce réformateur, de cet éducateur de justice, de ce directeur de consciences? Nous avons voulu le savoir; et votre 3ᵉ commission a prié M. Luis Alfonso, notre confrère d'Espagne, de vous présenter un rapport spécial sur cette question qui tient en quelque sorte à nos entrailles mêmes.

Je lui laisserai donc la parole, certain qu'après l'avoir entendu vous approuverez sans hésitation les conclusions que j'aurai l'honneur de soumettre à votre sanction.

M. Lermina s'interrompt après la lecture de la première partie du rapport pour céder la parole à M. Luis Alfonso, dont le travail doit être intercalé dans le sien.

M. Luis Alfonso lit le projet de rapport concernant les nations étrangères.

La 3ᵉ commission du Congrès a bien voulu m'honorer en me nommant rapporteur de ses travaux pour la partie étrangère. Je n'oublierai pas cette distinction si flatteuse pour un homme de lettres et si satisfaisante pour un étranger. Dans ce moment — j'ose le dire — ce n'est pas un écrivain espagnol qui témoigne sa reconnaissance à ses confrères, c'est l'Espagne qui salue, reconnaissante, l'Europe et l'Amérique littéraires.

Je demande pardon, du reste, pour mon inexpérience. Dans le plus bel ensemble de musique il s'égare toujours quelque fausse note; pardonnez-moi donc, comme une petite note égarée, au milieu de cette imposante et magnifique harmonie des lettres.

La tâche que, jusqu'à cette heure, vient d'accomplir la commission, dont je suis à la fois le héraut et le paladin, est aussi intéressante qu'utile. Par les rapports sur la situation des littérateurs dans chaque pays, nous avons vu défiler devant nous une procession cosmopolite des saints patrons de la plume ; nous avons parcouru, sans bouger de notre place, cette partie merveilleuse d'un palais merveilleux : la Vue des nations à l'Exposition universelle.

Le but des travaux de la 3e commission était le côté historique du Congrès. Non pas l'histoire plus ou moins fantaisiste, et toujours nue d'enseignements, à la mode ancienne; non pas l'histoire *ad narrandum*, mais l'histoire à la moderne; l'histoire d'où on tire des leçons et des exemples; l'histoire *ad probandum;* quelque chose comme le dieu Janus des Romains : une face tournée vers le passé et une autre vers l'avenir.

A quel point nous sommes arrivés dans notre travail; combien nous avons réussi dans cette entreprise ; quels sont l'importance et le profit de nos séances, — les fruits de notre récolte — un résumé, aussi bref que possible, des paroles des délégués de tous les pays le dira assez éloquemment.

Un Italien, M. Pozzi, a levé le premier, comme l'Asmodée du *Diable boiteux*, le toit qui cachait l'intérieur de la littérature de sa patrie. Il nous a montré le poète riche d'inspiration, pauvre toujours d'argent et obligé de donner son livre pour être lu — à peu près comme Parmentier qui se voyait obligé de faire cadeau des pommes de terre pour démontrer qu'elles étaient une bonne nourriture.

Un second délégué d'Italie, M. Vollo, ajoute que la *camaraderie,* sous le titre d'*églises littéraires*, est le fléau des gens de lettres dans la péninsule. Ce ne sont pas les auteurs qui ont le plus de mérite, mais ceux qui ont le plus d'appui et le plus de faveur qui obtiennent une certaine célébrité. « La presse fait à son gré le jour et la nuit. (J'emprunte ici, comme je le ferai souvent dans mon rapport, ses propres termes à l'orateur.) Celui qu'elle favorise réussit, celui qu'elle délaisse systématiquement croupit dans l'ombre. » Il y a là une véritable plaie à laquelle il faudrait apporter remède. Et ne serait-ce pas (dis-je pour mon compte) le public intelligent qui devrait être le chirurgien de cette plaie?

Au dire du délégué napolitain, M. del Balzo, qui s'occupe du midi de l'Italie, au point de vue des lettres, la plaie est encore plus béante et moins soignée dans ces contrées. C'est à de longs siècles de despotisme, qui ont sévi sur Naples, qu'il faut attribuer sa triste condition

littéraire. Dans un élan ardent et poétique, — qui sied bien à ceux qui ont dans leurs veines quelque peu du feu du Vésuve, — M. del Balzo passe en revue les écrivains et les philosophes de l'ancienne Parthénope ; il attribue l'influence prépondérante à ces derniers ; il expose leurs luttes, leurs tourments, leurs gloires, se réjouit du souffle de liberté qui est venu, depuis quelques années, féconder sa ville et élargir le domaine des lettres, et abaissant à la fin son essor rapide pour descendre sur le terrain pratique, il fait remarquer qu'on lit fort peu et qu'on édite fort peu aussi à Naples ; et « qu'il faut encou-
» rager les jeunes auteurs, en instituant une société d'éditeurs par
» actions, présidée par des commissions d'examen. »

L'Autriche a parlé, et très bien parlé, par la bouche de M. Gross. Longtemps, ainsi que dans l'Italie méridionale, les lettres autrichiennes subirent l'esclavage politique, mais, à partir de 1849, la plume devint l'épée pour ceux qui combattaient pour les principes de la Révolution française. « Comme Minerve du crâne de son père divin, le journaliste sortit un beau jour de ce mouvement. Aujourd'hui, journalistes et écrivains de toute sorte jouissent d'une considération générale et incontestée. A chaque occasion, les journalistes ont été distingués comme une corporation remarquable. Le journalisme occupe la position qui lui appartient de droit. »

M. Gross fait observer qu'en Autriche il y a une distinction très nette entre les journalistes et les littérateurs. Ceux-ci : poètes, romanciers, auteurs dramatiques, etc., obtiennent des places officielles ; « le ministre de l'instruction est autorisé à accorder annuellement des pensions à un nombre restreint d'artistes et d'écrivains. » C'est pour cela que la Société des gens de lettres à Vienne, *Concordia*, voue ses efforts en première ligne aux journalistes qui ne vivent que de leur plume. » Elle parvient mieux que jamais à atteindre son but depuis qu'elle s'est divisée en deux parties, dont l'une dispose de la caisse pour secourir les malades, les pauvres, les veuves et orphelins de ses membres ; et dont l'autre forme une société d'assurance pour les plus âgés et pour les survivants.

Le cercle la *Concorde* possède un capital d'à peu près *deux millions et demi* de francs.

Les membres qui appartiennent depuis un certain nombre d'années à la société paient deux francs et demi par mois et sont assurés de recevoir une pension annuelle de quinze cents francs, qui peut encore s'accroître.

La *Concorde* ne touche pas directement les questions littéraires, mais si l'occasion se présente, « elle épouse chaudement les intérêts
» des journalistes. » Elle a créé un tribunal d'honneur qui juge chaque membre qui est soupçonné d'une action malhonnête. Elle expulse le membre qui se montre indigne de ce titre.

En terminant, M. Gross affirme que les apointements moyens d'un rédacteur de journal à Vienne de est 7 à 8,000 francs par an; quelquefois de 12 à 14,000 francs, et les rédacteurs en chef, comme ceux de la *Nouvelle Presse libre* et du *Tagblatt*, arrivent à gagner 60 et 100,000 francs par an. M. Gross a dit, quelque part dans son discours, « qu'il faut considérer que la presse autrichienne est très jeune; » qu'elle n'a que trente ans. » J'en connais de bien plus vieilles, pour lesquelles de telles sommes sont presque des contes de fées du *Beau Danube bleu*.

La Hongrie a fait aussi entendre sa voix. C'est le docteur Nordau, un Hongrois doublé de Parisien, qui nous a appris que, malgré le tort que le germanisme et encore le slavisme font aux écrivains de son pays où on ne cultive que peu la langue nationale, chacun de ceux-ci « rencontre une estime, une considération et des sympathies qui sont même quelquefois légèrement hors proportion, parce qu'on distingue dans l'écrivain plutôt la tâche patriotique qui lui incombe que le talent avec lequel il s'en acquitte. »

La carrière littéraire, très recherchée en Hongrie, dit M. Nordau, mène à tout, même aux plus hautes dignités officielles. Mais la nation hongroise étant très peu nombreuse, l'auteur indigène n'a que des rares lecteurs et, partant, il ne peut tirer un grand avantage pécuniaire de ses œuvres. Les œuvres scientifiques sont publiées pour la plupart aux frais ou du moins avec le concours financier de l'Académie nationale; les œuvres littéraires ne trouvent pas toujours des éditeurs, et, si elles en trouvent, sont tirées à *mille* exemplaires et n'atteignent que très rarement une seconde édition. La plupart des écrivains hongrois, même les plus célèbres, sont forcés de se réfugier dans le journalisme « qui, lui, a du moins (au dire du docteur Nordau) le mérite de donner le pain à ceux qui s'y adonnent ». Si quelque littérateur en Hongrie est arrivé à la fortune, c'est par le journalisme.

On trouve à Buda-Pesth deux Sociétés de gens de lettres; la plus ancienne (une sorte d'académie française) très honorable et très savante, entreprend la publication des chefs-d'œuvre poétiques nationaux ou étrangers, mais elle est un peu lente et rigoureuse. La plus moderne a l'activité de la jeunesse, mais aussi un peu l'irréflexion et l'inconduite de son âge.

Il y a de plus une société de secours qui est assez riche, qui sert des pensions et accumule des ressources; mais qui a la faute capitale de rendre ses services à titre d'aumône. Et je crois, comme doit le croire aussi, sans doute, mon spirituel confrère, qu'aujourd'hui le littérateur, aussi bien que la propriété littéraire, ne sont plus dans le cas de demander une aumône, mais de réclamer un droit.

« Il est à peine possible en Allemagne, d'après le dire éclairé de

» M. Schweichel, de distinguer la situation morale des gens de lettres
» de leur situation matérielle. Tous deux ont la même racine : la
» presse périodique. »

Mais cette presse, depuis l'abolition du timbre pour les journaux, est plutôt une affaire industrielle qu'une affaire politique ou littéraire. Il s'est formé à cause de cela un prolétariat littéraire, qui nuit beaucoup aux vrais littérateurs, parce que le public n'accorde pas son estime à des ouvriers qu'il sait ignorants, et le gouvernement avait déjà l'habitude (c'est toujours M. Schweichel qui parle) de regarder les gens de lettres comme des *existences catilinaires*.

Pour les écrivains vraiment érudits et doués d'un talent réel on a de la considération et du respect; parfois il est vrai « à cause de la réclame ou de la *camaraderie*, mais, en somme, il est certain que l'auteur dramatique, le rédacteur de journal sérieux, le spirituel feuilletoniste sont aussi bien placés en Allemagne que dans les nations les plus civilisées. »

Les journalistes allemands ne sont pas trop bien rétribués. Cela dépend de ce que les écrivains illettrés abondent; de ce que le pays n'est pas si riche que la France ou l'Angleterre; et aussi — mais ce n'est pas à nous de blâmer cette dernière cause — par suite de l'affluence de l'élément féminin, surtout dans le feuilleton.

Les auteurs dramatiques sont les mieux payés dans l'Empire; puis viennent les romanciers; les rédacteurs en chef des journaux occupent la troisième place. Leur traitement varie, selon le lieu et l'importance du journal, de 3 à 12,000 francs, et leur besogne est lourde. Pour les journaux littéraires ou hebdomadaires le traitement est moindre.

Les feuilletons et les romans, dont les auteurs ne sont pas des écrivains hors ligne, sont payés, pour le premier tirage, de 60 à 400 francs la feuille de seize pages. Les auteurs dramatiques reçoivent des scènes royales un tant pour cent fixé d'avance, mais ils passent des conventions spéciales avec les directions particulières.

Dans les principales villes de l'Allemagne ont été fondées des sociétés dont le but est de défendre les intérêts de leurs membres et de soutenir ceux qui se trouvent dans une situation pénible. Il y a, en outre, le *Deutscher Journalistentag* (Association des journalistes allemands) qui, à part ses œuvres de bienfaisance, se réunit chaque année en Congrès, qui possède un bureau permanent auquel tout journal peut appartenir, et dans lequel prennent aussi place les écrivains autrichiens. M. Schweichel croit facile et utile à la fois d'élargir cette association en groupant les journalistes européens dans une organisation commune et au moyen d'un bureau établi en permanence.

Le délégué russe, M. Boris Tchiviler, a très peu parlé; il a été aussi laconique et aussi éloquent qu'un Spartiate. Les gens de lettres n'ont pas lieu de se plaindre en Russie; le public de lecteurs est très nombreux et très enthousiaste; les dames russes lisent plus que les dames françaises et beaucoup plus que les Espagnoles et les Italiennes. Le vrai talent y est sûr de faire son chemin, de trouver des éditeurs et même de gagner de l'argent. S'il y a des écrivains malheureux, c'est parce qu'il y en a partout.

Bienheureux pays que la Russie! On pourrait croire que c'est là où le docteur Pangloss s'est écrié : « Tout est pour le mieux dans le meilleur des mondes possible ! »

La littérature polonaise a gagné aussi sa place dans ce rapport. M. Schimanoffsky nous a raconté, en excellent français, que « là, » comme un peu partout, le journal a effacé le livre; » que les littérateurs préfèrent, eu égard à leurs dépenses, s'attacher à la presse; que, sans compter les journaux de province, on fait paraître dans la capitale plus de soixante publications périodiques en langue polonaise, dont une fait monter son tirage de treize à quinze mille exemplaires. Il y a des écrivains de vrai talent, des poètes, des romanciers, des auteurs dramatiques; mais, en général, la médiocrité productive prime le travail de ceux qui ne pensent qu'à la valeur intrinsèque de leurs ouvrages. Les productions littéraires se payent de 5 à 20 centimes la ligne, ce qui, vu la pauvreté du pays, constitue un gain assez lucratif.

Les poètes dramatiques ne touchent pas de droits d'auteur; on leur paye une prime d'entrée qui varie de 800 à 1,500 francs pour une pièce qui remplit tout le spectacle; mais, grâce à l'accroissement des théâtres, leur situation devient favorable.

C'est toujours le journalisme qui absorbe les écrivains et le gain; nonobstant, et par l'empressement du public polonais, il y a des éditions des œuvres de grande réputation qui ont été vendues à dix et douze mille exemplaires. De plus, l'idée de fêter le jubilé de cinquante ans de travail littéraire de Krascewski, un des plus éminents auteurs de la Pologne, a produit des centaines de mille francs, et les œuvres choisies du grand écrivain ont été déjà tirées à plus de dix mille exemplaires, et il est possible que ce chiffre soit triplé. En général, on peut dire de la littérature polonaise (c'est M. Schimanoffski qui parle), qu'elle a germé et qu'elle prospère, grâce à ses propres efforts, sans vouloir chercher ni trouver appui en dehors d'elle-même.

On tâche, en ce moment-ci, à Varsovie, d'obtenir du cabinet de Saint-Pétersbourg la permission d'établir une société de secours pour les écrivains malheureux. Le délégué polonais a proposé, en outre, d'établir des comités internationaux chargés de chercher, traduire et répandre partout les trésors littéraires des deux mondes.

Dans le nouveau monde, dans l'Amérique du Nord, il y a une nation très puissante, les États-Unis, où tout prospère, même la littérature. M. Bishop, le délégué nord-américain, nous apprend que là, ainsi qu'ailleurs, les traductions (et les livres anglais qui jouent au Nord presque le même rôle que les livres espagnols du Sud), envahissent tout aux dépens des auteurs nationaux. Les écrivains qui se font le plus remarquer par leur talent, sont nommés à de grands postes diplomatiques et à de hauts emplois, ou bien ils donnent des conférences ou lectures dans les théâtres, ce qui leur rapporte beaucoup. Ils écrivent pour les revues et magazines, mais il y en a trop peu pour le nombre d'écrivains.

C'est toujours le journalisme qui procure de solides avantages, et aux États-Unis plus qu'ailleurs. La grande République compte 40 millions d'habitants, et il n'y a pas une seule famille qui ne lise un journal. Les journaux, principalement dans les grandes villes, New-York, Philadelphie, Chicago, San-Francisco, sont énormes pour leur format et par la quantité des matières. Leur importance, leur reputation, leur influence, leurs privilèges sont immenses.

Il y a des poètes comme Bayard Tylor et Longfellow, dont le génie hors ligne leur a conquis les hommages et la renommée qu'on n'obtient souvent qu'après la mort. Mais les journalistes, avoue M. Bishop, ne sont pas aussi estimés que les autres gens de lettres, en raison des polémiques trop vives qu'ils ont entre eux. La presse n'a pas d'entraves aux Etats-Unis, mais (c'est toujours son délégué qui parle) peut-être un peu moins de liberté sur quelques matières ne serait pas mauvaise.

M. Bishop rappelle les entreprises d'un journal tel que *the Herald* de New-York, qui a des correspondances et des télégrammes du monde entier, qui soutient un observatoire météorologique et qui envoya, avec *the Telegraph* de Londres, Stanley, pour explorer l'Afrique. — Stanley, ce collègue, aurait pu ajouter M. Bishop, qui honore toute la presse, puisqu'il a été en même temps journaliste, voyageur, soldat, savant, héros... Le *Herald* se dispose à appareiller à ses frais un vaisseau pour que le même hardi explorateur navigue jusqu'au pôle Nord.

Il n'y a que la presse nord-américaine pour ces choses-là, et M. Bishop, tout en se plaignant de ce qu'il n'existe dans son pays aucune espèce de *Société des gens de lettres* et affirmant, avec trop de modestie, qu'ils n'ont rien à enseigner et tout à apprendre, aurait pu aussi raconter comme une preuve de la force inouïe du journalisme yankee, qu'un correspondant qui désirait le premier transmettre télégraphiquement à son journal une importante nouvelle, s'installa au bureau télégraphique et que pour garder son droit jusqu'à l'heure d'expédier la dépêche, heure qui n'était pas encore arrivée, il occupa l'appareil pendant tout ce temps-là à transcrire les quatre premières pages de la Bible.

La Hollande, c'est M. Huet qui nous l'apprend, est loin de ce bien-être littéraire. Il n'y a pas de gens de lettres qui puissent vivre de leur plume. Les écrivains les plus illustres des Pays-Bas ont un présent médiocre et un avenir incertain. Il est rare qu'un livre se tire à plus de mille exemplaires. On lit beaucoup en Hollande, mais la diffusion des langues fait qu'on y trouve plus facilement les revues et les livres étrangers.

S'il n'y a pas de littérature proprement dite, il y a un journalisme qui est dans une condition aisée ; mais les journalistes, là comme ailleurs, ne jouissent pas de toute l'estime qui leur est due. Du reste, pas de société de gens de lettres.

Les voisins des Hollandais, les Belges, sont comme littérateurs très estimés dans leur pays. M. Dognée, leur délégué, nous apprend, de plus, que les auteurs d'œuvres sérieuses y recueillent le prix légitime de leur travail. Les journalistes peuvent sinon s'enrichir, du moins vivre largement de leur plume. Ceux qui écrivent des œuvres d'imagination, même des vers, ne sont pas trop en peine de trouver un éditeur. Mais le roman national est à peu d'exceptions près banni du feuilleton, et l'auteur dramatique doit s'expatrier ou renoncer à vivre de son travail.

« Les cercles littéraires sont nombreux en Belgique. Plusieurs publient les œuvres de leurs membres. Les bibliothèques populaires sont devenues une institution s'étendant largement et créant un public avide de livres non toujours lettré. Enfin, une association spéciale des travailleurs de la plume plusieurs fois essayée vient de se reconstituer et, cédant à l'initiative de ses membres réunis en Congrès à Anvers, le gouvernement belge promet prochainement une loi sur la propriété littéraire et artistique. »

Sans le tort que les romanciers et les dramaturges français font aux Belges, on pourrait peut-être dire, heureusement pour ces derniers, que le docteur Pangloss avait aussi séjourné en Belgique.

Pour la Suisse et d'après les explications de M. Frossard, son délégué, elle est un peu comme la Russie et un peu comme la Hollande, c'est-à-dire que les écrivains écrivent pour leur bon plaisir, qu'il n'y a ni malheur ni détresse pour les gens de lettres ; mais, c'est parce qu'il n'y a pas non plus de profession de littérateurs, tous ceux qui s'y sont engagés appartenant à une autre carrière ou profession dans laquelle ils gagnent leur vie. On y trouve, cela va sans dire, une presse assez importante et des revues scientifiques et littéraires assez accréditées. Je pense que le principal obstacle du développement des lettres dans la République Helvétique consiste en ce que la Suisse, bien qu'elle parle et parle très haut en plusieurs matières, est comme les muets ; elle n'a pas de langue à elle.

On ne peut dire de même des trois peuples scandinaves. Ils ont leur idiome à eux qui varie d'une nation à l'autre, mais, comme dialecte, d'une seule et même langue. Ainsi M. Baetzmann, Norvégien, a pris la parole, et avec talent, au nom des trois pays : Suède, Norvège, Danemark, pour nous décrire la situation, qui n'est point mauvaise, de la littérature du nord-ouest. Les écrivains sont, non seulement estimés, mais aussi préférés pour les hauts emplois de l'administration qu'ils ont exercés souvent. Au point de vue matériel, s'ils parviennent rarement à la fortune, ils parviennent facilement à l'aisance. Les ouvrages les mieux rétribués sont les livres scolaires ou les livres de piété. Une pièce de théâtre en cinq actes peut gagner, outre les droits d'auteurs, jusqu'à cinq et six mille francs. Le roman rapporte généralement à l'écrivain cent francs la feuille pour chaque édition de mille exemplaires.

Les journaux sont nombreux. Il y en a environ trois cents en Suède, trois cents en Danemark et deux cents en Norvège. Le plus fort tirage, qui est en Suède, ne dépasse pas douze à quatorze mille exemplaires. Les appointements des rédacteurs varient de 12 à 15,000 francs par an. Il y a un journal suédois, qui est un des doyens de la presse; il compte deux cent trente-quatre ans d'existence.

Cette presse-là, bien rédigée au point de vue de la politique, ne l'est pas autant en ce qui concerne la littérature et les nouvelles; le talent existe; le métier laisse à désirer.

» Les journalistes suédois ont un Congrès annuel. Ceux de Stockholm font partie d'une société d'où les discussions politiques sont bannies. — C'est là peut-être le seul endroit où nos confrères seront toujours en paix.

En somme, dit pour terminer M. Baetzmann, les écrivains scandinaves sont honorés, libres et bien rétribués, mais pas assez pour attirer à leur profession ceux qui n'ont pas une vocation bien arrêtée.

La littérature anglaise n'a pas été aussi largement représentée dans notre commission que son importance nous le faisait désirer. M. Blandrard Jerrold, délégué anglais (et même M. d'Auriac, délégué français), nous ont appris qu'il existe à Londres deux sociétés de bienfaisance pour les écrivains, *the Royal Literary Fund,* soutenue par les souscriptions de la haute société et gouvernée par les grands personnages, qui distribue des aumônes, et *News Paper Press Fund* (association de secours mutuels des journalistes) qui distribue des pensions et des secours, et dont le capital consiste en dons et en cotisations des membres. Ils nous apprennent aussi l'existence d'une société analogue à celle des auteurs dramatiques français, mais ces renseignements que nous devons à l'obligeance de nos deux collègues n'est pas tout ce que nous avions à espérer du pays où heureusement écrivent, réussissent et prospèrent les Elliot et les Tennyson.

M. de Santa-Anna Néry, envoyé du Brésil, fait remarquer le développement du journalisme dans ce vaste empire. Grâce au régime libéral qui règne, la presse a pris un grand essor et si la situation des littérateurs est précaire à cause, surtout, des traducteurs fort souvent mauvais, l'état des journalistes est aussi satisfaisant que possible. Il y a partout des journaux : le *Jornal do Comercio,* format du *Times,* tire à plus de vingt mille exemplaires par jour, et son correspondant à Londres touche 36,000 francs d'appointements. On voit que les mines de diamants du Brésil étendent quelque peu leurs gisements aux rédactions des journaux.

L'Amérique espagnole a aussi bien parlé que l'Amérique anglaise et que l'Amérique portugaise. M. Torrès Caïcedo a présenté un très spirituel rapport de la littérature dans la plupart des Républiques du Sud. L'orateur a fait d'abord remarquer qu'on s'occupe dans ces pays de quelque chose de plus que de renverser des gouvernements et de nommer des généraux, et que, s'ils ont des révolutions fréquentes, ils n'en ont point le monopole.

Il y a donc des poètes et des écrivains de grand mérite ; la poésie, c'est une plante qui pousse tout naturellement dans ces contrées, et les hommes de lettres sont ordinairement respectés, surtout les journalistes, qui combattent dans la presse pour soutenir une idée et qui arrivent à être députés, ministres, présidents de la République. Le manque de richesse du pays et aussi les traductions à vil prix causent un grand tort à la littérature nationale.

Les sociétés littéraires qui existent dans l'Amérique latine sont plutôt de petites académies subordonnées en quelque sorte à l'Académie de Madrid.

J'ai dit Madrid. Nous voilà en Espagne. Pour jeter un coup d'œil sur la littérature espagnole actuelle, je dois me citer moi-même. Je ne dirai pas bien, mais je dirai vrai : c'est ma circonstance atténuante.

Les écrivains espagnols, lorsqu'ils ont du talent hors ligne et qu'ils ont réussi à le faire connaître, obtiennent le respect, l'estime et les louanges de tout le monde, — quelquefois même de leurs ennemis politiques. Leurs ouvrages n'atteignent pas cependant à plusieurs éditions. Un volume de poésies, *las Doloras,* est arrivé à la treizième ; mais ce cas, qui est une exception, est arrivé justement à un poète qui est assez riche, par exception aussi.

Les vers ne sont pas payés en Espagne. Il y a, certes, trois ou quatre *Revues* à Madrid qui en publient, rétribuant leurs auteurs ; il y a des recueils qui sont recherchés et achetés ; mais, le plus souvent, nous sommes obligés de donner nos poésies, comme Claude le Lorrain les figures de ses paysages, « par-dessus le marché. »

Quant aux auteurs dramatiques, il y en a plusieurs, et qui ont autant de génie que de succès ; mais les plus favorisés s'il ne s'agit pas de féeries, ne gagnent pas (y compris les représentations en province, plus de 10 à 15,000 francs par an.

Chez nous, comme un peu partout, c'est au journalisme qu'accourent les écrivains de toute sorte, à la recherche d'un toit hospitalier; la presse est la Suisse de tous les réfugiés. Mais alors même qu'on y trouve de quoi vivre, les journaux ne sont pas riches; un seulement est devenu millionnaire (et nous comptons par réaux et non par francs) : la *Correspondancia de España*, qui n'est pas du tout littéraire et qui ne porte que des petites nouvelles. C'est ainsi que, pour un faible gain, les écrivains d'élite se sont usés dans la presse en échangeant au jour le jour l'or de leur talent contre la petite monnaie du journalisme.

La meilleure et la plus positive récompense des gens de lettres est presque toujours chez nous une place administrative plus ou moins importante. Le gouvernement est, en quelque sorte, et à cause de la situation souvent pénible des écrivains, le saint Vincent de Paul des enfants abandonnés de la littérature.

Nous avons aussi une Société des gens de lettres à Madrid (*Association de escritores y artistas*) qui s'occupe des lettres et des arts et aussi de procurer des ressources aux associés malheureux.

Il y a deux fléaux à combattre en Espagne pour réhabiliter la situation matérielle des hommes de lettres. Les traductions (du français le plus souvent) qui permettent aux éditeurs de contenter leur public à très peu de frais, et le manque relatif de lecteurs. Chaque jour nonobstant on lit davantage, et si les dames espagnoles ne lisent pas autant que les Russes et n'écrivent pas autant que les Allemandes, c'est sans doute parce qu'elles se savent faites, plutôt que pour lire ou pour écrire des ouvrages, pour inspirer leurs auteurs.

Je vais finir ma lourde tâche. En réalisant ce tour du monde en quelques pages, nous avons pu faire des observations aussi curieuses qu'intéressantes. Partout on gagne plus au roman qu'à la poésie, plus au théâtre qu'au roman, et plus au journal qu'au théâtre. Partout on voit que (à peu d'expressions près), le journalisme est l'unique profession stable et solide de l'homme de lettres; que comme métier, comme carrière, il n'y a que la presse, et que quelquefois, on est un peu enclin à se dire, en regardant le journal et le livre : « Ceci tuera cela. »

On voit aussi que dans plusieurs pays il y a des associations sous divers titres et avec différentes organisations, mais de l'ensemble desquelles on peut tirer bien des renseignements, bien des avantages; C'est un chœur de bienfaisance et de solidarité où l'on peut trouver de très belles voix et de très beaux chants.

On voit encore, et cela est très agréable pour tous, qu'en général les hommes de lettres ont acquis partout une place honorable dans la société ; qu'il n'y a guère ni troubadours errants ni poètes salariés, ni mendiants, ni serfs. Les écrivains aujourd'hui sont si bien le quatrième pouvoir qu'ils ont une noblesse comme les gentilshommes, une force comme les guerriers et une religion comme les prêtres.

Ce n'est pas l'éclat du génie qui manque aux littérateurs, c'est plutôt quelquefois et quelque part l'éclat de l'argent. Il ne s'agit donc pas de leur bâtir un palais pour leur gloire, mais une banque pour leur caisse.

Il n'y a aujourd'hui rien de plus puissant que la plume. La plume qui est depuis quelque temps en acier, ressemble beaucoup à l'épée ; c'est pour cela que parfois elle blesse et même elle tue. Elle doit donc servir d'épée pour défendre la justice et pour terrasser le mal, et tout écrivain doit adopter l'ancienne devise des fines lames de Tolède : *Ne me dégaîne pas sans raison et ne me rengaîne pas sans honneur.*

Après cette lecture, M. LE PRÉSIDENT dit qu'il est d'avis que la division soit adoptée pour la discussion des deux rapports et demande si quelqu'un désire prendre la parole.

M. EUGÈNE D'AURIAC trouve le travail de M. Luis Alfonso un peu long. Il renferme à son avis des détails qui ne doivent pas figurer dans le rapport au Congrès.

M. LE PRÉSIDENT rappelle que le temps manque pour discuter ce projet comme il conviendrait, et il invite les membres de la commission à généraliser leurs observations.

M. AUGUSTIN CHALLAMEL n'est pas de l'avis de M. Eugène d'Auriac. Il trouve qu'il y a, dans les détails donnés par M. Luis Alfonso, un côté physiologique très attrayant, et que ce rapport sera certainement un des plus intéressants des séances plénières du Congrès. Il pense d'ailleurs que les travaux de la troisième commission donneront lieu à une contre-discussion dans le Congrès, et que, par suite, on n'a pas à craindre d'y prendre une trop large place.

M. ROBERT SCHWEICHEL voudrait qu'on supprimât dans le rapport les appréciations laudatives concernant les divers délégués qui se sont fait entendre, et notamment celles qui lui sont personnelles.

M. LUIS ALFONSO répond qu'il est d'usage de formuler ces appréciations.

Sur la demande de divers délégués, M. LE PRÉSIDENT met aux voix l'adoption du rapport de M. Luis Alfonso.

Le projet est adopté à l'unanimité.

La parole est donnée à M. Jules Lermina, qui lit la seconde partie de son rapport.

MESSIEURS,

Après le rapport que vous venez d'applaudir, ma tâche est grandement simplifiée.

Il me reste à vous parler de la France, de la condition morale et matérielle de nos littérateurs. Je serai bref, estimant que, s'il nous reste encore quelques sujets de plainte, nous devons cependant nous sentir heureux des progrès accomplis.

Pascal a dit : « La dignité de l'homme, c'est sa pensée. » Cette identité entre la pensée et la dignité est, constatons-le avec orgueil, respectée de plus en plus parmi nous. Dans cette grande famille des littérateurs français, formée d'éléments si divers, il n'est pas de division qui ne s'efface devant ce seul mot : la dignité de l'écrivain.

Qui touche à l'un de nous, touche à tous. Il n'est pas de blessure reçue par l'un de ses membres dont ne souffre le corps tout entier.

Comme le rappelait si éloquemment notre président Edmond About, l'effort commun a tendu à l'affranchissement de l'écrivain. Plus de patronage, plus de servitude, et surtout plus de servilité. Tant vaut le travail, tant vaut l'homme.

Loin de nous, certes, la pensée de reprocher à nos ancêtres, aux pères de notre littérature les douloureuses concessions qui leur étaient imposées par les préjugés du temps où ils vivaient. Remercions-les au contraire d'avoir défendu, même au prix de leurs plus saints orgueils, la pensée française, à travers les temps. Molière se pliant aux supplications pour obtenir la représentation de *Tartufe*, s'élève, à nos yeux, de toute l'angoisse de son sacrifice ; Corneille, adressant à des puissants du jour, inconnus aujourd'hui, les dédicaces qui parfois nous surprennent et nous troublent, nous paraît d'autant plus grand qu'il lui fallait plus se courber pour nous laisser *les Horaces* et *le Cid*.

Saluons avec un profond sentiment de reconnaissance ceux qui nous ont faits ce que nous sommes, ceux à qui nous devons de pouvoir jouir de cette vie libre, de cette indépendance conquise par eux et que nous laisserons à nos enfants comme le plus riche de tous les patrimoines.

La pensée a brisé toute chaîne. Le penseur s'appartient. Sa conscience est à lui, et celui-là seul est encore esclave qui tend lui-même ses deux poings aux chaînes.

Grandir en liberté, c'est grandir en dignité. L'écrivain français du dix-neuvième siècle n'est ni un affranchi comme Horace, ni un protégé comme Racine. C'est un citoyen comme Quinet, Michelet, Victor Hugo.

Si notre condition morale s'est améliorée, je voudrais pouvoir, en toute sûreté de raison, affirmer au même degré l'amélioration de notre condition matérielle.

Ici, messieurs, sans entrer dans des détails pénibles, disons que si beaucoup a été fait, beaucoup reste encore à faire.

Comme nous l'expliquait, au sein de la commission, un de nos confrères les plus autorisés, notre ami Tony Révillon, qui a bien voulu venir nous prêter l'appui de son expérience, il est encore un très petit nombre d'hommes de lettres qui puissent vivre uniquement de leur plume.

Parmi les membres de la Société des gens de lettres, à peine un quart trouve-t-il, dans la culture exclusive des lettres, les ressources nécessaires à sa propre vie et à celle de sa famille.

Et au prix de quel travail, messieurs ?

Vous le savez mieux que personne.

Oui, je le dis en toute sincérité, il n'est pas de manœuvre, il n'est pas de journalier, pliant sous le fardeau, qui impose à ses membres, à ses bras, la moitié seulement de l'effort que l'écrivain exige chaque jour de son cerveau. Je ne voudrais pas charger le tableau de couleurs trop attristées. Mais, hélas ! mes chers confrères, combien en est-il, et des meilleurs, et des plus vaillants, et des plus infatigables, parce qu'ils se croient infatigués ? Combien en est-il, dis-je, que guette l'effrayante paralysie, et qui s'en vont, condamnés à mourir deux fois, s'alanguir et s'éteindre dans une maison de santé. Donnez un regret à ces martyrs du travail, et que leur malheur nous serve d'exemple et d'enseignement.

A l'étranger, on nous l'a dit, messieurs, bien peu de littérateurs peuvent vivre du travail de leur plume. Les heureux sont professeurs, bibliothécaires, attachés à des administrations publiques. Les autres pensent, pleurent et meurent !...

Eh bien ! puisque nous sommes réunis ici pour traiter de haut ces questions vitales, souvenons-nous que, selon le mot sublime de Victor Hugo :

« La pensée n'est qu'un souffle ; mais ce souffle remue le monde. »

Et travaillons à ce que ce souffle ne se confonde plus avec un soupir de faim et de misère !

Dépend-il de nous d'enrayer le mal ? Est-il quelque remède à notre portée ? Oui, messieurs, et ce remède, c'est l'éternelle morale de la fable, de la baguette et du faisceau, de l'épi isolé et de la gerbe compacte, c'est l'association...

En ce point déjà la France, pour ne parler que d'elle, a bien et utilement agi.

Ce fut une grande idée, simple et féconde, que celle qui présida à la fondation des auteurs dramatiques, des gens de lettres, des auteurs et compositeurs de musique.

A tout travailleur le droit de vivre de son œuvre, telle fut, messieurs, la formule, naïve à force d'évidence, que posa un jour un homme de bien, un écrivain de race et un grand cœur, auquel nous voudrions que pût parvenir, par notre faible voix, mais au nom du Congrès tout entier, le témoignage d'une profonde et inaltérable gratitude. J'ai nommé le baron Taylor.

Et quels résultats déjà obtenus! De ces associations, il en est qui se sont taillé à coups de volonté large place au soleil. Il en est de plus modestes, par exemple, la Société des gens de lettres, qui nous soutiennent et nous aident dans cette terrible lutte pour la vie, — *struggle for life*, — qui trop souvent brise les énergies de l'écrivain.

La Société des gens de lettres, messieurs, vous la connaissez. Du néant elle a tiré quelque chose. Le droit payé pour la reproduction est son œuvre. Avant elle, notre œuvre, à peine sortie de nos mains, était exploitée — je ne parle pas ici d'étrangers — exploitée, pillée par des compatriotes qui se l'appropriaient sans pudeur, sans vergogne... et surtout sans bourse délier. La chose leur semblait simple. Ils prenaient « leur bien où ils le trouvaient; » oubliant que ce bien était le nôtre. Et ils vendaient ce bien volé au public, en tiraient bénéfice et profit, comme s'ils nous eussent dépouillés de notre habit pour le porter au marché. Ce bien étant parcelle de notre cerveau, ils n'y prenaient point garde. Théorie des deux morales. L'écrivain, resté serf à leurs yeux, était taillable et corvéable à merci. Nous labourions, ces forbans récoltaient.

La Société des gens de lettres a mis fin à cette piraterie, compliquée de stellionat.

Mais son but était-il seulement de faire tomber dans l'escarcelle du pauvre Gringoire quelques écus difficilement arrachés à ceux qui le dépouillaient? Non, elle a visé plus haut et plus loin.

Elle lui a dit, à ce brave Gringoire, qui bayait aux étoiles:

— Mon cher rêveur, que feras-tu si tu tombes malade? Iras-tu, au coin de quelque borne, geindre en montrant tes plaies? Quand tu seras vieux, te restera-t-il seulement, quoique ayant si âprement combattu, la sébile du mendiant à tendre aux passants... Songe à l'avenir! ou mieux, laisse-nous y songer pour toi!

Et voici que de ces quelques écus dont elle avait elle-même créé la source, la Société des gens de lettres a constitué un fonds de secours pour les souffrants, un fonds de retraite pour les vieillards. Désormais, le Camoëns ne mourra plus à l'hôpital.

Elle a fait plus encore.

L'industriel, le négociant trouvent crédit sur la place. Ils disent :

« Ma marchandise est livrée, mais je ne serai payé que dans trois mois. Je ne puis attendre. Banque, ouvre-moi tes coffres. »

Et la Banque, femme d'affaires, calcule et paye.

Pour l'homme de lettres, rien de semblable. Allez donc dire à quelque financier :

« Voici, j'ai les mains pleines de vérités. Contre cette monnaie d'or, avancez-moi quelques pièces de cuivre.

Poli, il sourira; impoli... n'insistons pas.

Eh bien, la Société des gens de lettres a réussi, dans d'étroites proportions, il est vrai (mais que voulez-vous ? Crésus n'était pas poète), à nous entr'ouvrir cet eldorado de l'escompte. Vilain mot et qui sonne mal aux oreilles délicates. Mais l'estomac, plus bourgeois, l'écoute et le savoure.

Parlons un instant cette langue.

Tout marché comporte un acheteur et un vendeur. Le vendeur, c'est vous.

La Société dit à l'homme de lettres :

— Tu as vendu ton roman à un journal, ton livre à un éditeur; mais tous deux gardent provisoirement bourse close. Apporte-moi, délègue-moi le marché conclu par toi, et sur ce chiffon de papier timbré ma caisse te sera ouverte !

O splendeurs réjouissantes !

Par malheur, la Société n'a pu mobiliser qu'une quarantaine de mille francs pour cette œuvre exquise du Crédit littéraire. Mais le principe est reconnu, et l'aide est efficace. J'en appelle à notre confrère Champfleury, qui nous a montré le grand incompris Gérard de Nerval, ayant plein ses poches de ces billets à ordre dont il ne savait que faire. La Société des gens de lettres l'eût sauvé, et il ne se fût peut-être pas suicidé.

Que voulons-nous ? Que ce principe appliqué s'élargisse et s'étende...

Déjà les Saint-Simoniens, le Père Enfantin, M. Pereire avaient rêvé la fondation d'une banque du Crédit littéraire. Ce projet, retardé par les circonstances, rentre aujourd'hui dans l'actualité instante. C'est à une nation républicaine qu'il appartient de donner au travail, sous sa forme la plus respectable, place au fécondant soleil du Crédit.

Un mot en passant. Peut-être entendrez-vous d'agréables railleurs médire de la solvabilité des hommes de lettres.... des *bohêmes*. A ceux-là répondez hardiment que si la probité était bannie du reste de la terre, elle se retrouverait dans le cœur de ceux qui, donnant la chair de leur chair et le sang de leur sang, n'ont d'autre ambition que d'apporter leur humble pierre à l'édifice des civilisations futures.

Riches, non. Honnêtes, oui. Autant, sinon plus que tous.

Donc, messieurs, votre 3ᵉ Commission peut déjà proposer à votre sanction les deux formules suivantes :

I

Le Congrès littéraire international estime que l'amélioration de la condition morale et matérielle des littérateurs est essentiellement liée à la fondation ou au développement de sociétés, ayant pour objet la défense des droits de l'écrivain et la création de fonds de secours et de retraite.

II

Le Congrès émet le vœu que la question du Crédit littéraire soit mise à l'étude et inscrite au programme du prochain Congrès littéraire international.

Mais ces améliorations sont-elles les seules que nous devions poursuivre ? Vous nous reprocheriez, nous en avons la conviction, de restreindre à ce cadre étroit les questions que vous traitez ici.

Vous avez encore, vous avez surtout, messieurs, pris charge de la liberté, de la dignité de l'écrivain. Votre premier souci est celui des droits de la conscience, nous ne l'avons pas oublié.

Un grand souffle de liberté court à travers le monde. Peu à peu toutes les barrières qui s'opposaient à la libre expansion de l'activité humaine tombent et disparaissent.

Le Congrès international a le devoir de saluer cette aurore, mais aussi de réclamer la lumière, toute la lumière. Il est encore des entraves qui pèsent sur l'œuvre de l'écrivain, sur le livre, sur le journal. De quelque nom qu'on les nomme, les mots sonnent faux dans l'harmonie sereine des régions intelligentes. Nous souhaitons, nous désirons que ces notes discordantes s'éteignent dans l'accord splendide de libertés indiscutées.

Nous vous proposons donc l'adoption de cette formule qui nous a paru résumer discrètement, mais clairement, la pensée générale :

III

Le Congrès littéraire international émet le vœu que la liberté de la pensée soit complète chez tous les peuples.

Il estime que, en publiant et en faisant circuler son œuvre partout et sans entrave, l'écrivain agit sous sa responsabilité personnelle. Le Congrès déclare que les contraventions ou délits commis par l'écrivain doivent être jugés selon le droit commun.

Nous touchons au terme de notre tâche. Cependant il nous faut encore solliciter votre bienveillante attention pour un projet dont l'importance a rallié tous les suffrages de votre 3e Commission.

Ce qui nous a frappé surtout dans les études auxquelles nous nous sommes livrés, c'est le double courant qui entraîne la France vers le monde et le monde vers la France; c'est le sentiment fraternel et sincère qui unit nos mains et nos cœurs, c'est enfin et surtout le besoin que nous avons ressenti de nous mieux connaître les uns les autres.

Rien de moins littéraire que l'égoïsme.

L'homme de lettres écrit non pour lui, mais pour tous. Voltaire, Shakespeare, Gœthe, Hugo, écrivent pour le monde et leur temps. Tous, petits et grands, nous avons soif d'expansion mutuelle. Nous voulons lire, nous voulons que les autres lisent par-dessus les frontières. Nous savons que partout — chez les peuples — l'esprit en travail enfante le beau, crée le vrai, s'efforce vers le bien.

Or, disons-le, c'est trop souvent au hasard, à la recherche patiente d'un érudit, au *dilettantisme* d'un délicat que nous devons la soudaine mais tardive révélation d'une œuvre déjà célèbre dans le pays où elle a été enfantée.

Un de mes confrères, Américain, m'avouait qu'il y a trois ou quatre ans, le nom de notre Flaubert leur leur était inconnu. Et si tel fait peut se produire pour la France, qui est la grande voyageuse de l'esprit humain, combien plus souvent pour les œuvres des autres pays.

Charles Dickens était depuis longtemps illustre avant que ses admirables romans ne fussent entre nos mains. Depuis combien de temps le plus célèbre romancier d'Allemagne, Spielhagen; depuis combien de temps les Haeckel, les Vogt ont-ils forcé les portes de nos bibliothèques? Que d'autres je citerais encore! En Espagne, en Italie, dans les pays scandinaves, où l'activité littéraire est si grande; en Russie, où il faut être un Pouschkine ou un Tourgueneff pour être élu parmi nos élus...

Ne songez-vous pas avec un regret désolé à ces semeurs d'idées qui passent, vénérés par leurs compatriotes, ignorés par vous?

L'heure est venue, messieurs, d'ouvrir toutes grandes les portes de la publicité internationale. Appel à tous les hommes de bonne volonté et de bon travail! Le temps est aux communications rapides, télégraphes, téléphones. Inaugurons les communications de l'art et de la pensée.

Créons un centre vers lequel, de tous les points du monde civilisé, les écrivains tournent sans cesse les regards; qu'ils sachent que là il est des cœurs sympathiques qui battent à l'unisson des leurs, des intelligences qui s'intéressent à leurs efforts, des consciences prêtes à recevoir les semences qu'ils prodiguent.

Cette pensée, messieurs, nous n'hésitons pas à le dire, c'est la conclusion logique, humaine de votre réunion au Congrès. Nous nous sommes rejoints, ne nous quittons plus. Serrons-nous les uns contre les autres. De loin comme de près, soyons unis, par la plus solide et la plus douce des chaînes: la communion de l'intelligence.

Votre 3e Commission m'a donné mandat de formuler en peu de mots ce dernier vœu, qui, à nos yeux, résume toutes nos aspirations, et pour lequel nous serions heureux d'obtenir votre approbation.

IV

Le Congrès estime qu'il y a lieu de mettre à l'étude la création d'une association littéraire internationale, dont le principal objet serait l'organisation de relations régulières entre les littérateurs des divers pays.

Nous avons réduit le vœu, messieurs, à son expression la plus simple; pour nous, c'est l'embryon d'où sortira l'organisation de cercles, de bibliothèques, de publications présentant le caractère international. C'est le jalon planté sur la route de la confraternité universelle, c'est l'idée passant dans le domaine du fait.

Un dernier mot, messieurs.

A une armée vaillante, il faut un drapeau. Aux combattants de la pensée, il faut un chef.

Si notre proposition est adoptée en principe, nous demanderons à celui que tous acclament comme un maître, d'accepter la présidence d'honneur de l'Association littéraire internationale.

Ce nom est dans vos cœurs et sur vos lèvres, c'est celui de Victor Hugo...

Après cette lecture, M. LE PRÉSIDENT invite les délégués à faire leurs observations.

M. VENCESLAS SZYMANOWSKI regrette que le texte du règlement d'association internationale proposé par M. Jules Lermina ne figure pas *in extenso* dans le rapport.

M. JULES LERMINA pense qu'il est préférable de poser des points généraux.

M. LE PRÉSIDENT met aux voix l'adoption du projet de rapport au Congrès. Le projet est adopté à l'unanimité.

Après ce vote, M. LE PRÉSIDENT déclare close la session de la troisième commission du Congrès.

La séance est levée à quatre heures dix minutes.

L'un des vice-présidents de la troisième commission,
PHILIBERT AUDEBRAND.

L'un des secrétaires,
VICTOR ROZIER.

DIXIÈME JOURNÉE

27 JUIN

SÉANCE GÉNÉRALE

ET

PROCÈS-VERBAUX DES COMMISSIONS

SÉANCE GÉNÉRALE

DU

CONGRÈS LITTÉRAIRE INTERNATIONAL

DIXIÈME JOURNÉE
27 Juin 1878

Présidence de M. Ivan Tourgueneff.

La séance est ouverte à deux heures et demie.

M. le président. — J'ai l'honneur d'annoncer à l'assemblée que M. le ministre du Portugal vient de prendre place au bureau. (Applaudissements.) La parole est à M. Theuriet pour la lecture du procès-verbal de la dernière séance.

M. André Theuriet donne lecture du procès-verbal de la séance du 25 juin. Le procès-verbal mis aux voix est adopté.

M. le président. — L'ordre du jour appelle la lecture des rapports de la seconde commission ; la parole est à M. Jules Lermina.

M. Jules Lermina lit la première partie de son rapport et cède la parole à M. Luis Alfonso, dont le travail sur la condition de l'homme de lettres dans les différents pays est chaleureusement applaudi.

M. Jules Lermina achève ensuite la lecture de son rapport (1).

M. le président. — La parole est à M. le ministre du Portugal.

M. Mendès-Léal, ministre du Portugal. — Messieurs, je vous prie d'abord de m'excuser si je ne m'exprime pas avec la netteté et l'exactitude désirables ; je parle une langue étrangère, et je

---

(1) Voir le texte de ces rapports page 293 et suiv.

réclame votre indulgence. (Marques nombreuses d'assentiment.)

M. Mendès-Léal. — D'abord, je tiens à vous exprimer mes regrets, comme je l'ai fait à votre président, de n'avoir pu assister à votre séance publique; je n'étais pas à Paris, et c'est mon absence de la capitale qui est ma justification.

Personnellement, j'adhère à cette formule d'un grand écrivain moraliste français : la propriété littéraire est une propriété qui doit être soumise aux règles générales qui régissent la toute-propriété.

Permettez-moi, au nom des littérateurs portugais, d'adhérer aux généreuses pensées, aux formules, aux doctrines qui viennent d'être exprimées.

Je suis fâché que le délégué du Portugal n'ait pas donné des informations précises sur la condition des hommes de lettres dans notre pays. Je suis prêt à les fournir.

En dernier lieu, je salue la grande famille des littérateurs français. Permettez-moi d'espérer que, grâce aux jalons qui viennent d'être posés, nous aurons fondé les bases de la grande famille des littérateurs, sans distinction de langues ni de frontières. (Applaudissements prolongés.)

M. del Bazo. — Je demande que la troisième commission se réunisse pour jeter les bases de la fondation internationale dont elle nous a donné une idée dans son rapport.

M. Edmond About. — J'ai reçu de M. Blanchard-Jerrold une proposition. — Si l'assemblée le désire, la troisième commission peut se réunir dans ses bureaux pour formuler une résolution sur le vœu que nous venons d'entendre et sur la proposition de notre confrère Blanchard-Jerrold.

M. le président. — Je propose à l'assemblée l'impression des rapports dont elle vient d'entendre la lecture et de la proposition de M. Blanchard-Jerrold.

L'impression, mise aux voix, est votée.

M. le président. — Je voudrais signaler une petite lacune dans le travail si spirituel de M. Luis Alfonso; cette lacune ne dépend pas de lui. Il n'a pas parlé d'un certain nombre de sociétés qui fonctionnent en Allemagne et dans d'autres pays. Par exemple, la fondation de Schiller qui dispose de ressources importantes et celle de Saint-Pétersbourg, dont je suis un des fondateurs. Je pense qu'avant de rien décider sur ces questions, il serait bon de connaître les statuts de ces diverses sociétés. Je suis prêt à vous fournir ceux de la société de Saint-Pétersbourg, et je suis certain que les sociétés allemandes et anglaises s'empresseront de mettre les leurs à votre disposition.

Puisque j'ai la parole, je voudrais dire deux mots sur l'appréciation fantaisiste du délégué russe. Je crois que les écrivains de notre pays sont un peu moins heureux et un peu plus utiles qu'il ne l'a dit. (Marques d'assentiment.)

M. Jules Lermina. — On a proposé que la troisième commission se réunisse pour donner un corps à nos vœux. Je vous propose de nous permettre de nous réunir dans nos bureaux et dans une demi-heure le rapporteur vous soumettra un projet définitif.

M. Dognée. — Le rapport de notre spirituel confrère espagnol m'a énormément intéressé et excessivement charmé; il m'a aussi chagriné. Il a dit que les délégués de la Belgique avaient manqué à leurs devoirs en ne lui fournissant pas les renseignements dont il avait besoin sur la situation des hommes de lettres dans notre pays.

Nous ne sommes que deux délégués au Congrès; nous ne pouvons être partout à la fois. Je vous demande pardon de n'avoir pas été à la troisième commission; j'étais retenu à la première par les travaux que vous connaissez.

Plusieurs voix. — Oui ! oui !

M. Dognée. — Je m'engage à remettre à M. Luis Alphonso dans les vingt-quatre heures des renseignements complets sur la situation des hommes de lettres dans mon pays.

M. Tony-Révillon. — Il me semble que, pour procéder méthodiquement, il faudrait que la commission se réunît, non pas immédiatement, mais dans une heure ou une heure et demie, qu'elle entendît successivement M. Tourgueneff pour les écrivains russes, M. Blanchard-Jerrold pour les écrivains anglais, M. Dognée pour les écrivains belges, de façon que le rapporteur pût combler les lacunes de son rapport, qui serait ensuite imprimé; on nous le distribuerait à la séance de samedi et nous pourrions le discuter alors.

M. Eugène Muller. — Je voudrais dire deux mots contre ce que vient de proposer M. Tony-Révillon. Il me semble que l'assemblée peut suspendre la séance un moment pour permettre à la troisième commission de formuler une proposition. Je demande qu'on consulte l'assemblée.

Voix nombreuses. — A samedi !

M. Félix Jahyer. — Nous avons de quoi nous occuper avec l'article de la commission et le rapport de M. Larnaude.

M. le président. — La proposition de M. Révillon me paraît préférable. Nous écrirons tous trois un résumé que nous remettrons à la troisième commission, ce sera plus facile et plus pratique.

M. Félix Jahyer. — Pourvu que le travail soit remis demain.

M. Ivan Tourguéneff. — Je promets le mien pour demain.

M. Jules Lermina. — J'insiste pour que nous nous réunissions immédiatement. La dernière réunion aura lieu samedi ; si nous nous réunissons demain nous avons à entendre un travail sur trois nations ; cela nous tiendra longtemps. Comment voulez-vous que nous puissions faire imprimer et distribuer les rapports pour samedi ? c'est impossible. Si nous nous mettons à l'œuvre tout de suite, dans deux heures ce sera fait. Voulez-vous fonder une association internationale ? Votez ma proposition. Si vous ne l'adoptez pas, il n'y aura rien de fait.

M. Blanchard-Jerrold. — Il y a deux propositions. La première propose de fonder des Sociétés de gens de lettres dans différents pays.

La seconde, émanée de votre troisième commission, propose la fondation d'une association internationale dont le siège serait à Paris.

Il me semble que ces deux propositions sont antagonistes.

M. Félix Jahyer. — Elles sont au contraire parallèles. C'est la même pensée qui les a inspirées.

M. Tony-Révillon. — Pardon d'insister, mais nous avons à discuter les conclusions de la deuxième commission et un paragraphe de celle de la première. Ces conclusions sont de beaucoup les plus importantes. La question diplomatique est la grande question du Congrès. Je ne voudrais pas que les membres de la troisième commission fussent absents pendant qu'on la discutera.

M. Dognée. — Je demande qu'on discute d'abord le dernier paragraphe des conclusions de la première commission.

Plusieurs voix. — Il n'y a que quelques mots à dire.

M. Augustin Challamel. — La première et la seconde commission nous proposent des formules énoncées dans leurs rapports ; la troisième commission nous en propose quatre. Je propose qu'il soit fait un vote sur chacune de ces formules. Ce sont les principes. Le reste n'est que leur mise à exécution ; une fois que nous saurons si les formules sont acceptables, nous pourrons travailler aux détails.

M. LE PRÉSIDENT. — Je propose à l'assemblée de suivre son ordre du jour. (Très bien! Très bien!)

M. LE PRÉSIDENT. — L'ordre du jour appelle la discussion sur le dernier paragraphe des propositions de la première commission. La parole est à M. Fliniaux.

M. FLINIAUX. — Je serai bref. J'ai à vous soumettre six objections : 1° vous dites « pourra être déchu de ses droits *l'héritier*.» Vous n'avez pas ajouté le cessionnaire ; c'est sans doute un oubli. Il faut dire « l'héritier ou le cessionnaire. »

2° Vous continuez : pourra être déchu de ses droits l'héritier qui sera resté vingt ans sans *publier*. Vous avez voulu dire probablement publier non pas un manuscrit, mais publier à nouveau. Vous avez là deux mots à ajouter. Mais lorsque vous les aurez ajoutés, ce ne sera pas tout.

3° Quand vous aurez rédigé ainsi l'article, que peut-il arriver? Que l'auteur ou son cessionnaire aient fait, pendant les dernières années de la vie de l'auteur, une édition très nombreuse. Tout le monde n'a pas le bonheur de faire de grosses éditions qui s'écoulent vite. Il peut y avoir des éditeurs qui aient mis en avant des capitaux importants pour favoriser certaines idées. Si l'édition n'est pas écoulée, comment voulez-vous que l'héritier soit obligé d'en faire une nouvelle ?

4° Vous voulez empêcher qu'un héritier ne tienne sous le boisseau une œuvre que tout le monde devrait connaître, et vous dites que l'héritier sera obligé de publier une édition. De combien d'exemplaires devra se composer cette édition? Cinquante, cent exemplaires? Si vous voulez atteindre le but que vous visez, il faut que vous disiez que l'héritier sera forcé de publier d'une façon complète, de faire une édition qui soit réellement une édition.

5° Supposons que vous avez déterminé le chiffre de l'édition que l'héritier devra faire. Mais si cet héritier n'a pas le moyen, s'il est pauvre, pourquoi le priver du droit de conserver cette propriété que vous avez indiquée comme complète, perpétuelle ; pourquoi l'en priver tout à coup et à perpétuité, alors qu'il n'y a pas de sa faute.

6° En supposant que vous arriviez à arranger l'article pour

lui donner une forme pratique, vous enlevez à l'héritier son droit que vous avez reconnu sacré. Mais pour cela il faut autre chose qu'une formule. Il faut que vous y mettiez certaines formes. C'est une espèce d'expropriation pour cause d'utilité publique. Dans toute expropriation, il y a quelqu'un qui juge. Il faut qu'on juge les raisons de l'héritier et qu'il ne soit pas dépouillé de son droit sans recevoir une indemnité, dont le *quantum* serait basé sur le bénéfice que l'œuvre peut produire. —

M. Frédéric Thomas. — Votre première commission a eu le bonheur de voir jusqu'ici ses solutions adoptées. Elle vous propose de remplacer le système de la déchéance par celui de la mise en demeure.

Quand vous dites : « Je ne puis toucher à l'œuvre d'un auteur parce qu'il faut que j'attende que l'héritier ait laissé passer vingt ans sans la publier, « tout le monde y perd, l'héritier, le public, l'éditeur. Tandis que si vous admettez dans la loi le droit du public. Si vous admettez qu'un éditeur ait le droit d'aller trouver l'héritier, le cessionnaire ou l'ayant cause, peu importe, et de leur dire : Vous n'imprimez pas les œuvres de votre auteur, je vous offre de les publier, et je vous fais sommation de me permettre de les publier en déposant une certaine somme en garantie; je vous offre en outre d'acheter par préemption ce qui vous reste des dernières éditions; les intérêts de tous sont sauvegardés.

Je crois que nous entrerions dans une meilleure voie en laissant aux éditeurs le droit de pouvoir publier les œuvres que les héritiers ne publient pas. Après deux mises en demeure, l'éditeur aurait le droit de publier au plus grand avantage de l'héritier et du public.

Vous rentrez dans quelque chose de plus civilisé que cette sorte de confiscation que vous vouliez faire. Je propose de substituer à la déchéance un règlement de mise en demeure qui permettra à tout éditeur de publier une œuvre laissée inactive par l'héritier, moyennant une redevance.

M. Larnaude, *rapporteur*. — On vient d'attaquer la formule de la commission. Remarquez, messieurs, que la commission n'a pas dit *sera déchu*, mais *pourra être déchu*. Il est vraisemblable qu'elle a entendu qu'il y aurait là un droit discrétionnaire, un droit donné aux tribunaux, semblable à celui qui leur est accordé en matière de brevet d'invention. L'héritier pourra faire ses preuves, le tribunal appréciera. Au système de mise en demeure qui vous est proposé, il faut préférer le système de la commission qui existe déjà pour les brevets d'invention. Je propose de maintenir et de voter, tel qu'il est, le projet de la commission.

M. Louis Ratisbonne. — L'article en cause soulève une question des plus délicates. Je crois que, si nous l'adoptions, nous reviendrions en arrière. Nous avons considéré que l'héritier avait sur son œuvre un droit permanent pendant sa vie, et qu'il pouvait le transmettre à son héritier pour un certain temps. Adoptons donc cette exception de déchéance. Je comprends que l'héritier puisse être exproprié au bout d'un certain temps, à la suite d'un jugement.

Je ne voudrais pas qu'il pût être exproprié sur une simple mise en demeure, mais à la suite d'un jugement et moyennant indemnité.

Voici la formule que je propose :

« Néanmoins, l'expropriation pour cause d'utilité publique et
» moyennant indemnité pourra être prononcée contre l'héritier ou
» l'ayant cause qui aura laissé écouler vingt ans depuis la mort de
» l'auteur, sans publier son œuvre, à moins que l'auteur n'ait expres-
» sément exprimé une volonté conforme. »

M. Carlos de Rode. — Ce délai de vingt ans doublerait le terme accordé par certaines législations. En supposant qu'il n'y eût qu'un an, je prétends qu'il faudrait encore changer les dispositions de l'article.

Je n'admets pas un seul instant qu'un héritier, quel qu'il soit, puisse retarder l'éclosion d'une œuvre annoncée, en admettant que l'auteur n'en ait pas disposé pour la période accordée par la législation de son pays.

Je suppose un ouvrage que tout le monde connaît. L'auteur est mort sans en avoir disposé, il ne s'attendait pas à mourir. Son œuvre est là ; elle est annoncée ; il y a déjà un contrat passé entre son âme et le public. Est-ce que l'héritier peut venir substituer ses scrupules à la volonté de son auteur et en privant le public d'une œuvre qui lui était destinée, et accaparer ainsi le droit du domaine public.

Je propose la formule suivante :

« Lorsque l'auteur décédé n'aura pas fait de dispositions entre vifs
» ou testamentaires, toute personne pourra, etc. »

Le domaine public payant doit être saisi ; c'est la conséquence des principes posés par Victor Hugo.

M. Louis Ratisbonne. — Le préopinant vient d'introduire la

question des œuvres posthumes qui n'est pas en cause. Je vous propose de supprimer cet article. Si vous ne voulez pas le supprimer, je vous propose de voter l'amendement qui doit être, selon moi, substitué à l'article de la commission.

Je vous propose d'abord de supprimer absolument la discussion et le vote sur cet article.

L'expropriation pour cause d'utilité publique, avec indemnité, pourra être prononcée contre l'héritier et l'ayant-cause qui aura laissé écouler vingt ans, depuis la mort de l'auteur, sans éditer son œuvre.

M. Dognée. — Messieurs, la première commission, après avoir, dans son rapport, affirmé le principe de la propriété littéraire dans toutes ses conséquences, ne pouvait s'occuper de régler tous les principes de constitution de société.

La première commission a voulu poser un principe, elle n'a pas voulu qu'il pût appartenir à un héritier, alors que l'auteur est mort, de supprimer l'œuvre de ce dernier.

Elle a pris une formule explicite; elle a employé les mots, *on pourra*, pour laisser la porte ouverte à tous les moyens pratiques de réalisation. Nous nous sommes réunis avant le commencement de la séance; nous sommes d'accord pour poser ce principe que les héritiers ne peuvent pas mettre sous le boisseau l'œuvre de leur auteur. Nous ne voulons ni la déchéance, ni l'expropriation.

Nous voulons que quand une œuvre existe, que quand on ne l'a pas publiée, si quelqu'un veut la publier, il puisse le faire. Nous rentrons dans l'esprit de la pensée généreuse de Victor Hugo.

Voici une autre rédaction que je vous propose, d'accord avec le président de la première commission :

« Les droits privatifs reconnus au profit des héritiers d'un auteur
» ne peuvent faire obstacle à la publication d'une nouvelle édition,
» pourvu que celle-ci soit fidèle et précédée par des mises en de-
» meure. »

M. Emmanuel Gonzalès. — Le fond de l'idée plaît à l'assemblée, c'est la forme qui ne lui convient pas.

M. Léon Richer. — Je me rallie à la rédaction nouvelle. J'entends dire qu'il s'agit de reprendre l'amendement de M. Ratisbonne, qui a l'inconvénient de faire reparaître le droit de mise à l'*index* au profit de l'héritier. Je m'y oppose de toutes mes forces : il est inacceptable. De ce que l'expropriation ne pourra avoir lieu qu'au bout de vingt ans écoulés, il en résulterait pour l'héritier le droit de ne pas publier l'œuvre pendant vingt ans.

C'est inadmissible. Je vous propose d'adopter la nouvelle rédaction, parce que, du moment où un éditeur viendra dire à un héritier : je vous offre de publier l'œuvre de votre ascendant en payant une redevance, l'héritier n'aura plus le droit de refuser son autorisation, ou, s'il la refuse, c'est qu'il agit en mauvais héritier. Il importe à la Société qu'une œuvre quelconque ne puisse pas être interdite pendant vingt ans. (Aux voix ! aux voix !)

M. Frédéric Thomas. — Je demande qu'on vote sur la rédaction proposée par le rapporteur.

M. le président. — On demande au rapporteur de simplifier la rédaction et d'en écarter les termes juridiques.

M. Louis Ratisbonne. — Je préfère me rallier à la rédaction première de la commission, qui concilie les intérêts de l'héritier et du domaine public.

M. Carlos de Rode. — Je demande qu'on adopte mon amendement. (Aux voix ! aux voix !)

M. le rapporteur. — La procédure ordinaire est de mettre aux voix d'abord la proposition de la commission.

M. Frédéric Thomas. — L'amendement a la propriété.

M. Dognée, *rapporteur*. — Voici la rédaction expurgée.

« Les droits privatifs des héritiers d'un auteur ne peuvent faire
» obstacle à la publication d'une nouvelle édition, pourvu qu'elle
» soit fidèle. »

M. Frédéric Thomas. — Je demande qu'on supprime « pourvu qu'elle soit fidèle, » c'est de droit commun.

M. Carlos de Rode. — J'insiste de nouveau pour qu'on adopte mon amendement. Victor Hugo a dit : J'ai toujours pensé que lorsque l'auteur n'avait pas disposé de son œuvre par testament ou par entre-vifs, le domaine public entrait en possession immédiatement à sa mort. (Aux voix ! aux voix !)

M. de Carné. — Je trouve déplorable d'avoir abandonné la première rédaction de la commission. (Aux voix ! aux voix !)

M. le président. — Je donne lecture de la proposition.

« Les droits privatifs des héritiers d'un auteur ne peuvent faire
» obstacle à la publication d'une nouvelle édition, pourvu qu'elle
» soit fidèle. »

— Je mets aux voix la proposition.

La proposition, mise aux voix, est adoptée par trente-deux voix contre vingt et une. (Réclamations. — Exclamations. — Bruits.)

M. LE PRÉSIDENT. — Je crois que plusieurs membres n'ont pas voté pour l'affirmative, non pas tant parce qu'ils trouvent le principe mauvais que parce qu'ils trouvent la rédaction beaucoup trop compliquée. Nous n'avons qu'à poser des principes, le législateur fera le reste.

M. TONY RÉVILLON. — Je crois que le vote aurait plus de portée s'il était unanime. Nous sommes tous de cet avis : interdire à l'héritier de mettre sous le boisseau l'œuvre de son auteur.

Je propose, puisque nous sommes d'accord sur le principe, que l'on renvoie l'article à la commission, en la chargeant de préparer une nouvelle rédaction qu'elle nous proposerait à la prochaine séance.

M. JULES LERMINA. — L'article est voté, il n'y a pas à y revenir. Nous demandons l'adjonction d'une disposition additionnelle qui aurait pour but de faire respecter la volonté de l'auteur quelle qu'elle soit, lorsqu'il l'aura manifestée. Par conséquent votre article tombera du moment que l'héritier justifiera de la volonté de son auteur.

Il est bien entendu que l'héritier sera considéré comme lié par la volonté de l'auteur lorsqu'il pourra en justifier.

M. DOGNÉE, *rapporteur*. — La commission accepte cette disposition additionnelle.

M. LÉON RICHER. — Vous rappelez-vous ce que nous a dit Victor Hugo. Il nous a dit que l'auteur une fois mort l'œuvre appartenait à l'esprit public, et qu'il ne peut rien retrancher à son œuvre.

Il ne faut pas que l'héritier armé d'un testament puisse nous dire : Je ne publie pas.

M. LE PRÉSIDENT. — Il y a deux propositions : l'une consiste dans l'adjonction d'un article additionnel ; l'autre a pour but de renvoyer l'article entier à la commission.

Me CELLIEZ. — Le vote est acquis ; je m'oppose absolument au renvoi à la commission.

M. EMMANUEL GONZALÈS. — M. Tony Révillon demande qu'on

allège un peu la rédaction de l'article. M. le rapporteur s'est rallié à l'article additionnel de M. Lermina; on demande que cet article soit mis aux voix.

M. LE PRÉSIDENT. — Je donne lecture de l'article additionnel ainsi conçu :

« Il est bien entendu que l'héritier sera considéré comme lié par la
» volonté de l'auteur, lorsqu'il pourra en justifier. »

L'article additionnel, mis aux voix, est adopté par trente-deux voix contre vingt-quatre. (Bruit. — Rumeurs).

M. GERMOND DE LAVIGNE. — Il n'y a que seize abstentions. (L'ordre du jour! L'ordre du jour!)

M. LE PRÉSIDENT. — L'ordre du jour appelle la discussion du rapport de la seconde commission. Cette discussion est très importante; les délégués étrangers auront à présenter des observations. Je propose de remettre la discussion à la prochaine séance.

M. LÉON RICHER. — Je demande que la séance continue et qu'on vote sur les conclusions de la seconde commission.

M. LE RAPPORTEUR. — Je demande que la discussion soit ouverte.

M. LE PRÉSIDENT. — Je consulte l'assemblée pour savoir si elle veut lever la séance.

L'assemblée, consultée, décide qu'elle va passer à la discussion des conclusions du rapport de la seconde commission.

M. LARNAUDE, *rapporteur*. — Je demande la mise aux voix immédiate ou la discussion, s'il y a lieu, de la première résolution ainsi conçue :

« Toute œuvre littéraire, scientifique ou artistique, sera traitée
» dans les pays autres que les pays d'origine, suivant les mêmes lois
» que les œuvres d'origine nationale. »

M. LE PRÉSIDENT. — En qualité de délégué russe, je demande une explication sur une expression qui ne me paraît pas assez claire. Vous avez mis toute œuvre littéraire, scientifique ou artistique sera traitée, etc. Quels rapports cela a-t-il avec la traduction?

M. LARNAUDE, *rapporteur*. — L'article spécial à la traduction se trouve à la fin de nos résolutions. En ce qui concerne la réimpression, il faudrait soumettre l'œuvre étrangère qui pénètre dans un pays aux lois de ce pays. Cette formule n'enveloppe pas la traduction; la commission en a fait l'objet d'une disposition distincte. Je donne lecture des deux autres résolutions de la commission.

« Art. 2. — Pour que cette protection lui soit assurée, il suffira à
» l'auteur d'avoir accompli, dans le pays où l'œuvre a été publiée
» pour la première fois, les formalités d'usage.

» Art. 3. — En ce qui concerne la traduction et l'adaptation, le
» Congrès littéraire international exprime le vœu que les traités
» internationaux réservent à l'auteur le droit exclusif d'autoriser
» cette traduction et cette adaptation. »

M. Fliniaux. — Je serai très bref. Je veux expliquer ce qui est dans cette proposition. Il ne s'agit pas de lois à faire, mais de conventions à établir entre différents pays. Pour cela, il faut qu'il y ait échange, qu'on puisse dire : donnant donnant.

Mettons en présence deux membres plénipotentiaires, celui de Russie et celui d'Angleterre par exemple ; ils sont en présence, et l'un des deux vient proposer à l'autre ce qu'il y a dans votre projet de loi. La loi anglaise accorde sept ans aux héritiers, et vous croyez que le diplomate russe acceptera ce terme, quand dans son pays on accorde cinquante ans? (Aux voix! aux voix!)

Un membre étranger. — Est-il juste de discuter un rapport qui nous a été distribué aujourd'hui même?

M. Larnaude, *rapporteur*. — Le rapport a été lu à la précédente séance, ses conclusions ont été publiées dans les journaux, chacun de nous a pu en prendre connaissance.

M. Louis Figuier. — M. Edmond About a fait observer qu'on n'a pas prononcé les mots *Œuvres dramatiques;* on pourrait les joindre à l'énumération.

M. Larnaude, *rapporteur*. — Le rapporteur a fait son rapport d'après la discussion qui a eu lieu dans la seconde commission; on n'a pas parlé de la question des représentations théâtrales. Je me rallie parfaitement à la proposition de M. Edmond About, qui consisterait à ajouter aux conclusions de la commission un article additionnel conçu en ces termes :

« Le Congrès exprime le même vœu en ce qui concerne la repré-
» sentation des œuvres dramatiques et musicales. »

M. Edmond About. — ... En ce qui concerne l'adaptation et la représentation des œuvres dramatiques et musicales. (Aux voix! aux voix!)

M. Fliniaux. — Je n'ai qu'un mot à dire sur une question de droit international.

Les questions qui nous occupent peu vont être réglées ou par les conventions diplomatiques, ou par la loi nationale. Ainsi en matière de marques de fabrique, on a réglé les rapports entre la France et l'étranger par les lois de 1857 et de 1873, qui sont des lois nationales. Les étrangers sont traités au point de vue de la protection comme les Français. La loi a réglé la question par voie de réglementation; donc il est possible, en droit, de résoudre ces questions par une loi nationale.

M. Mendès-Léal, ministre du Portugal. — Je veux seulement, en réponse à ce que vient de dire le précédent orateur, vous faire observer que les règlements nationaux ne peuvent être acceptés comme règlements internationaux : ce serait une dérogation au droit commun.

Il peut arriver que les conventions internationales protègent plus efficacement que les lois particulières, et l'auteur étranger, sous ce régime, peut être placé dans une situation meilleure que celle que lui fait sa loi particulière. (La clôture! la clôture!)

M. Fliniaux. — Je vous prie d'ajouter « seront traités d'après les lois nationales ou d'après celles de la nation la plus favorisée ».

M. le président. — Je mets aux voix la première résolution.

La proposition, mise aux voix, est adoptée à l'unanimité.

M. Larnaude, *rapporteur*. — Je demande la discussion immédiate et la mise aux voix de la seconde partie de la proposition qui n'est que le développement de la première.

M. Louis Figuier. — Vous ne parlez ni des dessins, ni de la photographie. Je demande que la formule soit modifiée.

Voix nombreuses. — C'est compris dans la troisième partie de la proposition. (Aux voix! aux voix!)

M. Louis Figuier. — Mettez au moins l'œuvre au lieu du livre.

Mᵉ Larnaude, *rapporteur*. — C'est en effet l'*œuvre* qu'il faut lire et non pas *le livre;* c'est du reste ainsi que j'ai lu la résolution sans m'apercevoir qu'il y avait une faute d'impression.

La seconde résolution, mise aux voix, est adoptée à l'unanimité.

Mᵉ Larnaude, *rapporteur*. — Je demande la discussion immédiate et la mise aux voix de la troisième résolution, avec la modification suivante : « qui se rapporte à l'exécution des œuvres dramatiques et musicales. »

M. Wittmann. — Puisqu'on pense aux auteurs dramatiques, on devrait songer aux peintres.

M. Edmond About. — Nous sommes une réunion d'hommes de lettres et d'auteurs dramatiques, nous n'avons pas mandat pour stipuler pour les peintres.

M. Ivan Tourgueneff. — L'assemblée est parfaitement maîtresse de faire mettre cette proposition aux voix, mais je crois devoir vous dire, en ma qualité de délégué russe, que vous ne devez pas la voter. Je vous demande la permission d'expliquer mes idées, à moins que vous ne vouliez passer outre. (Non ! non ! Parlez ! parlez !)

M. Ivan Tourgueneff. — C'est sur le fond même de la question que je veux parler au nom de plusieurs délégués étrangers. Je viens combattre la rédaction proposée, non pas individuellement, mais comme représentant les intérêts russes, qui sont dans une situation exceptionnelle, et sur laquelle je m'étendrai un peu.

Je ne puis accepter qu'on ne puisse plus faire à l'avenir de traduction d'un auteur sans son autorisation. C'est la justice et l'équité, je le déclare. Mais il y a quelquefois des situations qui rendent l'application complète et absolue de l'équité difficile à certains moments.

Je n'ai pas besoin de vous dire qu'au point de vue littéraire la Russie ne se trouve pas sur un pied d'égalité avec la France, l'Angleterre et l'Allemagne. Vous posez un principe qui s'adresse à toutes les nations ; ce principe, nous voudrions pouvoir en accepter l'application, ce serait la meilleure preuve que la Russie est arrivée à la place qu'elle doit occuper. Mais pour le moment je vous déclare que ce serait prématuré.

Jusqu'à présent nous vous avons suivi sur le terrain des principes ; mais ici nous sommes obligés de nous rejeter sur les conventions internationales qui existent.

La convention qui existe entre la France et la Russie est au détriment de la France. Les auteurs russes s'emparent des œuvres françaises et les traduisent bien ou mal, sans leur demander la permission. Nous ne pouvons pas détruire cette situation d'un trait de plume. Je ne puis que proposer une amélioration à l'état de choses existant actuellement. Nous vous proposons, non pas l'interdiction absolue de la reproduction, mais un délai de protection de deux ans pour les livres, de quatre ans pour les œuvres dramatiques.

Ce sont des compromis, mais je ne puis pas, en ma qualité de délégué russe, faire autre chose. J'ai reçu des lettres et des télégrammes de Russie qui me demandent quelle sera ma conduite.

Encore un mot, puisque vous avez la bienveillance de m'écouter sur un côté de la question qui vous échappe peut-être. La plupart de nos traducteurs sont des jeunes gens qui n'ont que cela pour vivre. Le gouvernement russe est si indifférent aux questions littéraires, scientifiques, artistiques, qu'il lui serait probablement égal d'adopter la formule que vous proposez. Ce serait peut-être un moyen pour lui de frapper toute une classe nombreuse de personnes qui ne vit que de cela.

Il pourrait encore arriver ceci : c'est que comme nous jouissons de la même liberté avec l'Allemagne et l'Angleterre, nos traducteurs se rejetteraient sur les livres anglais et allemands, et vous arriveriez peut-être à un résultat contraire à ce que vous désirez.

Je termine en vous disant, je viens de plaider une cause mauvaise, mais je ne pouvais pas faire autrement.

M. le rapporteur. — Messieurs, M. Tourgueneff vous a dit que la Russie, il aurait pu ajouter que beaucoup de pays ne consentiront pas immédiatement à insérer dans les traités ce droit exclusif pour l'auteur, d'autoriser la traduction de son œuvre. Si vous parcourez les traités existants, vous verrez combien sont nombreuses et importantes les restrictions apportées à ce droit.

Notre formule pose le principe et je vous demande de le voter.

En ce qui concerne les observations de M. Tourgueneff, nous avons exprimé le désir que les délégués étrangers nous communiquent leur *desiderata*. Nous les prions de venir nous dire : « Nous sommes prêts à accepter un délai de protection pour l'auteur, dix ans, vingt ans, cinquante ans. Nous pouvons aller jusque-là. Mais nous persistons à vous prier de voter le principe.

M. Ivan Tourgueneff. — Y a-t-il ici un délégué de l'Angleterre ou de l'Amérique du Nord qui votera ce principe ?

Mᵉ Celliez. — Après les paroles prononcées par notre président, et qui seront insérées au procès-verbal, je demande qu'il lui soit donné acte qu'il n'a pas pris part au vote.

M. Mendès-Léal, ministre de Portugal. — La question a été

résolue dans les traités particuliers. Il n'y a rien à voter pour les étrangers.

M. Larnaude, *rapporteur*. — M. le ministre de Portugal ne pourra pas prendre part au vote parce que les questions ont été réglées sur les traités internationaux.

Notre but, ce me semble, est d'arriver à modifier les traités internationaux existants, dans le sens de la protection plus complète du droit de l'auteur.

M. Edmond About. — Le Portugal nous a accordé les droits de la nation la plus favorisée.

Un membre. — Je propose un ajournement. M. le rapporteur a dit que les délégués n'ont pas formulé leurs vœux. Nous avons entendu le délégué russe, il y en a peut-être d'autres. Permettez-leur de formuler leurs vœux, ne forcez pas le vote.

M. Santa-Anna Néry. — Au point de vue pratique, ce que vous voulez est impossible. Dès que paraît un livre de Victor Hugo, un homme de lettres de mon pays veut le traduire, mais pendant le temps qu'il écrit à l'auteur dont il ignore souvent l'adresse; un éditeur français qui a une succursale à Rio de Janeiro, comme M. Garnier par exemple, prend le livre, le fait traduire tant bien que mal, plutôt mal que bien, et le met en vente au détriment de l'auteur et des lecteurs.

Me Larnaude, *rapporteur*. — La difficulté n'existe pas. Nous restons sous l'empire des conventions qui existent; quant à l'adresse, il suffira pour l'avoir, de s'adresser au ministère de l'intérieur, où le dépôt doit être fait.

Je ne conteste pas que vous n'obtiendrez pas de longtemps encore l'application de la formule dont la seconde commission vous demande l'adoption. Pour ma part, j'avais émis le vœu qu'on demandât aux délégués étrangers d'exprimer leur *desiderata*.

Il y a deux points de vue : le point de vue pratique et le point de vue théorique; c'est à celui-là que nous vous demandons de vous placer en votant notre proposition.

Pour le point de vue pratique les diplomates s'entendront.

M. Ivan Tourgueneff. — Je crois que vous avez parfaitement raison dans ce que vous dites au point de vue théorique; mais je ne crois pas non plus que le membre étranger qui vous demande d'ajourner votre vote jusqu'à la prochaine séance soit dans son tort.

Il n'est pas impossible, qu'après avoir réfléchi, un délégué étranger arrive ici vous dire : « Je puis voter votre proposition. »

Je crois qu'en renvoyant le vote au commencement de la prochaine séance et en faisant connaître aux délégués étrangers la portée de leur vote, nous arriverons à une solution.

Me LARNAUDE, *rapporteur*. — Je me rallierais volontiers à la proposition de notre président, mais il y a une objection : c'est que notre prochaine séance est très chargée. Je crois que l'on pourrait voter sans empêcher pour cela les délégués étrangers de nous apporter l'expression de leurs vœux.

M. EDMOND ABOUT. — Nous désirons obtenir le vote de la majorité, nous ne voulons à aucun prix le surprendre. Je pense qu'un vote fait par une assemblée aussi peu nombreuse que la nôtre l'est en ce moment n'aurait pas tout le poids que nous voulons lui donner. Il y a des délégués étrangers qui ne peuvent obtenir la parole. Je demande que la séance soit levée.

M. LE PRÉSIDENT. — Il n'y a pas d'opposition? La séance est levée.

Il est cinq heures dix minutes.

Troisième commission.

Séance du jeudi 29 juin 1878.

Présidence de M. PHILIBERT AUDEBRAND, *vice-président.*

La séance est ouverte à cinq heures un quart.

Sont présents, vingt-huit délégués, parmi lesquels :
Délégués étrangers : MM. Luis Alfonso (Espagne), — Carlo del Bazo (Italie), — Arthur Blomme (Belgique),—Eugène M. O. Dognée (Belgique), — Frédéric Frossard (Suisse française), — Ferdinand Gross (Autriche), — Kovalesky (Russie), — Jose da Silva Mendès Leal (Portugal),—Manuel M. Peralta (Costa-Rica), — Frédérico J. de Santa-Anna Néry (Brésil), — Venceslas Szymanowski (Pologne).

Délégués français : Philibert Audebrand, — Eugène d'Auriac,

— Eugène Bonnemère, — Augustin Challamel, — Carlos Derode, — Marcel Guay, — Charles Gueullette, — Kaempfen, — Laforêt, — Jules Lermina, — Gabriel Marc, — Alphonse Pagès, — Victor Rozier.

M. le Président explique le but de la réunion. Le Congrès, dit-il, a renvoyé à la troisième commission les deux projets relatifs à la création d'une Société internationale littéraire : le projet de M. Blanchard-Jerrold, délégué anglais, dont M. Edmond About a donné connaissance dans la séance qui vient de se terminer, et le projet exposé dans le rapport de la troisième commission que M. Jules Lermina a lu à la même séance. La discussion générale sur ces deux projets est ouverte.

M. Jules Lermina, *rapporteur*, dit qu'il n'y a pas, comme l'a pensé M. Blanchard-Jerrold, antagonisme entre les deux projets. M. Blanchard-Jerrold voudrait que le délégué que chaque nation enverrait à Paris, considéré comme point central, appartînt à la Société des gens de lettres de son pays. Il résulterait d'un choix ainsi limité que, en ce qui concerne la France, par exemple, MM. Gustave Flaubert, Émile Zola, d'autres encore qui ne font pas partie de la Société des gens de lettres de France, se trouveraient exclus de l'association internationale ou tout au moins éliminés de la délégation. Le projet que la troisième commission a soumis au Congrès est plus large ; il comprend les hommes de lettres, sans exception, de tous les pays.

Les dissidences, toutefois, ne sont pas nombreuses et la discussion fera sortir un projet unique ; mais, quel qu'il soit, il faut se préparer aux objections qui pourraient être faites et auxquelles il faudra répondre.

Le Congrès se préoccupera sans doute de l'avis des gouvernements, qui ne seront pas disposés à accepter sans réserve une association internationale aussi vaste. Un mot suffit pour réduire cette crainte à néant ; cette association sera purement littéraire.

On objectera aussi que deux mille littérateurs ne pourront s'entendre et qu'ils ne feront qu'embrouiller les affaires? Nous répondrons que sans doute on rencontrera au début certaines difficultés, comme on en rencontre au début de toute institution nouvelle, mais que, le centre de l'association étant à Paris, les auteurs français travailleront à aplanir ces difficultés, et qu'ils y parviendront d'autant mieux que, moins intéressés que les auteurs étrangers, puisque l'association leur sera moins profitable, ils jugeront les questions plus froidement et par suite plus sainement.

On nous dira encore « vous allez fonder une Société ayant un

Comité permanent à Paris. Trouvera-t-on, dans chaque pays, un nombre suffisant de résidents à Paris, ayant mandat de leurs nationaux? Nous répondrons que le nombre de ces résidents sera très restreint. Le Comité sera composé partie d'étrangers, partie de Français; s'il y a vingt-cinq étrangers, il y aura vingt-cinq Français, prenant en cela exemple sur ce qui s'est passé pour la désignation des délégués à l'Exposition universelle de Paris.

M. Augustin Challamel dit que l'association rendra assez de services pour qu'aucune nation ne montre de l'indifférence à se faire représenter. Il cite pour exemple la Société des gens de lettres de France, dont les débuts ont été difficiles. Beaucoup d'auteurs hésitaient à en faire partie; ils ne lui reconnaissaient qu'une mince utilité. Ils ont boudé ainsi pendant deux ans, cinq ans, dix ans, mais ils ont tous fini par demander leur admission que ne s'est jamais refusé à prononcer le Comité, lorsqu'il s'est trouvé en présence d'écrivains sérieux. Il en sera de même de l'association internationale. Il ne faut pas oublier que par la qualification d'homme de lettres, on ne saurait comprendre seulement les poètes et les romanciers. Les auteurs dramatiques, les historiens, les écrivains scientifiques sont des hommes de lettres, et ces derniers, notamment, auront le plus grand intérêt à faire partie de l'association.

M. Eugène Dognée, délégué de la Belgique, dit qu'une fédération de toutes les Sociétés a la plus grande importance. Paris est un centre où tout le monde a pied. Il n'y a donc pas à craindre que les écrivains d'un pays manquent de représentants. Ils trouveront toujours un attaché d'ambassade, un consul ou quelque autre prêt à leur désigner un représentant en résidence à Paris; et c'est pour cela qu'il faut s'attacher à se mettre, non sous le patronage des chancelleries, mais en rapport avec elles, pour atteindre le but qu'on se propose.

M. Frederico de Santa-Anna Néry, délégué brésilien, croit que rien ne serait plus fatal que de se mettre en rapport direct avec les chancelleries. On n'arriverait à rien.

M. Augustin Challamel croit également qu'il faut éviter la teinte officielle, et qu'il s'agit là d'une question professionnelle dont il ne faut pas sortir.

M. Venceslas Szymanowski, délégué polonais, demande pourquoi les choses ne se feraient pas par correspondance.

M. José da Silva Mendès-Leal, ministre plénipotentiaire du Portugal, dit que la coopération des légations ne peut être regardée avec indifférence. Pour sa part, il offrirait volontiers son concours, et il pense que d'autres plénipotentiaires suivraient son exemple.

Sur la demande qui lui est faite par M. le Président, M. Mendès-Leal expose ainsi qu'il suit la condition des gens de lettres au Portugal :

La situation des hommes de lettres portugais, dit-il, est encore bien précaire. Le marché est naturellement assez restreint et de plus contrarié par des circonstances en partie locales, en partie extérieures.

Il n'existe pas, dans le pays, de société spéciale organisée, et les efforts tentés pour en instituer une ont été annulés par l'habitude trop répandue de prendre la qualité d'hommes de lettres sans titre suffisants.

Le théâtre et le roman vivent le plus souvent sur des traductions, plus particulièrement de la traduction d'ouvrages français. Une loi prévoyante avait assuré quelques avantages aux œuvres nationales, surtout aux œuvres dramatiques. Peu à peu, cette loi est tombée en désuétude, et elle est devenue sans efficacité ; mais de temps en temps quelques ouvrages considérables se produisent encore, plutôt par des élans de patriotisme que dans un but intéressé.

Le journalisme attire de préférence les jeunes écrivains, quoique l'on ne puisse dire qu'ils y trouvent la fortune. Le journal a en quelque sorte tué le livre, et les petits journaux ont tué les grands journaux.

La poésie est fort en honneur au Portugal. Mais, comme à peu près partout, les lauriers poétiques n'y enrichissent point, ce qui n'empêche pas que le nombre des jeunes gens égarés par la muse, et d'un amour plus désintéressé qu'heureux, ne se soit multiplié prodigieusement.

En somme, on peut dire que la condition d'hommes de lettres au Portugal n'est pas lucrative, bien que, en tant que profession, elle y soit exercée comme un accessoire parfois utile.

Après cet exposé, accueilli par de nombreuses marques d'intérêt, personne ne demandant plus la parole sur la question générale, M. le Président invite M. Jules Lermina, rapporteur, à donner lecture du projet d'association littéraire internationale, et déclare que ce projet est mis en délibération.

Après une discussion sur chacun des articles, à laquelle prennent part M. Arthur Blomme, Eugène Dognée, Santa Anna Néry, Venceslas Szymanowski, délégués étrangers, et MM. Augustin Challamel, Carlos Derode, Kaempfen, Laforêt, Jules Lermina, Alphonse Pagès et Victor Rozier, délégués français, le projet est adopté à l'unanimité, dans les termes suivants :

« ARTICLE PREMIER. — Il est fondé une association littéraire internationale ouverte aux sociétés littéraires et aux écrivains de tous les pays.

» ART. 2. — L'association littéraire internationale a pour objet :
» 1° La défense du principe de la propriété littéraire ;
» 2° L'organisation de relations régulières entre les sociétés littéraires et les écrivains des divers pays ;
» 3° L'initiative de toutes fondations présentant un caractère littéraire international.

» ART. 3. — L'association littéraire internationale a son siège principal à Paris.

» ART. 4. — Elle est administrée par un comité composé de membres français et étrangers.

» ART. 5. — Le premier comité sera élu par le Congrès littéraire international en assemblée générale.

» ART. 6. — Ce Comité est chargé de l'organisation de l'association littéraire internationale. »

Les autres articles sont supprimés.

Un délégué serait d'avis qu'on se présentât à la séance générale avec une liste de candidats sur laquelle s'exercerait le choix des membres du Congrès. On désignerait un délégué de chaque pays et un nombre d'auteurs français égal à celui de la totalité des auteurs étrangers.

M. KAEMPFEN, délégué français, préférerait qu'on nommât un seul auteur français pour deux délégués choisis dans chaque nationalité.

La commission décide qu'elle se réunira le samedi, 29 juin, à une heure très précise, avant l'assemblée générale du Congrès.

La séance est levée à six heures vingt minutes.

Le vice-président de la troisième commission,
PHILIBERT AUDEBRAND.

Le secrétaire de la troisième commission,
VICTOR ROZIER.

ONZIÈME JOURNÉE

29 JUIN

SÉANCE GÉNÉRALE

DE

CLOTURE

SÉANCE GÉNÉRALE DE CLOTURE

DU

CONGRÈS LITTÉRAIRE INTERNATIONAL

ONZIÈME JOURNÉE

29 juin 1878.

Présidence de M. TOURGUENEFF

La séance est ouverte à deux heures trente minutes.

Sur l'invitation de M. le président, M. Theuriet, l'un des secrétaires, lit le procès-verbal de la séance du 27 Juin.

M. LE PRÉSIDENT. — Quelqu'un demande-t-il la parole sur le procès-verbal?

M. WISNIOWSKI. — Il y a, je crois, deux fautes dans le procès-verbal. On dit que la seconde résolution a été votée à l'unanimité, c'est une erreur. Nous avons voté contre, moi et plusieurs de mes collègues. Si je publie une œuvre à Varsovie, on n'ira pas la traduire en Russie, les lois s'y opposent.

Quant à l'ajournement, c'est moi qui l'ai demandé.

M. LE PRÉSIDENT. — Il sera fait droit à ces réclamations. Cependant je dois vous faire remarquer que vous commettez une erreur de fait. La propriété littéraire est protégée en Russie. Il n'y a pas de droit de traduction.

M. EDMOND ABOUT. — Nous avons demandé à l'assemblée de comprendre dans la formule les œuvres, non seulement dramatiques, mais musicales. On me demande : pourquoi musicale puisque nous sommes une assemblée de gens de lettres, un opéra est une œuvre à la fois littéraire et musicale.

Plusieurs voix. — C'est voté.

M. Frédéric Thomas. — Dans le mot artistique, tout est compris.

Le procès-verbal, mis aux voix, est adopté.

M. Larnaude, *rapporteur*. — Messieurs, dans votre dernière séance, vous y avez remis la discussion et le vote de la troisième résolution de votre commission.

Cette troisième résolution concerne la traduction et l'adaptation. A un dernier moment on a voulu y ajouter l'exécution des œuvres dramatiques et musicales, je me suis rallié à la rédaction de cette formule, mais je crois qu'il faut diviser les deux choses, afin de ne pas vous mettre en contradiction avec votre première formule, qui portait :

« En ce qui concerne la traduction et l'adaptation, le Congrès lit-
» téraire international exprime le vœu que les traités internationaux
» réservent à l'auteur le droit exclusif d'autoriser cette traduction et
» cette adaptation. »

Cette formule englobe, il me semble, l'exécution des œuvres dramatiques et musicales. Vous avez voulu que toutes les œuvres fussent traitées comme les œuvres nationales, vous ne pouvez pas adopter un principe contraire : c'est-à-dire le droit exclusif pour l'auteur d'autoriser l'exécution d'une œuvre dramatique ou musicale. Il peut y avoir des pays où la législation traite différemment le livre et l'œuvre dramatique. Si vous avez adopté un vœu pour les œuvres littéraires, il faut que les œuvres dramatiques et musicales suivent le même sort.

En ce qui concerne la traduction et l'adaptation, il faudra que vous émettiez un vœu spécial. C'est là que s'élèvent les difficultés les plus considérables.

MM. les délégués étrangers ont émis le vœu que le vote fût remis à cette séance.

Je pense donc que sauf à laisser la parole aux délégués étrangers qui pourraient la demander, nous n'avons qu'à ajouter à la suite de la troisième résolution proposée par votre seconde commission cette formule :

« En ce qui concerne l'exécution des œuvres dramatiques et musi-
» cales, le Congrès exprime le même vœu qu'il a déjà formulé, c'est-
» à-dire l'assimilation des œuvres étrangères aux œuvres natio-
» nales. »

M. Félix Jahyer. — Faites un paragraphe additionnel ainsi conçu :

« Il en sera de même pour les œuvres dramatiques et musicales. »

M. Larnaude, *rapporteur*. — On peut ajouter au premier paragraphe ainsi conçu.

« Toute œuvre littéraire, scientifique ou artistique, sera traitée
» dans les pays autres que son pays d'origine, suivant les mêmes lois
» que les œuvres d'origine nationale. »

On peut ajouter : Il en sera de même pour l'exécution des œuvres dramatiques et musicales. (Aux voix ! aux voix !)

Mᵉ Celliez. — Le premier paragraphe pose un principe. Si on ajoute : « il en sera de même », on prend dans l'ensemble un petit morceau qui y est déjà.

Il vaut mieux ajouter : l'auteur d'une œuvre dramatique ou musicale devra être consulté quand il s'agira de représenter ou d'adopter son œuvre. Nous posons un principe, nous ne nous occupons pas de son application. (Aux voix ! aux voix !)

Mᵉ Celliez. — Cela se trouve dans la première résolution.

M. le rapporteur. — Cela pourrait soulever des contestations.

M. Louis Figuier. — Dans la troisième partie c'est excellent, dans la première c'est un pléonasme.

M. Edmond About. — J'appuie la proposition de Mᵉ Celliez. Le premier article rend inutile l'addition proposée, puisqu'il y est dit : toute œuvre littéraire ou artistique. Il s'en suit nécessairement qu'une pièce de théâtre est littéraire et peut être artistique s'il s'agit d'un opéra ; donc il est inutile de rien ajouter à la première résolution.

Dans la troisième nous avons indiqué un *desideratum* des auteurs dramatiques. Tout en regrettant leur absence, je vous demande de faire acte de bonne fraternité en leur accordant qu'un auteur ne puisse pas être joué ou adopté sans son consentement formel. Il y a beaucoup de pays où cela n'existe pas. Nous formerons un vœu.

Laissons donc le premier paragraphe tel qu'il a été voté, et ajoutons au troisième la disposition qui sauvegardera les droits des auteurs.

M. Fliniaux. — J'apprécierai l'addition proposée par votre

rapporteur. Il est évident que dans le langage philosophique votre énumération comprend l'œuvre dramatique. Dans le langage pratique il n'en est pas de même, en jurisprudence non plus. Nous ne risquons rien à être très clairs. Il ne faut pas qu'un auteur dramatique puisse être joué malgré lui.

Vous savez qu'en 1852 la France a déclaré que la contrefaçon d'un livre publié à l'étranger était un délit. En 1857, lorsque Verdi a voulu défendre à M. Calzado de représenter ses œuvres, il s'est appuyé sur la loi de 1852. La cour de cassation, par un arrêt du 14 juillet 1862, a statué que la loi de 1852 ne protégeait que le livre. (Aux voix! aux voix!)

M. A. PAGÈS. — Pourquoi mettre le mot *ou musicale* et dire « toute œuvre dramatique et musicale », nous n'avons pas mandat pour nous occuper de la musique.

M. JULES CLÈRE. — En mettant « ou » nous protégeons davantage ».

M. A. PAGÈS. — Le Congrès n'a pas mission de protéger la sonate.

M. EDMOND ABOUT. — Il s'agit d'ajouter au paragraphe premier, dont vous connaissez tous le texte, une addition ainsi conçue :

« Il en sera de même de l'exécution des œuvres dramatiques et musicales. »

Mᵉ CELLIEZ. — Vous allez contre ce que vous avez voté.

M. LE RAPPORTEUR. — Je répondrai à Mᵉ Celliez par un passage de son discours ainsi conçu (page 13) :

« Le droit naturel appartenant à l'auteur de communiquer à ses » semblables, soit à quelques-uns, soit au public, l'œuvre par » laquelle il a exprimé son idée ou son sentiment, sera aussi pra» tiqué dans chaque État suivant la loi de l'État.

» L'auteur n'a pas le droit de demander autre chose. »

Le paragraphe additionnel, dont M. Edmond About vient de lire le texte, est mis aux voix et adopté.

M. LARNAUDE, *rapporteur*. — Je demanderai aux délégués étrangers de vouloir bien nous donner leurs idées sur le paragraphe troisième :

« En ce qui concerne la traduction et l'adaptation, le Congrès lit» téraire international exprime le vœu que les traités internationaux

» réservent à l'auteur le droit exclusif d'autoriser cette traduction et
» cette adaptation. »

Je crois qu'il est bon de les entendre et de voir s'ils peuvent, oui ou non, se rallier à nos vues.

M. Mazzini lit un travail relatif à la contrefaçon; il se plaint que le congrès n'ait pas visé ce point important. (1)

M. le rapporteur. — L'orateur nous reproche de n'avoir pas parlé de la contrefaçon, cela est compris dans la formule générale. Lorsqu'on récompense une œuvre sans mettre le nom de l'auteur, c'est une contrefaçon. Cela est exprimé et renfermé dans ce que vous avez voté.

M. Sonzogno. — On ne saurait donner trop d'importance au vote que nous allons émettre. En nous convoquant, les écrivains français nous ont dit : Le bagage littéraire français a été dévasté partout, et c'est la vérité. Il a été pillé par les écrivains de tous les pays.

Nous sommes accourus, armés de bonne volonté, pour échanger nos vœux. C'est en discutant sérieusement que nous arriverons à donner de l'importance aux vœux que nous allons former, et à appuyer les démarches de la diplomatie.

Votre rapporteur s'exprime ainsi :

« Et, d'autre part, en ne considérant que le côté pécuniaire de la
» question, est-il juste qu'on exproprie aussi violemment, et au bout
» d'un temps très court, un auteur de ce qu'il a le droit légitime de
» considérer comme sa propriété. »

Cela peut s'appliquer aux traités qui existent avec l'Italie, qui sont d'accord avec l'article premier de vos résolutions. Deux articles plus loin ils restreignaient le droit de faire valoir une traduction à un an. Ce n'est pas suffisant, le livre n'a pas même le temps d'être connu. Nous reconnaissons que ce délai est trop court.

Voix nombreuses. — Pas de délai.

M. Sonzogno. — Et il est en contradiction avec la loi italienne.

En effet, ce traité date de 1862, il était en rapport avec la loi italienne. Mais en 1867 l'Italie a fait une loi qui reconnaît les droits de l'auteur pendant quatre-vingts ans. Cette loi s'est trouvée en désaccord avec le traité passé entre l'Italie et la France, mais on n'a pas pu le détruire parce qu'il a été passé pour

---

(1) Le manuscrit de M. Mazzini n'a pas été remis au secrétariat du Congrès.

douze années. Il expirait en 1874. C'était à la France à le dénoncer; elle ne l'a pas fait, ce n'est pas notre faute.

Les délégués italiens ne vont pas par quatre chemins. En leur nom et au nom de M. Mauro-Macchi, nous acceptons la réciprocité complète, nous ne demandons pas de délai. Nous reconnaissons amplement le droit de réciprocité non seulement par une raison d'équité naturelle, mais encore parce que nous nous plaignons de ce que les éditeurs italiens, pouvant s'emparer de tout le bagage littéraire français, n'encouragent pas nos écrivains nationaux. Quant aux éditeurs, il me semble qu'ils doivent préférer acheter une propriété qui leur appartiendra réellement, que de profiter d'une licence qui leur est offerte par un mauvais traité, et qui ne peut jamais constituer une propriété réelle.

Quant à la contrefaçon, il y en aura toujours, comme il y aura toujours des pick-pockets; et il n'y aura qu'à la déférer aux tribunaux.

Il y a d'autres pays qui n'ont pas de traité du tout et dont les délégués vous exprimeront des vœux contraires. Ecoutez-les, il faut que la discussion soit complète et qu'on vote en pleine connaissance de cause.

Je demande qu'on dénonce les traités existants pour les remplacer par d'autres plus conformes à l'équité, et que tous les délégués présents s'engagent à appuyer les démarches de la diplomatie.

M. Peralta. — Je crois que le droit d'autorisation accordé à l'auteur présente beaucoup d'inconvénients. Parfois le traducteur qui s'adresse à lui le premier peut n'être pas compétent, et l'auteur, qui n'en sait rien, peut lui accorder l'autorisation. Je pense qu'il serait plus convenable d'adopter une résolution ainsi conçue.

« La traduction est libre, mais les droits de l'auteur sont réservés. » L'œuvre traduite est redevable d'une somme à fixer. Ce seront les » chanceliers qui seront les gardiens du droit de l'auteur. »

M. Félix Jahyer. — Il n'y a pas de meilleur gardien du droit de l'auteur que l'auteur lui-même.

M. Peralta. — L'auteur ne peut pas aller au bout du monde.

M. Félix Jahyer. — Je ne veux pas que l'auteur délègue son droit.

M. Peralta. — Croyez-vous que M. About serait bon juge dans sa propre cause si Confucius lui offrait de traduire ses œuvres en chinois.

M. Wisniowski. — Il s'agit d'une loi sur la propriété littéraire. Nous avons entendu un sublime discours qui reconnaissait le droit de la civilisation.

Je publie une œuvre à Varsovie, on la reproduit en Autriche sans me donner rien, mon intérêt sera d'interdire cette reproduction?

Vous avez accepté le principe que les œuvres seraient traitées dans un pays quelconque comme les œuvres nationales. Sous ce principe vous introduisez des œuvres françaises en Russie et vous les soumettez à la loi du pays. Je suis au bout de deux ans maître de traduire ces œuvres. Vous voulez changer cette loi.

Nous avons, quant à nous, une littérature polonaise, mais les langues étrangères sont également très répandues chez nous. Nous traduisons également les ouvrages anglais et allemands. Nos traducteurs scientifiques paient quelquefois mille roubles pour faire une édition à cinq cents et même à deux cents exemplaires.

Si vous ne faites pas de différence entre les œuvres littéraires et les œuvres scientifiques. Si l'auteur d'un livre de science peut exiger que son traducteur le paie, vous défendrez que ces pays-là aient une science.

M. Frédéric Thomas. — L'auteur pourra toujours autoriser la traduction.

M. Wisniowski. — Mais si l'auteur refuse, est-ce que le pays se passera de connaître son œuvre? Nous demandons un délai au bout duquel on pourra traduire les œuvres scientifiques.

M. Renaut. — Je demande à répondre un mot à ce qui vient d'être dit, à propos de la distinction qu'on a établie entre les œuvres littéraires artistiques et scientifiques. Les intérêts qu'on veut défendre ne sont pas en danger. Il n'y a de propriétés que sur la forme et non sur l'idée. Quand il s'agit d'une œuvre littéraire ou artistique, il est évident que ce ne serait pas grand chose que de reproduire l'idée. Mais quand il s'agit d'une œuvre scientifique, rien n'empêche de raconter les découvertes scientifiques mathématiques qu'elle expose. Ce qui est interdit, c'est de reproduire la forme que l'auteur a donnée à son exposé.

Quant à la découverte, rien ne vous empêchera de la reproduire. Vous ne pouvez pas vous approprier le travail d'autrui, voilà le principe que nous voulons établir. (Bravo! bravo!)

M. Germond de Lavigne. — Je crois, messieurs, que vous venez de dire d'une manière générale: Pas de délai. Ni les six mois de l'Espagne, ni les deux ans de l'Italie, ni les quatre ans de l'Angleterre ne sont acceptables.

La première de toutes les conditions, la plus digne, la plus conséquente avec le droit de la propriété littéraire, c'est que l'auteur reste toujours maître de son œuvre, comme de son champ ou de sa maison.

Par conséquent, pas de délai, mais une seule condition, le censentement de l'auteur.

A la dernière séance, notre président, M. Ivan Tourguéneff, nous disait : « Nous sommes d'accord avec vous, mais il y a des conditions qui ne nous permettent pas encore de faire ce que vous désirez. Nous avons demandé à MM. les délégués étrangers de formuler leurs vœux à cet égard, de manière à ce que nous arrivions à une entente commune qui permette au Congrès d'établir comme il entend le faire, le droit de propriété absolue. »

Il s'agirait donc d'introduire, dans l'un des trois paragraphes, une formule qui soit pour les délégués étrangers un moyen d'arriver le plus tôt possible à se mettre d'accord avec nous, ce serait une phrase dans le sens que voici :

« Le Congrès exprime le vœu que les traités internationaux à intervenir ultérieurement puissent établir qu'aucune traduction ou adaptation ne soient faites sans l'assentiment de l'auteur. »

Je leur donne ainsi le moyen de se mettre d'accord avec nous. Quant aux délégués des pays qui acceptent nos propositions, comme l'Espagne, l'Italie, l'Angleterre, ils accepteront cette formule sans aucun doute. Je prie M. le rapporteur de la combattre ou de la soutenir.

M. Santa-Anna Néry. — Messieurs, nous sommes tous disposés à soutenir, par tous les moyens en notre pouvoir, les résolutions du Congrès. Seulement, je viens m'opposer à votre troisième paragraphe pour trois motifs.

Premièrement, dans votre propre intérêt, on vous l'a dit tout à l'heure, vous n'êtes pas compétents. Le plus souvent vous ne connaissez pas suffisamment la langue dans laquelle on veut vous traduire. Il s'établira une course au clocher. Il y a quelques mois, je voulais traduire une œuvre de Victor Hugo ; je me suis adressé à lui, il m'a autorisé. J'allais me mettre à l'œuvre quand nous avons reçu une dépêche du Brésil qui nous annonçait que l'œuvre était déjà traduite.

Secondement, en mettant des obstacles à la traduction, vous ne gagnerez rien, vos œuvres seront contrefaites. Je ne voudrais pas vous dépouiller de vos droits, mais je voudrais que nous puissions traduire vos ouvrages.

Il y a des pays qui n'ont pas de connaissances spéciales pour les travaux historiques; en formulant ainsi votre vœu, vous mettez obstacle à la diffusion des lumières.

Comment ferons-nous si vous nous interdisez de traduire vos livres de sciences. Je sais bien qu'on nous a dit : prenez les découvertes; ce n'est pas assez. La France a toujours rempli une mission civilisatrice. Ne mettez pas d'obstacles à cette mission. Préservez vos droits, mais ne mettez pas d'obstacles à la traduction.

M. DE LA LANDELLE. — Messieurs, il me semble que si les débats se prolongent encore, nous ne pourrons pas terminer nos travaux. Je propose la clôture, afin d'arriver à la discussion des conclusions de la troisième commission.

M. EDMOND ABOUT. — Il ne s'agit pas de voter tellement, quellement, mais de nous éclairer de façon que MM. les délégués étrangers remportent dans leur pays une idée toute faite sur la question. Ainsi M. Wittmann n'a pas pu dire son mot sur la question; nous serions non seulement inhospitaliers, mais maladroits si nous ne le laissions pas parler (Marques d'assentiment).

M. WITTMANN. — Messieurs, permettez-moi de vous dire mon opinion sur les traductions et les adaptations. Je serai bref sur ce point. Cette résolution dont on nous propose l'adoption me paraît absolument claire et simple. C'est une conséquence naturelle de tout ce que nous avons décidé jusqu'ici. Je ne comprends pas comment elle peut soulever l'ombre d'une discussion. Je la voterai, parce que je crois en avoir voté les prémisses.

Nous demandons que désormais nulle part on ne fasse de différence entre un auteur étranger et un auteur national. Nous voulons que la pensée d'un auteur étranger soit respectée au même titre que celle d'un auteur national. Nous le demandons, nous l'avons voté à l'unanimité.

Comment puis-je venir dire: nous allons protéger la pensée de l'auteur, mais on pourra la dérober à la condition qu'elle soit autrement habillée (Rires approbatifs). Qu'est-ce qu'une traduction? Si ce n'est une autre robe mise ordinairement à l'envers. (Rires).

On a fait valoir quelques objections très respectables. Notamment notre président, M. Tourgueneff, nous a dit ses scrupules inspirés par un sentiment excellent. Il a appelé notre attention sur la position des traducteurs russes. Il paraît que c'est une classe intéressante, et que le gouvernement russe ne serait pas fâché de frapper sur elle en se retranchant derrière notre décision. Ce serait malheureux, mais ces scrupules-là me touchent sans me convaincre.

Nous avons entrepris un voyage vers la terre promise des hommes de lettres. Voilà un compagnon de voyage qui se présente, il voudrait bien aller avec vous jusqu'en Palestine, mais il ne voudrait aller que jusqu'à Versailles. Nous lui répondrons : il nous est désagréable de renoncer à votre compagnie, mais nous continuerons notre route sans vous, tout en restant bons amis.

Il y a d'autres orateurs qui ont fait valoir d'autres inconvénients au point de vue du Brésil, de la Chine, des pays exotiques. Ma pensée n'allait pas si loin ; pourvu que nous arrivions d'abord à nous protéger en Europe, cela nous suffira. La Chine viendra plus tard.

Un autre orateur a proposé d'ajouter quelques mots pour calmer nos appréhensions. Je ne sais pas pourquoi l'on accepterait sa formule : ce serait un pléonasme. Il est évident que nous songeons à améliorer les traités internationaux.

On a prononcé ici le nom de l'Autriche, c'est pourquoi j'ai pris la parole. Nous sommes décidés. Nous voulons une bonne fois en finir avec cette race malfaisante de brigands littéraires qu'on appelle traducteurs, pour lesquels les différentes législations ont encore une tendresse incompréhensible. Nous voulons arriver, dans l'intérêt même des traducteurs honorables, à détruire cette coupable industrie. Le cœur me saigne chaque fois que j'assiste à la représentation d'une pièce française exécrablement défigurée dans une langue qui n'est plus le français et qui est loin d'être l'allemand.

Autrefois, chez nous, on se faisait honneur de traduire les œuvres étrangères. Gœthe a traduit Voltaire, Schiller, Rousseau. Aujourd'hui, nous sommes prêts à nous concerter avec vous pour en finir une bonne fois avec ce phylloxera des lettres. Nous, délégués autrichiens, nous voterons pour l'adoption pur et simple de l'article. (Bravo ! bravo !) Je vous engage beaucoup, messieurs, à le voter, et si c'est possible, à l'unanimité. Ne pas le faire, ce serait dire : La propriété littéraire est bien une propriété, mais elle peut être mise au pillage par le premier venu. Ce serait établir le domaine public non payant. Ce serait aller à l'encontre du rapport de la seconde commission, des décisions adoptées par la première, ce serait anéantir toute l'œuvre du Congrès !

Que voulez-vous que je dise encore ; ce serait vous donner un démenti à vous-mêmes. (Applaudissements prolongés.)

M. LE DÉLÉGUÉ DE LA ROUMANIE. — Messieurs, chez nous comme dans beaucoup d'autres pays où la littérature nationale ne fournit pas une nourriture suffisante, les traductions sont très nombreuses.

On nous dit : traduisez les auteurs français du dix-huitième siècle, c'est suffisant pour faire progresser un peuple. Si vous voulez faire des traductions, vous avez un grand nombre de chefs-d'œuvre étrangers qui forment le fond commun et qui ne sont pas traduits dans toutes les langues. J'espère, quant à moi, que des traités internationaux seront faits entre les différents pays pour régler cette question dans le sens de l'équité, et que les jeunes libéraux de mon pays ne permettront pas un brigandage littéraire qui doit être flétri par tous ceux qui aiment la littérature.

M. IVAN TOURGUÉNEFF. — Il est difficile de parler après M. Sonzogno, dont la patrie italienne compte tant de siècles de civilisation et à qui la générosité est peut-être plus facile qu'à un autre.

M. Wittmann a criblé ces pauvres traducteurs d'épigrammes spirituelles dont j'ai été le premier à rire.

Ces traducteurs dont j'ai parlé ne sont pas des brigands. Ce sont, jusqu'à un certain point, des pionniers de la civilisation chez nous. Vous allez me dire : c'est très bien, mais ce qu'ils introduisent là-bas ils le prennent chez nous. C'est vrai, mais ils ont des précédents. Si Pierre le Grand n'avait pas été un illustre brigand, je ne parlerais pas aujourd'hui devant vous. (Rires et applaudissements.)

Je reviens à dire ceci : la dernière fois que j'ai parlé devant vous, je vous ai parlé de la possibilité qu'auraient ces traducteurs de se porter du côté de l'Allemagne et de l'Angleterre; c'est un résultat qui irait contre les vœux du Congrès.

Pour me résumer, je dois dire, malgré toutes les considérations auxquelles je me suis livré, malgré toutes les pensées généreuses que j'ai tâché d'éveiller, personnellement je serais peut-être le seul, puisqu'on me fait l'honneur de traduire mes livres, à aller avec vous. Mais ici, pour moi, il n'y a pas une question de principe, il y a une question nationale. Après en avoir conféré avec les délégués russes, nous sommes arrivés à une conclusion.

L'amendement que nous vous proposons se rapproche beaucoup de ce qui existe maintenant. Mais il est probable que vous passerez outre. Nous ne pourrons pas voter l'article sans cette réserve. Si elle est autorisée dans le procès-verbal, nous voterons avec vous. Voilà ce que j'avais à vous dire.

M. Mendès-Léal, ministre du Portugal. — Je ne prends la parole que pour répondre à l'invitation tacite qui a été faite aux délégués étrangers. Je ne voudrais pas que mon silence soit interprété contre les droits des auteurs et de la propriété littéraire. Il s'agit de traductions; permettez-moi, non pas de revenir longuement sur le sujet, mais de faire une distinction que je crois équitable. Le mot italien *traduttore, traditore*, n'est que trop vrai. Je crois que la plupart de ceux qui m'entendent en ont éprouvé les désagréments.

Il y a de bons et de mauvais traducteurs. Les bons, qui sont le miroir de la pensée de l'auteur, sont extrêmement rares.

Il faut reconnaître que le bon traducteur aurait besoin d'avoir la même élévation de pensée et la même somme de connaissances que l'auteur qu'il veut traduire. Il lui faudrait posséder à fond la langue originale dans laquelle l'ouvrage a été écrit. Mais combien sont-ils rares! Quant aux mauvais traducteurs, ils ne sont pas discutables, on ne discute pas le phylloxera.

Donc, je crois qu'en consacrant le principe du droit de consentement de l'auteur, on fait du même coup la police des lettres en éloignant les mauvais traducteurs. Car je vous assure que lorsqu'un auteur saura qu'il y a un écrivain qui se propose de traduire son œuvre, il ne refusera pas son autorisation, s'il le sait capable de mener à bien la traduction, mais au moins il aurait le droit de la refuser.

Il s'agit ici d'émettre un vœu non pour la France, mais pour tous les pays. S'il en est un plus riche que les autres, tant mieux pour ce pays, et tant mieux pour les autres qui en profiteront.

Je crois qu'on ne peut pas refuser ce droit de consentement à l'auteur sans annuler le principe de la propriété littéraire, et comme cette pensée forme le principal but de cette réunion, je crois que la conséquence nécessaire, implicite, est la reconnaissance du droit de consentement accordé aux auteurs. (Bravo! bravo!)

M. Blanchard-Jerrold. — Je tiens à dire seulement que je me rallie complètement et cordialement pour l'Angleterre à l'article proposé. (Applaudissements.)

M. Dognée. — Au nom de la patrie belge, nous venons appuyer très énergiquement le projet de la commission. La propriété littéraire existe, et c'est un vol que d'y toucher.

Permettez-moi, mes chers confrères étrangers, de vous citer

un petit exemple. Dans mon pays on parle deux langues. Est-ce que j'aurais le droit d'emprunter les œuvres qui sont écrites en flamand pour les transporter en français? Non, ce serait une véritable consécration du principe, non de la propriété, mais du vol. (Bravo! bravo!)

M. Girard, délégué des États-Unis. — Les États-Unis d'Amérique éprouvent plus que jamais le besoin, non pas de vivre par la presse, comme ils l'ont fait depuis bien longtemps, mais par le livre, et de se tenir au courant des travaux qui se publient en Europe. C'est pour cela qu'aujourd'hui on sent de plus en plus la nécessité d'avoir, non pas des traducteurs ignorants, qui ne savent pas mieux leur propre langue qu'il ne comprennent celle des auteurs dont ils s'emparent, mais des traducteurs dignes de ce nom. Je ferai mon rapport dans ce sens, et je dirai que nous avons voté le projet de la commission.

M⁰ Larnaude, *rapporteur*. — Un simple mot. Je tiens à remercier principalement messieurs les délégués des Etats-Unis et de l'Angleterre, parce que jusqu'à présent la loi anglaise s'est montrée très hostile aux intérêts des auteurs étrangers, et que les Etats-Unis ont refusé de faire des traités littéraires, notamment avec l'Angleterre et l'Allemagne. (Aux voix! aux voix!).

M. Germond de Lavigne. — Je retire mon amendement.

M. le président. — Je mets aux voix la troisième résolution de la seconde commission, ainsi conçue :

« En ce qui concerne la traduction et l'adaptation, le Congrès litté-
» raire international exprime le vœu que les traités internationaux
» réservent à l'auteur le droit exclusif d'autoriser cette traduction et
» cette adaptation. »

La résolution est adoptée.

M. Renaut. — J'ai très peu de mots à dire pour proposer un vœu complémentaire.

Dans le programme qui a été distribué, on disait que le Congrès aurait à s'occuper d'un projet de clauses à insérer dans les traités de commerce.

Je voudrais proposer au Congrès de dire que les conventions littéraires doivent rester absolument indépendantes des conventions commerciales.

La France a été obligée de faire quelquefois des sacrifices dans ses traités de commerce pour obtenir la consécration de la propriété littéraire, notamment avec la Belgique en 1861, avec la

Prusse en 1862 et la Suisse en 1864. Aujourd'hui que le principe est admis, il faut scinder les deux choses, qui n'ont rien de commun. Quand on fait une convention littéraire, on fait appel au sentiment de justice et d'équité. Quand on fait un traité de commerce, on fait appel à l'intérêt réciproque. Il n'est pas admissible que le défaut d'entente sur une question commerciale puisse amener l'annulation d'une convention littéraire, ni que ses conventions soient soumises à des délais acceptés dans un but qui leur est étranger.

Aujourd'hui il est admis qu'un pays n'est pas obligé de faire un sacrifice pour obtenir le respect d'un droit, il faut qu'en conséquence vous émettiez le vœu que les conventions littéraires seront faites indépendamment des traités de commerce. (Très bien! très bien!)

M. Dognée. — La Belgique n'a pas demandé dans le traité de 1862 des sacrifices pour faire la convention littéraire.

M. Renaut. — Je crois être sûr de l'exactitude de ce que j'ai dit, et je demande à m'expliquer. Le traité avec la Belgique, qui nous régit actuellement, est indépendant de toute convention commerciale. Mais cela n'a pas toujours existé. En 1857 la Belgique, en 1862 la Prusse, en 1864 la Suisse, ont inséré la Convention littéraire dans un traité commercial.

Voix nombreuses. — Appuyé! appuyé!

M. Jules Lermina, *rapporteur*. — Messieurs, je vous demande de voter les conclusions du rapport que je vous ai lu avant-hier. Un accident d'imprimerie a empêché qu'il vous soit distribué. Vous connaissez les considérations qui nous ont amené à formuler les vœux que nous vous demandons d'accepter. Ces vœux sont du reste clairs par eux-mêmes et vous pouvez les voter.

Vous nous avez demandé en outre de nous occuper de la création d'associations littéraires internationales et d'arriver à formuler un projet. Par conséquent j'ai deux choses à faire d'un ordre différent. J'ai à vous demander de voter les conclusions de votre troisième commission et à vous présenter en son nom un rapport complémentaire.

Je donne lecture du premier vœu :

« Le Congrès littéraire international estime que l'amélioration de
» la condition morale et matérielle des littérateurs est essentiellement
» liée à la fondation ou au développement de sociétés ayant pour
» objet la défense des droits de l'écrivain et la création de fonds de
» secours et de retraite. »

M. Frédéric Thomas. — C'est une simple considération.

M. Jules Lermina. — Comme nous ne pouvons pas faire de traités, nous ne pouvons qu'inviter les délégués étrangers à faire ce qu'ils pourront pour fonder des associations littéraires dans leurs pays.

M. le président. — Je mets aux voix la proposition additionnelle de M. Renaut.

La proposition, mise aux voix, est adoptée.

M. le président. — Je mets aux voix le premier vœu de la troisième commission.

La résolution est adoptée à l'unanimité.

M. Jules Lermina. — Je donne lecture du second vœu :

« Le Congrès émet le vœu que la question du crédit littéraire soit
» mise à l'étude et inscrite au programme du prochain Congrès litté-
» raire international. »

Ce vœu rentre dans la question philosophique. Nous ne vous proposons pas de voter la fondation d'une maison de banque; nous demandons le développement du crédit littéraire en France et dans tous les pays. C'est un immense service à rendre à l'écrivain.

M. le président. — Je mets aux voix le second vœu de la troisième commission.

La résolution est adoptée.

M. Lermina. — Je donne lecture du troisième vœu.

« Le Congrès littéraire international émet le vœu que la liberté de
» la pensée soit complète chez tous les peuples.
» Il estime que, en publiant et en faisant circuler son œuvre par-
» tout et sans entrave, l'écrivain agit sous sa responsabilité person-
» nelle. Le Congrès déclare que les contraventions ou délits commis
» par l'écrivain doivent être jugés selon le droit commun. »

J'appelle, messieurs, votre attention sur ce vœu. Nous n'avons pas voulu parler plutôt de ce qui se passe dans un pays que dans un autre. Nous croyons, comme le disait M. Withman, que de même qu'il n'y a qu'une loi quant à la propriété, il n'y en a qu'une quant à la liberté. La liberté de penser doit être sacrée pour tous.

M. Santa-Anna Néry. — Je suis d'un pays libéral et nous

sommes ici tous d'accord, mais je demande que nous n'entrions pas dans cet ordre d'idées pour une très bonne raison. Nous ne sommes pas ici pour formuler des principes généraux et philosophiques, mais pour faire une œuvre littéraire pratique. Je demande la suppression de la résolution.

M. Robert Halt. — Je ne sais pas pourquoi nous reculerions devant une chose aussi simple. Nous avons affirmé notre droit de propriété littéraire, et nous nous trouvons devant des lois restrictives du droit de propriété. Nous nous exprimons avec une délicatesse que j'admire. — Je n'en aurais pas tant mis. — Il ne faut pas se gêner avec des ennemis qui ne se gênent pas avec vous.

Comment, nous n'oserions pas dire à ceux qui entravent la pensée : Nous valons quelque chose par notre droit et nous vous prions de le respecter ! Je demande le vote de l'article.

M. Augustin Challamel. — Je suis un de ceux qui ont contribué à faire adopter cette formule par la commission. On vous demande de viser dans certains pays certaines restrictions particulières. C'est-à-dire de faire respecter simplement la propriété littéraire dans toute son intégralité, et de soutenir la dignité de la littérature. C'est pour cela que j'ai enveloppé le vœu dans un sens général ; je n'ai visé ni aucun pays ni aucun fait, ni la confiscation, ni la censure, ni le colportage. J'ai visé la liberté complète de l'écrivain. Et me rattachant à ce qui a été dit bien souvent, j'ai placé à côté de cette liberté la responsabilité de l'écrivain.

Eh bien ! lorsque vous déclarez que la liberté de l'écrivain doit être complète, lorsque vous déclarez que l'écrivain écrit sous sa responsabilité, vous ne demandez rien que de naturel et de conséquent avec les principes posés par le Congrès.

M. Edmond About. — Voilà quinze jours que nous travaillons ; si cela vous plaît de détruire d'un mot ce que nous avons fait, votez.

Ne faisons point ici de politique, conservons nos idées pour les développer dans nos livres, dans nos journaux. Nous voulons faire une chose utile qui se recommande à tous les gouvernements, même aux gouvernements despotiques, s'il en reste encore. Je propose l'ordre du jour pur et simple qui a toujours la priorité.

M. Santa-Anna Néry. — Nous sommes venus avec un programme, n'en sortons pas.

M. Louis Ratisbonne. — On peut demander la clôture de cette

discussion, mais non l'ordre du jour puisqu'elle est dans l'ordre du jour. Vous pouvez la voter ou la repousser, et beaucoup de membres sont disposés à la repousser, de peur de se compromettre.

La question est bien posée. Mon avis est contraire à celui de M. Edmond About. Je crois qu'un congrès littéraire ne peut que s'honorer grandement en formulant un vœu en faveur de la première propriété de l'écrivain, sa liberté! Je ne tiens pas à la formule qui nous est soumise, elle est trop complexe. Je vous demande d'émettre simplement un vœu en faveur de la liberté de l'écrivain qui est sa première propriété.

En France, sans faire de politique, Victor Hugo nous disait : Comment nous a-t-on accordé dix ans, vingt ans, cinquante ans. Je lui aurais bien répondu, mais vous le savez bien, en 1852, le gouvernement, mû par un mobile intéressé, a voulu faire quelque chose pour l'homme de lettres. Lui ayant retiré la liberté il a voulu lui assurer la propriété. On a nommé une commission qui a assuré à l'homme de lettres un droit perpétuel. Il y a eu un progrès; on a étendu à cinquante ans le délai de protection. Il y a une chose que nous n'avons pas, c'est la liberté. Je vous la demande, si cette pensée vous est chère.

Voix nombreuses. — Oui! oui!

M. Lubormiski. — En votant cette proposition nous menaçons les législations étrangères.

M. Tony Révillon. — Je crois, messieurs, que le danger que signalait notre ami Edmond About résulte des termes dans lesquels la question a été posée.

Nous ne traitons pas ici une question politique. Les mesures préventives atteignent naturellement notre propriété. Elles sont nuisibles à notre propriété et portent atteinte à notre dignité de gens de lettres. Votons suivant notre dignité et nos intérêts les conclusions de la commission.

M. Jules Lermina. — On me fait observer que le vœu est trop compliqué. Je ne vois pas qu'il y ait des hommes d'un ordre quelconque qui puissent avoir quelques motifs pour ne pas la voter. Elle est bien simple : le Congrès littéraire émet le vœu que la liberté de penser soit complète chez tous les peuples.

M. Edmond About. — La liberté de penser est complète partout. La pensée est libre jusque dans les fers.

Ce que nous demandons, c'est la liberté de la presse, pas autre chose. Nous connaissons les restrictions imposées par la police.

Nous en avons souffert. Pour ma part cela ma coûté cent mille francs l'année dernière, je puis en parler savamment. Mais ce n'est pas ici que j'en parlerai. *Non est hic locus* (Marques d'approbation.)

M. Carlos de Rode. — Nous ne parlons pas de la presse politique, nous parlons du livre. L'empire reconnaissait la liberté du livre. (Bruit. — Exclamations entrecroisées.)

M. Léon Richer. — Le discours de Victor Hugo a été le développement de cette pensée. Je demande qu'on vote la proposition de la commission.

M. le président. — On a dit que certaines paroles pourraient blesser les gouvernements étrangers ; je dois dire que même mon gouvernement (la Russie) ne serait pas blessé si on exprimait le vœu que la liberté de la pensée soit reconnue partout. La formule n'a rien qui puisse nous choquer.

M. Jules Lermina. — On nous a dit que cette question ne rentre pas dans le programme qui a été proposé. Le programme porte ces mots : L'amélioration matérielle et morale du sort de l'écrivain, ceci c'est une amélioration morale. Voici la formule que nous proposons :

« Le Congrès émet le vœu que la liberté d'exprimer sa pensée soit
» complète. »

M. Augustin Challamel. — Voter la proposition actuelle ou ne rien voter du tout, c'est la même chose. Au nom de plusieurs de mes collègues de la commission et au mien, je demande à l'assemblée de rejeter cette rédaction et d'adopter le premier vœu de la commission. Si vous n'acceptez pas le droit commun pour réprimer les écarts de l'écrivain, ne votez rien.

M. Jules Lermina. — La commission est divisée.
On vous demande que la proposition soit divisée en deux parties.

« Le Congrès émet le vœu que la liberté d'exprimer sa pensée soit
» complète chez tous les peuples.

« Le Congrès estime que le vœu proposé par la troisième commis-
» sion ne rentre pas directement dans son programme, et passe à
» l'ordre du jour. »

M. Robert Halt. — La première formule va vous être représentée.

M. Edmond About. — Nous sommes éclairés à l'heure qu'il est. Je regrette pour ma part que la liberté d'écrire soit limitée dans tant de pays, je maintiens que voter cette proposition ce serait aller contre le véritable esprit qui a présidé à la réunion de ce Congrès. Je prie M. le président de mettre aux voix l'ordre du jour proposé par M. Fliniaux.

(L'ordre du jour est voté par 43 voix contre 38).

M. Wisniowski demande qu'on enregistre le nombre de votants.

M. le rapporteur. — On nous a chargé de mettre en œuvre le vœu formé dans mon rapport et la proposition faite par M. Blanchard Jerrold à la dernière séance. Vous nous avez donné mandat de faire un travail sur cette question, et c'est ce travail que je vous demande la permission de vous lire.

(M. le rapporteur lit le rapport complémentaire)

Mes chers confrères,

Tous vos suffrages se sont ralliés à la généreuse pensée d'établir entre les écrivains de toutes les nations un lien permanent et de fonder une association, essentiellement littéraire et artistique, qui appelle et réunisse dans son sein tous ceux qui concourent à l'accroissement du patrimoine intellectuel de l'humanité.

Vous avez bien voulu charger votre troisième commission de vous présenter un projet qui serve de base à la réalisation pratique de cette idée confraternelle.

M. Blanchard Jerrold, délégué anglais, a proposé que toutes les sociétés des gens de lettres, existant dans les divers pays, établissent entre elles des relations suivies par délégués choisis parmi leurs membres.

Ce projet, tout en obtenant l'approbation de votre troisième commission, lui a paru devoir être élargi, et nous avons surtout été guidés par cette considération sur laquelle plusieurs délégués ont insisté: c'est qu'il est plusieurs nations chez lesquelles ne fonctionne aucune société de ce genre. Il ne pouvait entrer dans notre pensée d'exclure de ce concert international ces frères en littérature qui, plus que tous les autres, ont droit aux bienfaits de l'association.

Votre commission a voté à l'unanimité la rédaction d'un projet qui lui parut donner satisfaction à toutes les aspirations.

Voici les termes de ce projet:

ASSOCIATION LITTÉRAIRE INTERNATIONALE

Article premier. — Il est fondé une association littéraire internationale ouverte aux sociétés littéraires et aux écrivains de tous les pays.

Art. 2. — L'*Association littéraire internationale* a pour objet :

1° La défense du principe de la propriété littéraire ;

2° L'organisation de relations régulières entre les sociétés littéraires et les écrivains des divers pays ;

3° L'initiative de toutes fondations présentant un caractère littéraire international.

Art. 3. — L'*Association littéraire internationale* a son siège principal à Paris.

Art. 4. — Elle est administrée par un comité composé de membres français et étrangers.

Art. 5. — Le premier comité sera élu, par le Congrès littéraire international, en assemblée générale.

Art. 6. — Ce comité est chargé de l'organisation de l'*Association littéraire internationale*.

Après la publication du rapport de la troisième commission, le rapporteur a reçu encore des renseignements intéressants sur la condition des écrivains en Angleterre et en Portugal.

Voici les communications faites à ce sujet par MM. Mendès Léal et Blanchard Jerrold :

COMMUNICATION DE M. BLANCHARD JERROLD

Délégué Anglais

La condition de l'homme de lettres en Angleterre est à peu près celle de l'homme de lettres français. Les grands écrivains font de grandes fortunes, les médiocres gagnent péniblement de quoi vivre bourgeoisement, et les petits chroniqueurs et reporters vivent de jour en jour plus malheureux que les ouvriers, parce que leur salaire est celui d'un ouvrier et que leur position les oblige à se donner l'apparence du *gentleman*. Les petits reporters de nouvelles aux journaux, pour les accidents, incendies, crimes, etc., sont payés trois sous la ligne. Un article de fonds d'une colonne est payé environ 25 francs dans un journal de province et 50 à 250 francs dans un grand journal de Londres. Quand un journaliste acquiert un peu de popularité, s'il est, par exemple, « special correspondant, » reporter au Parlement, chroniqueur des théâtres ou des arts, ou écrivain politique, il gagne 600 à 1,000 livres sterling par an et davantage quand il devient « war correspondant » comme le docteur W. H. Russile, du *Times*, ou M. Forves, du *Daily News*.

Les rédacteurs en chef des grands journaux gagnent de 20,000 jusqu'à 60.000 francs par an et les rédacteurs en chef des journaux hebdomadaires de 6,000 jusqu'à 20,000 francs. En province le journalisme est mal payé, excepté dans les grandes villes comme Liverpool, Manchester et Birmingham. Comme dans toutes les nations où le journalisme a pris de grands développements, il a eu un effet fâcheux sur les lettres. Nous disons que le journalisme est le tombeau du génie.

Comme rédacteur en chef pendant 21 ans du journal politique hebdomadaire qui a le plus grand tirage en Angleterre (Lloyds Weekly Newspaper), c'est-à-dire plus de 600,000, je me sens le droit de parler avec quelque autorité du journalisme de mon pays.

Les hommes de lettres ont une position semblable à celle des médecins : les célèbres comme le poète Tennyson, les romanciers Wilkie Collins, Anthony Trollope, Charles Reade, George Eliot, Miss Braddon, les auteurs dramatiques comme Byron, Gilbort, Albern, les historiens comme Froude, etc., gagnent des fortunes même considérables. Un roman de Dickens lui rapportait environ 250,000 francs.

Autrefois Bulwer était payé 30,000 francs pour un roman en trois volumes, somme que gagne aujourd'hui un romancier de second ordre. Quant à la poésie, jamais poète anglais n'a gagné la moitié du revenu de Tennyson. La raison n'est pas à chercher. Il n'y a pas de maison chez nous où il n'y ait, au moins, le commencement d'une bibliothèque : par conséquent le tirage des livres est immense. « Où je vois la plus petite bibliothèque dans un intérieur le plus humble, je reconnais le foyer d'un bon citoyen, » a dit un fin observateur de notre vie sociale.

COMMUNICATION DE M. MENDÈS LÉAL

Ministre plénipotentiaire du Portugal à Paris.

La situation des hommes de lettres portugais est encore bien précaire. Le marché est naturellement assez restreint et de plus contrarié par des obstacles en partie locaux, en partie extérieurs.

Il n'existe pas en Portugal de société littéraire organisée, et les efforts tentés pour en instituer une ont été paralysés par la trop grande facilité qu'on a de prendre la qualité d'hommes de lettres sans titres suffisants.

Le théâtre et le roman vivent le plus souvent de traductions, plus particulièrement de la traduction d'ouvrages français. Une loi prévoyante avait assuré quelques avantages aux œuvres nationales, surtout au théâtre. Peu à peu cette loi est tombée en désuétude, et elle est devenue presque sans efficacité, mais de temps en temps quelques ouvrages considérables se produisent encore, plutôt par des élans de patriotisme que dans un but d'intérêt.

Le journalisme attire de préférence les jeunes écrivains quoiqu'on ne puisse dire qu'ils y trouvent la fortune. Le journal a en quelque sorte tué le livre, et les petits journaux les grands journaux.

La poésie est fort en honneur, mais les lauriers poétiques, comme du reste un peu partout, n'enrichissent pas, ce qui n'empêche point que le nombre des jeunes gens passionnés pour la muse, et d'un amour plus désintéressé qu'heureux, ne se soit multiplié prodigieusement.

En somme on peut dire que la condition d'homme de lettres n'est pas en Portugal le synonyme de profession lucrative, bien qu'elle soit exercée comme un accessoire parfois utile.

M. LE RAPPORTEUR : Vous connaissez, messieurs, le projet de la troisième commission ; si personne ne prend la parole, je vous demanderai de voter successivement les articles de ce projet.

M. LE RAPPORTEUR donne lecture de l'article 1ᵉʳ, ainsi conçu :

« ARTICLE PREMIER. — Il est fondé une association littéraire internationale ouverte aux sociétés littéraires et aux écrivains de tous les pays. »

M. LE PRÉSIDENT. — Je mets aux voix l'article premier dont vous venez d'entendre lecture.

L'article premier est adopté.

M. JULES LERMINA. — Je vais donner lecture de l'article second.

« ART. 2. — L'association littéraire internationale a pour objet : 1° la défense du principe de la propriété littéraire ; 2° l'organisation de relations régulières entre les sociétés littéraires et les écrivains de divers pays ; 3° l'initiative de toutes fondations présentant un caractère littéraire international. »

M. LE PRÉSIDENT. — Je mets aux voix l'article second.

L'article second, mis aux voix, est adopté.

M. JULES LERMINA. — Je donne lecture de l'article troisième ;

« Art. 3. — L'association littéraire internationale a son siège principal à Paris. »

Je vous demande pardon de vous proposer Paris; mais nous vous le demandons même au nom de nos confrères étrangers.

M. LE PRÉSIDENT. — Je mets aux voix l'article troisième dont M. le rapporteur vient de vous donner lecture.

L'article troisième, mis aux voix, est adopté.

M. JULES LERMINA, *rapporteur*. — Je donne lecture de l'article quatrième :

« Art. 4. — Elle est administrée par un Comité composé de membres français et étrangers. »

M. LE PRÉSIDENT. — Je mets aux voix l'article quatrième.

L'article, mis aux voix, est adopté, ainsi que les articles 5 et 6.

M. JULES LERMINA. — Il faut d'abord nommer un comité en séance générale aujourd'hui même et pour un an. Le comité se compose de membres français et étrangers. Nous avons d'abord à nous rendre compte du nombre de membres qu'il convient de nommer.

Nous demanderons, et nous sommes certains d'avance de l'obtenir, à Victor Hugo d'être le président d'honneur de l'association.

Il faut que cette association littéraire internationale, qui doit rayonner sur le monde entier, compte à sa tête les hommes qui sont la gloire de tous les pays. Mais ces hommes ne pourront pas s'astreindre aux labeurs journaliers de la correspondance des cotisations, des convocations, etc.

Nous vous proposons de nommer un comité d'honneur, qui sera la représentation grande, large et belle de l'association littéraire, et de choisir un comité exécutif composé de membres français et étrangers. Que chaque pays nomme deux délégués, cela fera trente, je pense, et les Français en nommeront quinze.

Chacune des trois commissions pourrait se réunir et choisir dix membres étrangers et cinq membres français. Suspendez la séance à cet effet pendant quinze minutes, et revenez avec les noms des membres du comité d'honneur, qui sont sur tous les lèvres, et ceux du comité des travailleurs.

UN MEMBRE. — Pourquoi un comité d'honneur? Victor Hugo comme président d'honneur c'est assez.

M. LE RAPPORTEUR. — Pardon. Si le Congrès littéraire a pu faire quelque chose, c'est qu'il a eu à sa tête d'une part des hommes comme Victor Hugo, Tourgueneff, About, etc., et que de plus modestes personnalités ont travaillé à son organisation.

M. LE PRÉSIDENT. — J'invite l'assemblée à se réunir dans ses bureaux. Mais avant, j'ai à lui soumettre une proposition que M. Ch. Valois vient de me remettre. Elle est ainsi conçue :

« Le Congrès littéraire international émet le vœu que le gouver-
» nement français prenne l'initiative d'une réunion internationale ou
» les représentants des divers gouvernements élaboreraient une con-
» vention uniforme, réglant l'usage de la propriété littéraire selon
» l'esprit des résolutions que le congrès vient d'adopter. » (Bravo ! — Très bien.)

M. LE PRÉSIDENT. — Personne me demande la parole sur cette proposition ?

La proposition, mise aux voix, est adoptée.

M. JULES LERMINA, *rapporteur*. — Je vous demande d'accepter le principe de l'organisation du comité tel que j'ai eu l'honneur de vous l'exposer.

VOIX NOMBREUSES. — Oui ! oui !

Je prie M. le président de suspendre la séance pendant dix minutes.

La séance est suspendue à quatre heures quarante-cinq minutes et reprise à cinq heures quinze minutes.

M. LE PRÉSIDENT. — La première et la troisième commission ont nommé chacune cinq membres français, la seconde ne l'a pas fait, ne se croyant pas suffisamment autorisée pour émettre un pareil vote.

M. FLINIAUX. — Je ne partage pas cette opinion.

M. ARMAND LAPOINTE. — Je trouve très fâcheux que deux commissions aient voté et que nous n'ayons pas voté, nous n'étions pas forcés de voter pour des absents. Je ne sais pas comment nous ferons.

M. LE PRÉSIDENT. — Il faut tâcher de sortir de là. Ne serait-il pas possible aux membres de la deuxième commission de s'entendre ?

M. FÉLIX JAHYER. — Le principe de la nominatio n de cinq

membres du comité par chacune des commissions n'a pas été admis par certains de nous. Nous ne nous sommes trouvés que dix de la seconde commission. On nous a dit : Vous auriez dû voter pour les absents. Pour ma part je ne voterai jamais pour un absent.

M. Jules Lermina, *rapporteur*. — On me remet une proposition, à laquelle plusieurs de mes collègues se sont rangés, qui renverrait à un mois de date la réunion pour la nomination du comité.

M. le Président. — C'est contraire au vote de l'assemblée.
Je voudrais que quelqu'un des membres de la seconde commission indiquât une manière de sortir de là.

Un membre. — Je demande si la seconde commission a au moins nommé les membres du comité d'honneur?

M. le Président. — Je crois qu'il faudrait faire pour eux ce qu'on a fait pour les délégués étrangers, c'est-à-dire leur donner un délai jusqu'au 30 juillet pour envoyer les noms.

M. Jules Lermina, *rapporteur*. — Je demande qu'on donne satisfaction aux délégués étrangers qui sont venus au Congrès, et que les idées qui viennent d'être émises ne tombent pas à l'eau.
Voulez-vous dire que ce comité d'organisation n'est nommé que pour un mois, très bien ; une fois le travail d'organisation terminé, ceux qui l'auront fait seront les premiers à se retirer. C'est une question de travail et non d'amour-propre.

M. Eugène Dauriac. — Je vous prie, M. le président, de vouloir bien nous lire les noms proposés pour le comité d'honneur.

Les noms des membres de ce Comité sont proclamés ; ce sont : MM. Victor Hugo, Jules Simon, Edmond About, le baron Taylor, Emmanuel Gonzalès, Tourgueneff, Ed. Jenkins, Castelar, Torrès Caïcedo, Nordmann, Mauro-Macchi, Mendès-Léal.

L'assemblée décide ensuite que le Comité exécutif sera composé de quarante-cinq membres : quinze Français et trente étrangers, chaque pays nommant deux délégués.

La séance est suspendue pendant quelques minutes pour procéder, en commission, au choix des membres français et étrangers de ce Comité.

La séance est reprise.

La première et la troisième commission donnent connaissance au Congrès des membres français qui ont été choisis; ce sont : MM. Frédéric Thomas, Pierre Zaccone, E. Dentu, Georges Hachette, Louis Ratisbonne (pour la première commission); Philibert Audebrand, Jules Lermina, Henri de Lapommeraye, Richard Cortambert, Alphonse Pagès (pour la troisième commission).

M. LE PRÉSIDENT demande à la deuxième commission d'indiquer les noms des cinq membres français qu'elle a choisis pour faire partie du Comité exécutif de la Société internationale.

MM. CHARLES VALOIS, FÉLIX JAHYER, EUGÈNE MORET et ARMAND LAPOINTE, déclarent que les membres français de la deuxième commission n'ont pas cru devoir procéder à cette élection en raison du peu de membres présents. Ils demandent, en conséquence, l'ajournement du vote.

MM. GERMOND DE LAVIGNE et JULES CLÈRE, membres de la deuxième commission, ne partagent pas l'avis de leurs collègues, et pensent qu'il y a lieu de procéder à la désignation des membres français de la deuxième commission, quel que soit le nombre des votants. Ils craindraient, en ajournant le vote, d'entraver les travaux du Congrès et de nuire au succès de son œuvre.

Après une discussion à laquelle prennent part plusieurs délégués français et étrangers, un certain nombre de membres de la deuxième commission présentent deux listes de candidats. Les noms suivants sont mis aux voix et adoptés :

MM. Henri Celliez, Louis Figuier, Charles Joliet, Robert Halt et Larnaude, pour la deuxième commission.

MM. CHARLES VALOIS, FÉLIX JAHYER et EUGÈNE MORET déclarent irrégulier ce vote, contre lequel ils protestent formellement.

Le Congrès ratifie les choix faits par les trois commissions, et le Comité exécutif français de l'association internationale se trouve ainsi constitué.

Les délégués étrangers n'ayant pu désigner tous leurs représentants, il est convenu que leurs choix seront notifiés d'ici au 31 juillet.

M. LE PRÉSIDENT. — Les quinze membres français sont nommés; les membres étrangers se compléteront.

Je demande à l'assemblée de confirmer par un vote général la nomination des membres du comité.

M. Germond de Lavigne appelle successivement les noms.

L'assemblée, consultée, ratifie par son vote les nominations.

M. Mendès-Léal, ministre du Portugal. — Messieurs, je parle au nom du Portugal. Nous ne sommes que deux Portugais présents. Nous aurions l'air de nous nommer nous-mêmes. On pourrait éviter cet inconvénient en insérant au procès-verbal que l'assemblée a accepté les deux Portugais présents.

M. Jules Lermina. — Nous ne faisons pas que les accepter, ils nous font honneur en prenant place parmi nous. (Applaudissements unanimes.)

M. le Président. — Maintenant, avant de clore cette séance, j'ai à vous lire une proposition qui vous est soumise.

L'assemblée, sur cette proposition, décide à l'unanimité que le bureau est chargé d'aller porter à Victor Hugo les remerciements du Congrès.

M. le Président. — Je crois que notre ordre du jour est épuisé. Un mot encore au point de vue pratique. Il serait bon que les quinze membres du comité d'association internationale reçussent, avant la fin de la semaine prochaine, par la voix des journaux, avis du jour où le comité sera convoqué.

M. Dognée. — Nous avons chargé votre bureau de remercier Victor Hugo, c'était notre devoir. Avant de nous quitter, en mon nom personnel et au nom des étrangers, je viens à mon tour remercier le bureau de l'impartialité et de la bienveillance avec lesquelles ils ont dirigé nos débats.

Qu'en sortira-t-il?

Nous avons semé dans l'air une grande pensée. Nous nous sommes unis dans une conviction; si nous marchons désormais la main dans la main, rien ne prévaudra contre nous.

Nous sommes arrivés à Paris mus par un sentiment de curiosité qui nous faisait désirer vous voir de près. Nous sommes venus inconnus, qu'avons-nous trouvé? Un accueil fraternel, cordial, sympathique. Quand vous avez fondé les bases de cette association internationale qui doit réunir par un lien commun tous ceux qui travaillent par la pensée, vous avez réalisé ce qui était dans notre cœur à tous. Merci à vous qui avez présidé si dignement nos travaux. Merci à cette Société des gens de lettres qui a bien voulu accueillir ces travailleurs d'un jour qui vont retourner dans leur patrie raconter à leurs confrères la cordialité de votre accueil. (Bravo! bravo!)

M. Santa-Anna Néry. — Je vous demande, comme je l'ai fait à notre première réunion, d'acclamer avec moi cette seconde patrie de tout homme qui pense, la France. Vive la France!... (Applaudissements.)

M. Edmond About. — Quoique je n'aie ni l'autorité, ni le talent nécessaires pour clore les travaux du Congrès, je me sens tenu, comme président de la Société des gens de lettres, de vous remercier, non seulement du concours très actif et très intelligent que vous nous ayez apporté, mais de cet esprit d'équité, de cette vraie fraternité dont vous nous avez donné tant de preuves.

C'est avec une très vive émotion que nous saluons nos frères de Belgique, d'Italie, d'Espagne, de tous les pays qui ont répondu à notre appel, avec une fraternité si cordiale.

Je ne désespère pas, quel que soit l'issue de nos débats, qu'on dise un jour, que dans cette maison fraternelle du Grand Orient où on n'a jamais fait que le bien, un jour du mois de juin de l'année 1878, on a fondé quelque chose qui s'appellera peut-être la grande famille internationale des travailleurs de l'esprit.

Merci à tous!

J'espère que nous nous réunirons encore dans un banquet fraternel où nous pourrons nous dire adieu. Je vous demande la permission de prendre rendez-vous pour une dernière séance présidée par Victor Hugo.

M. Ivan Tourgueneff. — En ma qualité de président, c'est à moi qu'il appartient de clore ce Congrès. Je voudrais vous dire quelques mots et je ne le puis pas, d'abord parce que je suis trop ému, et en second lieu, parce que je n'ai pas la parole facile, surtout dans certains moments.

M. Edmond About. — Nous n'avons qu'à remercier au nom de tous notre président de la bienveillance dont il a fait preuve envers nous tous. (Applaudissements.)

La séance est levée à six heures.

RÉSUMÉ

DES

RÉSOLUTIONS VOTÉES ET DES VŒUX EXPRIMÉS

PAR LE

CONGRES LITTÉRAIRE INTERNATIONAL

DE 1878

I. — Le droit de l'auteur sur son œuvre constitue, non une concession de la loi, mais une des formes de la propriété que le législateur doit garantir,

II. — Le droit de l'auteur, de ses héritiers et de ses ayants cause est perpétuel.

III. — Après expiration du délai fixé pour la durée des droits de l'auteur par les lois actuellement en vigueur dans les différents pays, toute personne pourra reproduire librement les œuvres littéraires, à charge de payer une redevance aux héritiers ou ayants cause de l'auteur.

Les droits privatifs reconnus au profit des héritiers d'un auteur ne peuvent faire obstacle à la publication d'une nouvelle édition, pourvu qu'elle soit fidèle. Cette nouvelle édition devra être précédée d'offres réelles de payement d'une indemnité, et de deux sommations infructueuses répétées à six mois d'intervalle.

Il est bien entendu que l'héritier sera considéré comme lié par la volonté de l'auteur, lorsque la preuve pourra être fournie.

IV. — Toute œuvre littéraire, scientifique ou artistique, sera traitée dans les pays autres que son pays d'origine, suivant les mêmes lois que les œuvres d'origine nationale.

Il en sera de même en ce qui concerne l'exécution des œuvres dramatiques et musicales.

V. — Pour que cette protection lui soit assurée, il suffira à l'auteur d'avoir accompli dans le pays où l'œuvre a été publiée pour la première fois, les formalités d'usage.

VI. — Le Congrès estime que l'amélioration de la condition morale et matérielle des littérateurs est essentiellement liée à la fondation ou au développement de Sociétés ayant pour objet la défense des droits de l'écrivain et la création de fonds de secours et de retraite.

Enfin, il a adopté le projet de fonder une association littéraire internationale, ouverte aux Sociétés littéraires et aux écrivains de tous les pays.

Le Congrès a, en outre, exprimé les vœux suivants :

1° Que la question de crédit littéraire soit mise à l'étude et instruite au programme du prochain Congrès international ;

2° Que les traités internationaux réservent à l'auteur le droit exclusif d'autoriser la traduction ou l'adaptation de son œuvre ;

3° Qu'à l'avenir les conventions littéraires soient rendues absolument indépendantes des traités de commerce ;

4° Que le Gouvernement français prenne l'initiative d'une réunion internationale où les représentants des divers gouvernements élaboreraient une convention uniforme, réglant l'usage de la propriété littéraire selon l'esprit des résolutions que le Congrès a adoptées.

ANNEXES

ANNEXE A LA SÉANCE GÉNÉRALE DU 22 JUIN

(Voyez page 241)

Dans le travail lu par lui à l'assemblée et renvoyé à la deuxième commission, qui n'en a pas reçu le manuscrit, M. le docteur Lowenthal émettait le vœu que l'on avisât à protéger l'œuvre, non seulement en tant que *propriété* matérielle, mais encore en tant que *chose* intellectuelle, afin qu'elle fût assurée de tous les respects; que notamment, tout en la préservant des traductions frauduleuses, on la défendît aussi des traductions avouées ou permises qui la dénaturent, la rabaissent, et parfois, souvent même, lui enlèvent toute sa valeur primitive.

M. Lowenthal demande si l'on ne croirait pas que, pour veiller à la conservation internationale des œuvres, il fût possible d'instituer des jurys qui, au nom des intérêts généraux de la littérature, seraient chargés de surveiller, de contrôler les travaux de traducteurs, et sans l'approbation desquels aucune traduction ne serait autorisée à paraître.

ANNEXE A LA SÉANCE GÉNÉRALE DU 25 JUIN

Mémoire sur *la Propriété littéraire*, par M. Torres Caïcedo, présenté au Congrès par M. Richard Cortambert.

(Voyez page 261)

La propriété est un droit sacré, parce qu'elle est le fruit de l'application des facultés humaines a l'œuvre de la production, et ces facultés sont une prolongation de ce que l'homme a de plus essentiel à sa nature; elles sont l'homme même.

L'homme est condamné au travail, qui ne signifie rien par lui-même et n'a de valeur que par la direction qu'on lui donne. L'intelligence humaine se révèle de plus en plus par les conquêtes qu'elle fait sur les forces naturelles. L'homme tend à soumettre ses forces et à les dominer par l'exercice de sa raison. La propriété, fruit de cette lutte constante, est la condition de tout progrès et la base de la liberté.

La légitimité de la propriété a été mise en doute par des esprits turbulents ou par des hommes possédant une fausse science, sinon de mauvaises intentions. La société s'est montrée alarmée chaque fois qu'on a entrepris cette barbare croisade contre l'intelligence, la *liberté* et la civilisation, contre l'espérance du même pauvre : le capital. Mais par une singulière aberration, ceux-là mêmes qui défendent la légitimité du capital sous ses formes diverses, de la propriété, croient agir conformément aux principes en condamnant la propriété littéraire.

La propriété littéraire est une propriété, a dit avec un grand talent Alphonse Karr; c'est là la meilleure définition, et la plus courte comme la plus éloquente défense de cette propriété.

Toute application des facultés intellectuelles à l'œuvre de la civilisation est un acte noble et élevé. Le travail est honorable, quel que soit l'objet de sa production. Le savant comme l'ouvrier, le littérateur comme le fabricant, le poète comme le commerçant, tous remplissent dans la société une tâche utile et profitable.

Puisqu'on reconnaît la propriété d'une maison, d'un champ, d'un navire, etc., il est juste de reconnaître la propriété littéraire, dont l'origine, dont la forme, dont les moyens de production sont plus intellectuels, plus spiritualistes, et portent davantage, pour ainsi dire, le sceau de l'âme, le cachet de la raison. De même que la spoliation a revêtu mille formes contre la propriété reconnue jusqu'à présent, de même elle a eu aussi recours à diverses mesures contre la propriété qu'il reste à reconnaître *légalement*, la propriété littéraire et artistique.

Cette propriété a son origine dans l'expression de l'idée, et son application dans la forme que l'on donne à cette idée. Les ennemis de la propriété littéraire, et par conséquent de la liberté, ont fait des lois et des décrets pour comprimer la pensée même; soit par la censure, soit en fixant des sommes plus ou moins élevées pour permettre la publication de feuilles périodiques et de brochures; puis en inventant les avertissements, plus tard par la saisie des œuvres imprimées, etc. Ce point capital entre complètement dans la grave question de la liberté de la presse.

Mais le mode usuel, le plus connu, le plus *légitime* d'attaquer la propriété littéraire, c'est de la restreindre à un certain nombre d'années, c'est-à-dire de falsifier son caractère, de méconnaître son essence, le droit que possède le propriétaire d'user et même d'abuser de la chose qui lui appartient; et de nier sa perpétuité.

La propriété naît du travail, de l'application des facultés intellectuelles. La perpétuité est l'essence de la propriété. Tel est le principe reconnu pour la propriété des maisons, des terres, des navires, etc.; mais quand il s'agit de la propriété littéraire, on ne reconnaît plus le même principe, et cela sans alléguer aucun argument qui justifie cette inconséquence, cette violation de la loi morale.

Et quelle est la propriété plus respectable que la propriété littéraire? M. Pelletan disait avec raison : « Connaissez-vous un travail
» qui appartienne plus au travailleur qu'un livre? Car enfin, mon
» livre, c'est moi, moi tout entier, moi dans tout ce que j'ai de plus
» personnel et de plus intime, moi sans autre asistance et collabora-
» tion que celle de ma lampe et la feuille de papier blanc.

» De quel droit la société viendra-t-elle, après ma mort, revendi-
» quer une part, ou la totalité de mon travail? En quoi a-t-elle con-
» tribué à cette production? M'a-t-elle nourri pendant que je méditais?
» A-t-elle nourri ma famille quand je ne pouvais pas le faire? Com-
» ment, j'ai créé moi-même une valeur productive, une valeur que je
» pouvais à mon gré créer ou ne pas créer, et la société, sans avoir
» aucune part à cette création, aurait pour elle seule le bénéfice en
» un temps déterminé! »

En effet, que dirait-on si la loi établissait que le capital accumulé, sous quelque forme que ce soit, par l'industriel, le commerçant, l'agriculteur, etc., ne lui appartiendra que pendant sa vie, et à sa famille, pendant 20, 30 ou 50 ans après la mort de celui qui a réuni ces valeurs? Cela paraîtrait monstrueux, inique, et cependant cela a paru et paraît juste quand on applique cette disposition à la propriété littéraire!

Le Comte Walewski a soutenu admirablement les droits sacrés, imprescriptibles, de la propriété littéraire, quand il a dit : « C'est une
» question de littérature et d'art, mais aussi de morale et de philoso-
» phie, qui se rattache à l'essence même de l'ordre social, aux règles
» de l'équité, à la constitution de la propriété, à son principe, à
» celui de l'héritage, c'est-à-dire à la continuation de l'homme par
» la famille, en un mot à ce qu'il y a de plus profond, de plus noble
» et de plus saint dans l'humanité.

» On dit qu'avec l'imprimerie naquit le droit de l'écrivain sur la
» valeur commerciale des produits de sa pensée. Au lieu de dire le
» droit, peut-être il eût été plus juste de dire l'exercice du droit.
» L'imprimerie, en effet, a donné à l'auteur le moyen de propager
» son œuvre et d'user ainsi de sa propriété, de la matérialiser : mais
» avant cela, pour être immatérielle, cette propriété n'en existait pas
» moins, étant de droit naturel. Si l'imprimerie avait existé dans les
» temps primitifs, jamais la propriété littéraire n'eût été contestée.

» Ce n'était donc pas le droit qui manquait, mais le moyen d'exercer
» le plus respectable des droits. »

Mais les paroles de cet éminent publiciste, qui peignent avec le plus de vigueur la nature de la propriété, sont celles-ci :

« Si l'occupation est le principe de la propriété immobilière, le prin-
» cipe de la propriété littéraire est la création.

» Quand Homère parcourait les villes de la Grèce en chantant ses
» vers sublimes, il recevait en échange l'hospitalité ; c'était le premier
» droit d'auteur, payé au plus grand des poètes ; c'était le premier
» exercice d'un droit antérieur, et qui n'en existait pas moins pour
» n'être encore ni reconnu, ni pratiqué ; c'est aussi la propriété litté-
» raire qu'Homère consacrait par la tradition, en confiant ses vers à
» la mémoire des rhapsodistes. »

Mais le plus singulier, comme l'a fait observer un écrivain distingué, c'est que l'on reconnaît la propriété dans toute son étendue quand il s'agit de certains artistes, les peintres et les statuaires, par exemple, et on la méconnaît pour les compositeurs et les littérateurs. Raphaël et Michel-Ange ont joui exclusivement et dans toute son extension de la propriété de leurs magnifiques toiles. Aujourd'hui, les héritiers de David, d'Horace Vernet, de Paul Delaroche, de Canova, etc., ont le droit d'empêcher que l'on tire sans leur permission des gravures, lithographiques, photographiques, etc., de leurs œuvres, soit à titre onéreux, soit à titre gratuit ; mais un littérateur, un poète, ne peut en beaucoup d'endroits poursuivre celui qui réimprime ses œuvres, en les mutilant souvent ; et les droits de ses héritiers ne dépassent pas trente ans en France, vingt ans aux Pays-Bas, en Belgique et en Suède, trente ans en Prusse, en Autriche et en Portugal, cinquante ans en Russie et en Espagne, sept ans en Angleterre, à l'exception des œuvres publiées par la couronne ou par les universités, car alors le droit de propriété est perpétuel.

Ces détails ne signifient rien, quand même on les prolongerait, parce que, en les établissant, on viole la loi morale qui fixe les bases de la propriété en général, et aussi parce qu'il y a des chefs-d'œuvre dont le mérite passe inaperçu pendant des générations entières, de sorte que ni l'auteur, ni ses héritiers, ne retirent le profit légitime des créations du génie. Milton vendit son *Paradis perdu* pour quelques guinées ; Camoëns mourut dépourvu de tout dans un hôpital ; il en fut de même de Gilbert, de Chatterton, d'Hégésippe Moreau. Les compositions de Beethoven et de Weber n'atteignirent la haute renommée qu'elles ont aujourd'hui que longtemps après leur publication ; les descendants de Corneille et de Racine, grâce à la limitation de la propriété littéraire, à ce système communiste, vivent aujourd'hui dans la misère.

M. Chaudey, malgré son talent reconnu et sa haute illustration, combat la perpétuité de la propriété littéraire ; mais faute de raisons, il a recours à des sophismes tels que ceux-ci : « Serait-il juste que nous payassions aujourd'hui un tribut aux descendants d'Homère? » La réponse est facile, d'accord avec les principes de la justice : si ces descendants existaient, ils devraient jouir des produits de ces grandes œuvres appelées *l'Iliade*, *l'Odyssée*, ainsi que les descendants de tous les capitalistes et propriétaires jouissent *in secula seculorum* du revenu de la terre et des capitaux.

M. Chaudey demande aussi, en passant à un autre ordre de choses : « La postérité de Triptolème pourrait-elle posséder aujourd'hui l'invention de la charrue ? » M. Pelletan lui répond qu'elle pourrait posséder la charrue que fabriqua Triptolème, si elle existait, mais non l'invention. Nous allons plus loin et nous disons : « Elle devrait aussi exploiter le privilège de l'invention, d'après les principes exposés plus haut. En outre si ce système pouvait présenter des inconvénients à la société, il existe une loi d'expropriation pour cause d'utilité publique ; mais c'est là une question que nous examinerons plus loin. »

M. Chaudey nie formellement qu'une œuvre littéraire soit une propriété comme une terre, une maison, et se fonde sur ce que terre et maison peuvent se donner en propriété, mais non l'idée ou les idées de l'œuvre littéraire. Il est clair que l'idée ne peut se donner en propriété à un seul individu ou à un cercle déterminé ; qu'elle est de sa nature universelle et appartient à l'humanité dès qu'elle est livrée au public ; mais l'idée doit être revêtue d'une forme ; et cette forme, livre, tableau, statue, partition, est appropriable et exploitable.

Le même publiciste et jurisconsulte parle de choses qui n'ont rien à voir dans la question où produisent des résultats opposés : il parle de l'usufruit ; mais l'usufruit, dit M. Pelletan, qui ne suppose pas la propriété dans l'usufruitaire, la suppose dans un tiers. Il parle des routes publiques ; mais pour que ces routes soient devenues publiques et actuellement gratuites, il a fallu qu'elles fussent faites avec l'argent des contribuables. C'est une propriété dont on use en commun, parce qu'elle a été payée *au prorata*.

Il est inexplicable qu'en France, patrie de l'idée, le grand principe de la perpétuité de la propriété littéraire n'ait pas été sanctionné depuis longtemps déjà, les bases de cette réforme extrêmement juste ayant été établies en diverses occasions.

Le comte Walewski cite Turgot, qui rédigea un édit dans lequel on lit ces mémorables paroles:

« La propriété littéraire est la première, la plus sacrée, la plus im-
» prescriptible de toutes. »

Diderot, cité par le même personnage, disait dans ses *Lettres sur le*

commerce et la librairie : « L'auteur est propriétaire de son œuvre,
» ou alors personne dans la société n'est maître de son bien. »

Le célèbre comte Portalis disait, en 1839, à la chambre des pairs :
« La propriété littéraire est une propriété par sa nature, par son essence,
» par l'indivisibilité de l'objet et du sujet. »

Notre thèse est absolue : la propriété littéraire est, sinon supérieure, au moins égale à toute autre propriété. En conséquence, elle doit être régie par les mêmes règles ; des garanties identiques doivent lui être accordées ; elle doit être perpétuelle.

Un des plus ardents défenseurs de la propriété littéraire, M. Hetzel, par une singularité, nie que la propriété littéraire soit assimilable à toute autre propriété, mais, dès ce moment, M. Hetzel fait triompher les principes de ceux qu'il croit combattre.

M. Hetzel disait qu'établir la perpétuité de la propriété littéraire serait fonder un monopole contraire aux intérêts moraux de l'auteur et de la société. Où sont les preuves d'une semblable assertion ? Qui a dit que le propriétaire d'une maison exerçât un monopole préjudiciable à la société, parce que lui et ses héritiers peuvent disposer, à perpétuité, de l'immeuble qui leur appartient de telle façon qu'il leur plaira ?

Ainsi le système proposé par M. Hetzel et approuvé par M. V. Hugo, de faire entrer les chefs-d'œuvre dans le domaine public, moyennant une légère indemnité, est contraire au principe de la propriété. Dans le même cas se trouvent les conclusions indiquées, mais non déduites, des discussions du Congrès de Bruxelles. Les véritables principes en cette matière ont été hautement et logiquement proclamées par le Comité français pour la défense de la propriété littéraire, comité composé de MM. Alloury, Blanc, Bohm, Colombier, Guiffrey, Hachette, Laboulaye, Mareschal, Saintine, Jules Simon, Vitu.

Les adversaires de la perpétuité de la propriété littéraire font plusieurs objections qu'ils croient indestructibles ; ce sont :

1° La possibilité de supprimer, mutiler ou ne pas réimprimer un bon livre par défaut de concurrence. Voyons si ces objections sont sérieuses, et pour cela profitons des observations faites par les membres du Comité français.

Pour supprimer un livre, ou pour ne pas le réimprimer, il faudrait un motif plus puissant que ceux qui poussent à le publier ou à le réimprimer ; il faudrait quelque chose de supérieur à la gloire et à l'intérêt. Les deux motifs existent pour l'auteur ; le second seul existe pour le libraire ou l'éditeur, mais il est plus facile qu'un livre reste sans réimpression, quand tout le monde peut le réimprimer, que quand il n'y a qu'un seul homme qui puisse le faire. Les mutilations sont plus possibles quand le livre peut être mis sous presse par le premier venu, que quand ce sont les gens intéressés à la gloire de l'auteur qui ont le droit de le faire paraître.

Mais supposez un livre utile à la société et que l'on voudrait retirer de la circulation par des motifs spéciaux, des raisons de secte, par exemple : en ce cas, la propriété littéraire étant une propriété comme une autre, est soumise à la loi d'expropriation pour cause d'utilité publique, l'État paye une indemnité, réglée par experts, et le livre cesse d'appartenir à l'auteur et à ses héritiers pour tomber dans le domaine public.

La crainte de la cherté est moins raisonnable : l'auteur ou l'éditeur connaissent par instinct, sinon par science, les principes économiques, et savent que le bon marché plus grand occasionne une plus grande consommation et par conséquent un plus grand bénéfice. Il est donc de leur intérêt de vendre davantage en cédant à un prix moins élevé. S'il y a un auteur ou un éditeur qui exagère ses prix, les consommateurs se rejetteront sur les ouvrages qui ressemblent le plus à celui qu'ils ne peuvent acheter.

Mais, sérieuses ou non, ces objections sont inadmissibles, en établissant que la propriété littéraire est une propriété, et que le maître a le droit d'user et d'abuser de la chose qu'il possède en propre.

Il est à remarquer que là où les conventions ne garantissent pas d'une manière sérieuse la propriété littéraire, la production, l'éclosion du génie se ralentissent et s'arrêtent même : on peut à si bon marché, en effet, prendre la propriété littéraire d'autrui que l'on se dispense de faire des efforts pour produire une littérature à soi.

Il est vrai qu'il y a peut-être un motif qui porterait à discuter, non pas le principe que nous venons d'exposer, mais les conséquences de ce principe; c'est la vulgarisation des œuvres littéraires. Mais ces considérations spéciales n'ont rien à faire avec le but principal qui est le caractère sacré de la propriété littéraire.

Ainsi notre conclusion est celle du Comité.

« L'œuvre intellectuelle est une propriété comme une terre, une
» maison ; elle doit jouir des mêmes droits, et ne peut être aliénée
» que pour cause d'utilité publique. »

J. M. TORRÈS-CAÏCEDO.

EXTRAITS

DE LA

CORRESPONDANCE

FRANCE

CORRESPONDANCE

Paris, 25 mai 1878.

Monsieur le Président,

Vous m'avez fait l'honneur de solliciter mon intervention auprès de mon collègue, M. le ministre de l'agriculture et du commerce, à l'effet d'obtenir une des salles du Trocadéro pour les séances du Congrès littéraire international.

Je suis heureux, monsieur le Président, de vous annoncer que M. Teisserenc de Bort a accédé à la demande que je lui ai transmise de votre part, et qu'il est, en outre, tout prêt à mettre à votre disposition quelques salles du pavillon de Flore pour les séances des commissions du Congrès (1).

Recevez, monsieur le Président, avec l'assurance du vif intérêt que je prendrai aux travaux du Congrès littéraire international, l'expression de mes sentiments très distingués.

Le ministre de l'instruction publique,
des cultes et des beaux-arts,

A. Bardoux.

Versailles, le 21 mai 1878.

Monsieur le Président et cher collègue,

Par lettre, en date du 15 mai courant, vous me faites l'honneur de me demander mon concours pour le Congrès littéraire international, dont le Comité de la Société des gens de lettres de France a

---

(1) La date d'ouverture du Congrès ayant dû être retardée, la Société des gens de lettres n'a pu profiter des bienveillantes dispositions des Ministres, les locaux se trouvant alors avoir reçu une autre destination.

pris l'initiative, et qui doit se tenir à Paris pendant l'Exposition universelle.

Je vous remercie vivement de l'appel si flatteur que vous voulez bien m'adresser, et je regrette beaucoup que mes occupations multipliées ne me permettent pas de prendre une part active aux travaux du Congrès.

Néanmoins, je ne manquerai pas de suivre avec le plus grand intérêt la discussion si importante sur le droit de propriété littéraire internationale que votre lettre indique comme devant faire le principal objet de vos délibérations.

Veuillez agréer, monsieur le Président et illustre maître, l'assurance de ma haute considération.

Le ministre des travaux publics,
C. DE FREYCINET.

Paris, le 17 mai 1878.

MONSIEUR LE PRÉSIDENT,

J'accepte avec empressement l'honneur que vous me faites en m'appelant à prendre part au Congrès littéraire de 1878. Les plus grands intérêts de la littérature n'y sont pas seuls engagés, et les arts peuvent, par certains côtés touchant la question si peu définie de la propriété des choses de l'esprit, profiter très utilement de vos discussions prochaines.

Agréez, monsieur le Président, l'assurance de ma très haute considération.

M. DE CHENNEVIÈRES,
Directeur des Beaux-Arts.

Paris, le 20 mai 1878.

Je vous remercie, monsieur le Président, de l'invitation que vous voulez bien m'adresser, au nom de la Société des gens de lettres, pour le Congrès littéraire international que vous organisez, et je m'empresse de vous envoyer une adhésion que vous n'avez pu croire douteuse.

Les hautes questions de droit et de littérature que soulèvera ce Congrès et qu'il saura résoudre, grâce à tant de compétences illustres, s'imposent à tous.

Comme ancien journaliste et comme directeur de la presse au ministère de l'intérieur, je considère comme un devoir et comme un honneur d'être associé à ces assises du travail littéraire. Je vous prie donc, monsieur le Président, de compter sur mon concours le plus actif.

Veuillez agréer l'expression de mes vives sympathies.

ANATOLE DE LA FORGE,
Directeur de la Presse.

Paris, le 4 mai 1878.

Le Secrétaire perpétuel de l'Académie des beaux-arts à M. le Président de la Société des gens de lettres.

MONSIEUR LE PRÉSIDENT,

L'Académie des beaux-arts a reçu communication de la lettre que vous avez bien voulu lui adresser pour demander qu'elle apporte son concours au Congrès littéraire international qui se tiendra à Paris pendant la durée de l'Exposition universelle.

L'Académie aura le regret de ne pas pouvoir prendre part aux travaux de cette réunion où seront traitées, dans l'intérêt des lettres, des questions très importantes, ses usages ne lui permettant point de s'associer à d'autres assemblées et d'intervenir dans des délibérations publiques.

Agréez, monsieur le Président, l'assurance de ma considération la plus distinguée.

Vicomte HENRI DELABORDE.

Paris, le 20 avril 1878.

Le Secrétaire perpétuel de l'Académie française à M. le Président
de la Société des gens de lettres.

Monsieur le Président,

Dans sa dernière séance, l'Académie a reçu communication de la lettre que vous avez écrite pour demander qu'elle apporte son concours à un Congrès littéraire international, qui se tiendra, cette année, à Paris, pendant l'Exposition universelle.

Ainsi que vous avez eu raison de le penser, monsieur, l'Académie ne restera pas indifférente aux travaux de ce Congrès et aux importants débats que son programme annonce ; mais elle aura le regret de ne pouvoir y prendre part, les usages et les traditions de la Compagnie ne permettant pas qu'elle intervienne officiellement dans des délibérations publiques.

Veuillez agréer, monsieur le Président, l'assurance de ma considération la plus distinguée et de mon ancien dévouement.

Le secrétaire perpétuel,
Camille Doucet.

Paris, le 4 mai 1878.

Le Secrétaire perpétuel de l'Académie des sciences à M. le Président
de la Société des gens de lettres, 5, rue Geoffroy-Marie.

Monsieur le Président,

L'Académie des sciences morales et politiques a reçu communication, dans sa séance du 27 avril, de la lettre que vous avez bien voulu lui adresser pour demander qu'elle apporte son concours au Congrès littéraire international qui se tiendra à Paris pendant l'Exposition universelle.

L'Académie aura le regret de ne pas pouvoir prendre part aux travaux de cette savante réunion, où seront discutées, dans l'intérêt des lettres, des questions fort importantes, ses usages ne lui permettant point de s'associer à d'autres assemblées, et d'intervenir dans des délibérations publiques.

Agréez, monsieur le Président, l'assurance de ma considération la plus distinguée.

Mignet.

Paris, le 30 avril 1878.

Mon cher Président,

J'ai reçu la lettre que vous avez bien voulu m'écrire pour m'inviter à prendre part aux travaux d'un Congrès littéraire international qui se tiendra à Paris pendant l'Exposition universelle.

Je vous remercie d'avoir pensé à moi dans cette circonstance. Depuis trente ans (au moins) je fais partie de la Société des gens de lettres ; et je saisis toujours avec plaisir l'occasion de me joindre à mes jeunes confrères.

Comptez-moi donc, je vous prie, parmi vos adhérents, et recevez, pour vous et vos collègues du Comité, la nouvelle assurance de mon ancien et très cordial attachement.

Camille Doucet,
De l'Académie française.

A Paris, ce 21 mai 1878.

Monsieur le Président et cher confrère,

De graves raisons de famille et de santé ne me permettront pas d'être à Paris à l'époque où se réunira le Congrès littéraire auquel la Société des gens de lettres me fait l'honneur de m'inviter par l'organe de son président. Je regretterai d'autant plus de ne pas assister à cette réunion, que j'aurais été heureux de prendre part à toute délibération comme à toute résolution ayant pour objet d'améliorer, en l'élevant, la condition des gens de lettres. Je ne pourrai qu'applaudir de loin à ce que décidera dans ce but le Congrès, et je le ferai, soyez-en bien assuré, de grand cœur.

Agréez, monsieur le Président et cher confrère, avec mes regrets, l'expression de mes sentiments les plus distingués.

Désiré Nisard,
De l'Académie française.

17 mai 1878.

Monsieur le Président,

Je vous remercie d'avoir pensé à moi. J'en suis très touché et très fier. J'accepte avec orgueil et gratitude l'honneur que vous voulez bien m'offrir. Mon état de santé ne me permettra guère de prendre à vos travaux une part bien active; mais, en toute occasion, je serai par le cœur et par la pensée avec mes confrères de la Société des gens de lettres.

Veuillez agréer, monsieur le Président, l'assurance de ma haute considération.

Jules Sandeau,
De l'Académie française.

Paris, le 15 mai 1878.

Monsieur le Président et cher confrère,

Je m'associe avec empressement à l'idée du Congrès littéraire dont vous avez eu l'initiative. L'occasion est belle de discuter avec tous les peuples les questions de droit international qui touchent à la propriété des œuvres de l'esprit. Si je puis être bon à quelque chose, je me tiens à vos ordres. En tout cas, j'assisterai aux réunions que vous allez former, et je prendrai un vif intérêt aux débats du Congrès, si mon incompétence, en matière de droit et de législation, m'empêche d'y prendre part.

Veuillez agréer, monsieur le Président et cher confrère, l'assurance de ma haute considération et de mes sentiments dévoués.

Charles Blanc,
De l'Académie française et de l'Académie des Beaux-Arts.

Paris, le 9 mai 1878.

Monsieur le Président,

J'ai reçu la lettre par laquelle vous me faites l'honneur de m'inviter à prendre part aux travaux du Congrès littéraire international. Les questions que vous vous proposez de soumettre à cette assemblée sont très importantes, et je vous remercie d'avoir fait appel à mon concours. Je me rendrai avec empressement aux convocations que vous m'adresserez.

Je vous prie d'agréer, monsieur le Président, l'expression de mes sentiments distingués.

A. BATBIE,
Sénateur.

Paris, 12 mai 1878.

Monsieur le Président,

J'ai reçu la lettre par laquelle vous voulez bien m'informer du dessein qu'a formé la Société des gens de lettres de réunir à Paris un Congrès littéraire international pendant l'Exposition universelle, et vous me faites l'honneur de m'inviter, en son nom, à y prendre part.

Je ne sais si les travaux du Sénat, et ensuite mon éloignement de Paris pendant plusieurs mois, me permettront de répondre à cette offre obligeante. Je n'en suis pas moins très sensible à la pensée qui l'a dictée, et je vous serais obligé d'être auprès de vos collègues de la Société l'interprète de ma reconnaissance.

Veuillez recevoir, monsieur le Président, l'assurance de ma considération la plus distinguée.

BROGLIE,
Sénateur.

Paris, le 4 mai 1878.

Monsieur le Président,

Je réponds, par ma reconnaissante acceptation, à la proposition que vous me faites l'honneur de m'adresser au nom du Comité de la Société des gens de lettres.

Je promets mon concours le plus actif; je me fais un devoir de porter le tribut de ma vieille expérience à une cause si digne d'occuper le savant Congrès qui va s'assembler dans notre capitale, pour assurer le succès d'une grande et belle pensée.

Notre temps aura donc la paisible et immortelle gloire de fonder une institution, qui réunira, dans le plus magnifique faisceau, toutes les gloires littéraires : trésor immense, qui, entouré d'une sage protection de chaque pays, deviendra la richesse commune de toutes les nations civilisées.

Agréez, monsieur le Président, l'expression de ma haute estime,

Ad. Crémieux,
Sénateur.

Orléans, le 15 mai 1878.

Monsieur le Président,

Vous m'avez fait l'honneur de m'écrire, au nom du Comité de la Société des gens de lettres de Paris, dont vous êtes le Président, une lettre par laquelle vous voulez bien m'informer que le Comité a pris l'initiative d'un Congrès littéraire international qui se tiendra à Paris pendant l'Exposition universelle. « Le but du Congrès, me dites-vous, est simple : la première et la principale des questions qui y seront discutées est celle du droit de propriété littéraire international, qui intéresse à un haut degré tous les littérateurs, à quelque pays qu'ils appartiennent. » Vous me faites l'honneur d'espérer, monsieur, que je ne refuserai pas mon concours à une tentative dont les résultats ne peuvent être que profitables aux intérêts de la littérature et des arts. Bien volontiers, monsieur le Président, je répondrai à votre appel : heureux d'avoir cette occasion de témoigner au Comité de la

Société des gens de lettres de Paris, toute ma sympathie pour les questions qui peuvent intéresser la littérature et les arts.

Veuillez agréer, monsieur le Président, tous mes dévoués hommages,

† F... ÉVÊQUE D'ORLÉANS (1),
Sénateur.

Paris, 6 juin 1878.

MONSIEUR LE PRÉSIDENT,

Une absence et un deuil de famille m'ont empêché de répondre plus tôt à la lettre que vous m'avez fait l'honneur de m'écrire.

C'est de grand cœur que j'accepte d'être membre du Congrès littéraire international qui se tiendra à Paris pendant l'Exposition universelle. Mon seul regret est de n'avoir pas plus de titres à cette flatteuse distinction.

Veuillez, monsieur le Président, agréer l'assurance de ma haute considération.

E. DUCLERQ,
Sénateur.

Versailles, le 4 avril 1878.

MONSIEUR LE PRÉSIDENT,

J'ai reçu la lettre que vous m'avez fait l'honneur de m'écrire à la date d'hier, 3 mai courant, pour me proposer de faire partie du Congrès littéraire international qui doit avoir lieu à Paris pendant l'Exposition universelle.

Je vous remercie, monsieur le Président, et vous prie de remercier le Comité de la Société des gens de lettres de cette communication, et, quoique membre très indigne de votre Société, je n'en accepte pas moins, comme une précieuse bonne fortune, l'occasion que vous m'offrez de participer à ses travaux et de lui témoigner mon dévouement à ses intérêts.

Veuillez, monsieur le Président, recevoir l'assurance de mes sentiments de considération très distinguée.

JULES FAVRE.
Sénateur.

---

(1) Monseigneur Dupanloup.

Versailles, le 5 mai 1878.

Monsieur le Président,

Je vous remercie de n'avoir pas douté du vif intérêt que je prends à la grande manifestation que vous préparez. J'approuve le but et l'organisation d'un Congrès littéraire sur les bases que vous indiquez dans votre lettre. Mon concours vous est acquis, pour cette œuvre comme pour cette grande pensée de la fête du Travail à l'Exposition universelle. Fêtes du Travail, fêtes du Génie, fêtes de la Liberté, organisons toutes ces belles manifestations ; car toutes se tiennent étroitement, et jamais plus belle occasion ne fut donnée de montrer la solidarité de toutes ces grandes choses.

Croyez, monsieur le Président, à mes sentiments dévoués.

A. Foucher de Careil,
Sénateur.

Paris, le 16 mai 1878.

Monsieur,

Par votre lettre du 15 courant, vous me faites l'honneur de me demander mon concours pour le Congrès littéraire international qui s'ouvrira, en juin 1878, sous la présidence de M. Victor Hugo. Je suis très honoré de cette démarche et vous en remercie cordialement.

Le but que vous poursuivez est absolument légitime et honorable. Il est grand temps de combler, au profit des gens de lettres, une regrettable lacune de notre droit international. Je vous y aiderai de mon mieux. Mais, en vous donnant mon concours, je dois vous faire observer que le peu de temps dont je dispose et ma compétence insuffisante ne me permettront pas de vous être aussi utile que je le désirerais.

Veuillez agréer, je vous prie, l'assurance de mes meilleurs sentiments.

N. Krantz,
Sénateur,
Commissaire général de l'Exposition universelle.

Paris, le 5 mai 1878.

Monsieur le Président,

Vous avez eu la bonté de m'écrire pour m'inviter à prendre part au Congrès littéraire international qui se tiendra à Paris durant l'Exposition. Je serai très honoré de figurer parmi les membres de ce Congrès, et je vous prie de vouloir bien m'inscrire sur la liste des adhérents.

La question qu'on doit discuter au Congrès m'a occupé depuis longtemps, et je serais heureux de contribuer à un bon règlement international de la propriété littéraire, après avoir aidé à le faire reconnaître dans notre pays.

Recevez, monsieur le Président, l'assurance de tout mon respect.

Ed. Laboulaye,
Sénateur.

Versailles, le 5 mai 1878.

Monsieur le Président,

Je ne puis voir qu'avec le plus grand intérêt le projet du Congrès littéraire dont vous voulez bien m'entretenir.

Je suis prêt à lui donner mon concours dans la mesure de mes forces; mais je dois vous prévenir que l'état de ma santé me condamne à une immobilité presque complète.

Recevez, monsieur le Président, avec mes remerciements empressés, l'assurance de toute ma considération.

L. de Lavergne,
Sénateur.

Versailles, le 18 mars 1878.

Monsieur le Président,

La lettre que vous m'avez fait l'honneur de m'écrire est arrivée à son adresse pendant mon absence. S'il en avait été autrement, ma réponse se serait fait moins longtemps attendre.

Soyez convaincu que je serai toujours heureux de répondre à l'appel de la Société des gens de lettres et de faire tout ce qui pourra lui être agréable.

Croyez, monsieur le Président, à l'expression de mes sentiments les plus distingués.

Vicomte DE LORGERIL,
Sénateur.

Versailles, le 28 mai 1878.

MONSIEUR LE PRÉSIDENT,

J'aurais été heureux de me rendre à l'appel que la Société des gens de lettres m'a fait l'honneur de m'adresser et de prendre part aux travaux du Congrès littéraire qu'elle organise ; mais je crains que mon retour prochain dans mon département et la brièveté du séjour que je pourrai faire à Paris, pendant la prorogation des Chambres, ne me rendent la chose trop difficile. Veuillez, du moins, je vous prie, me faire inscrire comme adhérent. Les intérêts qui vous préoccupent sont dignes de toute la sollicitude et de toutes les sympathies, et je voudrais pouvoir vous témoigner les miennes mieux que par une simple adhésion. Veuillez aussi, je vous prie, monsieur le Président, recevoir pour vous-même et pour messieurs vos collègues, avec mes remerciements, l'assurance de mes sentiments les plus distingués et les plus dévoués.

L. DE LA SICOTIÈRE,
Sénateur, ancien président de la Société
des antiquaires de Normandie.

Paris, 4 mai 1878.

MONSIEUR LE PRÉSIDENT,

Je réponds avec empressement à l'appel que le Comité me fait l'honneur de m'adresser. Veuillez m'inscrire comme adhérent au Congrès littéraire international dont il a pris l'initiative.

Agréez, monsieur le Président, l'assurance de ma haute considération.

V. SCHŒLCHER,
Sénateur.

Paris, 5 mai 1878.

Monsieur,

Je remercie cordialement le Comité de la Société des gens de lettres d'avoir bien voulu m'inviter au Congrès littéraire international, dont il a pris l'initiative. Mais je me trouve avoir émis, sur la question qui doit être débattue dans ce Congrès, des idées auxquelles je n'ai pas jusqu'à présent renoncé, et qui me font craindre de ne pouvoir seconder comme il conviendrait les vues du Comité.

Agréez, monsieur, l'assurance de ma haute considération.

Louis Blanc,
Député.

---

6 juin 1878.

Monsieur,

J'ai l'honneur de vous accuser réception de la lettre par laquelle vous avez bien voulu me demander mon concours pour le Congrès littéraire; je tiens cette œuvre de rapprochement entre les gens qui pensent et écrivent pour excellente, et vous remercie d'avoir pensé à moi.

Veuillez agréer, monsieur et cher confrère, l'assurance de mes sentiments les plus distingués.

Henri Brisson,
Député.

Paris, le 7 mai 1878.

Messieurs et chers Confrères,

Je m'empresse de répondre à votre appel, et vous prie de vouloir bien m'inscrire au nombre des membres de votre Congrès littéraire pour l'année 1878.

Veuillez, messieurs et chers confrères, agréer l'expression de ma considération la plus sympathique.

Émile Deschanel,
Député.

Ermont (Seine-et-Oise), 6 avril 1878.

Monsieur le Président,

Je reçois votre lettre qui me donne avis de l'ouverture d'un Congrès littéraire dont l'initiative appartient au Comité de la Société des gens de lettres. Je m'empresse de vous informer que j'adhère complètement à cette réunion. Mon concours vous est donc absolument acquis, et vous pouvez, monsieur le Président, disposer de moi, de mon temps et de mes études, pour aider au résultat que la Société des gens de lettres est en droit d'attendre d'une aussi louable tentative.

Veuillez agréer, monsieur le Président, la respectueuse assurance de mes sentiments les plus distingués.

Ernest Dréolle,
Député.

---

6 mai 1878.

Monsieur et cher Confrère,

Je ne puis qu'applaudir à votre idée d'un Congrès international ayant pour objet de traiter les diverses questions relatives au droit de propriété littéraire.

J'ai déjà pris part, pendant mon exil en Belgique, aux travaux d'un autre Congrès qui s'était donné la même mission. Je n'ai pas besoin de vous dire que vous pouvez compter sur tout mon concours.

Tous mes meilleurs sentiments.

Pascal Duprat,
Député.

Paris, mai 1878.

Mon cher Président,

Je reçois votre lettre relative au Congrès littéraire de 1878; je vous réponds :

Comptez sur mon concours.

Tout à vous,

Émile de Girardin,
Député.

Paris, le 5 mai 1878.

Monsieur le Président,

Vous avez bien voulu me faire un appel auquel votre estime savait d'avance que je répondrais. Je serai heureux de concourir, dans la faible mesure de mes forces, au Congrès littéraire dont vous avez eu, avec le Comité, la généreuse initiative. Vous avez admirablement formulé le programme. Nous n'avons plus qu'à le suivre, et je m'efforcerai de n'être pas un collaborateur trop indigne.

Agréez, monsieur le Président, l'assurance de mon dévouement cordial.

Henri de Lacretelle,
Député.

Paris, le 4 mai 1878.

Monsieur le Président,

Je vous remercie de la communication que vous avez bien voulu m'adresser au nom du Comité de la Société des gens de lettres, et je m'empresse de donner mon approbation à une tentative que je considère comme très utile.

Veuillez agréer, monsieur le Président, l'expression de mes sentiments les plus distingués.

Edouard Lockroy,
Député.

Paris, 8 mai 1878.

Monsieur et cher Confrère,

Je m'associe très volontiers au projet d'ouvrir, à Paris, pendant la durée de l'Exposition universelle, un Congrès international des lettres et des arts.

Je vous prie donc de vouloir bien m'inscrire au nombre des adhérents.

Recevez, monsieur et cher confrère, l'assurance de mes meilleurs sentiments.

Noel Parfait,
Député.

Paris, le 11 mai 1878.

Monsieur le Président,

J'ai reçu la lettre que vous m'avez fait l'honneur de m'adresser pour m'inviter à prendre part au Congrès littéraire international, qui se tiendra à Paris pendant l'Exposition.

Je vous remercie, monsieur le Président; je remercie le Comité d'avoir bien voulu songer à mon humble personne dans cette circonstance. Je m'associe de grand cœur au but que se propose les organisateurs du Congrès; il serait temps, enfin, que la propriété littéraire fût une propriété, ainsi que l'a dit A. Karr, si je ne me trompe, et que le vol des œuvres de l'esprit fût assimilé à tout autre larcin. Je m'associe donc avec empressement à votre œuvre, et je vous prie de compter sur mon adhésion pleine et entière.

Veuillez agréer, monsieur le Président, avec l'expression de ma reconnaissance, l'assurance de ma haute considération.

Jules Philippe,
Député.

Paris, le 10 mai 1878.

Monsieur le Président,

Vous avez bien voulu me demander, au nom de la Société des gens de lettres, mon concours en faveur du Congrès littéraire international qui doit se tenir à Paris pendant l'Exposition universelle.

Je vous remercie de votre attention, et je me mets volontiers à votre disposition si vous pensez que mon intervention puisse contribuer au succès de votre utile entreprise.

Veuillez agréer, monsieur le Président, l'assurance de ma haute considération.

Camille Sée,
Député.

Palais de Versailles, le 31 mai 1878.

Monsieur le Vice-Président,

La Société des gens de lettres a bien voulu m'inviter au Congrès littéraire international qui se tiendra à Paris pendant l'Exposition. J'accepte avec empressement cette gracieuse invitation, m'intéressant très vivement à la littérature.

Recevez, monsieur le Vice-Président, l'expression de ma haute et parfaite considération.

Baron Er. de Septenville,
Député.

Paris, le 11 mai 1878.

Monsieur,

Je serais très heureux de prendre part aux travaux du Congrès littéraire, où des questions dignes du plus haut intérêt seront discutées par tant d'écrivains distingués. Mes trop nombreuses occupations ne me le permettront pas sans doute, mais je ferai mon possible pour assister à quelques-unes de vos séances.

Je vous remercie, monsieur, d'avoir bien voulu penser à m'adjoindre à une réunion dont tant d'hommes plus autorisés que moi doivent faire partie, et je vous prie d'agréer l'expression de ma haute considération.

C. de Sonnier,
Député.

---

13 avril 1878.

Mon cher Monsieur,

Je vous envoie mon adhésion complète au Congrès littéraire de 1878. La Société des gens de lettres peut partout et toujours compter sur mon concours.

Compliments empressés.

E. Allou,
Membre du conseil de l'ordre des avocats, ancien bâtonnier, Président du conseil judiciaire de la Société des gens de lettres.

Paris, 16 juin 1878.

Monsieur le Président,

Ancien fondateur et rédacteur en chef de la *Revue internationale*, parue à Genève de 1859 à 1860, avocat à la Cour d'appel de Paris, je désire vivement prendre part aux travaux du Congrès international littéraire, et, en conséquence, je viens vous prier de vouloir bien me faire délivrer une carte de membre.

Je profite de l'occasion, monsieur le Président, pour vous prier d'agréer, avec mes remerciements anticipés, l'expression de mes sentiments distingués.

Carlos Derode,
Avocat à la Cour.

Paris, 27 mai 1878.

Monsieur,

J'ai reçu votre aimable invitation à me rendre au Congrès littéraire international, qui doit se tenir le mois prochain à Paris.

Je serai très heureux de contribuer pour une faible part à une solennité qui doit avoir les meilleurs résultats pour la protection du droit de propriété littéraire et pour le progrès des lettres.

Je vous serais très obligé de vouloir bien m'adresser, à mon domicile, une carte de délégué.

Agréez, monsieur, l'assurance de ma considération la plus distinguée.

Ferdinand Dreyfus,
Avocat à la Cour de Paris, membre du Conseil général de Seine-et-Oise.

Paris, 28 mars 1878.

Monsieur,

J'ai reçu l'invitation que vous avez bien voulu m'envoyer, et je m'empresse de vous envoyer mon adhésion au Congrès littéraire, en vous priant de m'envoyer une carte officielle.

Je viens de terminer la seconde édition de mon ouvrage : *Législation et jurisprudence concernant la propriété littéraire et artistique,* et j'espère pouvoir en déposer un exemplaire à l'une des premières séances.

Veuillez agréer, monsieur, l'assurance de ma parfaite considération.

CH. FLINIAUX,
Avocat au conseil d'État et à la Cour de cassation.

---

13 avril 1878.

MON CHER COLLÈGUE,

Je n'ai pas cessé, depuis bien des années, de m'occuper de la propriété littéraire.

En 1861, j'ai pris une part active au Congrès, qui a eu lieu à Anvers, sur cette intéressante question.

C'est assez vous dire que vous pouvez compter sur mon adhésion au Congrès dont la Société des gens de lettres a pris l'initiative. Mon intention est de participer avec ardeur à vos travaux.

Je vous serre affectueusement la main.

ADRIEN HUARD,
*Avocat, membre du conseil judiciaire
de la Société des gens de lettres.*

Paris, 24 avril 1878.

MONSIEUR,

J'ai reçu la lettre dans laquelle vous voulez bien me demander mon adhésion au Congrès international littéraire que la Société des gens de lettres a eu l'excellente idée d'organiser à l'occasion de l'Exposition universelle. Je serai heureux de répondre à votre appel et de contribuer dans la mesure de mes forces au succès de cette grande réunion.

Recevez, monsieur, avec mes sincères remerciements, l'assurance de mes sentiments les plus distingués.

LYON-CAEN,
Professeur agrégé de la Faculté de droit.

Paris, le 15 avril 1878.

Monsieur,

C'est comme membre de votre conseil judiciaire que j'accepte l'honneur de faire partie du Congrès littéraire auquel je viens d'être convié.

Je vous prie donc de recevoir mon adhésion, et de croire, monsieur, à l'expression de mes meilleurs sentiments.

F. MARRAUD.
Avocat, agréé au Tribunal de commerce.

Paris, 6 mai 1878.

Monsieur le Président,

J'ai trouvé, à mon retour d'un voyage dans le Midi, la lettre par laquelle vous me faisiez l'honneur de me prévenir que j'étais appelé à faire partie des membres français du Congrès littéraire international, dont le Comité de la Société des gens de lettres a pris l'initiative.

Comme membre de la Société et de son conseil judiciaire, aussi bien que comme avocat et fondateur du recueil des *Annales de la propriété industrielle, artistique et littéraire,* je ne peux qu'applaudir à cette bonne et heureuse pensée du Comité, et vous adresser mon entière adhésion à l'organisation de ce Congrès.

Recevez, monsieur le Président, l'assurance de ma respectueuse considération.

PATAILLE,
*Avocat, membre du conseil judiciaire
de la Société des gens de lettres.*

Paris, 18 avril 1878.

Monsieur,

C'est avec grand plaisir que j'accepte l'offre que vous me faites de prendre part au Congrès international sur la propriété littéraire. Je crois que des idées très utiles peuvent être de cette façon mises dans la circulation et spécialement qu'il y a un nouveau pas à faire dans la voie de la protection internationale des droits d'auteur.

Recevez donc, monsieur, en même temps que mon adhésion et mes remerciements, l'assurance de ma considération la plus distinguée.

H. RENAULT,
Professeur agrégé à la Faculté de droit.

ÉTRANGER

ALLEMAGNE

Paris, le 24 mai 1878.

Monsieur,

J'ai reçu la lettre que le Comité du Congrès littéraire de 1878 m'a fait l'honneur de m'adresser en date du 14 mai.

Je suivrai avec intérêt les travaux auxquels le Congrès va se livrer et je m'empresserai de transmettre à mon gouvernement les résolutions qui auront été prises à la suite de ses délibérations.

Je saisis cette occasion pour vous assurer que toutes mes sympathies sont acquises à l'œuvre civilisatrice qui fera l'objet du Congrès, et qui aura, je n'en doute pas, le retentissement d'un grand événement littéraire.

Recevez, monsieur, l'assurance de ma considération distinguée.

L'ambassadeur d'Allemagne,
Hohenlohe.

Koln, 4 juin 1878.

Sehr geehrter Herr!

Im Bezitze ihrer Einladung zum Congrès littéraire international, die uns heute zugegangen, verfehlen wir nicht, ihnen anzuzeigen, dass unser Vertreter in Paris, Herr Dr. Budde, 8, rue des Deux-Gares, sich die Ehre geben wird uns auf dem Congress zu vertreten.

In ausgezeichneter Hochachtung,

Die Redaction der *Kolnischen Zeitung*,
Dr Fischer.

Maestricht, 30 avril 1878.

Monsieur,

Je suis bien honoré de la lettre que le Comité de votre Société, sous la signature de son Président, m'a adressée à la date du 16 de ce mois. En donnant mon entière adhésion aux Congrès littéraire, dont votre Société a pris l'initiative, je fais des vœux pour qu'entre les écrivains des divers pays s'établisse une confraternité sérieuse et sincère, qui ne pourra qu'être profitable aux intérêts généraux des nations.

J'aurai donc l'honneur de prendre part aux travaux du Congrès, et vous prie de croire que, si ma réponse est quelque peu tardive, la faute en est aux arrangements et formalités obligatoires pour quiconque occupe une position officielle.

Veuillez agréer, monsieur, l'expression de mes sentiments les plus distingués et confraternels,

G.-D. FRANQUINEL.

N. B. — Je prends la liberté de vous adresser sous bande le compte rendu des travaux du Congrès littéraire néerlandais de 1875, dont j'ai été président.

Berlin, le 15 avril 1878.

MONSIEUR,

Les journaux ayant annoncé qu'un Congrès international littéraire, sous la présidence de M. Victor Hugo, aura lieu à Paris dans le courant du mois de juin, la Société des hommes de lettres « Berliner Presse », vu la haute importance des questions dont on a à s'occuper, désire vivement y prendre part par un délégué.

N'ayant pourtant aucune information, si une telle délégation est admise, la Société « Berliner Presse » vous serait infiniment obligée, monsieur, si vous vouliez bien lui donner des renseignements sur ce point.

Agréez, monsieur, l'assurance de ma considération la plus distinguée.

Le secrétaire de la Société « Berliner Press, »
Dr OTTOMAR LEISTNER.

Berlin N.W., le 1ᵉʳ juin 1878.

Monsieur et très honoré Confrère,

J'ai l'honneur de vous annoncer que l'*Association des auteurs et compositeurs dramatiques allemands*, dont le siège est à Leipsick, m'a délégué pour prendre part aux séances du Congrès littéraire international....

Veuillez agréer, monsieur et très honoré Confrère, l'assurance de mes sentiments les plus distingués.

Paul Lindau.

Dresde, 11 avril 1878.

Monsieur,

J'ai eu l'honneur de recevoir la gracieuse invitation de la Société des gens de lettres pour faire partie du Congrès littéraire devant se réunir pendant l'Exposition à Paris. Je m'empresse de remercier le Comité pour l'honneur qui m'a été fait, et, si l'état de ma santé, qui est déplorable, le permet, je serais heureux d'assister au Congrès et d'en faire partie.

Veuillez agréer l'expression de ma reconnaissance et de la haute considération avec laquelle j'ai l'honneur d'être, monsieur, votre très humble serviteur,

J.-S. Krasznowski.

Paris, le 9 juin 1878.

Monsieur,

En ma qualité de rédacteur de la *Gazette de Francfort*, envoyé spécialement à Paris pour faire le service de l'Exposition et des congrès, je prends la liberté de vous prier, monsieur, de vouloir bien me faire parvenir une carte d'entrée, me permettant d'assister aux réunions du Congrès littéraire qui est à la veille d'ouvrir ses séances.

Je vous prie, monsieur, d'accepter l'expression de ma considération très distinguée.

Dʳ Max Nordau.

ANGLETERRE

London, 20 avril 1878.

Monsieur,

Je me rends avec plaisir à votre invitation pour assister au Congrès littéraire de 1878, et je me mettrai dès aujourd'hui en relation avec mes confrères ici, afin que je puisse représenter leurs idées dans vos délibérations.

Je vous prie, monsieur, de me tenir au courant de vos arrangements.

Je vous prie, monsieur, de vouloir bien agréer l'expression de mes sentiments de haute considération.

BLANCHARD JERROLD.

Anthank's Road Norwich, ce 14 mai 1878.

Monsieur,

J'accepte avec empressement l'invitation que j'ai reçue de vous.

Si je puis vous être utile auprès de MM. les représentants de la littérature anglaise, je vous prie de vouloir disposer de moi.

Recevez, monsieur et cher confrère, mes salutations empressées.

A. CARLIER.

New University Club.
St. James's Street, S.W., 23 mai 1878.

Monsieur,

J'ai l'honneur de vous accuser réception de votre lettre et du programme du Congrès littéraire, et de vous faire part, en même temps, de la résolution du conseil de direction de la Société royale de littérature de la Grande-Bretagne, unanimement votée, d'envoyer deux de ses membres, moi-même et M. H.-W. Willoughby, comme délégués, *ad referendum*, au Congrès littéraire international.

Je vous prie de vouloir bien nous expédier quelques exemplaires du programme, et les indications que vous aurez sous main du bureau actuel, vice-présidents et du Comité d'organisation, et en donnant les informations qui nous seront indispensables.

Agréez, je vous prie, l'assurance de ma plus haute considération.

Le membre délégué,
C.-H.-E. CARMICHAEL.

———

London, 14 mai 1878.

MONSIEUR,

J'accepte avec empressement l'invitation du Comité de la Société des gens de lettres de France au Congrès littéraire international qui se tiendra à Paris au mois de juin prochain.

Agréez, monsieur, l'expression de ma haute considération.

W.-S. GILBERT.

———

Edimbourg, lundi 27 mai 1878.

MONSIEUR,

Je m'honore de l'invitation que vous avez bien voulu m'envoyer de la part de la Société des gens de lettres de France pour assister au Congrès littéraire international de 1873, invitation que j'estime d'autant plus qu'elle est revêtue de la signature d'un homme de lettres si distingué que M. Edmond About. Mes sympathies sont toutes acquises au Congrès auquel vous me conviez. Malheureusement, les devoirs de ma charge et des circonstances de famille ne me permettent pas de m'éloigner d'Édimbourg à cette saison de l'année.

Agréez, monsieur, l'assurance de ma très haute considération.

FREDERICK HALLARD.

N° 22 Park Square East. Regents Park, London N.W.

Monsieur,

J'accepte avec empressement l'invitation, dont vous m'avez honoré, de prendre part au Congrès littéraire de 1878, sachant bien que tout ce qui porte l'autorité de votre nom et celui de M. Victor Hugo ne peut être que profitable aux intérêts des lettres.

Agréez, monsieur, l'expression des sentiments les plus respectueux de votre serviteur.

Charles G. Lelond.

Londres, 15 mai 1878.

Monsieur,

Je m'empresse de vous accuser réception de votre bienveillante lettre d'invitation pour le Congrès littéraire international qui doit avoir lieu à Paris pendant l'Exposition universelle; de l'accepter et de vous offrir une coopération zélée, tout en reconnaissant l'honneur que vous m'avez fait en me priant d'en faire partie.

Agréez, monsieur, l'assurance de ma considération distinguée, avec laquelle je suis votre serviteur et confrère.

Tom Taylor.

32, Montagu Square London, 3 juin 1878.

Monsieur,

Je suis nommé, avec mon ami M. Carmichaël, délégué de la Royal Society of Literature of the United Kingdom au Congrès littéraire. Comme je compte partir de Londres le 7 au soir, je vous serai bien obligé si vous aviez la bonté de m'envoyer, à mon adresse ci-dessus, une carte d'admission par le courrier du 6; mais si vous ne pouvez l'expédier assez tôt, voulez-vous avoir la bonté de me l'adresser à l'hôtel du Louvre, à Paris?

Recevez, monsieur, mes salutations respectueuses.

Henry Willougby.

Gaiety Theater.

Londres, le 22 avril 1878.

Monsieur le Président,

Je m'empresse de vous accuser réception de votre lettre du 13 courant et viens vous remercier de l'honneur que vous m'accordez en m'invitant au Congrès littéraire international qui doit se tenir prochainement à Paris, sous la présidence de Victor Hugo.

Comme délégué, je serai très heureux de me rendre à votre appel et d'apporter mon concours à cette solennité, qui aura, j'en suis convaincu, des résultats profitables aux intérêts des lettres.

Je vous prie, monsieur le Président, de vouloir bien agréer l'expression de mes sentiments de haute considération.

JOHN HOLLINGSHEAD.

RÉPUBLIQUE ARGENTINE

Paris, le 30 mai 1878.

Monsieur le Président,

J'ai lu, avec tout l'intérêt qu'elle mérite, la lettre que vous avez bien voulu m'écrire concernant le Congrès littéraire international, qui se tiendra à Paris pendant l'Exposition universelle.

Le but du Congrès est de ceux auxquels les sympathies sont nécessairement acquises, puisqu'il tend à assurer les droits de la pensée, et, en permettant aux écrivains de trouver partout une même protection, à relier les peuples par une même justice.

Je suis donc heureux de vous transmettre, monsieur le Président, l'expression d'un assentiment auquel vous me faites l'honneur de vouloir bien attacher quelque intérêt, et je vous prie d'agréer les assurances empressées de ma haute considération.

Le ministre plénipotentiaire de la République argentine,
U. BALCARCE.

AUTRICHE-HONGRIE

Paris, 16 mai 1878.

Monsieur le Président,

J'ai eu l'honneur de recevoir la lettre que vous avez bien voulu m'adresser hier pour m'annoncer la réunion prochaine d'un Congrès littéraire international, qui aura à s'occuper spécialement des mesures propres à assurer le plus efficacement possible la protection de la propriété littéraire.

Vous voulez bien me demander mon concours à cette tentative qui aura certainement, dans sa suite, des résultats heureux pour les intérêts de la littérature et des arts.

Veuillez bien être certain, monsieur le Président, que j'accompagne de tous mes vœux les travaux du Congrès, qui se tiendra sous votre présidence, et que je répondrai avec plaisir à votre appel, en me faisant l'interprète auprès de mon gouvernement des propositions qu'il jugera utiles de recommander.

Agréez, monsieur le Président, l'assurance de ma haute considération.

L'ambassadeur d'Autriche-Hongrie.
WIMPFFEN.

Vienne, 4 mai 1878.

Monsieur,

Je vous fais mes remerciements d'avoir bien voulu m'inviter à intervenir au Congrès littéraire, qui aura lieu à Paris le mois de juin. Je m'empresserai de me rendre à cet appel honorable, si toutefois je ne suis pas empêché par quelque accident imprévu.

Veuillez, monsieur, agréer l'assurance de mes sentiments de haute considération.

JOHANNES NORDMANN,
Président de la *Concordia* (Société des gens de lettres autrichienne).

BAVIÈRE

Paris, le 29 mai 1878.

Monsieur,

J'ai eu l'honneur de recevoir la communication relativement au Congrès littéraire international de 1878, que le Comité a bien voulu m'adresser sous la date du 14 de ce mois.

Je n'ai pas tardé à porter à la connaissance de mon gouvernement cette lettre, ainsi que le programme, et je ne doute pas que celui-ci n'accorde un grand intérêt à ce Congrès et à ses travaux si importants pour le droit international.

Veuillez agréer, monsieur, l'assurance de ma considération la plus distinguée.

Reither,
Chargé d'affaires de Bavière.

BELGIQUE

Bruxelles, le 22 avril 1878.

Monsieur,

Au retour d'un voyage d'une dizaine de jours, — ce qui vous expliquera le retard de cette réponse, — je trouve la lettre que vous avez bien voulu m'adresser à la date du 13 de ce mois, et je viens vous prier de me faire inscrire au nombre des adhérents au Congrès littéraire international, qui se tiendra à Paris pendant l'Exposition universelle.

A mon adhésion personnelle, je joins, monsieur, celle de mon fils, M. Gaston Berardi, fixé à Paris et demeurant rue de Constantinople, n° 21.

Vous pourrez donc, si vous le voulez bien, nous faire inscrire l'un et l'autre.

Veuillez agréer, monsieur, l'assurance de mes sentiments de haute considération.

L. Berardi,
Directeur de *l'Indépendance belge*.

Anvers, le 20 mai 1878.

Monsieur,

Dans sa séance du 12 courant, l'*Union littéraire* a décidé qu'elle profiterait de votre aimable invitation et qu'elle se ferait représenter au Congrès littéraire de Paris par MM. Potvin, Coveliers, Stoumon, Dognée, Hannon et Eekhoud.

Veuillez donc, monsieur, avoir l'extrême obligeance de m'envoyer six cartes de délégués aux noms précités, plus deux cartes en blanc, pour le cas où d'autres membres de l'*Union littéraire belge* voudraient profiter de l'invitation de la Société des gens de lettres de France.

Dans l'espoir de vous saluer bientôt à Paris, je vous prie, monsieur, de vouloir bien agréer l'expression de nos sentiments de haute considération.

Pour le Comité de l'Union littéraire belge.

Le secrétaire,

G. Eekhoud.

BRÉSIL

Paris, le 10 avril 1878

Monsieur,

J'ai eu l'honneur de recevoir la lettre par laquelle vous avez bien voulu m'inviter à prendre part au Congrès littéraire international, dont le Comité de la Société des gens de lettres, présidé par vous, a pris l'initiative, et qui doit se tenir à Paris pendant l'Exposition universelle.

Je vous suis extrêmement reconnaissant, monsieur, de cette gracieuse démarche, et j'aurais été heureux de prêter mon faible concours à l'œuvre que vous avez entreprise, et dont l'intéressant programme garantit d'avance le succès.

Malheureusement, je suis obligé de m'absenter de Paris dès le mois de juin, et ne pourrai, par conséquent, répondre à l'appel que vous m'avez fait l'honneur de m'adresser.

Veuillez agréer, monsieur, avec l'expression de tous mes regrets, les assurances de ma considération la plus distinguée.

Le ministre du Brésil,
Vicomte d'Itajuba.

Rio de Janeiro, 14 mai 1878.

Monsieur,

Rien ne me semble si flatteur que l'honorable invitation que vous avez eu la bonté de m'adresser, pour que je prenne part au Congrès international littéraire de 1878, qui doit être installé à Paris, le 4 juin, par la Société des gens de lettres.

Malgré tous ses derniers revers, la France est toujours à la tête de la civilisation du monde, et ses hommes de lettres, ses sociétés scientifiques et littéraires donnent encore, et donneront toujours, je l'espère, la lumière qui doit éclairer partout.

Je ne m'étonne donc pas que la Société des gens de lettres française réalise une œuvre dont les effets doivent être si profitables à tous ceux qui donnent le développement de l'intelligence.

Je serais bien heureux, monsieur, de pouvoir être à Paris pour le Congrès, dont vous daignez de me parler ; je ferai tous les efforts pour assister à vos importants travaux. Malheureusement, je crains qu'une maladie, dont je souffre à présent, ne me permette pas d'accomplir ce désir, qui devient un devoir en présence de votre lettre.

Dans tous les cas, monsieur, je vous prie d'être mon interprète devant la Société, en lui exprimant et ma reconnaissance et mon adhésion à son programme, dont les avantages, pour tous les gens lettrés, ne peuvent être trop loués.

Lorsque j'arriverai à Paris, je m'empresserai de me présenter au poste qui me sera désigné, bien heureux d'être même du dernier rang dans cette armée de tant de nobles intelligences et de talents si renommés, qui ont à leur tête le plus grand poète contemporain, M. Victor Hugo.

Je m'empresse, monsieur, de vous exprimer aussi mes sentiments distingués et mon admiration pour vos ouvrages particuliers, qui me sont connus, et que le public a toujours tant applaudi.

Pereira da Silva.

Rio de Janeiro, le 30 avril 1878.

Monsieur,

J'accepte volontiers l'invitation que vous avez bien voulu me faire de la part du Comité de la Société des gens de lettres de France, et j'ai seulement le grand regret de ne pas pouvoir me trouver à Paris à l'occasion du Congrès. Cependant, j'ai l'honneur de vous assurer, monsieur, que je ferai tout mon possible pour exécuter vos ordres, et pour être utile, en toutes manières, à un projet dont les effets ne peuvent être que très profitables aux intérêts des lettres.

En vous annonçant mon adhésion, je vous prie, monsieur, de vouloir bien agréer l'expression de mes sentiments de haute considération.

Benjamin Franklin Ramiz Galvao,
Directeur de la Bibliothèque nationale à Rio de Janeiro.

CHILI

Paris, le 18 mai 1878.

Monsieur,

J'ai eu l'honneur de recevoir la note que MM. les membres du Comité de la Société des gens de lettres de France ont bien voulu m'adresser en date du 15 mai courant, m'invitant à prendre part à un Congrès littéraire international, dont ils ont pris l'initiative, et qui se tiendra à Paris pendant l'Exposition universelle.

Je vous prie, monsieur, d'être l'interprète de mes sincères remerciements auprès de MM. les membres du Comité pour leur invitation si courtoise que je m'empresse d'accepter.

Veuillez agréer, monsieur, les assurances de ma considération distinguée.

Le ministre du Chili,
A. Blest Gana.

ESPAGNE

Paris, ce 6 mars 1878.

Monsieur,

Je viens vous prier de vouloir bien être auprès des membres du Comité de la Société des gens de lettres de France l'interprète de ma reconnaissance pour l'honneur qu'ils me font en m'invitant à prendre part au grand Congrès littéraire international, qui aura lieu à Paris dans les premiers jours du mois de juin prochain, à l'occasion de l'Exposition universelle.

Je me ferai un devoir et un plaisir d'y assister.

Quant à la demande que vous me faites de vous indiquer, dès à présent, les littérateurs d'Espagne auxquels vous pourriez faire parvenir une invitation par le Comité du Congrès, je suis persuadé que vous apprécierez le sentiment de délicatesse qui doit dicter ma réponse et que vous comprendrez que je vous conseille de vous adresser directement aux Présidents de la Société des gens de lettres et de l'Académie de Madrid, plus autorisés à désigner des noms qui doivent être l'objet d'une distinction si flatteuse.

Veuillez agréer, monsieur, l'assurance de ma contidération très distinguée.

M. DE MOLINS,
Ambassadeur et ministre plénipotentiaire
de S. M. Catholique.

Presidencia del Consejo de Ministros.

14 de abril 1878.

Monsieur,

Je m'empresse de répondre à l'aimable lettre que vous m'adressez au nom du Comité de la Société des gens de lettres, en acceptant avec le plus grand plaisir l'aimable invitation pour prendre part au Congrès littéraire international, qui se tiendra à Paris pendant l'Exposition universelle; et je prêterai volontiers mon concours à une solennité dont les effets, comme vous dites, ne peuvent être que profitables aux intérêts des lettres, quoique je ne puisse nullement assurer mon assistance au Congrès, malgré mes désirs, à cause des nombreuses occupations dont je suis constamment entouré.

Veuillez agréer, monsieur, je vous prie, l'expression de mes sentiments de haute considération.

A. CANOVAS DEL CASTILLO.

Real Academia Espanola.

Madrid, 22 de abril de 1878.

MR. PEDRO ZACCONE,

Muy senor mio de todo mi respeto: doy cordiales gracias al Comité de la Sociedad de literatos de Paris por la inmerecida poura que benévolamente me ha dispensado; pero el estado de mi salud, y graves ocupaciones me privaran del gusto de asistir al Congreso literario internacional que debe celebrarse in esa problacion a principios de junio.

Lo que para los fines conseguientes pongo en conscriniento de Ud., rogandole que se sirva aceptar la exprocion de mis sentimientos de profunda consideracion.

MANUEL TAMAYO Y BAUS.

Exposition universelle de 1878. — Comisaria delegada de Espana.

Paris, le 25 mai 1878.

MONSIEUR,

J'ai l'honneur de vous informer que, par arrêt ministériel du courant, le gouvernement de S. M. Catholique a décidé que l'Espagne prendrait part au concours littéraire, qui doit s'inaugurer à Paris dans les premiers jours du mois prochain.

En conséquence, le député aux Cortès, D. Manuel Danvila, vient d'être désigné son représentant officiel dans ce concours. Les connaissances spéciales et la haute personnalité qui distinguent D. Manuel Danvila le désignaient d'avance à la sollicitude éclairée du gouvernement pour remplir le poste difficile qui lui est confié, et il ne saurait maintenant être retardé longtemps à l'accréditer, en cette qualité, près du comité directeur du susdit concours.

Agréez, monsieur, l'assurance de ma considération distinguée.

J. EMILIO AD SANTIS.

Ministerio de Fomento.

Madrid, 10 de Mayo 1878.

MUY SEÑOR MIO,

Tengo el honor de contestar á su atenta carta de 2 de abril proximo pasado, manifestandole que acepto con reconocimiento, en nombre del gobierno de España, la honrosa y cortès invitacion que para concurrir al Congreso literario que se celebrará en Paris durante la Exposicion universal, ha tenido á bien dirijirme el señor Presidente de la comision directiva del mismo; è impidiendome los deberes de mi cargo, hacerlo perconalmente, cual fuera mi deseo, por orden de S. M. el Rey se inviste con dicha representacion al diputado a Cortès Exmo. señor D. Manuel Danvila.

Aprovecha esta ocasion para ofre cerse de V. con la mas distinguida consideracion atento y S. S.

Q. s. m. b.,
JOSÉ DE CARDENA.

La Iberia, diario liberal.

Madrid, 19 mai 1878.

MONSIEUR,

J'accepte avec empressement le grand honneur que vous voulez bien me faire en m'invitant au Congrès littéraire, qui se tiendra à Paris pendant l'Exposition universelle.

J'apporterai mon concours à cette solennité, dont les effets ne peuvent être que profitables aux intérèts des lettres de tous les pays.

Avant peu, je dois partir pour Paris, et je serai à vos ordres dès mon arrivée.

Je vous prie, monsieur, d'accepter les sentiments de ma considération la plus distinguée.

EMILIO PASTOR.

Congresso de los diputados.

Madrid, le 2 mai 1878.

Monsieur,

J'accepte avec empressement l'invitation que vous m'avez adressée pour le Congrès littéraire, et je me rendrai à Paris vers le 1er juin pour y assister.

Agréez, monsieur, l'assurance de ma considération la plus distinguée.

Louis de Rute.

Csngresso de los Diputados.

Madrid, le 15 avril 1878.

Monsieur,

J'ai reçu la communication que votre président, M. Edmond About, a eu la bonté de m'adresser, en m'invitant au Congrès qui, sous la présidence du grand poète Victor Hugo, se tiendra à Paris pendant la prochaine Exposition universelle, et je m'empresse d'accepter une si aimable invitation.

C'est pour moi un honneur d'en avoir été l'objet, et il le sera encore plus de siéger dans cette illustre assemblée ; les questions qui doivent y être traitées m'intéressant à plusieurs titres, puisque je joins à ma qualité d'homme de lettres celle de professeur d'économie politique à l'école de commerce de cette ville, et que j'ai pris part, comme législateur, à la préparation de la nouvelle loi de propriété littéraire, qui, approuvée déjà dans la Chambre des députés, dépend en ce moment de l'approbation du Sénat.

J'adhère donc de tout mon cœur au Congrès, et je vous fais connaître cette adhésion conformément aux indications de la note insérée au bas du programme.

Daignez, monsieur, communiquer mes salutations enthousiastes à M. Victor Hugo ainsi qu'à M. Edmond About, et agréez vous-même l'expression de mes remerciements les plus distingués.

Mariano Carreras y Gonzalez.

Paris, le 10 mai 1878.

Monsieur le Président,

J'ai eu l'honneur de recevoir votre lettre en date du 8 courant, dans laquelle vous m'invitez à apporter mon modeste concours au Congrès littéraire de 1878, organisé par les soins de la Société des gens de lettres de France.

Je suis trop flatté, monsieur le Président, de cette invitation pour ne pas l'accepter avec empressement et reconnaissance. Ma seule crainte, c'est de ne pas me trouver à la hauteur de la distinction que vous m'accordez.

Cependant, si ce zèle peut suppléer au mérite, j'espère répondre à votre confiance par celui que j'apporterai au succès de l'idée élevée que vous poursuivez.

Je suis heureux de profiter de cette circonstance pour vous prier, monsieur le Président, de vouloir bien agréer l'expression de mes sentiments de haute considération.

R. de Vallejo Miranda.

El Popular Diario politico independiente,

Madrid, le 6 avril 1878.

Monsieur,

J'ai eu l'honneur de recevoir la lettre de M. Edmond About, en date du 2 courant, par laquelle j'ai le plaisir d'apprendre que le Comité de la Société des gens de lettres de France a pris l'initiative d'un Congrès littéraire international, qui se tiendra à Paris pendant l'Exposition universelle.

Je m'empresse, monsieur, de vous exprimer toute ma reconnaissance pour l'honneur que la Société des gens de lettres a bien voulu me faire en m'invitant au Congrès littéraire de 1878. Je considère l'idée de ce Congrès excellente, pratique, digne du Comité, et je suis convaincu que la réunion de tous les hommes de lettres de l'Europe ne peut être que très profitable aux intérêts des divers pays, surtout pour ceux qui, comme la France et l'Espagne, ont des relations aussi suivies et aussi étroites.

C'est donc avec enthousiasme que j'aurai l'honneur de me rendre à l'aimable invitation du Comité, désireux de contribuer, par mon modeste concours, à une solennité appelée à rendre d'immenses services à la littérature contemporaine.

Veuillez agréer, monsieur, avec tous mes remerciements, l'expression de mes sentiments de haute considération.

Carlos de Ochoa.

ÉTATS-UNIS D'AMÉRIQUE

Paris, le 27 mai 1878.

Monsieur,

J'ai reçu la lettre que le Comité de la Société des gens de lettres a bien voulu m'adresser pour m'informer qu'il avait pris l'initiative d'un Congrès littéraire international qui se tiendrait pendant l'Exposition et pour me demander mon concours à cette manifestation. Ce concours, monsieur, est acquis à la Société dans les limites où il me sera permis de le donner. J'honore les lettres et j'estime que les produits de la pensée constituent une propriété aussi réelle que les autres. Je suivrai avec sympathie les travaux que la Société se propose de favoriser, et qui, sous sa direction, ne pourront manquer d'avoir tout l'éclat que la circonstance exige et toute la solidité que le sujet comporte.

Agréez, monsieur le Président, l'assurance de mes sentiments de parfaite considération.

L'envoyé extraordinaire et ministre plénipotentiaire
des États-Unis.
Edward F. Noyes.

Paris, 15 juin 1878.

Monsieur,

J'ai grand plaisir en acceptant l'invitation au Congrès littéraire international que la Société des gens de lettres de France me fait l'honneur de m'adresser.

En vous assurant de mon approbation la plus sincère pour une si bonne cause, je vous prie, monsieur, d'agréer l'assurance de ma haute considération.

Thorndick Rice.

Baltimore (Maryland), U.S., May 12th 1878.

Sir,

Your official invitation to attend the International Literary Congress at Paris has reached me.

I have read the accompanying Programme with lively interest, and purwant to your intimation I herewith convey to you not only my hearty approval thereof but my sincere belief that the discussions therein outlined must greatly advance the interest of literature throughout the world.

It is irresistible to add that I should look forward with peculiar pleasure to any conference under the presidency of the great Hugo, whom in common with the mars of my country men I equally love and venerate.

I therefore accept your invitation, and earnestly hope it shall be in my power to attend the Congress personally.

With sentiments of high consideration, i am very respectfully.

Sidney Lanier.

American Legation, Berlin, May 24, 1878.

Dear Sir,

I have received the invitation of the Comité de la Société des gens de lettres, which you have done me the honor to send to me. I sympathize so fully whith the plan of the proposed Congress, and anticipate such good results from it, that I feel a double regret at not being able to attend. Having just assumed the duties of my post, here, the rules established by my government do not permit me to leave immediately, even for a short absence, unless on important official business.

Asking you to pardon my inability to unite with you in june, and invoking the best results for your deliberations, I subscribe myself, with sentiments of the highest consideration.

Very sincerely yours,

BAYARD TAYLOR.

Editor's office of the Sun.

New-York, june 11 1878.

SIR,

It is with dey sepit I announce to you the I shave be denied the happiness of attending the literary Congress, of whit you, monsieur, are to be an eminent member, S. Victor Hugo the illustrious President.

Accept, sir, the assurances of my distinguished consideration.

JOHN SWINTON.

Office of the Public Ledger.

Philadelphia, may 31 1878.

DEAR SIR,

It gives me great pleasure to acknowledge the receipt of your letter of the 8st of May inviting me to attend as a Delegate at the International Literary Congress to be held in Paris in the month of June proximo; and I assure you my dear sir that the honor of the invitation is not the less appreciated by me, because of the circumstance that imperative engagements in this country will prevent me from availing myself of the honor, and the advantage which participation in the proceedings of so distinguished a body assembled in Paris would confer.

The fame of the illustrious Frenchmen of the Republic of letters who will be present is well known to me, and you will understand that it would be a profound source of gratification to me, to exchange personal congratulations, as well as sentiments on graver matters with them, and their famous confreres from other countries who will assist at the Congress; but very much to my regret I shall have to deny myself this pleasure and intellectual profit.

I beg you for yourself and your colleagues, to accept my best acknowledgements for the honor of the invitation and that you will convey to them the expression of my strong regret that I can not be with them and you at the Congress.

I semain with high esteem, very truh,

G.-W. CHILDS.

New-York, april 29th 1878.

SIR,

I have the pleasure of acknowledging the receipt of your letter, in which you do me the honor to invite me, on the part of the Société des gens de lettres to be present as a delegate at the literary Congress which is to convene during the Exposition universelle of this year.

Believing that such a Congress cannot but prove highly serviceable to the interests of literature stroughout the world and to those of men of letters individually, I sejoice that so eminent a body as that of the Société des gens de lettres has assumed the office of convoking it; and I accept your invitation with great pleasure.

The programme which you have adopted seems to ane to touch all the more important of those questions which might be expected to present themselves to a first international literary Congress. I should be particularly interested in the subject appointed for discussion at the first public oitting — the right of literary property its nature, its duration, and the laws necessary for its enforcement, — questions which have seriously engaged my attention; and I venture to express the hope that the Congress will assert this right in the most pronounced and unqualified manner, and will throw the weight of its judgment in favor of an absolute, inherent right, sequiring no special laws for its establishment, or its integrity.

I regret that i am obliged to add that serious illness in my family, and the not improbable consequences of it, may, possibly deprive me of the honor and the pleasure of being present at the Congress. But, on the other hand, should circumstances prove favorable, i shall present myself in compliance with your request.

Offering to your Society my hearty congratulations upon the great project which it has undertaken, and my thanks for favoring me with an invitation to take part in its discussions, and to you, sir, personally the assurances of my highest respect and consideration,

I am, sir,
Your obedient servant,

RICHARD GRANTWHITE.

The Sun.

New-York, May 28, 1878.

DEAR SIR,

I beg to acknowledge the receipt of your foon of the 8th insh inviting me to attend the International literary Congress which is to be held in Paris in june under the presidency of M. Victor Hugo. The subjects to be discussed on of very great importance, and the occasion is one of the utmost interest for every literary man. I hust that the deliberations of the Congress in which, unfortunately for myself, i am unable to participate, may tend to promote the dignity and the value of literature, and I remain with profound respect,

Your very obedient servant,

C -A. DAVY.

HOLLANDE

Amsterdam, 16 mai 1878.

MONSIEUR,

Je regrette infiniment que les circonstances m'aient empêché de faire une réponse immédiate à votre aimable invitation, et encore ne puis-je l'accepter d'une manière définitive. Peut-être la situation de l'Europe ne me permettra pas de quitter mon journal. Croyez bien, monsieur, que je serais vivement contrarié de manquer l'occasion de vous apporter mon faible concours, alors qu'une question si importante doit être élucidée par des gens si autorisés.

S'il n'y avait aucun inconvénient, je voudrais vous demander la permission de me considérer comme délégué au Congrès. Nous avons encore une quinzaine, et, d'ici là, j'espère bien être à même de prendre une résolution définitive.

Agréez, monsieur, l'expression de ma haute considération.

A.-G.-C. VANDUYL.

ITALIE

Ambassade d'Italie.

Paris, 21 mai 1878.

MESSIEURS,

Par la lettre que vous m'avez fait l'honneur de m'écrire en date du 14 mai, vous avez bien voulu m'annoncer que le Comité de la Société des gens de lettres de France a pris l'initiative d'un Congrès littéraire international, qui se tiendra à Paris pendant l'Exposition universelle. Vous m'avez exprimé en même temps l'espoir que l'ambassade royale ne refusera pas son concours à une tentative dont les résultats ne peuvent être que profitables aux intérêts des lettres et des arts.

Je vous remercie, messieurs, de cette communication, et je me plais à vous donner l'assurance que ma plus vive sympathie est, dès à présent, acquise à l'œuvre du Congrès convoqué par vous sous de si illustres auspices.

Je me suis empressé d'appeler l'attention du gouvernement royal sur le programme que vous avez eu l'obligeance de m'adresser.

Veuillez agréer, messieurs, les assurances de ma considération la plus distinguée.

CIALDINI,
Ambassadeur.

Associazione della stampa periodica en Italia.

Roma, addi Mayo 1878.

HONORABLE MONSIEUR,

Le président de l'Association de la presse périodique en Italie a fait de votre courtoise invitation l'objet d'une communication à l'assemblée générale des membres, qui a eu lieu hier soir.

L'assemblée a accepté de grand cœur et avec une véritable satisfaction l'ouverture qui lui a été faite, et a chargé la présidence de vous exprimer, honorable monsieur, ses sincères remerciements, et de désigner deux des membres de l'Association qui auront mandat de la représenter et qui se trouveront à Paris à l'époque du Congrès. En attendant de votre part l'obligeant envoi des certificats de délégués et des instructions nécessaires, je vous prie, honorable monsieur, d'agréer l'expression de la parfaite considération de la présidence de l'Association de la presse italienne et de votre dévoué serviteur,

EUG.-ANT. BERRO,
Cons. Secrétaire de l'Association.

Gran Magistero dell' ordino dei Santi Maurizio et Lazzaro.

Rome, ce 13 avril 1878.

MONSIEUR,

J'ai l'honneur de vous accuser réception de la lettre par laquelle la présidence de la Société des gens de lettres, en m'annonçant d'avoir pris l'initiative d'un Congrès littéraire international, a bien voulu m'inviter à y prendre part.

Sensible à cette marque d'estime, je m'empresse de vous faire parvenir mon adhésion à ce projet, en vous donnant l'assurance que je ne manquerai pas d'assister aux séances du Congrès et de prendre part à ses travaux, si les devoirs de ma charge me permettent de me trouver à Paris pour l'époque fixée.

Agréez l'expression de mes sentiments de parfaite considération.

CESARE CORRENTI.

Rappresentanza générale degli autori francesi in Italia.

Torino, 9 mai 1878.

Monsieur,

Je reçois avec reconnaissance la gracieuse invitation que vous avez bien voulu m'adresser, et je m'empresse de vous dire que je prends dès ce jour les dispositions nécessaires pour être en liberté de consacrer au Congrès littéraire tout le temps indiqué dans le programme.

J'ai l'honneur, monsieur le Président, de vous présenter mes meilleurs hommages.

J.-A. Jasteroglio.

Gênes, 18 avril 1878.

Monsieur,

Très honoré de la lettre que le Comité a bien voulu m'adresser, je suis obligé, à mon grand regret, de renoncer à l'honneur de faire partie de ce Congrès littéraire pendant l'Exposition universelle à Paris. Mes affaires et mes occupations ne me laissent pas la certitude de pouvoir quitter l'Italie à cette époque. C'est pourquoi je vous prie, monsieur, de faire accepter au Comité mes remerciements pour l'honneur qu'on voulait me faire, et mes excuses d'être obligé de le décliner.

J'ai l'honneur d'être, monsieur, votre dévoué

G. Verdi.

Naples, le 12 avril 1878.

Monsieur,

Merci mille fois de votre invitation aux grandes assises littéraires qui doivent avoir lieu à Paris dans les premiers jours de juin. Malheureusement, ma santé et mon âge (soixante-dix ans !) m'empêcheront d'y assister. Je n'en ferai pas moins des vœux ardents pour leur succès.

Je saisis cette occasion, monsieur, pour envoyer à votre association l'expression de mes meilleurs sentiments, et pour vous prier d'agréer l'assurance de ma plus parfaite considération.

G. RICCIARDI,
Ancien député.

PORTUGAL

Paris, 26 avril 1878.

Monsieur le Président,

Le gouvernement de Sa Majesté, auquel j'ai fait parvenir l'honorable invitation que vous avez bien voulu m'adresser le 1er du mois courant au nom du Comité de la Société des gens de lettres de France, adhérant à la pensée exprimée dans cette invitation, a daigné m'honorer de son choix pour représenter le Portugal en qualité de délégué au Congrès spécial qui doit être tenu dans les premiers jours de juin.

En vous informant, monsieur le Président, de la résolution susdite, je vous prie d'agréer l'assurance de ma considération distinguée.

Le ministre de Portugal,
José da Silva Mendès-Leal.

RUSSIE

—

1/13 juin 1878.

Messieurs,

La direction de la Revue russe « Diélo » (*l'Action*) a l'honneur de certifier que le porteur de cette lettre de recommandation, M. Basile Jimiriazeff, un des rédacteurs de notre Revue, se présente au Congrès littéraire comme le délégué du « Diélo ».

G. Blahos,
N. Schoulguine.

Moscou, le 15/27 avril 1878.

Monsieur,

Répondant à l'appel du Comité de la Société des gens de lettres, j'ai l'honneur de vous communiquer mon intention de prendre part aux travaux du Congrès littéraire international. Vous aurez l'obligeance de mettre mon nom dans la liste des membres du Congrès. Une fois à Paris, je me présenterai avec les documents constatant mon identité comme homme de lettres russe et me constituant délégué de quelques revues et journaux de Moscou et de Saint-Pétersbourg.
Agréez, monsieur, l'expression de mes sentiments distingués.

P. Boborikine.

Saint-Pétersbourg, 14 avril 1878.

Monsieur le Président,

Vous me faites grand honneur en m'invitant au Congrès littéraire international, dont nos confrères de Paris ont pris l'initiative.

Le but que vous vous proposez touche de trop près aux intérêts des lettres pour que je ne me fasse pas une obligation de répondre à votre appel. Il y a, en outre, pour moi un attrait tout particulier dans cette solennité littéraire, qui doit s'ouvrir sous la présidence de Victor Hugo, le grand poète dont le génie a exercé sur moi, dès mon enfance, une si puissante influence.

Je dois prévoir toutefois que ma santé peut me créer des difficultés. Il m'est indispensable de faire une saison d'eaux, et je ne sais rien encore ni du lieu ni de l'époque que les médecins prescriront.

Je ferai tous mes efforts pour concilier cette nécessité avec mon vif désir de prendre part au Congrès. Mais, ne disposant pas de mon entière liberté d'action, je dois vous en informer, pour qu'en présence de cette incertitude vous décidiez s'il convient ou non de m'adresser une carte de délégué.

Veuillez agréer, monsieur le Président, l'expression de mes sentiments de haute considération.

Théodore Dostoiewsky.

Genève, 28 mai 1878.

Monsieur,

Ayant le désir de présenter au Congrès littéraire de Paris un rapport sur les questions mises à l'ordre du jour de sa séance du 11 juin, un rapport sur la situation de la littérature ruthène ou ouxraïnienne, j'ai l'honneur de vous prier de bien vouloir m'inscrire au nombre des membres du Congrès.

Recevez, monsieur, mes civilités empressées.

Michel Dragomanow,
*Magistre de l'histoire, ex-professeur de l'Université de Kiew,
membre de la Société géographique de Russie.*

Saint-Pétersbourg, 25 mai / 6 juin 1878.

Monsieur,

J'ai reçu l'invitation que le Comité de la Société des gens de lettres de France m'a fait l'honneur de m'adresser par votre entremise.

Mes sympathies sont acquises à l'avance au but que se propose le futur Congrès, et je suis infiniment flatté et honoré de me voir invité à y prendre part.

Ayant l'intention de me rendre à Paris pour l'époque des séances de cette réunion internationale des représentants de l'intelligence du monde civilisé, je m'empresse de vous adresser mon adhésion, et de vous remercier personnellement d'avoir pensé à moi.

Je vous prie, monsieur, d'agréer et de faire parvenir au Comité, dont vous êtes le vice-président, l'assurance de ma haute considération et de mes sympathies fraternelles.

Le directeur du « Golos »,
André Kraïewski.

Varsovie, le 8 avril 1878.

Monsieur,

Très honoré de l'invitation au Congrès des gens de lettres que ous m'avez daigné faire parvenir, je déclare que j'y participerai de grand cœur.

J'acquiesce pleinement aux principes énoncés en termes généraux dans le programme joint à la lettre, vu qu'ils touchent aux questions les plus graves de l'activité littéraire et de la vie des gens de lettres.

Je vous prie, monsieur, de vouloir bien agréer l'expression de mes sentiments de haute considération.

Edouard Lubowski.

Saint-Pétersbourg, le 7 avril / 26 mars 1878.

Monsieur,

J'ai été très flatté de recevoir la lettre que vous m'avez fait l'honneur de m'écrire, le 26 mars, pour inviter la rédaction de ma Revue à se faire représenter au Congrès littéraire, qui aura lieu à Paris le 4 juin.

Nous ne pouvons que nous associer avec empressement à la pensée de solidarité et d'union qui a dicté cette entreprise, et je me permets de vous exprimer nos vœux bien sincères pour qu'elle soit accompagnée d'un succès correspondant à l'illustration des noms que la France a placés à la tête de cette œuvre.

Je vous prie, en conséquence, de vouloir bien m'adresser une carte de délégué au Congrès, écrite au nom de M. Léonidas Polonsky, l'un de nos rédacteurs, qui sera chargé de représenter notre Revue à cette réunion internationale.

Veuillez, monsieur, agréer l'hommage de ma haute considération.

MICHEL STASSULÉWITCH,
Rédacteur en chef du Messager de l'Europe.

Saint-Pétersbourg, le 11 mai / 29 avril 1878.

MONSIEUR,

M. Edmond About ayant invité la rédaction de notre Revue « le Messager de l'Europe » à prendre part au Congrès littéraire qui se tiendra à Paris, M. Stassulévitch, directeur de la Revue, a prié M. Edmond About de vouloir bien lui envoyer une carte écrite au nom de Léonidas Polonski, rédacteur de la Chronique mensuelle du « Messager de l'Europe. »

Il y a plus d'un mois que nous avons adressé cette demande à la suite de l'invitation qui nous avait été faite, et, jusqu'à présent, nous n'avons pas reçu la carte. Comme c'est moi qui suis chargé par la rédaction de la représenter, je demeure dans l'incertitude si je dois aller à Paris ou non.

Nous nous permettons donc, M. Stassulévitch et moi, de réitérer notre demande à vous, monsieur, en vous priant d'avoir l'obligeance soit d'envoyer la carte faite en mon nom, à la rédaction (voir adresse indiquée en tête de la lettre), soit de nous informer de ce qui a été décidé par le Comité à ce sujet. Comme il ne reste guère plus de deux semaines jusqu'à mon départ (s'il doit avoir lieu), je vous serais infiniment obligé si vous aviez la bonté de répondre au plus tôt.

Agréez, monsieur, l'hommage de ma haute considération.

LÉON POLONSKI.
Rédacteur de la Revue : le Messager de l'Europe.

Redakcja Kurjera warszawskiego.

Varsovie, 10 avril 1878.

Monsieur,

Ayant reçu l'invitation que le Comité de la Société des gens de lettres en France a bien voulu m'adresser, je m'empresse de répondre que je serai très honoré de prendre part au Congrès littéraire international organisé par la Société des gens de lettres.

Ma venue à Paris, au terme précisé dans le programme, ne pourrait être entravée que par des motifs d'une impossibilité absolue.

Veuillez, monsieur, agréer l'assurance de la haute considération avec laquelle j'ai l'honneur d'être votre très humble et très dévoué serviteur,

V. Sigmanowf.

RÉPUBLIQUE DE SAINT-MARIN

Saint-Marin, ce 1ᵉʳ juin 1878.

Monsieur le Secrétaire organisateur,

La République de Saint-Marin ayant appris qu'un Congrès littéraire international allait tenir ses assises à Paris, sous le patronage de la Société des gens de lettres, a résolu de se faire représenter à cette importante réunion.

Je viens, en conséquence, vous demander de vouloir bien accréditer comme représentant de la République de Saint-Marin M. le chevalier professeur Alexandre Kyans fils, en ce moment à Paris, rue de Richelieu, 22.

Recevez, monsieur le Secrétaire organisateur, l'assurance de ma haute considération.

Le capitaine régent,
D. Fattori.

Paris, le 14 juin 1878.

Monsieur le Président,

En réponse à la lettre émanant du Comité de la Société des gens de lettres de France, relative à la formation d'un Congrès littéraire international, je suis heureux de pouvoir vous adresser mon entière approbation à cette généreuse initiative, tout en vous assurant de mon concours dévoué pour défendre avec vous les intérêts, encore si peu sauvegardés, de la littérature et des arts.

Déjà, moi-même, j'ai longtemps combattu en Italie pour cette importante question du droit de propriété littéraire internationale, question que je voudrais voir résolue d'une façon équitable.

Comme vous, je pense, en effet, qu'elle intéresse à un très haut degré tous les littérateurs, à quelque parti qu'ils appartiennent.

Recevez donc, je vous prie, monsieur le Président, avec l'assurance nouvelle de mon concours à votre solennité, l'expression de mes sentiments les plus distingués.

Duc de Bruc,
Chargé d'affaires de Saint-Marin.

RÉPUBLIQUE DE SAN-SALVADOR

Paris, le 11 avril 1878.

Monsieur le Président,

J'ai reçu la lettre que vous m'avez fait l'honneur de m'adresser le 10 courant pour m'aviser que le Comité de la Société des gens de lettres a décidé la réunion d'un Congrès littéraire international, qui se tiendra à Paris pendant l'Exposition universelle, et sera présidé par Victor Hugo.

Vous voulez bien m'inviter à assister aux séances de ce Congrès qui s'ouvrira dans les premiers jours du mois de juin, et m'en remettre le programme, qui a été adopté dans la dernière réunion de votre Comité.

Je suis flatté, monsieur le Président, de l'honneur que vous voulez bien me faire, et ce sera avec le plus grand plaisir que je m'empresserai d'assister à cette solennité, dont l'heureuse initiative est due à un Comité composé de personnalités aussi distinguées et dont les noms sont si justement appréciés par le monde entier.

Je vous remercie vivement, monsieur le Président, d'avoir bien voulu penser à moi en cette circonstance; je recevrai avec la plus grande satisfaction la carte de délégué que vous voulez bien m'annoncer...

Je vous prie d'agréer, monsieur le Président, l'expression de mes sentiments de haute considération.

J.-M. TORRÈS-CAÏCEDO,
Ministre plénipotentiaire de San-Salvador.

SUISSE

Légation de Suisse en France.

Paris, le 21 mai 1878.

MONSIEUR LE PRÉSIDENT,

J'ai eu l'honneur de recevoir la lettre, en date du 14 mai, par laquelle vous voulez bien m'inviter à m'associer au Congrès littéraire qui aura lieu à Paris du 11 au 22 juin; je m'empresse de vous faire savoir que j'accepte avec plaisir cette invitation, à titre personnel, et sans que ma participation ait aucun caractère officiel ou gouvernemental.

En vous remerciant de l'honneur que vous avez bien voulu me faire, et de la communication de l'intéressant programme des travaux du Congrès, je vous prie d'agréer, monsieur le Président, les assurances de ma considération la plus distinguée.

Le ministre de Suisse,
KERN.

Genève, 3 avril 1878.

Monsieur,

Je viens de recevoir l'aimable invitation du Comité pour le Congrès du mois de juin ; je m'associe de tout cœur au sentiment qui a inspiré les promoteurs du Congrès, et je suis convaincu que cette solennité sera des plus favorables aux intérêts des lettres. Veuillez, je vous prie, monsieur, m'inscrire au nombre des adhérents et m'adresser en temps et lieu la carte officielle de délégué.

Agréez, monsieur, l'expression de ma considération la plus distinguée.

Henri Faye,
Ancien conseiller d'État.

URUGUAY

Paris, le 16 mai 1878.

Monsieur le Président,

J'ai pris connaissance de la lettre que vous m'avez fait l'honneur de m'adresser, le 15 de ce mois, concernant l'organisation du Congrès littéraire qui doit se tenir à Paris pendant l'Exposition universelle.

Ce Congrès, appelé solennellement à traiter de la propriété et des garanties de la pensée, doit à cela même un caractère d'universalité auquel sont nécessairement acquises toutes mes sympathies, et, en applaudissant pleinement aux utiles et intelligentes sollicitudes qui lui ont donné naissance, je serai heureux d'assister, à titre officieux (ne pouvant en revêtir d'autre, vu le temps et la distance qui ne me permettent pas d'en référer officiellement et opportunément à mon gouvernement) aux séances où seront discutés, sous la présidence d'un publiciste illustre, en possession de l'admiration des deux mondes, des points qui intéressent à un si haut degré les écrivains de tous les pays.

Je saisis cette occasion, monsieur le Président, pour vous prier d'agréer les assurances de ma très haute considération.

Le chargé d'affaires de la République orientale de l'Uruguay,
Juan J. Diaz.

MÉMOIRES

RELATIFS A LA PROPRIÉTÉ LITTÉRAIRE

ADRESSÉS AU

CONGRÈS LITTÉRAIRE INTERNATIONAL

DE PARIS

I

DE LA PROPRIÉTÉ LITTÉRAIRE

OU

EXPLICATION DE LA LOI FRANÇAISE DU 14-19 JUILLET 1866
SUR LES DROITS
DES HÉRITIERS ET DES AYANTS CAUSE DES AUTEURS

PAR

M. MARCEL GUAY

DOCTEUR EN DROIT, AVOCAT A LA COUR D'APPEL DE PARIS
MEMBRE DE LA SOCIÉTÉ DES GENS DE LETTRES.

DROIT FRANÇAIS

INTRODUCTION

> « L'auteur est maître de son ouvrage,
> ou personne, dans la société, n'est
> maître de son bien. — DIDEROT. »

Ce qui frappe tout d'abord l'attention de celui qui étudie le problème de la propriété littéraire, c'est la connexité intime qui unit cette question à celle de la propriété en général. Locke, en écrivant que l'homme a toujours en lui le grand fondement de la propriété, ne faisait autre chose que poser le principe de l'un et de l'autre droit (1). Nous avons donc à faire voir que la question est une, et que, dérivant de la même source, le travail, l'une et l'autre propriété ne sauraient, si ce n'est dans le détail, comporter une réglementation différente.

---

(1) « Bien que la nature ait donné toutes choses en commun, l'homme néanmoins, étant le maître et le propriétaire de sa propre personne, de toutes ses actions, de tout son travail, a toujours en soi le grand fondement de la *propriété*; et tout ce en quoi il emploie ses soins et son industrie pour le soutien de son être, et pour son plaisir, surtout depuis que tant de belles découvertes ont été faites, et que tant d'arts ont été mis en usage et perfectionnés pour la commodité de la vie, lui appartient entièrement en propre, et n'appartient point aux autres en commun. » LOCKE, *Du gouvernement civil, où l'on traite de l'origine, des fondements, de la nature, du pouvoir et des fins des sociétés publiques*. Chapitre IV, n° 20. — Traduct. David-Mazel. — Paris, an III.

Né pour la liberté, l'homme s'approprie les choses extérieures et fait tourner cette appropriation à la satisfaction de ses besoins; né pour la société, il communique aux autres hommes le résultat de son effort, et il leur demande en échange la reconnaissance et la consécration de son droit. Et ce qui légitime à la fois ce droit et la protection que lui donne la société, c'est l'effort accompli par l'individu, c'est la mise en œuvre des puissances d'action qu'il recèle en lui, j'entends dire de ses facultés. Or, c'est surtout dans le domaine de la production intellectuelle que le sceau de son individualité est empreint. C'est donc l'œuvre de l'esprit qui devrait être la mieux défendue contre les empiétements et les usurpations.

Et d'ailleurs, tout n'est-il pas plus ou moins œuvre de l'esprit? La vieille distinction des professions en libérales et industrielles ne va-t-elle pas s'effaçant chaque jour? Le progrès des machines, la part plus grande donnée à l'effort intellectuel, l'intervention croissante de l'effort mécanique dans la production montrent que cette proposition n'a rien de hasardé. On ne peut se résigner à dire que, plus la profession est élevée, plus le produit doit être abaissé.

Que si le travail qui aboutit à la production littéraire est le plus personnel de tous et le plus méritant, le rôle du législateur est facile à tracer : il ne peut consister qu'à sanctionner la propriété intellectuelle. Pas plus ici qu'ailleurs la société ne crée le droit : elle le formule simplement et le consacre. Elle n'a ni un droit égal ni un droit supérieur à celui de l'écrivain : il ne s'agit que d'un droit individuel à reconnaître et à protéger.

A moins qu'on ne veuille reproduire ici les arguments des écoles communistes, l'Etat n'a pas le droit de répartir les produits entre les individus.

Comment, d'ailleurs, serait-il compétent? Pour pouvoir l'être, il faudrait qu'il connût et mesurât les besoins de chacun, ce qui est pratiquement impossible et réduirait la justice distributive à n'être qu'une application de données imaginaires et *à priori*. Ici encore, ce qui est vrai de la propriété ordinaire l'est aussi de la propriété intellectuelle. C'est à chaque homme qu'il appartient de se faire sa part.

Si la propriété en général implique le droit de disposer dans la personne de celui auquel elle appartient, il en est nécessairement de la propriété littéraire comme de toute autre. C'est dire que *la question de la propriété littéraire n'existe pas* comme question propre et distincte : il n'y a là qu'une dépendance du problème général de la propriété, qu'un des aspects du caractère absolu du droit de l'homme sur les produits de son travail. Perpétuelle dans la personne de l'écrivain, la propriété littéraire doit être susceptible d'être transmise par lui à tous ceux qu'il entend gratifier pour le temps qui suivra sa mort. La loi doit respecter le testament de l'écrivain, ou, s'il ne s'est pas expliqué sur la destinée qu'il prétend réserver après sa mort à cette partie de son patrimoine, elle doit reconnaître à ses héritiers légitimes une propriété littéraire aussi étendue que la propriété de ses autres biens. C'est nier la propriété littéraire que de donner au public le droit de reproduire l'ouvrage après cinquante ans. La volonté probable de l'auteur doit partout être la règle. Qu'il s'agisse de succession légitime ou de succession testamentaire, de donation ou de vente, c'est toujours la volonté présumée ou exprimée du propriétaire qui sert de fondement juridique à la transmission de la propriété.

Si donc la propriété littéraire dérive exactement de la même source que toute autre propriété (1) : le droit pour l'homme de tirer parti de ses facultés naturelles; si elle a, en outre, la même nature que la propriété ordinaire; si, éminemment personnelle et individuelle, elle est encore plus une propriété que toute autre; si elle porte en soi le témoignage le plus accusé de l'activité humaine, on ne pourrait raisonnablement être fondé à prétendre qu'elle doive recevoir du législateur une organisation si spéciale et si exorbitante du droit commun qu'elle ait quelque chose de rémunératoire et d'injurieux. Nous voyons dans l'écrivain *le premier des propriétaires;* il devrait en être le plus inviolable; et, au même titre que la propriété, le droit de l'auteur n'est autre chose que l'affirmation de la liberté humaine considérée *objectivement.* Persuadé, en conséquence, que les œuvres de l'esprit constituent la *production* par excellence et qu'on y doit rattacher, avec plus de légitimité encore qu'à la propriété ordinaire, tous les avantages et toutes les sanctions désirables; que toutes les objections qui ont été faites en vue de ruiner la propriété littéraire pourraient être adressées à toute appropriation de biens mobiliers ou immobiliers, en sorte que la reconnaissance du droit absolu et perpétuel des auteurs se réduit presque à l'affirmation d'un axiome, nous ne pensons pas que le jurisconsulte, pas plus que le philosophe ou l'économiste, puisse hésiter en examinant ce problème. Tout l'intérêt de la question est indiqué dans cette proposition d'un philosophe, qui, pourtant, s'était fait, dans une circonstance mémorable, l'avocat à outrance de la librairie : « L'auteur est maître de son ouvrage, ou personne dans la société n'est maître de son bien (2). »

---

(1) « Ceux qui viendront nous demander de rendre toute propriété viagère ou temporaire trouveront des arguments dans nos propres lois, et n'auront qu'à généraliser la législation de la propriété littéraire. » (M. Jules Simon; *la Liberté civile*, page 159 de la 4e édition.)
(2) Diderot, *Lettre historique et politique adressée à un magistrat sur le commerce de la librairie, son état ancien et actuel, ses règlements, les permissions tacites, les censeurs, les colporteurs, le passage des ponts et autres objets relatifs à la police littéraire* (juin 1767).

CHAPITRE PREMIER

DURÉE DE LA PROPRIÉTÉ LITTÉRAIRE

La première des questions résolues par la loi de 1866 est celle de savoir combien de temps l'auteur et ses successeurs doivent conserver la propriété littéraire. Le § 1 de l'article premier s'exprime en ces termes : « La durée des droits accordés par les lois antérieures aux héritiers, successeurs irréguliers, donataires ou légataires des auteurs, compositeurs ou artistes, est portée à cinquante ans, à partir du décès de l'auteur. »

On voit que la loi nouvelle n'a pas adopté le principe si souvent revendiqué de la perpétuité de la propriété littéraire. Ce qu'on appelle si improprement « le domaine public » commencera donc à l'expiration de ce délai. « L'Etat, disait M. Lebrun (1), quand il donne aux auteurs et à leur famille vingt, trente, cinquante ans de jouissance, croit se montrer généreux ; mais, je ne saurais trop le redire, il leur fait générosité de leur propre bien, il leur mesure ce qui est à eux. *Le don descend de l'auteur au public, il ne vient pas du public à l'auteur*. Nous renversons les choses. Il faut, sans doute, que l'intérêt général soit sauvegardé, cela est juste, cela est nécessaire. Le public a sur les œuvres qu'on fait pour lui un droit d'usage qu'il ne faut pas méconnaître, il ne faut pas qu'un héritier imbécile puisse nous priver des dons qu'un homme de génie nous a faits. Mais si l'on veut admettre absolument cette possibilité, quoi de plus facile que d'établir, comme dans la loi anglaise, une limite de temps au delà de laquelle il serait loisible d'imprimer l'ouvrage qu'une famille peu sensée aurait refusé de reproduire ?... Ma conclusion semblerait donc devoir être un refus de la promulgation de la loi ; mais cette loi présente avant tout des améliorations que je ne puis méconnaître : je n'aurai pas le courage de rejeter une loi qui donne aux héritiers des auteurs cinquante années de jouissance. Si nous étions au temps où vivait le fils de Racine, ce terme ne suffirait pas, car le dernier des fils de Racine, ayant survécu soixante ans à son père, demeurerait

---

(1) *Moniteur* du 7 juillet 1866, p. 898. Séance du Sénat du 6 juillet 1867.

ainsi, dans les dix dernières années de sa vie, frustré de l'héritage paternel. Mais le fils de Racine peut paraître une exception, comme Racine lui-même; j'accepterai donc la loi, tout en protestant contre son principe, et avec cette espérance que, lorsqu'elle aura fonctionné cinquante ans, avec le droit commun et sous l'empire du code civil, la jurisprudence n'aura plus d'impossibilités à opposer à la perpétuité du droit. »

Quoi qu'il en soit de cette négation implicite du droit d'auteur, dont M. Lebrun montra, dans un discours aussi éloquent que sensé, la saisissante évidence, la limitation de la durée de l'exploitation exclusive a pour effet de donner naissance à plusieurs difficultés de détail et à quelques embarras pratiques.

Lorsque l'auteur d'un ouvrage anonyme est véritablement inconnu, le point de départ des cinquante ans ne pouvant être la mort de l'auteur, il faut faire courir le délai de la première publication. La loi de 1866 est muette sur ce point. Mais nous pensons que cette solution de la nouvelle loi allemande (1), qui a reproduit le projet de la commission de 1862 (2), respecte le droit des tiers, auxquels la première publication révèle l'existence d'un droit d'auteur.

Dire que l'auteur qui a gardé l'anonyme a perdu, par le seul fait de la publication, le droit de propriété littéraire, serait introduire arbitrairement un cas de déchéance, qui est, d'ailleurs, contraire à l'esprit de la loi (3).

Ainsi, la date de la mort de l'auteur permet de savoir à quelle époque le droit de reproduire son œuvre appartiendra au public. Mais que faut-il décider lorsque plusieurs auteurs ont composé un ouvrage en commun et qu'il est impossible de distinguer leur part de travail

---

(1) Article 11; Cf. art 8. Pages 208 et 209 de l'*Annuaire de législation étrangère;* tome I. — Art. 8 : La protection contre la contrefaçon, établie par la présente loi, a pour durée, sauf les modifications ci-dessous indiquées, la vie de l'auteur et un délai de trente ans après sa mort. — Art. 11 : Les écrits publiés ne jouissent de la protection légale, avec la durée fixée par l'art. 8, qu'autant qu'ils portent le vrai nom de l'auteur inscrit, soit sur la page du titre, soit sous la dédicace, soit sous la préface. Il suffit toutefois, pour les morceaux de divers auteurs, réunis en un seul ouvrage, que le nom de l'auteur soit inscrit en tête ou à la fin du morceau. Un écrit publié sans nom d'auteur... est protégé contre la contrefaçon pendant trente ans, à compter de la première édition. Si, dans le délai de trente ans, à compter de la première édition, le vrai nom de l'auteur a été notifié à l'enregistrement, soit par l'auteur lui-même, soit par ses ayants cause à ce autorisés, l'ouvrage jouira de la protection plus longue indiquée en l'article 8. (Traduction de M. Gide.)

(2) Voici comment était conçu l'article 12 du projet de loi qui sortit de ses délibérations : « L'auteur d'un ouvrage anonyme....., lorsqu'il fait connaître sa qualité, jouit de tous les droits qui y sont attachés. Si l'auteur reste inconnu, celui qui fait la publication n'a que les droits d'un concessionnaire ordinaire, et la période de cinquante ans... court du jour de la publication. »

(3) Cf. M. Blanc, *Traité de la contrefaçon*, page 33 de la 4ᵉ édition.

dans la composition de l'ouvrage, et qu'arrivera-t-il quand, après le décès de l'un d'eux, ses héritiers auront épuisé le temps de jouissance fixé par la loi de 1866? Il est évident qu'on ne peut admettre une copropriété entre le public et l'auteur survivant; d'autre part, on ne peut attribuer l'œuvre au public cinquante ans après le décès du premier mourant, ce qui violerait le droit des collaborateurs qui lui ont survécu. Il faut donc que, tant que l'un des auteurs survit ou tant que dure le droit de sa veuve ou de ses héritiers, l'ouvrage reste propriété individuelle et exclusive, et qu'il ne cesse d'être tel qu'à l'expiration du temps de jouissance que la loi leur attribue, comme si l'auteur survivant avait seul composé l'ouvrage en question.

Il est d'autant plus important de justifier cette solution, si conforme, d'ailleurs, à l'esprit de la loi, que la collaboration littéraire, connue seulement depuis les temps modernes (1), n'a jamais été aussi fréquente que de nos jours. Elle est, du reste, très délicate à analyser, et les tribunaux ont souvent de sérieuses difficultés de fait à résoudre. Il en est surtout ainsi en matière de propriété dramatique. La collaboration théâtrale a pris, en effet, un développement considérable, et la jurisprudence l'envisage sous des aspects très divers. Il nous suffira de remarquer que ce n'est pas toujours au manuscrit qu'il faut se reporter, pour y chercher, par exemple, la marque des corrections faites par le collaborateur de l'auteur d'une pièce (2).

---

(1) Elle fut très rare dans l'antiquité, où l'on ne songeait pas qu'il fallait se mettre à deux pour avoir de l'esprit ou du génie. On peut seulement rappeler la traduction de la Bible par les Septante, et l'exemple de Térence, qui, suivant la tradition, aurait été aidé par Scipion dans ses comédies (a). La coopération de plusieurs auteurs à une œuvre unique, si elle peut être superflue dans le roman ou les autres produits de l'imagination et de la fantaisie, est, du reste, indispensable dans certaines œuvres d'érudition. Éminemment féconde, à ce point de vue, elle est la cause du succès de plus d'une publication encyclopédique, de plus d'un dictionnaire contemporain.

(2) Celui qui, par son intelligence des effets dramatiques et par ses conseils, prépare le succès de la représentation, peut être considéré comme auteur. — Une plaidoirie de M⁰ Lachaud a très nettement indiqué ce point : « La collaboration littéraire, dit-il, ne résulte pas seulement de corrections écrites ; de deux auteurs, l'un écrit le premier acte, l'autre le deuxième, ils sont l'un et l'autre auteurs de toute la pièce. La collaboration est un fait insaisissable : celui-ci a une idée, une intrigue, rien de plus ; il la communique, c'est un collaborateur ; celui-là n'a pas d'idée, mais il a un plan ; il met l'idée en mouvement, il fait naître les péripéties, celui-là est un collaborateur ; un troisième n'a ni idée ni plan, mais il a le style, il a le mot brillant, celui-là est encore un collaborateur. Mais ce n'est pas tout. Il y a une scène mauvaise dans une pièce, les auteurs le sentent, ils veulent la changer, ils ne peuvent en venir à bout, ils vont voir un homme habile qui leur refait cette scène, voilà un collaborateur. Les auteurs ne peuvent trouver un dénouement, ou ils en ont trouvé un qui rend la pièce impossible ; ils vont trouver un des maîtres de l'art qui leur donne ce dénouement, voilà un collaborateur. La

(a) Le cardinal de Richelieu, qui faisait travailler cinq auteurs sous ses ordres, paraît avoir donné, en France, le premier exemple de collaboration littéraire.

Ceci nous amène à parler des œuvres collectives qu'engendre la coopération véritablement indivise des membres des académies et des sociétés savantes légalement instituées pour publier certains ouvrages, comme le *Dictionnaire de l'Académie*. L'État peut également faire composer un ouvrage. Quelle sera, en pareil cas, la durée de la propriété littéraire? — Notons tout d'abord qu'il ne faut pas confondre cette hypothèse avec celle d'une simple collection de travaux distincts, comme celle des *Mémoires de l'Académie des Sciences* : lorsqu'il en est ainsi, c'est la durée de la vie de l'auteur de chacun des articles qui détermine l'étendue de la propriété littéraire.

On décide généralement que le droit de propriété littéraire de l'Etat et des corps savants est perpétuel. L'objection tirée de l'article 619 du Code civil ne saurait fournir un argument d'analogie concluant : fixer trente ans, serait établir un système arbitraire. Il vaut mieux, appliquant à la lettre l'article premier de la loi de 1793, qui fait durer la propriété d'un ouvrage pendant toute la vie de l'auteur, admettre la perpétuité. Les adversaires de la perpétuité de la propriété littéraire, tout en adoptant cette solution, regrettent qu'elle s'impose. Quant à nous, nous ne souhaitons pas que le législateur introduise, à l'effet de la corriger, une disposition nouvelle. Nous espérons plutôt que le temps en amènera la généralisation.

---

collaboration, c'est une péripétie indiquée, une scène, un vers, un mot indiqué. Croyez-vous que parce que l'un aura moins écrit que l'autre, il sera moins collaborateur? Est-ce que le succès se mesure à la toise? est-ce que, lorsque Scribe aura fait deux scènes dans une pièce qui aura cent scènes, par exemple, est-ce qu'il sera moins collaborateur que l'autre ? Dans les *Mémoires du Diable*, une pièce qui a eu un énorme succès, les auteurs, qui avaient fait une pièce charmante, avaient un dénouement impossible ; ils étaient fort embarrassés; ils vont trouver un homme habile.

» Dans le cours de la pièce, on entendait à différentes reprises tinter une sonnette. — Faites tinter votre sonnette au dénouement, dit l'homme habile. On suivit son conseil, et la pièce fut non seulement sauvée, mais encore elle eut un énorme succès. Ce n'est donc pas au manuscrit qu'il faut se rapporter, quand on veut savoir quelle a été la part de collaboration d'un auteur dans une pièce. »

CHAPITRE II

DU BÉNÉFICE LÉGAL ASSURÉ AU CONJOINT SURVIVANT

L'époux survivant a trois titres distincts pour recueillir la propriété littéraire : 1º la vocation *ab intestat* établie à son profit par l'article 767 du Code civil, et dont la loi nouvelle ne s'occupe pas ; 2º les droits qui peuvent résulter en sa faveur du régime matrimonial qu'il a adopté ; 3º le bénéfice légal attaché à la seule qualité d'époux, en vertu de laquelle la loi du 14 juillet 1866 lui confère un droit de succession, indépendant de telle ou telle clause du contrat de mariage et qu'il faut combiner avec les droits laissés par le droit commun aux autres successibles.

Nous allons traiter de ce droit de survie institué par le § 2 de l'article premier. — Pendant les cinquante ans qui suivront le décès de l'auteur, « le conjoint survivant, dit ce texte, quel que soit le régime matrimonial et indépendamment des droits qui peuvent résulter en faveur de ce conjoint du régime de la communauté, a la *simple jouissance* des droits dont l'auteur prédécédé n'a pas disposé par acte entre-vifs ou par testament. » — On voit quel est l'ordre successoral établi par la nouvelle loi. Les héritiers sont appelés suivant la dévolution réglée par le Code civil ; mais, concurremment et indépendamment des droits que lui attribue l'article 767, le conjoint survivant a un droit de jouissance.

On sait quels motifs ont fait admettre le privilège exceptionnel de l'époux survivant. L'erreur législative dont l'article 767 avait été le résultat, était depuis longtemps déplorée par les jurisconsultes et les publicistes. Le législateur de 1866 voulut, au moins en matière de propriété littéraire, devancer la réforme qu'un projet de loi, déposé sur le bureau de l'Assemblée nationale, vient de faire mettre à l'étude. L'affection présumée du défunt pour son époux devait, disait-on, faire concourir celui-ci avec les parents et peut-être le faire préférer aux plus éloignés d'entre eux. Les raisons par lesquelles, soit au Corps législatif, soit au Sénat, on justifia cette demi-réparation seraient, d'ailleurs, entièrement applicables aux autres biens que les droits des auteurs.

« Quand le rapporteur considère la question du droit des veuves comme une des parties vives du projet, il ne croit céder ni à un sentiment chevaleresque, disait M. Perras (1), ni à la partialité qu'on éprouve naturellement pour les idées dont on a pris l'initiative. Les sociétés bien assises vivent par la discipline dans les familles. L'âme de la famille, c'est la femme. Le commandement est facile pour le mari, quand il trouve à ses côtés une digne compagne; l'obéissance est facile aux enfants, quand elle est adoucie par la tendresse d'une mère. La dignité de la femme est, pour la sagesse du législateur, un intérêt de premier ordre, la vitalité de la famille : à cet égard, nos mœurs valent mieux que nos lois. » L'exposé des motifs disait également : « La compagne de l'homme de génie lui prête l'assistance d'un cœur droit et d'un esprit élevé. Par ses grâces, par ses vertus, elle rend plus facile l'œuvre de celui dont elle partage les déceptions et les triomphes. C'est la première dépositaire de sa pensée, c'est la gardienne la plus pieuse de sa mémoire et des ouvrages pour lesquels elle est devenue en quelque sorte son associée et sa coopératrice (2). »

Au Sénat, M. Sainte-Beuve développa avec une merveilleuse délicatesse ces idées charmantes et morales. « Quoi de plus touchant, disait le célèbre critique (3), — et, en parlant ainsi, j'ai présentes à l'esprit des images vivantes — que de voir dans un intérieur simple, modeste, ce travail intellectuel de l'homme, ce recueillement et ce silence de la pensée respectée, compris par la femme, qui, quelquefois même, dans un coin du cabinet et l'aiguille à la main, y assiste! Se figure-t-on à la mort du mari, cette femme qui a assisté à la composition de l'œuvre, qui y a prêté son attention, quelquefois sa plume, qui a été la confidente, l'auxiliaire, le secrétaire par moments d'un mari distingué ou illustre, se la figure-t-on privée d'un droit utile et cher, et voyant un étranger s'en emparer légalement après un laps de temps déterminé? Non, cela est impossible : la loi est juste, et la justice, en cette question, s'est introduite et s'est étendue grâce surtout à la considération de la femme, de la veuve. C'est là un des beaux motifs de la loi. »

Le droit de succession établi par la loi de 1866 est accordé au *mari* survivant de la femme auteur : « Cette assimilation, disait le rapport (4), qui ne tient aucun compte de la différence des rôles du

---

(1) Rapport fait au nom de la commission chargée d'examiner le projet de loi relatif aux droits des héritiers et des ayants cause des auteurs, par M. Perras, député au Corps législatif. (*Le Moniteur universel*, n° du 1ᵉʳ juin 1866, page 664.)
(2) On ne peut rien imaginer de plus élevé et de plus touchant que cette pensée. Elle relève le mariage, protège la faiblesse, et moralise la société tout entière. (Paul Sauzet, cité par le rapport.)
(3) Rapport par M. Sainte-Beuve sur la loi relative aux droits des héritiers et ayants cause des auteurs. (*Le Moniteur universel*, n° du 7 juillet 1866, page 898.)
(4) *Le Moniteur universel*, 1ᵉʳ juin 1866, page 664.

mari et de la femme dans l'association conjugale, n'a pas été admise sans soulever quelques scrupules. Mais la cause de l'égalité à triomphé, grâce à quelques exemples fameux de notre temps, et nous vous proposons *l'abrogation de la loi salique dans la république des lettres.* » L'égalité entre époux, conséquence des termes généraux employés par le législateur, qui se sert de l'expression « conjoint survivant », est, d'ailleurs, conforme au caractère du privilège de viduité, qui est un droit de succession légitime (1). Elle a mis fin à une controverse que les termes restrictifs du décret de 1810 et des lois ultérieures avaient soulevée.

Quelle est la nature juridique du bénéfice légal assuré par la loi de 1866 au conjoint survivant? L'opinion la plus répandue voit dans ce droit un *usufruit* et admet que le législateur a ouvert simultanément deux droits d'une nature différente, qui n'ont de commun que le point de départ et qui coexistent l'un à côté de l'autre : l'usufruit au profit de l'époux survivant, la nue-propriété au profit des héritiers de l'auteur (2).

On invoque en ce sens : 1° les §§ 1, 3 et 5 de l'article premier, qui établissent, pour peu qu'on les lise attentivement, que le droit des héritiers n'est pas écarté jusqu'au décès de l'époux survivant. Le § 1 fixe la durée des droits des héritiers à « cinquante ans à *partir du décès de l'auteur* »; le § 3 permet aux héritiers réservataires de faire réduire la quotité, non la durée du droit de l'époux, ce qui implique la juxtaposition du droit de ces derniers et du droit des héritiers; enfin le § 5 laisse sous l'empire des prescriptions du Code civil « les droits des héritiers à réserve et des autres héritiers ou successeurs, pendant cette période de cinquante ans ».

2° Le § 2, qui formule l'attribution du privilège de viduité, et qui concède au survivant la «·jouissance », expression évidemment inapplicable au droit de propriété, et qui fait une antithèse entre la « jouissance » et les droits qui peuvent résulter en faveur de ce conjoint du régime matrimonial, lesquels lui sont expressément réservés. Or, cette antithèse n'aurait aucune signification s'il s'agissait de la propriété.

3° L'article 543 du Code civil (3), qui emploie le mot « jouissance » comme synonyme d'usufruit.

4° Les travaux préparatoires de la loi de 1866. Le rapporteur de la commission, M. Perras, s'exprima ainsi : « *Nous avons entendu*

---

(1) « La loi prévoit aussi le cas où ce serait la femme qui serait auteur, qui serait célèbre. »
(2) Comp. M. Lyon-Caen, *Cours de législation industrielle*, année 1873-1874, leçon du 13 mai 1874.
(3) Art. 543 du Code civil: « On peut avoir sur les biens ou un droit de propriété, ou un *simple droit de jouissance*, ou seulement des services fonciers à prétendre. »

l'*usufruit*, et le rapport de la commission le disait très clairement : les droits des successeurs tiendront dans ce délai de cinquante ans, sauf l'*usufruit* de sa nature indéfini, qui appartient à la veuve (1). »

Cela posé, il faut rechercher ce que signifie l'épithète de *simple* employé par notre § 2 : «... le conjoint survivant... a la *simple jouissance* des droits... » M. Picard (2) avait demandé ce que c'était, en droit, que la simple jouissance. » Laissant de côté la question de savoir si l'extension, dans la plus grande mesure, du droit des auteurs est bonne, le principe de la loi étant admis, j'aurais compris la forme très simple que voici : les droits... seront portés à cinquante ans. Avec cette simple formule, il me semble que beaucoup de difficultés disparaissent... Je voudrais savoir en droit ce que c'est que la simple jouissance. Je connais, en cette matière, deux droits définis juridiquement par la loi : le droit d'usage et le droit d'usufruit. Pourquoi ne pas employer les mots usités? Le droit d'usage a ce caractère de n'être ni cessible ni saisissable ; le droit d'usufruit, au contraire, peut faire l'objet d'une saisie ou d'une cession. Les auteurs de la loi ont-ils voulu reconnaître là un droit d'usage ou un droit d'usufruit? En employant les mots « simple jouissance », ils ont laissé la question indécise, et, en vérité, quand on fait une loi, il faut laisser le moins possible les questions douteuses. » — Permettez-moi de remettre quelques lignes du rapport sous les yeux de la chambre, répondait M. Perras : « Une objection s'est produite sur les mots de simple jouissance employés pour caractériser le droit de la femme. C'est l'expression dont se sert l'article 543, quand il dénomme l'usufruit par opposition avec la propriété et les services fonciers. Comme l'usufruit porte sur un droit spécial et dont la disposition doit être dégagée de toute entrave dans l'intérêt même des auteurs, ces expressions ont paru préférables au conseil d'État, et la commission a partagé son avis... Maintenant, *ce sont des considérations fiscales et de forme qui ont fait mettre le mot* « simple jouissance » *à la place du mot* « usufruit ». Du reste, ce mot veut dire tout ce que l'honorable M. Picard veut lui faire dire. »

Ainsi le conjoint de l'auteur, lorsqu'il lui survit, a un droit d'usufruit sur la propriété littéraire ; mais on a qualifié ce droit de simple jouissance afin de l'affranchir du droit de mutation, ainsi que de certaines obligations de forme, celle de donner caution, par exemple, qui grèvent l'usufruitier. « Nous admettons parfaitement, disait M. Perras dans la même séance, que le droit que nous réglementons

---

(1) M. Perras ajouta encore, dans la séance du 28 juin 1866 : « On a demandé si par cette jouissance nous avons entendu l'usufruit. Oui, nous avons entendu l'usufruit. »

(2) Séance du 27 juin 1866, *Moniteur universel*, page 846.

est un droit *sui generis,* un droit particulier qu'il faut régler d'une façon tout à fait spéciale et exceptionnelle. Eh bien ! comme ce droit se présente avec un caractère de rémunération, il serait assez étrange que, d'une part, on adressât une rémunération à la veuve ou aux héritiers de l'auteur, et que, d'autre part, on exerçât des droits contre les rémunérés. En un mot, je le répète, je ne crois pas que nous ayons besoin de discuter plus longtemps des points qui, je l'espère, ont été parfaitement compris par toute la Chambre. »

Il est permis de douter de l'efficacité de ce moyen d'échapper aux règles fiscales. « Si l'enregistrement s'en réfère au rapport, répliquait M. Picard, le droit sera perçu sur l'usufruit. » D'ailleurs, fait remarquer M. Duvergier (1), si l'administration de l'enregistrement voit un droit d'usufruit dans la jouissance du conjoint, elle pourra dire que le droit de transmission d'un usufruit lui est dû, elle le pourra avec d'autant plus de raison que l'article 4 de la loi du 22 frimaire an VII assimile, pour la perception des droits, la transmission de la jouissance à la transmission de l'usufruit (2).

On aurait dû plutôt, si l'on voulait écarter l'application des règles fiscales à l'usufruit du conjoint de l'auteur et rejeter l'obligation de fournir caution, le dire expressément dans l'article ; au lieu d'employer une expression aussi équivoque que celle de simple jouissance, on aurait établi formellement un usufruit soustrait à certaines prescriptions de droit commun.

Dans la discussion de la loi, l'usufruitier fut mis sur la même ligne que le grevé de substitution. « La femme, dit M. Riché, n'a qu'un droit de jouissance, ou d'usufruit, ou, si l'on veut, une propriété grevée de substitution, indisponible : *c'est absolument la même chose* (3). » Il suffit, pour réfuter cette erreur, de se reporter à l'article 899 du Code civil, qui décide que la disposition entre-vifs ou testamentaire par laquelle l'usufruit sera donné à l'un, et la nue propriété à l'autre, ne sera pas regardée comme une substitution et sera valable. On ne saurait, d'ailleurs, confondre le grevé, propriétaire à temps, avec l'usufruitier, qui n'est pas propriétaire.

On a soutenu que le droit du conjoint survivant était, non celui d'un usufruitier, mais celui d'un grevé de substitution. Ce système, défendu par M. Duvergier, ne nous paraît pas admissible. L'esprit de la loi ressort, en effet, de l'article 896 du Code civil ; et, si, dans les articles 1048 et suivants, le législateur a dérogé à la prohibition absolue qu'il avait édictée dans ce texte, ce n'est que par des raisons toutes spéciales. Or, à moins qu'une loi nouvelle ne vienne très explicitement

---

(1) Cité par M. Flourens, page 252.
(2) Séance du 27 juin 1866, *Moniteur,* page 846.
(3) Séance du 27 juin 1866, *Moniteur universel,* page 846.

introduire une autre exception au principe de l'article 896, il n'est pas permis de la suppléer. — Pour repousser ce système, il ne suffirait pas, comme on le fait quelquefois, d'argumenter de ce que les substitutions sont prohibées, sauf les exceptions indiquées dans les articles 1048 et suivants du Code. La question consiste précisément à savoir si la loi de 1866 fait exception au droit commun. Le vice de cet argument est aussi manifeste que celui de l'argument qui refuse de voir dans le bénéfice légal du conjoint survivant un droit de succession *ab intestat*, sous prétexte que l'article 732 du Code ne considère pas la nature des biens pour en régler la succession.

D'ailleurs, « ce qui caractérise les substitutions, c'est l'éventualité
» du droit de l'appelé qui doit être subordonné à la condition de sa
» survie. Les héritiers de l'auteur transmettent leurs droits à leurs
» propres héritiers, tandis que, d'après les règles des substitutions, ce
» bien qui ne serait jamais entré dans leur patrimoine, ne serait pas
» compris dans leur succession et ce serait à la veuve qu'il appar-
» tiendrait... Les héririers de l'auteur ne sont pas admis *ordine suc-*
» *cessivo*, mais bien *ordine conjunctivo seu simultaneo*. D'autre
» part, la substitution n'est permise qu'au profit des personnes qui,
» vis-à-vis du grevé, ont la qualité d'héritiers *ab intestat ;* or, ceux
» qui recueillent la nue propriété des droits de copie ne sont pas né-
» cessairement les héritiers du survivant, ce sont les héritiers de l'au-
» teur (1). » Il ne faut donc pas que l'apparence d'éventualité dont le droit des héritiers est frappé fasse illusion.

On a remarqué que, ce qu'il y a de bizarre, c'est que l'expression « simple jouissance » qualifierait très justement le droit dont il s'agit, si on ne la prenait comme synonyme d'usufruit. Si, en effet, on décompose juridiquement 'e droit de propriété, on voit qu'il renferme le droit de disposer de la chose (*jus abutendi*), le droit d'en percevoir les fruits ou d'en jouir (*jus fruendi*) et le droit d'en user (*jus utendi*); or, il s'agit justement ici d'une propriété dont on ne peut percevoir les fruits ou en jouir qu'en en livrant le *jus utendi* au public, ce qui permet de dire que le conjoint survivant a véritablement la *simple jouissance* (jus fruendi), et non l'usufruit, car il manque le droit d'usage (2).

— La question de savoir quel est l'objet du bénéfice légal assuré au conjoint survivant a donné lieu à une controverse. On peut concevoir, en effet, dans le silence de la loi, que la jouissance littéraire porte sur le droit de reproduction lui-même ou seulement sur le capital produit par les éditions faites pendant la vie du conjoint. Au premier cas, les éditions constituent l'objet de l'usufruit ; au second,

---

(1) M. Flourens, page 254.
(2) M. Fliniaux, page 69.

elles ont le caractère de fruits et se comportent comme des fractions détachées du droit de propriété littéraire lui-même.

Un *premier système* soutient que les éditions ne peuvent être considérées comme des fruits. « L'usufruitier, dit M. Bertauld (1), n'aura que la jouissance du capital produit par les éditions faites pendant sa vie; il n'aura pas la pleine propriété de ces éditions, parce qu'elles ne sont pas un *fruit*, et qu'il n'est pas usufruitier d'un bien incorporel appelé le droit de reproduction. » Ce système invoque : 1º la non-périodicité des produits pécuniaires de la propriété intellectuelle. Des intervalles très irréguliers séparent les éditions, même celles d'un ouvrage qui a de nombreux lecteurs, ce qui, dit-on, empêche toute assimilation avec ce qui naît et renaît périodiquement d'une chose; — 2º l'iniquité dont souffriront les héritiers de l'auteur, l'usufruit de la propriété littéraire pouvant absorber leur droit tout entier si le conjoint survit cinquante ans.

Le *second système*, généralement adopté, fait porter l'usufruit du conjoint survivant, non sur l'émolument à obtenir, mais sur le droit d'auteur, et il invoque en ce sens : 1º le texte même de la loi de 1866, qui accorde la « simple jouissance des droits » de l'écrivain prédécédé, non la jouissance des bénéfices produits par ces droits; 2º la qualification légale de nus propriétaires qu'on ne peut refuser aux héritiers de l'auteur, en sorte que, si l'usufruitier ne faisait pas siens les produits pécuniaires de l'œuvre intellectuelle, « il faudrait dire que les héritiers » sont nus propriétaires d'autre chose que ce dont le survivant est » usufruitier, nus propriétaires du droit de reproduction, tandis que » le conjoint survivant serait usufruitier des éditions déjà faites (2). »

Ce système répond au premier que, la périodicité n'étant pas le caractère essentiel des fruits, la définition sur laquelle il se fonde est inexacte et ne saurait, en conséquence, impliquer pour le conjoint survivant l'obligation de restituer autre chose que le droit de reproduction lui-même. L'article 598 du Code civil (3) appuie, du reste, cette manière de voir, car il attribue à l'usufruitier les produits des mines et carrières qui sont en exploitation à l'ouverture de l'usufruit.

— Quant à cette considération que le conjoint pourra ne rien laisser aux héritiers de l'auteur s'il survit un demi-siècle, l'argument qu'elle fournit ne saurait être concluant. Il n'y a là rien de spécial à notre matière, rien qui prouve que les éditions soient des fractions détachées du droit lui-même. L'absorption possible de la nue propriété par l'usufruit se rencontre toutes les fois qu'une personne a un droit

---

(1) *Questions pratiques et doctrinales de Code civil*, tome Iᵉʳ, page 181, nº 227.

(2) M. Abel Flourens, *Origine et développement en France de la législation sur les droits d'auteur*, page 259.

(3) L'usufruitier « jouit aussi, de la même manière que le propriétaire, des mines et carrières qui sont en exploitation à l'ouverture de l'usufruit... »

limité sur lequel pèse un usufruit indéfini. Ce résultat est inhérent à la temporanéité du droit grevé. Il importe peu, par exemple, si on suppose un droit d'usufruit portant sur un autre droit d'usufruit, que chaque perception de fruits donne lieu de craindre à l'autre usufruitier sur le droit duquel s'exerce le droit de son rival qu'elle ne soit la dernière s'il ne survit pas à celui qui en jouit actuellement. Au surplus, si le résultat qu'on déplore peut se produire, c'est par suite de la fausse idée qui a fait rejeter la propriété littéraire perpétuelle. En faisant un droit temporaire du droit des auteurs, on a permis que l'usufruit annihilât quelquefois l'avantage de la propriété.

Le conjoint survivant restera donc quitte en restituant le droit de reproduction. La théorie contraire du premier système ne serait admissible que dans le cas tout à fait exceptionnel où, à la mort de l'auteur, une cession définitive de l'œuvre intellectuelle a été faite d'un commun accord entre le survivant et les héritiers, auquel cas ces derniers pourraient réclamer le prix de la cession au survivant, devenu quasi-usufruitier d'une somme d'argent. Mais, en dehors de cette hypothèse, le survivant, pourvu qu'il ne prétende pas au *jus abutendi* et qu'il se borne aux actes d'administration, ne cédant qu'une édition à la fois après l'épuisement de la précédente, exploitera le droit de reproduction exclusive, sauf à épuiser le droit des nus propriétaires, pour peu que son usufruit se prolonge (1).

« Quoi qu'il en soit, ce qu'il y a de certain, c'est que, si c'est un usufruit, ce n'est pas un usufruit ordinaire; car, d'une part, le produit n'est pas périodique, et, d'autre part, il peut absorber la nue propriété (2). »

Plusieurs causes spéciales peuvent empêcher l'acquisition de la jouissance par le conjoint survivant. Ce sont :

1° La disposition à titre gratuit ou à titre onéreux, entre-vifs ou par testament, que l'auteur aurait faite de ses œuvres (article 1er, § 2, *in fine*);

2° La séparation de corps prononcée contre le conjoint survivant (article 1er, § 3);

3° Le convol en secondes noces de ce conjoint (article 1er, § 3, *in fine*).

Le droit du conjoint survivant, n'étant qu'un droit de succession *ab intestat*, a été subordonné par le législateur de 1866 à la condi-

---

(1) « Qu'est-ce que le droit de reproduire et de multiplier un livre, sinon le
» droit de tirer des fruits de ma chose?... Les fruits sont différents des fruits de
» la terre, cela est vrai, et on ne les obtient pas de la même façon; en sont-ce
» moins des fruits?» (M. E. Laboulaye, *Études sur la propriété littéraire en France et en Angleterre*, page 34.)

(2) M. Fliniaux.

tion que l'auteur n'ait pas disposé du droit que sa mort ouvrira sur son œuvre. « ...Le conjoint survivant, dit le texte,... a la simple jouissance des droits dont l'auteur prédécédé n'a pas disposé par acte entre-vifs ou par testament. » Il n'est donc pas héritier à réserve.

On a critiqué à tort cette faculté réservée à l'auteur d'annuler par un acte de disposition l'attribution légale d'usufruit à son conjoint. Nous pensons néanmoins que la loi, qui, d'ailleurs, facilite ainsi aux écrivains des cessions avantageuses, ne mérite pas les reproches qu'on lui a adressés.

Le mari, disait le rapport fait au nom de la commission (1), est autorisé à disposer de ses droits d'une manière absolue, même à titre gratuit. « Cette disposition se justifie par le caractère tout à fait personnel du droit des auteurs. Ce serait un acte de véritable tyrannie que de contraindre le mari à laisser l'usufruit de son œuvre à la femme indigne ou incapable qui n'a partagé ni ses travaux ni ses triomphes, et qui ne serait ni la dépositaire intelligente, ni la gardienne fidèle de son œuvre et de sa pensée. Le droit de disposer d'une telle propriété doit être absolu et sans réserve. — Ni le droit des collatéraux, ni celui de la veuve, ajoutait-il encore, ne doivent donc faire obstacle à ce que l'auteur dispose de son droit pour une durée qui comprendra sa vie et cinquante ans après son décès. »

Les raisons données par M. Sainte-Beuve, au Sénat, étaient peut-être plus concluantes. « Il est tel cas, rare sans doute, mais à prévoir, et dont un auteur seul est juge, où il lui importe de laisser en des mains plus fermes que celles d'une femme le soin de reproduire sa pensée et d'exercer ses droits (2). »

On peut, du reste, en pressant la question, démontrer autrement que notre texte est très justifiable. Supposons, d'abord, une cession à titre onéreux consentie à un libraire. Si le conjoint est marié sous le régime de la communauté, le prix de la cession se partagera entre le survivant et l'héritier de l'auteur, et le premier aura peu à se plaindre. Si, au contraire, le régime matrimonial qu'il a adopté conserve propre, dans une mesure plus ou moins étendue, la fortune de chaque époux, l'époux survivant, n'ayant jamais eu de droit sur les biens de l'auteur, n'ayant pas plus de droit sur le prix de la cession, ne pourra légitimement prétendre à l'attribution de la propriété littéraire.

Soit ensuite une disposition à titre gratuit. Aux personnes qui soutiennent que le privilège de viduité que la loi se vante d'avoir établi ne signifie plus rien, on peut objecter : 1° que l'établissement d'une

---

(1) Voir le *Moniteur* du 1ᵉʳ juin 1866, page 564, annexe au procès-verbal de la séance du 24 mai 1866.

(2) Rapport par M. Sainte-Beuve sur la loi relative aux droits des héritiers et ayants cause des auteurs. (Séance du 6 juillet 1866, *Moniteur universel*, page 898.)

réserve au profit du conjoint se fût traduit souvent par un amoindrissement considérable du disponible de l'auteur, surtout s'il laisse des descendants ou des ascendants : atteint déjà par la réserve de ces derniers, l'auteur, s'il eût été obligé de respecter la réserve introduite au profit de son conjoint, aurait été, dans la plupart des cas, dans l'impossibilité de donner ou de léguer ses ouvrages; 2° que l'usufruit du survivant blesse parfois l'équité, le droit de l'époux pouvant faire échec à des droits préférables au sien (1).

Ainsi donc le conjoint n'est pas héritier à réserve. Dans le système de la loi de 1866, il recueille la propriété littéraire, si l'auteur ne l'en a pas dépouillé. Au contraire, dans le système du Code civil et relativement aux autres biens, il n'a que ce qui lui est laissé formellement, par donation ou par testament.

— La séparation de corps prononcée contre le conjoint survivant fait disparaître également la vocation au privilège de viduité. « Cette jouissance n'a pas lieu, dit le § 4 de l'article 1er, lorsqu'il existe, au moment du décès, une séparation de corps prononcée contre ce conjoint... »

Il avait semblé tout d'abord que le droit de libre disposition, réservé expressément à l'auteur par le § 2 *in fine* de notre article, était un préservatif suffisant contre le scandale de l'attribution d'un usufruit au conjoint qui, ayant subi une séparation de corps, avait tout fait, il semble, pour mériter de ne pas être gratifié. Mais, après le renvoi à la commission, une déchéance expresse prit place dans le texte de la loi de 1866. « Même sans disposition formelle de sa part, le mari auteur sera présumé avoir enlevé à sa femme cette survivance de ses droits. La femme, alors, n'est vraiment plus la veuve intéressante, la compagne amie et fidèle que nous vous avons présentée (2). »

— Le droit de survie cessera aussi s'il y a convol en secondes noces. « Cette jouissance, dit le § 4 *in fine* de l'article 1er, cesse au cas où le conjoint contracte un nouveau mariage. » Remarquons que la décision de la loi ne distingue pas entre le mari et la femme, et que le mari lui-même peut encourir cette déchéance. On n'a pas voulu que

---

(1) « Sans supposer, comme certains publicistes se plaisent à le faire, une Xantippe ou une Armande Béjart, une veuve, d'après le système de la loi, remarque M. Flourens, fera souvent obstacle à l'exercice de droits plus dignes d'intérêt que le sien. Un auteur, par exemple, qui a un enfant d'un précédent mariage, se remarie sur la fin de ses jours à une femme jeune encore : cette femme, devenue veuve, va priver, probablement pour toujours, l'enfant du premier lit d'une partie considérable de la jouissance des droits d'auteur. Même situation, si l'auteur laisse une veuve et des ascendants auxquels, dans l'ordre de la nature, la veuve survivra. La loi de 1866 a donc eu raison de n'imposer sa volonté que lorsque celle du *de cujus* ne s'est point manifestée. »

(2) Rapport de M. Sainte-Beuve, *Moniteur* du 7 juillet 1866, page 898.

le produit des œuvres du *de cujus* vînt enrichir la nouvelle famille de l'époux survivant.

« Si c'est la femme qui se remarie, disait M. Sainte-Beuve, elle a prouvé qu'elle n'a plus pour la mémoire de l'époux ce culte exclusif qui est le fondement de la puissance qu'on lui attribue, de la faveur rémunératoire dont elle est l'objet. »

Si le conjoint survivant se remariait quelque temps après avoir cédé son droit à un éditeur, le second mariage éteindrait-il le droit malgré la cession? La solution affirmative paraît la plus juridique. Le conjoint n'a pu transmettre à l'éditeur plus de droits qu'il n'en avait, et ce dernier devait savoir qu'il achetait une valeur incertaine. On peut même soutenir que l'éditeur, s'il n'a pas stipulé dans le contrat de cession le payement d'une indemnité pour le cas de second mariage, ne pourra en réclamer aucune. Il est vrai que ce système rend la cession bien peu lucrative pour le conjoint survivant, et que, plus celui-ci sera jeune, moins il pourra vendre cher. Mais la décision contraire permettrait trop facilement au conjoint d'éluder la loi.

On a, du reste, critiqué la disposition du § 4 *in fine*.

C'est M. Jules Favre qui la fit introduire et qui en donna pour motif l'inconvénient de substituer aux droits du défunt une nouvelle famille chez laquelle on pouvait aisément supposer peu de sympathie pour la personne et pour les idées de l'auteur défunt (1).

— Lorsque l'auteur, avant de mourir, veut assurer à son époux la propriété de ses œuvres ou, tout au moins, lui laisser les droits dont la législation lui permet de disposer en sa faveur, il peut tout d'abord, pour donner suite à cette intention bienveillante, renoncer à se prévaloir du droit de libre disposition que lui confère le § 2 *in fine* de l'article 1er de la loi de 1866, en sorte que son époux bénéficiera de plein droit du privilège de viduité que lui attribue ce texte. Il peut encore ne pas s'en remettre à la loi du soin de le gratifier, et, en vertu de l'article 1094 du Code civil, lui léguer tout ce que comportent les libéralités d'époux à époux.

Le § 3 de notre article suppose qu'il emploie le premier de ces moyens, et il concilie en ces termes le bénéfice légal institué par le texte qui précède avec la réserve établie au profit des descendants et des ascendants : « Toutefois, si l'auteur laisse des héritiers à réserve, cette jouissance est RÉDUITE au profit de ces héritiers, SUIVANT LES

---

(1) « Voilà une nouvelle situation, voilà une nouvelle famille, hostile, peut-être, non seulement aux idées, mais à la personne du premier mari, et à laquelle il faudrait supposer bien de l'héroïsme pour qu'elle lui fût complètement sympathique, la voilà substituée aux droits de l'auteur, et venant les exercer sans aucune garantie pour sa mémoire! » (*Moniteur* du 5 juin 1866, page 690.)

PROPORTIONS ET DISTINCTIONS ÉTABLIES PAR LES ARTICLES 913 ET 915 DU CODE NAPOLÉON. » Ce texte apporte, comme on le voit, une autre restriction au droit de l'époux survivant.

Aucune partie de notre loi n'a été l'objet d'aussi vives critiques, et quelques personnes ont renoncé à l'expliquer et même à en faire l'application littérale. L'emploi du mot « réduite » et le renvoi aux articles 913 et 915 du Code ont chacun donné naissance à deux systèmes d'interprétation, entièrement dissemblables, et que nous allons exposer.

I. La difficulté que soulève en premier lieu le § 3 est théorique, et consiste à rechercher comment le législateur a pu parler ici de réduction et renvoyer à des textes qui traitent des questions de réserve.

Certains auteurs soutiennent que la loi n'aurait pas dû parler ici de réduction et que ce mot est éminemment impropre. Ils invoquent en ce sens deux arguments : 1º les termes des articles 913 et 915 n'appliquent la réserve qu'aux hypothèses où il s'agit de *libéralités*, soit par actes entre vifs, soit par testament, et supposent, en conséquence, une disposition de l'homme, non l'attribution légale d'un droit. « Est-ce ici la situation? S'agit-il d'une donation ou d'un testament? En aucune façon; il n'est même pas question de libéralités, il n'y a point de disposant, c'est de par la loi que l'attribution est faite; on peut donc dire que *c'est la loi qui se réduit elle-même après avoir ordonné* (1); » 2º en supposant qu'il y eût là une donation, ce serait une convention matrimoniale non soumise à réduction dans le cas de communauté légale : « Voyons ce que fait la loi nouvelle; elle établit, pour ainsi dire, une clause légale de contrat de mariage; de ce droit de survie, que les futurs époux pouvaient stipuler par convention spéciale, elle fait une règle applicable à tous les cas (2); où trouver la matière à réduction? Si cette donation de survie était faite par les époux eux-mêmes, elle ne serait pas réductible, quoique les donations le soient ordinairement; pourquoi l'est-elle, lorsque c'est la loi qui l'établit? »

Un autre système enseigne, au contraire, que, la pensée de la loi n'ayant pu être de transporter ici les règles de la quotité disponible et de la réserve, le texte, si l'on prend le mot « réduction » dans son sens général et vulgaire, non dans son acception technique, ne mérite aucun reproche. — Il répond d'abord au système précédent que l'une et l'autre de ses critiques portent à faux. 1º Sans rechercher s'il est facile de comprendre une loi *se réduisant elle-même*, il n'y a évidemment pas lieu à la réserve (et en cela on est d'accord avec le pre-

---

(1) M. Fliniaux, pages 71-72.
(2) M. Fliniaux, pages 72-73.

mier système), puisque l'on se trouve en face d'un avantage conféré directement par la loi, que lé § 3 ne renvoie pas à tous les articles du Code sur le disponible ordinaire, et que, s'il y avait donation ou legs du droit d'auteur, soit à un tiers, soit à l'époux, il ne serait plus question de l'usufruit légal et de la restriction de cet usufruit (1); 2° la seconde critique est l'application à un cas particulier d'un point de vue très discutable et qui consiste à nier le caractère de succession *ab intestat* que l'on attribue presque unanimement à l'usufruit du conjoint de l'auteur. Ce caractère résulte notamment du § 2 *in fine* de l'article 1ᵉʳ, qui subordonne le droit du conjoint survivant à la condition que l'auteur, soit de son vivant, soit par son testament, n'ait pas disposé de son ouvrage.

La seconde explication argumente ensuite de ce que le législateur de 1866, tout en voulant agir contre l'injuste sévérité du Code envers l'époux survivant, n'a pas voulu réduire certains héritiers à une expectative trop incertaine, par la prolongation possible de l'usufruit pendant de longues années. « Les considérations qui firent restreindre, au profit des descendants, l'usufruit légal, combattirent, remarque M. Flourens (2), avec plus d'énergie encore pour les ascendants, qui, destinés par leur âge à précéder dans la tombe le survivant des époux, ne recevaient rien, en réalité, en recevant la nue propriété... De là, les expressions de réservataires, d'héritiers à réserve sont devenues synonymes de descendants et d'ascendants et ont été employées à leur place par abréviation. Et c'est dans ce sens que ces mots se sont glissés dans notre texte pour indiquer les descendants et les ascendants, mais nullement pour impliquer l'idée qu'une question de réserve fût mise en jeu... Le droit à l'universalité de l'usufruit attribué au survivant se trouve forcément resserré, restreint, RÉDUIT par l'exercice d'un droit de pleine propriété. Mais il n'est pas question d'intenter l'action en réduction de l'article 920, puisqu'il n'y a ici à frapper aucune libéralité de l'homme. » En d'autres termes, si les rédacteurs de la loi de 1866 se servirent du mot « réduction », ce fut, pour exprimer, quoique dans une terminologie vicieuse, une idée fort acceptable.

II. Mais ce que la lecture du § 3 rend tout particulièrement obscur, c'est le renvoi de ce texte, abstraction faite de toute question de réserve, aux articles 913 et 915 du Code civil (qui règlent la quotité disponible ordinaire), alors que la quotité disponible entre époux est réglée par l'article 1094. Cette seconde difficulté est essentiellement pratique, et les conclusions de chacun des systèmes qu'elle a suscitées attestent l'incertitude du problème que nous allons essayer de résoudre.

---

(1) M. Flourens, pages 295-296.
(2) Pages 297-298.

L'un d'eux ne tend à rien moins, comme nous allons le voir, qu'à effacer d'un trait de plume le renvoi aux articles 913 et 915 et à soumettre la situation à l'empire de l'article 1094.

a. Le premier des deux systèmes que l'on a soutenus consiste, en effet, à formuler deux propositions bien distinctes : 1° ce n'est pas au tableau des proportions dressé par les articles 913 et 915 qu'il fallait se référer, mais à celui de l'article 1094 ; 2° c'est de l'article 1094 qu'il faudra quand même, nonobstant les termes formels de la loi de 1866, faire application.

Au Corps législatif, M. Picard avait déjà adressé au projet de loi la première de ces critiques. «.... Je poursuis la lecture de l'article 1er (toutefois, si l'auteur laisse des héritiers à réserve, cette jouissance est réduite au profit les héritiers, suivant des proportions et distinctions établies par les articles 913 et 915 du Code Napoléon). Eh bien, Messieurs, il y a dans notre Code civil un autre article qui règle précisément la quotité disponible ; quant à cette quotité, il semble que l'article 1094 devrait être visé pour que la disposition de la loi fût complète (1). »

Quant à la seconde des propositions émises par ce système, elle invoque : 1° la présence dans le Code civil d'un article spécialement consacré à la quotité disponible entre époux : « Les articles 913 et 915, dit M. Fliniaux (2), *ne pourront jamais être appliqués,* par la raison qu'ils n'indiquent la quotité disponible que pour les cas où la libéralité est faite à tout autre qu'à un conjoint, quotité qui varie suivant le nombre des ascendants ou des descendants. Quand il s'agit d'une libéralité faite à un conjoint, il y a une quotité disponible qui est différente, et qui est réglée par l'article 1094 ; s'il y a des ascendants, le conjoint peut recevoir, en outre de la portion déterminée par l'article 915, l'usufruit de la réserve indiquée par cet article ; s'il y a des descendants, il peut recevoir, quel qu'en soit le nombre, un quart en propriété et un quart en usufruit, ou la moitié en usufruit seulement. C'est là la quotité disponible qu'il faudra appliquer, *c'est la seule possible,* puisqu'il s'agira toujours d'un conjoint ; *pourquoi,* en effet, *le revêtir d'une quotité disponible qui n'a point été faite pour lui, quand il en a une spéciale que le Code a mesurée à sa taille ?* »

2° Les travaux préparatoires de la loi du 14 Juillet 1866, qui semblent établir que l'on a voulu, quant à la quotité, se référer au droit commun et appliquer les règles ordinaires. « La commission, disait » M. Perras, rapporteur, a donné satisfaction à la pensée princi-

---

(1) Voir le *Moniteur* du 28 juin 1866 (séance du 28 juin 1866, page 846.)
(2) Pages 73-74.

» pale de la Chambre par un *rappel du droit commun.* » Or, dit-on, le droit commun n'est autre chose que l'article 1094.

3° L'article 732 du Code civil, qui ne considère ni la nature, ni l'origine des biens pour en régler la succession. Si on n'en tenait pas compte, dit-on, voici en fait quel résultat on obtiendrait. Soit un auteur laissant à sa mort des droits d'auteur évalués à 10 et d'autres biens évalués à 80, en tout une fortune de 80 : il a fait à sa femme une donation de 25, et il laisse trois enfants. Si on appliquait à la lettre la loi de 1866, il faudrait, considérant deux successions, calculer deux quotités disponibles, l'une de 80 avec une donation de 25 et une quotité disponible d'un quart en propriété et d'un quart en usufruit (art. 1094), l'autre de 10 avec une donation réductible au quart (art. 913) : en sorte que la veuve aurait 20 en propriété et 20 en usufruit dans la succession ordinaire, et 2,5 dans la succession littéraire. Fait-on, au contraire, tout le calcul d'après l'art. 1094, la veuve bénéficie d'une différence en plus de 2,5, puisqu'elle a 22,5 en propriété et 22,5 en usufruit. Or, dit-on, c'est ce dernier calcul qui est conforme au droit commun, à l'article 732 : il n'y a pas à faire deux masses de biens distinctes. C'est par inadvertance que l'on a visé les art. 913 et 915.

b. Le SECOND SYSTÈME énonce, au contraire, les deux propositions suivantes : 1° le législateur de 1866 a eu raison de se référer au tableau des proportions dressé par les articles 913 et 915 et de ne pas renvoyer à l'article 1094 ; 2° ce sont les articles 913 et 915 qu'il faudra appliquer, en prenant le § 3 à la lettre : il n'y a pas lieu de corriger ce texte et d'appliquer l'article 1094.

Pour plus de clarté, il convient de démontrer d'abord la seconde proposition.

En ce qui touche cette seconde proposition, le second système commence par objecter au premier : 1° que la présence dans le code civil d'un article 1094, consacré à la fixation de la quotité disponible entre époux, ne saurait fournir un argument péremptoire. De ce que ce texte formule le droit commun entre mari et femme, de ce qu'il détermine à leur égard l'étendue de la réserve légale, il ne s'ensuit nullement que la loi de 1866 ait commis une méprise en renvoyant aux articles 913 et 915, qui traitent de la quotité ordinaire. Créant un nouveau droit de successibilité au profit du conjoint de l'auteur, et résolue, en même temps, à respecter l'institution de la réserve, elle devait ou imaginer un système de proportions nouveau pour l'adapter à une législation nouvelle, ou se référer à un tarif ancien, soit à celui des art. 913 et 915, soit à celui de l'art. 1094; et cela, abstraction faite de l'espèce sur laquelle statuait l'un ou l'autre de ces articles et en considérant uniquement les chiffres qu'ils contiennent comme l'expression de *rapports* mathématiques et abstraits, en prenant ce mot « rapports » dans le sens que lui donnent les arithméticiens. C'est pour le second de ces moyens qu'elle a opté, en vue de satisfaire la préoccupation que l'on vient d'indiquer. Cela posé, il est impossible de réfuter un syllogisme ainsi conçu : le législateur voulait faire à l'un des deux passages du Code civil un renvoi qui lui permît d'établir une proportion algébrique tout à la fois commode, simple et équitable (on démontrera plus loin que, dans les idées du législateur de 1866, cette proportion était équitable) ; or, il a préféré se reporter aux articles 913 et 915 ; donc, il ne mérite pas de reproches. Ainsi, il est indifférent que ces textes ne se réfèrent pas à la quotité entre personnes mariées, et le renvoi qui y a été fait est un procédé aussi légitime, aussi excusable, que celui qui eût consisté à copier les chiffres employés par le Code civil pour les transporter dans notre matière (1). Le renvoi qu'on a fait était tout aussi permis, qu'on veuille bien nous pardonner l'expression, que l'emploi de certaines lettres de l'alphabet.

2º Que les travaux préparatoires fournissent eux-mêmes la réfutation de l'argument qu'on a prétendu en tirer. Il a été dit, plus haut, en effet, que M. Picard avait demandé, dans la séance du 27 juin 1866, que la loi fît un renvoi à l'art 1094. L'attention de la Chambre avait donc été attirée sur cette question. « M. Picard, pour soulever une objection, alors que nous avons fait tout ce qui était en notre pouvoir pour éviter les objections, nous dit : il y a une autre réserve, c'est la réserve de l'article 1094, c'est-à-dire qu'il y a une quotité disponible particulière pour les femmes mariées. Nous n'avons pas à prémunir les enfants des auteurs de celles-là, puisque la Chambre nous avait recommandé uniquement de conserver la réserve au profit des enfants (2) ». On passa outre, et l'on maintint le renvoi aux seuls art. 913 et 915 du Code civil (3).

---

(1) Il est vrai que l'on aurait pu rédiger ainsi notre § 3 : « la jouissance du conjoint survivant aura seulement pour objet la moitié des droits d'auteur, si le défunt ne laisse à son décès qu'un enfant légitime; le tiers, s'il laisse deux enfants; le quart, s'il en laisse trois ou un plus grand nombre. » (Cf. le texte de l'article 913) On aurait calqué pareillement sur l'article 915 la disposition relative au cas où l'auteur laisse des ascendants. Ce procédé aurait évité les controverses qui s'agitent aujourd'hui sur le texte de la loi de 1866.

(2) M. Perras, rapporteur. *Moniteur* du 28 juin 1866, page 846. — Notons, en passant, avec M. Fliniaux (pages 74-75), l'erreur contenue dans la réponse de M. Perras: « Il semblerait vraiment, en lisant ce passage, que la réserve indiquée par l'article 1094 n'est pas établie au profit des enfants! Qu'on se persuade bien que c'est toujours au profit des descendants ou des ascendants que la réserve est réglée, soit dans l'article 1094, soit dans les articles 913 et 915 ; il n'y a de différence que par rapport à la quotité, laquelle n'est point la même si c'est un conjoint ou si c'est une autre personne. »

(3) Il semble, en vérité, ajoutait M. Perras, que le projet de loi soit devenu une espèce de texte indéchiffrable dans lequel on cherche comme à plaisir et avec une

3° Que c'est résoudre la question par la question que d'argumenter de l'article 732 et des résultats d'un calcul défavorable au survivant et applicable à l'hypothèse de deux masses bien distinctes, patrimoine ordinaire, patrimoine littéraire, dans la succession d'un auteur. « S'il y a, dit-on, quelques exceptions au principe de l'article 732, dans les articles 351, 747 et 766 relativement à l'origine des biens (1), elles ont été établies formellement, *en connaissance de cause*, et non indirectement par voie de conséquence. » Or, il s'agit précisément de savoir si la loi de 1866 a entendu consulter l'origine des biens pour en régler la dévolution. L'extrait des travaux préparatoires que nous venons de citer tout à l'heure en réfutant le second argument du premier système, prouve que le renvoi aux articles 913 et 915 a précisément été fait *en connaissance de cause*, puisqu'il n'a pas été tenu compte de l'observation de M. Picard.

4° Qu'il y a contradiction entre le système que nous examinons et les conclusions de celui que défendent les mêmes auteurs touchant l'emploi du mot « réduite » dans le commencement du § 3 de l'article premier. Nous avons vu, en effet, qu'ils faisaient un reproche à la loi d'avoir parlé de réduction en notre matière. « Or, dit très logiquement M. Flourens (2), ou la première objection que l'on a faite signifiait si peu de chose qu'on ne recule pas devant la nécessité de la démentir pour établir un système nouveau ; ou elle était fondée, et alors, après avoir effacé le renvoi, il n'y a pas lieu de choisir entre les deux quotités disponibles, puisque, encore une fois, il n'y a pas de disposition de l'homme. Entraîné par le plaisir de la critique, on a donné trop de force à la première objection pour qu'elle ne serve pas également à combattre la correction que l'on veut insérer dans le texte. *On en a fait une arme à double tranchant qui se retourne contre ceux-là mêmes qui l'ont forgée.* »

Le second système, en répondant de la sorte au premier, s'est incidemment démontré. On peut, du reste, ajouter qu'il faut appliquer les articles 913 et 915 parce que le texte de la loi y fait un renvoi formel (3). L'inviolabilité de la réserve obligeait ou de se reporter à des textes du Code civil ou bien d'établir un tarif nouveau. On remarquera également que, dans tous les cas où le droit de succession *ab intestat* serait réglé de façon à porter à la réserve une atteinte quelconque, il y a lieu d'enlever à la personne qui bénéficie de la situation que lui crée une loi spéciale tout ce qui porte atteinte à la

---

rare persistance toutes les objections, celles qu'on avait vues d'abord et celles dont on ne s'était pas d'abord aperçu.
(1) M. Fliniaux, p. 75.
(2) Page 300.
(3) M. Lyon-Caen, *Cours de législation industrielle*, leçon du 13 mai 1874.

réserve, en quoi on ne fait que se conformer à l'esprit général de nos lois civiles et à l'ensemble de nos institutions.

Le second système, avons-nous dit, affirme aussi que le législateur de 1866 a eu raison de préférer la citation des articles 913 et 915 à celle de l'article 1094.

Il objecte d'abord au premier système, qui reproduit la critique que M. Picard, au sein du Corps législatif, adressait déjà à la commission, qui avait renvoyé aux articles 913 et 915 sans renvoyer également à l'article 1094, que le législateur n'a entendu emprunter aux deux premiers textes que leurs chiffres et leurs proportions abstraites, comme il a été dit plus haut.

Il argumente ensuite de cette circonstance qu'une pensée toute spéciale semble avoir inspiré le législateur de 1866.

Le législateur, dit-on, a voulu « concilier la faveur dont les descendants et ascendants ont toujours été entourés avec le bénéfice nouveau dont il gratifiait le survivant des époux ; et, en n'attribuant pas à l'usufruit qu'il conférait une étendue égale à celle qu'il aurait eue s'il avait été déféré par la volonté du testateur, laisser celui-ci libre de transmettre à son conjoint les marques de son affection (1). » Ainsi, on a voulu donner à l'auteur une entière liberté d'action. Investi du droit d'éteindre l'usufruit légal (§ 2 *in fine* de l'article premier), et de punir ainsi son conjoint en disposant de la propriété littéraire, il devait avoir, par une juste réciprocité, la faculté de le récompenser. Or, si la mesure de l'usufruit légal eût été aussi étendue que celle des dispositions à titre gratuit, la faculté de récompenser eût été impossible. Supposons le conjoint en concours avec un descendant. Quel eût été l'avantage d'un legs ou d'une donation ? La donation n'eût attribuée, de plus que l'usufruit légal, qu'un quart en nue propriété. « Du seul avantage véritablement précieux, l'usufruit, la veuve n'eût rien tenu de son mari, mais tout de la loi. Le législateur a voulu remédier à cet inconvénient, il a voulu que l'usufruit légal qu'il créait eût moins d'étendue qu'une disposition de l'homme, afin que, dans cette différence même, l'auteur trouvât la possibilité de gratifier efficacement la compagne de ses travaux. » Cherchant une limite pour restreindre la portée de l'usufruit légal lorsqu'il s'exerçait au préjudice de descendants ou d'ascendants, « il a emprunté celle des articles 913 et 915, qui, à raison même de la nature du bénéfice légal, se trouvait ici, par exception, inférieure dans toutes les hypothèses à celle de l'article 1094. Qu'on n'oublie pas, en effet, qu'il s'agit d'un *usufruit* légal, de telle sorte que la mesure de l'article 913, même au cas où le testateur ne laisse qu'un enfant, est toujours inférieure à la quotité déterminée

---

(1) Ce point de vue a été indiqué par M. Flourens, pages 301-302.

par l'article 1094 ; car, outre l'usufruit de la moitié, le testateur peut léguer le quart de la nue propriété. »

Ainsi, lorsque l'auteur vient à mourir laissant des descendants ou des ascendants et que le droit attribué à son conjoint dépasse la valeur de la quotité disponible telle qu'elle est réglée par les articles 913 et 915, le conjoint subira un retranchement conforme à ces articles.

Il nous reste à traiter une hypothèse que nous avons annoncée au début de nos explications sur le § 3 de l'article premier, et que la loi de 1866 n'a pas traitée, qu'elle n'avait pas, du reste, à prévoir. Si l'auteur, ne s'en remettant pas à la loi du soin de récompenser son conjoint, a voulu, avant de mourir, lui faire don de ses ouvrages, cette dernière situation sera réglée par l'article 1094 ; au cas où la réserve serait atteinte, comme il y a là libéralité d'époux à époux, c'est au disponible spécial de ce texte qu'il faudra se référer pour fixer l'étendue de cette disposition. C'est ainsi que, outre l'usufruit légal dont la loi de 1866 a fait un droit de succession *ab intestat* attaché à la qualité de conjoint survivant, celui-ci peut obtenir encore sur la propriété littéraire les droits que confèrent une donation ou un legs. Nous avons vu que, à l'inverse, si l'auteur n'a rien donné ni légué à son conjoint, le survivant est réduit au bénéfice légal que lui concède la loi de 1866, et, pour en fixer l'étendue, force est bien de recourir au § 3 de notre article 1er. C'est dans la confusion constante de ces deux hypothèses qu'on a cru trouver la cause véritable des nombreuses critiques adressées à la loi que nous expliquons (1).

CHAPITRE III

DU FISC. — EXPLICATION DU § 6 ET DERNIER DE L'ARTICLE 1er DE LA LOI DU 14 JUILLET 1866.

Une disposition spéciale de la loi nouvelle a prévu le cas où la succession se trouve dévolue à l'État en vertu de l'article 768 du Code civil. Le § 6 et dernier du premier article de la loi de 1866 formule en ces termes la dérogation au régime successoral de droit commun : « Lorsque la succession est dévolue à l'État, le droit exclusif s'éteint... »

---

(1) Cf. M. Flourens, pages 302-303. — Cf. M. Ch. Lyon-Caen, *Cours de législation industrielle*, leçon du 13 mai 1874.

Si rien n'avait été dit à ce sujet, l'effet de la dévolution au fisc aurait été non-seulement d'attribuer à celui-ci les biens qui composaient le patrimoine ordinaire de l'auteur, mais encore de le faire profiter du droit privatif de reproduction jusqu'à l'expiration des cinquante années qui auraient suivi la mort du *de cujus*. Mais le législateur a voulu que ce qui se serait passé cinquante ans après le décès de l'auteur se produisît immédiatement. « La loi cesse de réserver à l'auteur ou à ses successibles le *monopole* de la fabrication et de la vente des exemplaires, et l'œuvre tombe, à tous égards, dans l'état de communauté négative ; désormais, dit un des adversaires de la perpétuité de la propriété littéraire (1), chacun retirera, sans payer de redevance, outre la jouissance morale de cette œuvre, à l'aide de la lecture et de l'étude, les produits pécuniaires au moyen de la publication. Le fait de la publication n'investira pas l'éditeur du droit d'empêcher ses confrères de publier le même ouvrage. De cette chose, désormais classée parmi les *res nullius*, il n'a acquis que la partie qu'il s'est appropriée ; de cette œuvre, que les exemplaires qu'il en a tirés. »

Jusqu'en 1866, le droit de propriété littéraire avait suivi le sort des autres biens de l'auteur. Mais des critiques avaient été adressées à ce régime, et la loi nouvelle donna satisfaction à la doctrine : « Le domaine de l'État, avait dit M. Renouard (2), s'exerce au détriment du *domaine de tous les citoyens*, c'est-à-dire de la concurrence publique (3). »

On peut cependant hésiter à approuver l'innovation qui fut consacrée en 1866. Il est vrai qu'on a dit que la loi s'était montrée entièrement d'accord avec sa manière d'envisager le droit d'auteur. Cette disposition a été, en conséquence, qualifiée de logique et de sage. « La loi, a-t-on remarqué, a voulu, en effet, pour éviter que le travail de l'auteur n'eût d'autre salaire que la célébrité, concentrer entre ses mains et celles de ses héritiers les produits vénaux de la publication. A tort ou à raison, elle a cru que la création de ce *monopole*, quoique commandée par l'équité, était aussi contraire à l'essence même de l'œuvre qu'aux principes du droit commun (4). C'est pour cette raison qu'elle réduit dans des limites étroites la durée du privilège, c'est pour cette raison encore qu'elle le supprime lorsque l'auteur ne laisse point d'héritiers. »

---

(1) M. Flourens, page 305.
(2) *Traité des droits d'auteur dans la littérature, les sciences et les beaux-arts*, tome II, n° 156.
(3) M. Renouard ajoutait, d'ailleurs, que les inconvénients pratiques de la dévolution du droit de propriété littéraire à l'Etat étaient atténués par cette circonstance qu'il représente le public. Il exerce, disait-il, un droit qui appartient à tout le public. — Cf. *Op. cit.*, n°s 3 et 105, *ibid*.
(4) M. Flourens, page 305.

Cette argumentation, qui repose sur une idée de rémunération attachée à la reconnaissance de la propriété littéraire par le législateur ; qui, de plus, attribue implicitement un fondement rationnel à la non-perpétuité des droits de l'auteur sur son œuvre, ne saurait nous convaincre. Comme ce double, ou plutôt cet unique point de vue, n'est pas celui que nous adoptons, nous ne pouvons admettre les conséquences qu'il comporte. Persuadé que la propriété intellectuelle est un droit, et un droit aussi absolu que la propriété dite ordinaire, et cela parce que la proposition contraire, si elle était vraie, irait jusqu'à ébranler le fondement de la propriété en général, nous n'admettons pas qu'on puisse, tirant argument de ce que la propriété littéraire est un *monopole*, affirmer qu'on doive le faire disparaître toutes les fois que le maintien en présenterait des inconvénients (1).

On a aussi tenté de corroborer la justification du système de la loi de 1866 en faisant observer que l'État serait impropre à exercer son droit héréditaire. « Le fisc ne sera-t-il pas un gérant malhabile d'un bien aussi délicat à administrer que la propriété littéraire ? N'y aurait-il point inconvénient, a-t-on ajouté (2), à laisser le gouvernement maître d'empêcher la publication d'un livre dont les tendances lui seraient hostiles ? Il était sage, en tout cas, d'éviter jusqu'au soupçon. »
— Ce deuxième argument, malgré son importance, est insuffisant pour expliquer la dérogation qui a été faite au droit commun. On peut répondre qu'une loi, qui n'a à appliquer que des principes abstraits et généraux, ne doit pas supposer que l'organisation de l'État est défectueuse. Une telle supposition conduirait logiquement à exclure le droit de successibilité de l'État aux autres biens de l'auteur. Elle est également incompatible avec l'hérédité de la propriété littéraire, que la loi de 1866 a continué d'admettre, tout en limitant la durée des droits d'auteur : ne serait-on pas, en effet, autorisé à prétendre que les héritiers de l'auteur peuvent être des administrateurs inhabiles ou suspects de sa succession littéraire, et que, en conséquence, on ne devrait leur laisser que ses autres biens ? On voit par là que le deuxième argument, qui n'est, du reste, autre chose qu'un argument d'utilité, ne justifie pas la décision de notre § 3, puisqu'il omet de concevoir l'État tel qu'il doit être théoriquement.

Quoi qu'il en soit, le système de la loi française du 14 juillet 1866 a été suivi par la loi allemande du 11 juin 1870, dont l'article 17 est ainsi conçu : « Le droit exclusif de l'auteur ou de ses ayants cause ne passe point, par voie de déshérence, au fisc ou autres personnes autorisées à recueillir les successions vacantes (3). »

---

(1) Cf. M. Jules Simon, *la Liberté civile*, p. 159.
(2) M. Flourens, page 305.
(3) Loi de la Confédération de l'Allemagne du Nord, en date du 11 juin 1870,

— Une double restriction a été apportée par le § 3 à la règle qu'il formulait.

La première, qui s'explique d'elle-même, réserve le droit des *cessionnaires*. « Lorsque la succession est dévolue à l'État, dit notre texte, le droit exclusif s'éteint sans préjudice..... de l'exécution des traités de *cession* qui ont pu être consentis par l'auteur ou par ses représentants. » Il y aurait, en effet, une injustice évidente à enlever au cessionnaire, qui doit compter sur un droit de cinquante ans, des bénéfices qu'il a payés : il a acquis des droits du chef de l'auteur sur la propriété littéraire, et il a pu compter légitimement sur leur durée. Il continuera donc à jouir du droit jusqu'à l'expiration des cinquante années à partir du décès de l'auteur, et il ne verra pas son attente trompée. Du reste, on peut ajouter que le maintien de la propriété littéraire au profit de celui qui a conclu un traité de cession est un des plus sûrs moyens de donner à l'auteur un prix sérieux de la transmission complète du droit exclusif de reproduction ; d'autre part, la célébrité de l'écrivain sera plus facilement perpétuée.

« Il peut se faire, disait le rapport fait au nom de la commission (1), cela arrivera rarement, mais il peut se faire que le droit soit dévolu à l'État au moment où existe une cession limitée. Si l'État renonçait purement et simplement à l'hérédité, la base du droit cédé, venant à défaillir, entraînerait la cession dans sa ruine ; mais, par un tempérament équitable, le projet admet que la cession produira son effet jusqu'à l'expiration du terme exprimé dans l'acte (2). »

Les termes employés par le § 3 nous paraissent garantir suffisamment le droit des cessionnaires. On a dit, toutefois, qu'il eût été plus clair de le spécifier formellement, « comme faisait le projet primitif, au lieu d'employer l'expression *sans préjudice*, qui est peut-être un peu vague pour exprimer l'idée qu'on vient de commenter (3). » Cette critique paraît exagérée (4).

---

concernant le droit d'auteur sur les écrits, dessins, compositions musicales et œuvres dramatiques, traduction et notes de M. Paul Gide (*Annuaire de législation étrangère*, publié par la Société de législation comparée, 1re année, 1872, p. 214.) — La loi allemande, éprouvant les mêmes scrupules que la loi française, s'est intitulée *Loi sur le droit d'auteur*, et n'a pas osé insérer dans sa rubrique les mots *propriété littéraire*, qui sont cependant aussi usités en Allemagne que chez nous. — Cf. M. Lyon-Caen, *Cours de législation industrielle*, leçon du 15 mai 1874.

(1) *Moniteur* du 1er juin 1866.

(2) Le rapport ajoutait : « C'est surtout en face du *domaine public*, où tombe et se perd la propriété des auteurs, comme l'eau des ruisseaux arrive à la mer, c'est en face de cette *communauté négative, communion des morts de l'intelligence humaine*, que le droit extrême serait une extrême injure !... Il suffit à *l'intérêt social* que le délai de cinquante ans ne soit jamais dépassé. » (*Moniteur* du 1er juin 1866, pp. 664 et 665.

(3) M. Fliniaux, pages 78 et 79.

(4) Le projet avait proclamé l'anéantissement du droit d'auteur, sans restriction. Mais le Conseil d'État et la Commission, allant au devant de quelques objec-

Cette hypothèse d'un traité de cession nous donne lieu de remarquer que la durée de la propriété littéraire peut être inférieure à cinquante ans. On n'a, en effet, qu'à supposer une cession effectuée par l'auteur pour une période de temps moins étendue. Le droit exclusif de reproduction durera alors moins longtemps que si l'auteur avait laissé des héritiers.

— La seconde des restrictions contenues dans le § 3 a pour but de conserver le droit des *créanciers* de l'auteur. « Lorsque la succession est dévolue à l'Etat, le droit exclusif s'éteint sans préjudice des droits des *créanciers*, » dit le texte. La propriété littéraire continue donc à leur profit jusqu'à ce qu'ils soient désintéressés : la mort de leur débiteur ne saurait porter atteinte à leurs droits.

La décision que le § 3 contient relativement aux créanciers a tranché, au moins pour le cas où l'auteur est mort, une controverse célèbre : le droit de propriété littéraire est-il saisissable, en d'autres termes les créanciers peuvent-ils exercer le droit exclusif de publication et faire de nouvelles éditions de l'ouvrage de leur débiteur ? Nous allons indiquer brièvement les différents systèmes que cette délicate question a suscités.

Et d'abord, il importe d'indiquer avec précision le point sur lequel s'agite le débat. Deux hypothèses sont en effet possibles : ou l'œuvre est inédite, ou le manuscrit a déjà été publié. La seconde hypothèse comporte, du reste, une sous-distinction, suivant que les éditions qui ont été faites sont épuisées ou ne le sont pas : et c'est précisément le cas de la saisie du droit de propriété littéraire à l'effet de faire une édition nouvelle contre le gré de l'auteur, qui est très diversement résolu par les interprètes.

Commençons donc par éliminer ce qui n'est pas ou ne doit pas être controversé.

A. *L'œuvre littéraire est inédite.* — Nous ne pensons pas que le manuscrit non publié soit saisissable par les créanciers de l'auteur. Le caractère éminemment personnel de la propriété littéraire, qui a pour effet de retarder jusqu'au jour de la publication la conversion de l'ouvrage en valeur commerciale, en *marchandise*, ne comporte pas l'impression forcée ; il n'y a pas encore un livre. La composition n'acquiert, en droit, d'existence que par l'édition. L'auteur est le seul arbitre de la destinée de son œuvre. S'il ne l'a pas mise en circulation, on doit présumer qu'il n'a pas donné à sa pensée un cachet définitif, et que l'écrit exige des remaniements dont la nature et l'opportunité

---

tions non formulées dans la discussion, ont sauvegardé, par une réserve générale, les droits des créanciers et le maintien des cessions en cours d'exécution. (*Extrait du rapport.*)

ne peuvent être appréciées que par lui. — Outre cette raison, juridique entre toutes, on peut remarquer, avec M. Renouard (1), que, contraindre un auteur à voir, malgré lui, publier son ouvrage, c'est l'exposer à un préjudice inappréciable en argent et lui infliger un supplice moral qui dépasse de beaucoup les limites des droits d'un créancier. — On peut dire également que tout se résume dans cette parole du même jurisconsulte : « Un manuscrit est la pensée écrite de l'auteur ; c'est sa conversation avec lui-même ; c'est le sanctuaire de sa conscience. Il ne devient un bien, une chose, un objet de droit, que quand l'auteur, maître absolu de le modifier ou de le détruire, a voulu qu'il devînt un livre et fût communiqué au public. »

« Les manuscrits d'un ouvrage qu'un homme d'esprit a composé, disait Pothier (2), ne doivent pas être compris dans l'inventaire ; ce sont choses inestimables, qui ne sont pas censées faire partie d'une communauté de biens, ni même d'une succession : on doit donc les laisser... à l'aîné de la famille, quand même il aurait renoncé à la succession. » Aujourd'hui, il n'y a pas de motif pour ne pas comprendre un manuscrit dans l'inventaire ; mais, comme le droit de publication est insaisissable, « ni les créanciers de la communauté, ni ceux de la succession ne pourront s'emparer des manuscrits, qui ne deviennent un bien appréciable que par le complément que l'impression leur donne. Ni la veuve, ni les héritiers ne seront contraints à les publier ; mais, s'ils les publient et s'ils donnent ainsi une valeur vénale au droit qui dérive du manuscrit par eux recueilli, ils seront passibles des dettes, puisqu'ils auront tiré profit de l'actif (3). »

C'est donc avec juste raison qu'un arrêt de la cour de Paris du 11 janvier 1828 (4) considère la publication comme faisant seule tomber l'œuvre de l'auteur dans le commerce et qu'elle a infirmé un jugement du tribunal de la Seine de décembre 1826, où il était dit « que, les biens d'un débiteur étant le gage commun de ses créanciers, on doit entendre, sous cette dénomination générale, tout ce qui est susceptible d'être évalué ou vendu ; que l'ouvrage a obtenu toute son existence quand l'auteur, non seulement l'a conçu, mais qu'il l'a formé en un corps d'écriture, et que l'auteur ne l'a conçu et exécuté que dans un but d'utilité pour lui-même, et que tous ceux qui le représentent doivent en recueillir tout le profit qu'il s'est proposé. »

B. *L'œuvre littéraire a été publiée.* — 1° Si des exemplaires se retrouvent chez l'auteur, les créanciers les feront vendre comme les

---

(1) *Op. cital.*, II, n° 205.
(2) *Traité de la communauté*, n° 268.
(3) M. Renouard, II, n° 207.
(4) Cité par M. Renouard, *ibid.*

autres objets mobiliers. Le droit de saisie s'exerce alors, non pas sur le droit de reproduction, mais sur des exemplaires envisagés comme meubles corporels. — Si l'auteur a cédé son œuvre, et n'en a pas encore reçu le prix, les créanciers feront saisir-arrêter cette somme entre les mains du libraire (1).

2° Si les éditions précédentes sont épuisées, les créanciers de l'auteur seront-ils admis à se faire un gage du droit exclusif de reproduction, à faire saisir la propriété littéraire elle-même, à la mettre en vente et à imposer ainsi des éditions nouvelles?

Cette difficulté a donné naissance à quatre systèmes. Les deux premiers font une distinction, les deux autres affirment ou nient d'une manière absolue le droit des créanciers.

a). Premier système : il faut distinguer suivant la nature de l'œuvre, et, en conséquence, ne rendre saisissable le droit exclusif de la reproduire que si la réimpression n'implique pas la nécessité d'un remaniement préalable.

Cette opinion, défendue par M. Colmet-d'Aage, a pour fondement la nécessité de conserver à l'auteur le moyen de retoucher son œuvre, et elle laisse aux tribunaux le soin d'apprécier suivant les circonstances et de respecter la liberté individuelle de l'homme de lettres. « S'il s'agit, par exemple, d'un roman, d'une œuvre de fantaisie, il arrivera souvent que l'opposition de l'auteur à une réimpression ne pourra s'expliquer que par le désir de nuire à son créancier. Supposons, au contraire, un livre de science, un ouvrage de chimie, par exemple ; depuis les précédentes éditions, la science a fait des progrès ; le livre, tel qu'il est, doit être remanié, refondu peut-être entièrement. Evidemment, on ne peut infliger à l'auteur, malgré lui, la publicité d'une édition nouvelle, qui, loin d'ajouter à sa gloire, ne pourrait que la diminuer (2). »

b). Second système : il faut ne donner aux créanciers le droit d'atteindre la propriété littéraire que si l'auteur n'a pas demandé aux tribunaux le délai nécessaire pour effectuer le travail de révision préalable.

Cette opinion, que M. Flourens a soutenue et développée (3), fait

---

(1) M. Renouard (t. Ier, p. 161, et t. II, p. 349) rappelle à ce propos que l'ancien droit admettait quelquefois une doctrine spoliatrice pour les créanciers. Un arrêté du conseil du 21 mars 1749 fit mainlevée de saisies-arrêts formées par les créanciers de Crébillon entre les mains des comédiens français sur la part de l'auteur dans la tragédie de *Catilina*, et entre celles de son libraire. Mais, un siècle plus tôt, on avait eu moins de ménagements pour la succession de Vaugelas. L'Académie dut plaider pour retirer les cahiers du *Dictionnaire*, saisis avec les écrits du célèbre grammairien.

(2) M. Colmet-d'Aage, tome II, page 242.

(3) M. Flourens, pages 312, 314.

aussi une distinction. Mais elle invoque, pour la justifier, la possibilité de concilier le droit de révision de l'auteur avec l'attente légitime des créanciers. Elle argumente : 1° de ce que la divulgation de l'ouvrage a marqué le moment précis où l'œuvre cesse de former pour son auteur un bien individuel; 2° de l'article 2093 du Code civil, qui, en principe, fait des biens d'un débiteur le gage de ses créanciers; 3° de la contradiction que présenterait la loi de 1866 elle-même, puisque, en permettant les cessions définitives, elle a montré qu'elle ne voulait pas réserver quand même à l'auteur la faculté de corriger son œuvre et qu'elle lui imposait ainsi les inconvénients de la publication forcée. « Envers un libraire, l'auteur qui veut effacer le souvenir de ses ouvrages n'a qu'un moyen, les racheter, c'est-à-dire se libérer à prix d'argent de ses obligations; envers ses créanciers, qui, eux aussi, prétendent publier, il s'affranchirait de ses engagements par un simple refus ! » Que si l'on objecte que la vente n'a eu lieu qu'en considération de la personne même de l'éditeur, *intuitu personæ*, on répond qu'il ne faut pas prêter la main à une honteuse spéculation de l'auteur, qui consisterait à dire aux créanciers : achetez par un nouveau prêt la complaisance dont je vais faire preuve en commandant une nouvelle édition, dont le produit vous paiera. « C'est pour cela qu'on dépouillera les créanciers, et pour qui? Pour un écrivain plus chatouilleux de ce qui touche à sa vanité littéraire que soucieux de sa réputation d'honnête homme »; 4° du rejet d'un amendement présenté au sein de la Chambre des pairs en 1839 et qui avait pour but de soustraire aux créanciers la propriété littéraire, ce qui indique l'esprit de notre législation et exclut une dérogation au principe de l'article 2093. « Que l'auteur se contente donc de demander aux tribunaux un délai pour effectuer son travail de révision, et qu'ensuite il vende ses ouvrages pour acquitter ses dettes. »

c). *Troisième système* : les créanciers n'ont JAMAIS le droit d'atteindre la propriété littéraire.

M. Bertauld, qui enseigne cette opinion, se fonde sur ce que, du vivant de l'auteur, l'œuvre ne saurait être comprise dans le gage des créanciers. « Je lui reconnais, dit-il, la liberté d'empêcher que son œuvre, qui est une partie de lui-même, lui survive; le *caractère pécuniaire* est si accessoire, si subordonné en face de l'*élément moral*, que je n'hésite pas à tenir pour légitime l'acte de souveraineté personnelle qui détruit cette valeur matérielle (1). » Ce n'est que lorsque l'œuvre est entre les mains des héritiers qu'elle dépouille son caractère extra-pécuniaire. « L'auteur, en mourant, ajoute M. Bertauld, a voulu que son œuvre vécût, puisqu'il n'a pas pris les moyens

---

(1) *Questions pratiques et doctrinales de Code civil*, n° 262.

de l'anéantir; elle tombera dans le commerce au bout d'un demi-siècle... le droit de reproduction, momentanément paralysé, sortira alors de son inertie, et la société ne sera pas déshéritée de la valeur intellectuelle. A l'héritier la société peut dire, en empruntant la belle image du poète antique :

Et quasi cursores vitai lampada tradunt (1). »

Cette opinion qui n'attribue un caractère pécuniaire au droit de reproduction que dans les mains des héritiers de l'auteur, ne se réfère qu'aux créanciers des héritiers. Elle doit y comprendre évidemment, comme le fait remarquer M. Flourens, les créanciers de l'auteur devenus créanciers de l'héritier.

On voit que, dans ce système, le fait d'une publication précédente par l'auteur lui-même n'autorise pas à dire qu'il a considéré son ouvrage comme parvenu à son achèvement définitif.

d). *Quatrième système:* Les créanciers ont TOUJOURS le droit d'atteindre la propriété littéraire, et, en conséquence, ils peuvent procéder à une nouvelle édition de l'ouvrage.

Ce système, qui est celui de M. Renouard (2), invoque : 1° le silence de la loi: le droit excessif de reproduction, susceptible de cession volontaire, n'est déclaré insaisissable par aucun texte; contracter une dette, c'est grever tous ceux de ses biens qu'on avait le pouvoir d'aliéner; de même que, par une vente volontaire, l'auteur constitue un droit direct et certain contre lequel on ne peut rien entreprendre, ainsi, en contractant des dettes, on constitue sur ses biens et au profit de ses créanciers, même chirographaires, un droit indirect et éventuel qui, s'il ne consiste pas à avoir les biens eux-mêmes, confère la faculté d'en disposer et de se payer sur le prix; — 2° le respect dû aux engagements (la mort de l'auteur, ajoute M. Renouard, ne saurait non plus créer un obstacle aux droits des créanciers) (3).

— Jusqu'ici, nous n'avons pas traité spécialement du cas où l'auteur était mort. La controverse se renouvelle encore sur ce point. Mais l'opinion la plus répandue donne aux créanciers le droit d'atteindre toujours la propriété littéraire, et, à cet effet, elle se fonde précisément sur le § 3 de notre article premier qui, en employant les mots « sans préjudice des droits des créanciers », paraît avoir tranché définitivement la question au moins en faveur des créanciers de l'auteur décédé. Objectera-t-on que la loi a créé pour la propriété littéraire un mode

---

(1) *Lucrèce*, II, 79.
(2) *Traité des droits d'auteur dans la littérature, les sciences et les beaux-arts*, t. II, n° 205; Cf. n° 127, *ibid*.
(3) Voir sur cette question M. Lyon-Caen, *Cours de législation industrielle*, leçon du 15 mai 1874.

de transmission spécial ; qu'après le décès de l'auteur, un droit s'ouvre pour sa veuve, ses enfants, ses héritiers, droit qui leur est personnel et qu'ils tiennent non de la volonté du défunt, mais de celle de la loi? « La réponse, dit M. Renouard, est facile : la loi réserve à l'auteur le droit d'aliéner son privilège, même pour le temps qui suivra son décès; s'il en avait fait une cession volontaire, ceux qui auraient été appelés à en jouir après lui n'auraient point eu à le recueillir. »

Ainsi, la propriété littéraire peut, comme les objets corporels, être saisie et vendue à la requête des créanciers (I).

— Lorsqu'il y a lieu à l'application du § 3, suivant quel mode le droit des créanciers s'exercera-t-il? Le silence de la loi de 1866 ne permet que les conjectures. » Ils pourront, dit M. Fliniaux, ou *exploiter* les droits d'auteur en faisant des éditions ou les *céder* à un éditeur pour un prix déterminé. Mais, s'il leur est permis de les exploiter, ce ne pourra être que jusqu'à concurrence de ce qui leur est dû (1). S'ils peuvent les céder, il faudra que ce soit pour un prix exactement égal à celui de la créance. On comprend qu'il puisse y avoir là un embarras pour l'exploitation ou la cession, mais je ne vois pas moyen de sortir autrement de la situation; puisque l'État abandonne tous ses droits, l'excédent sur le prix de la cession ne pourrait lui appartenir. » Il est bien entendu que, si les créanciers ont le droit d'exploiter l'ouvrage de l'auteur, ils n'ont pas celui de le corriger.

Si les créanciers ne veulent ou ne peuvent exercer le droit de reproduction par eux-mêmes, comme le prix de vente de la propriété littéraire, égal au plus au montant des créances, peut-être minime, quelle sera la durée du droit de copie attribué au concessionnaire? C'est là un point qu'il faut régler en fait et de manière à respecter les droits que la loi de 1866 accorde au public lorsqu'il y aurait lieu à dévolu-

---

(1) On aura remarqué, dans l'exposition du second système, combien était important l'argument tiré de la cessibilité du droit de copie. Il n'est pas étonnant que l'on ait dit que, si la loi avait voulu repousser le droit des créanciers, elle aurait dû interdire la cessibilité de la propriété littéraire. Cela, du reste, n'eût pas été nouveau dans la législation. On voit, en effet, sans remonter bien haut dans l'histoire de la propriété littéraire, que la défense de céder le droit de reproduction se rencontre dans un des célèbres arrêts de 1777 qui ne déclarait perpétuelle la propriété littéraire qu'à condition qu'elle resterait dans la famille de l'auteur. « Tout auteur qui obtiendra en son nom le privilège de son ouvrage aura le droit de le vendre chez lui sans qu'il puisse sous aucun prétexte vendre ou négocier d'autres livres, et *jouira de son privilège pour lui et ses hoirs à perpétuité, pourvu qu'il ne le rétrocède à aucun libraire*, auquel cas la durée du privilège sera, par le seul fait de la cession, réduite à celle de la vie de l'auteur. » (Arrêt du conseil du roi du 30 août 1777, art. 5.)

Un mémoire de Malesherbes nous apprend qu'un des principaux griefs des auteurs contre les règlements de la librairie était l'interdiction de vendre eux-mêmes leurs ouvrages. — Voir M. Renouard, I, p. 97.

(2) Page 78.

tion à l'État. Ceci nous donne lieu de remarquer que, dans notre hypothèse comme dans celle où le § 3 réserve le droit des cessionnaires, il est possible que la durée de la propriété littéraire soit inférieure à cinquante ans.

Si les créanciers exploitent eux-mêmes le droit, il durera jusqu'à ce qu'ils soient désintéressés.

MARCEL GUAY

II

OBSERVATIONS

SUR LA

LÉGISLATION MEXICAINE

EN MATIÈRE DE

PROPRIÉTÉ LITTÉRAIRE

DRAMATIQUE ET ARTISTIQUE

Extrait du tome XXI des *Annales de la Propriété industrielle, artistique et littéraire*, rédigées par M. J. PATAILLE, avocat à la Cour d'appel de Paris (Article 2303, pages 257 et suiv.).

Nous donnons ci-après la traduction des cent quarante-trois articles du nouveau Code civil mexicain, en vigueur depuis le 1er mars 1871, qui règlent d'une manière complète la propriété littéraire et artistique au Mexique. Nous empruntons cette traduction à un ouvrage dont notre confrère Marcel Guay a commencé la publication. En nous l'adressant, il a bien voulu, ce dont nous le remercions vivement, nous communiquer les principaux passages du commentaire qu'il va en faire paraître. Nous en extrayons les notes et explications suivantes, qui feront apprécier, en l'éclairant, toute l'importance de cette législation :

Le 8 décembre 1870, le congrès des États-Unis du Mexique a voté un *Code civil*, qui avait été préparé par les soins d'une commission composée de quatre jurisconsultes, MM. Yanez, Lafragua, Montiel et Raphaël Dondé, et qui ne contient pas moins de 4126 articles. Ce nouveau Code comprend quatre livres. Le premier livre traite *des personnes*; le deuxième, *des biens, de la propriété et de ses différentes modifications;* le troisième et le quatrième ont pour objet l'un les *contrats*, l'autre les *successions*.

Étendue du droit de propriété. — Le titre VIII du livre II, qui termine la matière *des biens et de la propriété*, est intitulé : *du Travail*. C'est sous cette dernière rubrique que le législateur mexicain réglemente la propriété littéraire, dramatique et artistique. Il a ainsi traité dans le corps même du Code civil une matière sans laquelle le livre de la propriété eût été imcomplet, et il l'a fait avec ampleur et peut-être un peu de prolixité. Sur les 143 articles qui sont consacrés à la propriété intellectuelle, un assez grand nombre n'ont qu'une utilité tout à fait secondaire. Quoi qu'il en soit, le titre *du Travail* se distingue des autres législations étrangères par une disposition fondamentale, celle de l'article 1283, qui a consacré la perpétuité de la *propriété littéraire et de la propriété artistique*.

Toutefois, le droit de représentation d'œuvres dramatiques reste un droit temporaire qui survit à l'auteur pendant trente ans au profit de ses héritiers ou cessionnaires (art. 1283). M. Marcel Guay, qui est un défenseur convaincu de la perpétuité, s'étonne de cette différence admise par le législateur mexicain entre la durée du droit de représentation et celle du droit de publication ; il y voit, tout à la fois, une contradiction et une injustice, en faisant remarquer que le droit de représentation était celui qui, pour la perception, se prêtait le plus facilement à la perpétuité ; tout au moins, selon lui, le législateur mexicain eût dû adopter le terme de cinquante ans qui a passé dans notre législation, et qui, dès 1841, fut proposé par M. de Lamartine comme désintéressant mieux la famille de l'auteur. « Puisque vous voulez, disait le poète en critiquant le terme de trente ans proposé par le gouvernement, constituer la propriété littéraire pour un certain nombre d'années, prenez non pas ce terme de trente ans après le décès de l'auteur, terme passé lequel sa femme vit encore et ses enfants entrent à peine dans le milieu de la vie, mais prenez ce demi-siècle ce terme de cinquante ans, qui embrasse dans la moyenne probable des éventualités de la vie et de la mort le cercle entier des trois existences parcourues par les trois êtres qui représentent ou qui constituent immédiatement l'auteur lui-même ; ne brisez pas ce seul être moral en deux ou trois parts, dont l'une aura joui de toute l'aisance de la propriété sous les auspices du père, et dont les autres languiront dans une indigence d'autant plus cruelle qu'elles auront connu des jours meilleurs. » Nous n'avons pas pu résister au désir d'emprunter à notre auteur cette citation, où l'on retrouve, dans un magnifique langage, la hauteur des idées du grand poète ; remarquons, seulement, qu'il paraît oublier que, dans la réalité des choses humaines, la perpétuité de la propriété littéraire profiterait rarement aux petits-enfants ou petits-neveux de l'auteur, par la raison toute simple que la plupart du temps elle serait aliénée par la première ou seconde génération lorsqu'elle ne l'aurait pas été par l'auteur lui-même, et que, si l'on voulait la perpétuer dans la famille de l'auteur, il vaudrait beaucoup mieux, comme nous l'avions proposé en 1866, en faire une propriété toute spéciale qui, après une première période de cinquante ans, pourrait être successivement prorogée au profit des héritiers ou descendants, à l'exclusion des cessionnaires, dont le droit fixe et limité expirerait à chaque période (1).

Revenons à la loi mexicaine. M Marcel Guay fait remarquer qu'elle apporte deux tempéraments à la perpétuité : la prescription et l'expropriation pour cause d'utilité publique.

PRESCRIPTION. — En ce qui touche le droit de prescription, il était la conséquence nécessaire de ce que le droit de reproduction et celui de représentation constituaient évidemment des droits mobiliers, ainsi que le déclare l'article 1380 du Code mexicain; mais le législateur mexicain, en fixant la prescription à dix ans pour la propriété littéraire et artistique, et à quatre ans pour la propriété dramatique, les traite plus favorablement que les autres biens mobiliers, puisque d'après le droit commun mexicain la prescription est de vingt ans pour les immeubles et de trois ans pour les meubles lorsque, d'ailleurs, la possession est fondée sur un juste titre, de bonne foi, pacifique, continue et publique.

« Il a paru juste, disent MM. Calva et Segura dans leurs *Institutes de droit civil mexicain*, d'étendre ici la durée de la prescription, et cela en vertu d'une très grave considération. La reproduction d'une œuvre littéraire ou artistique peut, en effet, parvenir à la connaissance du propriétaire ou de l'auteur, même absent, par les annonces des journaux ou par les catalogues. Mais il est d'autres œuvres dont la reproduction ne peut avoir la même publicité, comme une statue, une peinture, qui presque toujours se reproduisent clandestinement et par un abus de confiance. Il arrive fréquemment aussi que le propriétaire, quoique présent, ignore la *falsification* (falsificacion); elle peut n'arriver à sa connaissance que par hasard et peut-être bien longtemps après l'expiration de la période requise pour prescrire. Comment déjouer ces attaques à la propriété? En conservant à jamais le droit du propriétaire, dira-t-on. Mais, comme ce système serait funeste à d'autres points de vue, le législateur a cru qu'il était plus prudent de prolonger les délais légaux. »

EXPROPRIATION. — Voici comment s'exprime M. Marcel Guay à cet égard : « L'article 1381 permet l'expropriation des droits d'un auteur pour cause d'utilité publique. Cette dérogation au principe de la propriété intellectuelle a déjà été adoptée en Angleterre, en Espagne et

---

(1) Voir *Annales*, année 1866, pp. 140 et suiv.

en Italie, et il est remarquable que les législations de ces divers pays comptent précisément parmi celles qui, tout en rejetant la perpétuité de la propriété littéraire et artistique, se sont prononcées pour la durée *posthume* la plus étendue. A vrai dire, cette disposition de pure forme et sans intérêt pratique n'est qu'une concession à l'*antiperpétuisme*. « Si avec deux lignes, a dit avec une extrême justesse M. E. Labou-
» laye, on peut éviter une discussion chimérique, il est sage de les
» adopter. »

« L'expérience a déjà montré le peu de fondement de l'objection légendaire qui suppose l'héritier d'un auteur supprimant les œuvres de son père ou les vendant à des hommes de parti qui confisqueraient le génie au profit de leurs préjugés ou de leurs passions. Ainsi, en Angleterre, la législation prévoit cette hypothèse *depuis deux siècles* et donne un moyen d'éviter cette confiscation impossible : la loi du 1er juillet 1842 (art. 5) autorise *tout le monde* à réclamer la publication d'un livre utile, quand l'éditeur s'y refuse : « il est loisible au
» comité judiciaire du conseil privé, sur la dénonciation qui lui est
» faite que le propriétaire d'un livre *dont l'auteur est mort* a refusé
» de le publier *de nouveau* ou d'en permettre une nouvelle publica-
» tion, et que, par suite de ce refus, le livre peut être retiré de la
» circulation, d'autoriser le plaignant à publier le livre dans la forme
» et sous les conditions que le comité juge convenables. » Eh bien ! le cas ne s'est jamais présenté ; l'*intérêt personnel* ou la *piété filiale* ont toujours suffi pour qu'on réimprimât les ouvrages épuisés.

» En Espagne, où la législation de la propriété littéraire est assez nettement ordonnée, l'expropriation littéraire n'a été admise qu'avec une certaine timidité. Elle ne s'applique qu'à l'hypothèse où l'on a annoté l'ouvrage d'autrui. « La permission de l'auteur, dit l'article 11
» de la loi du 10 juin 1847, est nécessaire pour publier un extrait ou
» un abrégé de son ouvrage. Cependant, si l'extrait ou l'abrégé a
» une importance telle qu'il constitue un ouvrage nouveau, ou s'il
» peut être d'une utilité générale, le gouvernement en pourra autori-
» ser l'impression, après avoir entendu les intéressés et trois experts
» qu'il aura désignés. Dans ce cas, l'auteur ou le propriétaire de
» l'œuvre primitive aura droit à une indemnité, qui sera déterminée
» après avoir entendu les intéressés eux-mêmes ainsi que les experts, et
» dont il sera fait mention dans la déclaration d'utilité, qui sera ren-
» due publique. »

» Quant à l'Italie, elle a admis que l'expropriation des œuvres de l'intelligence pouvait être prononcée au profit de l'État, des provinces et des communes. L'article 19 de la loi de 1865 dispose, en effet, que « les droits d'auteur peuvent être expropriés après une déclaration
» d'utilité publique faite sur la proposition du ministre de l'instruc-
» tion publique, le conseil d'État entendu et moyennant une indemnité

» établie par voie amiable ou, à défaut d'accord, fixée par trois experts
» nommés par le Tribunal. » Cette disposition est, du reste, une conséquence logique de l'adoption du système de *rétribution temporaire*
(ou de *domaine public payant*), qui n'est lui-même autre chose
qu'une expropriation déguisée. — La législation française n'autorise
pas l'expropriation des droits d'un auteur pour cause d'utilité publique.
Mais elle donne à l'État le droit de traiter avec les auteurs de livres
élémentaires : il peut contracter « pour le nombre de mille exemplaires
» avec lesdits auteurs, leurs héritiers ou cessionnaires qui auront fait
» imprimer leurs ouvrages (1). »

« Remarquons que le législateur mexicain, en autorisant l'expropriation « contre le propriétaire », semble bien avoir voulu bannir
toute distinction entre l'auteur et ses ayants cause, et avoir voulu
permettre l'expropriation à l'encontre de l'auteur lui-même. Il ne s'est
pas préoccupé, comme la loi anglaise, du caractère personnel du droit
de l'auteur sur son œuvre. »

Dépôt. — « A la différence de plusieurs législations étrangères, la
législation mexicaine n'a pas restreint aux compositions littéraires
l'obligation du dépôt ou, plus généralement, des formalités destinées
à annoncer au public l'existence d'un droit de reproduction exclusive
sur une œuvre intellectuelle. Elle ne se contente pas d'exiger que
l'auteur d'un *livre* présente au ministère de l'instruction publique
deux exemplaires qui seront déposés, l'un à la Bibliothèque nationale,
l'autre aux Archives. Le dépôt d'un exemplaire est également requis
pour les œuvres musicales, les gravures, les lithographies, etc. Quant
aux auteurs d'une œuvre d'architecture, de peinture, de sculpture, etc.,
ils doivent présenter un dessin, un croquis, un plan, avec indication des dimensions et de tous les caractères distinctifs de l'original.
Or, c'est là un système tout au moins logique. Étant admis que la formalité du dépôt est rationnelle, on ne saurait, sans inconséquence, en
affranchir certaines productions de l'esprit dont le dépôt en nature est
impossible, mais dont le dessin est facile à déposer.

» La Bibliothèque et, s'il s'agit d'œuvres musicales ou artistiques, la
Société philharmonique et l'École des beaux-arts, tiennent des registres
qui sont publiés mensuellement dans le *Journal officiel* (2). Enfin,
toute production littéraire et artistique doit présenter certaines indications, telles que le nom, la date de la publication et les avertissements légaux que l'auteur juge convenables.

» L'omission du dépôt est punie d'une amende de 25 piastres.

---

(1) Voir la loi du 10 fructidor an IV (27 août 1795), *concernant l'impression des ouvrages adoptés comme livres élémentaires*, art. 2.—Comp. C. de Cass., 3 mars 1826.
(2) Cette disposition du Code mexicain a été empruntée à la loi portugaise (art. 24 de la loi du 8 juillet 1851).

» Les pièces de théâtre et de musique sont soumises aux mêmes formalités que les livres quant au droit de publication. Lorsque la pièce a déjà été publiée, l'accomplissement des formalités prescrites pour la publication vaut « reconnaissance légale » du droit de propriété dramatique ou musicale ; lorsque le drame ou la musique restent en manuscrit, la preuve de la propriété se fait par les voies ordinaires. (1)

» Enfin, l'auteur d'un ouvrage anonyme doit joindre aux exemplaires qu'il remet au ministère de l'instruction publique un pli cacheté qui renferme l'indication de son nom. »

Étranger. — Dans l'examen comparatif que M. Marcel Guay fait de la législation mexicaine avec celles des différents États de l'Europe, il s'élève contre les dispositions des articles 1383 et 1384, qui paraissent limiter la protection légale aux œuvres publiées au Mexique ou à celles publiées en pays étrangers par un Mexicain ou par un étranger résidant au Mexique ; mais il faut remarquer que l'article 1386 vient immédiatement corriger l'égoïsme apparent de ces dispositions, en étendant le bénéfice de la loi à tous les auteurs étrangers, quelle que soit leur résidence, pourvu que la première publication ait lieu dans un État admettant la réciprocité au profit des Mexicains, ce qui réduit le reproche adressé au législateur mexicain à celui de n'avoir pas fait de la propriété littéraire et artistique, comme l'a fait en France le décret du 31 mars 1832, une propriété du droit des gens. — On remarquera, en effet, que, si le législateur mexicain a imposé la condition de réciprocité, il n'exige pas que cette réciprocité soit établie par une convention diplomatique ; il suffit qu'elle résulte de la législation locale, ce qui, aux termes du décret précité, assure aux œuvres publiées en France le bénéfice de la loi mexicaine, à la charge seulement de se conformer à ses dispositions réglementaires et spécialement d'opérer le dépôt des œuvres que l'on veut protéger.

Territoire mexicain. — L'article 1387, qui termine le titre du Code mexicain concernant la propriété littéraire et artistique, et qui en fait une législation générale pour toute l'étendue du territoire de la République du Mexique, suggère à M. Marcel Guay les trois observations suivantes :

« 1º Le Code mexicain est entré en vigueur depuis le 1ᵉʳ mars 1871 dans la province de Mexico (*district fédéral*) et dans le *territoire* de Basse-Californie. Mais divers États l'ont successivement adopté, parmi lesquels il faut compter les États de Hidalgo, Oaxaca, Sonora, Jalisco,

---

(1) Il est clair qu'un auteur ne peut être forcé d'imprimer son œuvre en vue du dépôt.

Durango, Tlazcala, et sont, en conséquence, régis par le titre *du Travail*, abstraction faite de toute applicabilité de l'article 4 de la Constitution mexicaine (Cf. *Examen critique du nouveau Code civil de Mexico*, par M. Léon de Montluc, docteur en droit, avocat à la Cour d'appel de Paris. p. 1);

» 2° Le renvoi fait à l'article 4 de la Constitution mexicaine ne signifie pas que les dispositions précédentes s'appliquent dès maintenant à tous les Etats du Mexique à titre de règlement d'intérêt commun. « Les dispositions contenues au présent titre, disent
» MM. Calva et Segura (*Institutes de droit civil mexicain*, t. 1,
» p. 551), sont générales, puisqu'elles ont été rédigées en vue de
» constituer la réglementation de la Constitution de 1857 ; mais,
» comme elles n'ont pas encore été sanctionnées avec le caractère de
» dispositions organiques, elles seront exclusivement applicables au
» *district fédéral* et au territoire de Basse-Californie, *jusqu'à ce
» que le Congrès de l'Union ait expressément déclaré que le titre
« du Travail » du Code civil actuellement en vigueur est règle-
» mentaire ou organique du susdit article de la Constitution fé-
» dérale.* » Or, l'ouvrage que nous venons de citer a été publié en 1874, trois ans après la rédaction du Code civil mexicain ;

» 3° L'article 1245, qui est en tête du titre du *Travail*, et dont nous donnons la traduction ci-après, n'est autre chose que la reproduction textuelle de l'article 4 de la Constitution fédérale. »

NOUVEAU CODE CIVIL DE MEXICO [1]

LIVRE II, TITRE VIII. — DU TRAVAIL.

CHAPITRE PREMIER

DISPOSITIONS PRÉLIMINAIRES

Article 1245. — Tout homme est libre d'embrasser la profession, l'industrie ou le travail qui lui convient, pourvu que cette profession, cette industrie, ce travail soient utiles et honnêtes, et il peut s'en approprier les produits. Cette double faculté ne peut lui être

---

(1) La reproduction totale ou partielle de cette traduction n'est autorisée qu'à la condition d'indiquer la source.

retirée que par une sentence judiciaire ou par un décret du gouvernement rendu dans les termes prescrits par la loi, suivant qu'il porte atteinte aux droits d'un tiers ou à ceux de la société.

1246. — La propriété des produits du travail et de l'industrie se règle par les mêmes lois que la propriété de droit commun, sauf les hypothèses pour lesquelles le présent Code contient des prescriptions spéciales.

CHAPITRE II

DE LA PROPRIÉTÉ LITTÉRAIRE

1247. — Les habitants de la République mexicaine ont le droit exclusif de publier et de reproduire, toutes les fois que bon leur semble, tout ou partie de leurs œuvres originales, soit par des copies manuscrites, soit par l'imprimerie, la lithographie ou autres procédés analogues.

1248. — On observera pour la publication les dispositions de la loi qui réglemente l'exercice de la liberté de la presse.

1249. — Le droit reconnu par l'article 1247 s'applique aux leçons orales et écrites et à tous autres discours prononcés en public.

1250. — Les plaidoiries et les discours recueillis dans les assemblées politiques ne constituent une propriété littéraire que dans l'hypothèse où l'on prétendrait en former une collection.

1251. — Toutes les dispositions du présent titre s'appliquent à l'ouvrage manuscrit.

1252. — Les lettres missives ne peuvent être publiées sans le consentement des deux correspondants ou de leurs héritiers, sauf le cas où la publication en deviendrait nécessaire soit pour la preuve ou la défense d'un droit, soit pour satisfaire à l'intérêt public ou faciliter le progrès des sciences.

1253. — L'auteur jouira du droit de propriété littéraire pendant sa vie; à sa mort, la propriété littéraire passera à ses héritiers conformément aux lois (1).

1254. — L'auteur et ses héritiers peuvent aliéner la propriété lit-

---

(1) Cette disposition fondamentale consacre la perpétuité de la propriété littéraire et de la propriété artistique : elle constitue à elle seule l'originalité de la législation mexicaine en cette matière, et sa supériorité sur les autres législations actuellement en vigueur. Malheureusement, l'article 1283, d'après lequel la durée *posthume* du droit exclusif de *représentation* des œuvres dramatiques est fixée à trente ans, dépare cette législation, car, comme nous espérons pouvoir le démontrer dans notre *Commentaire*, cette différence ne se justifie à aucun point de vue.

téraire comme toute autre propriété, et le cessionnaire succédera à tous les droits de l'auteur sur son œuvre, d'après les conditions exprimées au contrat.

1255. — Si la cession se fait pour une période plus courte que la période établie dans certains cas par le Code pour la durée de la propriété, le cédant recouvrera tous ses droits à l'expiration du temps convenu.

1256. — Si la cession a lieu pour un temps supérieur à la durée légale, elle sera nulle pour l'excédent.

1257. — En ce qui touche les œuvres posthumes, l'héritier ou le cessionnaire aura le même droit que l'auteur.

1258. — L'éditeur d'un ouvrage posthume dont l'auteur est connu, s'il n'est pas lui-même héritier ou cessionnaire de l'auteur, aura la propriété littéraire pendant trente ans.

1259. — Les œuvres anonymes ou pseudonymes sont réglées par les dispositions du présent chapitre, pourvu que l'auteur, ses héritiers ou ses représentants prouvent légalement leurs titres à la propriété littéraire.

1260. — Si l'auteur, après avoir cédé la propriété de son œuvre, y fait des changements substantiels, le cessionnaire ne pourra interdire ni à l'auteur ni à ses héritiers la publication ou la cession de l'ouvrage ainsi modifié.

1261. — Pour statuer dans l'hypothèse prévue par l'article précédent, le juge entendra l'avis de deux experts, nommés respectivement par chacune des parties. Il pourra, en outre, consulter les personnes ou les corporations que bon lui semblera.

1262. — Les académies et autres établissements scientifiques ou littéraires jouissent de la propriété des œuvres par eux publiées pendant vingt-cinq ans.

1263. — Lorsque plusieurs auteurs ont composé en commun une encyclopédie, un dictionnaire, un journal ou un autre ouvrage, et que leurs noms sont connus, sans toutefois qu'il soit possible de distinguer leur part de travail dans la composition, la propriété littéraire leur sera commune à tous, et l'on appliquera, quant à l'exercice et à la répartition de cette propriété entre les divers ayants droit, les articles 1367 et 1368.

1264. — Dans le cas prévu par l'article précédent, si l'un des auteurs vient à mourir sans laisser d'héritiers ni de cessionnaires, son droit accroîtra à ses collaborateurs.

1265. — Si les auteurs d'un ouvrage du genre de ceux qui sont désignés dans l'article 1263 sont connus, ou bien s'il est possible de déterminer quel est l'auteur de chaque article, chacun des collaborateurs jouira de sa propriété littéraire conformément à la loi, mais la publication de l'ouvrage entier ne pourra avoir lieu sans le consentement de la majorité.

1266. — Si l'ouvrage composé par différents individus a été entrepris ou publié par un seul individu ou par une corporation, cet individu ou cette corporation auront la propriété de l'ouvrage entier, sauf le droit pour chacun des auteurs de publier à nouveau ses articles soit détachés, soit en collection.

1267. — Dans le cas prévu par l'article précédent, l'éditeur ne pourra publier séparément lesdits articles sans le consentement de leurs auteurs.

1268. — Dans les journaux politiques, les articles scientifiques, littéraires ou artistiques, soit originaux, soit traduits, constituent seuls des propriétés littéraires. Néanmoins, toute personne qui reproduit un extrait quelconque de la partie du journal non susceptible de propriété exclusive, doit indiquer le titre et le numéro du journal où elle l'a puisé.

1269. — L'auteur a le droit de se réserver la faculté de publier la traduction de ses œuvres ; mais, dans ce cas, il doit déclarer si la réserve du droit de traduction est spéciale à une langue déterminée ou si elle s'étend à toutes les langues.

1270. — Si l'auteur n'a pas fait cette réserve ou s'il a concédé la faculté de traduire l'ouvrage, le traducteur aura sur sa traduction les mêmes droits que l'auteur, mais sans pouvoir empêcher personne de faire une autre traduction, à moins que l'auteur ne lui ait concédé également cette faculté.

1271. — Les auteurs qui ne résident pas sur le territoire national et qui publient un ouvrage hors de la République mexicaine, jouiront pendant dix ans du droit de traduction reconnu par l'article 1269.

1272. — Si le traducteur d'un ouvrage dénonce l'existence d'une nouvelle traduction, prétendant qu'elle reproduit la première et qu'elle ne constitue pas un nouveau travail entrepris sur l'original, le juge ne statuera qu'après avoir agi conformément aux prescriptions édictées par l'article 1261.

1273. — Personne ne pourra, sous le prétexte de l'annoter, de le commenter, d'en augmenter ou d'en corriger l'édition, reproduire l'ouvrage d'autrui sans le consentement de son auteur. — Celui qui aura fait des additions ou des annotations à l'ouvrage d'autrui pourra, toutefois, les publier séparément, auquel cas ces additions ou annotations constitueront à son profit une propriété littéraire.

1274. — L'autorisation de l'auteur est également nécessaire à quiconque veut faire un extrait ou un abrégé de son ouvrage. Néanmoins, si l'extrait ou abrégé a un tel mérite ou une telle importance relativement au tout qu'il constitue à lui seul un ouvrage nouveau ou qu'il serve puissamment l'intérêt public, le gouvernement, après avoir préalablement entendu les intéressés et deux experts nommés respectivement par chaque partie, pourra permettre l'impression.

1275. — Dans le cas prévu par l'article précédent, l'auteur ou le propriétaire de l'ouvrage primitif aura droit à une indemnité dont le taux sera de quinze à trente pour cent des produits nets de l'abrégé et qui s'appliquera à toutes les éditions qui en seront faites.

1276. — L'éditeur, s'il n'est ni l'héritier ni le cessionnaire de celui qui a la propriété littéraire de l'ouvrage ou de la traduction, n'a d'autres droits que ceux que lui attribue le contrat qu'il aurait passé.

1277. — L'éditeur d'un ouvrage tombé dans le domaine public n'en aura la propriété exclusive que pendant le temps nécessaire à la publication augmenté d'une année. Cette propriété n'implique pas le droit d'interdire les éditions faites hors du territoire de la République mexicaine.

1278. — L'éditeur d'un ouvrage anonyme ou pseudonyme jouira du droit d'auteur, sous la réserve des dispositions contenues en l'article 1259.

1279. — Dans l'hypothèse prévue par ledit article, le propriétaire recouvrera tous ses droits, et l'éditeur mettra à sa disposition les exemplaires existants ou le prix de ces exemplaires. S'il est prouvé qu'il a agi de mauvaise foi, il sera procédé contre lui conformément aux lois.

1280. — Celui qui publie pour la première fois un manuscrit dont il est le légitime possesseur, aura la *propriété d'édition* pendant sa vie.

1281. — Chacun peut publier les lois, les autres actes du gouvernement et les décisions judiciaires, mais après que la publication officielle en a été faite, l'éditeur devant se conformer au texte authentique. Toutefois, nul ne peut publier en collection les lois fédérales ou les lois d'un État particulier de la République mexicaine sans avoir préalablement obtenu l'autorisation du gouvernement central ou celle de l'État particulier.

1282. — Dans les cas exceptionnels où la propriété littéraire est temporaire, le délai assigné à la durée de cette propriété se comptera à partir de la date de l'ouvrage. Si cette date est inconnue, le point de départ sera le premier janvier de l'année postérieure à celle dans laquelle on aura fait paraître l'ouvrage, le dernier volume, le dernier cahier, la dernière livraison.

CHAPITRE III.

DE LA PROPRIÉTÉ DRAMATIQUE.

1283. — Les auteurs dramatiques, indépendamment du droit exclusif de *publication* et de reproduction de leurs œuvres, ont aussi un droit exclusif de *représentation*.

1284. — L'auteur dramatique jouira du droit exclusif de représentation pendant sa vie : à sa mort, ce droit passera à ses héritiers, qui en jouiront pendant trente ans.

1285. — Les cessionnaires du droit de représentation n'en jouiront que pendant la vie de l'auteur et trente ans après sa mort.

1286. — A l'expiration des délais établis par les articles précédents, les œuvres tomberont dans le domaine public quant au droit de représentation.

1287. — Les créanciers de l'entreprise théâtrale ne peuvent saisir la portion qui est attribuée à l'auteur dramatique dans la recette.

1288. — L'auteur peut, dans le contrat qui intervient entre lui et l'entrepreneur de spectacles pour la représentation de sa pièce, limiter le nombre des représentations et insérer les modalités et les conditions que bon lui semblera ; stipuler, en conséquence, qu'elle ne se jouera que pendant un certain temps, que dans une certaine ville, que sur un certain théâtre.

1289. — L'auteur peut faire à sa pièce les changements et les corrections qu'il juge convenables. Mais il n'en peut dénaturer aucune partie essentielle sans l'approbation de l'entreprise.

1290. — L'entreprise ne communiquera, sous quelque prétexte que ce soit, la pièce qu'elle aura à l'état de manuscrit à aucune personne étrangère au théâtre, sans l'autorisation expresse de l'auteur.

1291. — L'auteur qui a fait recevoir une œuvre dramatique ne peut plus en céder le droit de représentation à une entreprise différente que d'après les clauses contenues au contrat. Il ne peut davantage publier ou donner à la scène une imitation de la pièce.

1292. — Lorsque l'œuvre n'est pas représentée à l'époque et aux conditions convenues, l'auteur peut la retirer librement.

1293. — Lorsque le contrat ne détermine pas l'époque de la représentation, la pièce ne pourra être retirée par l'auteur s'il s'est écoulé une année depuis le jour de la réception sans qu'elle ait été jouée.

1294. — Le même droit appartient à l'auteur dont la pièce cesse d'être représentée pendant cinq ans sans juste cause.

1295. — Dans les cas prévus par les trois articles précédents, l'auteur n'est pas tenu de rembourser les sommes d'argent qu'il aurait reçues.

1296. — Les œuvres dramatiques posthumes ne peuvent être représentées sans l'autorisation des héritiers ou cessionnaires, lesquels jouiront des droits accordés par les articles 1284 et 1285.

1297. — L'éditeur d'une pièce de théâtre posthume, lorsqu'il se trouve dans les conditions prévues par l'article 1258, n'en aura la propriété dramatique que pendant vingt ans.

1298. — L'éditeur d'une pièce de théâtre anonyme ou pseudonyme en aura la propriété dramatique pendant trente ans. Mais si l'auteur, ses héritiers ou cessionnaires établissent légalement leurs droits, ils recouvreront la propriété, et, en conséquence, tous traités qui seraient intervenus quant à la représentation de la pièce prendront fin.

1299. — Lorsqu'une pièce de théâtre a été composée par plusieurs auteurs, chacun d'eux a le droit d'en autoriser la représentation. Il n'en sera autrement qu'en présence d'une stipulation contraire ou bien si l'on allègue une juste cause, laquelle sera appréciée par l'autorité politique et après expertise préalable.

1300. — Dans le cas prévu par l'article précédent, les héritiers ou cessionnaires auront le même droit. Mais si un collaborateur laisse à lui seul plusieurs héritiers ou cessionnaires, leur opinion, recueillie dans la forme établie par l'article 1367, ne comptera que pour une voix et représentera uniquement celle de l'auteur qu'ils représentent.

1301. — Dans la même hypothèse, si l'un des auteurs de la pièce meurt sans laisser aucun héritier ni cessionnaire, la propriété accroîtra aux autres ; mais la portion de la recette qui aurait été attribuée au défunt sera consacrée à l'encouragement des théâtres.

1302. — La cession du droit de publication d'une œuvre dramatique n'emporte pas celle du droit de représentation, sauf stipulation expresse.

1303. — Sont applicables au traducteur toutes les dispositions relatives à l'auteur.

1304. — Dans les cas où la propriété dramatique a une durée fixe, le délai sera compté à partir de la première représentation.

1305. — Toutes les dispositions renfermées dans les articles 1254-1257 et 1269-1272 relativement au droit de publication d'un ouvrage, s'appliqueront également au droit de représentation.

CHAPITRE IV

DE LA PROPRIÉTÉ ARTISTIQUE

1306. — Ont un droit exclusif de reproduction sur leurs œuvres originales : 1° Les auteurs de cartes géographiques ou topographiques, de dessins scientifiques et d'architecture, etc., et les auteurs de plans, gravures et dessins de toute espèce ; — 2° Les architectes ; 3° Les peintres, graveurs, lithographes et photographes ; — 4° Les sculpteurs, tant pour celles de leurs œuvres qui sont entièrement achevées que pour leurs modèles et moules ; 5° Les musiciens ; — 6° Les calligraphes.

1307. — La propriété artistique se règle, quant au droit de reproduction de l'œuvre originale, par les articles 1251, 1253, 1266, 1273-1279 et 1282, dans leurs hypothèses respectives et en tant qu'ils sont applicables aux œuvres d'art.

1308. — Le droit d'exécution des compositions musicales se règle par les articles 1283-1302 et par l'article 1304, relatifs à la propriété dramatique.

1309. — Pour les effets juridiques, l'auteur de la musique est considéré comme étant aussi l'auteur des paroles, sauf à l'auteur des paroles à garantir ses droits par une convention écrite passée avec le compositeur.

1310. — La propriété musicale emporte pour l'auteur le droit exclusif de conclure des traités quant aux arrangements à composer sur les motifs ou thèmes de l'œuvre originale.

1311. — Tous ceux qui ont la propriété artistique peuvent reproduire ou permettre de reproduire à l'exclusion de tous autres, en tout ou en partie, les œuvres qui font l'objet de cette propriété, et cela par un art ou procédé soit identique, soit différent, suivant les mêmes proportions ou des proportions différentes.

1312. — Le reproducteur légitime aura les droits de l'artiste lui-même dans la mesure déterminée par le contrat.

1313. — L'acquéreur de la propriété d'une œuvre d'art n'est pas présumé avoir acquis en même temps le droit de reproduction, lorsqu'il ne l'a pas explicitement stipulé dans le contrat.

1314. — L'artiste qui exécute un ouvrage sur la commande d'une personne déterminée perd le droit de le reproduire au moyen du même art.

1315. — Le possesseur d'un modèle de sculpture est présumé avoir le droit exclusif de reproduction, sauf preuve contraire.

CHAPITRE V

DE LA CONTREFAÇON

1316. — Constituent une contrefaçon, en l'absence du consentement du légitime propriétaire :

1° La publication des œuvres, discours, leçons et articles originaux visés par le chapitre II du présent titre ;

2° La publication des traductions desdites œuvres ;

3° La représentation des œuvres dramatiques et l'exécution des compositions musicales ;

4° La publication et la reproduction des œuvres artistiques effectuées par le même procédé que celui qui a été employé par l'artiste lui-même ou par un procédé différent ;

5° L'omission du nom de l'auteur ou de celui du traducteur ;

6° Le changement du titre de l'ouvrage original, la suppression ou la modification d'une partie quelconque ;

7° La publication d'un nombre d'exemplaires supérieur à celui qui a été fixé par le contrat en conformité de l'article 1363 ;

8° La reproduction d'une œuvre d'architecture, lorsqu'il est nécessaire, pour effectuer cette reproduction, de pénétrer dans une maison particulière ;

9° La publication et l'exécution d'une pièce musicale formée d'extraits d'autres pièces ;

10° L'arrangement d'une composition musicale pour des instruments séparés.

1317. — Constituent aussi une contrefaçon la publication, la reproduction ou la représentation d'un ouvrage faite au mépris des conditions ou au delà du temps assigné dans certaines hypothèses par les précédents chapitres.

1318. — Constitue une contrefaçon l'annonce d'une œuvre dramatique ou d'une composition musicale, quand même la pièce viendrait à ne pas être représentée et sans qu'il y ait à distinguer si l'annonce contenait ou ne contenait pas le nom de l'auteur ou celui du traducteur, toutes les fois que le propriétaire n'a pas donné son consentement.

1319. — Il en est de même du débit des œuvres contrefaisantes effectué soit sur le territoire de la République mexicaine, soit à l'étranger.

1320. — Constitue encore une contrefaçon la publication d'un ouvrage faite en violation des dispositions contenues en la loi qui réglemente la liberté de la presse.

1321. — Enfin constitue une contrefaçon toute publication ou reproduction qui ne serait pas explicitement visée par l'article suivant.

1322. — Ne constituent pas une contrefaçon :

1º La citation textuelle ou l'insertion d'un morceau ou passage extrait d'un ouvrage déjà publié;

2º La reproduction ou l'extrait d'une Revue, d'un Dictionnaire, d'un journal ou d'une Composition d'un genre analogue, pourvu qu'on indique l'écrit auquel l'extrait a été emprunté ou que la reproduction ne porte pas sur une partie considérable de l'article, au jugement des experts;

3º La reproduction d'une poésie, d'un mémoire, d'un discours, etc., faite dans un ouvrage de critique littéraire, dans une histoire de la littérature, dans un journal, dans un livre destiné à l'usage d'un établissement d'instruction;

4º La publication d'un recueil de morceaux choisis de différentes œuvres;

5º La publication séparée d'additions ou de corrections faites à l'œuvre d'un auteur;

6º La publication de l'auteur décédé sans héritier ni cessionnaire et qui aurait négligé les formalités légales prescrites pour la conservation de sa propriété;

7º La publication des œuvres anonymes ou pseudonymes, mais en tenant compte des restrictions exprimées aux articles 1259 et 1279;

8º La représentation d'un drame ou l'exécution d'une œuvre musicale, lorsqu'elle a lieu sans l'appareil théâtral, dans une maison particulière, dans un concert public gratuit;

9º La représentation ou l'exécution d'une œuvre dramatique ou musicale dont les produits sont destinés à des œuvres de bienfaisance;

10º La publication du livret d'un opéra ou des paroles de toute autre composition musicale, lorsque leur auteur n'a pas réservé expressément sa propriété littéraire;

11º La traduction d'une œuvre déjà publiée, sauf les dispositions des articles 1269 et 1272;

12º La reproduction d'un ouvrage de sculpture, s'il y a entre elle et l'original des différences tellement essentielles qu'elle doive être considérée comme un ouvrage nouveau, le tout d'après l'avis des experts;

13º La reproduction desdites œuvres, lorsqu'elles se trouvent sur les places, dans les promenades, dans les cimetières ou autres endroits publics;

14° La reproduction des œuvres de peinture, de gravure, de lithographie exécutée au moyen des procédés de l'art plastique, et, à l'inverse, la reproduction des œuvres plastiques par la peinture, la gravure, la lithographie;

15° La reproduction d'un modèle déjà vendu, lorsqu'elle en diffère sur des points essentiels;

16° La reproduction des œuvres d'architecture, lorsqu'il s'agit de monuments publics ou de la partie extérieure des maisons particulières;

17° L'usage d'œuvres artistiques comme modèles destinés aux produits d'une manufacture ou d'une fabrique.

CHAPITRE VI

DES PEINES DE LA CONTREFAÇON

1323. — Quiconque aura contrevenu aux dispositions contenues dans les articles 1316-1321 perdra, au profit du propriétaire de l'œuvre, tous les exemplaires existants et payera le prix de ceux qui manqueront pour compléter l'édition.

1324. — Si le propriétaire ne veut pas recevoir les exemplaires existants, le contrefacteur lui payera la valeur de l'édition entière.

1325. — Le prix des exemplaires à payer par le contrefacteur sera le prix actuel des exemplaires de l'édition légale; et, si celle-ci est épuisée, on considérera le prix que coûtaient les exemplaires au commencement de la publication de l'ouvrage.

1326. — Si l'édition légale de l'ouvrage s'est faite par abonnement, le prix à payer par le contrefacteur sera, non pas celui de l'abonnement, mais le prix que coûtait l'ouvrage sur le marché littéraire à la fin de sa publication.

1327. — Si l'édition contrefaisante est la seule, le contrefacteur payera le prix que les exemplaires seront payés par le public, sauf le droit pour le propriétaire de réclamer contre la modicité de ce prix.

1328. — Si la contrefaçon a été exécutée autrement que par des procédés mécaniques, le prix sera déterminé par experts.

1329. — Lorsque le nombre des exemplaires qui composent l'édition contrefaisante est inconnu, le contrefacteur non seulement perdra les exemplaires qui auront été saisis, mais payera la valeur de mille exemplaires, sauf au propriétaire à prouver que ce *quantum* est inférieur au préjudice qu'il a subi.

1330. — Les planches, moules et matrices qui ont servi à fabriquer l'édition frauduleuse seront détruits; cette mesure ne s'applique pas aux caractères d'imprimerie.

1331. — Les dispositions des articles 1323-1327 s'appliqueront aussi au cas où l'édition illicite aurait été fabriquée hors de la République mexicaine.

1332. — Quiconque fera représenter une pièce de théâtre ou exécuter une composition musicale en violation de l'article 1316-3º et 9º et des articles 1317 et 1318, versera entre les mains du propriétaire la totalité du produit *brut* de la représentation ou de l'exécution illicites.

1333. — Si la représentation ou exécution comprend différentes pièces ou compositions, on divisera la recette en parties proportionnelles au nombre d'actes ou de morceaux, et, si le calcul ne peut se faire d'après ce mode, il se fera par experts.

1334. — Le propriétaire a le droit de saisir la recette avant, pendant et après la représentation.

1335. — On fera entrer dans le calcul de la recette le prix que représentent les billets d'abonnement.

1336. — Les copies qui auraient été distribuées aux acteurs, chanteurs et musiciens seront détruites, ainsi que les livrets et partitions.

1337. — Le propriétaire a le droit de faire suspendre l'exécution de l'œuvre, auquel cas on appliquera l'article précédent et on lui allouera une indemnité fixée par experts.

1338. — Le propriétaire, outre le droit qu'il a sur le montant de la recette, doit être indemnisé du dommage que lui a causé la représentation illicite. Le juge fixera une indemnité, après avoir pris l'avis des experts.

1339. — La loi rend civilement responsable celui qui, pour son compte, entreprend ou exécute la contrefaçon.

1340. — Si la contrefaçon a été opérée hors de la République, le débitant sera responsable.

1341. — Les acteurs et les artistes qui exécutent la contrefaçon pour le compte d'autrui, ne sont pas civilement responsables.

1342. — Nul autre que le propriétaire ne peut exercer les droits dont il s'agit dans le présent Titre.

1343. — Dans tous les cas douteux, le juge doit entendre l'avis des experts.

1344. — Dans les procès sur des propriétés littéraires, dramatiques ou artistiques, le juge compétent sera le juge du domicile du propriétaire.

1345. — L'autorité politique de chaque État est compétente pour faire suspendre l'exécution d'une œuvre dramatique, séquestrer la recette, saisir un ouvrage contrefaisant, et, plus généralement, pour prendre toutes mesures d'urgence.

1346. — Les jugements rendus en matière de propriété littéraire, dramatique ou artistique, seront ou non susceptibles d'appel suivant le chiffre de l'intérêt en litige. Mais les ordonnances d'urgence rendues en conformité de l'article précédent ne donneront lieu à aucun recours.

1347. — Une fois l'instance en revendication de la propriété engagée, le désistement ultérieur du propriétaire ne décharge le contrefacteur que de la responsabilité civile.

1348. — Indépendamment des condamnations prononcées par le présent chapitre, le contrefacteur sera passible des peines édictées par le Code pénal pour le délit de *fraude*.

CHAPITRE VII.

DISPOSITIONS GÉNÉRALES.

1349. — Pour acquérir la propriété, l'auteur ou son fondé de pouvoir devra se présenter au ministère de l'instruction publique, pour y obtenir la reconnaissance légale de son droit.

1350. — L'auteur d'un livre en présentera deux exemplaires.

1351. — Tout auteur d'une œuvre musicale, d'une gravure, d'une lithographie ou œuvre analogue, en présentera un exemplaire.

1352. — L'auteur d'une œuvre d'architecture, de peinture, de sculpture ou tout autre artiste du même genre, présentera un dessin, un croquis ou un plan, avec indication des dimensions et de tous les caractères distinctifs de l'original.

1353. — Les exemplaires mentionnés en l'article 1350 seront déposés, l'un à la Bibliothèque nationale, l'autre aux Archives générales.

1354. — L'exemplaire de l'œuvre musicale sera déposé à la Société philharmonique.

1355. — L'exemplaire des gravures, lithographies, etc., ainsi que la notice descriptive mentionnée en l'article 1352, seront déposés à l'École des Beaux-Arts.

1356. — L'auteur d'un ouvrage anonyme qui voudra jouir de sa propriété, joindra aux exemplaires susmentionnés un pli cacheté qui renfermera l'indication de son nom.

1357. — A la Bibliothèque, à la Société philharmonique et à l'École des Beaux-Arts, on tiendra registre de toutes les œuvres déposées. Ce registre sera publié mensuellement dans le *Journal officiel*.

1358. — Les extraits délivrés conformes auxdits registres emporteront présomption de propriété, mais ils ne feront foi que jusqu'à preuve contraire.

1359. — Le propriétaire qui ne remplit pas les formalités prescrites par les articles 1350-1352 sera passible d'une amende de 25 piastres, et n'en demeurera pas moins tenu de l'obligation du dépôt.

1360. — Toute nouvelle édition, traduction ou reproduction entraîne un nouveau dépôt.

1361. — La propriété relative à la représentation d'une œuvre dramatique ou à l'exécution d'une composition musicale sera légalement reconnue par cela même que l'aura été la propriété littéraire et artistique des auteurs.

1362. — Lorsque l'on exécutera une œuvre inédite, soit dramatique, soit musicale, sans le consentement de l'auteur, celui-ci sera admis à prouver sa propriété par les voies ordinaires. Cette preuve une fois administrée, on appliquera à la personne responsable de la représentation illicite les dispositions du présent Titre.

1363. — Les contrats passés pour la publication d'un ouvrage devront déterminer le nombre des exemplaires qui pourront être tirés. Dans le cas contraire, il n'y aura pas ouverture à l'action en contrefaçon pour ce chef.

1364. — Tout auteur, traducteur ou éditeur devra mettre sur la couverture du livre ou de la composition musicale, au bas de la gravure, au pied ou aux autres endroits apparents de l'œuvre artistique, son nom, la date de la publication, les conditions de reproduction ou les avertissements légaux qu'il jugera convenables.

1365. — L'auteur qui n'aura pas observé les dispositions de l'article précédent ne pourra exercer les droits attachés à l'accomplissement des formalités prescrites par cet article.

1366. — Le cessionnaire d'une propriété intellectuelle temporaire n'aura la jouissance de cette propriété que pendant le temps qui reste à courir pour achever la période légale.

1367. — Si les différents copropriétaires d'un ouvrage ne s'accordent pas quant à l'exercice des droits que la loi leur confère, on s'en tiendra à la décision prise par la majorité, sauf les dispositions de l'article 1299. — Si la majorité ne se décide pas, le juge prononcera.

1368. — Dans l'hypothèse prévue par l'article précédent, les produits seront divisés en parties proportionnelles, s'il est possible de déterminer la part que chaque collaborateur individuellement a prise au travail commun, ou en parties égales, si cette détermination ne peut se faire.

1369. — Pour les effets juridiques, on considère comme auteur celui qui fait faire un ouvrage à ses frais, sauf convention contraire.

1370. — Lorsque la succession de l'auteur est dévolue au Trésor public, conformément aux lois, la propriété de l'œuvre intellectuelle s'éteint, et l'œuvre tombe dans le domaine public, sans préjudice des droits des créanciers du propriétaire.

1371. — La Nation a la propriété littéraire de tous les manuscrits des archives et administrations fédérales, ainsi que de ceux du District fédéral et de la Californie; en conséquence, aucun de ces manuscrits ne pourra se publier sans l'autorisation du Gouvernement.

1372. — La même autorisation sera nécessaire pour la publication des manuscrits et la reproduction des œuvres artistiques qui appartiennent aux académies, collèges, musées et autres établissements publics.

1373. — La publication et la reproduction des manuscrits et des œuvres artistiques qui appartiennent aux divers États de la République, ne pourront avoir lieu sans l'autorisation de leur gouvernement respectif.

1374. — Si les œuvres dont il est parlé aux trois articles précédents ont été acquises par l'État aux termes d'un contrat passé avec le propriétaire, on se conformera aux stipulations insérées dans ledit acte de cession.

1375. — Les œuvres publiées par le gouvernement tomberont dans le domaine public dix ans après leur publication. La computation de ce délai se fera suivant le mode réglé en l'article 1282 et sous réserve de l'exception mentionnée en l'article 1281.

1376. — Néanmoins, il sera loisible au gouvernement de proroger ou de restreindre le délai imparti par l'article précédent, suivant qu'il le jugera utile.

1377. — Les dispositions du présent Titre profitent à l'auteur, au traducteur et à leurs héritiers, pourvu que leur droit de propriété ne soit pas encore éteint lors de la promulgation de ce Code. Mais, pour bénéficier de ces dispositions, ils devront remplir les formalités prescrites par les articles 1349-1352.

1378. — Si l'auteur ou ses héritiers ont aliéné la propriété intellectuelle, le cessionnaire conservera cette propriété durant toute la période assignée par la loi alors en vigueur à la durée du droit des auteurs sur leurs ouvrages, et, à l'expiration de cette période, la propriété fera retour à l'auteur ou à ses héritiers, qui en jouiront à l'exclusion de tous autres et conformément aux dispositions du présent Titre.

1379. — La propriété littéraire et la propriété artistique se prescrivent par *dix* ans, comptés suivant le mode établi par l'article 1282. — La propriété dramatique se prescrit par *quatre* ans, comptés à partir de la première représentation ou exécution de l'œuvre.

1380. — La propriété qui fait l'objet de ce Titre sera considérée comme *meuble*, sauf les modifications inhérentes à sa nature spéciale et par lesquelles la loi la distingue des autres droits mobiliers.

1381. — Lorsque la reproduction d'une œuvre sera jugée utile et que le propriétaire omettra de la faire, le gouvernement pourra décréter cette reproduction, auquel cas il l'entreprendra lui-même pour le compte de l'État ou la mettra aux enchères publiques, sauf l'indemnité à payer au propriétaire et l'accomplissement des autres conditions prescrites pour l'expropriation pour cause d'utilité publique.

1382. — La propriété ne peut avoir pour objet les publications prohibées par la loi ou retirées de la circulation en vertu d'une sentence judiciaire.

1383. — Pour les effets juridiques, on ne distinguera pas entre Mexicains et Étrangers: il suffit que l'œuvre soit publiée sur le territoire de la République.

1384. — Si un Mexicain ou un Étranger résidant au Mexique publie une œuvre hors du territoire de la République, il pourra jouir du droit de propriété, pourvu qu'il se conforme aux prescriptions des articles 1349-1352.

1385. — Le traducteur d'une œuvre écrite en langue étrangère aura sur sa traduction les mêmes droits qu'un auteur.

1386. — La loi assimile entièrement aux auteurs mexicains les auteurs qui résident dans des États étrangers, pourvu que les Mexicains jouissent de la réciprocité dans les États où leurs œuvres ont été publiées.

1387. — Toutes les dispositions insérées au présent Titre sont générales, comme constituant la réglementation de l'article 4 de la Constitution.

MARCEL GUAY

III

DE LA
PROPRIÉTÉ INTELLECTUELLE

ÉTUDES DE LÉGISLATION COMPARÉE

> « Peut-être nous sommes-nous reposés trop complaisamment sur l'œuvre de nos pères : nous nous étions habitués à ne jeter au delà de nos frontières que des regards distraits. Cependant le temps a marché, et l'orage a courbé nos têtes en expiation de nos fautes. Nous n'avons plus le droit de nous isoler des législations étrangères. »
>
> Mᵉ BETOLARD.
> (*Discours prononcé à l'ouverture de la Conférence des avocats, le 25 novembre 1876.*)

ÉTATS-UNIS
1° DISPOSITIONS DE L'ACTE DU 8 JUILLET 1870
RELATIVES AUX DROITS DE COPIE
(Sections 85-111)

Le Sénat et la Chambre des Représentants des États-Unis d'Amérique assemblés en Congrès, arrêtent :

. . . .
. . . .
. . . .

SECTION 85.

Le bibliothécaire du Congrès aura soin des droits de copie. — Il aura le sceau. Cautionnement. — Rapport annuel.

Tous documents et autres pièces relatifs aux droits de copie, et dont la loi prescrit la conservation, seront placés sous la surveillance du Bibliothécaire du Congrès, et déposés et conservés dans la Bibliothèque du Congrès. Ce fonctionnaire en sera le gardien et le conservateur immédiat, et il devra, sous la surveillance de la Commission du Congrès attaché à la Bibliothèque, délivrer toutes pièces et accomplir toutes formalités requises par la loi sur les droits de copie. Il fera faire un sceau à l'usage dudit service avec une devise approuvée par la Commission préposée à la Bibliothèque, lequel aura pour objet de conférer l'authenticité à tous actes et documents délivrés par ce service et destinés à servir de preuves. Le Bibliothécaire fournira aussi un cautionnement supplémentaire de 5,000 dollars, avec garanties, entre les mains du Trésorier des États-Unis, et ce avec l'engagement de rendre aux fonctionnaires du Trésor un compte exact de toutes les sommes qu'il aura perçues en vertu de ses fonctions. Il fera également un rapport annuel au Congrès sur le nombre et la nature des publications faisant l'objet d'un droit d'auteur qui auront été enregistrées dans l'année. Il sera alloué au Bibliothécaire du Congrès, à partir de l'entrée en vigueur du présent acte, un traitement annuel de 4,000 dollars.

SECTION 86.

Ce qui peut être l'objet d'un droit de copie.

Tout citoyen ou habitant des États-Unis qui sera auteur, inventeur, créateur ou propriétaire d'un livre, d'une carte de géographie, d'un plan, d'une composition dramatique ou musicale, d'une gravure quelconque, d'une estampe, d'une photographie ou d'un cliché photographique, d'une peinture, d'un dessin, d'une chromolithographie, d'une statue, d'une sculpture, d'un modèle ou d'une esquisse destinés à être perfectionnés comme œuvres d'art, ainsi que ses exécuteurs testamentaires, fondés de pouvoir ou ayants cause, jouiront, en remplissant les formalités ordonnées par le présent acte, du droit exclusif de les imprimer, réimprimer, publier, compléter, copier, exécuter, achever et vendre ; et, s'il s'agit d'une composition dramatique, de la jouer ou représenter en public ou de la faire jouer ou représenter par d'autres. Les auteurs pourront se réserver le droit de tirer de leurs ouvrages des pièces de théâtre ou de les traduire.

SECTION 87.

Durée des droits de copie.

Les droits de copie seront accordés aux auteurs durant l'espace de *vingt-huit ans*, à partir de l'enregistrement de l'intitulé de l'ouvrage, effectué de la manière indiquée ci-après.

SECTION 88.

Prorogation des droits de copie.

Lorsque l'auteur, l'inventeur, le dessinateur sera encore vivant et citoyen des États-Unis, ou y résidant, ou qu'à son décès il aura laissé une veuve et des enfants, le même droit exclusif sera prorogé pour une période ultérieure de *quatorze ans*, à la charge par le titulaire de ce droit d'enregistrer une deuxième fois l'intitulé de l'ouvrage ou la description de l'œuvre, et d'accomplir toutes les formalités prescrites pour acquérir originairement le droit exclusif de reproduction, le tout dans le délai de six mois avant l'expiration de la première période. La première personne devra, dans les deux mois à partir dudit renouvellement, faire publier une copie de son titre dans un ou plusieurs des journaux imprimés aux États-Unis, insertion qui devra être répétée pendant quatre semaines.

SECTION 89.

La cession des droits de copie doit être enregistrée.

Les droits de copie sont juridiquement cessibles au moyen d'un écrit quelconque ; cette cession devra être enregistrée au bureau du Bibliothécaire du Congrès dans les soixante jours de la signature du contrat ; à défaut de cet enregistrement, et sans qu'il y ait besoin de donner d'avertissement, elle sera nulle et ne pourra être valablement prise en considération à l'égard d'aucun acheteur ou créancier hypothécaire ultérieur.

SECTION 90.

Enregistrement des droits de copie ; obligations de celui qui les réclame.

Pour être admis à jouir du droit de copie, il faudra, avant la publication, mettre à la poste une copie imprimée de l'intitulé du livre ou autre œuvre intellectuelle, ou une description de la peinture, du dessin, de la chromolithographie, de la statue, de la sculpture, ou bien du modèle ou de l'esquisse d'une œuvre d'art sur lesquels on désire acquérir le droit de copie, et cela à l'adresse du Bibliothécaire du Congrès ; il faudra, en outre, dans les dix jours de la publication, mettre à la poste deux copies dudit livre ou de ladite œuvre, ou, s'il s'agit d'une peinture, d'un dessin, d'une statue, d'une sculpture, d'un modèle ou d'une esquisse d'une œuvre d'art, une photographie desdites œuvres, adressée au Bibliothécaire du Congrès, comme il est disposé ci-après.

SECTION 91.

Enregistrement des droits de copie; obligations du bibliothécaire.

Le Bibliothécaire du Congrès enregistrera immédiatement l'intitulé du livre ou autre œuvre sur laquelle on demande le droit de copie, sur un registre spécial, et dans les termes suivants : « Bibliothèque
» du Congrès. Certifié que, le. . . . . .jour de l'année.
» . . . ., A. B., de. . . . ., a déposé au présent
» Bureau l'intitulé d'un livre (ou d'une carte, plan ou autre travail,
» ou ouvrage dont il est ici question, ou la description de l'œuvre),
» dont l'intitulé ou la description est conçue en ces termes, savoir :
» (*Inscrire ici l'intitulé ou la description*), et sur lequel il réclame
» les droits d'auteur, de créateur (ou de propriétaire, suivant le cas),
» conformément aux lois des États-Unis sur les droits de copie. C. D.
» Bibliothécaire du Congrès. » Et le Bibliothécaire du Congrès délivrera audit propriétaire, toutes les fois qu'il en sera requis, une copie de l'intitulé ou de la description revêtue du sceau du Bibliothécaire du Congrès.

SECTION 92.

Honoraires.

Pour l'enregistrement de l'intitulé ou de la description de tout livre ou travail faisant l'objet du droit de copie, le Bibliothécaire du Congrès percevra du requérant 50 *cents;* pour chaque copie scellée qui sera délivrée en même temps au dit requérant ou à ses ayants cause, 50 *cents;* pour l'enregistrement de tout contrat de cession d'un droit de copie, 15 *cents* par chaque centaine de mots; pour chaque copie qu'il en fera, 10 *cents* par chaque centaine de mots. Les sommes perçues de ce chef seront versées au trésor des États-Unis.

SECTION 93.

Envoi des objets au bibliothécaire du Congrès.

Tout propriétaire d'un livre ou autre travail donnant lieu à un droit d'auteur, mettra à la poste, dans les dix jours de la publication, à l'adresse du Bibliothécaire du Congrès à Washington, deux copies imprimées complètes de la meilleure édition qui aura été publiée, ou la description ou photographie de cet ouvrage, telle qu'elle est exigée ci-dessus, ainsi qu'un exemplaire de toute édition subséquente dans laquelle il aurait été introduit des changements essentiels.

SECTION 94.

Pénalités édictées en cas d'omission.

Faute de cet envoi par la poste, le propriétaire encourra une amende de 25 dollars, à toucher par le Bibliothécaire du Congrès, au nom des États-Unis, dans les formes d'un procès pour dette par-devant tout Tribunal de district des États-Unis dans le ressort duquel le délinquant résiderait ou serait rencontré.

SECTION 95.

L'envoi peut avoir lieu *franco* pour le bibliothécaire.

Tout livre ou travail donnant lieu au droit de copie pourra être adressé au Bibliothécaire du Congrès par la poste et franc de port, pourvu que les mots « *Affaire de droit de copie* » soient écrits ou imprimés en toutes lettres à l'extérieur de l'enveloppe qui le renferme.

SECTION 96.

Obligations du Directeur des postes.

Le Directeur des postes auquel il est remis un livre, l'intitulé d'un écrit ou toute autre chose donnant lieu à un droit de copie, en donnera récépissé, s'il en est requis; et, après cette remise, il l'enverra par la poste à destination et sans frais pour le propriétaire.

SECTION 97.

Notification des droits de copie.

Toute personne, pour intenter une action en violation du droit de copie, devra avoir donné connaissance de ce droit au public, en insérant dans tous les exemplaires de l'édition qu'elle publiera, sur la page du titre ou sur celle qui suivra immédiatement, s'il s'agit d'un livre, ou bien, s'il s'agit d'une carte de géographie, d'un plan, d'une composition musicale, d'une estampe, d'une gravure quelconque, d'une photographie, d'une peinture, d'un dessin, d'une chromolithographie, d'une statue, d'une sculpture quelconque, ou d'un modèle ou d'une esquisse destinés à être perfectionnés et complétés comme œuvres d'art, en inscrivant sur une partie quelconque du devant ou du haut desdits objets ou sur la face de la substance sur laquelle ils seront montés, les mots suivants : « *Enregistré, conformément à l'acte du*

Congrès, l'an. . . ., par A. B., au bureau du Bibliothécaire du Congrès, à Washington. »

SECTION 98.

Pénalité édictée pour notification mensongère.

Quiconque insérera ou imprimera l'avis ci-dessus ou des mots de la même signification dans un ou sur un livre, une carte de géographie, un plan, une composition musicale, une estampe, une gravure quelconque, une photographie ou autres œuvres mentionnées plus haut et sur lesquelles il n'a pas acquis les droits de copie, sera, pour peine de cette contravention, tenu de payer une amende de 100 dollars, dont une moitié sera attribuée à la personne qui le poursuit de ce chef et l'autre aux États-Unis; ces 100 dollars recouvrables par voie d'action en justice intentée devant tout tribunal compétent.

SECTION 99.

Infraction aux droits de copie : livres.

Après que l'intitulé d'un écrit aura été enregistré de la manière prescrite et dans le délai fixé par la loi, quiconque, sans le consentement du propriétaire des droits de copie, lequel consentement devra être préalablement donné par acte écrit et signé en présence de deux témoins ou un plus grand nombre, aura imprimé, publié ou importé ou bien, sachant que cet écrit a été imprimé, publié ou importé de ladite manière, aura vendu ou mis en vente un exemplaire dudit écrit, subira la confiscation de tous les exemplaires au bénéfice du propriétaire, sans préjudice des dommages-intérêts que ledit propriétaire obtiendra par voie d'action civile par-devant tout tribunal compétent.

SECTION 100.

Infraction aux droits de copie : cartes, etc.

Quiconque, — après enregistrement de l'intitulé d'une carte de géographie, d'un plan, d'une composition musicale, d'une estampe, d'une gravure quelconque, d'une photographie, d'une chromolithographie, ou de la description d'une peinture, d'un dessin, d'une statue, d'une sculpture, ou d'un modèle ou d'une esquisse destinés à être achevés et exécutés comme œuvres d'art, suivant les prescriptions de la présente loi et dans les délais qu'elle détermine, — aura, sans le consentement préalable du propriétaire des droits de copie (lequel consentement devra être donné par acte écrit et signé en présence de deux témoins ou un plus grand nombre), gravé au burin ou à l'eau-forte, exécuté, copié, imprimé, publié ou importé, soit en entier, soit en partie, ou par un changement du dessin principal fait en vue d'éluder la loi, ou bien, sachant que l'œuvre a été imprimée, publiée ou importée dans les conditions susdites, aura vendu ou mis en vente un exemplaire desdites cartes ou autres œuvres susmentionnées, subira de la part du propriétaire la confiscation de toutes les planches qui auront servi à la reproduction et de toute feuille, copiée ou imprimée, qui existera encore entre ses mains, et, en outre, payera 1 *dollar* pour chaque feuille qui sera trouvée en sa possession, soit en train d'être imprimée, copiée, publiée, importée ou mise en vente, et, dans le cas d'une peinture, d'une statue, d'une sculpture, donnera 10 *dollars* pour chaque exemplaire qui sera en sa possession ou qu'il aura vendu ou mis en vente, dont une moitié sera attribuée au propriétaire et l'autre mise à la disposition des États-Unis, l'une et l'autre somme recouvrables par action en justice intentée devant tout Tribunal compétent.

SECTION 101.

Infraction aux droits de copie : compositions dramatiques.

Quiconque jouera ou représentera publiquement une œuvre dramatique sur laquelle il a été acquis des droits d'auteur, sans le consentement du propriétaire ou de ses ayants cause, sera pour ce fait passible de dommages-intérêts recouvrables par action en justice devant tout Tribunal compétent; ces dommages seront arbitrés par le Tribunal, mais ne pourront jamais être taxés à une somme moindre de 100 *dollars* pour la première représentation et 50 *dollars* pour chaque représentation subséquente.

SECTION 102.

Infraction aux droits de copie : manuscrits.

Tout individu qui aura imprimé ou publié un manuscrit quelconque sans le consentement préalable de l'auteur ou propriétaire (si l'auteur ou propriétaire est citoyen des États-Unis ou qu'il y soit domicilié) sera responsable envers ledit auteur ou propriétaire de tous dommages qu'il lui aurait causés par son fait illicite. Les dommages-intérêts devront être réclamés au moyen d'une demande en justice, formée à cette fin devant tout Tribunal compétent.

SECTION 103.

Droit d'importer et imprimer les ouvrages étrangers.

La présente loi ne pourra être interprétée de manière à faire défense d'imprimer, de publier, d'importer ou de vendre un livre, une carte de géographie, un plan, une composition dramatique ou musicale, une estampe, une gravure quelconque, une photographie, ou, en général, un ouvrage dont l'auteur ne serait ni citoyen ni habitant des États-Unis.

SECTION 104.

Prescription de l'action en justice.

Toute action à raison d'un méfait ou délit commis à l'encontre des lois sur les droits de copie sera prescrite dans les deux ans à compter du jour où aura été commis le fait qui y aura donné lieu.

SECTION 105.

Procès.

Dans tous les procès pour infraction aux lois sur les droits de copie, le défendeur aura le droit non seulement de plaider en général contre la demande, mais aussi de faire la preuve contraire de tous les faits spéciaux.

SECTION 106.

Causes du ressort des Cours.

Toutes actions, poursuites, litiges et procès auxquels donneront lieu les lois des États-Unis sur les droits de copie seront directement, aussi bien en équité qu'en droit positif, en matière civile qu'en matière pénale, de la compétence des Cours de circuit des États-Unis, ou de tout Tribunal de district ayant la juridiction dans la Cour de circuit, ou de la Cour suprême du district de Columbia ou d'un territoire quelconque. La Cour, saisie d'une demande d'équité faite par une partie lésée, aura pouvoir d'accorder les *injonctions* et d'arrêter les violations de l'un quelconque des droits garantis par lesdites lois, et ce dans les formes et suivant les principes suivis par les Cours d'équité, et dans la limite qu'elle jugera convenable.

SECTION 107.

Appel à la Cour suprême.

Le recours pour erreur ou l'appel à la Cour suprême des États-Unis aura lieu pour tous les jugements et arrêts rendus par toute Cour de justice, en toute action, poursuite, litige ou procès relatifs à des droits de copie, et ce dans la même forme et aux mêmes conditions que pour tous les autres jugements et arrêts desdites Cours, et quels que soient la somme d'argent ou l'intérêt en litige.

SECTION 108.

Restitution intégrale des frais.

Toutes les actions résultant des lois sur les droits de copie et tendant à des condamnations aux dommages-intérêts, à la confiscation ou autres peines, comprendront la restitution intégrale des frais.

SECTION 109.

Transport des livres, etc., à la bibliothèque du Congrès.

Le dépôt et la remise de tous les livres, cartes de géographie, plans et, en général, des publications de toute espèce, antérieurement déposés au département de l'Intérieur, conformément aux lois sur les droits de copie, ainsi que de tous les registres y relatifs qui ont été transportés du département de l'État au département de l'Intérieur, se feront sous la surveillance du Bibliothécaire du Congrès, qui demeure chargé par la présente loi d'exercer toutes les fonctions relatives aux droits de copie et instituées par la loi.

SECTION 110.

Le Greffier de chacune des Cours de district des États-Unis remettra immédiatement au Bibliothécaire du Congrès tous les livres, cartes, estampes, photographies, compositions musicales et toutes autres publications déposées aux bureaux dudit greffier et qui n'auraient pas été remises antérieurement au Ministère de l'Intérieur à Washington, ainsi que toutes les pièces constatant des droits de copie et qui sont en sa possession, y compris les intitulés déjà enregistrés et les dates d'enregistrement; toutefois, lorsqu'il y aura en double exemplaire un ouvrage de droit, de science ou de mécanique, un exemplaire de cet ouvrage pourra être déposé à la Bibliothèque du Bureau des Brevets d'invention, contre un récépissé que le Commissaire des Brevets délivrera au Bibliothécaire du Congrès.

SECTION 111.

Abrogation de lois antérieures et son effet.

Les lois et parties de lois rappelées dans le tableau ci-après annexé (1) demeurent abrogées par les présentes, ainsi que les lois ou parties de lois qu'elles avaient déjà abrogées par un article ou une disposition spéciale. La présente abrogation ne pourra avoir pour effet d'atteindre et de modifier aucun des droits existant déjà en vertu d'une quelconque desdites lois. Toutes les poursuites, tous les motifs de poursuite, tant en droit positif qu'en équité, auxquels aurait donné naissance une quelconque desdites lois peuvent être commencées et continuées, être invoquées et persister; les poursuites déjà engagées pourront être continuées et conduites jusqu'au jugement final et jusqu'à l'exécution, comme si la présente loi n'était pas intervenue. Mais les dispositions de la présente loi seront applicables à toutes les poursuites et à tous les procès qui s'engageront après sa publication.

Toutes les infractions définies et punies par l'une quelconque desdites lois pourront être poursuivies; toutes les pénalités et confiscations qu'elles prononcent et qui ont été encourues avant l'entrée en vigueur de la présente loi pourront être demandées et obtenues, et lesdites infractions pourront être punies conformément aux dispositions desdites lois qui sont restées en vigueur sur ce chef.

Approuvé, le 8 juillet 1870.

---

(1) Les lois énumérées dans ce tableau, et auxquelles renvoie la section 111, sont les lois du 15 février 1819, du 3 février 1831, du 30 juin 1834, du 18 août 1856, du 5 février 1859, du 18 février 1861, du 3 mars 1865 et du 18 février 1867.

2° ACTE DU 18 JUIN 1874

AMENDANT LA LÉGISLATION SUR LES BREVETS D'INVENTION, LES MARQUES DE COMMERCE ET LES DROITS DE COPIE

Conditions requises pour l'exercice du droit d'action en violation du droit de copie. Mode d'enregistrement. — Option.

Soit décidé par le Sénat et la Chambre des États-Unis d'Amérique assemblés en Congrès, que toute personne, pour intenter une action en violation du droit de copie, devra avoir donné connaissance de ce droit au public en insérant dans tous les exemplaires de l'édition qu'elle publiera, sur la page du titre ou sur la page qui suivra immédiatement, s'il s'agit d'un livre; ou bien, s'il s'agit d'une carte de géographie, d'un plan, d'une composition musicale, d'une estampe, d'une gravure sur bois, d'une gravure sur métal, d'une photographie, d'une peinture, d'un dessin, d'une chromolithographie, d'une statue, d'une sculpture quelconque, ou d'un modèle ou d'une esquisse destinés à être perfectionnés ou exécutés comme œuvre d'art, en inscrivant sur un endroit apparent desdits objets, ou sur le piédestal qui les supporte, soit les mots : « Enregistré conformément à l'acte du Congrès, année....., par A. B., au bureau du bibliothécaire du Congrès, à Washington », soit le mot : « Droit de copie », avec l'année où le droit de copie a été enregistré et le nom de la personne qui l'a acquis, le tout de la manière suivante : « Droit de copie, 18..., par A. B. »

SECTION 2.

Droits ou honoraires pour l'enregistrement et le certificat de transfert du droit de copie.

Que, pour enregistrer et certifier tout écrit par lequel on a transféré un droit de copie, le Bibliothécaire du Congrès doit recevoir des personnes qui requièrent l'accomplissement de cette formalité, un dollar; et pour chaque copie d'un transfert, un dollar : ladite taxe devant servir à couvrir, dans l'une et l'autre hypothèse, les frais d'un certificat de l'enregistrement revêtu du sceau du Bibliothécaire du Congrès. Toutes les taxes ainsi perçues doivent être versées au Trésor des États-Unis.

SECTION 3.

Restriction à l'application des mots *gravure sur métal, gravure sur bois* et *estampe*. — Les autres estampes et étiquettes peuvent être enregistrées au bureau des brevets. — Le commissaire des brevets chargé de la surveillance. — Honoraires.

Que, dans l'interprétation du présent Acte, les mots « gravure sur cuivre », « gravure sur bois » et « estampe » ne seront applicables qu'à des illustrations ou œuvres qui se rattachent aux beaux-arts, et que l'estampe ou étiquette destinée à tous autres objets faits à la main n'aura jamais besoin d'être enregistrée conformément à la loi sur le droit de copie : il suffira de l'enregistrer au bureau des Brevets. Et le Commissaire des Brevets est par les présentes chargé de surveiller et de contrôler l'inscription ou enregistrement de ces imprimés ou étiquettes conformément aux dispositions de la loi sur le droit de copie des œuvres imprimées, excepté que, pour enregistrer le titre de tout imprimé ou étiquette qui n'est pas une marque de commerce, il y aura à payer six dollars, lesquels couvriront les frais de la copie de l'enregistrement, scellée du sceau du Commissaire des Brevets, qui sera délivrée à la partie qui fait enregistrer.

SECTION 4.

Abrogation des lois contraires.

Que toutes les lois et parties de loi contraires aux dispositions précédentes sont et demeurent abrogées par le présent Acte.

SECTION 5.

Mise en vigueur depuis le 1er août 1874.

Que cet Acte doit sortir effet depuis et y compris le 1er août 1874.

Approuvé le 18 juin 1874.

(*Statuts des États-Unis d'Amérique passés à la 1re session du 43e Congrès, 1873-1874;.... Washington, bureau de l'Imprimerie du Gouvernement, 1874, pages 78 et 79*).

MARCEL GUAY

IV

DE LA
RÉPRESSION DE LA CONTREFAÇON
EN MATIÈRE DE
PROPRIÉTÉ LITTÉRAIRE
D'APRÈS LA SCIENCE RATIONNELLE ET LES LÉGISLATIONS POSITIVES

ÉTUDES DE DROIT COMPARÉ

> « Quand nous étudions les législations étrangères, nous n'allons pas simplement chercher quelques points de rapprochement plus ou moins intéressants. Nous cherchons les principes qui président à telle loi; nous sommes amenés à étudier la philosophie du droit, à remonter aux principes de notre propre législation; nous faisons là, tout ensemble, une étude de morale, de politique dans le sens élevé du mot, d'économie politique. »
>
> M. ÉDOUARD LABOULAYE.
> *(Discours prononcé à la première séance de la Société de législation comparée, le 16 février 1869.)*

PREFACE

S'il est indispensable de fixer avec une précision extrême où commence et où finit le *droit de punir*, c'est assurément en matière de propriété littéraire. Les auteurs sont souvent fort ignorants de leurs droits, et leurs intérêts exigent, de la part du législateur, une surveillance éclairée. Plus d'un écrivain a vu le fruit de longs travaux ou de patientes recherches anéanti par une contrefaçon, qui, n'ayant ni les mêmes travaux à accomplir, ni les mêmes frais à supporter, venait tuer entre ses mains l'œuvre qui pouvait faire à la fois sa gloire et sa fortune. D'un autre côté, il ne faut pas méconnaître qu'une susceptibilité excessive égare souvent les auteurs dans l'exercice de l'action en contrefaçon, et les amène à croire que toute œuvre analogue à la leur est un plagiat et une copie de leur ouvrage. C'est à conduire l'auteur et l'éditeur entre ces deux écueils également dangereux que le législateur, aidé de la jurisprudence, doit s'appliquer. Remarquons enfin que, la perpétuité de la propriété littéraire n'étant pas encore universellement reconnue (1), c'est une raison de plus pour que toutes les fraudes dont elle est l'objet soient atteintes par la pénalité.

Cependant, le créateur de l'œuvre littéraire, lorsqu'il est lésé, est loin d'être protégé par les lois contre la contrefaçon comme le sont les propriétaires contre les voleurs. Il est juste, du reste, de reconnaître que les mœurs influent singulièrement sur cette manière d'agir. Que de personnes, en effet, sont intéressées à n'attribuer aux créations intellectuelles qu'une faible valeur, et cela parce que, se trouvant incapables d'en réaliser de semblables, elles comprennent peu l'importance et la supériorité d'un travail que leur refusent absolument la nature ou leur peu de culture intellectuelle ! Tendance éminemment condamnable, qui va et ira tous les jours en disparaissant, le respect de la propriété des œuvres de l'intelligence progressant chez tous les peuples réellement honnêtes ou désireux d'accroître leur civilisation.

---

(1) Elle vient de l'être au Mexique art. 1253 du Code civil de Mexico). — Voir *Annales de la propriété industrielle, artistique et littéraire*, t. XXI, p. 265.

Quoi qu'il en soit, il nous a paru utile de demander à la philosophie du droit les principes d'après lesquels doit être réglementée l'action en contrefaçon, et nous avons cru devoir en même temps signaler, dans les principales législations étrangères, les dispositions qui imposent aux contrefacteurs des réparations pénales et des réparations civiles. Le devoir du jurisconsulte ne se borne pas, en effet, à rassembler les faits législatifs; il consiste aussi et surtout à remonter jusqu'à l'esprit des lois. Quant à la comparaison des législations étrangères, elle peut fournir les moyens de perfectionner la législation nationale.

Ce n'est pas tout. L'étude que nous entreprenons présente un avantage éminemment pratique. Des traités conclus entre la France et différents Etats étrangers assurant à nos œuvres littéraires la protection des lois en vigueur dans ces Etats, les auteurs ne sauraient ignorer des lois dont ils peuvent être appelés à invoquer les dispositions.

Enfin « le temps n'est plus où chaque peuple, vivant chez lui et
» pour lui, se souciait fort peu de ce qui se passait chez ses voisins.
» Aujourd'hui les barrières se sont abaissées, des rapports incessants
» se sont établis entre les nations les plus éloignées, l'isolement a fait
» place à la vie commune, et c'est avec une curiosité avide et fort
» légitime, d'ailleurs, que nous recherchons quelles sont les mœurs,
» la constitution et les lois des autres pays (1). »

---

(1) M. Adrien Huard, *Étude comparative des législations française et étrangères en matière de propriété industrielle, artistique et littéraire*, p. 3.

PREMIÈRE PARTIE

SCIENCE RATIONNELLE

1

Des dommages-intérêts.

1. Pour qu'une législation sur la propriété littéraire soit, en ce qui concerne la sanction de ce droit sacré, aussi parfaite que possible, il importe qu'elle tienne compte de ce que le *délit* de contrefaçon et le *dommage* causé sont deux faits entièrement distincts, et que, sous prétexte de punir efficacement le contrefacteur, elle ne contienne pas des dispositions aussi exorbitantes de la loi commune que celle qui consiste à soustraire à l'appréciation du juge la fixation des dommages-intérêts. Déclarer à l'avance que le tort éprouvé sera *toujours* de telle quotité ; dire aux tribunaux : « Nous ne vous laissons pas apprécier en votre âme et conscience le dommage réel ; nous, législateurs, nous l'avons déterminé *à priori* et nous vous l'imposons ; » indiquer, en conséquence, un nombre d'exemplaires qui servira de base à la fixation du dommage : c'est vouloir non seulement déroger au droit commun sans motif sérieux, mais introduire la confusion et consacrer des iniquités.

Pour établir un système juridique et conforme, en outre, à la réalité des faits, il ne faut pas déclarer que le contrefacteur sera condamné à payer au propriétaire des dommages-intérêts égaux au moins à la valeur de l'édition originale sur laquelle la contrefaçon a été faite; il ne faut pas, comme le proposait en France M. Vavin en 1841, fixer les dommages-intérêts au prix de 2,000 exemplaires de l'édition originale; il faut encore moins s'engager dans des distinctions plus ou moins capricieuses et réduire ce chiffre à 1,000 exemplaires pour les ouvrages de deux ou plusieurs volumes. Sortir du droit commun, c'est s'éloigner de la vérité, et, ce qu'il faut, c'est, au lieu de prononcer contre les contrefacteurs des dommages-intérêts uniformes, fixés à l'avance et indépendamment du fait constaté, dire simplement que les dommages-intérêts seront arbitrés par les tribunaux.

2. Il est, du reste, facile de faire voir que la fixation *à priori* des dommages-intérêts revient à garantir trop ou trop peu le droit de propriété littéraire. Elle n'a pas seulement le tort d'être arbitraire, elle se traduit plus d'une fois par un *quantum* insuffisant ou excessif. — Prenons deux exemples. Soit un ouvrage qui, dès sa première édition, est tiré à 2,000 ou 3,000 exemplaires; si la loi n'accorde des dommages-intérêts que sur la base de 1,000 à 2,000 exemplaires, elle ne rend pas pleine justice. Soit, au contraire, un ouvrage très important, qui se vend fort cher et qui n'est tiré qu'à 300 exemplaires; si la loi impose aux tribunaux l'obligation de prononcer des dommages-intérêts égaux à 2,000 exemplaires, elle est injuste en sens inverse, et elle condamne le contrefacteur à des dommages-intérêts vraiment exorbitants (1). N'est-il pas préférable de laisser aux tribunaux la faculté de ne faire porter la réparation que sur le nombre des exemplaires contrefaits et d'établir qu'elle sera la représentation exacte du dommage qui a été souffert ?

3. Ce n'est pas tout. L'adoption d'un pareil système présente un inconvénient d'une nature différente et dont la gravité est bien propre à provoquer les méditations du législateur. Il met les tribunaux dans une alternative qu'il faut toujours éviter : lorsque le taux légal des dommages-intérêts se trouve, en fait, être excessif, les tribunaux devront ou prononcer une condamnation injuste, ou bien renvoyer impuni un coupable que leur conscience reconnaît comme tel, et commettre, avec d'honorables intentions, un déni de justice.

4. Je sais bien qu'on invoque, dans le système que je persiste à combattre, des objections d'une double nature. Les unes s'appuient sur des arguments d'analogie tirés de certains textes législatifs, les autres sur des considérations qui paraissent spéciales à la contrefaçon littéraire; mais les unes et les autres sont loin d'être concluantes.

Et d'abord, il importe peu que l'article 202 du Code forestier dispose que, dans tous les cas où il y aura lieu à des dommages-intérêts, ils ne pourront être inférieurs à l'amende prononcée par le jugement, empêchant ainsi les juges d'apprécier la lésion qui a été souf-

---

(1) Il est également impossible d'admettre que le contrefacteur doive être condamné à payer au propriétaire des dommages-intérêts égaux au moins à la valeur de l'édition originale sur laquelle la contrefaçon a été faite. Supposons, en effet, une édition originale de 2,000 exemplaires et une contrefaçon ne portant que sur 500. Le juge devra prononcer des dommages-intérêts égaux à 2,000 exemplaires, qui forment la quotité des exemplaires de l'édition originale, alors que le dommage n'aura été que de 500. Il n'est donc pas juridique d'établir la peine du talion et de dire : « puisque vous faites une édition de l'ouvrage dont j'ai fait une édition moi-même, vous m'en devez la valeur. »

ferte; — ou que la loi du 10 vendémiaire au IV, relative à la responsabilité des communes, fixe le minimum des dommages-intérêts au double de la valeur des objets pillés ou détruits. Il n'importe pas davantage, bien qu'on ne puisse pas dire qu'il s'agit de lois réglant des matières tout à fait étrangères à la nôtre, que la loi de 1793 sur la propriété littéraire n'admît ni minimum ni maximum et fixât toujours les dommages-intérêts à la valeur de 3,000 exemplaires. Enfin, on ne saurait rien inférer de l'autorité de la commission de 1826, qui assignait aux dommages-intérêts un chiffre variant entre 1,000 et 3,000 exemplaires, ce qui était une disposition arbitraire et parfois injuste.

D'un autre côté, on opposera que la quotité du dommage est impossible à établir en fait; que le contrefacteur ne viendra pas montrer ses registres et qu'il s'agit ici d'une industrie d'autant plus dangereuse qu'elle est clandestine; que, s'abstenir de fixer à l'avance le chiffre de l'indemnité, c'est se montrer disposé à favoriser les coupables (1). On rappellera que, la plupart du temps, éditeurs et auteurs ont été découragés des poursuites qu'ils voulaient entreprendre contre des contrefacteurs par l'exiguïté des dommages-intérêts; que, bien loin d'être couverts des dommages de la contrefaçon, ils n'ont même pas été indemnisés des frais et des faux frais qu'ils avaient été obligés de faire pour entamer et suivre l'action en justice. Je crois que c'est là un abus manifeste d'argumentation, et que des craintes chimériques ou exagérées ne sauraient infirmer l'exactitude des principes qui ont été énoncés plus haut. Cette seconde série d'objections, plus sérieuses, à tout prendre, que les objections *historiques*, ne va pas jusqu'à faire croire que la contrefaçon échappera la plupart du temps à la justice si l'on n'impose aux juges un minimum dans la fixation des dommages-intérêts.

---

(1) « Les contrefaçons, a-t-on dit, ont presque toujours lieu dans de petites villes, dans des lieux retirés; elles se fabriquent dans l'ombre. Et, lorsqu'un éditeur fait quelques démarches pour rechercher, pour surprendre un contrefacteur, à l'instant où l'on voit paraître, dans la ville où se fait la contrefaçon, une figure suspecte, le contrefacteur est averti, le corps du délit disparaît, et il n'y a plus, par conséquent, aucun moyen pour les tribunaux d'apprécier la quotité du dommage qui serait porté au véritable propriétaire. En 1841, on citait un ouvrage dont il se publiait à Paris, par les soins du légitime propriétaire, 10,000 à 12,000 exemplaires chaque année, et dont on vendait tous les ans, dans toute l'étendue du territoire français, plus de 25,000 exemplaires contrefaits. »

II

De la confiscation.

5. La législation doit-elle prononcer la confiscation de l'édition contrefaite? Nous répondrons affirmativement. Mais ce n'est pas à dire pour cela qu'elle doive lier à l'avance les tribunaux et les empêcher de se livrer à aucun examen. Aussi bien, ce serait oublier qu'il y a lieu ici à des appréciations de fait aussi délicates que dans toutes les autres affaires, et, comme on l'a dit, « laisser dans la main du juge le bâton dont l'aveugle se sert pour frapper au hasard. » Les auteurs ont, sans doute, un intérêt considérable à ce que l'on ne couvre pas d'éditions contrefaites le *marché littéraire*. Mais, d'un autre côté, faut-il que le détenteur des éditions contrefaites puisse être injustement atteint dans sa fortune par une confiscation générale?

6. Nous pensons également que la remise des éditions contrefaites à l'auteur doit pouvoir toujours être demandée. Il faut aussi qu'elle puisse être, comme on l'a proposé, prononcée contre le remboursement des sommes qui seront arbitrées. « A cet égard, des recours pourront être déterminés par le juge contre ceux qui pourraient savoir manqué de prudence dans l'acquisition ou même la simple détention des éditions délictueuses; le tribunal pourra même ordonner qu'il sera procédé à la vente desdites éditions et que le prix en sera partagé dans une contribution, d'après les droits des parties préalablement déterminés par la loi (1). »

7. Dans toutes ces circonstances, il faut que le juge soit le maître d'arbitrer, sans quoi l'indemnité peut être quelquefois supérieure au préjudice subi. Et nous ferons, à ce propos, une observation qui s'applique, du reste, à la fixation *à priori* des dommages-intérêts comme à l'assignation d'une base immuable à toute satisfaction à donner à la partie plaignante : il faut éviter que la contrefaçon ne devienne une source de fortune pour l'auteur. « Il est si facile à
» l'auteur de paralyser l'écoulement de l'édition régulière, a écrit
» M. Calmels; au contraire, d'exciter, de pousser secrètement à l'il-
» légalité; de fermer les yeux, d'oublier pendant quelque temps;
» et puis, lorsque ces encouragements secrets, ces tolérances, ces
» excitations, cet oubli ont porté leurs fruits; lorsque la librairie
» est prête à livrer au commerce des éditions en grande quantité,

---

(1) M. Calmels.

» soit en les laissant isolées, distinctes, soit en les confondant avec
» tant d'autres publications, c'est alors que le moment du réveil
» arrive, qu'une razzia générale est opérée, que le plaignant fait
» prononcer des confiscations sur une vaste échelle, et c'est ainsi
» que, sans avoir soi-même favorisé le développement de la littérature
» nationale, on arrive à se faire attribuer le fruit du travail et les
» capitaux de tiers qui ont souvent été de bonne foi. »

8. Il faut encore moins prononcer la confiscation lorsque les prévenus sont acquittés. « En matière de peine, l'absolu est injuste, parce qu'il est aveugle; aussi il arrive, dit le même auteur, que des prévenus acquittés peuvent néanmoins être ruinés par l'effet de la confiscation. Que deviennent pour eux le droit et l'équité? Si la confiscation est une peine, elle ne doit pas être prononcée, puisqu'ils sont acquittés; si elle est une réparation, ils n'en doivent pas, puisqu'ils n'ont commis aucun acte coupable, et que, dès lors, la juridiction correctionnelle est sans qualité pour les déposséder de biens qui constituent leur fortune. Il ne s'agit donc plus que d'intérêts purement civils, et dès lors les tribunaux civils sont seuls compétents pour apprécier les droits de toutes les parties. » En conséquence, une législation peut prononcer la confiscation à titre de peine et d'indemnité (1); mais, en cas d'acquittement, les tribunaux civils seuls doivent statuer sur la remise des exemplaires contrefaits.

III

De l'amende.

9. Pour ne rien omettre des dispositions que doit renfermer une législation rationnelle sur la sanction du droit de propriété littéraire, il faut examiner une proposition que formulait, en 1836, M. Victor Foucher, et étudier les conséquences que l'éminent jurisconsulte en avait déduites en ce qui concerne les condamnations à prononcer. En d'autres termes, faut-il que l'État vienne exercer un prélèvement sur la fortune du contrefacteur et que le juge prononce une *amende?* Or, dit M. Victor Foucher, la pénalité doit ici être calculée de manière à absorber tous les produits et tous les bénéfices qu'on pourrait retirer

---

(1) « La confiscation ne doit pas être seulement, dans la mesure que nous avons indiquée, une indemnité pour le plaignant; elle doit être aussi, dit M. Gastambide (*Traité des Contrefaçons*, n° 177), une peine d'ordre public qui ait pour objet de faire cesser le délit et le trouble que la société en éprouve. — Le délit, ajoute le savant auteur, ne doit pas se continuer, voilà le principe; or, la confiscation peut seule remplir le vœu de la loi. »

de la contrefaçon, et il faut demander des amendes *élevées*. « Pour prouver que ce mode de répression est le meilleur, parce qu'il est le plus efficace, il suffit de faire ici l'application de ce grand principe de droit criminel : *Choisir la peine la plus en rapport avec la nature de l'infraction et avec le but de l'infracteur.* Eh bien! c'est l'avidité du gain, la passion de l'argent, la cupidité qui poussent à la commission de ce délit; c'est donc en prenant l'infracteur par ces vices mêmes, *c'est donc en se faisant* AVIDE, CUPIDE, FISCALE, *que la loi réprimera plus sûrement la contrefaçon.* »

10. Nous pensons qu'il y a là une exagération manifeste et qu'on peut contester la légitimité et l'utilité de l'amende prononcée contre le contrefacteur.

A moins qu'on ne veuille la transformer complètement en un expédient de fiscalité, il faut bien reconnaître, avec M. Ortolan (1), que ce n'est pas une peine *correctionnelle* dans la véritable acception du mot, c'est-à-dire « une peine réformatrice, organisée pour l'entreprise suivie d'une régénération morale du condamné (2). » Quant à l'efficacité de la répression, on ne peut affirmer qu'elle soit certaine et complète : quelquefois l'amende est prononcée utilement contre un délit qui prend sa source en un sentiment de cupidité, et il se trouve alors que cette peine pécuniaire va frapper l'âme du coupable dans le vice même qui l'a poussé au mal; mais, quelquefois aussi, elle ne réussit pas à décourager l'industrie de certains contrefacteurs, qui, poussés par un esprit de lucre insatiable, persévéreront et seront comme engagés par la loi elle-même, qui les atteint dans leur fortune, à commettre la récidive.

« Chez nous, qui n'avons pas l'esprit commerçant, remarque M. E. Laboulaye, alors même qu'il s'agit du commerce, on s'occupe beaucoup plus du *délit* que du *préjudice* causé; l'État paraît pour profiter de l'amende; puis, quand on vient aux dommages-intérêts, le juge accorde une somme trop souvent insignifiante (3). »

---

(1) *Éléments de droit pénal*, t. II, p. 39 de la 2ᵉ édition.
(2) Il est vrai que M. Ortolan enseigne que, dans les délits graves, il convient d'ajouter parfois l'amende comme *appoint* à la peine corporelle. Encore faut-il que cette peine corporelle soit effectivement prononcée contre les contrefacteurs par la législation. « Seule, l'amende ne peut être appropriée qu'aux délits dans lesquels il n'y a pas eu perversité, dépravation de l'âme, et où le caractère afflictif de la peine peut suffire pour mettre en garde le délinquant contre les récidives. En tout autre cas, elle manque un des buts essentiels de la peine, la *correction* (*ibid.*, n° 1399). » On peut remarquer aussi que, lorsqu'une loi prononce l'emprisonnement et l'amende contre le voleur sans prononcer tout à la fois l'amende et l'emprisonnement contre la personne coupable de contrefaçon (la contrefaçon n'est autre chose que le *vol littéraire*), elle commet une inconséquence.
(3) *De la propriété littéraire en France et en Angleterre*, p. 72. — S'il faut en croire le rapport de M. le comte de Ségur, ce dernier point aurait donné lieu, à une certaine époque, à des réclamations universelles de la part des libraires. « Ils disent,

IV

De l'emprisonnement.

11. L'*emprisonnement* doit-il être prononcé contre les contrefacteurs? Nous pensons que, dès l'instant qu'une législation édicte cette peine contre la personne qui a commis un vol, la logique et la rigueur des principes lui commandent impérieusement de châtier avec la même sévérité la violation de la propriété de droit commun.

12. On a cependant vivement repoussé l'assimilation que certains publicistes avaient proposé d'établir entre les deux délits. Et, à cet effet, on a invoqué, entre autres arguments (1) : 1° La qualification que les diverses législations ont donnée à l'atteinte portée à la propriété intellectuelle (la loi française parle de *contrefaçon*, la loi anglaise de « piracy » ou piraterie, la loi des Pays-Bas de *nadruk* ou reproduction par imitation); — 2° l'incertitude fréquente des propriétés littéraires et la difficulté qu'il y a, en conséquence, à dire de certaines œuvres qu'elles sont bien la création de leurs auteurs, lorsque ceux-ci ont beaucoup emprunté au domaine des idées communes; — 3° le caractère mal défini et souvent douteux de la contrefaçon *partielle*, tantôt aussi odieuse qu'un vol, tantôt absolument excusable, en sorte que l'on trouve entre ces deux extrémités mille nuances de fraude qui ne méritent ni le châtiment du vol ni l'impunité, au lieu que la contrefaçon *identique* peut offrir toute l'évidence et toute la criminalité du vol ordinaire ; — 4° l'intérêt des auteurs eux-mêmes, qui réclame plutôt une répression fréquente et sûre qu'une pénalité considérable et sévère, « ce qui est surtout vrai pour le délit de contrefaçon, qui, s'offrant le plus souvent avec des caractères vagues ou obscurs, ne maîtrise pas la conscience du juge et n'appelle pas forcément la condamnation. La peine de l'emprisonnement, même *facultative*, irait directement contre le but qu'on doit se proposer

---

lit-on dans ce rapport, que les sollicitations du délinquant ou de sa famille, ordinairement habitants du lieu où se rend le jugement, l'emportent presque toujours sur les réclamations des propriétaires, le plus souvent étrangers à la localité, et dont jusqu'ici le droit de propriété a, d'ailleurs, été traité avec peu de considération. En sorte que, dans son effet, la législation actuelle, impuissante, au lieu de protéger cette nature de propriété, encourage à la violer à peu près impunément. » Des considérations de cette nature sont évidemment étrangères au sujet et ne sauraient infirmer la valeur théorique des arguments qui ont été exposés plus haut, à l'appui de la thèse contraire à la fixation par avance des dommages-intérêts à allouer aux auteurs victimes de la contrefaçon.

(1) M. Gastambide, *Traité des Contrefaçons*, p. 14 et suiv.

» d'atteindre ; elle donnerait à la contrefaçon en général un caractère
» de criminalité honteuse qui, dans beaucoup de cas (notamment
» dans les contrefaçons partielles), ne serait pas en rapport avec les
» faits dénoncés aux tribunaux, et, par conséquent, favoriserait l'im-
» punité (1). »

13. Ces diverses considérations ne nous semblent pas concluantes. La terminologie adoptée par les diverses législations sur la propriété littéraire ne fournit pas un argument plus démonstratif que celui qui consisterait à citer certaines lois étrangères, qui ont adopté les dénominations les plus étranges et les plus diverses pour qualifier le droit attribué à l'écrivain sur son œuvre. La science ne réalise pas toujours le vœu de Condillac, et, surtout dans une matière aussi nouvellement réglementée que la nôtre, il est peu surprenant qu'elle ne soit pas encore une « langue bien faite. » Quant à la comparaison entre la contrefaçon identique et la contrefaçon partielle, tantôt innocente, tantôt condamnable aux degrés les plus divers, l'argument qu'elle a inspiré à nos adversaires ne saurait nous effrayer : il n'y a là que des questions de fait, multiples, il est vrai, et délicates, mais nullement insolubles et dont la sagesse des tribunaux peut trouver la solution dans l'analyse attentive de chaque espèce. Nous répondrions de même à l'argument tiré du caractère vague et obscur de certaines propriétés littéraires, l'appréciation du juge nous semblant suffisante pour écarter la difficulté. Enfin, nous ne saurions blâmer les flétrissures légales infligées à la contrefaçon, et nous nous accommoderions fort d'un système qui, conforme au sentiment public sainement interprété et satisfait, traiterait chaque contrefaçon comme un vol et comme un scandale.

Pour tout dire, la meilleure condamnation de l'opinion que nous combattons se trouve dans les paroles suivantes, dont nous nous emparons comme d'un aveu fort précieux pour nous : « Dans les législations, le délit de contrefaçon est puni de peines inférieures à celles du vol. Pourquoi cela ? Tout simplement par les mêmes raisons qui font que la propriété intellectuelle est limitée dans sa durée (2). » Or, persuadé que la propriété des œuvres de l'intelligence est aussi digne de protection que la propriété dite « ordinaire » et qu'elle mérite, à un égal titre, d'être perpétuelle, sans quoi il faudrait se résigner à la déclarer inférieure à la propriété d'un champ ou d'un magasin,

---

(1) En France, le règlement de 1723 est le seul qui ait prononcé des peines corporelles contre les contrefacteurs (on ne connaissait alors que des contrefaçons identiques). Deux règlements de 1777 reconnurent le délit de contrefaçon partielle : l'emprisonnement disparut, l'amende seule fut prononcée. (Cf. M. Gastambide, *ibid.*, p. 16.)

(2) M. Gastambide, *ibid.*, p. 14.

nous ne pouvons adhérer à un système qui s'appuie sur un fondement aussi fragile que la négation de la perpétuité de la propriété littéraire, et nous repoussons la conséquence, par cela seul que nous repoussons le principe.

V

Du retrait du brevet d'imprimeur.

14. Faut-il, comme certaines législations l'ont fait, ajouter aux pénalités qui précèdent le *retrait facultatif* du brevet d'imprimeur ou de libraire, en cas de récidive? Nous pensons que ce serait exagérer et dénaturer la sanction du droit de propriété littéraire, et qu'une telle disposition serait éminemment attentatoire à la liberté de la presse. Elle ne nous paraît pas plus justifiable que celle qui consisterait à détruire tous les types ou tous les ouvrages non contrefaits qui seraient en la possession du contrefacteur (1).

---

(1) Le projet de loi français de 1841 « sur la propriété des ouvrages d'art, de science et de littérature, » qui fut voté par articles à la Chambre des députés et rejeté au vote final, contenait cependant une disposition ainsi conçue (art. 23, *in fine*) :

« Tout contrefacteur sera puni d'une amende de 300 à 2,000 francs, au profit de l'État, et condamné en outre à payer au propriétaire des dommages et intérêts qui seront arbitrés par les tribunaux, d'après le prix de vente de l'édition originale. S'il s'agit d'un ouvrage encore inédit, les dommages et intérêts seront arbitrés d'après le prix de vente des ouvrages de même nature. *En cas de récidive,* l'amende sera de 600 francs à 4,000 francs ; le contrefacteur sera, en outre, puni d'un emprisonnement qui n'excédera pas une année, et *son brevet* POURRA *lui être retiré.* »

M. Vavin, par un amendement qui fut rejeté, allait encore plus loin. Considérant que le législateur ne pouvait pas se montrer trop sévère pour une récidive, il avait proposé la rédaction suivante : « ..... Si le contrefacteur est imprimeur, *son brevet lui* SERA *retiré.* »

« Il m'est pénible, disait-il, de voir la Chambre persister dans ce système d'arbitraire laissé aux tribunaux... Très souvent, la seule pénalité réelle sera de priver l'imprimeur de son brevet, et je désire qu'en cas de récidive il ne puisse y être soustrait. — En général, ceux qui se livrent à la contrefaçon ne sont point des commerçants bien posés, des imprimeurs riches ; ce sont de petits et pauvres imprimeurs qui ne peuvent pas s'enrichir par cette honteuse et misérable industrie ; souvent ils ne seront pas en état de payer l'amende ni les dommages et intérêts qui seront prononcés contre eux. Pour les atteindre sûrement, pour les punir et pour réprimer, d'ailleurs, de nouveaux méfaits, soumettez-les à une peine bien réelle et qui les empêche de se livrer à ce trafic honteux. Quand ils seront sûrs d'avance qu'ils ne peuvent plus compter sur l'indulgence ou la faiblesse des juges, ils ne se livreront pas à la contrefaçon, et cet avertissement sera salutaire pour vous. Est-ce le coupable que vous voyez après le délit commis et que vous craignez de frapper avec trop de certitude? Je vous dirai, je vous répéterai : ce coupable ne mérite pas votre indulgence ; il ne mérite que votre sévérité, car il est en état de récidive. » — Voir le *Moniteur universel* du 3 avril 1841, p. 876-877.

Du reste, les professions d'imprimeur et de libraire ont été déclarées libres en France par le décret du 10 septembre 1870.

15. Avons-nous besoin de dire que la science rationnelle répudie hautement un système pénal tel que celui que la Russie a adopté (1)?

Prendre une courroie de cuir dure et épaisse ou un assemblage de nerfs de bœuf, l'attacher à l'extrémité d'un bâton et en frapper le contrefacteur, qu'un petit nombre de coups peut tuer, ce n'est pas sanctionner la propriété littéraire, c'est presque la déshonorer par une cruauté inutile. Ulpien disait avec raison : « *Pœna non excedat rationem.* »

---

(1) Voir M. Adrien Huard, *Op. cit.*, p. 215. — Cette peine paraît cependant avoir été supprimée en 1857 : Voir les dispositions du Code des lois de l'empire sur la propriété littéraire, édit. 1857, t. XIV. (M. Ed. Romberg. *Compte rendu des travaux du Congrès de Bruxelles*, t. II, p. 209 et suiv.)

DEUXIÈME PARTIE

LÉGISLATIONS POSITIVES

ALLEMAGNE

1. La loi du 11 juin 1870, qui régit le nouvel empire d'Allemagne et qui a été rendue exécutoire en 1871 (1), a consacré trois chapitres (les chapitres *e, f, g* du titre Ier) à la *sanction* du droit de propriété littéraire.

Cette loi, qui avait été précédée d'une longue suite de projets et de travaux préparatoires qui remontent à plus de vingt ans, réglemente successivement la responsabilité *civile* et la responsabilité *pénale* du contrefacteur.

2. Le législateur allemand semble avoir voulu établir divers degrés dans la protection du droit d'auteur (2) et varier la sanction suivant que le contrefacteur a commis un dol ou une faute inexcusable ou bien une faute excusable au point de vue pénal, ou bien encore sui-

---

(1) Votée par le Reichstag de la Confédération de l'Allemagne du Nord le 30 mai 1870 et publiée le 11 juin, elle est entrée en vigueur le 1er janvier 1871, et elle forme aujourd'hui la législation uniforme de l'empire d'Allemagne, en vertu de la disposition générale de l'article 4 de la constitution du 16 avril 1871, qui a réservé au parlement le droit de faire certaines lois d'intérêt général, et de l'article additionnel qui a déclaré exécutoires dans l'empire d'Allemagne trente-deux lois de la Confédération de l'Allemagne du Nord, parmi lesquelles se trouve la loi du 11 juin 1870, « concernant le droit d'auteur sur les écrits, dessins, compositions musicales et œuvres dramatiques. » (*Gesetz betreffend das Urheberrecht an Schriftwerken, Abbildungen, musikalischen Kompositionen und dramatischen Werken, von* 11 *juni* 1870.)

(2) Cf. M. Paul Gide, sur l'article 18 de la loi du 11 juin 1870. (*Annuaire de législation étrangère*, publié par la Société de législation comparée, 1re année, p. 211.)

vant qu'il est exempt de toute faute. Les textes les plus importants que nous allons étudier sur ce point sont les articles 18, 19 et 21.

« Quiconque commet une contrefaçon, dispose l'article 18, soit INTENTIONNELLEMENT, SOIT PAR NÉGLIGENCE (1), dans le but d'en répandre le produit..., est tenu d'*indemniser* l'auteur ou ses ayants cause et est, en outre, puni d'une *amende* qui peut s'élever jusqu'à 1,000 thalers (3,750 francs).

» *La peine de l'amende n'est point encourue* par celui qui a agi de BONNE FOI, par suite d'une erreur excusable, soit de fait, soit de droit.....

» ... Si celui qui a opéré la contrefaçon est EXEMPT DE TOUTE FAUTE, il ne sera tenu d'indemniser l'auteur ou ses ayants cause que dans les limites de son *enrichissement.* »

Ainsi, le dol ou la faute inexcusable entraînent une condamnation à des dommages-intérêts et une condamnation pénale ; la faute excusable au point de vue pénal entraîne une responsabilité exclusivement civile ; l'absence de faute a pour effet de dégager de toute responsabilité, ou, pour parler plus exactement, de ne faire condamner le défendeur que *quatenus locupletior factus est.* Tel est le système allemand dans sa plus simple expression.

3. Voici maintenant diverses complications qu'il établit pour le cas spécial de dol ou de faute inexcusable, c'est-à-dire pour l'hypothèse où il y a lieu à la fois à une responsabilité civile et à une responsabilité pénale.

« ... Si le condamné est insolvable, l'amende est convertie, conformément aux dispositions du Code pénal, dit l'article 18, en un *emprisonnement* correspondant qui peut durer jusqu'à six mois.

» Si la partie lésée le demande, le tribunal, en condamnant le contrefacteur à la *peine* ci-dessus indiquée, peut le condamner en outre à une *composition* (Busse) payable à la partie lésée, qui pourra s'élever jusqu'à 2,000 thalers et qui tiendra lieu de tous dommages-intérêts. Plusieurs individus condamnés à la même « composition » en seront tenus comme codébiteurs solidaires. — La condamnation à une composition exclut toute demande ultérieure en dommages-intérêts (2). »

Notons d'abord que l'*emprisonnement* n'est que subsidiaire et subordonné à la condition d'insolvabilité.

Quant à la *composition*, elle revêt un caractère mixte. La partie lésée qui la réclame peut obtenir jusqu'à 2,000 thalers, mais sans

---

(1) C'est-à-dire par dol ou par faute.
(2) Cf. le § 467 du Code pénal autrichien du 27 mai 1852.

pouvoir demander des dommages-intérêts supplémentaires. M. Paul Gide (*Annuaire de législation étrangère*, publié par la Société de législation comparée, 1872, page 211) remarque que le mot allemand « Busse », dérivé de l'ancien droit germanique, ne peut être traduit que par l'expression « composition », empruntée aux monuments législatifs de la même époque, et explique très nettement en quoi la « Busse » diffère à la fois des dommages-intérêts et de l'amende. « A la différence des DOMMAGES-INTÉRÊTS, dit notre savant maître, elle est *prononcée par les tribunaux criminels*, sans estimation, contre le coupable seulement, *accessoirement à la peine* et dans les limites d'un *maximum* fixé par la loi ; — à la différence de l'AMENDE, la « Busse » est acquise par la partie privée, tient lieu d'indemnité, suppose l'existence d'un dommage, ne peut se convertir en une peine corporelle, est prononcée en sus de la peine et n'est due qu'une fois s'il y a plusieurs condamnés (1). »

La partie lésée aura avantage à réclamer la *composition* lorsque, toutes choses égales d'ailleurs, elle voudra éviter les pertes de temps qu'entraînerait un second procès engagé devant le tribunal civil. — Mais ce mode de réparation présente plus d'un inconvénient sérieux. Il est d'abord regrettable que le législateur allemand ait cru devoir fixer à l'avance le maximum de 2,000 thalers, comme s'il ne valait pas mieux, dans une matière où il y a généralement tant d'incertitudes et de variétés de fait, laisser au juge le pouvoir d'arbitrer avec une liberté entière. Cet inconvénient est d'autant plus sensible, à notre avis, que la composition, même insuffisante, est incompatible avec une demande ultérieure de dommages-intérêts devant la juridiction civile et qu'elle tient lieu d'indemnité. Si la partie lésée veut en finir tout de suite avec le contrefacteur, elle ne sera donc pas complètement désintéressée. Ce n'est pas tout : la réparation sera encore incomplète s'il y a plusieurs contrefacteurs, car elle ne sera due qu'une seule fois. Or, la pluralité des délits peut entraîner un dommage supérieur au maximum légal de 2,000 thalers, puisque l'édition contrefaite peut avoir été plus facilement répandue (2). Il est vrai, du reste, que la solidarité établie par l'article 18 peut compenser cet inconvénient. Enfin, si le contrefacteur est acquitté, la composition, qui paraît liée, dans l'esprit du législateur allemand, à l'idée de peine,

---

(1) Cf. art. 188 et 231 du Code pénal allemand.
(2) Klostermann (dans l'appendice du 1er volume de son *Traité de la propriété intellectuelle*, p. 4.) commente en ces termes l'article 18 de la loi allemande : « La personne lésée a droit à une *composition*. Y a-t-il plusieurs parties lésées, le tribunal, sur leur demande, connaîtra d'autant de compositions qu'il y a de parties lésées, mais sans que le chiffre total des *compositions* adjugées puisse dépasser un maximum de 2,000 thalers. »

ne peut être obtenue, et celui qui a commis une faute excusable ne pourra être poursuivi que devant une autre juridiction.

En un mot, la composition ne présentera guère d'utilité pratique que si le dommage est inférieur au maximum légal.

4. En ce qui touche l'allocation des *dommages-intérêts*, le législateur allemand a édicté des dispositions beaucoup moins restrictives et auxquelles on ne peut refuser de donner une approbation entière.

« Sur l'existence et l'étendue du *dommage*, de même que sur l'existence et le montant de l'*enrichissement*, dit l'article 19, le tribunal statuera AVEC UNE PLEINE LIBERTÉ D'APPRÉCIATION, en tenant compte de toutes les circonstances. »

De ce texte il convient de rapprocher l'article 29, ainsi conçu : « Dans les divers procès en contrefaçon, y compris l'action pour enrichissement résultant de la contrefaçon, le jury appréciera les faits *avec toute liberté*, en puisant sa conviction dans l'ensemble des débats, sans être lié par aucune règle positive sur la force des divers moyens de preuve. De même, pour décider la question de savoir si le contrefacteur a agi par négligence, le juge n'est point lié par les lois locales qui distinguent divers degrés de négligence (*culpa levis in abstracto, in concreto*). »

Ces règles auraient évidemment dû être appliquées à la « Busse. »

5. Enfin, la *confiscation* des exemplaires contrefaits s'applique, d'après l'article 21, même aux hypothèses où il n'y a eu ni intention coupable ni négligence chez le contrefacteur.

« Les exemplaires contrefaits en provision et les instruments destinés exclusivement à la contrefaçon, tels que moules, clichés, etc., dit ce texte, seront confisqués. Une fois la confiscation régulièrement prononcée contre le propriétaire, ces objets seront ou détruits, ou dépouillés de la forme qui les rendait propres à un usage illicite, et restitués alors à leur propriétaire..... La confiscation s'applique même dans le cas où il n'y a eu ni intention coupable, ni négligence chez l'auteur de la contrefaçon.... Elle s'applique aussi contre leurs héritiers. Il est permis à la partie lésée de se faire céder, en remboursant les frais de fabrication, tout ou partie des exemplaires contrefaits et instruments de contrefaçon, pourvu toutefois que les droits des tiers ne soient par là ni lésés ni menacés. »

Et l'article 22, *in fine*, ajoute : « ..... La simple tentative de contrefaçon n'entraîne ni pénalité ni responsabilité civile. Mais il y a lieu, même en ce cas, à la confiscation des instruments de contrefaçon. »

Le législateur a employé le mot *Einziehung* (retrait), non le mot

Konfiscation. « Mais c'est là, remarque M. Gide (1), un simple changement de mot ; si la loi n'a pas conservé le mot *Konfiscation*, qui était dans le projet, c'est qu'elle n'a pas voulu donner une dénomination odieuse à une mesure *qu'elle entendait dépouiller de tout caractère pénal* et appliquer même à des innocents. »

On peut rapprocher de cette règle l'article 49 de la loi française du 5 juillet 1844 sur les Brevets d'invention, article ainsi conçu : « La confiscation des objets reconnus contrefaits..... sera, *même en cas d'acquittement*, prononcée contre le contrefacteur. »

L'article 21 contient enfin une règle applicable au cas de *contrefaçon partielle*. « Si une publication ne constitue une contrefaçon que pour partie, dit ce texte, la confiscation ne s'exercera que sur la partie déclarée contrefaite et sur les instruments afférents à cette partie. »

Tel est le cas d'un libraire qui publie un livre dans lequel il joint à un ouvrage tombé dans le domaine public un autre ouvrage qui est une propriété particulière.

6. *La Procédure* à suivre dans l'action en contrefaçon et la *Compétence* sont réglées par les articles 26 et suivants, parmi lesquels nous signalerons certaines dispositions importantes.

« La connaissance des réclamations en dommages-intérêts, dit l'article 26, de même que l'application des peines prononcées par la présente loi et la confiscation des exemplaires contrefaits, etc., sont de la compétence des tribunaux ordinaires... »

» L'action criminelle ne peut être intentée d'office, mais seulement sur la plainte de la partie lésée. Cette plainte peut être retirée jusqu'au prononcé du jugement condamnant à une peine (art. 27). » — On peut comparer à ce texte l'article 45 de la loi française du 5 juillet 1844, qui est ainsi conçu : « L'action correctionnelle, pour
» l'application des peines ci-dessus indiquées, ne pourra être exercée
» par le ministère public que sur la plainte de la partie lésée. » — Rapprochons-en aussi cette disposition du nouveau Code mexicain : « Une fois l'instance en revendication de la propriété littéraire engagée, le désistement ultérieur du propriétaire ne décharge le contrefacteur que de la responsabilité civile (2). »

Il faut aussi remarquer de quelle manière la législation allemande a réglementé l'intervention des experts dans les procès de contrefaçon. « S'il s'élève des questions techniques, douteuses ou contestées, dis-

---

(1) Page 212, *Op citat*.
(2) Article 1347. — Voir notre brochure intitulée *De la propriété littéraire, dramatique et artistique dans les divers États de l'Amérique latine*, p. 16. (Paris, 1876 in-8°, Duchemin.)

pose l'article 30 de la loi du 11 juin 1870, dont dépende le fait de la contrefaçon, ou le montant des dommages ou de l'enrichissement, le juge est *autorisé* à prendre l'avis d'experts. » Et l'article 31 continue ainsi : « Des compagnies d'experts, composées de savants, écrivains, libraires et autres gens spéciaux, devront se former dans les États de la Confédération de l'Allemagne du Nord. Ces compagnies seront tenues, sur la demande du juge, de donner des avis sur les questions qui leur seront adressées. Les États particuliers où ces compagnies n'existent pas encore (il n'en existait, en 1870, qu'en Prusse, en Saxe et en Saxe-Weimar) pourront ou s'annexer sous ce rapport à d'autres États de la Confédération, ou s'unir à ces États pour former ensemble une compagnie commune... Une instruction (elle a été publiée le 12 décembre 1870), émanée de la chancellerie de la Confédération, réglera l'organisation et les fonctions de ces compagnies d'experts. »

L' « arbitrage littéraire » est autorisé dans les termes suivants par le même texte : « ... Les compagnies d'experts sont autorisées, *sur la demande des parties*, à statuer comme arbitres sur les contestations en dommages-intérêts et sur la confiscation.... »

7. La loi allemande, à laquelle on a justement reproché d'être plutôt une loi de réglementation qu'une loi de principe (1), a, en ce qui concerne la *prescription*, édicté des règles assez peu favorables à la partie lésée. L'article 35 dit, en effet, que la contrefaçon et le délit d'exemplaires contrefaits ne sont plus punissables si la partie autorisée à porter plainte n'a pas formé sa plainte *dans les trois mois du jour où elle a eu connaissance du délit et de son auteur*. M. Pataille (2) remarque avec raison que cette déchéance du droit de plainte établie en sus et à côté de la prescription de trois ans (3) entraîne des complications. « Outre que ce délai est trop court, dit l'éminent jurisconsulte, il y a là ouverture à des contestations infinies, à raison de la difficulté de prouver la connaissance que l'on a eue du

---

(1) M. J. Pataille (*Annales de la propriété industrielle, artistique et littéraire*, t. XVII, p. 355) lui reproche en outre, et avec raison : 1° d'avoir évité d'employer les mots de « propriété littéraire et artistique »; 2° d'avoir réglementé les cas où la reproduction est autorisée ; 3° d'avoir imposé à l'auteur, pour la conservation du droit de traduction, l'obligation de le réserver expressément en tête de l'ouvrage et de publier une traduction dans l'année qui suit celle où a paru l'œuvre originale, délai suffisant pour les publications hâtives, mais illusoire pour les œuvres sérieuses, que l'auteur ne saurait faire traduire avant d'avoir apprécié l'accueil du public.

(2) *Annales, ibid.*, p. 356.

(3) Article 33 : « Les actions en contrefaçon, tant l'action pénale que les actions civiles en dommages-intérêts ou pour enrichissement, se prescrivent *par trois ans*. La prescription commence à courir du jour où a commencé le débit des exemplaires contrefaits (Verbreitung).

délit de contrefaçon, et surtout du jour précis où on l'a connu. » Il est juste, d'ailleurs, de faire observer que l'action en contrefaçon n'est point perdue tant qu'il existe des exemplaires contrefaits : « L'action tendant à la confiscation et à la suppression des exemplaires contrefaits et des instruments de contrefaçon demeure ouverte, dit l'article 36, tant qu'existent ces exemplaires et instruments. »

Klostermann signale une lacune dans la législation allemande, à l'occasion de l'article 18 de la loi du 11 juin 1870. « Lorsque le juge criminel n'a pas prononcé la *Geldbusse*, la partie plaignante a la faculté de poursuivre les dommages-intérêts par la voie civile. Mais, ajoute Klostermann, la question de savoir si la condamnation ou l'acquittement devant le juge criminel doit ou non influer sur la décision des juges au civil est tout aussi controversée dans le droit commun allemand que dans notre droit prussien. Cette question a très grand besoin d'être tranchée par la législation ; car, si l'on compare les théories des procès civils et des procès criminels, on ne rencontre aucun élément de solution, et il peut se faire qu'on se trouve en présence de deux sentences contradictoires : les juges ont, en effet, à se déterminer d'après des modes de preuve différents suivant qu'il s'agit de l'un ou de l'autre procès.

« Si le tribunal criminel a rejeté ou restreint la demande en réparation pécuniaire, la partie plaignante, d'après le droit criminel prussien, n'a aucun recours contre cette sentence ; elle a seulement le droit, tant que la décision du tribunal criminel n'a pas été rendue, de retirer la demande qu'elle avait faite d'une *composition* (den Antrag auf Zuerkennung der Geldbusse zurückzunehmen) et de demander des *dommages-intérêts* au tribunal civil (und seinen Entschædigungsanspruch im Civilverfahren zu verfolgen (1). »

8. Quoi qu'il en soit, nous résumerons ce qu'il faut penser de la sanction du droit de propriété littéraire en Allemagne, en disant qu'elle est, en certains points, sagement organisée, notamment en ce qui touche l'intervention des experts et le pouvoir d'appréciation laissé au juge pour l'évaluation des dommages-intérêts ou de l'enrichissement advenu au contrefacteur. Mais on doit regretter que la loi de 1870 consacre le système de l'amende, que l'emprisonnement ne soit que subsidiaire (subordonné à l'insolvabilité) et que la *composition* présente plus d'inconvénients que d'avantages sérieux (comme nous l'avons fait voir plus haut). Enfin, la déchéance établie par l'article 35 contre celui qui n'a pas formé sa plainte dans les trois mois du jour où il a eu connaissance du délit ne se justifie pas. Quant aux

---

(1) Klostermann, *Das Urheberrecht an Schriftwerken*, pp. 41 et 42 de l'appendice.

effets de la chose jugée au criminel sur le civil, nous ne pouvons que reproduire les critiques et les vœux que Klostermann a formulés dans le passage que nous avons extrait de son *Traité de la propriété intellectuelle*.

ANGLETERRE

1. Les moyens de poursuivre les atteintes portées aux droits du propriétaire d'une œuvre littéraire sont réglés de diverses manières. Le plaignant peut obtenir d'une Cour d'équité une *injonction* ou interdit; intenter une action judiciaire en dommages-intérêts ou agir en revendication des exemplaires contrefaits; enfin, dans le cas spécial d'importation d'éditions contrefaites, il y a lieu à une procédure sommaire.

2. L'*injonction*, qui est le moyen le plus court et le plus usité, a été introduite par la jurisprudence; elle rappelle nos référés et, permettant d'arrêter sur-le-champ la contrefaçon, elle obvie aux lenteurs interminables des tribunaux ordinaires (avant que l'instance soit jugée, on aurait le temps de faire trois éditions contrefaites). Pour obtenir l'interdit, il suffit de présenter à la Cour d'équité l'inscription de l'enregistrement, qui atteste la propriété littéraire. Le défendeur peut se pourvoir sur-le-champ devant le chancelier, qui, examen fait de l'exemplaire suspect, maintient l'injonction ou la révoque. — On voit que c'est là une procédure expéditive et à bon marché, mais c'est plutôt un moyen d'arrêter la contrefaçon que de poursuivre la réparation du préjudice que l'on a subi (1). On l'emploie préalablement à l'action judiciaire. Mais la décision du chancelier préjuge le délit et doit disposer le contrefacteur à entrer en arrangement pour éviter une condamnation certaine.

L'action judiciaire directe a pour but l'obtention de dommages-intérêts. On l'appelle *actio at law*. Elle se porte devant l'une des Cours de justice de droit commun. C'est un jury qui décide la question de fait, et, pour qu'elle soit plus facilement décidée, la 15e sec-

---

(1) M. Ed. Laboulaye, *Études sur la propriété littéraire en France et en Angleterre*.

tion du statut Victoria établit une procédure d'une rigueur toute romaine. « Le contrefacteur doit signifier par écrit au demandeur ses moyens de défense. Si cette défense consiste à dire que le plaignant n'est pas l'auteur du livre, le défendeur doit spécifier dans ses conclusions le nom de la personne qu'il prétend auteur, en y joignant le titre de l'outrage, la date et le lieu de la première publication ; autrement, au jour du débat, le défendeur ne sera pas admis à contester le titre du plaignant. « On voit, remarque M. Laboulaye, que la question de propriété se trouve enfermée dans les plus étroites limites, et que, communément, au jour du procès, il n'y a d'autre question qu'une question de bonne foi. »

Le troisième mode d'action est très remarquable. Tout exemplaire imprimé sera considéré comme étant la propriété de l'auteur, et il aura droit de poursuivre en restitution les détenteurs de l'édition contrefaite. « Soit ordonné, dit le statut Victoria (sect. 23), que tous les exemplaires d'un livre pour lequel il existe un droit de copie dont mention est faite au livre d'enregistrement, et qui a été légalement imprimé ou importé sans le consentement préalablement obtenu du propriétaire et signé de sa main, *deviendront la chose du propriétaire* enregistré comme tel, et ledit propriétaire aura droit de poursuivre et de faire le recouvrement desdits exemplaires, ou de réclamer des dommages-intérêts pour leur détention, au moyen d'une action en restitution contre toute personne qui les détiendrait, ou bien de poursuivre en dommages-intérêts, par toute action de recel. » Mais il faut remarquer que le juge peut d'office convertir la revendication demandée en une condamnation à des dommages-intérêts (1). Il en sera sans doute ainsi lorsque le chiffre de l'indemnité légitimement due à l'auteur sera notablement inférieur au prix des exemplaires contrefaits.

La procédure sommaire s'applique aux importations illégales. Outre les dommages-intérêts, le législateur anglais prononce : 1° une amende s'élevant, au profit de l'État, au double de la valeur des exemplaires; 2° une amende fixe de 10 livres sterling (250 francs), dont la moitié appartient à l'employé de la douane qui a fait la saisie, et l'autre moitié au propriétaire de l'édition légale. « Du reste, on doit le dire à l'honneur des éditeurs anglais, qui sont en général des personnes considérables, la contrefaçon est rare dans la Grande-Bretagne, et il n'est pas de grandes maisons qui voulussent servir même d'intermédiaire à ce honteux commerce (2); la loi est aussi sévère qu'expéditive, car les Anglais ont à se garder contre la concurrence des réimpressions d'Amérique et du Continent. »

---

(1) Voir M. J. Pataille, *Code international*, p. 118.
(2) M. Laboulaye, p. 70.

3. M. Laboulaye estime que l'Angleterre a sanctionné plus efficacement que la France le droit de propriété littéraire. Les dispositions anglaises traitent la contrefaçon moins comme un *délit* que comme un *dommage ;* elles sont calculées pour rendre la condamnation onéreuse, c'est-à-dire pour renchérir le risque et décourager l'industrie des contrefacteurs. « La loi laisse moins à l'arbitraire du juge ; les dommages, elle les fixe elle-même et les proportionne exactement au délit constaté, c'est-à-dire au nombre d'exemplaires saisis. En certains cas, sans doute, la loi française sera plus avantageuse, car on peut ne saisir qu'un seul exemplaire d'une contrefaçon tirée à grand nombre ; mais ce cas est rare, et cela ne balance pas l'avantage considérable pour un plaideur de n'avoir point à débattre un chiffre d'indemnité et de tenir la réparation du dommage, non pas de la bienveillance du juge, mais de la justice de la loi. *Optima lex*, a dit justement Bacon, *quæ minimum relinquit arbitrio judicis* (1). Cela est vrai, surtout des questions d'argent. C'est un service à rendre aux magistrats que de ne les point charger de cette appréciation délicate (2). » Les observations théoriques que nous avons précédemment faites sur les pénalités à établir contre les contrefacteurs nous dispensent d'insister sur les critiques que soulèvent ces diverses propositions. La difficulté de saisir beaucoup d'exemplaires est plus fréquente qu'on ne le croit communément, et l'utilité qu'il y a à laisser le juge arbitrer les dommages-intérêts contre-balance largement les avantages, très contestables d'ailleurs, d'une limitation par avance du chiffre de l'indemnité.

AUTRICHE

1. La loi autrichienne du 19 octobre 1846 « pour la protection de la propriété littéraire et artistique contre la reproduction illégale et la contrefaçon », contient une section intitulée : « Dispositions relatives à la pénalité et au droit d'indemnité. » A l'exemple de cette rubrique, nous allons parler successivement des *réparations civiles* et des *condamnations pénales*.

---

(1) *Legum leges,* aphorism. 46
(2) *Ibid.,* p. 73.

2. — *A.* « L'auteur de l'ouvrage, ses héritiers et ayants cause légitimes, dit l'article 27, qui ont souffert un préjudice par la reproduction illicite, ont droit à une *indemnité*. Il leur sera accordé, à cet effet, une valeur égale à celle des exemplaires vendus de la contrefaçon, calculée au prix de vente de l'édition originale, sans préjudice des autres demandes d'indemnité. — Si le chiffre de la reproduction ne peut pas être constaté, le nombre des exemplaires vendus sera fixé par le tribunal de 25 à 1,000, suivant les circonstances, et après avoir entendu les experts. — Le même mode de constatation d'indemnité aura lieu aussi, en règle générale, s'il n'a pas encore été fait d'édition originale de l'ouvrage, et si l'arrangement amiable réservé dans le deuxième alinéa de l'article 29 n'a pas eu lieu. »

L'indemnité réglée par l'article 27 n'est due en totalité à l'éditeur d'un ouvrage contrefait qu'autant que le nombre des exemplaires reproduits et vendus par la voie de la contrefaçon n'excède pas le nombre d'exemplaires de l'original destinés à la vente et encore en magasin. Le surplus de l'indemnité est dû à l'auteur et à ses ayants cause légitimes. Dans ce cas, l'éditeur doit livrer gratuitement à l'auteur le nombre de ces exemplaires originaux dont il a reçu l'indemnité, ou s'entendre avec lui à cet égard. — Du reste, les droits réciproques de l'auteur et de l'éditeur sont réglés par leur contrat.

« Les exemplaires et autres objets saisis doivent être *détruits*, dit l'article 29, aussitôt que le jugement a acquis force de chose jugée, s'ils n'ont pas été reçus par la partie lésée en payement de l'indemnité, contre le remboursement des frais nécessaires et justifiés pour leur fabrication matérielle. — Il est aussi loisible à la partie lésée de s'entendre avec le contrefacteur sur des honoraires, dans le cas où la contrefaçon d'un manuscrit ou d'une copie de ce manuscrit a été faite avant la publication de l'édition originale. Il en résulte un contrat qui suspend la confiscation, mais non la poursuite de l'instruction criminelle et la peine légale. »

Ainsi, l'auteur a une indemnité calculée sur la valeur des exemplaires vendus de la contrefaçon d'après le prix de vente de l'édition originale ; et, en déduction des dommages-intérêts qui lui sont dus, il peut se faire remettre les exemplaires contrefaits, sinon ils sont détruits. Enfin, cela ne préjudicie en rien aux réclamations ultérieures qui peuvent être élevées à l'égard de l'indemnité à laquelle l'auteur a droit.

3. — *B.* Le Code pénal du 27 mai 1852 établit que la contrefaçon est un délit. « Toute contrefaçon ou toute reproduction ou imitation qui y est assimilée par la loi d'une reproduction littéraire sera poursuivie comme un délit, sur la réquisition de celui qui est lésé (1)... »

Cela posé, la pénalité est réglée de la manière suivante : le contrefacteur encourt une *amende* de 25 à 1,000 florins, qui, en cas d'insolvabilité, est convertie en un *emprisonnement* de cinq jours à six mois (2). Mais, ce qu'il faut bien remarquer comme une disposition originale de la législation autrichienne, c'est que, *en cas de récidive*, le délinquant *pourra* aussi être condamné à *l'interdiction de sa profession*. Il en faut rapprocher l'art. 4 de la loi belge du 25 janvier 1817, qui dispose que le contrefacteur, en cas de récidive et eu égard à la gravité des circonstances, pourra être déclaré inhabile à exercer à l'avenir l'état d'imprimeur ou de libraire.

3 bis. Il faut noter aussi, en ce qui touche l'emprisonnement, que les tribunaux militaires peuvent substituer cette peine à celle de l'amende (3). De plus, dans les régiments de ligne, l'amende doit être versée dans la caisse des invalides. Cette double règle est insérée dans les deux textes suivants (4) :

« L'amende sera commuée en un emprisonnement proportionnel, si, en raison de la fortune du condamné et de sa famille, l'amende devait leur enlever une portion considérable de leurs moyens d'existence.

« Dans les régiments de ligne, l'amende doit être versée dans la caisse des invalides; dans les régiments de frontières, dans la caisse de l'hôpital et des pauvres, là où il en existe; autrement, l'amende sera perçue par la caisse des régiments de frontières ou des communautés militaires. Une expédition authentique du jugement sera adressée à la caisse, afin qu'elle puisse, au besoin, faire rentrer l'amende par voie de contrainte, par les voies et règles judiciaires ordinaires. » (Circulaire du ministère de la guerre du 19 août 1849, « par laquelle
» le ministre porte à la connaissance de toutes les autorités militaires
» les dispositions complémentaires suivantes, approuvées par S. M.
» l'Empereur, pour l'exécution des pénalités prononcées dans la loi
» sur la propriété littéraire et artistique du 19 octobre 1846, à l'égard
» des frontières militaires de l'empire et des personnes subordonnées
» à la justice militaire. »

---

(1) Voir ce texte dans le *Compte rendu des travaux du Congrès de Bruxelles sur la propriété littéraire*, par Édouard Romberg, t. II, p. 86.
(2) Code pénal autrichien de 1852, art. 467.
(3) Remarquons que, si, en France, le délit de contrefaçon est commis par un militaire, le conseil de guerre est compétent ! Le Code militaire de 1857 a omis de renvoyer ce délit à la juridiction ordinaire. Mais le conseil de guerre ne pourrait pas connaître des dommages-intérêts, ni des confiscations qui en ont le caractère.
(4) Ils sont insérés dans le *Code général de la propriété littéraire*, publié par MM. Blanc et Beaume, pp. 153 et suiv. (Paris, librairie Cosse, 1854, 1 vol. in-8°).

On voit que ces textes modifient sensiblement la législation qui régit en général l'empire d'Autriche, quant aux cas d'application et quant à la destination de l'amende prononcée pour contrefaçon.

4. D'après les articles 33-34 de la loi de 1846, « lorsqu'il y aura lieu à un rapport d'*experts*, ceux-ci seront choisis parmi les hommes de lettres, des savants, des libraires. L'autorité judiciaire n'interviendra pas d'office, mais seulement sur la demande de l'auteur lésé ou de son ayant cause légitime. — Le retrait de la plainte, après que l'instruction est commencée, n'a d'effet que relativement aux droits d'indemnité de la partie lésée, mais non à l'égard de l'action publique et de la peine légale. »

L'emprisonnement dont il est question dans la circulaire du ministère de la guerre analysée plus haut est un emprisonnement « proportionnel ». Il est réglé, en effet, par l'article 26 de la loi de 1846, qui établit une sorte d'arithmétique juridique et est ainsi conçu : « En ce qui concerne la proportion à établir entre l'amende pécuniaire et la durée de l'emprisonnement, on observera la règle suivante : une amende de 25 à 100 florins est assimilée à un emprisonnement d'une semaine à un mois; une amende de plus de 100 à 400 florins, à un emprisonnement d'un mois à trois mois, à une amende de 400 à 1,000 florins, à un emprisonnement de trois mois à six mois. »

5. En résumé, ce qui nous semble le plus critiquable dans les diverses sanctions que nous venons d'étudier, c'est la disposition qui prononce l'interdiction de sa profession contre celui qui est en état de récidive. On peut ajouter que la substitution de l'emprisonnement à l'amende devrait ou être généralisée, dans les cas que la circulaire du ministre autrichien a prévus, et étendue aux autres contrefaçons que les contrefaçons commises par des militaires, ou être défendue indistinctement; aussi bien vaudrait-il mieux ne pas distinguer entre la contrefaçon (vol littéraire) et le vol.

Cette dernière remarque est d'autant plus fondée, il nous semble, que ce qui caractérise la loi autrichienne, c'est que, sur la question de terminologie, qui est, en même temps, une question de forme et une question de fond, elle s'est résolument prononcée et n'a pas craint, à la différence de la loi allemande (1) d'appeler la production littéraire la *propriété* de l'auteur.

---

(1) On a dit (Congrès de Leipzig, Mémoire pour la propriété des œuvres d'esprit, d'après la décision du Congrès des littérateurs allemands, tenu à Leipzig le 20 août 1865) que, si l'idée d'une *propriété littéraire* avait été repoussée par la plupart des jurisconsultes allemands, cela s'expliquait par cette remarque que la science du droit allemand, empruntant ses principes les plus remarquables à l'ancien droit allemand et romain, était restée en arrière des développements pro-

BELGIQUE

1. Un savant jurisconsulte (1) a écrit que « la pénalité belge est celle qui atteint entièrement le but que doit se proposer le législateur. » Or, la Belgique a adopté le système suivant. L'infraction aux droits d'auteur est punie : 1° de la *confiscation*, au profit de la partie lésée, de tous les exemplaires non vendus trouvés dans le royaume; 2° d'une *indemnité*, également à son profit, calculée sur la valeur de 2,000 exemplaires, d'après le prix de commission de l'édition légale ; 3° d'une *amende* de 100 à 1,000 florins, au profit de la caisse générale des pauvres du domicile du contrefacteur. Ce dernier peut, en outre, en cas de *récidive* et eu égard à la gravité des circonstances, être déclaré inhabile à exercer à l'avenir l'état d'imprimeur, de libraire.

2. Nous nous bornerons à faire observer que ni la sanction civile ni la sanction pénale ne justifient les éloges qui ont été adressés au système belge. L'interdiction de la profession d'imprimeur n'est pas digne d'une législation libérale, et la fixation uniforme et par avance du chiffre de l'indemnité est souvent chose injuste, soit pour la partie plaignante, soit pour le contrefacteur.

---

gressifs du droit et demeurait plongée dans le formalisme romain qui sacrifie le côté moderne à la scolastique. Cette assertion nous semble empreinte d'exagération. Toujours est-il qu'on peut difficilement absoudre du reproche de subtilité les deux arguments par lesquels les jurisconsultes de l'Allemagne essayent de justifier leur répugnance pour les mots « propriété littéraire ». Voici ces deux arguments : 1° la propriété étant telle que plusieurs personnes ne peuvent en même temps exercer leur droit sur une chose qui est indivisible, ni avoir une possession commune, suivant l'adage romain « *Duorum quidem in solidum dominium vel possessionem esse non posse* », il ne peut exister un droit de propriété sur une chose qui, comme l'œuvre d'esprit, est un bien général; 2° la possession ne pouvant exister que sur une chose palpable, sur un corps, d'après la règle : « Les choses *quæ tangi possunt* sont les seules qui puissent faire l'objet de la propriété, » un véritable droit de propriété n'est possible que sur le manuscrit, œuvre corporelle, et sur les exemplaires imprimés *!

(1) M. Victor Foucher. — Il est vrai que le même auteur approuve et recommande « l'amende forte, l'indemnité élevée, la confiscation des objets du délit, le retrait facultatif des brevets dont on a abusé pour commettre l'infraction. »

* Voir la traduction de ce mémoire, qui a été publié en langue allemande à Leipzig en 1866, dans l'ouvrage de M. Ch. Fliniaux, intitulé : *Législation et jurisprudence concernant la propriété littéraire et artistique*, pp. 201-215.

BRÉSIL

Le Code criminel du Brésil règle, dans son article 261, la sanction de la propriété littéraire (1) : « En cas de contrefaçon, dit ce texte, il y a lieu à confiscation, au profit de l'auteur, de tous les exemplaires contrefaits; à défaut d'exemplaires, du double de leur valeur; le contrefacteur payera, de plus, une amende égale au triple de la valeur des exemplaires. »

ESPAGNE

1. En Espagne, le législateur a préféré fixer à l'avance les bases de l'indemnité due à l'auteur d'un livre, plutôt que de permettre au juge de se décider suivant les circonstances. Après avoir dit que « les dommages-intérêts seront *proportionnés* au préjudice que l'auteur ou le propriétaire de l'ouvrage pourra avoir souffert », l'article 19 de la loi du 10 juin 1847 ajoute : *L'indemnité ne pourra être inférieure à la valeur de 3,000 exemplaires*, et ainsi progressivement, en prenant toujours pour base de la valeur de l'exemplaire le prix que l'auteur ou ses ayants cause vendront les volumes de l'édition légale. » En outre, le juge doit prononcer la *confiscation* de tous les exemplaires saisis. En cas de récidive, il y a lieu à une *amende* de 2,000 à 4,000 réaux; et, s'il y a une nouvelle récidive, il est ajouté aux peines précédentes celle d'un *emprisonnement* de un à deux ans.

2. Il faut remarquer, par conséquent, qu'il n'y aura, en principe, ni emprisonnement ni amende.

---

(1) M. Ed. Romberg, II, p. 63. — C'est ce même article qui fixe à dix ans la durée *posthume* du droit exclusif de l'écrivain. C'est là une faute de codification : cette disposition eût dû figurer dans un Code civil ou au moins dans une loi spéciale.

ÉTATS-UNIS

1. « Les diverses lois qui ont régi les droits d'auteur aux États-Unis ont été révisées en 1870. Elles n'en forment plus maintenant qu'une seule, qui doit régler les diverses questions susceptibles de se présenter (1). »

2. L'acte du 8 juillet 1870 (2) contient les dispositions suivantes :
Section 99. — Après que l'intitulé d'un écrit aura été enregistré de la manière prescrite et dans le délai fixé par la loi (3), quiconque, sans le consentement du propriétaire des droits de copie, lequel consentement devra être donné par acte écrit et signé en présence de deux témoins ou un plus grand nombre, aura imprimé, publié ou importé, ou bien, sachant que cet écrit a été imprimé, publié ou importé de ladite manière, aura vendu ou mis en vente un exemplaire dudit écrit, subira la *confiscation* de tous les exemplaires au bénéfice du proprié-

---

(1) *Consultation* de MM. Coudert frères, avocats à New-York, pour les exposants étrangers prenant part à l'Exposition universelle de 1876, à Philadelphie (*Journal du droit international privé et de la jurisprudence comparée*, publié par M. Édouard Clunet, avocat à la Cour d'appel de Paris, t. III, p. 98).
Remarquons qu'il ne faut pas prendre ces expressions trop à la lettre. L'acte du 8 juillet 1870 a été, en effet, « amendé » par l'acte du 18 juin 1874, relativement à certaines formalités de publicité et à d'autres points secondaires. (V. M. Ed. Clunet, *Op. citat.*, t. Ier, p. 218). J'ai publié cette loi dans une brochure intitulée : *De la propriété intellectuelle*, études de législation comparée, *États-Unis*. Acte du 18 juin 1874 sur les brevets d'invention, les marques de commerce et les droits de copie (1877, in-8°, Paris, Dentu).
(2) J'ai publié aussi cette loi dans une brochure intitulée : *De la propriété intellectuelle*. *États-Unis*. Dispositions de l'acte du 8 juillet 1870, relatives aux droits de copie, section 85-111 (1877, in-8°, Paris, Dentu).
(3) V. les sections 90-91 de l'acte du 8 juillet 1870. « Pour être admis à jouir du droit de copie, il faudra, avant la publication, mettre à la poste une copie imprimée de l'intitulé du livre ou autre œuvre intellectuelle…, sur laquelle on désire acquérir le droit de copie, et cela à l'adresse du bibliothécaire du Congrès; il faudra, en outre, dans les dix jours de la publication, mettre à la poste deux copies dudit livre ou de ladite œuvre…, adressées au bibliothécaire du Congrès, comme il est disposé ci-après. — Le bibliothécaire du Congrès *enregistrera* immédiatement l'intitulé du livre, ou autre œuvre sur laquelle on demande le droit de copie, sur un registre spécial et dans les termes suivants : « Bibliothèque du Congrès. Certifié que, le… jour de l'année…, A. B., de…, a déposé au présent bureau » un livre dont l'intitulé est conçu en ces termes, savoir (*inscrire ici l'intitulé ou* » *la description*), et sur lequel il réclame les droits d'auteur, conformément aux lois » des États-Unis sur les droits de copie. C. D., bibliothécaire du Congrès. » Et le bibliothécaire du Congrès délivrera audit propriétaire, toutes les fois qu'il en sera requis, une copie de l'intitulé revêtue du sceau du bibliothécaire du Congrès. »

taire, sans préjudice des *dommages-intérêts* que ledit propriétaire obtiendra par voie d'action civile par-devant tout tribunal compétent.

Section 102. — Tout individu qui aura imprimé ou publié un manuscrit quelconque sans le consentement préalable de l'auteur ou propriétaire (si l'auteur ou propriétaire est citoyen des États-Unis ou s'il y est domicilié), sera responsable envers ledit auteur ou propriétaire de tous dommages qu'il lui aurait causés par son fait illicite. Les *dommages-intérêts* devront être réclamés au moyen d'une demande en justice, formée à cette fin devant tout tribunal compétent.

3. L'action en contrefaçon n'est pas seulement subordonnée à l'*enregistrement*; cette formalité doit elle-même être suivie de la *notification* des droits de copie.

« Toute personne, dispose l'article 1ᵉʳ de la loi du 18 juin 1874 (lequel a modifié sur ce point l'article 97 de la loi du 8 juillet 1870), qui voudra intenter une action en violation du droit de copie devra *notifier* ce droit au public en insérant dans tous les exemplaires de l'édition qu'elle publiera, sur la page du titre ou sur celle qui suivra immédiatement, s'il s'agit d'un livre....., les mots suivants : « *Enregistré, conformément à l'acte du Congrès, l'an....., par A. B., au bureau du bibliothécaire du Congrès, à Washington,* » ou bien ceux-ci : « *Droit de copie* », avec l'année où le droit de copie a été enregistré et le nom de la personne qui l'a acquis, le tout de la manière suivante : *Droit de copie, 18:..., par A. B.* »

Et l'article 98 de l'acte de 1870 réprime ainsi la **notification** mensongère : « Quiconque insérera ou imprimera l'avis ci-dessus ou des mots de la même signification dans ou sur un livre..., sans avoir acquis les droits de copie, sera, pour peine de cette contravention, tenu de payer une *amende* de 100 dollars, dont une moitié sera attribuée à la personne qui le poursuit de ce chef, et l'autre aux États-Unis, ces 100 dollars recouvrables par voie d'action en justice intentée devant tout tribunal compétent. »

4. Bien que nous ne traitions pas ici de la propriété littéraire au point de vue du droit international, nous ne pouvons omettre d'appeler l'attention sur l'incroyable égoïsme qui a inspiré la disposition suivante de la loi de 1870 :

« Section 103. — Rien de ce qui est contenu dans la présente loi ne sera interprété de manière a prohiber l'impression, la publication, l'importation ou la vente... d'un ouvrage composé par un individu non citoyen des États-Unis ou n'y résidant pas. »

Cette disposition de la nouvelle loi est renouvelée de l'article 8 de la loi de 1831, qui déclarait déjà avec le plus grand soin qu'on pouvait importer de l'étranger toute espèce d'ouvrage sans exception, et au sujet duquel M. Alfred Villefort (1) s'exprimait ainsi en 1851 : « On » ne pouvait faire à la contrefaçon un appel plus complaisant. L'of- » fre a été digne de la demande. La contrefaçon a inondé l'Amérique » de ses produits. »

4 *bis*. Je sais bien que les jurisconsultes américains eux-mêmes ont essayé de restreindre la portée de ce texte étrange. Ils en rapprochent, en effet, la section 86, qui porte que « tout citoyen ou résident des États-Unis qui sera auteur ou *propriétaire* d'un livre..... jouira, en remplissant les formalités ordonnées par le présent acte, du droit exclusif de l'imprimer, réimprimer, publier, compléter, copier, achever et vendre. » La difficulté leur paraît donc se résoudre en une question de résidence, et, par suite, la possibilité d'un transfert à un tiers corrigerait l'iniquité apparente de la loi de 1870. « On remarquera tout d'abord, disent-ils, « que l'intention de la loi de pro- » téger tous citoyens ou résidents des États-Unis à l'*exclusion de* » *l'étranger* semble manifeste. Mais qui est ou n'est pas résident ? » La réponse est souvent fort difficile. C'est une question de fait et » de droit. Un séjour de dix ans peut ne pas constituer une résidence; » un domicile véritable d'une heure peut quelquefois suffire. La » clause que nous venons de citer est cependant assez large, prise » en elle-même, pour permettre à un auteur étranger de se faire pro- » téger dans sa propriété littéraire par un simple transfert à un tiers. » Le mot « propriétaire » contenu dans la loi est tellement élastique, » qu'il suffirait, en effet, à un Français de rendre un citoyen ou » résident américain *propriétaire* de son œuvre, pour que cette » œuvre fût protégée (2). »

4 *ter*. Il n'en est pas moins vrai que l'absence d'une loi internationale qui assure aux œuvres de l'esprit une protection complète et efficace est éminemment propre, en faisant accepter comme légitimes d'audacieuses contrefaçons, à éterniser de vieux préjugés et à pervertir le sens moral. « La propriété littéraire est une propriété comme toute autre, aussi sacrée, aussi légitime, aussi visible, aussi personnelle que la propriété d'un drap manufacturé ou d'un vaisseau construit (3). »

---

(1) M. Alfred Villefort, *De la propriété littéraire et artistique au point de vue international*, p. 9.
(2) Ainsi s'expriment les savants auteurs de la *Consultation pour les exposants étrangers prenant part à l'Exposition universelle de 1876, à Philadelphie* (*op. cit.*, p. 99).
(3) M. Ed. Laboulaye, *Études sur la propriété littéraire en France et en Angleterre*, p. 81.

4 *quater*. Les deux restrictions, assez arbitraires et assez inconséquentes, d'ailleurs, que les interprètes ont introduites dans la disposition inhospitalière contenue en l'article 103, ne servent qu'à rendre plus manifeste encore l'injustice qui a inspiré le législateur américain. MM. Coudert font observer, en effet : 1° que l'auteur *dramatique* étranger, quoique ne pouvant protéger son œuvre dans sa *publication*, peut néanmoins s'en faire assurer le bénéfice exclusif de *représentation;* 2° que les propriétaires originaux de peintures, dessins, chromolithographies, statues, sculptures ou modèles, etc. (dont il est parlé dans l'article 86 et qui ne sont pas compris dans l'article 103), peuvent également se faire protéger dans leur droit exclusif (1).

Mais les mêmes auteurs s'empressent, il faut le reconnaître, de s'élever contre ces inégalités et de réclamer en faveur de la morale publique. Ils concluent en ces termes : « Nous espérons que le jour luira bientôt où les États-Unis mettront les produits de l'intelligence humaine sur le même rang, qu'ils proviennent d'un Américain ou d'un étranger. »

---

(1) C'est ce qui paraît aux deux jurisconsultes américains ressortir avec évidence de la comparaison des articles 87 et 103 de la loi de 1870.

Article 86.

Tout citoyen des États-Unis ou individu y résidant qui sera l'auteur, l'inventeur ou le propriétaire d'un livre, d'un plan, d'une carte de géographie, d'une composition dramatique ou musicale, d'une gravure, d'une estampe, d'une photographie ou d'un cliché photographique, *d'une peinture, d'un dessin, d'une chromolithographie, d'une statue, d'une sculpture, d'un modèle....*, jouira du droit exclusif de les imprimer, réimprimer...; *et, s'il s'agit d'une composition dramatique, de la représenter ou faire représenter en public...*

Article 103.

Rien de ce qui est contenu dans la présente loi ne pourra être interprété de manière à faire défense d'imprimer, publier... un livre, un plan, une carte de géographie, une composition dramatique ou musicale, une estampe, une gravure, une photographie, ou, en général, un ouvrage composé par un individu non citoyen des États-Unis ou n'y résidant pas.

MM. Coudert estiment que l'omission, dans l'article 103, des mots imprimés ci-dessus en italique dans l'article 86, n'est pas intentionnelle. « Il est présumable, disent-ils (*op. citat.*, p. 100), que, sur un sujet aussi important, rien n'a été laissé à la négligence ni à l'incurie. »

FRANCE

Aux termes du Code pénal français (1), le juge peut prononcer contre le contrefacteur : 1° une *indemnité;* 2° une *amende* de 100 à 2,000 francs; 3° la *confiscation* de l'édition contrefaite, ou, du moins, des exemplaires non vendus de cette édition. — Ainsi, ni fixation *à priori* des dommages-intérêts, ni interdiction de la profession d'imprimeur (2).

Les indemnités ne doivent pas être adjugées, si le produit des confiscations a couvert le dommage, et les confiscations elles-mêmes peuvent n'être pas prononcées, s'il s'agit d'une contrefaçon partielle, et si le préjudice est réparé par une indemnité (3).

ITALIE

1. La loi italienne du 25 juin 1865 « sur les droits appartenant aux auteurs des œuvres du génie » consacre un chapitre spécial à la sanction du droit de propriété littéraire, sous la rubrique : « De la contrefaçon et des autres infractions à la présente loi, et de leurs peines (4). »

Elle édicte une réparation civile et une sanction pénale. Mais nous aurons lieu de signaler, en outre, à raison de l'adoption par le législateur italien du système du « domaine public payant, » quelques règles particulières. Ce système constitue l'originalité de la loi que nous étudions (5); il est donc naturel que la division de la durée du

---

(1) Art. 327 et s. — Cf. art. 463 du même code.
(2) Nous rappelons que les professions d'imprimeur et de libraire ont été déclarées libres par le décret du 10 septembre 1870.
(3) MM. Chauveau et F. Hélie. — *Théorie du Code pénal*, VI, p. 43. — Cass., 4 sept. 1812 (Dev. et Car., 4, 187).
(4) Art. 29-38. — Voir la traduction et l'analyse de cette loi dans les *Annales* de M. J. Pataille, t. XI, p. 291 et s.
(5) La loi italienne a combiné le système qui considère la *vie des œuvres* plutôt

droit d'auteur en deux périodes se trouve rappelée dans les dispositions pénales (1).

2. « Est coupable de *publication abusive*, dispose l'article 29, quiconque publie l'œuvre d'autrui sans permission de l'auteur, ou de son représentant ou de son ayant cause. — Est coupable de *contrefaçon* quiconque reproduit par quelque moyen que ce soit une œuvre sur laquelle dure encore le droit exclusif de l'auteur…; quiconque néglige de faire la déclaration imposée par l'article 28 (à celui qui veut exploiter l'œuvre moyennant la redevance); quiconque reproduit un nombre d'exemplaires ou de copies plus grand que celui qu'il a acquis le droit de reproduire…

» La *publication abusive* ou la *contrefaçon*, dit l'article 30, est punie d'une amende qui peut s'élever jusqu'à 5,000 livres, sans préjudice des *réparations civiles* (et aussi des peines plus fortes qui pourraient être appliquées au contrefacteur dans le cas de vol et de fraude, conformément aux lois pénales).

» Les exemplaires ou copies de l'œuvre contrefaite et les instruments de la contrefaçon, quand, par leur nature, ils ne peuvent être employés à la reproduction d'œuvres autres que la contrefaite, seront *détruits*, si la partie lésée n'en requiert pas l'adjudication pour un

---

que la vie de l'écrivain avec le système connu sous le nom de *Domaine public payant*. — Les articles 8 et 9 de la loi de 1865 assignent à la durée du droit de propriété littéraire un *minimum* fixe de quatre-vingts ans, lequel se divise en deux périodes bien distinctes. Nous en empruntons l'analyse aux *Annales* de M. J. Pataille (t. XI, pp. 289-290) :

« Tant que l'auteur est vivant, il a seul le droit de permettre ou de prohiber la publication de son œuvre. — Si l'auteur a vécu *quarante ans ou plus* depuis la première publication de son œuvre, la loi fait commencer à son décès même une nouvelle période de quarante années, pendant laquelle chacun peut reproduire l'œuvre telle qu'elle a été publiée par l'auteur et avec son nom, mais à la charge de payer à ses héritiers ou ayants cause une redevance de 5 pour 100 du prix fort (qui doit être indiqué sur chaque exemplaire). Si, au contraire, l'auteur décède *avant qu'il se soit écoulé quarante ans* depuis la première publication, ses droits passent entiers à ses héritiers ou ayants cause et durent intacts jusqu'à l'expiration de la quarantième année, avec faculté, dès lors, de permettre, céder ou prohiber la reproduction, et ce n'est qu'après cette première période de quarante ans que commence la seconde, pendant laquelle la reproduction est autorisée moyennant redevance. »

C'est le système qui a été proposé par quelques publicistes et qui avait été adopté dans le projet de la Commission française de 1862 (Voir M. J. Hetzel, *La Propriété littéraire et le domaine public payant*, pp. 12 et s.; M. E. Durier, notice sur la propriété littéraire en Italie, *Bulletin de la Société de législation comparée*, t. III, pp. 327 et s.; *Procès-verbaux des séances des Commissions françaises de 1826 et 1862*).

La législation italienne est une œuvre dont la France a en grande partie fourni les matériaux. (Cf. l'art. 19 de la loi de 1865, sur l'expropriation du droit d'auteur pour cause d'utilité publique.) Les discussions et les travaux considérables qui ont précédé chez nous la loi de 1866 n'ont abouti, comme le fait très-justement remarquer M. Durier (*ibid*, p. 336), qu'à une loi très incomplète, qui est venue se greffer sur une législation manquant d'ensemble et de développement.

(1) Cf. notamment les articles 32 et 34.

prix déterminé en défalcation des dommages-intérêts, ou bien si le contrefacteur n'en requiert pas la mise sous le séquestre jusqu'à l'expiration du temps pendant lequel subsiste le droit exclusif de l'auteur. — *Le juge devra toujours accueillir cette dernière demande par préférence à l'autre.* — L'adjudication sera prononcée par le juge pour le prix indiqué par celui qui le requiert, quand ce prix n'est pas contredit par la partie adverse. Dans le cas contraire, une estimation par *experts* sera ordonnée, et le juge fixera d'office le prix, le requérant conservant la faculté de retirer sa demande s'il n'accepte pas le prix. »

Enfin, l'article 32 contient une disposition très remarquable relative aux satisfactions à accorder à la partie plaignante, lorsque la *seconde* période du droit d'auteur (la période du domaine public payant) est près de s'ouvrir : « Une fois, dit ce texte, qu'a commencé le cours de la dernière année réservée à l'auteur pour l'exercice exclusif de son droit de reproduction, la destruction des objets contrefaits ou des instruments de la contrefaçon ne sera plus ordonnée; et même, si la sentence qui l'avait précédemment ordonnée n'a pas été exécutée, l'exécution sera suspendue, sur l'opposition du contrefacteur. Dans ces deux cas, on substituera à la destruction le séquestre obligatoire, aux frais du contrefacteur, jusqu'au terme du droit réservé. »

Et l'article 34, lorsque la *seconde* période est enfin ouverte, restreint les cas où la destruction et le séquestre ne seront pas prononcés : « Quand le droit d'auteur se trouve réduit à une redevance déterminée, la destruction des copies contrefaites ou des instruments de contrefaçon ni le séquestre ne peuvent plus être ordonnés, si ce n'est pour assurer le payement de la redevance. — Si la redevance n'est pas fixée par avance et que les éléments manquent pour la fixer immédiatement, elle peut être déterminée par le juge, soit au moyen d'une *expertise*, soit à l'aide d'analogies avec d'autres cas. »

3. Il ressort de ces diverses dispositions que le législateur italien a consacré, en ce qui concerne la sanction du droit de propriété littéraire, des principes qui lui sont communs avec d'autres législations (le droit à l'indemnité, l'amende, la destruction des exemplaires contrefaits), mais qu'il a, en outre, soit modifié dans le détail de leur application ces diverses réparations imposées au contrefacteur, soit ajouté des règles spéciales, telles que le *séquestre facultatif de la part du contrefacteur* (art 31) et le *séquestre obligatoire* (art. 32); le tout, en tenant compte des conséquences logiques (je ne dis pas équitables) du système du domaine public payant et de la division de la durée du droit de l'auteur en deux périodes distinctes.

Nous n'avons rien à dire du droit de l'indemnité, qui n'est que la consécration d'une justice rigoureuse, si ce n'est que le législateur s'est, avec raison, abstenu de fixer à l'avance et uniformément le *quantum* des dommages et a laissé au juge un libre pouvoir d'appréciation; ni de l'amende, dont nous avons déjà démontré l'inopportunité dans toute loi sur la propriété littéraire. Mais, avant de traiter des condamnations plus particulièrement intéressantes, notons dès maintenant que la loi italienne, pour sauvegarder, avec une efficacité qu'on peut trouver exagérée, les intérêts du *domaine public payant*, a établi pour la sanction du droit de l'auteur, non plus deux périodes, comme pour la durée du droit lui-même, mais bien trois périodes. En effet, l'article 32 établit une période qu'on peut qualifier d'*intermédiaire*, et dans laquelle il est enjoint au juge de prendre comme des mesures conservatoires en faveur des « droits du public » dont l'ouverture est imminente.

4. Cela posé, examinons ce que la pénalité offre de plus remarquable dans chacune des trois périodes que nous venons d'indiquer.

A. — Et d'abord, le droit pour l'auteur d'empêcher la destruction des exemplaires contrefaits en défalcation de l'indemnité qui lui est due (droit qui ressemble trop, il est vrai, à une *vente forcée*) est notablement paralysé par la possibilité du séquestre. Le contrefacteur requiert-il la mise sous séquestre des exemplaires contrefaits, le juge est forcé de la lui accorder jusqu'à l'expiration du temps pendant lequel subsiste le droit exclusif de l'auteur. — Voilà pour la première période.

B. — Quant à la sanction du droit de propriété littéraire pendant la période *intermédiaire*, nous ne sommes pas fort surpris qu'il soit défendu au juge de prononcer la destruction des objets contrefaits et que le législateur ait cru devoir préparer ainsi la transition entre le droit véritable de propriété littéraire et le *domaine public payant*, qui n'est lui-même qu'un très regrettable acheminement au domaine public, gratuit et perpétuel. Une fois posée la théorie bâtarde et antijuridique de la redevance temporaire (1), force est bien à l'interprète d'en admettre ou plutôt d'en subir les conséquences pratiques. Mais ce que nous trouvons exorbitant et inexplicable, c'est que, dans le cas où la sentence qui avait précédemment ordonné la destruction n'a pas été exécutée, « l'opposition du contrefacteur puisse suspendre l'exécution et la remplacer par le séquestre obligatoire. » Il faut bien s'entendre. Ou la destruction est considérée par le législateur comme une mesure rationnelle, et alors un retard, peut-être insignifiant et

---

(1) Le système de la redevance *perpétuelle* n'est pas, d'ailleurs, plus rationnel. Ce qu'il fallait, c'était assimiler la propriété littéraire à la propriété de droit commun, et laisser les propriétaires user de leur chose.

inévitable, ne doit pas empêcher de réaliser un acte qui, pour l'auteur de l'œuvre littéraire, mérite, plus que tout autre, de constituer un « droit acquis » (si jamais cette expression, si critiquée dans d'autres circonstances, est juridique, c'est assurément en cette matière); ou c'est une mesure qui a apparu aux rédacteurs de la loi comme une nécessité contestable, mais susceptible d'être tolérée à raison de son caractère provisoire, et alors il ne fallait pas l'admettre durant la première période plus que pendant la période intermédiaire. Le séquestre ne tend à rien moins qu'à conserver et à aggraver, lors de l'ouverture des droits du domaine public payant, une concurrence entre le titulaire de la propriété littéraire et le contrefacteur, concurrence où ils ne lutteront pas avec des armes égales.

C. — Que si nous passons à la troisième période, celle où le droit d'auteur est réduit à une redevance déterminée, les mêmes critiques nous semblent devoir été reproduites. Mais elles veulent être atténuées, puisque le droit de l'auteur n'est plus qu'un droit à une redevance. Nous ne pouvons plus dire, comme tout à l'heure, que le droit privatif de reproduction est amoindri et que le législateur a retiré d'une main ce qu'il donnait de l'autre, commettant ainsi une inconséquence et une injustice, puisque, au frontispice de la loi, il avait été déclaré que la propriété littéraire *exclusive* durerait d'abord quarante ans et que l'insuffisance de la sanction dans le cours de la quarantième année contredit, en fait, cette règle du droit positif. Il semble, cependant, qu'on peut, au moins sur le terrain de la théorie pure, faire ses réserves et penser que la destruction et le séquestre pourraient être ordonnés sans la restriction établie par l'article 34, qui n'applique ces mesures qu'au cas où le payement de la redevance n'est pas effectué; ce serait, du reste, renouveler sous une autre forme la critique du système du domaine public payant (1).

5. On voit à quelles singularités l'adoption du système du domaine public payant a entraîné le législateur italien, en ce qui touche la sanction *pénale*. Il est juste d'ajouter que la sanction *civile*, une fois admis ce système, est assez énergiquement constituée. (2) En effet, l'art 9, *in fine*, de la loi de 1865 établit que la créance qui naît de la redevance est *privilégiée* à l'égard de toute autre sur les exemplaires

---

(1) L'unique réfutation de ce système est celle qui consiste à dire que c'est un régime d'exception. On a dit avec raison : « On peut reconnaître la propriété littéraire ou la nier ; mais, quand on la reconnaît, il n'y a plus autre chose à faire que de la traiter comme les autres propriétés. La soumettre à un régime particulier, c'est commettre une injustice, en se créant *à plaisir* des difficultés pratiques. »

(2) Le procès-verbal de la 6ᵉ séance de la 1ʳᵉ Commission (*Suprà*, pages 286-287). J'avais proposé à la Commission de délibérer sur la question de savoir si la règle du droit italien ne méritait pas de prendre place dans l'article 3 du projet voté par elle dans la séance du 18 juin.

reproduits (1). Et nous venons de signaler, en l'approuvant, la règle qui laisse au juge plein pouvoir d'arbitrer les dommages-intérêts dus par le contrefacteur de l'œuvre littéraire.

---

(1) Voir *Annotazioni alla legge 25 giugno 1865, che guarentische i diritti spettanti agli autori sulle opere del ingegno*, per *l'avvocato* RAFFAELE DRAGO. — Genova, coi tipi della Gazzetta dei tribunali, 1866.

L'article 9 de la loi du 25 juin 1865 dispose que « la créance qui naît de cette cause (c'est-à-dire la créance de la rétribution de 5 % sur le prix fort de chaque exemplaire) est privilégiée à l'égard de toute autre sur les exemplaires reproduits. — *Il credito nascente da questa causa è privilegiato, in confronto di qualunque altro sugli esemplari riprodotti.* »

M. Raffaele Drago qualifie ce privilège de « puissance garantie » (potente guarentijia). C'était, à coup sûr, le moins qu'on pouvait faire, nous permettrons-nous d'ajouter. Aussi bien est-ce une nouvelle complication pratique que le législateur, pour être sorti du droit commun, ne pouvait logiquement éviter. « La loi, dit M. Drago, a accordé par là une puissante garantie à celui auquel le droit d'auteur appartient, et cela afin qu'il ne fût privé ni directement ni indirectement du bénéfice qu'elle lui accordait. L'intérêt public avait provoqué une loi nouvelle sur l'exercice du droit de propriété littéraire, mais il n'en fallait pas moins protéger l'héritier ou l'ayant cause contre une perte injuste. L'article signifie que la créance de celui à qui le droit d'auteur appartient sera préférée à toutes autres créances (qu'elles soient chirographaires ou hypothécaires, ou même comprises au nombre de celles que la loi, à raison de leur qualité, *ex causâ*, déclare privilégiées) sur les exemplaires reproduits. En conséquence, si la personne astreinte au payement de la redevance était tellement chargée de dettes que ses créanciers dussent provoquer la vente de ses biens meubles et immeubles, ces créanciers ne pourront pas faire vendre à leur profit exclusif les exemplaires que le débiteur aura reproduits, ni bénéficier seuls de la saisie des créances qu'il pourrait avoir comme vendeur d'une partie ou de la totalité de ces exemplaires; il faudra que celui à qui appartient le droit d'auteur, le titulaire de la redevance, ait obtenu dans son intégralité la somme dont la loi le rend créancier. Et si le débiteur avait pour tout patrimoine les exemplaires de l'ouvrage ou les créances résultant des opérations à crédit faites sur ces exemplaires, la personne qu'il faut payer par préférence à toute autre est celle à qui appartient le droit d'auteur; cela résulte des termes généraux de la loi : *Il credito... e privilegiato, in confronto di qualunque altro, sugli esemplari riprodotti.* Comme le législateur n'a fait ici aucune distinction, encore que le Code civil établisse diverses catégories de créances privilégiées et de créances hypothécaires, il faut en conclure tout naturellement qu'il a entendu donner, lors de la vente des exemplaires soumis à la redevance, une préférence *absolue* à celui à qui appartient le droit d'auteur. Bien entendu, ce dernier conserve le droit de faire vendre les biens meubles et immeubles du reproducteur, lorsque, déduction faite sur la valeur desdits biens de toutes les créances privilégiées ou hypothécaires dont ils pouvaient être grevés, il reste encore un excédent d'actif suffisant pour le désintéresser. Le Code civil dispose, en effet, dans l'article 1948, que quiconque s'est obligé personnellement est tenu de remplir l'engagement qu'il a contracté sur tous ses biens meubles et immeubles, présents et à venir*. (Chiunque sia obligato personalmente, è tenuto ad adempiere le contratte obligazioni con tutti i suoi beni mobili, presenti è futuri.) »

* Cf. C. civ. français, art. 2092.

MEXIQUE

1. Le nouveau Code civil de Mexico (1), voté par décret du Congrès des États-Unis du Mexique en date du 8 décembre 1870, a consacré 143 articles (2) à la réglementation de la propriété littéraire, dramatique et artistique (3). Ces dispositions forment le titre VIII du livre II, lequel est intitulé : *Du travail.* Nous en extrayons celles qui s'appliquent à la répression de la contrefaçon littéraire.

2. ARTICLE 1323. Quiconque aura contrevenu aux dispositions contenues dans les articles 1316-1321 perdra, au profit du propriétaire de l'œuvre, tous les exemplaires existants et payera le prix de ceux qui manqueront pour compléter l'édition (4).

1324. — Si le propriétaire ne veut pas recevoir les exemplaires existants, le contrefacteur lui payera la valeur de l'édition entière.

1325. — Le prix des exemplaires à payer par le contrefacteur sera le prix actuel des exemplaires de l'édition légale ; et, si celle-ci est épuisée, on considérera le prix que coûtaient les exemplaires au commencement de la publication de l'ouvrage.

1326. — Si l'édition légale de l'ouvrage s'est faite par abonnement, le prix à payer par le contrefacteur sera, non pas celui de l'abonnement, mais le prix que coûtait l'ouvrage sur le marché littéraire à la fin de sa publication.

1327. — Si l'édition contrefaisante est la seule, le contrefacteur

---

(1) Voir le très remarquable et très substantiel *Examen critique du nouveau Code civil de Mexico*, publié par M. Léon de Montluc, docteur en droit, avocat à la Cour de Paris (pp. 1 et 23, — 2° et 4° livraisons de la *Revue de droit international et de législation comparée.*)

(2) Les articles 1245-1387.

(3) J'ai publié en 1876 la traduction complète de cette loi (*De la propriété littéraire, dramatique et artistique dans les divers États de l'Amérique latine*, in-8°, Paris, chez Duchemin). — Ce travail a été également inséré dans les *Annales de la propriété industrielle, artistique et littéraire*, de M. J. Pataille (sous l'art. 2303, t. XXI, pp. 264-277), où il est accompagné de remarques et d'observations sur quelques-unes des dispositions les plus originales de la loi mexicaine (perpétuité, prescription, expropriation pour cause d'utilité publique de la propriété littéraire, etc.)

(4) Les articles 1316-1321 énumèrent les cas de contrefaçon. (Voir *Propriété litt. dram. et artist. dans les divers États de l'Amérique latine*, p. 11-13; *Annales*, p. 270-272.)

payera le prix que les exemplaires seront payés par le public, sauf le droit pour le propriétaire de réclamer contre la modicité de ce prix.

1328. — Si la contrefaçon a été exécutée autrement que par des procédés mécaniques, le prix sera déterminé par experts.

1329. — Lorsque le nombre des exemplaires qui composent l'édition contrefaisante est inconnu, le contrefacteur non seulement perdra les exemplaires qui auront été saisis, mais payera la valeur de 1,000 exemplaires, sauf au propriétaire à prouver que ce quantum est inférieur au préjudice qu'il a subi.

1330. — Les planches, moules et matrices qui ont servi à fabriquer l'édition frauduleuse seront détruits ; cette mesure ne s'applique pas aux caractères d'imprimerie.

1331. — Les dispositions des articles 1323-1327 s'appliqueront aussi au cas où l'édition illicite aurait été fabriquée hors de la République mexicaine.

1339. — La loi rend civilement responsable celui qui, pour son compte, entreprend ou exécute la contrefaçon.

1340. — Si la contrefaçon a été opérée hors de la République, le débitant sera responsable.

1342. — Nul autre que le propriétaire ne peut exercer les droits dont il s'agit dans le présent titre.

1343. — Dans tous les cas douteux, le juge doit entendre l'avis des experts.

1344. — Dans les procès sur des propriétés littéraires, le juge compétent sera le juge du domicile du propriétaire.

1345. — L'autorité politique de chaque État est compétente pour... saisir un ouvrage contrefaisant, et, plus généralement, pour prendre toutes mesures d'urgence.

1346. — Les jugements rendus en matière de propriété littéraire... seront ou non susceptibles d'appel suivant le chiffre de l'intérêt en litige. Mais les ordonnances d'urgence rendues en conformité de l'article précédent ne donneront lieu à aucun recours.

1347. Une fois l'instance en revendication de la propriété engagée, le désistement ultérieur du propriétaire ne décharge le contrefacteur que de la responsabilité civile.

1348. — Indépendamment des condamnations prononcées par le présent chapitre, le contrefacteur sera passible des peines édictées par le Code pénal pour le délit de *fraude* (1).

---

(1) Aux termes de l'article 432 du Code pénal mexicain, le délit de *fraude* est puni d'une amende égale à 25 pour 100 du préjudice causé, mais qui ne peut excéder 1,000 piastres.

3. La législation mexicaine, la seule qui admette actuellement la propriété littéraire *perpétuelle*, mérite-t-elle, au point de vue de la *sanction*, les éloges que nous n'hésitons pas à lui donner pour avoir consacré la perpétuité du droit de l'écrivain? Telle est la question qu'il faut examiner ici.

4. En ce qui concerne l'*indemnité* qui doit être fournie à l'auteur, on voit que la règle fondamentale du droit mexicain consiste à lui allouer la valeur totale de l'édition, calculée d'après le prix de vente des exemplaires légaux. Si l'édition entière est saisie, il aura cette valeur en nature, si mieux il n'aime une somme d'argent correspondante. Si on n'en saisit que quelques exemplaires (et ce sera, sans doute, le cas le plus fréquent), il pourra se les faire attribuer ou opter pour une somme d'argent équivalente; c'est en argent que lui sera fourni le supplément de ses dommages-intérêts, supplément égal au prix des exemplaires non retrouvés entre les mains du contrefacteur.
— Nous pensons que ces dispositions ne sont pas irréprochables et qu'il vaudrait mieux laisser le juge (ou les experts, car la loi mexicaine les fait intervenir à chaque instant en matière de propriété littéraire) prononcer directement et toujours sur les dommages, à raison des appréciations si multiples et si délicates que soulève une question de fait de cette nature (1).

L'article 1329 semble même attester que le législateur mexicain hésitait. « Si on ne peut déterminer le nombre des exemplaires qui composent l'édition illégale, dit ce texte, le contrefacteur payera la valeur de 1,000 exemplaires; « et il ajoute cette restriction : » ... à moins qu'on ne prouve que le préjudice souffert par l'auteur est supérieur à ce chiffre. » On voit, dès lors, combien la fixation *à priori* des dommages-intérêts auxquels a droit la personne victime d'une contrefaçon est chose arbitraire et féconde en inconvénients pratiques. Nous n'aurions qu'à répéter les calculs que nous avons faits en examinant à quelles conditions doit satisfaire une législation sur les satisfactions à accorder à la partie plaignante, pour rendre ces inconvénients plus manifestes.

4 *bis*. — Remarquons la règle de compétence établie par l'article 1344 qui, permettant à l'auteur de plaider devant le juge de son domicile, lui facilite les moyens de se faire rendre justice.

4 *ter*. — Enfin, la disposition générale formulée dans l'article 1343, qui ordonne au juge, dans tous les cas douteux, de consulter des experts, est d'autant plus digne d'être remarquée, que l'établissement

---

(1) V. *suprà*.

du *jury littéraire,* ou au moins de l'arbitrage des gens de lettres imposé au juge, avait été proposé dans le sein de la Commission française de 1826. La règle mexicaine mérite donc de fixer l'attention, qu'on expose l'*histoire* ou la *théorie* du droit des auteurs.

— Une courte analyse des travaux de la Commission de 1826 fera mieux saisir que tout autre développement la portée de la règle formulée dans le Code mexicain. — Dans le cours de la séance du 20 février 1826, M. le vicomte de La Rochefoucauld appela l'attention de l'assemblée sur une proposition ainsi conçue : « *Toutes les questions relatives aux atteintes portées à la propriété littéraire rentrant, en raison de l'incertitude qui existera toujours quant à l'objet de cette propriété, dans les questions de conscience et d'équité, et, d'ailleurs, la nature des occupations ordinaires des magistrats les rendant, en général, étrangers aux connaissances techniques, comme aux habitudes littéraires, indispensables pour bien juger de ce genre de droits ou de délits, ne pensera-t-on pas devoir établir un jury spécial destiné à trancher les difficultés que pourrait faire naître l'application des lois? Ne conviendra-t-il pas alors de choisir à cet effet, parmi les corps littéraires déjà constitués, celui qui, par sa position élevée et le mérite reconnu de ses membres, peut être regardé comme représentant l'élite de la littérature, des sciences et des arts? A cet effet, ne jugera-t-on pas à propos de choisir; dans chacune des quatre Académies qui composent l'Institut, une commission à laquelle seront attribuées les fonctions de ce* JURY *spécial dans toutes les questions de propriété relatives aux productions des lettres et des arts? — Ou bien les juges seront-ils seulement autorisés à soumettre les difficultés de cette nature à l'*ARBITRAGE *de gens de lettres, artistes ou savants, choisis également dans les quatre Académies?* (1) »

« M*** fait observer (2) que, lors de la lecture du rapport, faite à la première séance, l'assemblée s'est fortement prononcée contre la première proposition qu'énonce cette question. L'honorable membre pense donc que la discussion ne doit s'établir que sur l'arbitrage subsidiairement proposé..... (3).

---

(1) Commission de la propriété littéraire de 1826, collection des procès-verbaux, p. 222 et s.
(2) Il est à regretter que, dans les procès-verbaux de la Commission, on ait eu la réserve de ne pas citer les noms des opinants, défaut d'indication fort nuisible à la clarté de la lecture et rendant souvent la discussion difficile à suivre. Il faut excepter certaines opinions isolées que leurs auteurs (Auger, Cuvier, Dacier, Lally-Tollendal, etc.), sous forme de projets de loi ou de rapports, firent insérer dans le recueil. — On sait que cet inconvénient, que déplorait avec raison M. Renouard, n'existe pas dans la collection de 1862.
(3) Dacier pensait, au contraire, que le jury proposé était indispensable. « L'Ins-

» M*** demande pourquoi le tribunal civil serait moins obligé d'appeler des experts que le tribunal de commerce, qui ne juge pourtant que d'après des spécialités ; ce serait au moins une lumière de plus, et l'expérience confirmerait le principe, puisqu'il est de fait que l'opinion des experts est ordinairement le jugement.

» M*** répond que les juges ne consentiront pas à se désinvestir, en ce sens qu'ils se diront tout aussi compétents qu'on peut l'être pour juger si, par exemple, l'intercalation, dans un ouvrage, de 100 pages d'un autre livre constitue une contrefaçon : la loi sera donc inutile ; les juges continueront d'agir librement, quelle que soit la décision des arbitres. D'ailleurs, la seule personne qui ait qualité pour faire une recommandation de ce genre est le ministre de la justice, et encore ne peut-il en faire qu'au ministère public. »

Un autre membre termina la discussion en formulant ce dilemme, qui parut décisif à ses collègues et entraîna le rejet de l'arbitrage littéraire : « *Ou la question sera obligatoire, alors ce sera un jury, et elle sera rejetée; ou elle sera facultative, et les tribunaux n'en tiendront aucun compte* (1). »

---

titut en corps formerait ce jury perpétuel, disait celui qui était à cette époque le doyen des académiciens français ; les jurés, au nombre de six pour chaque affaire, seraient pris dans celle des Académies qui a dans ses attributions les études auxquelles se rapporteraient les ouvrages qui seraient l'objet du différend. L'Académie tirerait au sort douze noms qui seraient communiqués à l'autorité judiciaire ; six de ces noms seraient récusables par les parties plaidantes et par égale portion ; le jury de six académiciens prononcerait ensuite, à la majorité, le jugement, qui serait rendu exécutoire par les tribunaux soumis à l'appel, selon les lois. »

(1) Voici d'autres observations qui furent échangées dans la même séance ;

M. le président remarque que cet arbitrage est déjà dans les usages des tribunaux.

M*** pense, au contraire, que, si on trouvait le moyen d'établir de toute nécessité des arbitres ou experts dans les questions de propriété littéraire, ce serait un avantage pour l'application de la loi.

M*** repousse comme peu convenable toute disposition qui tendrait à imposer des experts aux tribunaux.

M. le secrétaire soutient qu'on pourrait les leur imposer sans les obliger d'accepter leur décision. Il en est déjà de même dans les questions de division d'héritage, de faux, etc.

M*** réplique que, dans ce dernier cas, c'est à raison seulement de leur profession et des connaissances spéciales qu'ils doivent posséder, que les experts sont appelés.

M*** observe à ce sujet qu'une question littéraire offre encore moins d'éléments de certitude qu'un faux ; ce serait une raison de plus pour désirer des connaissances spéciales dans ceux qui doivent statuer sur cette matière.

M*** pense que la tentative d'introduire une mesure qui rentrerait dans le système du jury pourrait être mal accueillie des pouvoirs législatifs. L'honorable membre prétend, d'ailleurs, qu'il est d'usage dans les tribunaux d'appeler des experts, non seulement dans les matières dont on a parlé, mais encore dans celles même de la propriété littéraire.

M*** ajoute que l'expertise est d'usage constant au tribunal de commerce ; quant

Nous ferons remarquer, à notre tour, que l'appel des experts, s'il est souvent indispensable, ne l'est nullement dans notre matière, et qu'il n'est pas dangereux de s'en remettre au juge du soin d'apprécier les questions de fait que soulèvent les procès en contrefaçon. — L'absence d'un *jury littéraire* est encore moins regrettable. Nous allons plus loin : nous trouvons qu'il est désirable que le juge ne soit pas déchargé d'une responsabilité qui, au fond, est moins lourde qu'elle ne le paraît. L'alliance des lettres et de la magistrature est fréquente, et il faut bien se garder de croire que la connaissance des procès de propriété littéraire exige un savoir encyclopédique. Si jamais la maxime de Bacon (*Optima lex quæ minimum...*) nous a paru inapplicable, c'est assurément en ce qui touche les causes de cette nature.

Il n'est donc pas désirable que la législation française, en particulier, imite l'innovation mexicaine et supprime la libre appréciation des tribunaux. On a dû à l'absence d'une disposition semblable à celle qui fut rejetée en 1826 une série de décisions judiciaires qui forment un véritable *droit coutumier* sur la matière que nous étudions et qui ont fourni à certaines lois étrangères plus d'un élément de solution sur des points embarrassants. Lorsque la France voudra se faire une législation nouvelle sur la propriété littéraire, elle consultera avec profit un grand nombre d'arrêts qui ont éclairé la doctrine, en même temps qu'ils s'en sont inspirés.

Les magistrats écrivains ne sont pas rares, et nous pensons que ceux qui ont, comme M. Monmerqué, par exemple, consacré leurs loisirs à l'histoire de la littérature nationale ne sauraient avoir besoin de demander à des experts leur avis sur des questions de contrefaçon, et que la défiance du législateur serait, à bon droit, considérée par eux comme une injure. Puisqu'il s'agit, disait la Commission de 1826, de conscience et d'équité, et d'habitudes littéraires, il faut charger les juges de prononcer sur le délit.

Enfin, la règle mexicaine offre un autre inconvénient : elle rend la procédure plus compliquée et plus coûteuse (l'article 1328 met le comble à la défiance du législateur, en disposant que, si l'œuvre de l'auteur n'a pas été reproduite par des moyens mécaniques, le prix sera fixé par experts).

à la cour royale, l'avis des experts reste toujours joint à la première affaire et peut éclairer son jugement.

M*** pense qu'il serait à désirer qu'on pût faire aboutir toutes les questions de propriété littéraire au tribunal de commerce.

M. le secrétaire répond qu'il n'appartient pas à l'Assemblée de statuer sur un changement de juridiction. »

(Procès-verbaux des séances de la Commission de 1826, p. 223-224.)

PORTUGAL

1. En Portugal, le contrefacteur est passible de *dommages-intérêts* fixés à l'avance. — En outre, il encourt : 1° la *confiscation*, tant de l'ouvrage contrefait que des planches, formes et modèles ayant servi à la contrefaçon ; 2° une *amende* de 50,000 à 400,000 réis (625 à 2,500 fr.). En cas de *récidive*, il peut encourir la peine de l'*emprisonnement* pendant une année au plus.

2. Les dommages-intérêts sont calculés sur le prix de 2,000 exemplaires de l'édition légitime, mais déduction faite de la valeur des objets saisis, si le plaignant en demande la remise.

RUSSIE

1. En Russie, « les coupables de contrefaçon, dit l'article 304 du Code des lois de l'empire (1), sont obligés de restituer à l'éditeur légal tous les dommages occasionnés par la vente des exemplaires contrefaits ; le restant de ces exemplaires est confisqué au profit de l'éditeur légal. » Ainsi, les dommages-intérêts sont proportionnés au préjudice.

---

(1) Voir ce texte dans l'ouvrage de M. Romberg, II, p. 210. Ce recueil contient un extrait de l'édition de 1857 du Code des lois de l'empire (dont les articles 283-284 ont fixé à cinquante ans la durée *posthume* des droits de l'écrivain).

2. Il suffit de transcrire l'article 742 du *Digeste* des lois criminelles pour voir combien, dans un cas particulier, le législateur russe sembla longtemps donner raison à cette parole de J.-J. Rousseau : « Les Russes ne seront jamais policés parce qu'ils l'ont été trop tôt, » que Voltaire lui reprochait avec tant d'amertume (1).

Art. 742. Celui qui publie sous son propre nom l'ouvrage d'autrui; de même, celui qui vend son manuscrit ou le droit d'éditer un livre à plusieurs personnes séparément, et sans leur consentement réciproque, se rend coupable d'un fait qui est réputé fraude, et, outre les dommages-intérêts dont il est passible au profit de la partie lésée, et dont le montant est fixé par le tribunal après l'examen de l'affaire, le coupable est *privé de ses droits civiques*, et il doit être condamné à la peine du fouet et à la déportation en qualité de colon forcé (Sibérie) (2).

3. Remarquons enfin, dans la législation russe : 1° que les contestations relatives à la propriété littéraire sont préférablement soumises à un tribunal arbitral (mais les parties ne sont pas tenues d'accepter cette juridiction); 2° que la plainte doit être formée dans les deux ans, à peine de l'échéance.

VENEZUELA

Aux termes de la loi du 19 avril 1837, la reproduction non autorisée d'une œuvre littéraire, ainsi que la vente et l'introduction sur le territoire de la république d'exemplaires contrefaits, donne lieu : 1° à la *confiscation* au profit de la partie lésée ; 2° à des *dommages-intérêts* s'élevant au double de la valeur des exemplaires saisis; 3° à une *amende* et, en cas d'insolvabilité, à un *emprisonnement* de trois à six mois (3).

---

(1) Voir l'article du *Dictionnaire philosophique*, intitulé : *Pierre le Grand et J.-J. Rousseau.*
(2) Voir *Code* de Blanc et Beaume, p. 527. — Le Code de 1857 paraît avoir supprimé cette pénalité.
(3) Voir M. J. Pataille, *Code international de la propriété industrielle, artistique et littéraire*, p. 350.

RAPPORT

DE LA

COMMISSION ROYALE D'ANGLETERRE

SUR LA

PROPRIÉTÉ LITTÉRAIRE[1]

Le rapport de la commission royale nommée pour procéder à une enquête sur les lois et les règlements relatifs à la propriété littéraire en Angleterre et aux colonies, ainsi qu'à la propriété littéraire internationale, entre dans de nombreux détails à ce sujet. Il a été déposé sur le bureau de la Chambre des communes et publié par les ordres de la Chambre. Nous empruntons à ce rapport quelques-unes des suggestions les plus importantes faites par la commission.

Occupons-nous d'abord de la propriété littéraire en Angleterre. Après avoir appelé l'attention sur l'état obscur de la législation relative à cette propriété, la commission a pris la résolution générale suivante :

« La commission est d'avis que la loi relative à la propriété littéraire soit résumée de façon intelligible et systématique. On peut y arriver en codifiant la loi, soit sous la forme dont l'a revêtue sir James Stephen, soit de toute autre façon; mais la commission est d'avis que cette codification est indispensable. Entre autres avantages, cette codification donnerait l'occasion d'apporter à la loi les modifications qui seraient jugées nécessaires. »

La commission aborde ensuite l'examen détaillé des diverses questions. Elle est absolument d'avis, relativement à la nécessité de la propriété littéraire et à la substitution qu'on a proposée d'un système de redevance, que :

« L'intérêt des auteurs et du public exige que la loi donne une protection assurée aux propriétaires d'œuvres littéraires. La commission est donc d'avis que la propriété littéraire continue d'être regardée par la loi comme un droit absolu de propriété, et qu'en conséquence il n'est pas utile de lui substituer un droit de redevance défini par la loi ou tout autre droit de même nature. »

La commission considère ensuite la durée de la propriété littéraire

---

(1) Ce travail, traduit par les soins de M. Edmond About, président de la Société des gens de lettres et rédacteur en chef du *XIXe Siècle*, a été imprimé dans ce journal, et distribué aux membres du Congrès dans la séance générale du 21 juin. Voyez le compte rendu de cette séance et celui de la séance précédente.

quand il s'agit de livres. La commission est d'avis qu'on peut obvier aux objections que soulève le système actuel en déclarant que :

« La propriété littéraire, au lieu de durer comme à présent pendant un certain nombre d'années à partir de la date de la publication du volume, durera pendant toute la vie de l'auteur et pendant un certain nombre d'années après sa mort. »

Après avoir étudié les divers systèmes adoptés par les nations étrangères, la commission exprime dans les termes suivants sa préférence pour le système adopté en Allemagne :

« En résumé la commission est d'avis que le système employé en Allemagne, c'est-à-dire que la propriété littéraire dure pendant toute la vie de l'auteur et trente ans après sa mort, est celui qui convient le mieux aux États de Sa Majesté. Toutefois, la commission est d'avis, au cas de la conclusion de traités internationaux qui fixeraient la durée de la propriété littéraire dans tous les pays, que Sa Majesté puisse adopter en conseil, au lieu du terme ci-dessus fixé de trente ans après la mort de l'auteur, le terme fixé par ces traités.

» La commission est en outre d'avis que, pour les ouvrages posthumes, les ouvrages anonymes et les encyclopédies, la durée de la propriété littéraire se prolonge pendant trente ans à partir du dépôt au British Museum. Au cas d'ouvrages anonymes, l'auteur aurait la faculté d'imprimer pendant cette période de trente ans une édition portant son nom, ce qui lui assurerait la propriété de son œuvre pendant toute sa vie et pendant une période de trente ans après sa mort.

» Si ces propositions sont adoptées, la commission est d'avis que les droits de propriété littéraire existant lors de la promulgation de la loi soient étendus, à condition, bien entendu, qu'il ne serait porté aucune atteinte aux contrats qui pourraient exister entre les auteurs et les éditeurs. En aucun cas, la durée des droits stipulés ne pourrait être abrégée. »

La commission ne s'occupe pas du droit de propriété universitaire, elle exprime simplement l'avis que ces institutions « doivent être placées sur le même pied que tous les auteurs au point de vue de la protection de leurs droits littéraires. »

Quant au lieu de publication, en tant qu'il affecte les auteurs vivant aux colonies, la commission déclare que l'état actuel de la loi est, sous ce rapport, « peu satisfaisant et plein d'anomalies ; » elle émet, en conséquence, l'opinion que :

« Quand un ouvrage a été publié dans l'un des États quelconques de Sa Majesté, l'auteur de cet ouvrage ait droit aux mêmes privilèges relativement à la prospérité littéraire que s'il avait été publié dans le royaume. »

Les sujets anglais qui publieraient des ouvrages dans un pays étranger ne seraient pas pour ce fait privés de leurs droits à la propriété, à condition qu'ils fassent une édition de ces ouvrages dans les États de Sa Majesté. Toutefois, la commission ajoute que « cette édition anglaise devrait être faite dans les trois années qui suivront la première édition » et que :

« Les mêmes dispositions s'appliquent aux pièces de théâtre et aux compositions musicales représentées ou exécutées hors des États de Sa Majesté, en admettant même que ces pièces ou ces compositions ne soient pas publiées ni imprimées ; en d'autres termes, que la première représentation faite dans un pays étranger ne porte aucune atteinte à la propriété littéraire en Angleterre.

La commission pense que les étrangers, « à moins d'être domiciliés » dans le Royaume-Uni ou dans ses colonies, ont droit « seulement à la propriété des ouvrages publiés pour la première fois dans les États de Sa Majesté. » Avec cette restriction, la commission voudrait voir étendre le droit de propriété littéraire à tout auteur, qu'il soit ou non sujet de la Grande-Bretagne.

La commission aborde ensuite le droit de propriété relatif aux pièces de théâtre, aux compositions musicales et aux pièces tirées de romans. Elle propose, relativement à la durée du droit de propriété des pièces de théâtre et des compositions musicales, que le droit de représentation et le droit de propriété littéraire soient les mêmes que ceux indiqués pour les ouvrages publiés en volumes, et elle ajoute :

« Afin d'éviter toute désunion entre le droit de propriété littéraire et le droit de représentation, quand il s'agit de compositions musicales et de pièces de théâtre, l'impression de ces œuvres doit conférer le droit de représentation, et la représentation publique doit conférer le droit à la propriété littéraire. Par une semblable raison, il est à désirer que l'auteur des paroles d'une romance n'ait pas le droit de faire représenter ou de publier ces paroles avec la musique, si ce n'est en vertu d'un arrangement spécial. »

Après une longue discussion la commission a résolu que « le droit de tirer une pièce de théâtre d'un roman ou de tout autre ouvrage doit être réservé à l'auteur, » ce qui assimilerait la loi anglaise à celle de la France et des États-Unis ; elle est en outre « disposée à penser que le droit d'adaptation doit durer aussi longtemps que le droit de propriété littéraire. »

La commission fait quelques suggestions relativement au droit de propriété de l'auteur quand il s'agit de conférences, et elle propose qu'il soit défendu de les répéter sans la permission de l'auteur, qui aurait un droit de propriété d'une durée égale à celle des ouvrages publiés en volume. Elle appelle aussi l'attention du législateur sur l'état d'incertitude de la loi quand il s'agit de la propriété d'articles publiés dans les journaux.

La commission a consacré beaucoup de temps à la question de la propriété d'œuvres produites dans les diverses branches des beaux arts, et elle comprend sous ce terme les gravures, les peintures, les dessins, la photographie et la sculpture. Après avoir fait remarquer les grandes différences qui existent dans la loi relativement à la durée de la propriété pour les œuvres artistiques, et après avoir exprimé l'opinion que ces différences devraient cesser, la commission propose qu'à l'exception des photographies, des gravures, des lithographies, des gravures sur bois et autres œuvres analogues, la durée de la propriété pour toutes les œuvres d'art sera la même que pour les livres, la musique et les œuvres dramatiques, c'est-à-dire qu'elle se prolongera pendant la vie de l'artiste et trente ans après sa mort. »

Et que :

« Les sujets de Sa Majesté ainsi que les étrangers pourraient obtenir un droit de propriété pour leurs œuvres artistiques, mais à la condition que les étrangers aient publié des œuvres dans les États de Sa Majesté, à moins qu'ils ne soient domiciliés dans ces États. »

En résumé, la commission incline à penser que toute forme de copie, par la sculpture, le modelage, la photographie, le dessin, la gravure, ou autrement, doit participer dans une certaine mesure aux droits de propriété.

La commission aborde ensuite ce qu'elle considère comme la question la plus difficile quand il s'agit des œuvres artistiques, c'est-à-dire à qui doit appartenir le droit de propriété d'un tableau après la vente consentie par l'artiste.

La majorité de la commission a résolu que :

« En l'absence de tout contrat, le droit de propriété d'un tableau doit appartenir à l'acheteur ou à la personne pour laquelle le tableau a été fait, doit suivre en un mot la propriété de la peinture. »

La commission a discuté la question de savoir s'il ne faudrait pas réserver à l'architecte pendant une période de vingt ans le droit de reproduction de l'édifice qu'il a construit; mais elle considère que ce droit est impraticable.

La commission s'est occupée ensuite du lieu où devaient être enregistrées les œuvres littéraires, musicales ou artistiques, et elle est d'avis que cet enregistrement devrait se faire au British Museum. Elle fait quelques suggestions relativement aux détails de cet enregistrement et aux droits à percevoir pour l'effectuer.

Le rapport examine le droit qu'ont certaines bibliothèques publiques de recevoir gratuitement un exemplaire de chaque ouvrage publié ; elle recommande à cet égard que ce droit soit réservé au British Museum seul.

La commission fait ensuite quelques suggestions relativement aux pénalités qui seraient encourues par quiconque se rendrait coupable d'une violation de la loi.

Telles sont les résolutions prises par la commission pour le droit de propriété littéraire dans le Royaume-Uni. Elle aborde ensuite la question de la propriété littéraire aux colonies et, après avoir longuement résumé les dépositions faites devant elle, la commission exprime l'opinion que :

« Les éditions faites aux colonies d'ouvrages dont le droit de propriété n'est pas expiré, qui ont été publiés pour la première fois dans le Royaume-Uni ne doivent pas entrer dans le Royaume-Uni sans le consentement des possesseurs du droit de propriété ; de même les rééditions, dans le Royaume-Uni, d'ouvrages publiés pour la première fois dans une colonie quelconque ne doivent pas rentrer dans cette colonie sans l'autorisation des possesseurs du droit de propriété. »

Cette partie du rapport s'occupe de divers autres points relatifs au droit de propriété littéraire dans les colonies. Mais le défaut d'espace ne nous permet pas d'entrer dans les détails.

La dernière question abordée par la commission est celle du droit de propriété littéraire internationale « surtout dans ses rapports avec la question américaine » pour employer les expressions du rapport. La commission a remarqué qu'il n'existe aucune protection internationale de la propriété littéraire entre les États-Unis et l'Angleterre ; or, les États-Unis sont, de tous les pays, celui où les auteurs anglais ont le plus d'intérêts. La commission étudie les diverses causes qui ont empêché la conclusion d'un traité, et conclut en exprimant l'opinion basée sur le témoignage de M. Putnam que, tandis que les auteurs américains reconnaissent unanimement les avantages d'un traité international entre les États-Unis et l'Angleterre pour la protection de la propriété littéraire, les éditeurs et les imprimeurs américains font la plus vive opposition à la conclusion d'un semblable traité. Ces derniers craignent en effet que :

« Au cas où un traité international serait conclu, les auteurs anglais pourraient choisir le mode qui leur conviendrait pour publier leurs ouvrages ; ils pourraient choisir aussi leurs éditeurs et la plupart du temps feraient préparer une édition en Angleterre, destinée à l'Amérique, de façon à éviter les dépenses de l'impression aux États-Unis. Les éditeurs américains redoutent en outre la concurrence des éditeurs anglais, parce que, actuellement, un volume coûte plus cher à établir aux États-Unis qu'en Angleterre. Il en résulte donc que, si le tarif protecteur disparaissait, les éditeurs anglais feraient sans doute une concurrence très active aux éditeurs américains sur le marché important des États-Unis. »

En résumé, la commission est d'avis que :

« Il serait utile aux sujets de Sa Majesté qu'un arrangement fût conclu entre l'Angleterre et les États-Unis, en vertu duquel les propriétaires anglais pourraient acquérir le droit de propriété aux États-Unis en réimprimant leurs livres en Amérique, sans toutefois refaire les bois ou les planches stéréotypées ; ce système serait sans doute adopté avec plaisir aux États-Unis. »

La commission déclare enfin que :

« Les considérations les plus élevées de la politique et de la morale publique lui imposent le devoir de baser la loi relative à la propriété littéraire sur des principes corrects sans tenir compte des opinions ou de la politique des autres peuples. Elle reconnaît l'utilité de protéger la propriété littéraire, et ce principe une fois admis doit avoir une application universelle. Elle recommande donc que l'Angleterre reconnaisse les droits des auteurs sans tenir compte de la nationalité. »

Avant de quitter ce sujet, la commission s'occupe d'une proposition faite par M. Dicey, l'un des témoins interrogés par elle. M. Dicey pense qu'une commission mixte pourrait préparer les termes d'un traité avec l'Amérique, acceptable pour les deux pays. La commission est d'avis que la nomination d'une semblable commission aurait évidemment beaucoup d'avantages.

Le rapport se termine par quelques suggestions importantes relativement au dépôt des volumes et aux preuves tendant à établir le droit de propriété.

L'HOMME DE LETTRES

A LA

RECHERCHE DE SES DROITS

CAUSERIES

DÉDIÉES AU

CONGRÈS LITTÉRAIRE UNIVERSEL DE 1878

PAR UN DE SES MEMBRES

Le poète : un déshérité. — L'avocat qui plaidera sa cause. — Les congrès des sociétés pour la législation internationale. — La communauté d'intérêts du congrès de Paris avec celui de Francfort. — Un tribut international en fonction. — La part de la littérature dans le mouvement économique, et la représentation de cette part dans les chambres de commerce. — Le projet d'une chambre de commerce internationale. — Justice à rendre par cette institution à la production littéraire française. — La chevalerie de l'esprit et son maréchal Victor Hugo. — Le triomphe de notre cause dépend du triomphe de la moralité. — Nous sommes l'armée de la paix. — Combattons en braves soldats!

Messieurs et chers Confrères,

L'homme de lettres à la recherche de ses droits présente un tableau qui n'est plus à peindre, puisque notre grand poète Schiller l'a déjà fait. Je parle de ce poème qui a pour titre : *La distribution de la terre et de ses richesses.* Tous les états et métiers, toutes les vocations représentées par des hommes industrieux et avides d'or, accourent à l'heure de la distribution pour recevoir une bonne part; il n'y a que le poète qui manque à la fête. Quand, tardivement, il s'y présente, on lui démontre que tout est pris et qu'il reste déshérité. Ses plaintes, ses réclamations arrivent à l'ouïe de Jupiter qui s'en impatiente quelque peu et qui crie au poète : Mais où étiez-vous donc, quand j'ai partagé le monde? — Et le poète de lui donner cette réponse : J'étais, grand Dieu, chez toi !

Il me paraît, chers confrères, que le Congrès littéraire dont les débats s'approchent de la clôture, ne dément pas le sarcasme inoffensif dont notre état a été l'objet de la part du grand poète allemand, citoyen honoraire de la France républicaine.

Oui, messieurs, nous ressemblons un peu à ce poète idéaliste qui se laisse retenir dans les sphères célestes quand l'heure avait sonné pour s'occuper un peu de ses affaires terrestres. Nous avons fait de la philosophie et, en cherchant la vérité sur les droits de l'auteur d'une œuvre littéraire, nous avons voulu arriver tout d'un coup à la vérité absolue, à une formule faite pour être universellement reconnue comme juste et pour répondre à l'idée de notre droit aussi bien qu'à celle de notre vocation humanitaire.

Cependant il me paraît, chers confrères, qu'on peut très bien discuter la théorie d'un droit et, en même temps, reconnaître que ce n'est pas le tribunal des dieux devant lequel nous plaidons, mais celui des hommes, et que ces derniers réclament de la part de l'homme qui veut gagner son procès, qu'il réunisse les preuves de son droit, et qu'il se fasse représenter par un avocat bien expérimenté dans le langage juridique et bien instruit des lois actuellement en vigueur comme de la procédure à suivre pour amener dans la cause une décision utile et définitive.

Les avocats dignes et capables de plaider notre cause existent heureusement, Messieurs; ils ont même déjà démontré spontanément leur bon vouloir de mettre à notre profit leur autorité scientifique, leur érudition profonde et leur dévouement sincère. Acceptons donc cette offre, Messieurs, empressons-nous de saisir les mains qu'on nous tend, offrons nous-mêmes notre main à d'autres qui visent au même but que nous, et vainquons la résistance de ceux qui s'opposent à la reconnaissance de nos justes réclamations.

En s'imaginant le poète dont je parlais comme le représentant de la littérature entière, notre Schiller paraît déjà avoir pénétré de la solidarité de tous nous autres vis-à-vis de la totalité des vocations profanes du monde, et vis-à-vis de ces cieux d'azur dans lesquels nous avons trop longuement séjourné.

Cette solidarité, très naturellement, enfante la tendance vers l'uniformité. La même situation sociale évoque le même désir de l'améliorer, de la voir réglée et bien respectée partout, à la suite de lois égales et de procédures identiques.

Mais pour arriver à des lois uniformes futures, il faut bien savoir d'abord quelles sont les différences essentielles entre les lois existantes, ayant rapport à notre vocation.

Or, il est très heureux qu'il existe, depuis des années, une Société, ou plutôt un institut cosmopolite, comprenant les hommes les plus érudits et les plus respectés de la science, surtout des sciences politiques et économiques, des savants, qui n'ont d'autre désir que de faire universellement connaître et respecter les idées pures de la justice, du progrès humanitaire et de l'équité.

Cet institut s'occupe à étudier les lois qui ont rapport aux relations internationales, à les codifier, à les comparer entre elles, et à en établir l'interprétation la plus authentique.

J'ai eu le plaisir d'informer le Congrès, que les membres de cette noble Société internationale vont se réunir cette année à Paris, et qu'ils se proposent même de discuter cette fois les lois et les traités ayant pour objet le droit littéraire.

Encouragé par le consentement de mes confrères et compatriotes, j'ai cru devoir prendre l'initiative de proposer à la séance de la seconde commission, une démarche prouvant la sympathie fraternelle du Congrès littéraire avec l'institut pour la codification du droit international. Je voudrais qu'on exprimât d'avance notre reconnaissance pour les excellents services que nous croyons pouvoir espérer de sa part en faveur de notre cause. En même temps, j'ai proposé verbalement la participation des membres du Congrès littéraire, aux débats du Congrès (accessible à tous) pour le développement du droit des gens, qui se réunit cette année à Francfort.

Je ne suis pas informé de l'ordre du jour de ce Congrès de Francfort, et je ne crois même pas qu'il s'occupera cette fois des intérêts littéraires ; mais je crois que la participation des membres de la presse et des écrivains en général, aux débats de ce Congrès, composé pour la plupart d'économistes et de représentants du grand commerce, ne doit pas dépendre du contenu de l'ordre du jour. Le droit littéraire international ne sera pas discuté à Francfort, cette fois, mais la Société pour le développement du droit des gens le discutera une autre fois si nous le lui proposons. Seulement, en échange du concours que ce Congrès aura probablement la bienveillance de nous prêter, il faudra que nous commencions à lui prêter le nôtre dans les questions de législation internationale de haute importance qu'il a l'usage de traiter.

*
* *

J'ai pu assister, il y a deux ans, à Brême, à une réunion de ladite Société. Le langage préféré pour les débats était l'anglais. On a discuté surtout deux matières de grande importance : la juridiction maritime et les principes, souvent fort différents entre eux, sur lesquels en sont basés les arrêts ; par exemple, les diverses idées sur l'*avarie grosse*, sur les conditions dans lesquelles une assurance doit être payée ou non, etc., etc.

Il est évident que le commerce naval gagnera beaucoup en sûreté et en vitalité, si les propriétaires des bâtiments, comme ceux des cargaisons, peuvent être assurés que les sinistres arrivés à leurs vaisseaux ou à leurs marchandises seront jugés exactement d'après les mêmes principes et moyennant la même procédure judiciaire, dans quelque port du monde civilisé que ce tribunal soit établi.

Le second point de l'ordre du jour du Congrès de Brême avait une importance encore plus saillante. Il s'est agi des billets de change et de la possibilité d'amener une législation internationale sur cette matière. En effet, le billet de change, protégé de la même façon par la justice de tous les pays, la procédure contre celui qui refuse paiement étant également énergique en faveur d'un créancier étranger comme d'un créancier indigène, le billet de change obtiendrait une utilité encore plus grande que celle offerte jusqu'ici au commerce entier international. Ce serait le papier-monnaie universel, et le nombre des affaires d'une nation avec les autres devrait très naturellement s'accroître de beaucoup si, par l'autorité d'une loi uniforme pour tous, la recherche des droits du créancier devenait presque aussi facile à l'étranger que dans son propre pays. On ne saurait se faire une idée des millions et milliards qu'une pareille sûreté du commerce international rapporterait aux nations industrieuses.

Vous voyez bien, chers Confrères, qu'on ne perdrait pas son temps en aidant cette excellente société dans la poursuite de son but bienfaisant pour l'humanité entière. Nous ferons très bien d'acheter le droit d'y voir traiter nos affaires littéraires internationales, en apportant à l'œuvre de cette société la popularité qui lui manque, et en recommandant à tous, aux gouvernements comme aux peuples, les plus grands égards pour une entreprise si utile. L'esprit français surtout, si méthodique, si incliné à la clarté du style, à la netteté de la pensée, trouvera là un champ fort digne de lui pour faire preuve de ses qualités et pour démontrer, une fois de plus, combien ce travail spirituel de la France est nécessaire au progrès de la civilisation entière.

Les Anglais et les Allemands qui, au Congrès du droit des gens tenu à Brême, ont pris part à la discussion, ont été animés sans doute des meilleures intentions ; ils ont traité les questions à fond, ils y ont apporté des trésors d'expérience, d'érudition et de bon sens, mais la forme n'était pas agréable au public, et l'on a pu admirer l'héroïsme des dames, épouses et filles des honorables membres du Congrès, lesquelles se sont intéressées pour les billets de change comme pour des billets doux, et pour l'*avarie grosse* des navires de commerce comme si elles en eussent éprouvé une dans le courant de leur propre vie.

Imitons cet exemple. Messieurs ; allons à Francfort, ou envoyons là des délégués de notre Congrès, pour exprimer à peu près ceci à la Société pour le développement du droit des gens :

1° Que nous partageons avec elle le désir de voir adopter des lois et des procédures uniformes pour tout ce qui a rapport au commerce international, à la protection réciproque des droits de l'étranger ;

2° Que nous serions bien reconnaissants à l'honorable Société si elle voulait mettre à l'ordre du jour de son prochain Congrès la question du droit de l'auteur vis-à-vis des éditeurs et des directeurs étrangers.

Cela ne porterait aucun préjudice à la démarche que j'ai proposé de faire auprès du Congrès de l'Institut pour la codification du droit international de Paris. Les deux résolutions seraient en bonne harmonie avec elles-mêmes. Une pareille alliance conclue avec la Société du droit des gens, siégeant à Francfort, nous devrait être utile. Nous avons besoin de cette alliance comme le Congrès de Francfort a besoin de la publicité littéraire la plus étendue et la plus distinguée, car il aura bien de la peine à faire accepter aux gouvernements des lois identiques sur le commerce maritime et sur les billets.

*
* *

Chaque État, vous le savez, chers Confrères, possède une législation plus ou moins en harmonie avec l'esprit de la nation, un code de droit civil formant une unité organique.

Or, l'introduction d'une loi internationale, primant et remplaçant la loi nationale, doit être toujours une affaire très délicate.

Ce ne sera que sous la pression de l'opinion publique internationale et de l'intérêt général bien clair, que les États cèderont à la nécessité d'une législation uniforme internationale sur telle et telle matière. *La loi uniforme attire la procédure uniforme*, et celle-là sera encore plus difficile à réaliser. Mais quand, sur une série de matières, l'égalité des lois et de leur application sera une fois établie, alors il sera plus facile qu'on ne le pense à présent de créer, comme couronnement de l'édifice, une institution recommandée depuis longtemps par les économistes progressistes, à savoir : *un tribunal international de commerce*, surveillant l'application correcte des lois et des codes de procédure qui font partie du droit international.

Est-ce une chimère, en effet, l'idée d'un tribunal international, dont l'existence sera si précieuse pour le but que nous poursuivons ici?

Regardons un peu autour de nous, regardons aussi en arrière un peu, sur le chemin que l'idée de la paix générale, sauvegardée par la justice générale, a parcouru, et nous verrons bien des faits consolants et donnant appui à votre confiance dans l'avenir de la bonne cause.

Je vous renvoie surtout, chers Confrères, à cette importante affaire du tribunal international d'arbitrage dans la question de l'*Alabama*. Avec quelle généreuse abnégation la grande et puissante Angleterre s'est-elle soumise à la juridiction de ce tribunal, et de quelle façon consciencieuse s'est-elle exécutée après avoir perdu son procès! Voilà un noble exemple donné par un grand pays aux petits, à tous ces gouvernements surtout pour lesquels la piraterie littéraire ne paraît offrir aucun motif de blâme ni de correction, et qui se rient des étrangers pillés, réclamant leur droit.

Nous voyons fonctionner ensuite en Égypte, depuis plusieurs années, un tribunal international constitué de 30 membres, parmi lesquels : 3 Autrichiens, 3 Anglais, 3 Français, 3 Italiens, 3 Allemands, 3 Hollandais, 3 Belges, 2 Américains, 2 Russes, 2 Suédois, 2 Hélènes, 1 Danois. Ce tribunal fonctionne admirablement et dans la meilleure harmonie possible. Pour appuyer ce que je dis, j'emprunte à la *Revue des Deux-Mondes* (mars 1878) quelques passages d'un intéressant travail de M. Georges Rousquet, qui dit :

« Dans leurs rapports entre eux, les magistrats ont apporté, en général, une déférence réciproque; nos compatriotes (français) notamment, ont eu à se féliciter des égards que leur ont témoignés leurs collaborateurs étrangers, les Allemands surtout. »

On voit, mes chers confrères, que nous n'offrons au monde, ni le premier ni le seul exemple d'union sympathique entre représentants de différentes nations. Ce tribunal international en Egypte, quelle que soit la difficulté de sa tâche dans le pays où il opère, vous donne en tout cas une très heureuse idée de ce que pouvait être un tribunal de commerce européen en Europe même. Non seulement dans l'Égypte, mais chez nous, citoyens de ce continent plus civilisé, le besoin se fait sentir très vivement de posséder une institution judiciaire centrale, méritant les mêmes éloges que M. Bousquet offre au tribunal international sur le sol de l'Afrique, quand il dit :

« *En inaugurant en Egypte le respect du droit, l'indépendance de la conscience, la sécurité des plaideurs, la publicité de justice; en bannissant du prétoire la fraude et l'arbitraire, l'institution nouvelle a donné la mesure de sa valeur.* » — Quand donc l'écrivain européen trouvera-t-il en Russie et en Espagne, en Angleterre et au Brésil une pareille justice et protection de ses droits, de façon qu'il n'ait rien à envier au pays des fellahs ?

Tout n'est pas rose, mes chers confrères, sur le chemin qui nous reste à creuser et à parcourir avant d'arriver à un résultat palpable et indéniable de nos efforts. La recherche de nos droits équivaut presque, en difficultés, à celle de la paternité.

Il n'y a pas seulement de bons services à accepter et de bons procédés à échanger, il y aura aussi à lutter contre les usurpateurs et à conquérir résolument un terrain qui devait être reconnu comme notre patrimoine, mais qu'on ne cesse pas, çà et là, de nous disputer.

Avant de m'expliquer plus clairement, permettez, messieurs, de constater encore une vérité fondamentale : c'est que toute publication littéraire, obtenant une circulation quelque peu étendue, représente non seulement un fait esthétique ou scientifique, mais aussi un fait économique et qui doit surtout intéresser les gardiens de la richesse nationale.

Un écrivain célèbre, publiant seulement un nouveau volume, peut mettre en mouvement toute une armée de typographes et de libraires, de fabricants et de marchands de papier, de fondeurs de types, des vendeurs de journaux et d'autres personnes encore qui vivent de cette production poétique, qui en profitent et qui paient à l'État les impôts mis sur leurs profits.

Ces gens là, au moins les patrons, ont dans la plupart des pays civilisés, une représentation quasi-parlementaire et officielle de leurs respectives branches de travail ou de commerce, dans les chambres de travail et de commerce.

Il n'y en a qu'un seul, appartenant à ce groupe de producteurs, qui soit exclu de la représentation précitée, et c'est précisément l'homme qui a fait naître l'activité en question, à savoir : *l'auteur* de la publication littéraire ; l'homme de la science, le poète ; l'hôte des dieux et le déshérité de ce monde.

Cependant je me trompe quelque peu. La science et son représentant, l'homme de lettres n'est pas, en Allemagne du moins, tout à fait exclu de la localité réservée à la représentation du commerce ; il est présent dans la chambre des conseils, seulement sa place n'est pas au milieu des votants, elle est celle d'un employé de ces messieurs du commerce pratique ; c'est au bureau, incliné sur le livre de protocole, qu'il doit assister aux débats des fabricants de bonnets de nuit et d'engrais artificiels, etc., etc., car ces fabricants sont les maîtres du lieu, et lui, l'homme de lettres, n'est que leur secrétaire.

Voici cependant, sous la forme de ces secrétaires, les avant-postes de l'armée littéraire sur le domaine du commerce et de sa représentation consultative. La science économique, voilà la Pénélope fidèle qui attend l'Ulysse des lettres au milieu des parasites qui mangent son bien. Elle se promet bien de l'installer dans ces chambres syndicales, dans ces congrès de commerce, dans ces conseils économiques du gouvernement. On avait beau reléguer l'homme de lettres au poste de secrétaire, on ne pouvait se passer de lui; dans les discussions, le poids spécifique du savoir s'est fait sentir; on a attiré les secrétaires dans les débats des chambres, on en a fait des délégués pour les « diètes commerciales » (*Handesltage*) qui se réunissent quand le gouvernement a besoin d'entendre l'avis du monde commercial de la nation entière, sur des traités à conclure ou sur des projets de loi à soumettre au Parlement.

Quelques-uns de ces secrétaires de chambre de commerce ont même pressenti que le jour viendrait où la presse et la littérature, lasses de leur rôle de cendrillon parmi les vocations, viendraient frapper à la porte de la plus proche chambre de commerce et réclamer un siège à la table. Dans certains rapports annuels sur l'activité industrielle et commerciale d'un district, j'ai vu des chapitres fort intéressants par leurs renseignements statistiques, qui étaient dévoués au mouvement de la publicité, et de la production littéraire pendant une année.

Ce que l'on fait dans un district commercial, on pourra le faire aussi dans les autres, et quand il sera bien établi par combien de pour cents le mouvement littéraire participe à la totalité du mouvement économique d'une circonscription quelconque; alors, il ne sera que justice de faire participer aussi les auteurs de ce mouvement à la représentation personnelle de leurs intérêts économiques, et qu'on les laisse apporter leurs lumières dans un milieu où l'on en a ordinairement un besoin extrêmement urgent.

L'homme de lettres, appelé dans l'avenir à siéger dans une chambre de commerce (étant élu à ce poste par ses confrères) peut, cela est bien naturel, entrer dans ce milieu avec la seule idée d'y défendre les intérêts de sa vocation. Mais il verra bientôt que les intérêts de la communauté économique, que le bien public réclame son attention à d'autres mouvements aussi bien qu'au mouvement littéraire. Il s'apercevra aussi que le secrétaire, isolé jusqu'ici, est souvent dans une position cruelle. Cet homme de la science est peut-être libre-échangiste par conviction, mais il doit mettre sa plume à la disposition des protectionnistes qui dominent la chambre. Les caractères forts feront cela dans les limites de leur devoir, sans changer d'opinion, mais les caractères faibles céderont à l'influence de la richesse ou à d'autres tentations, et ils brûleront ce qu'ils ont adoré hier.

C'est à ces caractères chancelants que la littérature doit envoyer ses troupes auxiliaires, car si les besoins de l'État obligent quelquefois le gouvernement d'abandonner la doctrine du libre-échange, il faut bien veiller à ce que ce ne soit que l'État qui en profite; il ne faut pas que l'égoïsme d'une clique d'industriels ou de commerçants puisse exploiter la richesse de la nation par le moyen d'une mesure économique recommandée par une représentation commerciale intéressée;

à un gouvernement mal avisé (comme nous venons d'en voir l'exemple au delà des Alpes.)

* * *

C'est donc d'un intérêt public évident que le commerce littéraire, y compris les écrivains honnêtes de toute espèce, et qui, eux-mêmes, se déclarent adhérents à cette branche de production, aient dans les chambres de commerce et dans la délégation nationale de ces chambres la place proportionnée à la partie du mouvement économique dont les écrivains sont les auteurs ou les intéressés.

C'est alors que les hommes de lettres eux-mêmes pourront, par leurs confrères siégeant dans les chambres, proposer pour les traités de commerce et pour les codes nationaux, aussi bien qu'internationaux, les stipulations qui leur paraissent bonnes pour protéger l'intérêt légitime de l'écrivain.

Ajoutons ici la remarque qu'il y a dans le monde des économistes et des commerçants un mouvement de plus en plus accentué en faveur d'une chambre de commerce internationale, c'est-à-dire d'un parlement écouomique du monde civilisé, et dans ce parlement, la littérature doit former une section spéciale et importante.

Nous voilà donc arrivés, Messieurs, sur deux voies toutes différentes en présence de deux organisations internationales qui, partout, sont regardées comme des institutions complémentaires, ayant, l'une, besoin d'être supportée et conseillée par l'autre ; le tribunal international de commerce et la chambre, la représentation iuternationale du commerce.

Plus ce tribunal aura de matières à juger, de procédures (dans les états particuliers), à surveiller et à corriger, plus sa compétence sera grande, son utilité reconnue, plus les gouvernements éviteront les querelles politiques qui en pourraient paralyser le fonctionnement.

Et, quant à la chambre de commerce internationale, je crois qu'elle donnera son avis non pas seulement sur les traités destinés à régler les relations réciproques des nations ; elle recueillera aussi dans un centre commun tout le matériel statistique nécessaire pour discerner la portée de chaque mesure de politique commerciale et la position de chaque branche de production dans le cercle du travail des nations.

Or, si j'avais l'honneur d'être Français, et écrivain français, je me croirais obligé, par patriotisme, à contribuer autant que je le pourrais à la création de cette chambre de commerce internationale et de ce bureau de statistique pour le travail du monde, comptant les richesses que chaque vocation met en mouvement. Car il est certain que la France, avec son travail littéraire, sortirait fort glorieusement de cette enquête. On verrait que ce serait là le cas de dire avec Schiller :

« Pesez les voix, et ne les comptez pas ! » Trente-sept millions de Chinois comptent autant dans la simple statistique des êtres humains que trente-sept millions de Français; mais, quand il s'agit de comparer la valeur de l'existence de ces deux groupes de millions, quand on considère la quantité et la qualité du travail manuel et spirituel produit par ces deux groupes, que l'on en compare le mérite au point de vue des progrès réalisés en faveur de l'humanité, — alors on arrive facilement à établir une différence énorme entre un peuple soumis au despotisme, au fétichisme, et une nation libre et éclairée, jalouse de porter, avant tout, l'oriflamme de la liberté et le drapeau de la civilisation.

Dans une chambre de commerce internationale on s'apercevrait bientôt qu'il faut distribuer les voix selon l'importance des richesses et des capacités qu'elles représentent, et en beaucoup de sections, surtout dans la section littéraire, il faudrait allouer à la France un nombre de voix répondant à sa valeur, et non pas celui répondant au chiffre indifférent de sa population.

Voici, Messieurs nos confrères français, le point que je prends la liberté de signaler à votre patriotisme, parce que ma plume, depuis douze ans, n'est pas étrangère à la presse française et qu'ainsi vous pouvez présumer que cette indication d'une activité utile au plus haut degré à la position internationale de votre grande patrie, est née d'un esprit sincèrement dévoué à votre pays aussi bien qu'aux intérêts solidaires de l'humanité.

Vous avez à votre tête un maréchal de France littéraire, il s'appelle Victor, *nomen et omen* ! Suivez-le sur la route qui mène à la reconnaissance générale et formelle de la puissance de l'esprit français, et il justifiera son nom, il gagnera avec vous des batailles d'esprit; il sera, une fois de plus, un vainqueur !

Mais le bon général a besoin de la bonne organisation des combattants s'il veut atteindre le but proposé ; il ne s'agit pas seulement de la force physique et du nombre des lutteurs, il s'agit de la force morale.

Quand j'ai comparé Victor Hugo à un maréchal de France, j'étais loin de ne vouloir prononcer qu'une flatterie ou employer une métaphore purement rhétorique, j'ai plutôt choisi le mot pour les raisons que voici :

J'avais en vue non seulement les maréchaux qui commandent des armées et dont la sphère d'activité est d'un caractère purement militaire dans l'acception moderne du mot; non messieurs, je pensais plutôt à ces anciens maréchaux d'il y a quatre siècles et plus, qui, réunis en conseil à Paris, autour de leur table de marbre au Palais, constituaient la cour d'honneur de la France entière, le tribunal suprême pour son armée, pour sa noblesse, et même pour la famille royale.

* *
*

Ce n'est pas à moi qu'il convient de vous faire le tableau de l'état social lamentable dans lequel la France se trouvait après que Jeanne d'Arc en eut chassé les envahisseurs. S'il était permis de plaisanter sur une matière si sérieuse, on pourrait dire qu'alors le marchand qui voyageait sur les grandes routes parcourues par des maraudeurs farouches et par leurs victimes désespérées, n'était pas plus sûr de son bien, que ne l'est de nos jours un homme de lettres Français au Brésil.

On pilla les gens de différentes vocations comme si tous étaient des écrivains de mérite. La confusion dans les idées de moralité, même dans quelques sphères corrompues de la chevalerie, était arrivée à un degré dont nous pourrions difficilement nous faire une idée, s'il n'y avait pas les mœurs et les consciences des éditeurs américains de nos jours pour nous en fournir en exemple. On a résolu alors de mettre une bonne fois un terme à tout cela.

On s'est décidé de procéder non seulement à la réorganisation de l'armée française, mais à rechercher aussi la guérison de la société et on est arrivé à ce but glorieux parce qu'on a employé les moyens les plus dignes, qui sont en même temps les plus sûrs. On a régénéré la France en y rétablissant le culte de l'honneur, de l'ordre et de la justice. Pour combattre une chevalerie perverse, on s'est servi d'une chevalerie honnête, comprenant bien que la noblesse oblige à servir sa patrie en tout, à l'intérieur comme à la frontière. Cette chevalerie a rétabli la sécurité dans le pays et a permis à la justice de rendre ses arrêts avec efficacité. On ne pensait pas alors, comme quelques siècles plus tard, de chasser le filou par le filou ; on jugeait plutôt qu'il fallait employer le concours de l'homme moral pour combattre l'immoralité. On ne traita pas avec la filouterie, on la dompta. Les maréchaux de France, le connétable à leur tête, veillèrent sur l'honneur du pays et sur l'honneur de ceux qui étaient appelés à en défendre la tranquillité. C'est ainsi qu'on a refait la France affaiblie et quand l'étranger est venu l'assaillir une autre fois, il l'a trouvée debout, vaillante et majestueuse.

* *
*

De nos jours, messieurs et chers confrères, ce n'est plus la noblesse des almanachs de Gotha, ce ne sont plus les chevaliers des parchemins qui sont appelés à se ranger autour des maréchaux pour justifier les titres qui les décorent par les services qu'ils rendent aujourd'hui ; ce sont les chevaliers de l'esprit, ce sont les aristocrates de la science et de la littérature qui doivent se dévouer à une tâche noble et patriotique, analogue à celle accomplie au quinzième siècle par la fleur de la chevalerie française. La liste des membres honoraires du Cobden-Club, liste comprenant tous les grands économistes de nos jours, et presque tous les hommes d'État éminents, forme le livre d'or de la noblesse moderne, de l'aristocratie vraie et internationale.

Montrons-nous dignes, sur le terrain littéraire de cette confraternité amie qui existe sur le domaine des sciences économiques et politiques. Nous avons tous deux le même but : établir le royaume de la justice et de la civilisation dans toutes les parties du globe !

Dans les différents pays où les journalistes, les auteurs dramatiques, les littérateurs savants, les hommes de lettres enfin, ont fondé des associations, on a plus ou moins compris la nécessité des bases morales de l'agitation et de la parfaite honnêteté chevaleresque des moyens de combat.

Aussi dans quelques centres importants, comme à Vienne par exemple, les gens de lettres réunis dans une organisation aussi utile et agréable que puissante et respectée, ont réussi à donner le ton et l'impulsion au mouvement de la société la plus distinguée. Il n'y a rien dans la capitale de l'Autriche qui puisse lutter sur le terrain spirituel, avec l'influence et l'autorité de la *Concordia*, société des gens de lettres d'un caractère tout inofficiel et complètement indépendant, ne jouissant d'autre privilège que de la confiance générale dans son bon goût et dans ses tendances aussi honnêtes que civilisatrices.

En vous parlant de cette société, messieurs, et citant aussi les sociétés également respectables des écrivains de la presse de Berlin, de Hambourg, de Francfort et de Breslau, en vous rappelant le Congrès annuel des journalistes allemands et aussi la grande « *fondation de Schiller* » avec plus d'un million de fonds, destinés à l'assistance des auteurs, je suis arrivé, chers confrères, sur le domaine de la troisième Commission de notre Congrès. J'ai très à cœur que ce domaine soit bien labouré dans les prochaines années, et que nous arrivions à posséder des renseignements complets sur l'État des Sociétés, des Caisses d'assistance, etc., etc., qui existent au milieu et en faveur des gens de lettres.

Si je vous ai montré à vol d'oiseau les terrains sur lesquels nous devons chercher des alliances et livrer des combats littéraires pour aider à réaliser l'idée d'un tribunal international et celle d'une chambre de commerce également internationale, il me reste à vous dire que les campagnes sur ces terrains doivent être préparées et les forces mises à la disposition de nos généraux doivent être comptées, afin de former de ces éléments un ordre de bataille et de composer un plan raisonnable de campagne internationale.

Ce ne sont pas les gouvernements qui doivent s'en effrayer, car, si, à la suite de nos querelles littéraires nous ne sommes pas toujours une armée paisible, nous sommes néanmoins et par excellence l'armée de la paix. C'est notre grand état-major qui, actuellement, est réuni en Congrès autour de notre connétable élu, Victor Hugo.

Dans l'ancienne France, le connétable avait, sur le champ de bataille, plus de droit que n'avait le roi lui-même, car c'était à ce premier dignitaire de donner le signe « pour chevaucher, » c'est-à-dire pour commencer la bataille. Le pouvoir s'inclina devant le savoir et lui céda le pas.

Qu'il en soit encore ainsi dans l'avenir. Nous avons besoin de la bonne entente des gouvernements bienveillants, d'un développement rapide de leurs relations d'amitié comme des affaires économiques qui les lient. Celles-ci leur permettent de se compléter réciproquement comme la nature l'a voulu, en donnant à chaque pays ses richesses particulières et à chaque peuple ses facultés spéciales. Que le concert des puissances fasse droit à nos aspirations, qu'elles acceptent notre concours, le concours de tant de plumes honnêtes et puissantes pour l'œuvre de la pacification universelle. Ce mouvement, une fois bien organisé, aboutira au désarmement universel, au dégrèvement des budgets, à un développement plus splendide des arts, de l'industrie et de l'agriculture que celui dont l'aspect charme en cet instant les visiteurs de l'exposition de Paris.

La discussion philosophique sur les droits de l'auteur n'a pas besoin d'arriver à un résultat définitif pour former néanmoins la source nourricière d'un mouvement tout à fait réalisable et pratique au profit des droits de la littérature. *La science arrive rarement à une clôture absolue de ses débats.* Une thèse, une formule peut devenir loi et s'imposer à tous les bons citoyens; mais la science, la libre pensée ne doivent néanmoins continuer à examiner les raisonnements qui leur servent de base, et quand, plus tard, la législation reconnaît que la loi ne suffit plus aux besoins du temps; il ne faut pas que la science ait dormi en attendant sur ses lauriers, mais qu'elle présente un nouveau projet de loi, répondant à l'esprit de l'époque.

*
* *

Ne nous effrayons donc pas, Messieurs, de la stérilité apparente de nos débats, ni de cette possibilité qu'en nous réunissant peut-être dans dix ans, nous aurions encore à discuter la nature de la propriété littéraire et la meilleure détermination de sa durée. Prenons courage, au contraire, et préparons-nous pour la campagne dont j'ai tenté de vous faire agréer la nécessité.

Nous sommes dévoués au service du public et de nos éditeurs, pourquoi ne le serions-nous pas au service de l'humanité en général et de notre confraternité en particulier?

L'année passée, j'avais promis à la direction du journal dont j'étais le correspondant d'aller visiter Widdin, malgré le bombardement. C'était un peu difficile d'y parvenir, cependant j'y suis allé, et j'y ai trouvé un confrère, M. Fitz Gerald, du *Standard*. Dans la ville entière de Widdin, il n'y avait pas une seule maison à l'abri des projectiles Krupp que les batteries de Kalafat aimaient à y envoyer. Or, je trouvai notre confrère anglais tranquillement assis dans une maison turque dont le propriétaire s'était enfui, et occupé à rassembler les chiffres prouvant le progrès de l'importation anglaise dans les pays du Danube! Tout autour de lui, les maisons étaient trouées de boulets, parce qu'il avait le chef de l'état-major d'Osman-Pacha pour voisin, et il était à cinquante pas d'un magasin de poudre mal protégé!

Néanmoins, M. Fitz Gerald conserva tout son sang-froid, et vint avec moi prendre son café chez le consul autrichien, M. de Schulz, dont la maison, réduite en débris quelques jours plus tard, permettait la vue sur les batteries roumaines. On conseilla à M. de Schulz de se retirer dans un lieu plus sûr, mais il répliqua : « Vous me conseillez une chose que vous ne feriez pas vous-mêmes. Abandonner mon drapeau? Jamais! » Il resta jusqu'à ce que les boulets et les flammes l'eussent chassé du consulat tombant en cendres.

N'aurions-nous pas des camarades dignes de notre estime dans la personne de pareils représentants des intérêts du commerce, si nous-mêmes un jour nous venions réclamer des sièges parmi les représentants des chambres et des syndicats du commerce? Et ne devons-nous pas imiter l'exemple courageux de notre confrère anglais et de cet Autrichien qui, bien qu'il ne portât pas l'uniforme, ne cessa pas de dire : Je n'abandonnerai jamais mon drapeau!

La route qui nous reste à parcourir est pénible, je l'ai déjà dit. Mais figurez-vous un détachement de votre armée auquel on vient de dire de faire tout ce qu'il pourra pour prendre une hauteur dominante. Est-ce que ces soldats discuteront d'abord la théorie de l'assaut à la baïonnette en général et celle de la prise des pentes escarpées en particulier? Non, leur commandant dira à peu près ceci : « Mes garçons, vous voyez cette hauteur, il faut la prendre pour gagner la bataille, vous êtes des soldats qui connaissent leur devoir; en avant donc, et vive la patrie! » — Cela suffira pour de braves soldats. — En avant donc aussi nous autres, et vive la patrie de chacun de nous! vive la patrie à nous tous, le monde civilisé, la république des esprits et l'empire idéal du droit et de la justice.

POST-SCRIPTUM

UN MOT A MES LECTEURS

Cette brochure, écrite un peu à la hâte (la première page en a été rédigée dimanche matin, la dernière portée à l'imprimerie lundi dans l'après-midi) offre sans doute, dans plusieurs de ses parties, matière à la réflexion et aux observations critiques de mes confrères.

Or, tout en invoquant leur indulgence pour le style d'un ouvrage rédigé dans une langue qui n'est pas la mienne, j'invite mes lecteurs à bien vouloir m'exprimer leurs pensées en dirigeant ces communications à l'adresse suivante :

Otto Von Breitschwert,
Rédacteur en chef de la Correspondance Daube.
(Paris et Francfort-sur-le-Mein.)
Membre du Congrès littéraire universel.

Un membre de la Société des gens de lettres écrivait au Comité à la date du 18 février 1878 :

MESSIEURS,

Dans la chronique du *Journal général de l'Imprimerie et de la Librairie* du 26 janvier 1878 (n° 4), on lit, au procès-verbal de la séance du 18 janvier du Conseil d'administration du Cercle de la Librairie :

« M. LE PRÉSIDENT communique au Conseil les statuts d'une
» Société intitulée : *L'Union des Fabricants pour la protection*
» *internationale de la propriété industrielle et artistique.*
» Cette Société, qui a été reconnue d'utilité publique, s'occupe
» notamment avec succès de la répression des *contrefaçons à*
» *l'Étranger.* »

Ne serait-il pas intéressant pour la Société des gens de lettres de se procurer les Statuts ci-dessus, afin d'examiner s'il y aurait utilité pour aviser à la constatation et à la répression de la contrefaçon à l'Étranger des œuvres constituant la propriété littéraire ?

Ce document nous a paru devoir utilement figurer dans le volume du Congrès littéraire.

UNION DES FABRICANTS

POUR LA

PROTECTION INTERNATIONALE

DE LA

PROPRIÉTÉ INDUSTRIELLE ET ARTISTIQUE

(Marques de fabrique, Dessins ou Modèles industriels et Beaux-Arts)

Fondée le 25 août 1872, et déclarée, le 28 mai 1877,

ÉTABLISSEMENT D'UTILITÉ PUBLIQUE

PAR DÉCRET DU PRÉSIDENT DE LA RÉPUBLIQUE DÉLIBÉRÉ EN CONSEIL D'ÉTAT ET RENDU
SUR LE RAPPORT DU MINISTRE DE L'AGRICULTURE ET DU COMMERCE

STATUTS

ARTICLE PREMIER. — L'Union des Fabricants pour la protection internationale de la propriété industrielle et artistique a son siège à Paris.

ART. 2. — Cette Société a pour objet :

L'amélioration du régime des marques, dessins et modèles de fabrique et des noms et raisons de commerce, en provoquant, près des autorités compétentes, tant en France qu'à l'Étranger, la révision des dispositions dont l'expérience aurait démontré la défectuosité ;

La centralisation permanente au Siège social des documents diplomatiques, législatifs, administratifs ou judiciaires, de nature à éclairer le fabricant sur l'étendue de ses droits, et à lui en faciliter la défense au dedans et au dehors ;

La centralisation au profit de tous, des renseignements parvenus à chacun, des jugements qu'il a obtenus, et des obstacles qu'il a rencontrés, en vue de faciliter aux sociétaires et même aux fabricants et commerçants ne faisant pas partie de l'Union, la recherche de la contrefaçon et la répression du délit.

ART. 3. — Les ressources de la Société sont affectées aux frais d'administration, de recherches, de constatation, d'impressions, d'avis officieux aux intéressés étrangers à la Société, de missions et de cours publics, enfin de prix et médailles après concours relatifs au but poursuivi par la Société.

Art. 4. — La Société s'interdit toute opération de commerce, toute spéculation, sous quelque forme que ce soit.

Art. 5. — Elle se compose de membres honoraires, de membres fondateurs, de membres titulaires et de membres correspondants.

Les membres honoraires sont élus parmi les notabilités sympathiques au but poursuivi par la Société, et parmi les anciens sociétaires ayant cessé le commerce, mais désireux de continuer leur coopération.

Les membres fondateurs sont ceux qui, outre la cotisation ordinaire, versent une somme de 300 francs au moment de leur admission dans la Société.

Les membres fondateurs sont de droit membres honoraires lorsqu'ils cessent de faire partie de l'Union.

Le titre de membre correspondant est décerné par le Conseil d'administration aux personnes qui rendent des services à la Société, soit en la représentant, soit en lui adressant des informations.

Art. 6. — Le montant de la cotisation annuelle que les membres fondateurs et titulaires doivent acquitter est de 200 francs.

Tout membre fondateur ou titulaire s'engage à faire partie de la Société pendant trois ans au moins.

Art. 7. — Tous les industriels et commerçants, français ou étrangers, peuvent être admis dans la Société.

Le Conseil d'administration statue, à la majorité absolue, sur les admissions et les radiations.

Les décisions du Conseil sont soumises, dans ce dernier cas, à l'approbation de l'Assemblée générale des membres de l'Union, dans sa séance annuelle.

Art. 8. — L'Union des Fabricants est administrée par un Conseil d'administration qui agit en son nom et est chargé de l'emploi des fonds.

Ce Conseil se compose de vingt et un membres, élus chaque année par la Société réunie en Assemblée générale.

Chacun des groupes d'industrie faisant partie de l'Union a le droit d'être représenté dans le Conseil par un membre au moins, et a la faculté de le désigner.

Art. 9. — Le Conseil d'administration élit pour une année son bureau, qui est composé d'un Président, de deux Vice-Présidents, d'un Secrétaire général, d'un Secrétaire et d'un Trésorier.

Le Président du Conseil, ou le Vice-Président qui le remplace, est de droit Président de l'**Union des Fabricants**.

Les membres du Conseil sont rééligibles. Leurs fonctions sont gratuites. Ils ne peuvent déléguer leur mandat.

Art. 10. — Le Conseil d'administration peut pourvoir aux vacances qui se produisent dans son sein et s'adjoindre de nouveaux membres, sauf ratification de l'Assemblée générale dans le cours des six mois suivants.

Art. 11. — Le Conseil d'administration délibère valablement, si le tiers des membres du Conseil mentionnés en l'article 8, § 2, assiste à la séance.

Art. 12. — Les membres de l'**Union des Fabricants** se réunissent en Assemblée générale une fois par an.

Le Conseil d'administration peut les convoquer extraordinairement.

Il est tenu de les convoquer sur la demande écrite de vingt membres au moins.

Art. 13. — L'Assemblée générale annuelle a lieu dans le mois de mai.

Les membres de l'**Union** sont avisés quinze jours à l'avance, par un avis imprimé et expédié comme tel, des jour et heure de réunion. La convocation est, en outre, publiée au *Journal Officiel*.

Art. 14. — Tous les associés en nom d'une même maison ont le droit d'assister aux assemblées générales ; mais la maison n'a droit qu'à un seul vote.

Tout sociétaire peut valablement se faire représenter à l'Assemblée générale par un mandataire.

Toutefois, un même mandataire ne peut représenter plus de deux sociétaires.

Les membres correspondants peuvent assister aux séances. Ils ont voix consultative.

Art. 15. — L'Assemblée générale a le droit d'instituer des Commissions d'étude ou d'enquête, et de fixer une date pour prendre connaissance de leurs rapports.

Art. 16. — L'Assemblée générale désigne trois Commissaires vérificateurs pour prendre connaissance des écritures et de l'inventaire de l'exercice courant.

Art. 17. — Il est dressé, chaque année, un inventaire de l'actif et du passif. Cet inventaire est mis à la disposition des Commissaires-Vérificateurs deux mois avant l'Assemblée générale annuelle. Il est, en outre, présenté à l'Assemblée générale qui, suivant les cas, l'approuve ou en demande la rectification.

Art. 18. — Le Conseil d'administration remet chaque année à l'Assemblée générale un rapport présentant l'exposé de sa gestion au point de vue moral et matériel.

Ce rapport est mis aux voix.

Art. 19. — A la fin de l'exercice, le Trésorier présente ses comptes au Conseil d'administration qui, après les avoir vérifiés, les soumet à l'Assemblée générale.

Celle-ci les approuve et les arrête.

Art. 20. — Le Trésorier n'acquitte aucune dépense si elle n'a été préalablement autorisée par le Conseil d'administration et ordonnancée par le Président ou, en son absence, par l'un des Vice-Présidents.

Art. 21. — Toutes les communications sont adressées au Président de la Société, au siège de l'**Union**.

La correspondance est signée par le Président ou par l'un des Vice-Présidents.

Art. 22. — Les documents relatifs au régime des marques, dessins et modèles de fabrique, et à celui des noms et raisons de commerce, ainsi que les renseignements d'intérêt général, sont mis à la disposition des sociétaires.

Ils sont également communiqués, sans frais, aux commerçants et fabricants non sociétaires.

Art. 23. — La révision des statuts ne peut avoir lieu que sur une demande formulée par vingt membres au moins de la Société.

Art. 24. — Les nouveaux statuts ou les modifications à apporter aux statuts actuels seront soumis à une Assemblée générale extraordinaire des sociétaires.

L'Assemblée prononcera à la majorité des deux tiers des membres présents.

Sa décision sera soumise à l'approbation du Gouvernement.

Art. 25. — Un règlement, arrêté par le Conseil d'administration et approuvé par l'Assemblée générale de la Société, déterminera toutes les dispositions de détail propres à assurer l'exécution des statuts ainsi que les conditions de l'administration intérieure.

Il sera soumis à l'examen du Ministre de l'agriculture et du commerce, qui s'assurera qu'il ne contient aucune disposition contraire aux statuts de la Société.

Art. 26. — En cas de dissolution de la Société, seront mises à la disposition de M. le Ministre de l'agriculture et du commerce :

1° Les espèces et valeurs, avec affectation à l'achat et à la traduction de documents relatifs au régime des marques à l'étranger;

2° La bibliothèque et les archives de la Société, à l'exception des documents appartenant personnellement à un ou plusieurs sociétaires.

Ces divers documents seront, si toutefois les exigences du service le permettent, déposés dans un lieu ouvert au public.

RÈGLEMENT INTÉRIEUR

Article premier. — L'Union des Fabricants a son siège social rue de Rennes, 44, en l'hôtel de la Société d'encouragement pour l'industrie nationale.

Art. 2. — Les Bureaux sont ouverts de 1 heure à 5 heures, excepté les jours fériés.

Art. 3. — Le Conseil d'administration se réunit en séance ordinaire au siège social, le premier et le troisième mercredi de chaque mois.

Les séances supplémentaires ont lieu de droit, à moins de fixation contraire, le mercredi qui suit la séance où la séance supplémentaire a été décidée.

Art. 4. — Les délibérations du Conseil d'administration sont constatées par des procès-verbaux inscrits sur un registre, et signée par le Président et le Secrétaire.

Les copies ou extraits de ces délibérations à produire près des Administrations publiques ou ailleurs, sont certifiés par le Président ou le Membre qui en fait fonction.

Art. 5. — Les Membres du Conseil d'administration ne contractent, à raison de leur gestion, aucune obligation personnelle. Ils ne répondent que de l'exécution de leur mandat, comme mandataires à titre gratuit.

Art. 6. — Il est interdit à tout Administrateur d'avoir un intérêt direct ou indirect dans une fourniture ou une prestation salariée pour compte de la Société, à moins qu'il n'y soit autorisé par l'Assemblée générale.

Art. 7. — L'année sociale commence le 1ᵉʳ janvier. Il sera tenu chaque année, dans le mois de mai, une Assemblée générale de tous les sociétaires. Ils seront avisés quinze jours à l'avance par un *avis imprimé*, expédié comme tel, des jour et heure de la réunion. La convocation doit être publiée, en outre, au *Journal officiel*.

Art. 8. — Chaque sociétaire sera tenu, en entrant dans la salle des délibérations, de signer au registre de présence.

Les Membres honoraires, fondateurs ou titulaires recevront, immédiatement après, un livret contenant un nombre de bulletins de vote égal à celui des questions sur lesquelles l'Assemblée générale sera appelée à délibérer.

Art. 9. — Il est dressé procès-verbal des résolutions prises par l'Assemblée générale. Ce procès-verbal reste à la disposition des sociétaires.

Art. 10. — Le Conseil judiciaire et l'Agent général assistent aux Assemblées générales avec voix consultative. Ils ont le droit d'être entendus lorsqu'ils le croient utile, pour expliquer leur conduite ou dégager leur responsabilité. Ils ont le droit de demander acte de leurs déclarations et d'en requérir l'inscription au procès-verbal.

Art. 11. — Le montant des cotisations et des versements destinés à couvrir la caisse de la Société des débours à faire pour compte et par ordre d'un sociétaire sont exigibles par anticipation.

Le quantum de la cotisation, pour les sociétaires entrés au cours d'un exercice, est proportionné au temps à courir jusqu'à l'exercice suivant, en prenant le trimestre pour unité de fraction.

Art. 12. — Les Membres honoraires et les Membres correspondants ne doivent pas la cotisation.

Art. 13. — Les certificats d'admission doivent être signés par le Président ou l'un des Vice-Présidents et par le Secrétaire général.

Art. 14. — Le titre de sociétaire ne peut être transféré sans autorisation du Conseil d'administration.

Art. 15. — Le travail des Bureaux est divisé en deux sections :

Section administrative, sous la direction de l'Agent général de l'Union :
Caisse et mouvement des fonds. — Rentrée des cotisations. — Loyer. — Impôts. — Règlements ordonnancés. — Questions de service intérieur.

Correspondance relative aux admissions, aux dépôts, aux donations. — Expédition de pièces. — Légalisations. — Rapports avec le Conservatoire des arts et métiers (Portefeuille industriel). — Avis aux négociants, même étrangers à la Société. — Insertions dans les journaux. — Communications à la presse.

Section internationale, sous la direction du Conseil judiciaire de la Société, président du Comité consultatif de législation étrangère :

Étude des questions juridiques, administratives ou diplomatiques relatives aux marques, dessins ou modèles de fabrique et beaux-arts, en France et à l'étranger. — Mémoires destinés aux administrations françaises ou étrangères. — Avis motivés. — Rapports avec les ministères et les consulats. — Missions. — Préparation et direction des travaux du Comité consultatif. — Archives juridiques, administratives et diplomatiques. — Direction des instances par les sociétaires en matière de contrefaçon, particulièrement à l'étranger. — Direction des publications faites par la Société. — Cours de jurisprudence comparée. — Contrôle des expositions au point de vue de la contrefaçon.

Le Conseil judiciaire de la Société doit être gradué dans une Faculté de droit de l'Etat. Il est de droit président du Comité consultatif de législation étrangère et chargé de cours de jurisprudence comparée. Il peut se faire suppléer avec l'autorisation du Conseil d'administration pour telle ou telle partie du service.

Art. 15. — En ce qui concerne les renseignements administratifs, financiers, etc., ils sont donnés tous les jours, par l'Agent général, de 1 heure à 5 heures.

En ce qui concerne les communications juridiques, le Conseil reçoit les sociétaires au siège social, les lundi et vendredi de chaque semaine, à moins qu'il ne soit en mission.

Art. 16. — Tout sociétaire peut recourir, sans frais, au service d'informations que la Société possède en France et à l'étranger, pour vérifications de renseignements, et pour la recherche des contrefaçons dont il suppose avoir à souffrir. Toutefois, la Société n'est tenue de satisfaire à ces demandes que dans la limite du personnel existant.

Art. 17. — Chaque sociétaire reçoit communication d'office, et, en temps utile, des échéances auxquelles il pourrait être exposé, en France et à l'étranger, au point de vue des dépôts de ses marques, dessins ou modèles de fabrique; des obligations qui lui incombent pour la conservation de ses droits en cas de modifications dans les législations locales; des renseignements relatifs à la contrefaçon de ses marques; dessins ou modèles de fabrique et propriété artistique, qui seraient parvenus au siège social.

Art. 18. — Chaque sociétaire possède, dans les archives, un dossier spécial dans lequel se trouvent toutes les pièces qui concernent sa marque, ses dessins ou modèles de fabrique ou sa propriété artistique. Il peut en vérifier la tenue aux heures de service.

Ce dossier comprend, entre autres pièces essentielles :

1° Le certificat *fac-similé* du dépôt de ses marques délivré par le greffe de son domicile, avec spécimen de la marque elle-même, telle qu'elle a été déposée et visée par le président du tribunal civil par les soins du sociétaire. Mêmes pièces quant aux dessins, modèles ou beaux-arts.

2° Une feuille de papier timbré de 0 fr. 60 c., portant au bas de la page la signature du propriétaire après les mots suivants écrits de sa main *Bon pour pouvoir de poursuivre en contrefaçon, comme il est dit ci-dessus.* Signature légalisée jusqu'à la préfecture inclusivement.

Il ne pourra en être fait usage sans un ordre formel du signataire.

Les deux documents ci-dessus devront être légalisés par les soins de l'agent général de la Société, jusqu'au ministère des affaires étrangères inclusivement.

3° Douze exemplaires de chacune des marques dudit sociétaire, destinés à être envoyés en communication aux correspondants chargés de la recherche de la contrefaçon.

Art. 19. — Les sociétaires sont invités, dans un intérêt mutuel :

1° A signaler au Président de la Société (que le négociant lésé soit ou ne soit pas membre de l'Union), par lettre confidentielle, les faits de contrefaçon parvenus à leur connaissance, avec les détails de nature à en faciliter la constatation.

2° A communiquer au Conseil judiciaire les procédures, jugements ou arrêts intervenus en leur faveur ou à leur préjudice en matière de contrefaçon, et à lui adresser les journaux relatant les débats législatifs ou actes des autorités étrangères ayant trait au régime des marques de fabrique.

Tous menus frais faits à cette occasion par les sociétaires seront remboursés par la caisse sociale.

Art. 20. — Tout membre de l'association reçoit le *Bulletin de l'Union des Fabricants*, lequel publie un choix des documents et informations.

Art. 21. — Tout sociétaire a droit au concours gratuit de la Société, de son personnel administratif ou juridique et de ses correspondants pour le dépôt à l'étranger de ses marques, dessins ou modèles de fabrique. Il ne paye que les frais locaux, taxes fiscales ou consulaires déboursés pour son compte par la caisse de la Société.

Art. 22. — La caisse de la Société supporte tous les frais relatifs à la recherche de la contrefaçon et à la constatation éventuelle du délit, jusqu'à l'introduction d'instance exclusivement. Mais les frais d'instance, ainsi que les honoraires qu'ils comportent, sont à la charge du sociétaire intéressé, qui reste toujours libre de ne pas poursuivre.

Art. 23. — Lorsqu'un procès à l'étranger sera projeté par l'un des sociétaires, et confié à la direction du Conseil judiciaire, ce dernier en avisera par circulaire les autres membres de la Société, à moins que toute publicité ne présente des inconvénients pour les intérêts en cause. Ceux d'entre eux qui auraient des droits à revendiquer dans la même région et qui désireraient bénéficier, même dans des causes absolument distinctes, des réductions de frais que procure la collectivité, tant au point de vue de la procédure que des avocats, aviseront le Conseil judiciaire de leurs intentions.

Art. 24. — Les sociétaires sont toujours libres de confier la direction de leurs intérêts à qui bon leur semble. Ils peuvent poursuivre, soit isolément, soit collectivement, et ont droit de compter, dans tous les cas, sur les bons offices de l'Union et sur ceux de ses correspondants.

Art. 25. — Lorsque, au cours d'une instance dirigée par le Conseil judiciaire de la Société, il se révèle un fait pouvant servir de base juridique à la constatation d'une contrefaçon commise au préjudice d'un tiers sociétaire, celui-ci en est avisé aux frais de la caisse sociale.

Art. 26. — Les archives de l'Union seront ouvertes chaque lundi, de deux à cinq heures, aux fabricants même non sociétaires, dans les formes suivantes :

Tout fabricant non sociétaire qui désirerait prendre connaissance des formalités relatives au dépôt des marques de fabrique en France et à l'étranger, des traités internationaux ou législations locales, devra préalablement signer sur un registre *ad hoc*, en mentionnant sa profession et la nature des documents qu'il désire consulter.

Il en prendra connaissance dans le local affecté à ce service. Aucun document ne pourra, sous quelque prétexte que ce soit, être transporté au dehors.

Art. 27. — Le présent règlement, arrêté par le Conseil d'administration conformément à l'article 25 des Statuts, sera soumis à l'approbation de l'Assemblée générale, qui seule pourra le modifier ultérieurement sur la proposition du Conseil d'administration.

LÉGISLATION AMÉRICAINE

Newdury port Mass. (United States
of America), may 24, 1878.

Monsieur Pierre Zaccone,

I have received the letter from your committee in which they do me the honor of inviting me to attend the Congress of men of Letters which is about to be held in Paris.

Although I must deny myself the privelege of attending the Congress, I trust you will allow me to say that I sympathize most warmly with the objects it has in view. I should meet the Men of Letters of Europe, to whom America is under constant obligations, with some shame mingled with my delight. I am ashamed that the United States, which affords the protection of law to mechanical inventors, with results so splendid, fails to protect the most obvious and indispensable rights of the authors and artists who instruct and cheer us every day. On this very morning I see a work by the honored president of your Congress advertised to be sold here for ten cents. Half the booksellers in the United States retain a percentage of profit which, by natural right, belongs to the daughters of Thackeray and the children of Dickens.

French authors we wrong in two ways: We rarely pay them copyright, and we often murder their works in translation. I have seen works by Madame George Sand sold on the steamboats of the Mississippi for less than the cost of a tolerable quality of paper upon which they could be printed, and the translation so abominable that I could only pray heaven the authoress might never see them. At this moment the History of France by M. Guizot is selling largely in all our States. It consoles me, in some degree, for the loss of that valuable man to think that he is probably gone where he will never be able to discover the badness of the English translation of his work. M. Edmond About, the chairman of your committee, who is read everywhere in America, has fared better in the matter of translation; but not, I fear, in that of copyright.

It is a poor consolation for us to know that, in despoiling you, we more cruelly wrong ourselves. At three theatres last winter in New York a version of Uncle Tom's Cabin was performed. That work has been represented, in a dramatic form, more than four thousand times in the United States; but the illustrious authoress, Mrs Stowe, has not derived from the theatres the slightest emolument. Gray hairs, many sorrows, and noble labors, begun early and continued too long give an affecting dignity to her countenance and demeanor, without rousing in us any due sense of the sacredness of her rights.

In the absence of an international copyright, America remains colonial and dependent in the affairs of the intellect and the taste. Our literature, once so promising and hopeful, dwindles and dies. The distinguished persons who have sustained it are growing old, and few indeed of the younger generation give promise of being able to fill the places which must soon, in the order of nature, become vacant. The American people are almost as fond of the drama as the French, but America has given to the stage no play which the great theatres of the world have adopted. With such a love of fiction as perhaps nowhere else exists, we do not give you a new Cooper or another Hawthorne.

No young man without fortune could seriously think of adopting literature as a profession. What wonder, when we permit our rarest and our best to be deprived of the just recompense of their labor! What wonder, when even the publishers of our Magazines and Reviews, now resuming their old importance, have to compete with foreign periodicals sold here at the cost of printing them! What wonder, when the managers of our theatres can take whatever they choose from the theatres of Paris and London without so much as asking an author's permission!

The subsistence question, in all human enterprises, is preliminary. Nothing is well founded, nothing is strong, nothing thrives, nothing lasts, unless that preliminary is justly settled. No vocation is of much account in the world until it offers a fit career to able and honest men — a career that leads naturally to a home, honorable and independent, the only prize of life which is worth taking much trouble to win. Literature can do this in each of the seven countries to which M. Hugo lately referred with so much eloquence and humanity; it will do it when it is not cheated and plundered; but never till then. In republics we can not have a Louis XIV to aid literature by pensions and bounties, and we do not desire one; for literature can stand alone if it enjoys the same protection of law in all countries which other property enjoys. It simply requires that no man shall have any rights in or over literary property except such as are derived from the authors consent duly attested.

Feeling thus, my dear sir, and having always cherished a fervent gratitude to authors and artists for the inestimable good they have been to me from my childhood to the present moment, I wish well to the Congress. I hope that its members, who help and bless every one else, will be able to do something solidly good for themselves.

I am sir, with the homage due to yourself and the committee you represent,

   Very truly yours,
        JAMES PARTON.

Monsieur Pierre Zaccone.

Saint-Pétersbourg, 14/26 mai 1878.

Monsieur et cher confrère,

J'ai reçu la lettre que notre honorable Président, M. Edmond About, a bien voulu m'adresser, sous la date du 18 avril, pour m'inviter à assister au Congrès littéraire international, qui se tiendra à Paris pendant l'Exposition universelle.

Les exigences d'un service obligatoire dans l'instruction publique, qui rendent ma présence, à Saint-Pétersbourg, indispensable jusqu'à la fin du mois de juin, ne me permettent malheureusement pas de me rendre à Paris assez à temps pour que je puisse prendre une part active aux travaux du Congrès. Je le regrette bien sincèrement, et je vous prie d'avoir la bonté de faire agréer mes excuses à mes honorables collègues.

Je prends néanmoins la liberté de vous adresser, sous ce pli, quelques réflexions qui concernent la question de la propriété littéraire en Russie. Ces notes ne sont que le canevas d'un exposé plus développé que j'aurais eu l'honneur de présenter verbalement à l'Assemblée si j'avais eu la possibilité de m'y rendre.

Dans le cas où vous jugeriez ces notes de quelque utilité, je vous serais infiniment obligé de vouloir bien en donner lecture au Congrès.

Veuillez, monsieur et cher confrère, agréer l'assurance de mes sentiments les plus distingués et les plus dévoués.

Comte Jules de Suzor,
Délégué de la Société des gens de lettres pour la Russie.

QUELQUES RÉFLEXIONS

SUR LES

GARANTIES STIPULÉES EN RUSSIE POUR LA PROPRIÉTÉ DES ŒUVRES D'ESPRIT ET D'ART COMPOSÉES PAR DES FRANÇAIS

Une convention a été conclue, le 6 avril 1831, entre la France et la Russie pour la garantie réciproque de la propriété des œuvres d'esprit et d'art.

Les signataires de cette convention étaient :

Pour la France : M. le duc de Montebello, alors ambassadeur de France près la cour de Saint-Pétersbourg.

Et pour la Russie : le prince Alexandre Gortschakoff, Ministre des affaires étrangères de l'Empire russe.

Tous deux munis des pleins pouvoirs de leurs souverains respectifs.

En vertu de l'article premier de cette convention, — « Les auteurs
» d'œuvres d'esprit ou d'art, auxquels les lois de l'un des deux États
» garantissent actuellement, ou garantiront à l'avenir le droit de
» propriété ou d'auteur, auront la faculté d'exercer ce droit sur le
» territoire de l'autre État de la même manière et dans les mêmes
» limites que s'exercerait dans cet autre État le droit attribué aux
» auteurs d'ouvrages de même nature qui y seraient publiés.

» La réimpression et la reproduction illicite, ou contrefaçon des
» œuvres publiées primitivement dans l'un des deux États, seront
» assimilées, dans l'autre, à la réimpression et à la reproduction
» illicites d'ouvrages dont les auteurs appartiennent à ce dernier.
» Toutes les lois, ordonnances, règlements et stipulations anjourd'hui
» existants, ou qui pourraient par la suite, être promulgués au sujet
» du droit exclusif de publication des œuvres littéraires et artistiques,
» seront, pour autant qu'il n'y est pas dérogé par la présente con-
» vention, applicables à cette contrefaçon.

Par l'article 2 : — « Sont compris dans la dénomination d'œuvres
» d'esprit ou d'art, les livres, écrits, œuvres dramatiques, composi-

» tions musicales, tableaux, gravures, plans, cartes géographiques,
» lithographies et dessins, travaux de sculpture et autres productions
» scientifiques, littéraires ou artistiques, — que ces œuvres soient
» publiées par des particuliers ou par une autorité publique quel-
» conque, par une académie, université, un établissement d'instruc-
» tion publique, une société savante ou autre.

» Sont expressément assimilées aux ouvrages originaux les traduc-
» tions faites dans l'un des États, d'ouvrages nationaux ou étran-
» gers. »

L'article 3 oblige les auteurs ou traducteurs d'ouvrages intellectuels, ainsi que les artistes, « à établir par un témoignage émanant
» d'une autorité publique, que l'ouvrage en question est une œuvre
» originale, qui, dans le pays où elle a été publiée, jouit de la pro-
» tection légale contre la contrefaçon ou reproduction illicite. »

Un paragraphe spécial assure aux mandataires, héritiers ou ayants cause des auteurs des œuvres d'esprit ou d'art énumérées dans la convention, « les mêmes droits que ceux qu'elle accorde aux dits auteurs. »

Le soussigné appelle particulièrement l'attention du Congrès sur l'article 5, dont une interprétation erronée est devenue, en Russie, la source d'assez grandes difficultés. Voici le texte de cet article :

Art. 5. — « Nonobstant les stipulations des articles 1 et 2 de la
» présente convention, les articles extraits des journaux et recueils
» périodiques publiés dans l'un des deux pays, pourront être repro-
» duits dans les journaux ou recueils périodiques de l'autre pays,
» pourvu que l'on indique la source à laquelle on les aura puisés. »

Après avoir lu attentivement les articles de cette convention, chacun restera persuadé que les droits de la propriété littéraire et artistique sont environnés, en Russie, de toutes les garanties désirables, et suffisamment sauvegardés contre toute usurpation et contrefaçon quelconques.

Il n'en est rien, cependant. — Et malgré ses efforts incessants, le soussigné n'a pu parvenir, jusqu'à ce jour, à obtenir d'un libraire, traducteur, rédacteur ou éditeur de journaux, un seul traité par lequel les auteurs français pussent jouir du légitime tribut qui leur est dû pour la reproduction ou la traduction de leurs œuvres en Russie.

Quant à *la reproduction*, les résultats d'un traité seraient presque insignifiants, car il n'y a de recueil périodique écrit en français, dans l'empire russe, que *le journal de Saint-Pétersbourg*, dont les emprunts faits aux auteurs français sont assez restreints.

On n'en peut dire autant pour la *traduction* qui porte assurément un grand préjudice aux auteurs français ; car la majeure partie des feuilletons, publiés par les gazettes russes, se compose de traductions faites d'après les ouvrages des auteurs les plus estimés de la littérature française.

Eh bien! lorsqu'on s'adresse à ces reproducteurs peu délicats, on n'en obtient, sinon des refus péremptoires, — le plus souvent que des réponses dilatoires, des arguments embarrassés, sans bases légales, contraires même de la manière la plus formelle aux stipulations de la convention internationale, ou fondés sur une fausse interprétation de l'article 5 ci-dessus transcrit.

Cet article autorisant la reproduction, dans les journaux russes, — *d'extraits publiés par les journaux ou recueils périodiques, des deux pays*, les éditeurs russes en concluent qu'ils peuvent reproduire impunément *tous les articles* de ces recueils, *même les romans entiers* qui s'y publient par parties, et se trouvent compris dans une série de numéros qui se suivent.

Cette interprétation est évidemment fausse, en tout cas exorbitant, et bien facile à réfuter. Il est évident, en effet, que les *extraits* dont la reproduction est autorisée par l'article 5 du traité, ne sont autres que les *articles de discussion politique*, dont l'usage admet la reproduction dans les journaux et recueils périodiques de tous les pays, *pour les besoins de la polémique* soutenue par ces journaux les uns contre les autres, et dans lesquels le lecteur, pour se former une opinion juste et consciencieuse, aime à trouver simultanément l'attaque et la défense.

Etendre l'application de la faculté accordée par cet article 5, jusqu'à la reproduction de romans entiers ou de publications de biographie et d'histoire, c'est assurément abuser du droit d'interprétation et se rendre coupable d'atteinte à la propriété ; c'est, en un mot, détruire toute l'économie de la convention du 6 avril.

Quelques reproducteurs affirment qu'ils tiennent des auteurs français eux-mêmes l'autorisation de publier leurs œuvres en Russie, soit en original, soit en traduction : Je n'ai pu obtenir de cette assertion qu'une seule preuve qui m'ait semblé concluante, c'est celle qui résulte des arrangements particuliers pris par un de nos confrères avec M. Stassulevitch, éditeur — rédacteur en chef du *Messager de l'Europe* (publié en Russie.) M. Émile Zola a fait effectivement, avec M. Stassulevitch, un traité qui donne le droit à cet éditeur de publier les romans de M. Zola, avant même qu'ils ne paraissent en France ; de sorte que la Russie en a la primeur.

De plus, M. Zola envoie régulièrement à ce même *Messager de l'Europe*, des articles de critique littéraire, et des analyses des ouvrages français récemment imprimés, lesquelles critiques et analyses, écrites avec une grande liberté de pensées et d'allures, ne sont point publiées en France.

J'ignore si d'autres écrivains français ont fait, à Saint-Pétersbourg, de pareils traités ; mais je n'ai pu en acquérir la preuve. La Société des gens de lettres pourrait obtenir quelques données à ce sujet, en s'adressant directement à ceux de ses membres dont les œuvres sont reproduites dans les recueils périodiques russes.

Si nous appelons *un abus* cette reproduction non suffisamment autorisée, comment devrons-nous qualifier la façon d'agir de MM. les directeurs de théâtres, qui se trouvent tous, d'ailleurs, sous le contrôle et l'autorité immédiate de M. le baron de Ruster, intendant-général des théâtres impériaux.

C'est ici que l'usurpation s'étale dans toute son étendue et son impunité.

Il n'est pas une œuvre française, en vers ou en prose, parlée ou chantée, sérieuse ou bouffonne, — ayant obtenu quelque succès sur la scène dramatique, en France, qui ne soit immédiatement traduite en Prusse, et représentée sur les théâtres de Saint-Pétersbourg, de Moscou et des autres grandes villes de l'empire.

Enfin, il y a, à Saint-Pétersbourg, un théâtre français, —*exclusivement français*, où on ne parle jamais d'autre langue que la langue française, lequel théâtre ne subsiste et ne prospère que par les œuvres des écrivains français.

Ce théâtre qui réunit l'élite de la société russe jouit de la faveur du souverain et de la famille impériale, qui le fréquentent assidûment... Eh bien ! on n'a jamais pu obtenir de M. l'intendant général des théâtres la reconnaissance du droit des auteurs, ni la moindre indemnité au profit des écrivains dont les travaux assurent à la Société de Saint-Pétersbourg des plaisirs délicats dont elle jouit avec délices, et au théâtre, des revenus considérables que M. l'intendant empoche avec une jouissance non moins vive.

N'est-il pas temps de mettre un terme à un abus aussi flagrant?

Il y a, pour parvenir à ce but, deux moyens que je crois efficaces : — le premier est d'introduire une instance judiciaire, 1.° contre les journaux reproducteurs, 2° contre M. l'intendant général des théâtres.

Il y a longtemps que, dans une de ses boutades humoristiques, notre spirituel confrère Alphonse Karr a dit que toutes les questions de propriété littéraire pourraient être résolues par la confection d'une loi composée d'un seul article, ainsi conçu : — « La propriété littéraire est une propriété. »

Or, cette propriété est très clairement établie et reconnue par les différents articles de la convention du 6 avril 1861. Il ne s'agit donc que d'en réclamer l'exécution ; et, à défaut de bonne volonté de la part des intéressés, c'est aux tribunaux qu'il appartient de faire respecter la loi.

Il ne faut pas se dissimuler que le résultat sera long, difficile et dispendieux à obtenir ; les procès coûtent très cher, en Russie, — et, comme les reproducteurs et les théâtres ne renonceront pas facilement à un abus si invétéré et qui leur est si profitable, on éprouvera de leur part une résistance opiniâtre, et il faudra subir tous les degrés de juridiction : — justice de paix, tribunal de première instance, Cour d'appel, Cour de cassation, *plenum* des chambres réunies de la Cour de cassation, et, par dessus tout cela, décision suprême de l'empereur.

Mais l'importance de ce but à atteindre peut justifier la grandeur des sacrifices qu'il semble imposer.

Je viens de parler de la *décision suprême de l'empereur*, comme conclusion définitive du procès. Il vaudrait peut-être mieux commencer par là ; et c'est le second moyen que j'avais à proposer.

En effet, l'empereur Alexandre II est le meilleur, le plus juste et le plus loyal des hommes. S'il connaissait la situation des choses, telle que je viens de l'exposer, il en serait, à la fois, stupéfait et humilié.
— « Comment, dirait-il, pourra-t-on jamais croire que, depuis tant
» d'années, j'aurais pris, à entendre les artistes français, un plaisir
» véritable, aux dépens des intérêts de leurs compatriotes, et qu'on se
» serait refusé, en mon nom, à acquitter des droits d'auteur légitime-
» ment dus, tandis que l'on me fait dépenser des sommes considé-
» rables, seulement pour rémunérer les interprètes des écrivains fran-
» çais ! »

Ou je me trompe fort, ou c'est là le langage que tiendrait le grand souverain de la Russie à celui qui oserait lui faire connaître le véritable état des choses.

On me dira, sans doute, qu'on aurait dû, depuis longtemps, s'adresser directement à l'empereur.... Qu'on l'a peut-être déjà fait?....
— Mais si une requête lui a été soumise, elle n'aura été par lui, selon l'usage, transmise au Ministre de sa maison, que les théâtres concernent directement, — puis, par ce ministre, à l'intendant général des théâtres, avec ordre *d'en faire un rapport*. Mais le rapport n'aura jamais été fait, et l'affaire sera restée étouffée dans les cartons de la direction des théâtres. L'empereur n'entendant plus parler de cette affaire, l'aura cru terminée, et il n'en a plus été question.

Ceci n'est qu'une supposition, mais elle est, sans doute, bien près de la réalité.

Il en serait tout autrement si l'on prenait, pour porter la réclamation au pied du trône, la seule voie capable d'amener un succès...
— la voie diplomatique.

L'ambassadeur actuel de France jouit de la plus haute considération à la cour de Russie ; l'empereur lui témoigne une bienveillance qui ressemble beaucoup à de l'amitié. Or, si le général consentait à étudier cette affaire et à l'expliquer verbalement, sans intermédiaire, et dans tous ses détails, au monarque près duquel il est accrédité, sauf à lui remettre un mémoire à l'appui, dans le cas où l'empereur le demanderait. On peut espérer qu'un ordre souverain serait transmis à la direction supérieure de la presse et à l'intendance des théâtres, pour que la convention du 6 avril 1861 fût loyalement exécutée, — et enfin au Ministre de la justice, pour que, au besoin, la loi fût énergiquement appliquée contre ceux qui refuseraient d'exécuter les traités.

Jusqu'à ce moment, on a pu dire avec raison : « Ah ! si l'empereur le savait ! »

Que l'empereur le sache donc ! et justice sera faite.

COMTE JULES DE SUZOR.

Saint-Pétersbourg, 15/27 mai 1878.

A Monsieur PIERRE ZACCONE, rue Geoffroy-Marie, 5 (Paris),

New-York, 30 mai 1878.

MONSIEUR,

J'ai eu l'honneur de recevoir l'invitation du Comité de la Société française des gens de lettres, me constituant membre du Congrès littéraire international, lequel doit se réunir à Paris le 11 juin prochain, dans le but de discuter plusieurs questions concernant les droits et l'intérêt des auteurs. Je regrette vivement de ne pouvoir assister à une réunion composée de personnages les plus distingués de la république des lettres, et dont les délibérations ne peuvent qu'avoir une juste influence sur l'action des nations en ce qui concerne la propriété littéraire.

Je ne puis qu'employer ma plume pour vous communiquer quelques opinions qu'une longue familiarité avec cette branche de la Jurisprudence m'a fait concevoir.

Il y a environ trente ans, j'ai publié un ouvrage sur le " Droit de Propriété Littéraire " dans lequel j'ai cherché à comparer les doctrines de la propriété littéraire telles qu'elles étaient alors admises en Angleterre et aux États-Unis. Une deuxième édition, qui est sous presse, m'a porté à examiner les changements et les perfectionnements introduits dans cette branche de la jurisprudence, qui intéresse à un si haut degré les hommes de lettres, et à laquelle je dois l'honneur de cette invitation.

Parmi les sujets qu'on se propose de discuter dans ce Congrès littéraire, je remarque le suivant :

« *La Propriété llittéraire doit-elle être assimilée aux autres propriétés, ou doit-elle être régie par une loi particulière ?*

Projet de convention littéraire internationale en vertu de laquelle tout écrivain étranger serait assimilé aux écrivains nationaux dans l'exercice de ses droits sur son œuvre. »

Permettez-moi de faire quelques observations sur chacun de ces sujets.

De nos jours, il est inutile d'établir la base morale du droit d'un auteur comme droit de propriété. Il est reconnu par toutes les nations dont les lois intérieures donnent protection aux ouvrages de leurs écrivains nationaux. La Société ne peut logiquement maintenir un droit de propriété qui ne reconnaît pas le droit exclusif d'un auteur aux profits qui peuvent résulter de ses travaux littéraires lorsqu'ils ont revêtu la forme concrète d'un livre. Celui qui a créé une œuvre d'art ou une production littéraire, dont d'autres désirent posséder des copies, a le droit en justice et en raison de déclarer qu'il ne s'en dessaisira ou qu'il n'en accordera des copies à moins qu'il ne lui soit donné une compensation pécuniaire. Mais la nature de la propriété littéraire exige qu'on observe une distinction qui existe entre la propriété qui est intangible et incorporelle, et celle qui est tangible et corporelle. Celle qui, dans le droit anglais et américain, est dénommée " copy right ", dans le droit français " propriété littéraire ", et dans le droit allemand " autor-recht ", est le droit exclusif que possède l'auteur de multiplier et de vendre des copies de sa production littéraire ; et bien que par le droit naturel, ce droit exclusif a tous les éléments de la propriété, et un domaine aussi illimité en étendue et en durée que le domaine sur les choses tangibles et corporelles, cependant, comme on ne peut jouir avec profit de ce droit de propriété littéraire qu'autant qu'il existe une législation positive pour sa protection, il faut faire une transaction entre les droits naturellement et originairement illimités de l'auteur, et les intérêts et les exigences du public. Voici ce qui a lieu dans cette transaction :

La Société, en l'absence de législation positive, a le droit de dire à un auteur :

« Il est vrai que vous avez un droit naturel au contrôle de votre

» œuvre pour toujours ; mais le public a intérêt à obtenir ce que vous
» avez écrit ; abandonnez votre droit illimité, et la loi vous accordera
» une protection efficace pour un temps limité, à l'expiration duquel
» votre œuvre deviendra " *publicijuris.* " »

On peut sans doute demander si au point de vue abstrait, la Société n'a pas au même degré le devoir de maintenir la perpétuité dans la propriété littéraire qu'elle l'a dans les meubles et immeubles. Toute propriété implique un domaine illimité ; mais ce domaine illimité est souvent restreint par la loi positive, en partie par raison publique (" public policy "), et en partie parce qu'il est de l'intérêt du propriétaire même que sa propriété soit réglée par les règles fixes de succession. En ce qui concerne la propriété littéraire, non seulement il y a la même nécessité de se départir du droit abstrait de domaine illimité qui surgit de toute autre propriété, mais il y a cette autre raison : — La nature extensible (" diffusive ") des œuvres littéraires ; et le fait qu'elles sont exposées à être multipliées indéfiniment selon les besoins du public. De là la nécessité d'un système particulier de protection législative sans laquelle le droit naturellement illimité de l'auteur n'aurait que peu de valeur pratique. En compensation de cette protection de la loi positive, pour une période de temps limitée, l'auteur abandonne à la Société le domaine illimité sur ses œuvres.

C'est dans le vaste domaine qui existe entre le droit originairement illimité de l'auteur sur ses œuvres et la période limitée pour laquelle la Société est disposée à accorder une protection active et positive par des remèdes contre les infractions à son droit de propriété, que se trouve le champ d'une législation sage, prudente et juste.

Combien de cette perpétuité naturelle l'auteur doit-il abandonner, — en d'autres termes, combien doit-être courte la période de protection accordée par la loi positive, à l'expiration de laquelle son œuvre deviendra *publici juris ?* Cela dépend d'une grande variété de considérations de droit public (public policy), qui doivent différer selon les pays, l'état de leur littérature et leur sentiment des moyens les plus propres à en encourager le développement, et d'autre part, à en répandre les bienfaits sur la population.

Il n'y a que très peu de principes d'une application universelle qu'on puisse énoncer sur la matière. Il faut s'attendre à ce que ce sujet soit envisagé d'une manière différente par les hommes d'État et es législateurs des différentes nations. Il est un fait cependant que tous les gouvernements doivent avoir en vue parce qu'il est universellement vrai, c'est que du moment que l'auteur abandonne, ce qui en justice naturelle et en raison est une perpétuité, pour obtenir une protection efficace et particulière pendant un temps limité, cette période doit être étendue aussi loin que le permet une juste appréciation de l'intérêt général du public. — Ceci, comme je l'ai dit, variera dans différents pays, et aussi à différentes époques dans le même pays.

Si cependant tout le monde civilisé, en ce qui concerne les droits des auteurs, pouvait être incorporé dans une seule véritable République des lettres, il pourrait y avoir une réduction dans la période de durée limitée de ces droits, tels qu'ils auraient été établis par les lois positives de chaque pays en ce qui concerne ses propres écrivains. Si un auteur anglais, français, allemand ou américain avait le monde entier pour sphère de sa propriété littéraire, il pourrait demander à son propre pays une période de durée plus courte qu'il ne le peut lorsqu'il n'a à attendre que de son propre pays une récompense pécuniaire, et quand ses œuvres peuvent être pillées (pirated) avec impunité dans d'autres pays. Cet argument est d'une nature très pratique en faveur de conventions internationales pour la propriété littéraire, et je ne sache pas qu'il ait été allégué. Depuis que de bonne heure je me suis adonné à la lecture, il y en a beaucoup d'illustres, auteurs anglais et français, jouissant d'une vaste popularité, qui même s'ils n'avaient obtenu qu'un revenu très modéré provenant de la vente de leurs œuvres aux États-Unis pendant 20 ou 25 ans à dater de leur première publication, auraient acquis (en fin de compte) de cette œuvre seulement, une très grosse fortune. Qui peut douter que si Sir Walter Scott, ou Miss Telgeworth, ou Dickens, ou Thackerar, ou Byron, tout comme un grand nombre de nos auteurs de cette époque, s'ils avaient pu voir une propriété littéraire protégée aux Etats-Unis pendant la période que j'ai nommée, auraient volontiers transigé en se limitant dans leur propre pays à cette même période de 20 à 25 années? Ceci est une considération indépendante du droit, de l'opportunité et de la probité, qui s'adresse directement aux intérêts du public dans tous les pays ; car proportionnellement à l'augmentation de la sphère des profits que fait un auteur, la durée de sa propriété littéraire peut être diminuée en son pays et à l'étranger. Et si cette sphère peut être élargie de telle sorte qu'elle embrasse le monde entier et cette période égalisée partout, on peut rapprocher l'époque quand la propriété littéraire de toutes les œuvres deviendra *publici juris*, tant dans le pays de la production originelle qu'à l'étranger.

Ce résultat est peut-être très éloigné de nous, mais il n'est pas douteux que quelque chose puisse être tenté pour en approcher.

Je vais maintenant énoncer quelques suggestions concernant les choses qu'on doit ou qu'on ne doit pas avoir en vue dans les stipulations d'un traité pour les privilèges d'une propriété littéraire internationale — au point de vue américain, c'est-à-dire, en prenant en considération l'état actuel de nos lois touchant la propriété littéraire, et la difficulté d'obtenir le consentement de la population et du Congrès des États-Unis pour un traité sur ce sujet : *Primo :* Un traité ne devra pas essayer de déterminer les droits de la propriété littéraire, ou les lois qui la régissent, voire même d'assimiler les lois des deux pays. La tâche serait trop difficile et compliquée par un traité, pour bien des raisons. Cela exigerait non seulement une révision, mais un changement fondamental dans les lois nationales qui régissent les droits des citoyens dans les deux pays, car il est évident qu'il serait du devoir d'un pays de ne pas conférer à des étrangers, par un traité, des privilèges que ne possèdent pas ses propres citoyens d'après leurs lois. Un traité qui reconnaît un droit de propriété à des étrangers doit se conformer aux lois municipales qui régissent ces droits en ce qui concerne ses citoyens. D'autre part, le but d'une convention internationale pour la propriété littéraire doit être de conférer aux citoyens des deux pays réciproquement les mêmes droits qui, dans le pays étranger sont conférés à l'auteur régnicole par les lois de son propre pays, pour la même durée et à des conditions justement réciproques. Un traité franco-américain, par exemple, devrait conférer à un auteur français une propriété littéraire en Amérique de la même nature que celle dont jouit le citoyen américain : et un auteur américain devrait jouir en France des mêmes privilèges dont jouit un citoyen français. La période pour laquelle ces droits sont accordés devrait être la même. Au point de vue pratique, il serait extrêmement avantageux de rendre la durée du droit égale à la période de durée dans le pays où cette durée est la plus courte. Mais si les lois des deux pays sont tellement différentes qu'une réciprocité de privilèges est impossible, nul traité ne devrait essayer de l'obtenir.

Dans le but, maintenant, de montrer ce qui est possible d'après les limitations ci-dessus énoncées, je vais expliquer la condition actuelle de la loi américaine.

On reconnaît, aux États-Unis, deux espèces de propriété littéraire; l'une, que nous appelons la loi du droit coutumier (" Common Law "), que possède l'auteur ou le possesseur du manuscrit d'empêcher la publication non autorisée de son contenu. Il est inutile de considérer plus en détail ce droit, lequel est complètement indépendant de la qualité d'étranger ou du droit du citoyen.

L'autre espèce de propriété littéraire est ce qu'on nomme ici " Copie right ", laquelle peut être définie : le droit exclusif de multiplier les copies d'une œuvre d'art ou littéraire, et de les vendre. Ce droit, aux États-Unis, émane entièrement des Statuts; et, en conséquence d'une clause de la Constitution des États-Unis, le Congrès seul possède le pouvoir de faire des lois conférant ce droit, lesquelles lois agissent d'une manière uniforme dans tous les États (de l'Union). D'après ces lois, telles qu'elles existent, pour s'assurer d'une propriété littéraire, il est nécessaire de se soumettre préalablement à certaines obligations. La durée de la propriété littéraire est limitée à vingt-huit (28) ans, avec extension de quatorze ans si l'auteur vit encore à l'expiration de la première période de vingt-huit ans. Si l'auteur est décédé, cette prolongation peut être obtenue par sa veuve ou ses enfants. Mais, dans l'un et l'autre cas, il faut notifier le renouvellement et remplir les conditions. L'auteur, cependant, doit être citoyen américain ou résider aux États-Unis à l'époque de la première publication. Telle est la loi actuellement en vigueur.

Un auteur étranger a donc les mêmes privilèges qu'un auteur du pays, pourvu qu'il réside aux États-Unis; et les droits qui lui sont conférés, lorsqu'il a satisfait à la loi, comprennent le droit exclusif de faire jouer ou représenter un drame et de traduire un livre ou d'en tirer un drame (" dramatigin "), pourvu que l'auteur se soit réservé ce droit. Les droits conférés par les lois américaines ne perdent donc pas à être comparés avec ceux dont on jouit dans les autres pays, excepté en ce qui concerne la période de durée. Les clauses touchant les traductions et la faculté de tirer des drames des livres ont été insérées dans la loi en 1870, afin de porter remède à certains défauts de notre jurisprudence, et elles sont aussi favorables qu'aucun Congrès puisse le désirer.

Si le mot " résident " était effacé de nos lois et remplacé par les mots " citoyen de n'importe quel pays ", la protection donnée par nos lois aux auteurs étrangers serait équivalente à celle accordée aux citoyens des États-Unis; et ceci est tout ce qu'un traité doive faire. Tout autre avantage que les auteurs, américains ou étrangers, pourraient obtenir, ne pourraient surgir que d'une amélioration introduite dans notre jurisprudence. Mais un traité accordant aux étrangers les mêmes droits qu'ont les citoyens devrait obtenir, autant que possible, des conditions réciproques. La première condition serait une convention en vertu de laquelle on s'engagerait à passer une loi réciproque dans le pays étranger, conférant aux citoyens des États-Unis les mêmes droits de propriété littéraire dont jouissent les citoyens de l'État étranger, et sous des conditions semblables ou pas plus onéreuses. Cela irait presque de soi. Ensuite, tout en maintenant les droits des auteurs étrangers, les intérêts des éditeurs et fabricants de livres régnicoles, — considérés en dehors des éditeurs et fabricants de livres étrangers, — devront être protégés autant que possible. Afin de protéger ces intérêts, les auteurs étrangers devront être astreints à imprimer et publier aux États-Unis; et les livres imprimés dans un pays étranger, quand l'auteur étranger demandera le droit de propriété littéraire aux États-Unis et imprimera aux États-Unis, seront soumis à un droit suffisant pour produire l'effet d'une protection en faveur de l'éditeur américain. Enfin, il devra être prescrit que les auteurs étrangers devront imprimer et publier dans un temps de, s'ils veulent s'assurer de ces droits; sinon tout individu y ayant intérêt aura le droit de publier leurs œuvres. Ceci est, dans une certaine limite, exigé dans l'intérêt de l'éducation et la diffusion des connaissances. Si l'auteur étranger se réserve le droit de traduction et de " dramatiser ", il devra également dans un temps de — traduire et " dramatiser " son œuvre, tout en lui accordant naturellement une période de temps plus étendue que lorsqu'il s'agit de publier et d'imprimer l'original seulement.

Je propose ces avis, accompagnés de mon humble mais sincère conseil, adressé aux personnages distingués qui composent ce Congrès littéraire : de ne pas manquer de tenir compte des intérêts des éditeurs et des fabricants de livres, n'importe de quel pays, et de rédiger les projets de traité ou de législation qu'ils voudront proposer aux différents gouvernements, de telle sorte qu'il soit apparent que les intérêts des auteurs peuvent être protégés et assurés autant qu'il est désirable et juste, sans créer une tendance à obliger le fabricant de livres à se confiner au pays où ils ont été écrits. Une longue expérience et l'étude approfondie de ce sujet m'ont convaincu que c'est le seul moyen d'arriver à produire quelque bien.

Ayez l'obligeance, Monsieur, d'offrir au Comité mes remerciements pour l'honneur de leur invitation, et acceptez, je vous prie, l'assurance de ma considération la plus distinguée.

Signé, George TICKNOR CURTIS.

LOI ESPAGNOLE

SUR LA

PROPRIÉTÉ INTELLECTUELLE

10 Janvier 1879 (1).

ARTICLE PREMIER. — La propriété intellectuelle comprend, pour l'effet de la présente loi, les œuvres scientifiques, littéraires ou artistiques, qui peuvent être mises au jour par quelque moyen que ce soit.

ART. 2. — La propriété intellectuelle appartient :
1° Aux auteurs à l'égard de leurs propres œuvres ;
2° Aux traducteurs à l'égard de leur traduction, si l'œuvre originale est étrangère, et si les conventions internationales n'y mettent pas empêchement ; ou bien, l'œuvre étant espagnole, si elle est tombée dans le domaine public, ou encore, dans le cas contraire, si le traducteur a obtenu la permission de l'auteur ;
3° A ceux qui refondent, copient, extraient. commentent ou reproduisent des œuvres originales relatives à leurs propres travaux, à la condition, ces œuvres étant espagnoles, que l'usage qui en est fait soit autorisé par les propriétaires ;
4° Aux éditeurs d'œuvres inédites qui n'ont pas de propriétaire connu, ou de toutes autres œuvres inédites d'auteurs connus, qui seraient tombées dans le domaine public ;
5° Aux ayants droit des personnes qui viennent d'être désignées, se présentant soit par droit d'héritage, soit en vertu de quelque autre titre translatif de propriété.

ART. 3. — Les bénéfices de la présente loi sont aussi applicables :
1° Aux auteurs de cartes, plans et dessins scientifiques ;
2° Aux compositeurs de musique ;

---

(1) Traduite par M. Germond de Lavigne.

3° Aux auteurs d'œuvres d'art, en ce qui touche à la reproduction de ces œuvres par un moyen quelconque ;

4° Aux ayants droit des personnes qui viennent d'être désignées ;

Art. 4. — Jouissent également des bénéfices de la présente loi :

1° L'Etat et les corporations qui en dépendent, les corporations provinciales et municipales ;

2° Les institutions scientifiques, littéraires ou artistiques ou d'autre nature, légalement établies.

Art. 5. — La propriété intellectuelle sera régie selon le droit commun, sans autres limites que celles déterminées par la loi.

Art. 6. — La propriété intellectuelle appartient aux auteurs pendant leur vie, et est transmise aux héritiers testamentaires ou légataires pour une durée de quatre-vingts ans.

Elle est également transmissible par actes entre vifs, et elle appartiendra aux acquéreurs pendant la vie de l'auteur et quatre-vingts ans après la mort de celui-ci, s'il ne laisse pas d'héritiers obligés. Mais s'il en existe, le droit des acquéreurs cessera d'exister vingt-cinq ans après la mort de l'auteur, et la propriété passera auxdits héritiers obligés, pour une durée de cinquante-cinq ans.

Art. 7. — Nul ne pourra reproduire les œuvres d'autrui sans la permission de l'auteur, que ce soit pour les annoter, les augmenter ou en améliorer l'édition ; mais il sera loisible à chacun de publier, comme étant sa propriété exclusive, des commentaires, des critiques, des annotations référentes à ces œuvres, en y joignant uniquement la partie du texte nécessaire à l'objet qu'il se sera proposé.

Si l'œuvre est musicale, l'interdiction s'étendra également à la publication totale ou partielle des mélodies, avec ou sans accompagnement, qu'elles soient transposées ou arrangées pour d'autres instruments, avec un texte différent ou dans quelque autre forme que celle de la publication faite par l'auteur.

Art. 8. — Il n'est pas nécessaire que les œuvres soient publiées pour que la loi protège la propriété intellectuelle. Nul, par conséquent, n'a le droit de publier, sans la permission de l'auteur, une production scientifique, littéraire ou artistique qui aurait été sténographiée, annotée ou copiée pendant sa lecture, l'exécution ou l'exposition publique ou privée, pas plus que les explications orales.

Art. 9. — L'aliénation d'une œuvre d'art, sauf convention contraire, n'entraîne pas avec elle l'aliénation du droit de reproduction, ni de celui d'exposition publique de cette même œuvre, lesquels demeurent réservés à l'auteur ou à son ayant droit.

Art. 10. — Pour pouvoir copier ou reproduire dans les mêmes dimensions ou dans des dimensions différentes, et par quelque moyen que ce soit, les œuvres d'art originales existant dans des galeries publiques, pendant la vie de leurs auteurs, il est nécessaire de se pourvoir du consentement préalable de ceux-ci.

Discours parlementaires.

Art. 11. — L'auteur est propriétaire de ses discours parlementaires. Ils ne pourront être réimprimés, sans sa permission ou celle de l'ayant droit, que dans le journal des séances de la Chambre et dans les journaux politiques.

Traductions.

Art. 12. — Si la traduction se publie pour la première fois dans un pays étranger avec lequel il existe une convention relative à la propriété intellectuelle, on se conformera aux stipulations pour résoudre les questions qui se présenteront, et pour celles qui ne seraient pas résolues, on aura égard aux dispositions de la présente loi.

Art. 13. — Les propriétaires d'œuvres étrangères le seront également en Espagne, et selon que disposent les lois de leur propre pays ; mais ils n'auront la propriété de la traduction de ces œuvres que pendant un temps égal à celui où ils seront propriétaires des œuvres originales dans leur dit pays, et suivant les lois qui y sont en vigueur.

Art. 14. — Le traducteur d'une œuvre tombée dans le domaine public ne peut avoir droit de propriété que sur sa traduction, et ne pourra s'opposer à ce que l'œuvre soit traduite par d'autres.

Art. 15. — Les droits que concède l'article 13 aux propriétaires d'œuvres étrangères en Espagne, ne seront applicables qu'aux nations qui concéderont une complète réciprocité aux propriétaires d'œuvres espagnoles.

Procès et Litiges.

Art. 16. — Les parties seront propriétaires des écrits qui auront été présentés en leur nom dans quelque procès ou litige que ce soit ; mais elles ne pourront les publier sans avoir obtenu la permission du tribunal qui aura jugé l'affaire, lequel donnera l'autorisation lorsque le jugement sera devenu exécutoire, et sauf condition qu'il n'aura pas estimé cette publication inopportune ni préjudiciable en aucune manière à aucune des parties.

Les avocats qui auront produit des écrits ou plaidoyers pourront les réunir en collection, avec la permission du tribunal et le consentement des parties qui en auront payé les frais

Art. 17. — Pour publier des copies ou extraits de procès ou de litiges terminés, il faudra l'autorisation du tribunal qui aura jugé, lequel accordera ou refusera discrétionnairement et sans recours.

Art. 18. — Si deux ou plusieurs personnes demandent autorisation de publier des copies ou extraits de procès ou litiges terminés, le tribunal pourra, selon les circonstances, accorder aux uns et refuser aux autres, et imposer les restrictions qu'il jugera convenables.

Œuvres dramatiques et musicales.

Art. 19. — Aucune composition dramatique ou musicale ne pourra être exécutée, en tout ou en partie, dans un théâtre ni dans un lieu public quelconque, sans la permission spéciale du propriétaire.

Les effets de cet article s'étendront aux représentations données par des sociétés constituées sous une forme quelconque, et percevant une contribution pécuniaire.

Art. 20. — Les propriétaires d'œuvres dramatiques ou musicales peuvent, en accordant leur permission, déterminer librement les droits de représentation; mais s'ils ne les déterminent pas, ils ne pourront réclamer que les droits établis par les règlements.

Art. 21. — Nul ne pourra, sans la permission du propriétaire, ni faire copie, ni vendre ou louer copie des œuvres dramatiques ou musicales qui, après avoir été exécutées devant le public, n'auraient pas été imprimées.

Art. 22. — Sur les droits de représentation de toute œuvre lyrico-dramatique, une moitié reviendra au propriétaire du livret et l'autre au propriétaire de la musique, sauf convention contraire.

Art. 23. — L'auteur d'un livret ou d'une composition quelconque, mise en musique et exécutée en public, aura le droit exclusif d'imprimer et de vendre son œuvre littéraire séparément de la musique, et le compositeur de celle-ci pourra agir de même pour son œuvre musicale.

Dans le cas où l'auteur d'un livre interdirait complètement la représentation, l'auteur de la musique pourra appliquer celle-ci à une autre œuvre dramatique.

Art. 24. — Les entreprises, sociétés ou particuliers qui, en procédant à l'exécution en public d'une œuvre dramatique ou musicale, l'annonceront en changeant le titre, et supprimeront, altéreront ou ajouteront quelque passage sans la permission préalable de l'auteur, seront considérés comme ayant fraudé la propriété intellectuelle.

Art. 25. — L'exécution non autorisée d'une œuvre dramatique ou musicale, dans un lieu public, sera punie des peines édictées par le Code, et de la perte du produit total des intérêts, lequel sera intégralement remis propriétaire de l'œuvre exécutée.

Œuvres anonymes.

Art. 26. —. Les éditeurs d'œuvres anonymes ou pseudonymes auront, à l'égard de ces œuvres, les mêmes droits que les auteurs ou traducteurs sur leurs œuvres propres, à moins qu'il ne soit prouvé dans la forme légale quel est l'auteur ou le traducteur omis ou caché. Cette preuve étant fournie, l'auteur ou le traducteur, ou ses ayants droit, seront substitués en tous leurs droits aux éditeurs des œuvres anonymes ou pseudonymes.

Œuvres posthumes.

Art. 27. — Sont considérées comme œuvres posthumes, outre celles qui ne sont pas publiées pendant la vie de l'auteur, celles qui auront été publiées pendant cette période, si l'auteur lui-même, au moment de sa mort, les laisse refondues, augmentées, annotées ou corrigées de telle sorte qu'elles puissent être considérées comme œuvres nouvelles. En cas de contradiction devant les tribunaux, il sera procédé par appréciation d'experts.

Collections législatives.

Art. 28. — Les lois, décrets, ordonnances royales, règlements et autres dispositions émanant des pouvoirs publics, peuvent être publiés par les journaux et par les autres recueils dans lesquels, en raison de leur nature et de leur objet, il est important de les citer, de les commenter, de les critiquer ou de les copier littéralement, mais nul ne pourra les imprimer isolément ou en collection sans autorisation expresse du Gouvernement.

Journaux.

Art. 29. — Les propriétaires de journaux qui veulent en garantir la propriété en les assimilant aux productions littéraires, présenteront à la fin de chaque année au Registre de la propriété, trois collections des numéros publiés pendant cette année.

Art. 30. — L'auteur ou le traducteur d'écrits déjà insérés ou qui seront insérés ultérieurement dans des publications périodiques, aura le droit, lui ou ses ayants droit, de publier ces écrits en collection choisie ou complète, si une convention contraire n'a pas été faite avec le propriétaire du journal.

Art. 31. — Les écrits ou télégrammes insérés dans des publications périodiques pourront être reproduits par d'autres publications du même genre ou d'un autre genre, s'il n'est pas dit, soit dans le titre de la publication originale, soit à la fin de l'article, que la reproduction n'est pas autorisée. Mais on indiquera toujours l'origine de l'emprunt.

Art. 32. — L'auteur ou traducteur de diverses productions littéraires pourra les publier toutes ou quelques-unes en collection, alors qu'il en aurait aliéné ou vendu une partie.

L'auteur de discours lus dans des Académies royales ou dans quelque autre corporation, peut les publier en collection ou séparément.

Les académiciens jouissent de la même faculté relativement aux autres écrits rédigés comme hommage à ces académies, ou par mandat de celles-ci, sauf pour les écrits qui appartiennent absolument à ces corps, en tant qu'ils sont destinés à leur enseignement spécial, respectif et constant.

Enregistrement.

Art. 33. — Il sera établi au Ministère de Fomento un registre général de la propriété intellectuelle.

Dans toutes les bibliothèques provinciales, et dans celles des instituts d'enseignement secondaire des capitales de province où les premières n'existent pas, il sera ouvert un registre sur lequel seront inscrites, par ordre chronologique, les œuvres scientifiques, littéraires ou artistiques qui y seront présentées pour l'effet de la présente loi.

Pour cet effet, également, il sera pris note sur ce Registre, des gravures, lithographies, plans d'architecture, cartes géographiques ou géologiques, et en général de tout dessin quelconque de caractère artistique ou scientifique.

Art. 34. — Les propriétaires des œuvres mentionnées dans l'article qui précède remettront dans lesdites bibliothèques trois exemplaires de chacune de ces œuvres : l'une pour rester déposée dans la bibliothèque provinciale ou dans celle de l'Institut, l'autre pour le ministère de Fomento, et le troisième pour la bibliothèque nationale.

Les gouvernements civils enverront tous les six mois, à la Direction générale de l'Instruction publique, un état des inscriptions effectuées et de leurs vicissitudes ultérieures, pour former le Registre général de la propriété intellectuelle.

Art. 35. — Les auteurs des œuvres scientifiques, littéraires ou artistiques seront exempts de tout impôt, contribution ou charge, pour cause d'inscription sur le Registre.

Les lois détermineront l'impôt qui correspondra à la transmission de cette propriété.

ART. 36. — Pour jouir des bénéfices de la présente loi, il est nécessaire de faire inscrire son droit sur le Registre de la propriété intellectuelle, conformément à ce qui est établi dans les articles qui précèdent.

Lorsqu'une œuvre dramatique ou musicale aura été représentée en public avant d'avoir été imprimée, il suffira, pour jouir de ce droit, de présenter un seul exemplaire manuscrit de la partie littéraire et un autre des mélodies, avec la basse correspondante pour la partie musicale.

Le délai pour l'inscription au registre, sera d'une année, à dater du jour de la publication de l'œuvre; mais les bénéfices de la présente loi seront acquis au propriétaire à dater du jour où aura commencé la publication, et il ne les perdra que s'il ne remplit pas les conditions indiquées dans le cours de l'année fixée pour l'inscription.

ART. 37. — Les tableaux, les statues, les bas ou hauts reliefs, les modèles d'architecture ou de topographie, et en général toutes les œuvres de l'art de la peinture, de la sculpture et de la plastique, sont dispensées de l'obligation du registre et du dépôt.

Les propriétaires n'en jouiront pas moins de la plénitude des bénéfices que la présente loi et le droit commun concèdent à la propriété intellectuelle.

Règles de caducité.

ART. 38. — Toute œuvre non inscrite au Registre de la propriété intellectuelle pourra être publiée de nouveau, réimprimée par l'Etat, par les corporations scientifiques ou par les particuliers pendant dix ans à dater du jour où expirera le droit d'inscription.

ART. 39. — S'il se passe une autre année, après les dix ans, sans que l'auteur ni son ayant droit n'ait inscrit l'œuvre sur le Registre, celle-ci tombera définitivement et absolument dans le domaine public.

ART. 40. — Les œuvres qui n'auront pas été publiées de nouveau par le propriétaire pendant vingt ans, tomberont sous le domaine public, et l'Etat, les corporations scientifiques ou les particuliers pourront les reproduire sans les altérer; mais personne ne pourra s'opposer à ce qu'un autre les reproduise également.

ART. 41. — Une œuvre n'entrera pas dans le domaine public, même après vingt années :

1° Lorsque cette œuvre, étant dramatique, lyrico-dramatique ou musicale, n'aura pas été imprimée par son propriétaire après avoir été exécutée en public, et après que la copie manuscrite aura été déposée à l'enregistrement.

2° Lorsque l'œuvre ayant été imprimée et mise en vente conformément à la loi, vingt ans se seront passés sans qu'elle ait été réimprimée, le propriétaire pouvant établir suffisamment que pendant cette période des exemplaires ont figuré à la vente publique.

ART. 42. — Pour mettre dans le domaine public une œuvre qui se trouve dans le cas indiqué à l'article 40, il importe qu'il y ait d'abord dénonciation sur le Registre de la propriété, et que, en vertu de cette dénonciation, le propriétaire soit mis en demeure par le gouvernement de réimprimer à nouveau en lui imposant, à cet effet, un délai d'une année.

ART. 43. — Lorsque les œuvres sont publiées par parties successives, et non en une seule fois, les délais déterminés dans les articles 38, 39 et 40 se comptent à partir de l'achèvement de l'œuvre.

ART. 44. — Les conditions formulées dans les articles 38, 39 et 40 ne seront pas appliquées lorsque l'auteur, ayant conservé la propriété de l'œuvre avant l'expiration des délais déterminés par ces articles, manifestera en forme solennelle sa volonté de ne pas laisser voir à son œuvre la lumière publique.

Le même droit, exercé dans la même forme, appartient à l'héritier, à la condition qu'il agisse d'accord avec un conseil de famille constitué suivant que le règlement l'établira.

Pénalité.

ART. 45. — Les atteintes à la propriété intellectuelle commises par la publication des œuvres qui font l'objet de la présente loi seront imputées d'abord à celui qui sera reconnu auteur de la fraude, et, à défaut, successivement à l'éditeur et à l'imprimeur, sauf preuve du contraire, pour cette culpabilité respective.

ART. 46. — Les fraudeurs de la propriété intellectuelle, outre les peines déterminées par le code pénal en vigueur, encourront la perte de tous les exemplaires illégalement publiés, lesquels seront remis au propriétaire lésé.

ART. 47. — La disposition qui précède sera applicable :

1° A ceux qui reproduiront en Espagne les œuvres de propriété particulière, imprimées en espagnol, pour la première fois, en pays étranger.

2° A ceux qui falsifieront le titre ou frontispice d'une œuvre quelconque, ou qui imprimeront sur celle-ci qu'elle a été éditée en Espagne, lorsqu'elle l'aura été en pays étranger.

3° A ceux qui imiteront ces titres de manière à produire une confusion entre l'ancien et le nouveau, suivant appréciation du tribunal.

4° A ceux qui importeront de l'étranger des œuvres pour lesquelles ils auront fraudé les droits de douane, sans préjudice de la responsabilité fiscale qu'ils auront encourue pour ce dernier fait.

5° A ceux qui, par l'un des procédés sus énumérés, porteront préjudice à des auteurs étrangers, lorsqu'il y aura réciprocité entre l'Espagne et les pays d'où seraient originaires les auteurs lésés.

Art. 43. — Seront circonstances aggravantes de la fraude :

1° Le changement du titre d'une œuvre ou l'altération du texte afin de la publier ;

2° La reproduction à l'étranger, s'il y a ensuite introduction en Espagne, et surtout s'il y a changement du titre ou altération du texte.

Art. 49. — Les tribunaux ordinaires appliqueront les articles inscrits sous ce titre en tout ce qui sera de leur compétence :

Les gouverneurs de province et les alcades, dans les localités où ceux-ci ne résident pas, sur l'instance du propriétaire d'une œuvre dramatique ou musicale, ordonneront la suspension de l'exécution de cette œuvre ou le séquestre du produit de la recette, jusqu'à concurrence de la garantie des droits de propriété de la dite œuvre.

Si ce produit ne suffit pas pour cet objet, l'intéressé pourra intenter action compétente devant les tribunaux.

Droit international.

Art. 50. — Les sujets des États dont la législation reconnaît aux Espagnols le droit de propriété intellectuelle dans les termes établis par la présente loi, jouiront en Espagne des droits que celle-ci concède, sans qu'il y ait besoin de traité ni d'action diplomatique, et moyennant l'action privée déduite devant le juge compétent.

Art. 51. — Dans le cours du mois qui suivra celui de la promulgation de la présente loi, le gouvernement dénoncera les conventions de propriété littéraire conclues avec la France, l'Angleterre, la Belgique, la Sardaigne, le Portugal et les Pays-Bas, et avisera à en négocier de nouvelles avec autant de nations qu'il sera possible, en harmonie avec ce que prescrit la présente loi, et d'après les bases suivantes :

1° Complète réciprocité entre les deux parties contractantes.

2° Obligation de se traiter mutuellement comme la nation la plus favorisée.

3° Tout auteur ou son ayant droit qui, au moyen des formalités légales, assure son droit de propriété dans l'un des deux pays contractants, l'assure aussi dans l'autre sans nouvelles formalités.

4° Est interdite dans chaque pays, l'impression, la vente, l'importation et l'exportation d'œuvres dans l'idiome ou dans les dialectes de l'autre, si elles ne sont pas autorisées par le propriétaire de l'œuvre originale.

Effets légaux.

Art. 52. — Les effets et bénéfices de la présente loi s'étendront, sauf les droits acquis sous l'action des lois antérieures :

1° A toutes les œuvres dont la publication aura été commencée le jour de la promulgation de la présente loi.

2° A toutes les œuvres qui, ledit jour, ne seraient pas tombées dans le domaine public.

3° A toutes les œuvres qui, lors même qu'elles seraient tombées dans le domaine public, seraient reprises par les auteurs ou traducteurs, ou par les héritiers, conformément aux dispositions de la présente loi.

Passage de l'ancien au nouveau système.

Art. 53. — La durée plus grande assignée par la présente loi à la propriété intellectuelle profitera aux auteurs des œuvres de toutes classes et à leurs héritiers. Elle profitera également aux acquéreurs dans les termes définis par l'article 6.

Art. 54. — Les auteurs ou leurs ayants droit qui, conformément à la présente loi, auront à recouvrer la propriété intellectuelle, pourront inscrire leur droit sur le registre de cette propriété.

Art. 53. — Les héritiers au quatrième degré des auteurs d'œuvres tombées dans le domaine public, pourront recouvrer le droit de propriété intellectuelle, pour le temps qui manquera jusqu'au complément des quatre-vingts ans concédés par la présente loi, à la condition de satisfaire aux prescriptions que cette loi édicte. Mais ils devront indemniser, à dire d'experts, les éditeurs qui auront imprimé ces œuvres, de la valeur des exemplaires pour lesquels, dans les deux mois de la promulgation de la présente loi, le droit de propriété aura été inscrit au Registre.

Règlement.

Art. 55. — Le Gouvernement publiera le règlement et les autres dispositions nécessaires pour l'exécution de la présente loi.

Pour rédiger le premier, qui comprendra également le règlement sur les théâtres, il sera nommé une commission composée de personnes compétentes.

Donné à Madrid, le 10 janvier 1879.

ATHÉNÉE LOUISIANAIS

Séance du 8 mai 1878.

Présidence du Docteur Armand Mercier.

M. Félix Limet s'exprime ainsi :

Monsieur le Président,
Messieurs et Chers Collègues,

Je regrette vivement de ne pouvoir avancer l'époque de mon départ pour Paris, de façon à arriver à temps pour solliciter l'honneur d'être admis à prendre part aux travaux du Congrès littéraire international de 1878, qui doit s'ouvrir le 4 juin, sous la présidence de Victor Hugo, le grand poète que la France compte parmi ses gloires, et que la république des lettres s'honore de classer au premier rang de ses illustrations. J'eusse été hautement flatté de représenter dans une si brillante assemblée l'Athénée louisianais, mais cette faveur sera réservée à un autre de nos collègues, et sa présence attestera l'intérêt que prend notre Société à la consécration du droit de propriété littéraire, qui doit former l'objet des discussions du Congrès.

Bien que privé du droit de prendre part aux savants débats qui vont s'ouvrir, j'ai voulu cependant faire preuve de bonne volonté en vous soumettant un modeste travail de traduction sur la législation américaine, travail que votre Secrétaire pourra envoyer au Congrès international, si vous jugez qu'il peut être de quelque utilité aux orateurs ou aux écrivains dans la discussion des questions indiquées par le programme.

Dans le palais le plus magnifique, on admire le génie de l'architecte qui en a conçu le plan, le talent des artistes qui l'ont décoré, les marbres et les matières précieuses qui entrent dans la composition du monument; mais il a fallu encore, pour bâtir ce palais, le ciment qui sert à unir les pierres; l'humble manœuvre qui a apporté le sable destiné à former ce ciment peut se dire que son labeur a contribué à la construction de l'édifice que chacun admire. Comme lui, j'apporte mon grain de sable à joindre aux matériaux qui serviront à l'œuvre du Congrès international.

Le voici :

NOTE

SUR

la Législation des États-Unis en matière de propriété littéraire.

OBSERVATIONS

Le droit de propriété littéraire ou artistique est reconnu par la législation des Etats-Unis, mais l'exercice de ce droit est assujetti à certaines formalités d'inscription et de dépôt. Il peut être transféré et cédé, et il passe à la veuve et aux héritiers. Sa durée est fixée à vingt-huit années, avec faculté pour l'auteur, sa veuve ou ses enfants, d'obtenir une prolongation de quatorze années, moyennant une nouvelle inscription.

Mais si le législateur américain a rendu hommage au principe d'équité qui veut que la pensée ou l'inspiration d'un homme constitue pour lui un droit de propriété, non moins sacré que celui qui provient de son travail manuel, il a fait du droit de propriété littéraire un privilège réservé aux citoyens et aux résidents du pays. Le dernier article de la législation, reproduite ci-dessous, — *in caudâ venenum*, — permet aux habitants de la République américaine de piller impunément les auteurs, les compositeurs et les artistes étrangers.

C'est là une injustice, sans doute, mais il ne faut pas méconnaître les mobiles qui ont inspiré les hommes d'Etat auxquels elle peut être reprochée. Ils ont dû penser qu'un peuple jeune, qui avait devant lui un continent tout entier à défricher, serait retardé forcément dans son développement intellectuel et artistique par une préoccupation presque exclusive pour les travaux de l'ordre matériel. Ils ont donc cru faire acte de bonne politique en permettant la dissémination des œuvres de l'esprit et du goût venant de l'ancien continent, sans assujettir les vendeurs ni les reproducteurs à payer de redevances aux auteurs.

Fils de l'Ancien-Monde, le Nouveau s'est arrogé le droit de prendre gratis sa part des lumières produites par dix-neuf siècles de civilisation.

Si les auteurs ainsi pillés ont été privés d'une part de profits légitimes, ils ont obtenu, comme compensation, une plus grande part de gloire, par la profusion avec laquelle leurs œuvres ont pu être répandues ; et, lorsque le moment viendra où leur droit sera reconnu, ils recueilleront les avantages de la popularité qu'a value à leurs noms la contrefaçon permise par la loi.

Une injustice, alors même qu'elle a eu sa raison d'être, ne saurait néanmoins se perpétuer. La République américaine, qui vient d'entrer dans le second siècle de son existence, qui est justement fière des merveilleux progrès qu'elle a accomplis, et dont la littérature occupe déjà un rang respectable, ne peut consentir à être regardée plus longtemps comme un pays de flibusterie littéraire et artistique.

Le moment semble propice pour adresser avec succès un appel à son amour-propre et à ses sentiments de justice. L'article 4971 de ses Statuts fait tache dans sa législation, et il est à souhaiter, pour l'honneur du nom américain, que cette tache disparaisse le plus promptement possible.

STATUTS

RÉVISÉS

des États-Unis adoptés à la première session du 43ᵉ Congrès 1873-74, publiés en 1875.

TITRE LX

CHAPITRE III. — *Copyrights* (page 965).

Section 4948. — Tous les documents et les autres choses ayant trait à la propriété littéraire, et dont la loi exige la préservation, seront gardés et préservés dans la Bibliothèque du Congrès, et le bibliothécaire du Congrès en aura le soin et la surveillance immédiate ; et, sous la direction de la Commission mixte du Congrès sur la Bibliothèque, il accomplira tous les actes et remplira tous les devoirs que la loi prescrit au sujet de la propriété littéraire.

Section 4952. — Tout citoyen ou résident des Etats-Unis qui sera l'auteur, l'inventeur, le dessinateur ou le propriétaire de tout livre, de toute carte, composition dramatique ou musicale, gravure, cliché, impression, photographie ou négative, tableau, dessin, chromos, statue ou article de statuaire, modèle ou dessin devant former une œuvre d'art, et les exécuteurs testamentaires, administrateurs ou cessionnaires de ces personnes, auront seuls, en se conformant aux prescriptions de ce chapitre, la liberté de : imprimer, réimprimer, publier, compléter, copier, exécuter, finir et vendre lesdits objets; et, s'il s'agit d'une composition dramatique, de l'exécuter ou de la représenter en public, ou de la faire exécuter ou représenter par d'autres. Et les auteurs peuvent réserver le droit de mettre en drame ou de traduire leurs propres ouvrages.

Section 4953. — Les droits de propriété littéraire seront accordés pour le terme de vingt-huit ans, à partir du moment où le titre en aura été enregistré de la manière ci-après prescrite.

Section 4954. L'auteur, l'inventeur ou le dessinateur, s'il est encore vivant, et citoyen ou résident des États-Unis, de sa veuve ou ses enfants, s'il est mort, auront le même droit exclusif prolongé pour le terme additionnel de quatorze ans en faisant enregistrer le titre de l'ouvrage ou la description de l'article ainsi garanti une seconde fois et en se conformant aux autres règles relatives au premier droit de propriété littéraire (*original copyrights*), dans les six mois qui précéderont l'expiration du premier terme. Et ladite personne devra, dans les deux mois à partir de la date dudit renouvellement, faire publier une copie dudit enregistrement dans un ou plusieurs journaux imprimés aux Etats-Unis, pendant quatre semaines.

Section 4955. — Les droits de propriété littéraire seront susceptibles de cession légale par tout acte écrit et ladite cession devra être enregistré au bureau du bibliothécaire du Congrès, dans les soixante jours qui en suivront l'exécution, à défaut de quoi, elle sera nulle à l'égard de tout acheteur ou créancier subséquent, dont le droit sera basé sur un prix appréciable sans avis.

Section 4956. — Aucune personne ne pourra se prévaloir d'un droit de propriété littéraire à moins d'avoir, avant la publication, remis au bureau du bibliothécaire du Congrès ou déposé à la poste à l'adresse du bibliothécaire du Congrès, à Washington, district de Colombie, un exemplaire imprimé du titre du livre ou autre article, ou une description du tableau, dessin, chromo, statue article de statuaire, ou du modèle ou dessin pour une œuvre d'art, pour lequel il désire le droit de propriété, ni à moins que, dans les dix jours de la publication, il n'ait aussi remis au bureau du bibliothécaire du Congrès ou déposé à l'adresse du bibliothécaire du Congrès, à Washington, district de Colombie, deux exemplaires dudit livre ou autre article, ou s'il s'agit d'un tableau, dessin, etc., une photographie dudit objet.

Section 4957. — (Indique la manière dont l'enregistrement sera effectué par le bibliothécaire qui devra remettre une copie certifiée avec son sceau du titre ou de la description.)

Section 4958.—Le bibliothécaire du Congrès recevra des personnes à qui les services indiqués seront rendus, les émoluments suivants :

1° Pour l'enregistrement du titre ou de la description de tout livre ou autre article cinquante *cents* (centièmes de dollar ou *sous*).

2° Pour toute copie avec sceau dudit enregistrement, réellement donnée à la personne réclamant le droit de propriété ou ses ayants droit, cinquante cents.

3° Pour l'enregistrement de tout acte écrit pour le transfert d'un droit de propriété littéraire, quinze *cents* par cent mots.

4° Pour chaque copie d'un transfert, dix *cents* par cent mots. Tous les émoluments ainsi reçus seront versés au Trésor des États-Unis.

Section 4959. — Le propriétaire de tout livre ou autre article enregistré (copyright) remettra au bibliothécaire du Congrès ou déposera à la poste à l'adresse (comme plus haut) dans les dix jours qui suivront la publication du susdit, deux exemplaires imprimés complets de la meilleure édition émise ou de la description ou la photographie dudit article, comme il est prescrit ci-dessus, et un exemplaire de toute édition subséquente dans laquelle il aura été fait des changements notables (*substantial*.)

Section 4960. — Tout défaut de la part du propriétaire d'un droit de *copyright*, d'avoir remis ou déposé à la poste l'un des exemplaires publiés ou la description ou la photographie suivant les prescriptions des sections 4956 et 4959, le rendra passible d'une pénalité de 25 dollars, dont le recouvrement sera opéré par le bibliothécaire du Congrès au nom des États-Unis, par un procès de la nature des procès pour dettes devant toute Cour de district des États-Unis, sous la juridiction de laquelle résidera ou sera trouvé le délinquant.

Section 4961. — Le maître de poste à qui un livre titre ou autre article *copyright* sera remis, devra, s'il en est requis, délivrer un reçu, et il expédiera à destination l'article à lui remis.

Section 4962. — Aucune personne ne maintiendra une action pour une infraction à son droit de propriété littéraire, à moins qu'elle n'en donne avis en insérant dans les divers exemplaires de chaque édition publiée, sur la page du titre ou celle qui suit immédiatement s'il s'agit d'un livre, ou, s'il s'agit d'une carte (la même énumération que plus haut) en inscrivant sur la face ou en tête dudit objet ou sur la face de la substance sur laquelle il sera monté les mots suivants « enregistré conformément à la loi du Congrès dans l'armée par A. B., au bureau du bibliothécaire du Congrès à Washington.

Section 4963. — (Pénalité de cent dollars contre toute personne qui insérera la notice susindiquée sur un livre ou objet pour lequel elle n'aura pas obtenu le droit de propriété (*copyright*)

Section 4964. — (Prescrit la confiscation des articles imprimés, publiés, importés ou mis en vente sans le consentement en due forme du propriétaire du droit de « copyright » sans préjudice de dommages et intérêts par l'action civile.)

Section 4965. — (Pénalités diverses pour la vente ou la reproduction des cartes ou autres œuvres énumérées plus haut.)

Section 4966. — Toute personne exécutant ou représentant publiquement toute composition dramatique pour laquelle un droit de propriété aura été obtenu sans le consentement du propriétaire, de ses héritiers ou ayants droit, sera passible de dommages et intérêts, lesquels devront être fixés à une somme qui ne sera pas au dessous de cent dollars pour la première et de cinquante pour chaque représentation subséquente selon que la Cour le trouvera juste.

Section 4967. — Toute personne qui imprimera ou publiera un manuscrit quelconque, sans le consentement préalable de l'auteur ou du propriétaire, si cet auteur ou propriétaire est citoyen ou résident des États-Unis, sera responsable envers l'auteur ou le propriétaire du tort ainsi causé.

Section 4968. — Aucune action ne sera maintenue dans aucune affaire, de confiscation ou de pénalité en vertu des lois sur le *copyright*, à moins qu'elle ne soit commencée dans les deux ans après que la cause de l'action aura surgi.

Section 4969. — Dans toutes les actions intentées en vertu des lois sur les « copyrights » le défendeur pourra opposer une dénégation générale et présenter des preuves sur les moyens de défense spéciaux.

Section 4970. — Les Cours de circuit et celles de district ayant juridiction de Cours de circuit, auront pouvoir, sur une pétition en équité présentée par toute personne lésée, d'accorder des injonctions pour empêcher la violation de tout droit garanti par les lois sur les

« copyrights », conformément aux procédures et aux principes des Cours d'équité, aux conditions que la Cour jugera raisonnables.

Section 4971. — Rien dans ce chapitre ne sera interprété comme prohibant l'impression, la publication, l'importation ou la vente de tout livre, carte (de même énumération que plus haut) écrit, composé ou fait par une personne n'étant ni CITOYEN, ni RÉSIDENT des États-Unis.

N. B. Pour plus ample information sur la législation américaine, consulter l'ouvrage récemment paru en 150 pages : *Law of Copyright by Hugh M. Spalding.* — P. W. Ziégler et C⁰, Philadelphia publisher.

ATTI COSTITUTIVI

DELL'ASSOCIAZIONE

DELLA

STAMPA PERIODICA

IN ITALIA

STATUTO

Approvato dall'Assemblea tenuta à Roma dai Rappresentanti della Stampa periodica nei giorni 15, 16 e 17 agosto 1877.

TITOLI I.

Della Costituzione dell'Associazione.

Art. 1.

È istituita, con sede a Roma, una *Associazione della Stampa periodica in Italia*.

Art. 2.

Scopi dell'Associazione sono:

a) di trattare in comune le questioni di interesse generale della Stampa periodica e di tutelarne la dignità nei rapporti fra soci, colle Autorità e col pubblico;

b) di fondare una Cassa di previdenza a favore dei soci effettivi;

c) di definire questioni personali in materia di stampa fra soci;

d) di promuovere, mediante riunioni aventi per oggetto conversazioni, letture, accademie ecc., le conoscenze personali e le relazioni di amicizia e di stima fra i soci.

Art. 3.

I soci sono di tre specie :

Effettivi
Aggregati
Onorari

Art. 4.

Soci *effettivi* possono essere i :
  a) direttori o collaboratori di periodici italiani;
  b) corrispondenti ordinari di giornali nazionali;
  c) corrispondenti di giornali esteri con dimora abituale in Italia;
  d) e coloro che abbiano appartenuto alla Stampa periodica.

Soci *aggregati* possono essere tutte quelle persone distincte nelle scienze e nelle lettere le quali facciano adesione al presente Statuto e chiedano di venire iscritte nel ruolo della Società; ed i proprietari di giornali;

Soci *onorari*, possono essere quelle persone le quali si rendano benemerite dell'Associazione.

I soci onorari dovranno essere proposti dalla Rappresentanza permanente ed ammessi dall'Assemblea alla maggioranza di tre quarti dei voti.

I soci *aggregati* e gli *onorari*, non partecipano agli effetti della mutualità, nè alle deliberazioni ed elle comproprietà sociali. Per tutto il resto essi sono equiparati agli altri soci, e possono anche far parte del Giurì d'onore.

Art. 5.

Per l'ammisione dei soci si procederà nel modo seguente :

Chiunque desideri entrare nella Società dovrà presentare una domanda alla Presidenza. Per l'esame di questa domanda è istituita una speciale Giunta di ammissione composta di sette membri scelti fra i soci alla maggioranza dei voti dei presenti.

Detta Giunta, previe le opportune indagini, invia, ove nulla osti, alla Prezidenza, le domande dei candidati, il nome dei quali è immediatamente e rimane per 15 giorni iscritto all' albo sociale, affisso alla sede dell'Associazione.

La Prezidenza, nella più prossima Assemblea propone l'ammissione dei candidati a soci, e l'Assemblea delibera con votazione a scrutinio segreto. Nessuno può essere proclamato socio se non raccoglie in suo favore due terzi dei voti dei presenti.

Il candidato di cui il nome non sia stato trasmesso della Giunta alla Presidenza per essere sottoposto alla votazione dell'Assemblea, potrà provocare, ove lo creda, un voto formale dell'Assemblea medesima.

Art. 6.

L'Associazione s'intende costituita tosto raccolte *cinquanta* adesioni.

Art. 7.

L'Associazione solennizza ogni anno in Aprile la data della sua fondazione.

TITOLO II.

Della Rappresentanza permanente della Stampa periodica.

Art. 8.

L'Associazione della Stampa periodica elegge ogni anno, nella sua Assemblea della prima quindicina di dicembre, un Comitato dirigente che s'intitola « *Rappresentanza permanente della Stampa periodica...* »

Art. 9.

La Rappresentanza permanente della Stampa periodica si compone di

    Un Presidente
    Due Vice-Presidenti
    Otto Consiglieri

Art. 10.

Nessuno può essere eletto Presidente a primo scrutinio se non raccoglie i due terzi dei voti dei presenti.

Ove alla prima votazione nessuno raccolga i due terzi dei voti, si procede ad una seconda votazione libera.

Qualora al secondo sperimento nessuno ottenga i due terzi dei voti, si procede ad una votazione di ballottaggio fra i due candidati che abbiano avuto maggiori voti nella seconda prova.

Tutte le altre cariche si eleggono con unica votazione segreta. Per i vice presidenti e per i consiglieri la votazione ha luogo a scrutinio di lista e a maggioranza assoluta.

Per l'elezione degli otto consiglieri ogni votante presenterà una scheda con soli 5 nomi.

Nel caso che l'elezione non riuscisse a primo scrutinio, si procederà alla votazione di ballottaggio scegliendo fra coloro che ottennero maggiori voti un numero di persone doppio di quello delle cariche da eleggere.

A parità di voti s'intende eletto il maggiore di età.

Tutte le cariche possono riconfermarsi.

Art. 11.

Il presidente della Rappresentanza permanente è presidente della Associazione.

Art. 12.

La Rappresentanza permanente della Stampa periodica:

a) provvede alla esecuzione delle deliberazioni della Assemblea;
b) veglia su tutto quanto concerne gli scopi, il buon andamento e il decoro della Associazione;
c) prepara gli elementi delle relazioni ordinarie e straordinarie da farsi alle Assemblee;
d) prende quelle determinazioni che per la loro importanza non esigano la convocazione dell'Assemblea;
e) di intesa col presidente delibera la convocazione di Assemblee straordinarie.

Per la validità delle deliberazioni della Rappresentanza permanente si richiede la presenza di almeno *sette* dei suoi membri.

Art. 13.

La Rappresentanza permanente nomina un segretario-cassiere il quale redige i verbali delle sedute della Rappresentanza e delle Assemblee; provvede alla corrispondenza secondo le istruzioni del presidente; tiene i registri e le situazioni e, come cassiere, dipende direttamente dalla Commissione amministratrice.

TITOLO III.

Della Commissione amministratrice.

Art. 14.

La gestione dei fondi sociali e esercitata da una Commissione scelta dal presidente nel seno della Rappresentanza permanente, e composta di un vice-presidente e di due consiglieri, che di sei in sei mesi si alternano l'ufficio coll'altro vice-presidente e con altri due consiglieri.

La Commissione si raduna ordinariamente una volta al mese per occuparsi delle domande di sovvenzioni, di prestiti e di assegni che le sieno pervenute.

I mandati di pagamento e di spesa che la Commissione emette dovranno essere firmati da almeno due dei suoi membri e dal segretario-cassiere e controfirmati dal presidente o dal vice-presidente che lo rappresenta se si tratti di mandati che oltrepassino le *cinquanta* lire.

Colla cooperazione del segretario-cassiere, la Commissione prepara i bilanci annuali da essere presentati alla Assemblea ordinaria di dicembre.

Provvede ad investire i fondi sociali e procede d'accordo col presidente per quanto riguarda le spese di amministrazione.

Art. 15.

Le domande di sovvenzione od altre dovranno indirizzarsi al presidente che le trasmette alla Commissione amministratrice.

Nei casi urgenti è fatta facoltà al presidente di dare immediato corso alle domande di sovvenzione informando tosto del fatto la Commissione.

TITOLO IV.

Delle quote sociali e della Cassa di previdenza.

Art. 16.

Tutti i soci, ad eccezione degli onorari, sono tenuti a versare in mano del segretario-cassiere, per una sol volta, una tassa di ammissione di lire *dieci* pagabili anche in due rate mensili successive, ed una tassa mensile continua anticipata di lire *tre*.

Il socie il quale lasci scorrere tre mesi senza soddisfare le sue quote viene cancellato dal ruolo dell'Associazione e non può esservi riammesso senza una deliberazione della Rappresentanza permanente e senza la condizione del pagamento di tutti gli arretrati.

Art. 17.

Cogli importi delle tasse di ammisione, delle quote mensili e di ogni altro provento ordinario e straordinario, dedotte le spese ordinarie e straordinarie di amministrazione, è fondata a favore dei soci effetivi una *Cassa di previdenza*.

Art. 18.

Le operazioni della Cassa di previdenza si distinguono in *sovvenzioni, prestiti ed assegni*.

Le operazioni di sovvenzione saranno iniziate semprechè il fondo sociale abbia superato le dieci mila lire, ed in proporzioni tali che non rimanga mai in cassa meno di una tal somma.

Art. 19.

I soci avranno diritto a sovvenzione nei casi di constatata infermità per la quale perdano il provento abituale del loro lavoro e nei casi nei quali senza propria colpa si trovino privi di occupazione e di mezzi di sussistenza. In questo secondo caso la sovvenzione non potrà durare più di due mesi.

Le *sovvenzioni* s'intendono accordate a fondo perduto e non potranno in nessun caso oltrepassare le lire *quattro* al giorno.

Le *sovvenzioni* si deliberano dalla Commissione amministratrice sopra domanda del socio o di chi lo rappresenti, e non si accordano se non a chi appartenga da un anno almeno all'Associazione e si trovi in perfetta regola coll'Amministrazione sociale.

Il socio sovvenzionato, finchè dura la sovvenzione, è dispensato dal pagamento delle quote.

Art. 20.

I *prestiti* non potranno mai oltreppassare nello stesso tempo e per lo stesso socio la somma di lire 300.

Le operazioni di prestito cominceranno soltanto quando il fondo sociale sarà arrivato a 30,000 lire e nei limiti della eccedenza di tal somma. Per dar principio alle operazioni di prestito si richiede un voto dell'Assemblea, la quale delibera altresì le norme speciali per le operaziani medesime.

Art. 21.

I soci che abbiano oltrepassati i 65 anni di età o che, anche prima di tale età, siano diventati inabili al lavoro ed appartengano da 15 anni almeno alla Associazione avranno diritto, qualora ne facciano domanda, ad *un assegno normale permanente* da stabilirsi secondo i casi.

Art. 22.

Nel caso di morte di un socio, la Rappresentanza permanente si raduna d'urgenza, e, ove occorra, compatibilmente coi fondi disponibili, provvede al decoro delle esequie ed, in casi speciali, ad un sussidio alla famiglia del morto. Per rendere questo sussidio più considerevole si potrà, secondo le circostanze, fare appello anche a contribuzioni spontanee straordinarie dei soci.

L'annunzio del decesso di ogni socio, avvenga in Roma o fuori, sarà portato a notizia degli altri soci mediante pubblicazione in quei giornali ai quali l'annunzio stesso sarà trasmesso dalla Rappresentanza.

TITOLO V.

Della Corte d'onore.

Art. 23.

I membri dell' Associazione della Stampa s'impegnano a mantenersi nelle loro polemiche nei limiti della cortesia e a non uscire per quanto sia possibile del campo dei principii.

Art. 24.

Ogni qual volta qualque membro dell' Associazione, senza giusto motivo e non provocato, uscisse da quei confini di cortesia che si è impegnato a non oltrepassare, o cada colle sue polemiche in deplorevoli questioni personali, un giurì d'onore convocato e costituito nel modo fissato all' articolo seguente chiamerà nel suo seno questo socio e lo esorterà a desistere. Ove egli si rifiutasse a ciò, oppure continuasse, il Giurì pubblicherà sui giornali dell' Associazione una nota di biasimo al suo indirizzo. Questo giudizio del Giurì deve essere esclusivamente limitato a questioni personali di stampa fra soci.

Art. 25.

Per la formazione del Giurì d'onore si procederà nel modo seguente:
L Assemblea nella riunione della prima quindicina di decembre eleggerà con votazione segreta, a maggioranza assoluta, uno Corte d'onore composta di 20 membri.

La Corte nomina nel suo seno un presidente, un vice presidente, ed un segretario.

Sulla domanda di uno o più soci per la formazione di un Giurì d'onore, la Presidenza della Corte si riunisce ed estrae a sorte fra i componenti la Corte stessa cinque membri ai quali sarà deferita la questione per cui il Giurì è stato richiesto.

Art. 26.

I soci, in quanto concerne le questioni personali di stampa fra loro, si obbligano a non scendere in alcun caso sul terreno prima di avere sottoposto al Giurì la vertenza della quale si tratta.

Art. 27.

Il socio il quale contravvenga al dispoto dell' articolo precedente o non ottemperi al verdetto del Giurì, decade dalle cariche sociali e per un anno sarà sospeso dalla qualità di socio.

In caso di rediciva sarà cancellato dal ruolo dell Associazone.

Art. 28.

Qualora uno dei soci lo creda conveniente, potrà, anche in questione con persona estranea alla Associazione, consultare il Giurì.

Art. 29.

Quando si tratta di questione personale per fatti attinenti alla stampa fra un socio ed un estraneo e le due parti si accordino per sottoporla ad un Giurî d'onore, la Corte d'onore potrà, a seconda dell'accordo, o costituire un Giurì per pronunziare sulla questione, o destinare taluni dei suoi membri a formare porte di un Giurì misto.

Art. 30.

Qualora un estraneo alla Associazone, avendo una questione personale in materia di stampa con un socio, intenda di settpporla alla Corte d'onore della Associazione, il socio dovrà aderire a questo desiderio e sottoporsi al verdetto del Giurì che sarà formato nel modo stabilito all'articolo 25. Ove egli non lo faccia, gli saranno applicate le disposizioni dell'Art. 28.

TITOLO VI.

Delle Riunioni.

Art. 31.

Allo scopo di promuovere le relazioni personali fra soci e di ricevere ospiti i suoi soci non residenti alla capitale, l'Associazione della stampa periodica tiene un suo locale di riunione.

Il locale medesimo servirà di recapito e di sede della Rappresentanza permanente e degli altri uffici sociali.

Art. 32.

La sopraintendenza di tutto quanto concerne il locale e le riunioni è rimessa al Presidente che la eserciterà nel modo che gli sembri più opportuno, delegando anche per turno altri membri della Rappresentanza a fare le sue veci.

TITOLO VII.

Delle Assemblee.

Art. 33.

Le Assemblée sono ordinarie e straordinarie.

Le ordinarie hanno luogo due volte all'anno nella prima quindicina di dicembre e nella prima quindicina di giugno.

Le straordinarie hanno luogo semprechè la Rappresentanza permanente lo giudichi necessario e in ogni caso in cui *venti* soci ne facciano domanda specificando l'oggetto della medesima.

I soci non residenti in Roma possono delegare, volta per volta, altri soci a rappresentarli nelle Assemblee Nessun delegato può rappresentare più di cinque voti, compreso il suo.

Art. 34.

Le Assemblee:

a) Elleggono le cariche in conformità delle disposizioni dell' art. 10;

b) Votano a scrutinio segreto, senza discussione per l'ammissione dei soci;

c) Odono e discutono le relazioni dell' azienda sociale e degli atti della Rappresentanza permanente, e votano sulle conclusioni della medesima per alzata e seduta:

d) Nell' egual modo discutono e votano le rese di conto ed i bilanci;

e) Infine, deliberano su tutte le proposte straordinarie che vengano loro sottoposte dalla Rappresentanza permanente o da uno o più soci per mezzo della Rappresentanza medesima e del suo presidente.

Per la validità delle deliberazioni dell' Assemblea si richiede almeno la presenza di *cinquanta* soci.

Qualora alla terza convocazione questo numero non si raggiunga, si delibererà qualunque sia il numero degli intervenuti.

TITOLO VIII.

Della sospenzione e dell' uscita dalla Associazione.

Art. 35.

Durante la sospensione il socio perde tutti il diritti inerenti a questa sua qualità.

La cancellazione di un socio dal ruolo dell'Associazione, sia per rinunciu volontaria, sia per qualunque delle cause accennate dallo Statuto sia per azione giudicata indegna ed incompatibile colla moralità e col decoro dell'Associazone e della Stampa periodica, importa di diritto la immediata decadenza del socio da ogni partecipazione al capitale, interessi e pertinenze di ogni genere e specie del fondo sociale.

Art. 36.

Nel caso di liquidazione della Associazione, ed a meno di una diversa deliberazione dell'Assemblea, si procederà a norma delle leggi comuni.

Disposizioni transitorie.

Art. 37.

Per la prima costituzione della Associazione si procederà nel modo seguente:

Tutti coloro che aderiscono al presente Statuto, e intendono di far parte dell'Associazione, rivolgeranno una domanda ad una Giunta specialmente nominata.

La Giunta convocherà la prima Assemblea alla quale avranno diritto di intervenire tutti coloro che abbiano dichiarato di aderire all'Associazione e chiesto di farne parte. In tale Assemblea si procederà immediatamente alla nomina della Rappresentanza permanente e della Giunta d'ammissione. Queste incomincieranno subito le operazioni prescritte dal presente Statuto per la convadazione definitiva della nomina di ciascun socio. Costituita definitivamente la Assemblea, si procederà alla nomina della Corte d'onore.

La convocazione della prima Assemblea seguirà dentro la prima quindicina del novembre prossimo.

Art. 38.

Potranno essere costituite in altre città d'Italia Sezioni dell'Associazione. Dette Sezioni saranno rette e ordinate secondo un regolamento speciale che la Rappresentanza permanente proporrà all'Assemblea.

Art. 39.

La prima Rappresentanza permanente e la prima Corte d'onore provvederanno alla redazione dei rispettivi regolamenti conforme alla disposizioni del presente Statuto.

Art. 40.

L'Assemblea si riserva, dopo tre anni di sperimento, di riprendere in esame il presente Statuto per introdurvi quelle modificazioni che la pratica avesse dimostrate opportune o necessarie.

Roma, 17 agosto 1877.

RIUNIONE

Tenuta la sera del 20 maggio 1877 nel sale del « DIRITTO ».

(Estratto del Processo Verbale).

La seduta è aperta alla ore 9, presenti circa sessanta fra direttori, redattori o corrispondenti di giornali, sotto la presidenza — deferita per acclamazione — del signor Cesano, direttore del *Diritto*.

Dopo che il presidente ebbe esposto sommariamente i motivi che avevano dato occasione alla adunanza, viene posta in discussione la proposta di addivenire alla formazione di un *Giurì d'onore permanente*.

Varii oratori parlano in diverso senso, riguardo sopratutto al modo di funzionare ed alle attribuzioni di tale Giurì, di cui in massima è riconosciuta la necessità e la utilità pratica.

Dopo lunga e vivace discussione viene posto ai voti ed approvato il seguente ordine del giorno presentato dal signor Pantano:

« *L'Asssemblea, accoglie in massima la proposta dei Direttori dei giornali cittadini per l'istituzione di un Giurì o Comitato fra giornalisti, con fine espresso e ben determinato di tutelare l'interesse del pubblico colla moralità e la dignità della Stampa, e passa alla nomina di una Commissione per formulare uno Statuto ispirato a tali concetti, da essere sottoposto all'approvazione dell'Assemblea.* »

Viene quindi approvato che della nomina di questa Commissione si dia incarico al presidente della riunione, il quale debba farne parte; che essa sia composta di sette membri e comprenda una rappresentanza della stampa estera della stampa di provincia.

La seduta è sciolta alle ore 12 15.

Il Presidente,
AVV. LUIGI CESANO.

Il Segretario,
CLEMENTE LEVI.

In seguito di questa riunione del 20 maggio, il signor Cesano, Direttore del *Diritto*, chiamò a far parte della Commissione, accennata nell'ordine del giorno sopra riferito, i signori:

Edoardo Pantàno del *Dovere*, Francesco d'Arcais dell'*Opinione*, Edoardo Arbib della *Libertà*, Ferdinando Martini, Deputato, Shakspere Wood, corrispondente del *Times*, e Ferro Eugenio, corrispondente di giornali italiani. Il sig. Cesano ebbe la presidenza.

Dopo tenute varie adunanze, la Commissione si trovò d'accordo sopra un progetto di Statuto che fu dato alle stampe e diramato a tutti i principali giornali d'ogni provincia d'Italia. Come relatore fu scelto l'Avv. Ferro.

La Commissione deliberò poi di convocare, come furono convocati, pel 15 agosto a Roma i rappresentanti della Stampa periodica in Italia affine di procedere alla discussione del progetto.

ASSEMBLEA
DEI RAPPRESENTANTI DELLA STAMPA PERIODICA

Seduta del 15 Agosto 1877

(Estratto del Processo Verbale).

Presidente — Deputato Comm. ALLIEVI.

La seduta è aperta alle ore 1 20 in una delle sale della Società Geografica al Collegio Romano.

Il presidente della Commissione, signor Cesano, prega l'Assemblea a scegliersi un presidente.

Viene eletto per acclamazione il Comm. Allievi, deputato al Parlamento. Funzionano da Segretarii per la redazione del processo verbale i signori Dott. Tullio Midelli e Clemente Levi.

Viene data lettura del nome degli intervenuti e si constata che nell'Assemblea sonvi direttori, redattori e rappresentanti di giornali dei quali vennero riconosciute le personalità od il mandato. L'Assemblea è quindi regolarmente costituita.

Senza discussione si approva il verbale della riunione del 20 maggio.

Poi il presidente accorda la parola al relatore della Commissione sig. Avv. Ferro, il quale dà lettura della seguente

RELAZIONE

Egregi Signori,

Prima che si apra la discussione sul projetto di Statuto che vi fu distribuito, e che avrebbe da essere destinato ad iniziare l'interessante ed affettuoso sodalizio della Stampa periodica in Italia, la vostra Commissione crede conveniente di spiegare in modo sommarie i principii generali che determinarono le sue conclusioni, e di rispondere ad alcune obiezioni di massima. Ciò che potrà anche servire a rendere più chiara e più sollecita la discussione.

E siccome si è voluto onorar me dell'incarico di queste spiegazioni, eccomi qui a tentare di sdebitarmi colla maggior brevità che il soggetto comporta e che è un obbligo quando si volga la parola ad una riunione di persone come voi siete.

Potrei dire una quantità di cose sulla fede sempre più valida che si è venuta impossessando della Commissione mano mano che essa condusse avanti il suo studio. Dirò solo che le premure e le simpatie che le furono dimostrate da moltissime parti valsero a convincerla profondamente che l'opera alla quale ci siamo accinti è un opera buona, non solo, ma altamente decorosa e tale che ogni giornalista in Italia dovrebbe farne causa propria. Sul qual punto, per gran fortuna e per pegno sicuro di successo, la vostra presenza qui, o Signori, e le numerose adesioni e rappresentanze che si riassumono in voi parlano più alto di ogni considerazione.

Aggiungerò poi che parve strano, ed anzi maraviglioso, che con sott'occhi gli splendidi risultati ottenuti da Società giornalistiche estere, e collo spirito di associazione o di rappresentaza che si viene svolgendo quotidianamente anche in Italia, si sia tardato finora ad inaugurare questa comunità che oggi si appresta, e che in brevissimo spazio di tempo potrà corrispondere ad una forza ragguardevolissima.

La Commissione, per compiere il suo mandato, comunque lo si voglia interpretare, doveva prima di tutto informarsi, e si è informata, della organizzazione e del grado di importanza e di sviluppo a cui sono giunte le Società della Stampa nei principali centri politici e letterari d'Europa. Gli Statuti del *Litèrary Fund* di Londra, quelli del *Syndicat de le Presse* e della *Société des Gens de Lettres* di Francia, quello della *Berliner-Presse* e quello del *Concordia-Verein* di Vienna, ed i resultati che da questi Statuti conseguirono, furono dalla Commissione indagati e posti a riscontro. E in tutti i casi alla Commissinne occorse di notare questo fatto. Che cioè la Stampa deve una parte notevolissima, forse la più notevole, della sua floridezza e della sua influenza alla cortesia delle relazioni private che regne fra i suoi componenti ed a quei vincoli che, infuori di ogni particolare opinione, li ravvicinano e li legano sul terreno della convivenza privata e della mutualità.

Del credito e dell'autarità di ciascun giornale si discute dappertutto. Le Associazioni della Stampa non si discutono in nessun luogo, e godono, dovunque della massima considerazione e dei più delicati riguardi. La quale stima per la Stampa, quando sia entrata nella coscienza del pubblico e delle autarità, si reflette su ciascun giornale e su ciascun giornalista, ed agevola fra loro ed i cittadini e il governo delle relazioni eminentemente onorevoli e feconde.

Forse anche, il fatto d'essersi così ritardata in Italia la fondazione dell'Associazione della Stampa periodica si potrebbe fino ad un certo punto spiegare con molte osservazioni di fatto e per l'indole stessa delle vertiginose novità delle quali siano stati testimoni ed anche attori. Ma non è qui il luogo di simili indagini.

Quello che qui preme è questo: che oramai quanti sono in Italia che vivono nella Stampa periodica e ne fanno la loro occupazione ordinaria si scambino i loro indirizzi di gentiluomini e la promessa di ricordarsi sempre che le loro firme si trovano una accanto all'altra sotto un medesimo patto di famiglia.

A nessuno di certo può venire in capo di limitare la piana indipendenza e l'assoluta libertà delle opinioni di ciascun giornale e di ciascun partito. Ma sul terreno della cortesia e del soccorso la Stampa si deve anch'essa i suoi obblighi ed il suo amor proprio ed è a questi obblighi ed a questo amor proprio che qui si vuole provvedere:

Coll'ordine del giorno che voi, Signori, votaste nella riunione del 20 maggio scorso sopra mozione del sig. Pantàno fu « accolta in massima la proposta dei direttori per la istituzione di un Giurì o Comitato fra i giornalisti con fine bene espresso e ben determinato di tutelare in pari tempo l'interesse del pubblico colla moralità e colla dignità della stampa. »

Gli ordini del giorno dei signori Florìtta e Giannelli, che vennero proposti nella medesima circostanza, sebbene non sieno stati messi a partito, accennavano, il primo ad una Rappresentanza della Stampa in Roma, ed il secondo, ad una Rappresentanza di tutti i membri del giornalismo politico.

Giurì, comitato, rappresentanza; tutti termini conformi od almeno strettamente correlativi a quelli di intelligenze comuni, di accordi, di vincoli comuni e di associazione.

Le Commissione pertanto, tenendo sempre presente la vostra deliberazione ed il deplorevole incidente da cui fu occasionata, pensò di non oltrepassare i confini del suo mandato, ma anzi di comprenderlo in tutto il suo valore, interpretandolo nel senso più lato, nel censo cioè di dare forma completa all'ordinamento che si avea in vista e di agevolare mediante l'ordinamento stesso lo scopo desiderato e voluto da tutti; quello, sono le parole della vostra deliberazione, di tutelare in pari tempo l'interesse del pubblico e la dignità e moralità della Stampa. »

Abbinando e facendo camminare paralelle sebbene distinte, la istituzione del Giuri d'onore colla istituzione di una Società mutua di soccorso, e collegando assieme questi due fattori mediante una Rappresentanza permanento comune della Stampa associata, la Commissione pensò che ci si avvierà senza subbio più efficacemente verso quel fine che l'Assemblea del giugno ha determinatamente indicato. Il Giurì si gioverà della compagine della Società ei soccorso, questa avrà il suo prestigio aumentato dal Giurì. I due istituti non daranno mai luogo a collisioni e si completeranno a vicenda Questo pensò la Commissione. Voi direte, Signori, se essa si sia apposta. Certo i suoi intendimenti furono buoni.

Sono state parrechie le considerazioni che hanno persuaza la Commissione ad intendere così il dover suo.

I termini dell'ordine del giorno Pantàno non erano tassativi. Il concetto del Guirì d'onore non veniva minimamente alterato ed implacava già l'idea di una norma comune per uno scopo comune e quindi l'idea dell'Associazione.

Poi, questa idea di una Associazione mutua fra giornalisti formava da tanto tempo il voto e l'aspirazione di moltisimi. E inoltre non vi è idea che armonizzi più di questa coi principii di moralità e di dignatà, come non vi è istituto che più di quello di una Rappresentanza comune e permanente si conformi ai principii di legittima influenza e di legittima rispettabilità della Stampa.

Non basta. Un vincolo consistente unicamente in un Giurì d'onore parve alla Commissione che potesse in più di un caso riuscire troppo fragile e per la sensibilità squisitissima di un tale istituto, e per le difficoltà che potranno presentarsi prima che esso funzioni normalmente, ed anche per quell'istinto di scarsa disciplina e di scarsa tolleranza che si rivelano dappertutto in Italia, e del quale nessuno di noi vorrà certo sostenere che sia scevra neppure la Stampa nostra. Con questo di più, che nessuna Associazione del giornalismo estero reca traccia di un ordinamento simile a questo del Giurì d'onore come si vuole intenderlo noi.

E queste sono alcune delle osservazioni che la Commissione opporrà a chi pensasse di muoverle l'accusa che essa abbia oltrepassati i confini del suo mandato, laddove essa crede che sarebbe stato mal comprendere il suo incarico e mancare al dover suo il fare altrimenti.

Salva dunque l'importanza del concetto del Giurì d'onore, sorse spontaneo nella Commissione il pensiero che da questo movimento che si è avventurosamente manifestato nel nostro giornalismo potesse cavarsi anche il maggior partito di una Associazione modellata su quel tipo che oramai nobilita la grande generalità dei sodalizi moderni, sul tipo cioè della creazione di un fondo mutuo di previdenza.

La parola dice la cosa. Si tratterà ni un fondo il quale affidi i soci giornalisti per certe circostanze straordinarie della vita e della professione e per quando vengano loro meno le forze di provvedersi.

Un capitale raccolto a piccole quote, vigilato, amministrato e distribuito con discernimento e con prudenza; ecco il vincolo, ecco l'ambizione quotidiana, perenne, ecco uno dei maggiori fattori materiali e morali di quelle intelligenze cortesi che si vogliono promuovere, ed ecco il mezzo di impedire che si rinnovino dei casi miserevoli ed incompatibili colla dignità dell'alta missione della Stampa che si sono veduti con troppa frequenza presso di noi.

Quando uno de' suoi cada ammalato e perda il provento abituale del suo lavoro; quando un altro si trovi involontariamente e temporaneamente disoccupato, oppure allora che un giornalista, dopo lunga faticosa carriera, versi in penuria, sarà pure confortante vedere che la Stampa tragga dale sue stesse forze di che venir loro in aiuto e provvedere così al comune decoro.

La Commissione, nel formulare quella parte del suo progetto che riguarda la Cassa de previdenza e l'amministrazione del denaro sociale, ha fatto tesoro degli essempi di istituzioni consimili fra le meglio ordinate. E voi Signori del resto conoscete troppo bene anche questa specie di materie perchè mi bisogni insistervi con altre osservazioni.

Una questione grave da esaminare e che diede luogo ad ampie discussioni nel seno della Commissione fu quella della estensione da darsi alla Associazione.

Si doveva limitare l'Associazione alla Stampa locale? Si doveva estenderla anche fuori di Roma, ma distinguendo fra diverse condizioni di giornalismo e di giornalisti? O si doveva estenderla indistintamente a tutta la Stampa in Italia?

Si fini coll'adottare d'accordo quest'ultimo partito per molteplici riflessioni.

Parve che, come in altri massimi centri d'Europa, qui non fosse possibile raccogliere elementi bastevoli per una istituzione la cui voce riuscisse potente, le economie salde e l'autorità pari o superiore a qualunque discussione.

In Italia la Stampa è lungi dall'occupare ancora il grado che le compete. Se fosse altrimenti, molti giudizi avventati o maligni sul conto di essa sarebbero rimasti in gola a chi per ignoranza o per tronfia albagìa li espresse. Al contrario; sono molti e troppi nel nostro paese coloro che, in posizioni anche eminenti, ricercano ed adulano la Stampa il giorno che ne hanno bisogno e che la trattano poi peggio che con indifferenza; il quale sconcio conviene anch'esso che cessi per lasciare il campo ai giudizi più ponderati e più equi.

Ora noi siamo per far fare un gran passo alla Stampa nostra perchè questo posto che le compete essa lo conquisti; perchè abbia termine questa contraddizione dei membri di una famiglia i quali tutti hanno un nome mentre la famiglia ne è priva; perchè sia chiuso il periodo del nomadismo e dell'anonimia della nostra Stampa periodica ed aperto quello di un suo recapito e d'una sua ragione sociale.

Ma per questo si esige una forza molto cospicua; una forza sicura di se stessa, quale non può trovarsi in nessuno dei centri nostri e neanche nella capitale dello Stato.

Norme rigorose, anzi draconiane, se vuolsi, nella determinazione dei soci, ma base ampia, si disse. E questo parve il miglior criterio, e fu seguito. E su questo criterio sono modellate le disposizioni del progetto di Statuto che determinano le varie specie dei soci e le qualifiche personali necessarie perchè si possa far parte dell'Associazione. Le quali qualifiche, mentre esigono che il socio effettivo abbia i caratteri del giornalista, non richiedonno altre determinazioni nè di tempo, nè di età, come è praticato in più di una associazione estera. E perchè poi in Italia sono moltissimi che appartennero alla Stampa e la ororanoro, e che oggi si trovano in posizioni assodate ed agiate ed anche doviziose, sembrò, per l'avvenire e per la fortuna della Società, che neppure questo contingente fosse da eliminare.

A questo punto ci fu chi sollevò una obbienzione, la quale si presenta colle apparenze di una gran consistenza; mà che in fatto ne ha pochissima.

Si disse : La voi con questa estensione che vi proponete di dare alla Associazione renderete estremamente malagevoli la regolarità ed il controllo della sua amministrazione.

E bisogna ben convenire che se nella augurata Società dovessero entrare tutti quanti in Italia hanno appartenuto od appartengono in qualunque modo, direttamente od indirettamente alla Stampa periodica, ne uscirebbe una comunità più enorme che vasta.

Ma in verità devono essere pochi quelli che credono ad un così colossale destino della nostra impresa. E chi ci credesse darebbe prova di assai scarso senso pratico. Il fatto andrà diversamente. La Società assumerà, e presto, proporzioni vigorose. Ma quanto a pensare che da un giorno all'altro essa debba schiantare per eccesso di fortuna, è un'audacia che va assolutamente oltre il segno.

Determinare quali opinioni, o preoccupazioni, o scrupoli individuali avranno virtù di tenere segregati dalla Associazione per cui discutiamo molti elementi che dovrebbero naturalmente aderirvi, è impossibile. Ma certo queste opinioni e queste preoccupazioni ci saranno. In tutti quanti siamo qui, forse non c'è nessuno che non lo proveda e non se lo aspetti.

Ma, accadesse diversamente (ni speriamolo pure di tutto cuore), vuol dire che alle proporzioni grandiose dell'Associazione corrisponderanno le sue risorse ed i mezzi di disimpegnare ogni ufficio che si renda necessario.

Quando si vede a Milano mantenersi e prosperare, per esempio, la vastissima Società sparpagliata su tutta la estensione della penisola, e che conta i soci a migliaia e migliaia, con quote inferiori a quella che noi proponiamo, ogni dubbio in proposito svanisce assolutamente.

Oltrediche, a temperare il soverchio della fortuna, concorrerà provvidamente la disposizione che si legge nel progetto, per la quale è consentito che possano stabilirsi fuori di Roma delle Sezioni della Associazione. La quale disposizione, oltre agli altri significati, ha anche quello di corrispondere ai delicati riguardi che manifestarono verso di noi i cronisti dei giornali milanesi che si adurarono appunto per stringere fra loro un patto fratellevole di soccorso.

Collo stabilimento delle Sezioni, almeno per la parte amministrativa ed economica della Associazione, si opererà un conveniente discentramento senza che vengano in nessun modo menomati il carattere e l'importanza della Sede presidenziale che si tratta di fondare a Roma, ed alla quale dovranno spettare in ogni caso la suprema rappresentanza e la suprema direzione sociale.

E insomma non avrebbe senso il cominciare dal preoccuparci di una esuberanza di vitalità e di floridezza. Sarebbe, oltre al resto, un peccato di presunzione. Pensiamo a vivere. A non morire di pletora, avremo sempre tempo di pensare.

Perchè poi questo si vede praticato dappertutto e perchè si coordina intimamente alla influenza ed alla robustezza economica della Associazione, la Commissione ha ammesso che possano essere soci aggregati tutte quelle porsone le quali, trovandozi in posizione distinta nel campo delle scienze o delle lettere, aderiscano ai principii delle istituzione, e chiedano di esservi ascritte. Ed ha poi ammesso che possano essere soci onorari quelle altre persone le quali in qualche modo si rendano benemerite della Associazione.

Poichè si può ben prevedere che debba destare non poche attrattive questa nostra impresa, che è ispirata a fini nobilissimi, e che prelude ad una condizione nuova di benevolenze, non solo fra i giornalisti, ma anche fra la Stampa ed il pubblico.

All'estero si vedono le sommità delle classi intelligenti onorarsi di venire ascritte al gremio della Stampa, a questo fuoco al quale convergono tanti capitali di studi, di coraggio e di sagrifizi. Perchè non averrebbe altrettanto in Italia? Perchè non avrebbero da essere molti anche fra noi i cittadini cospicui i quali si compiacciano di vedere il loro nome figurare nell'albo di una società che ha per divisa la educazione e il lavoro?

Benintèso che, l'indole della Associazione non dovendo potersi mai alterare e snaturare, i soci aggregati e gli onorari non parteciperanno nè alle deliberazioni, nè alla amministrazione sociale, nè alla comproprietà del patrimonio sociale.

Un'altra questione essenziale dovette esaminare la Commissione. Quella delle formalità e delle garanzie per la ammissione dei soci. Giacchè, Signori, non c'è da ingannarsi, e su questo punto non può esserci chi voglia sollevare dibattimenti. Il pernio maestra dell'avvenire della Società ha da essere l'integrità dei suoi elementi. Un edifizio, per quanto appariscente, costruito con materiali fracidi, recherebbe in sè il germe della sua dissoluzionne, ed esperciterebbe una influenza centrifuga e repugnante. La forza e la fortuna qui sono indispensabilmente legati alla condizione che la Società possa iscrivere sui suoi emblemi il motto: *lealtà e galantomismo*.

Su questo punto dell'amissione dei soci si presentavano vari sistemi. Si poteva pensare ad ammettere *a priori* come membri della Associazione tutti caloro i quali, essendo giornalisti chiedessere di farne parte. E per un estremo opposto si sarebbero potute richiedere proporzioni straordinarie di vati nello scrutinio per la loro ammissione. Quanto alla discussione pubblica dei nomi, la Commissione non esitò ad escluderla per ragioni elementari. E c'era un altro sistema, a favore del quale possono addursi anche degli esempi pratici. Quello di costituire una Giunta speciale, incaricata essa di esaminare i totili di ammissibilità dei candidati e di pronunziare sui medesimi salvo appello all'Assemblea, o sia di riferire all'Assemblea il risultato dell'esame, facendosi poi dipendere da un voto o palese o segreto dell'Assemblea medesima l'ammissione o la non ammissione del socio.

La questione, come si vede, si presentava sotto molti aspetti, e non fu se non dopo lunghi scambi di osservazioni che la Commissione s'indusse a proporre il sistema che a lei pare più semplice, più temperato e più conciliante di tutti. Quello che il candidato sia presentato da due soci, ciò che costituisce una prima garanzia morale; che il dome del candidato sia esposto per alcuni giorni nell'albo della sede sociale, affine che tutti i soci possano averne notizia; ed infine che il detto nome venga assoggettato a scrutinio segreto onde essere poi inscritto nel ruolo della Società quando ottenga la maggioranza dei voti dei soci che prendono parte allo scrutinio. Col quale sistema pare alla Commissione che ogni odiosità sarebbe cansata; che si sarebbero evitate sorverchie responsabilità; che tutti si sarebbero trovati in identiche condizioni e che l'Associazione sarebbe stata sufficientemente tutelata contro ogni spiacevole sorpresa.

È bene inteso e fissato che ogni socio deve in tale sua qualità fare sacramento di deporre alla soglia della sede sociale ogni specie reminiscenza di prevenzione politica, e di non ispirarsi ad altri criteri che a quelli di semplice moralità e di rispettabilità sociale. Senza di che ogni forma di votazione e di scrutinio degene rerebbero in una smaccatta prepotenza ed in una turpe ingiustizia.

Sulla quale questione delle formalità e delle garanzie per l'ammissione dei soci, la Commissione udrà ad ogni modo con estremo interesse le opinioni che saranno per manifestarsi.

Nella legittima presunzione poi che non si verificherà mai il caso della espulsione di un socio della Associazione per fatto indegno ed incompatibile col decoro di essa e della Stampa, la Commissione si è limitata ad accennare in un articolo questa ipotesi.

Squisitissima era la materia che la Commissione doveva trattare rispetto alla formazione ed alle competenze del Giurì d'onore, ed al modo di limitare le questioni personali coi riguardi dovuti al pubblico ed alla Stampa. Un tale tema era tanto più delicato in quanto che esso non ha riscontri all'estero, mentre forse non è troppo superba aspettazione il credere che altri potrà imitare a questo proposito qualche cosa di quello che noi faremo.

Alla Commissione non sfuggì quel che potesse esservi di meno omogeneo nello statuire contemporaneamente sul Giurì d'onore, sulla Società di previdenza e sulla Rappresentanza permanente. Ma poichè a questi due ultimi istituti si era convenuto di imprimere un carattere generale, diventava impossibile procedere diversamente e, sotto un aspetto o sotto un altro, qualche rapporto fra i tre termini doveva ammettersi indispensabilmente. Il Giurì d'onore della Stampa è impossibile che si scinda assolutamente dalla Società generale di mutuo soccorso della Stampa e dalla Rappresentanza generale permanente della Stampa. Molto più che il concetto del Giurì implica indispensabilmente quelli di Associazione e di Rappresentanza.

Gli scrupoli della Commisione scomparvero poi assolutamente riflettendo che il Giurì si sarebbe composto di elementi propri, si sarebbe mosso in una sfera propria, creando un proprio regolamento ed una propria giurisprudenza, senza alcun vincolo diretto che ne possa intralciare lo svolgimento e l'azione.

Dal giorno che esso viene costituito, il Giurì vive a sè e non può temere che il suo terreno venga minimamente invaso da chicchessia sotto nessun pretesto. Egli si occupa di casi concreti dei quali egli stesso è giudice e su d'essi fonda la sua autorità e la sua forza. Il Giurì avrebbe dovuto in ogni caso emanare dalla Stampa. Emanerà infatti dall'Associazione generale della Stampa. E quando funzioni così egregiamente come dobbiamo aspettarci e come ansi è sicuro, esso sarà un grande fattore di prosperità e di lustro per l'Associazione, intanto che questa gli presterà una base solida ed ampia.

Ecco in qual senso la Commissione intende che il Giurì d'Ionore si coordini al progetto e vi presieda e lo completi.

Le disposizioni del progetto che riguardano il Giurì d'onore sono essenzialmente pratiche e sono ispirate principalmente dal desiderio di prevenire soverchierie e di dare un buon esempio limitando i duelli e sottraendo le questioni personali alle concitazioni ed agli arbitrî individuali.

Quindi gli articoli per i quali i soci s'impegnano a non scendere mai sul terreno per una questione in materia di stampa fra loro, prima che la vertenza sia stata sottoposta al Giurì. Quindi le disposizioni che contemplano i casi di questioni in materia di Stampa fra soci ed estranei secondo che questi ultimi consentano o non consentano a sottoporre il litigio al Giurì della Stampa o desiderino un Giurì misto.

La Commissione si lusinga di avere tradotte anche in questa parte le intenzioni dell'Assemblea. Voi, Signori, ne deciderete.

Certo, a considerare quell'ideale che regge le questioni personali in qualche gran pease del continente, il progetto rimane molto addietro. E un inglese avrebbe tutta la ragione di non esserne contento.

Ma pure parve alla Commissione di non potere arrischiarsi più oltre senza il pericolo di uscire dal campo pratico. E il pubblico, cui spesso non manca lo spirito di apprezzare i fatti secondo il loro vero valore, ci sarà probabilmente grato del passo che facciamo e del buon esempio che diamo.

Per la sua posizione eminente e per i grandi mezzi di pubblicità che saranno a sua disposizione, il Giurì d'onore della Stampa potrà poi fare udir lontana la sua voce, ed aprire gli annali di una giurisprudenza eminentemente istruttiva e moralizzatrice.

Fra gli scopi della Associazione vi ha da essere quello di agevolare le conoscenze personali e le relazioni di stima e di amicizia fra i soci.

A questo fine si collegano le disposizioni del progetto relative alle riunioni ordinarie dei soci e ad un locale di conversazione e di ritrovo il quale serva anche di recapito per gli uffici di presidenza e di amministrazione e per le riunioni del Giurì.

Va da sè che sulle prime questo locale sarà una modesta cosa, importando avanti tutto e sopratutto di dare alla Associazione una sufficiente consistenza economica.

Ma in poco volger di tempo non può esserci dubbio che la sede della Associazione nostra potrà, come si vede accadere per le altre Società della Stampa fuori d'Italia, contenere degli ambienti considerevoli, capaci di riunioni ed anche di feste, con annessi un gabinetto di lettura ed una biblioteca, e da poter servire a riceservi ospiti colla distinzione dovuta quanti vi convengano di fuori soci e non soci, i quali ivi troveranno corrispondenze, indirizzi e colleghi.

A Berlino ed a Vienna i convegni e le serate delle Associazioni della Stampa sono magnifiche ed estimatissime. A Roma potranno essere di poco minori e servire qui, come servono altrove, a raccogliere il fiore della cittadinanza e dei forestieri.

Un giornale notava recentemente che nella Stampa di Roma si vengono facendo più rare le polemiche aspre e le questioni personali. Ed è toccato a me di sentire attribuire almeno in parte questo effetto ai ritrovi ai quali la Stampa romana è obbligata per esempio nelle tribune parlamentari. La quale spiegazione non è in nessun modo assurda. Perchè insomma è impossibile che nel discutere, sia pure nelle colonne del giornale, con persona colla quale poco prima vi siete ricambiato il saluto e forse vi siete stretta la mano, è impossibile che una certa temperanza e moderazione di forma non vi si impongano spontanee.

Effetti analoghi a questo, in proporzioni molto più notevoli, e non in un solo giorno, si intende, ma per effetto di combinazioni e di abitudini, si otterranno indubitabilmente colle riunioni ordinarie della Stampa.

Al disopra di tutto l'edifizio sociale, anello di congiunzione fra i suoi diversi fattori, oratrice e mandataria nata della Associazione in tutte le questioni che per disposizione statutaria non esigano una deliberazione sociale, sta la Rappresentanza permanente della Stampa periodica con un presidente che è anche il presidente della Associazione.

Non è facile dire tutti i vantaggi ed anche tutte le agevolezze che dovranno derivare alla Stampa nostra tutta quanta dalla creazione di una Rappresentanza alla quale metteranno capo sollecitamente tutte le questioni che interessano il giornalismo, specialmente quelle concernenti le sue relazioni colle autorità, e che avrà facile ed anzi diretta voce in Parlamento e presso il Governo.

Di qui emaneranno le iniziative dei congressi, di qui comincierà la risoluzione di tanti problemi essenziali per la Stampa e per il suo assetto che finora rimasero pendenti appunto per la mancanza di un centro verso cui farli convergere.

Durante gli studii della Commissione ci fu qualcuno dei suoi membri il quale non parve darsi pensiero d'altro che della creazione di questa Rappresentanza. E a ben ripensarci è impossibile di dargli torto.

Del modo di costituzione della Rappresentanza permanente, delle attribuzioni delle diverse cariche, dell'armonia e del controllo delle loro funzioni per la tutela del denaro sociale e per la equa e gelosa parsimonia del suo impiego, trattano particolari disposizioni del progetto..

Riguardo alla elezione del presidente ed affine di crescere importanza ad un ufficio eminente che deve riassumere il prestigio e la dignità della Associazione, la Commissione ha creduto di stabilire l'estremo di una speciale e maggiore proporzione di voti.

Per le altre cariche ed anche per non difficultare soverchiamente le operazioni costitutive del seggio, si è ritenuto che possa bastare la semplice maggioranza.

I principii della scadenza annuale degli uffici e della rieleggibilità degli ufficiali scadenti parvero consigliati da quei ricambii di fiducia che devono sovrastare alla Associazione ed animarla, e dai riguardi che possono essere dovuti a tutte le nobili ambizioni. Oltredichè importava eliminare ogni più pallida possibilità del formarsi di qualunque oligarchia. Davanti alle leggi della benevolenza e della cavalleria la Stampa non deve ammettere altra norma che quella dell'uguaglianza. Questo è che la Commissione intese di proclamare adottante il principio della frequente e perenne rinnovazione delle cariche.

Il progetto si completa con alcune disposizioni relative alle competenze ed alle ricorrenze delle Assemblee, ai casi di uscita dei soci dalla Associazione ed alla eventualità, remota fra tutte, che la Associazione si sciolga. E questo è tutto.

Pertanto, Signori, il meccanismo che la vostra Commissione vi propone è molto semplice e consta di pochissimi congegni.

Un' Associazione tenuta assieme dal patto comune e dal comune amor proprio di una Cassa di previdenza di un Giurì d'onore. Un ufficio dirigente: la Rappresentanza permanente della Stampa, investita del mandato ordinario di vegliare a tutto quanto interessa l'Associazione ed il suo prestigio, e dalla quale emana una Commissione amministratrice per il normale e paterno svolgimento delle economie sociali; più quello che si riferisce ai ritrovi ordinari dei soci. Ecco l'orditura. Tutto il resto del progetto di Statuto non serve che di cemento e di coordinamento a questi istituti i quali saranno completati da speciali regolamenti.

La Commissione non presume, Signori, di aver potuto apprestare un opera perfetta. Tant'è che essa contemplò espressamente il caso di revisione dello Statuto dopo un certo periodo di sperimento. Però questo è sicuro che nessuno avrebbe potuto portare all'opera maggior fede e miglior volontà di quelle che la Commissione vi ha portato. Le quali disposizioni, se saranno condivise da voi, o Signori, qui saranno gettate le basi di un'impresa fors'anche più grandiosa ed influente che alcuno non supponga; e quella che oggi in Italia si chiama vagamente Stampa, potrà domani, per usare la parola efficace indirizzatami da una della nostre più belle illustrazioni letterarie, potrà domani chiamarsi: *Legione*.

Che se bisognasse sapere e vedere a qual punto invidiabile di sviluppo e di potenza sieno arrivate all' estero associazioni analoghe a questa che si propone, basterebbe citare alcune notizie desunte a spizzico, per esempio, dal resoconto dell' azienda del *Concordia Verein* di Vienna per l' anno 1876.

Le somme devolute dal *Concordia Verein* l' anno passato a titolo di soli sussidi ascesero ad oltre 28 mila franchi, somma che fu considerata normale anche per l' avvenire, ed altri 14 mila franchi furono adoperati in prestiti. Alle quali somme deve aggiungersi quella regguardevolissima rappresentata dalle pensioni ai soci ed alle vedove ed orfani di soci.

E con tutto questo il bilancio dell' Associazione della Stampa viennese presentò l' anno scorso un avanzo attivo di circa 24 mila lire, le quali vennero, come è prescritto dai regolamenti, impiegate, metà ad aumento del fondo intangibile della Società e l' altra metà ad accrescere il fondo delle pensioni.

I quali felici risultati e le condizioni estremamente prospere del *Concordia Verein* sono dovuti in parte considerevole ai concerti, alle letture, ai balli, alle rappresentazioni teatrali organizzate dalla Società ed in parte ad oblazioni spontanee. Due cespiti di entrata questi che, nei limiti del rigoroso decoro dell' Associazione, potranno figurare egregiamente anche nei nostri bilanci. E alla fine del 1876 il patrimonio intangibile del *Concordia Verein* ascendeva alla rispettabilissima cifra di oltre mezzo milione di franchi. Una cifra, Signori, ne converrete, da destare per lo meno qualche desiderio!

Senza crearci delle chimere, ma solo pensando che qualche cosa di buono potremo pur farlo anche noi, e riflettendo ai problemi di gran valore alla soluzione dei quali la costituzione della Società della Stampa nostra potrà spianar la via, e badando al maggior grado di considerazione e di influenza che dovrà venirne al giornalismo tutto quanto, sembra che vi possa essere ragione perchè ognuno di noi si senta solidale dell' impresa, e si disponga ad aderirvi, non solo, ma anche a propugnarla con convincimento e con amore.

Signori, la Commissione non aveva facoltà e non ha mai pensato colle sue proposte di trarre una lettera di cambio sulla Stampa; ma pure, quanti siamo qui che la rappresentiamo, dovremo anche riflettere alla impressione che produrrebbe il fatto che il tentativo al quale abbiamo dato mano e che ha ormai richiamata l'attenzione universale, andasse fallito. Sotto questo aspetto la solidarietà si impone da sè, e nessuno di noi può declinarla. Bisogna che qualche cosa si faccia, a rischio, se no, di vedere compromesso per lunghi anni, e forse per sempre non concetto intrinsecamente buono e promettente. E basterà che voi lo vogliate perchè il successo sia assicurato.

La Commissione, cari Signori e Colleghi, vi ringrazia della fiducia di cui l'avete onorata, ed affretta coi suoi voti il giorno in cui solennizzeremo con effusione il primo anniversario della fondazione della Società della Stampa, periodica in Italia!

Roma, 13 agosto 1877.

Avv. FERRO EUGENIO, *relatore*.

Il Presidente dichiara aperta la discussione sul progetto.

Dopo un breve scambio di osservazioni, al quale prendono parte i signori DOBELLI, AUGUSTO DE CESARE ed ALBANESE, nessun altro chiedendo la parola sulla discussione generale, il Presidente la proclama chiusa e si procede all'esame dei singoli articoli del progetto di Statuto.

L'articolo i è approvato, rimandandosi alle disposizioni transitorie quell'inciso del medesimo che concerne la istituzione delle Sezioni dell Associazione in altre città dello Stato.

Con lievi modificazioni di forma anche l'articolo 2 è approvato.

Gli articoli 3 e 4, che sono stati emendati dalla Commissione, suscitano viva discussione, e i pareri sono molto disparati riguardo alla convenienza di dividere i soci in due o tre categorie e ai rispettivi oneri e diritti da accordar loro.

Espongono pareri sulla questione: FERRO, RELATORE, CHAUVET, ARBIB EDOARDO, CASTELLAZO, PIACENTINI, LOPEZ, PANTANO. Finalmente vengono approvati gli emendamenti proposti dalla Commissione con qualche variante.

È posto in discussione l'articolo 5 che tratta dell'ammissione dei soci.

FERRO, *relatore*, dice che su questa materia delicata sono possibili vari sistemi e li accenna. Si richiama poi alle cose esposte nella Relazione per giustificare il sistema preferito, e proposto dalla Commissione.

DOBELLI presenta un emendamento, secondo il quale vorrebbe affidare ad una Commissione l'incarico di fare una inchiesta preliminare sui candidati. Spiega per quali ragioni preferisce questo sistema; è necessario che l'Associazione sia garantita dalla possibile intrusione di elementi indegni di appartenervi. Nello stesso tempo però è giusto che anche l'individuo sia ugualmente guarentito. Quand'anche sia stato pretermesso dalla Commissione, il candidato avrà sempre modo di chiamare un Giurì a sentenziare sul suo conto, e di esaminare quali ragioni possano avere cagionata la censura indiretta che lo ha colpito.

Il ricorso diretto all'Assemblea renderebbe impossibile ogni giustificazione. Pertanto l'oratore crede che il suo sistema sia più mite, più conchiudente, più dignitoso.

GIANNELLI, propone un articolo aggiuntivo col quale si dichiarerebbero esclusi dalla Società tutti coloro che furono colpiti da pena infamante.

PRESIDENTE esprime, come opinione sua individuale, il parere che non possa ritenersi decorosa nè per la Società, nè pel Giurì che un simile articolo figuri nello Statuto.

GIANELLI dacchè tutti sono d'accordo sull'idea che chiunque abbia subito una pena infamante non possa appartenere alla Società, ritira il suo articolo aggiuntivo e domanda che di questo ritiro motivato venga presa nota nel processo verbale.

D'ARCAIS, a nome della Commissione, propone il rinvio dell'emendamento Dobelli alla Commissione, la quale d'accordo coll'autore studierebbe una nuova formola conciliativa dell'art. 5.

LOPEZ aderisce quanto al rinvio in genere, ma vorrebbe fosse prima votata la questione di massima.

Vari oratori si oppongono.

PANTANO (della Commissione) dice che, tanto nell'emendamento Dobelli, quanto nell'articolo formulato dalla Commissione l'intenzione è uguale. Quella di togliere il pericolo che nella Associazione si infiltrino elementi indegni. La differenza delle due proposte sta in ciò che nell'emendamento si parla di una Commissione intermediaria della quale è difficile delineare i poteri. Teme che se si lasciasse a questa Commissione l'arbitrio di ammettere o respingere i Soci, si creerebbero molti pericoli. Crede si possano porre d'accordo le due proposte, e insiste a ciò si lasci impregiudicata la questione di massima, e si rinviino senz'altro l'articolo e l'emendamento alla Commissione.

GIANNELLI accetta la sospensiva, ma vorebbe egli pure che si votasse la massima, se cioè l'Assemblea preferisca il sistema proposto d'all'emendamento a quello della Commissione.

Posta ai voti, viene approvata la sospensiva tanto per la massima che per l'articolo.

FERRO, *relatore*, comunica di aver avuta partecipazione dal signor Giusto Ebhardt, corrispondente della *Vossische Zeitung*, che ai 19 corr. avrà luogo a Dresda il Congresso della Stampa tedesca. Propone che si incarichi lo stesso signor Ebhardt di un cordiale saluto al Congresso di Dresda in nome dei rappresentanti della Stampa italiana.

La proposta è approvata. Si dà incarico alla Commissione di scrivere al signor Ebhardt, affinchè egli si faccia interprete dei sentimenti di cordiale fratellanza che la Stampa italiana professa verso la Stampa tedesca.

Gli articoli 6 e 7 vengono approvati senza discussione.

Dietro proposta del sig. Arbib, F. vien votato un ringraziamento alla Presidenza della Società Geografica che ha ospitato l'Assemblea nelle sue sale.

La seduta è levata alle ore 5 e 1/2, ed è stabilito di tener Adunanza il giorno seguente alle ore 9 pom.

Il Presidente,
A ALLIEVI.

I Segretari,
CLEMENTE LEVI, TULLIO MINELLI.

Seduta del 16 Agosto 1877

(Estratto del Processo Verbale).

Presidente. — Deputato Comm. ALLIEVI.

La seduta è aperta alle ore 9 pom. colla approvazione del verbale della seduta precedente.

CATALANO propone che venga stampata la relazione della Commissione.

PRESIDENTE. Crede che questo sia nella intenzione di tutta l'Assemblea. La relazione sarà stampata assieme agli atti costitutivi della Associazione.

FERRO dà lettura della lettera da inviarsi al signor Ebhart perchè rappresenti la stampa italiana al Congresso di Dresda.

La lettera è approvata, e viene tosto spedita.

PRESIDENTE comunica une lettera statagli inviata dai cronisti dei giornali di Milano.

FERRO, *relatore*, annunzia come tra la Commissione ed il signor Dobelli si sia addivenuti ad un accordo riguardo all'art. 5 riflettente l'ammissione dei soci.

CATALANO propone quattro emendamenti.

CASTELLAZZO vorrebbe che la Giunta d'ammissione venisse eletta a maggioranza di tre quarti dei voti dei presenti.

CHAUVET vorrebbe che per l'ammissione dei soci basti la sola maggioranza della metà più uno in luogo dei due terzi dei presenti, come viene proposto dalla Commissione. I due terzi dei voti dovrebbero richiedersi solo per quei candidati i quali si appellassero all'Assemblea per non essere le loro istanze state annunziate dalla Giunta di ammissione.

D'ARCAIS in nome della maggioranza della Commissione si rimette all'Assemblea.

PANTANO, della Commissione, dichiara che per conto suo insiste sui due terzi.

Vengono respinti gli emendamenti Catalano, Castellazzo e Chauvet, e l'articolo 5 è approvato con lievi modificazioni secondo la nuova formola proposta dalla Commissione.

L'art. 8 è approvato senza discussione.

L'art. 9 viene approvato con lievi modificazioni.

DOBELLI, parlando sull'articolo 10 che tratta delle elezioni delle cariche, vorrebbe che nell'eleggere i Consiglieri si procedesse col sissema del voto limitato — la scheda con cinque nomi soltanto — acciò sia possibile anche alla minoranza di farsi rappresentare.

È approvato.

Vengono approvati gli art. 11, 12 e 13 con lievi modificazioni a quest'ultimo.

Il Titolo III viene approvato per intero senza discussione.

Si dà lettura del Titolo IV.

PRESIDENTE, esprimendo le sue opinioni personali, vorrebbe che le operazioni di prestito venissero iniziate solo allorchè il fondo disponibile sia giunto a 30 mila lire, e nei limiti della sua eccedenza.

Dopo animata discussione sulla forma dei prestiti, alla quale prendono parte i signori FERRO, CHAUVET, ARBIB, RIGHETTI ed altri, viene stabilito, conforme alla proposta del Presidente, che i prestiti non comincino se non quando il fondo sociale abbia raggiunte le 30 mila lire, e che per darvi principio si richieda una deliberazione dell'Assemblea.

GIANNELLI propone che la tassa d'ammissione possa sssere pagata in due volte.

È approvato.

BRUNETTI propone che la quota mensile sia portata da tre lire a due.

Non è approvato.

Il titolo IV viene approvato per intiero ad esclusione degli articoli 21 e 22, i quali rimangono assorbiti nell'emendamento sopra accennato proposto dal presidente e relativo alle operazioni di prestito.

La discussione del Titolo V, che tratta del Giurì d'onore, vien rimandata al altra seduta.

Al Titolo VI essendo sorta quistione intor⬛ alla delegazione del voto per i soci attenti, il signor GIANNELLI pro⬛ che nel caso di voto per l'ammissione di soci non si ammettano pro⬛, nè delegazioni. Dopo viva discussione il Titolo VI vene approvato, rimandando allo studio della Commissione l'esame dell'emendamento Giannelli.

La seduta è sciolta alle ore 12. I signori rappresentanti sono invitati ad una nuova seduta per la sera successiva, alle ore 9.

Il Presidente,
ALLIEVI.

I Segretarii,
CLEMENTE LEVI, TULLIO MINELLI.

Seduta del 17 Agosto 1877.

(Estratto dal Processo Verbale).

Presidente — Deputato Comm. ALLIEVI.

La seduta è aperta colle solite formalità alle ore 9.15.

DOBELLI rileva alcune allusioni di un giornale relativamente all'elezione del Presidente dell'Assemblea, e dichiara essere sua piena convinzione che tutti gli intervenuti furono unanimi nell'escludere ogni idea politica.

L'Assemblea dà segni unanimi di adesione.

BRUNETTI propone di ritornare sulla deliberazione presa per l'ammissione dei soci, e vorrebbe che la maggioranza necessaria per l'ammissione fosse solo della metà più uno.

PRESIDENTE domanda all'Assemblea se intende ritornare sulla accennata risoluzione.

La proposta è respinta.

DOBELLI vorebbe fosse chiarito il metodo da tenersi nella votazione di ballottaggio caso mai l'elezione degli otto Consiglieri non riuscisse a primo scrutinio. Crede si debba rinnevare la votazione, scegliendo fra coloro che ottennero maggiori suffragi un numero di persone doppio di quello delle cariche da eleggere.

È approvato.

ARBIB, della Commissione, riferisce sugli studii fatti rapporto al Titolo V che tratta del Giurì d'onore, e presenta il seguente emendamento all'art. 26 del primo progetto:

« Per la formazione del Giurì d'onore si procederà nel modo seguente:

« L'Assemblea, nella sua riunione della prima quindicina di dicembre, eleggerà, con votazione segreta a maggioranza assoluta, una Corte d'onore composta di venti membri.

« La corte nomina nel suo seno un Presidente, un Vice-Presidente ed un Segretario.

« Qualora uno o più soci domandino la formazione di un Giurì d'onore, la Presidenza della Corte si riunisce, ed estrae a sorte fra i componenti la Corte medesima un Giurì di cinque membri, al quale sarà deferita la quistione per cui è convocato. »

PUGNO accusa la Commissione di non essere sufficientemente pratica. Dopo una estesa dimostrazione propone un'aggiunta all'art. 25, per cui il Giurì potrebbe infliggere delle note di biasimo a quei giornali i quali non consentissero a temperare le loro polemiche eccessive.

Propone pure che all'art. 28, ove si tratta dell'espulsione di coloro che non ottemperassero ai Giudizii del Giurì, si commuti la punizione nella semplice sospensione per un anno dai diritti di socio.

Catalano svolge un suo ordine del giorno col quale combatte il duello.

LEVY ARMANDO crede alla dolorosa inevitabilità del duello.

DOBELLI appoggia l'aggiunta dell'avvocato Pugno all'articolo 25.

LEVI CLEMENTE risponde all'avv. Pugno e ribatte alcuni apprezzamenti da esso fatti sulle attribuzioni del Giurì.

ALBANESE vorrebbe che il Giurì si occupasse solo di esaminare se vi fu offesa.

Parlano in vario verso CHAUVET, BRENNA, PIACENTINI, ed altri.

Viene chiesta ed approvata la chiusura riservando la parola alla Commissione.

ARBIB, della Commissione. Dichiara di non poter accettare l'aggiunta fatta dal sig. Pugno che trova molto meno pratica ed attuabile della proposta della Commissione. La crede anche dannosa alla libertà della stampa.

PANTANO, in nome della maggioranza della Commissione, accetta la proposta del sig. Pugno, facendovi alcuni emendamenti che sono accettati dal proponente. Dopodichè l'emendamento è accolto nei seguenti termini:

« Ogni qualvolta qualche membro dell'Associazione senza giusto » motivo e non provocato uscisse da quei confini di cortesia che si è im-« pegnato a non oltre passare, e cadesse colle sue polemiche in deplo-

» revoli quistioni personali, in Giurì d'onore, convocato e costituito nel
» modo fissato all' articolo successivo, chiamerà nel suo seno questo
» socio, e lo esorterà a desistere della sconveniente polemica. Ove egli
» si rifiutasse a ciò, oppure continuasse, il Giurì pubblicherà nei gior-
» nali dell' Associazione una nota di biasimo al suo indirizzo. Questo
» giudizio del Giurì deve essere esclusivamente limitato a questioni di
» stampa fra soci. »

Gli articoli 26 a 33 sono approvati coll'emendamento del signor Pugno all' art. 28, e coll'ulteriore aggiunta che in caso di recidiva del socio nel non ottemperare al verdetto del Giurì, esso socio verrà cancellato dal ruolo dell' Associazione.

L'art. 34 dopo brevi osservazioni dei sigg. Dobelli e Brunetti è approvato senza emendamenti assieme ai successivi articoli del progetto fino all' ultimo.

RIGHETTI osserva che sarà ora il caso di statuire riguardo alla questione delle Sezioni da potersi fondare in altre principali città dello State.

Si conviene che questa materia venga con apposito articolo riservata alla ventura Assemblea. L' articolo è approvato.

PRESIDENTE dichiara esaurita la discussione del progetto e lo Statuto approvato.

Dovendosi procedere all' elezione di una Commissione per raccogliere le adesioni e per provvedere agli emergenti necessari fino all' epoca della ventura Assemblea, viene proposto da parecchi che si conservi in carica la Commissione che ha preparato il progetto di Statuto aggiungendovi il Comm. Allievi quale Presidente, ed i due Segretarii.

La proposta viene approvata per acclamazione. E per acclamazione viene deliberato un voto di ringraziamento alla Commissione ed alla Presidenza.

Il Presidente ringrazia l'Assemblea, et si dichiara lietissimo di constatare la calma e la cordialità di cui fu data così gran prova in queste riunioni.

L'Assemblea è sciolta alle ore 12 40 (1),

Il Presidente,
ALLIEVI

I Segretari,
CLEMENTE LEVI, TULLIO MINELLI..

---

(1) Gli originali dei verbali delle discussioni e di altri documenti costituvi dell' Associazione rimangono in atti presso la Sede centrale della Associazione medesima.

ESTRATTO

DEI

REGISTRI DI PRESENZA

Dai registri di presenza delle sedute del 15, 16 e 17 agosto risulta che alle discussioni e alle deliberazioni per lo Statuto, oltre ai molti redattori e corrispondenti che vi intervennero per conto proprio, furono, o per mezzo dei loro direttori, o per speciale mandato, rappresentati i seguenti giornali. L'ordine dei nomi è tale quale risulta dai fogli di presenza:

La Patria di Bologna.
Il Panaro di Modena.
La Gazzetta Ufficiale.
L'Italie di Roma.
Il Diritto di Roma.
Il Dovere di Roma.
L'Unione di Milano.
L'Adige di Verona.
Il Corriere di Firenze.
La Libertà di Roma.
L'Opinione di Roma.
Il Popolo Romano di Roma.
Il Don Pirloncino di Roma.
Il Giornale di Bari.
La Gazzetta di Treviso.
Italienischer Courier di Roma.
L'Operaio Italiano di Buenos-Ayres
Il Piccolo Faust di Bologna.
La Statuto di Palermo.
Il Corriere del Lario di Como.
Il Nomade di Roma.
La Provincia di Belluno.
Il Giornale di Padova.
Il Costituzionale di Trani.
La Perseveranza di Milano.

L'Esercito di Roma.
La Favilla di Mantova.
Il Fanfulla di Roma.
Il Giornale di Sicilia.
La Gazzetta di Mosca.
La Capitale di Roma.
Il Secolo di Milano.
Il Roma di Napoli.
La Liguria Occidentale di Savona.
La Valtellina di Sondrio.
La Viabilità di Milano.
The Daily News di Londra.
Le Courier d'Italie di Roma.
Il Bacchiglione di Padova.
Il Giornale delle Colonie.
La Sveglia cittadina di Capua.
The Times di Londra.
La Sentinella Bresciana.
Il Risorgimento di Torino.
L'Illustraz. Italiana di Milano.
L'Avvenire di Sardegna di Cagliari.
I lunedì d'un dilettante di Napoli.
La Gazzetta di Venezia.
La Nazione di Firenze.
La Venezia di Venezia.

L'Arena di Verona.
La Vossische Zeitung di Berlino.
La Gazzetta di Napoli.
La Veglia di Noto.
Il Calabro di Catanzaro.
La Provincia di Rovigo.
Il Rinnovamento di Venezia.
Giornale degl' Impiegati di Roma.
Corriere del Mattino di Napoli.
Il Ravennate di Ravenna.
La Gazzetta di Bergamo.
L' Eco di Napoli.
La Plebe di Milano.

L'Appennino Pistoiese di Pistoia.
La Roma Artistica.
Il Popolo di Napoli.
Il Nuovo Educatore.
Il Giornale dei Lavori Pubblici.
Il Corriere della Sera di Milano.
La Gazzetta di Parma.
La Provincia di Teramo.
Il Precursore di Lecce.
La Staffetta di Napoli.
L' Universo di Roma.
Il Sistro di Firenze.
Il Mondo artistico di Milano.

Statuten des Vereins „Berliner Presse."

(Bon 1. Oktober 1877.)

§ 1.

Die „Berliner Presse" ist ein Verein in Berlin und Umgegend wohnhafter Schriftsteller.

§ 2.

Zweck des Vereins ist die Vermittelung persönlicher Bekanntschaft und geselligen Zusammenseins zwischen den Schriftstellern verschiedener Parteirichtungen und Berufsstellungen, sowie die Wahrung ihrer gemeinsamen Interessen.

§ 3.

Die ordentlichen Versammlungen des Vereins finden wöchentlich am Mittwoch statt.

Während der Monate Mai, Juni, Juli, August fallen die Versammlungen aus.

Außerordentliche Versammlungen können vom Vorstande einberufen werden; sie müssen einberufen werden, wenn mindestens zehn Mitglieder schriftlich beim Vorstande darauf antragen.

§ 4.

Jeder in Berlin oder in der Umgegend wohnhafte Schriftsteller kann sich, nachdem er, von einem Mitgliede eingeführt, den Verein als Gast besucht hat, zur Aufnahme vorschlagen lassen.

Der Vorschlag erfolgt schriftlich durch zwei Mitglieder des Vereins.

Der Name des Vorgeschlagenen wird vier Wochen hindurch, auf einer Tafel verzeichnet, in dem Vereinslokal ausgestellt. Erfolgt während dieser Zeit gegen die Aufnahme kein Einspruch, so gilt der Canditat als aufgenommen.

Ueber Einwendungen gegen die Aufnahme entscheidet ein Ausschuß von fünf Mitgliedern, die, ebenso wie zwei Stellvertreter, durch Stimmzettel mit zwei Drittel Majorität auf die Dauer eines Jahres gewählt werden. Zur Beschlußfassung im Ausschusse ist die Anwesenheit von mindestens vier Mitgliedern erforderlich. Der Ausschuß ist verpflichtet, jedem Vereinsmitgliede über den Canditaten Gehör zu geben. Sind die beiden Vorschlagenden oder einer derselben Mitglied des Aus=

schusses, so treten für den speciellen Fall die beiden Stellvertreter resp. einer derselben, der von dem Ausschusse zu berufen ist, an deren Stelle.

Ueber die Verhandlungen des Ausschusses ist Verschwiegenheit zu beobachten. Die Abstimmung über die Aufnahme erfolgt mündlich. Als abgelehnt gilt der Aufnahmevorschlag, wenn mehr als eine Stimme gegen den Candidaten sich erklärt.

Gegen die Beschlüsse des Ausschusses ist Berufung an den Verein auf Verlangen von mindestens zehn Mitgliedern zulässig. Die Berufung muß innerhalb vierzehn Tagen nach Verkündigung des Beschlusses des Ausschusses erfolgen. Der Verein entscheidet alsdann über die Aufnahme durch Kugelung in der nächsten mit Angabe des Zweckes berufenen Sitzung. Zur Aufnahme des Candidaten ist eine Majorität von zwei Dritteln der Stimmenden erforderlich. Gäste dürfen einer solchen Sitzung nicht beiwohnen.

§ 5.

Die Mitgliedschaft geht verloren, wenn ein Mitglied 6 Monate hintereinander trotz wiederholter schriftlicher Mahnung den Beitrag nicht gezahlt hat.

Die aus dem Vereine Ausgeschiedenen haben keine Anrechte mehr an das Vereinsvermögen.

§ 6.

Wenn ein Mitglied seinen Wohnort von Berlin verlegt, hört es dadurch auf, dem Vereine anzugehören, falls es nicht ausdrücklich seine weitere Mitgliedschaft erklärt. Der Ausgeschiedene kann indessen, wenn er seinen Wohnsitz nach Berlin zurückverlegt, in den Verein wieder aufgenommen werden, ohne zur Zahlung eines neuen Eintrittsgeldes verpflichtet zu sein.

§ 7.

Jedes Mitglied zahlt ein Eintrittsgeld von 20 Mark und postnumerando einen vierteljährlichen Beitrag von 5 Mark.

Für die Mitglieder werden Legitimationskarten ausgestellt.

§ 8.

Von den Beiträgen werden die laufenden Ausgaben bestritten. Hierzu gehört der von der Kasse des Vereins zu den Vereins-Abendessen zu leistende Zuschuß.

Diese Vereins-Abendessen finden an dem ersten Mittwoch jeden Monats, mit Ausschluß der Ferienzeit, statt.

Die letzte gemeinschaftliche Abendtafel vor den Ferien soll jedoch am ersten Mittwoch des Mai gehalten werden.

§ 9.

Ausgaben, welche nicht zu den laufenden gehören, ist der Vorstand berechtigt, bis in Höhe von 30 Mark selbstständig zu bestreiten, er hat indessen dem Verein in der nächsten Sitzung davon Mittheilung zu machen. Ausgaben über 30 Mark, welche nicht zu den laufenden gehören, dürfen nur in einer Sitzung, zu welcher unter

Angabe des Zweckes auf die übliche Weise eingeladen worden ist, und mit einer Majorität von zwei Dritteln der anwesenden Mitglieder beschlossen werden.

Zur Unterstützung von hilfsbedürftigen Schriftstellern, welche nicht Mitglieder des Vereins sind, wird jährlich die Summe von 500 Mark bestimmt. Die verabfolgten Unterstützungen dürfen diese Summe nicht überschreiten. Etwa im Laufe des Rechnungs=Jahres hiervon nicht verausgabte Summen fließen am Schlusse desselben in die Vereinskasse zurück.

§ 10.

Das Amts= und Rechnungsjahr des Vereins läuft vom 1. Oktober bis ult. September.

§ 11.

Der Vorstand des Vereins besteht aus: dem Vorsitzenden, dem Stellvertreter desselben, dem Schriftführer und dem Schatzmeister.

Die Mitglieder des Vorstandes werden durch Stimmzettel mit absoluter Majorität auf die Dauer eines Jahres gewählt.

Die Wahl findet in der ersten Sitzung des Monats Oktober statt.

Scheidet ein Vorstandsmitglied während seines Amtsjahres aus, so tritt eine Ersatzwahl für den Rest des Amtsjahres ein.

Nach Ablauf des Amtsjahres sind der Vorsitzende und dessen Stellvertreter zu ihren bisherigen Aemtern nur für das nächste Jahr wieder wählbar. Eine weitere Verlängerung ihres Mandats darf nicht stattfinden.

Die Abstimmungsziffern bei der Vorstandswahl und die Namen der Gegenkandidaten sind in das Protokoll aufzunehmen.

§ 12.

Der Vorstand stellt die Tagesordnung für jede Sitzung fest.

Wichtige Anträge, die außerhalb der Tagesordnung gestellt werden, dürfen nicht in derselben Sitzung, in der sie eingebracht wurden, zur Abstimmung gelangen.

Bei Stimmengleichheit für und gegen einen Antrag entscheidet nicht der Vorsitzende, sondern der Antrag gilt als abgelehnt.

Ueber jede Sitzung wird ein Protokoll geführt. Das Protokollbuch muß bei jeder Sitzung zur Stelle sein.

Haben in einer Sitzung persönliche Aeußerungen über abwesende Mitglieder stattgefunden, so sollen sie diesen vor Aufnahme in das Protokoll zur etwaigen Berichtigung mitgetheilt werden.

§ 13.

Jedes Mitglied hat das Recht, Gäste einzuführen; doch dürfen hier ansässige Personen nur zweimal im Laufe des Jahres eingeführt werden.

§ 14.

1. Die Verwaltung der vom Verein errichteten beiden Unterstützungskassen, nämlich der „Kranken=, Invaliden= und Sterbekasse," und der „Unterstü=

tzungskasse für Hinterbliebene" wird nach den besonderen für diese Kassen errichteten Statuten durch ein Curatorium geführt, bestehend aus dem jedesmaligen Schatzmeister und zwei von dem Verein auf je 3 Jahre zu wählenden Mitgliedern. Den Vorsitzenden des Curatoriums ernennt der Verein. Wiederwahl für alle diese Aemter ist gestattet.

2. Aus den Ueberschüssen der ordentlichen Einnahmen (d. h. der eingehenden Zinsen, der Mitglieder=Beiträge und der Eintrittsgelder) über die laufenden Aus=gaben erhält die Kranken=, Invaliden= und Sterbekasse zunächst alljährlich 1000 Mark, die lediglich für Sterbegelder bestimmt sind.

Wird in einem Jahr diese Summe nicht gebraucht, so erhält den Rest der Vermö=gensfonds. Aus den eben erwähnten Ueberschüssen erhält derselbe Fonds dann alljährlich 360 Mark zur Zahlung der bewilligten Pensionen.

Etwa weiter vorhandene Ueberschüsse erhält ebenfalls der Vermögensfonds.

3. Die dem Verein zufließenden außerordentlichen Einnahmen, (z. B. die Erträge der veranstalteten Festlichkeiten, Theater=Vorstellungen, Vorlesungen und dergleichen mehr, sowie die dem Verein ohne besondere Bestimmungen zugehenden Geschenke) werden wie folgt vertheilt:

der Vermögensfonds erhält 10 pCt.,
die Kranken=, Invaliden= und Sterbekasse erhält 40 pCt. und
die Unterstützungskasse für Hinterbliebene 50 pCt.

4. Der Vermögensfonds des Vereins dient als Garantiefonds für die Zahlung der Sterbegelder.

5. Zur ständigen Controle der Finanzverwaltung wählt der Verein zwei Contro=leure, und zwar auf eine Amtsdauer von je zwei Jahren. Ebenso wird vom Verein zur Kassenrevision alljährlich ein Revisor gewählt. Die Wahlen finden in der ersten Sitzung des Monats Oktober statt und ist Wiederwahl bei allen diesen Aemtern gestattet.

§ 15.

Anträge auf Aenderung oder Ergänzung dieses Statuts, sowie der Statuten der verschiedenen Kassen können nur in einer mit Angabe des Zweckes berufenen Sitzung und mit zwei Drittel Majorität der Anwesenden beschlossen werden.

A.

Statut der Darlehnskasse.

§ 1.

Von dem eisernen Fonds des Vereins werden 1500 Mark zur Bildung einer Darlehnskasse abgezweigt.

§ 2.

Jedes Mitglied des Vereins, welches demselben bereits ein Jahr lang als Mitglied angehört, ist berechtigt, beim Schatzmeister ein Darlehen von höchstens 120 Mark zu machen. Der Darlehns=Empfänger hat dem Schatzmeister über den Betrag des empfangenen Darlehens einen längstens 3 Monate laufenden Wechsel auf den Namen des Schatzmeisters auszustellen und 6 pCt. Zinsen pro anno sofort zu entrichten. Zur Verfallzeit darf der Wechsel einmal auf 3 Monate prolongirt werden

Der Schatzmeister ist verpflichtet, die nicht rechtzeitig eingelösten Wechsel anzuklagen.

§ 3.

Die von den Darlehen aufkommenden Zinsen werden am Jahresschluß zur Vereinskasse geschlagen.

§ 4.

Ein Mitglied, gegen welches wegen Nichtzahlung eines Wechsels Klage erhoben ist, kann ein neues Darlehen nur unter Genehmigung des Gesammtvorstandes erhalten.

B.

Statut für die Kranken=, Invaliden= und Sterbe= Kasse.

§ 1.

Die Kranken=, Invaliden= und Sterbe= Kasse des Vereins erhält ihre Mittel nach Maßgabe der allgemeinen Statuten des Vereins, so wie durch die für ihre besonderen Zwecke etwa eingehenden Geschenke.

§ 2.

Die Berechtigung zur Unterstützung hat jedes Mitglied im Falle es derselben bedürftig und durch Krankheit oder körperliches Gebrechen erwerbsunfähig befunden wird, soweit eben nach § 1 Mittel vorhanden sind.

§ 3.

Unterstützungsgesuche sind an den Schatzmeister oder dessen Stellvertreter zu richten. Ueber die Bewilligung entscheidet das durch die allgemeinen Statuten des Vereins eingesetzte Curatorium. In besonders dringenden Fällen kann der Schatzmeister oder dessen Vertreter eine einmalige Unterstützung bis zur Höhe von 50 Mark selbstständig bewilligen, wovon er jedoch dem Curatorium sofort Anzeige zu machen hat. Den vom Curatorium Abgewiesenen steht der Recurs nur an den Vorstand des Vreins zu.

§ 4.

Jede Unterstützung beträgt vorläufig höchstens 30 Mark pro Monat und wird auf höchstens 6 Monate bewilligt; sie kann alsdann stets von Neuem auf höchstens dieselbe Zeit prolongirt werden.

§ 5.

Während der Erwerbsunfähigkeit ist das betreffende Mitglied von der Zahlung der Beiträge entbunden.

§ 6.

Die Zahlung der Unterstützungen erfolgt in monatlichen Raten.

Bei Eintritt des Todesfalles eines Mitgliedes hat die Sterbekasse sofort die Summe von 300 M. an die Hinterbliebenen zu entrichten.

Stirbt ein Mitglied des Vereins außerhalb Berlins und sind seine Hinterbliebenen nicht zu ermitteln, so erfolgt die Auszahlung an diese erst auf ihren Antrag.

C.

Statut der Unterstützungs-Kasse für Hinterbliebene von Vereins-Mitgliedern.

§ 1.

Die Unterstützungskasse für Hinterbliebene erhält ihre Mittel nach Maßgabe der allgemeinen Statuten des Vereins, sowie durch die für ihre besonderen Zwecke etwa eingehenden Geschenke.

§ 2.

Unterstützungen können gewährt werden an die hülfsbedürftig Hinterbliebenen der Mitglieder des Vereins, soweit eben nach § 1 Mittel vorhanden sind.

§ 3.

Unterstützungsgesuche sind an den Schatzmeister oder dessen Vertreter zu richten. Ueber die Bewilligung entscheidet das durch die allgemeinen Statuten des Vereins eingesetzte Curatorium. In besonders dringenden Fällen kann der Schatzmeister oder dessen Vertreter eine einmalige Unterstützung bis zur Höhe von 50 Mark selbstständig bewilligen; hat aber alsdann dem Curatorium sofort Anzeige zu machen. Den vom Curatorium Abgewiesenen steht nur der Recurs an den Vorstand des Vereins zu.

§ 4.

Jede Unterstützung beträgt vorläufig höchstens 30 Mark pro Monat und wird auf höchstens 6 Monate bewilligt; sie kann alsdann stets von Neuem auf höchstens dieselbe Zeit prolongirt werden.

§ 5.

Jede Zahlung einer Unterstützung hört auf, wenn das Curatorium festgestellt, daß die Hülfsbedürftigkeit nicht weiter vorhanden ist. Insbesondere verlieren Wittwen die Unterstützung bei ihrer Wiederverheirathung, und Kinder, sobald sie erwerbsfähig sind.

Auch bei Entziehung einer bisher gewährten Unterstützung durch das Curatorium ist der Recurs nach § 3. gestattet.

§ 6.

Die Zahlung der Unterstützungen erfolgt in monatlichen Raten.

Verzeichniss der Mitglieder des Vereins „Berliner Presse."

(Die Bezeichnung „Schriftsteller" ist, als selbstverständlich, durchgängig fortgelassen.)

A.

Abel, Jul., Red. d. Voss.-Ztg. W. Genthinerstr. 14.
Adami, Friedrich, Kgl. Hofrath, SW. Puttkamerstr. 16.
Auburtin, C., Redakteur, NW. Hindersinstr. 4.
Auerbach, Berthold, Dr. phil., W. Hohenzollern-Straße 18.

B.

Basch, Julius, Dr. phil., Red. d. Nat.-Ztg., W. Linkstraße 17.
Brachvogel, A. E., SW. Königgrätzerstr. 68.
Brämer, Karl, Rechnungsrath und Mitgl. des königl. stat. Bureaux, SW. Belle-Alliance-Straße 13.
Brehm, A. Dr. phil., Naturhistoriker, SW. Tempelhofer-Ufer 8.
v. Breitschwert, Otto.

C.

Coßmann, Theodor, Dr., Chef-Redacteur, NW. Luisenstraße 35.

D.

Davidsohn, George, Red. des Berl. Börsen-Cour., W. Mohrenstr. 24.
Dorn, Heinrich, Kgl. Prof., Hofkapellmstr. a. D., SW. Tempelhofer-Ufer 1a.
Dumas, George, Red. der Vossischen-Ztg., SO. Köpnicker-Straße 122.

E.

Ehrlich, Heinrich, Tonkünstl., Kgl. Professor, SW. Koch-Straße 75.
Elcho, Rudolph, Red. der Volksztg. W, Genthiner-Straße 3.

F.

Fontane, Theodor, W. Potsdamerstr. 134c.
Frenzel, Karl, Dr. phil., Red. der Nat.-Ztg., W. Köthnerstr. 33.
Frenstadt, Emil, Bes. u. Red. d. „Berl. Actionair" SW. Kreuzbergstr. 2.
Friedländer, Julius, Dr. phil., Buchhändler, NW. Karlstr. 11.

G.

Gebert, Jos., Chefred. b. Berl. Bürger-Ztg., SW. Schützenstr. 68.
Glaser, Adolf, Dr. phil., Red. von „Westermann's Monatsheften", SW. Alte Jakobsstr. 172.
Goldschmidt, Albert, Verlagsbuchhändler, Buchdruckereibesitzer und Redakteur der Reisebibliothek, W. Linkstr. 23.
Gubitz, Rudolph, Notar, C. Poststr. 31.
Gumbinner, Solly Dr. phil., Literat, Redakteur, C. Grenadierstr. 49.

H.

Harschkamp, Gustav, Red. der Berl. Bürger-Ztg., Reinickendorf, Lette-Allee 1.
Hennings, Otto, Red. der Voss.-Ztg., C. Breite-Straße 8.
Hermes, Otto, Dr. phil., Direktor des Aquar. und Stadtverordneter, NW. u. d. Linden 68a.
Hiltl, George, Kgl. Hofschauspieler, W. Köthener-Straße 5.
Hirsch, Max, Dr. phil., Volkswirthsch. Schriftst., Anwalt der deutschen Gewerkvereine, Reichstagsabgeordneter, SW. Bernburgerstr. 13.
Hirschfeld, Paul, Red. der Volks-Ztg., W. Potsd. Straße 20.
Hoffmann, Albert, Verlagsbuchh., Herausg. und Eigenthümer der Zeitschrift Klabberadatsch. W. Kronenstr.
Holdheim, Hermann, Red. der Volks-Zeitung, W. Oberwallstr. 20.

J.

Jacob, Richard, Red. u. Verl. des „Cyclop" u. der „Jacob'schen Eisenb.-Subm.-Berichte", SW. Friedrich-Straße 1.
Jacobi, Hugo, Red. der Nordd. Allg. Zeitung. W. Regentenstr. 2.
Janke, Gustav, Dr. phil., Verlagsbuchhändler, W. Anhaltstr.
Jonas, Emil, Kgl. dänisch. wirkl. Kammerrath a. D., vereideter Translator der dänischen u. schwedischen Sprache, N. Friedrichstr. 105.

K.

Kalisch, L., Red. der Bank und Handels-Ztg., W. Potsdamerstr. 91.
Kastan, Isidor, Dr. med., prakt. Arzt., C. Kurzestr. 7.
Kayßler, Leopold, Dr. phil., Chefredakteur der „Post", SW. Wilhelmstr. 144.
Klee, H., Dr. phil., Red. der „Post", W. Potsdamerstr. 33.
Klette, Hermann, Dr. phil., Chefred. der Voss.-Ztg., S. Ritterstr. 37.
Koch, Wilhelm, Dr. jur., Chefred. der „Ztg. des Vereins deutsch. Eisenbahn-Verwaltungen", SW. Kleinbeerenstr. 3.
Kossak, Carl Ludwig, Dr. phil., W. Thiergartenstraße 11.

L.

Lasker, Eduard, Dr. jur., Rechtsanwalt, Reichstags- und Landtags-Abgeordneter W. Victoriastr. 19.
Leistner, Ottomar, Dr. phil., W. Charlottenstr. 63.
von Leixner, Otto, Redakteur, Lichterfelde, Augustastr. 1.
Lessing, Hermann, Dr. phil., W. Victoriastr. 14.
Lewinstein, Gustav, Dr. phil. und Redakteur, W. Körnerstr. 7.
Liebetreu, C. J., Literat, W. Fottwellstr. 5.
Lindau, Paul, Dr. phil., Herausgeber von „Nord und Süd" und der „Gegenwart", NW. Kronprinzenufer 4.
Löwenstein, Adolf, Dr., San.-Rath, prakt. Arzt u. Dir. des orthop. gymn. Inst., C. Heiligengeiststraße 7.
Löweinstein, Otto, Dr. Verlagsbuchhbl. und Buchdruckereibes., W. Mauerstr. 63—65.
Löwenstein, Rud, Dr. phil., Red. d. Kladderadatsch, S. Alexandrinenstr. 96.
Löwenthal, Wilhelm, Dr. med., W. Magdeb.-Straße 9.

M.

Mauthner, Fritz. W. Kurfürstenstr. 155.
Menger, Rudolph, Dr. phil., Redakteur, N. Schönhauser-Allee 19.
Meyn, Ludwig, Justizrath, Rechtsanwalt und Notar, W. Behrenstraße 54.
Mützelburg, Adolf, SW. Alte Jakobstr. 11.

N.

Neumann, Joseph, Red. des „Berl. Actionair" u. d. „Deutschen Vereinsblatts für Versicherungswesen", W. Lützower-Ufer 32.
Neumann-Strela, Karl, Steglitz b. Berlin, Fichtestr. 3.

P.

Pflug, Ferd., Dr. phil., Milit. Schriftsteller, Stadtverordneter, SW. Teltowerstr. 22.
Pietsch, Ludwig, Illustateur, W. Landgrafen-Straße 8.
Pröhle, Heinrich, Dr. phil., ordentlicher Lehrer an der Luisenstädtschen Realschule, SO. Michaelkirchplatz 10.

R.

Remy, Max, Dr. phil., SW. Yorkstr. 9.
Ring, Max, Dr. phil., W. Potsdamerstr. 52.
Rodenberg, Julius, Dr. jur., Herausgeber der „Rundschau", W. Margarethenstr. 1.
Rosenthal, Herm., Dr. phil., W. Potsdstr. 100.
Runge, H., Stadtrath u. Kämmerer, Landtags-Abgeordneter, SO. Köpnickerstr. 92.
Ruß, Karl, Dr. phil., Herausg. der Zeitschriften „die gefiederte Welt" und „Isis", Steglitz.

S.

Scheibler, Carl, Dr. phil., Chemiker, Docent a. Kgl. landw. Lehrinst., Mitglied d. kaiserl. Patentamts und Dir. des chem. Lab. für Rübenz.-F., Red. der „Zeitschrift für Rübenzucker-Industrie", SW. Alexandrinenstr. 24.
Schmidt, Alexis, Dr. phil., ehem. Chef-Redact. der Spener'schen Zeitung, W. Königin-Augusta-Straße 6.
Schmidt, Ferdinand, Lehrer und Volksschriftst., N. Schwedterstr. 9.
Schmidt, Julian, Dr. phil., W. Schillstr. 14.
Schmidt-Cabanis, Richard, Red. der „Berl. Montags-Ztg.", SW. Putkammerstr. 16.
Schwarz, Adolf, Dr. phil., dramat. Lehrer, SW. Königgrätzer-Straße 111.
Schweichel, Robert, Red. der „Dtsch. Roman-Ztg.", SW. Großbeerenstr. 20.
Schweitzer, Julius, Dr., Red. der Nat.-Zeitung, W. Schöneberger-Ufer 38.
von Seydlitz, Baron, Georg, Dr. jur., SW. Schützenstr. 6.
Simon, G. Heinrich, Buchhdl., NW. Friedrich-Straße 101.
Spiller, Philipp, Professor, SW. Charlottenstr. 87.
Springer, Robert, Literat, SO. Admiralstr. 30.
Stamm, August, Theodor, Dr. med. u. Dr. phil., Arzt, Präsid. des „med.-ätiol. Vereins", W. Potsdamerstr. 96.
Steinitz, Heinrich, Redakteur, SO. Reichenberger-Straße 181.
Stephann, Friedrich, Red. der Vossischen-Ztg., C. Breitestr. 8.
Stolp, Hermann, Dr., Eigenth. u. Chefred. der „Dtsch. Gemeinde-Ztg." u. d. „Dtsch. Gem.-Anzeigers", N. Artilleriestr. 27.
Streckfuß, Ad., Stadtrath, SO. Melchiorstr. 18.
Stromer, Theodor, Literat, W. Königgrätzer-Straße 127.

T.

Töpelmann, Paul, Dr. phil. u. Redakteur der „Magdeb. Zeitung", SW. Großbeerenstr. 96.
Trescher, Hermann, SW. Feilnerstr. 3.

V.

Vollmer, Oskar, Dr. Red. b. „Berl. Börsen-Ztg.", W. Lützowpl, 9.

W.

Weiß, Guido, Dr., Herausgeber und Redakteur der „Wage„, SO. Michaelkirchplatz, 13.
Wenzel, Otto, Journalist, Gen.-Secretair des Deutschen Journalistentages, SO. Elisabeth-Ufer 52.
Wolff, Oscar, Red. der „Post", SW. Hollmann-Straße 30.

Z.

Zapp, August, Dr., Meran,
Zimmermann, Eduard, Dr. jur., Engl. Rechtsanwalt, Stadtverord. Reichst.- |u. Landtags-Abgeordneter, Ober-Gerichts-Assessor a. D., SW. Schönebergerstr. 2.

EXTRAIT

D'UN

MANUSCRIT SUR LES BREVETS D'INVENTION

PAR M. FÉLIX HOUZÉ

d'Onnaing (Nord).

... Ce qui fait que, de notre temps, on s'agite autant pour le brevet d'invention, c'est que certains littérateurs ont pris parti pour lui. Ils ont cru voir en lui au moins un commencement de sécurité et de garantie pour leurs œuvres; ils ont cru découvrir en lui l'origine de la propriété littéraire et artistique.

Il est à remarquer que le brevet d'invention est le seul point d'économie politique et de droit naturel qui ait attiré l'attention de notre littérature, et la suite de ces deux sciences est restée complètement ignorée d'elle; il n'y a guère qu'Alphonse Karr qui, poussé par son bon sens et sa franche nature, ait attaqué un autre point : celui de la liberté commerciale.

La littérature anglaise, plus heureuse et mieux inspirée, saturée comme elle l'est d'économie politique, affermit la société, la liberté et la morale dans son pays; elle nous éblouit par ses chefs-d'œuvre : Dickens et Curer Bell sont deux auteurs immortels.

Mais la question posée par les littérateurs, nos contemporains, est de savoir si une œuvre artistique et littéraire, en dehors de sa valeur scientifique et morale, est, peut être et doit être une propriété au même titre que toutes les autres propriétés? Quant à nous, économistes, nous n'hésitons pas à dire que *oui !!!* et, quelles que soient les conséquences qui doivent en découler, nous répondrons encore *oui*, et nous affirmons, d'après le droit naturel, qu'une œuvre littéraire, quels que soient le sujet sur lequel elle s'exerce et la forme qu'elle prend, est une propriété, comme un champ, une maison, un navire, des sacs de blé, etc., etc., et cela pour toujours; et ce serait faire un vol aux héritiers d'un écrivain, que de faire tomber dans le domaine public le fruit de ses travaux dix ans après sa mort.

Pourquoi ce terme de dix ans? Pourquoi l'œuvre d'un auteur n'est-elle pas de suite propriété publique, aussitôt qu'elle paraît? Est-ce que le droit peut se périmer? Est-ce que la propriété a un terme?... Nous sommes donc complètement en désaccord avec Louis Blanc, qui prétend qu'un littérateur ou un publiciste ne doit pas vivre même de ses livres, qu'il doit les livrer gratis au public (moins sans doute les frais d'imprimeur), et doit professer, en dehors de ses fonctions d'écrivain, un état quelconque, qui doit le faire vivre s'il n'a pas de rentes. Louis Blanc considère sans doute les fonctions d'auteur comme un sacerdoce. Cela est vrai, et cela devrait être ainsi considéré par ceux qui le pratiquent; leur dignité n'y perdrait rien. Mais tout est sacerdoce, dans la vie, que les hommes doivent accomplir très sérieusement et avec gravité, soit qu'ils soient tailleurs, bouchers, boulangers, cordonniers, écrivains publics, juges de paix, préfets, journalistes, laboureurs ou soldats; chaque état et chaque fonction ont pour but de rendre des services, soit pour un chapeau qu'on vous pose sur la tête, un vêtement qu'on vous nettoyera, une science qu'on vous démontrera, et en échange de ces services, leur auteur a bien le droit d'en recevoir un autre, sans cela il n'en rendrait plus. Certes, aucun auteur ne rend à celui qui le lit autant de services que Frédéric Bastiat. Cet homme extraordinaire, pour faire ses importantes découvertes en économie politique, a peut-être mis trente ans. Pourquoi, en échange de doctrines si saines, si fécondes, dont le lecteur doit tirer tant de profit, leur auteur ne recevrait-il rien?... car, que sa science profite à celui qui l'étudie au moral ou qu'elle augmente sa fortune et son bien-être, ce n'en est pas moins un service rendu, et pourquoi celui qui en est cause n'en recevrait-il pas une récompense? Sans équivalent de services, il n'y a pas de société juste et possible. A ce titre, il ne faudrait rien payer et prendre partout, aussi bien le travail d'un auteur que celui de l'imprimeur. Ce ne serait même pas le communisme, car là, au moins, chacun doit-il apporter sa part selon ses forces, en échange de celle qu'il reçoit selon ses besoins, et les produits payeront les produits dans le communisme comme dans l'individualisme, avec cette différence qu'ils n'auront pas l'offre et la demande pour régler leur prix. Est-ce que les œuvres du grand économiste ne rendront plus de services la onzième année qui suivra sa mort, pour que la loi dispense celui qui les recevra d'en rendre d'équivalents? Est-ce que celui qui lira les *Harmonies économiques* ou les *Pamphlets économiques* dans cette onzième année n'en retirera plus de profit? Sans doute, il n'aurait pas acheté le livre s'il avait prévu qu'il ne lui serait pas utile. Pourquoi alors recevrait-il sans rendre? et si ces services se continuent pendant des siècles, pourquoi, pendant ces siècles, leurs propriétaires les rendraient-ils gratis?

Les bouchers, les boulangers et les tailleurs ont-ils habillé et nourri Bastiat gratuitement pendant qu'il observait et écrivait? Non, certes;

et pourquoi, lui, irait-il les initier à la première et à la plus utile des sciences, à celle qui leur apprend à faire leurs affaires, avec un style et un langage inimitables, sans en être rétribué?

Du moment qu'on accepte un service matériel ou moral, la justice veut, sous peine d'être voleur ou mendiant, qu'on soit prêt à en rendre un autre de même prix. Si celui qui l'offre veut le donner sans compensation, comme a fait très souvent Bastiat lui-même, le cas est différent : c'est alors un homme généreux; celui qui le reçoit doit le récompenser par la reconnaissance; et le monde admire une telle action, qu'on ne saurait jamais trop louer, tant la bienfaisance est sublime. Cet acte n'est plus du ressort de l'économie politique, mais de la morale.

En règle générale, dans les transactions ordinaires de la vie, il faut toujours quelque chose en échange d'un service offert et accepté librement, sans la moindre pression de part et d'autre; et tant que les communistes n'auront pu démontrer, fait accepter et pratiquer leur doctrine, il faut bon gré mal gré se soumettre à la rétribution librement débattue, c'est-à-dire à l'individualisme. Il est de l'intérêt universel que la rétribution libre fonctionne dans toute sa plénitude, pour que l'humanité, qui compte encore tant de membres faibles et déshérités, puisse en recueillir les bienfaits les plus extrêmes, qui sont inappréciables pour elle.

Dans un livre quel qu'il soit, il y a toujours deux choses à distinguer : 1° la partie artistique ou purement littéraire; 2° la partie scientifique et morale, ou le sujet que l'auteur traite.

La partie artistique, qu'on pourrait appeler la partie manuelle de l'écrivain, est sacrée; c'est celle-là seule qui peut devenir propriété échangeable et transmissible, parce que c'est un travail qui est spécial, original et propre à un homme, que lui seul a fait et a pu faire, dans lequel il est censé avoir versé son cœur et son esprit; c'est la forme particulière dont il a revêtu sa pensée, que personne ne doit lui ravir; elle lui a demandé du temps et de la peine.

Ainsi, *la Mort de César*, tragédie de Voltaire, est bien et dûment la propriété de ce grand homme et de ses héritiers, s'il en a. La loi n'a pas le droit de les en priver; aucun imprimeur, lithographe et copiste quelconque n'a le droit d'en prendre copie, ni de la répéter entièrement, sans l'agrément des propriétaires du manuscrit ou de l'édition princeps-prototype; personne ne peut la jouer au théâtre ni la voir jouer, c'est-à-dire jouir d'une manière quelconque de l'œuvre de Voltaire, sans que ce dernier ou ses ayants droit en soient rétribués.

Nous raisonnons toujours sous l'empire de cet axiome que *le droit est éternel et inaltérable et ne peut être détruit légalement dans le monde.*

Les héritiers d'un auteur ont le droit, dans ce genre de propriété, *d'user* mais non *d'abuser*. Du reste, le prétendu pouvoir d'abuser dans la propriété en général, est très contestable et pourrait être détruit encore, si on lui faisait aussi l'application du droit naturel.

Mais dans la question qui nous occupe ici, *les propriétaires des œuvres de Voltaire ne pourraient ni les détruire, ni les altérer, ni les vendre à un parti prêtre ou ennemi qui voudrait les faire disparaître ; leur droit d'acquéreur se double de celui de l'auteur*, il suit le leur parallèlement et côte à côte pendant tous les siècles sans que personne puisse le détruire. Rien n'est vivace comme le droit, il surgit à tout. Il était évidemment dans la pensée de Voltaire que ses œuvres subsistassent et vécussent le plus longtemps possible, non seulement qu'elles vivent, mais encore qu'elles produisent l'effet pour lequel il les a faites. Si ce grand homme a écrit, c'était dans un but, celui d'être lu. Ce but doit être respecté, car autrement il se serait contenté de penser sans écrire et si la postérité ne tenait pas compte de cette intention, c'est à Voltaire qu'on ferait du tort et dont le droit de vivre après sa mort, par ses écrits, serait méconnu. C'est lui qui serait trahi et trompé dans sa gloire et ses intentions. Si le droit est antérieur à l'homme, il lui est aussi postérieur ; *dans tous les cas, il est sacré et particulièrement quand l'intéressé est absent*. Voltaire sera d'autant plus satisfait et flatté que la lecture de ses écrits se prolongera dans la profondeur des années. Comment sa mort aurait-elle pu rompre ce droit sur ses œuvres.

Ainsi chez un peuple juste, intelligent et véritablement civilisé, la partie artistique de la littérature doit être reconnue propriété et propriété égale à toutes les autres. Et cette crainte que certains publicistes ont manifestée que des œuvres littéraires devenant la propriété d'un dévot, d'un crétin, d'un homme de parti et qu'entre de telles mains elles fussent détruites, n'existe pas chez un tel peuple toujours *scrupuleux*, exécuteur et conservateur du droit.

Les œuvres d'un auteur ne doivent dans aucun cas être tenues en chartre privée, ni altérées, ni arrangées, ni augmentées, ni diminuées, elles doivent toujours être publiées avec leurs beautés et leurs imperfections et dans l'état où l'auteur les a laissées au moment de sa mort. Les héritiers propriétaires des œuvres d'un auteur et en leur absence, la vindicte publique, ont le droit de demander par voie de justice à ce que les exemplaires et éditions incorrectes et infidèles fussent détruits.

Un homme parle toutes les fois qu'on le lit, et il a le droit incontestable qu'on n'altère en rien sa pensée, quand même celui qui ferait cette infâme supercherie croirait faire un acte méritoire. Le nom d'un auteur n'ajoute rien à la vérité, heureusement qu'elle est hors de la portée de l'homme et qu'elle existe indépendamment de lui. Esdras a dit, il y a trois mille ans, que la vérité était ce qu'il y avait de plus fort au monde ; ainsi, qu'une chose vraie soit signée Voltaire ou Fréron, cela n'y fait rien. Les hommes intelligents, ceux qui ne se laissent pas abuser par des mots, sauront bien la distinguer.

Si quelqu'un n'aime pas un auteur, qu'il ne le lise pas ; qu'il parle, agisse et écrive contre lui, c'est son droit, droit incontestable inhérent à sa nature, mais il ne peut ni ne doit le détruire et l'altérer.

Il résulte de ces considérations qu'un notariat spécial (dont le siège serait à Paris pour la France) conservateur des manuscrits doit être créé, et les éditions prototypes y seront en évidence et à la disposition du public.

Ce notaire sera conservateur du droit des auteurs et pourra poursuivre d'office ceux qui altéreraient leurs œuvres.

Le droit de propriété des ouvrages littéraires et de transmission de cette propriété, s'accorde donc parfaitement avec le droit et les espérances du public de conserver les auteurs intacts ; parce qu'il s'accorde parfaitement avec celui de l'auteur qui est d'être respecté dans son travail. Pour reconnaître ce droit, il suffirait de lui faire subir l'épreuve du droit naturel qui est un criterium infaillible pour juger bien des questions, et quant à sa conservation, elle est déposée entre les mains de l'autorité comme celui des mineurs, ou des absents. Il est vrai que notre état de civilisation n'a pas encore consacré ce droit, il n'est pas dans nos codes ; mais nos codes contiennent-ils d'autres droits que ceux que les intéressés y ont fait entrer à coup de hache ; ceux des faibles, des absents ou des ignorants y sont oubliés ? et si nos codes sont encore les moins barbares du monde, ils sont loin d'être parfaits, il y a encore beaucoup à leur ajouter et plus encore à leur retrancher, mais c'est l'œuvre du temps et de l'intelligence de la nation.

Un point essentiel à régler dans la propriété littéraire, c'est le prix que les héritiers pourront retirer des œuvres qui leur auraient été léguées, car il pourrait arriver que par suite de transmissions et d'échanges une œuvre devînt la propriété d'un ennemi déclaré et acharné d'un auteur et que sans le détruire, il en rendrait la lecture impossible par le prix exorbitant qu'il mettrait à le reproduire. Or il est indispensable que la loi règle d'avance le cas.

Il est dans les mœurs des catholiques et écrit dans leur droit canonique, toutes les fois que les lois civiles des pays où ils vivent ne les empêchent pas, de brûler les livres et même souvent les auteurs qui sont contraires à leur doctrine. La longue histoire de l'église chrétienne est remplie de ces tristes faits.

Le confesseur de Lafontaine lui conseillait avant de mourir de jeter au feu les manuscrits de ses contes. Le bonhomme lui répondit avec son esprit ordinaire, que tout ce qu'il pouvait faire, c'était de le vendre au profit des pauvres.

M. Louis Veuillot de nos jours (1862), invitait les possesseurs du magnifique dictionnaire Bescherelle de brûler les exemplaires qui seraient entre leurs mains. Tout dernièrement, un capucin s'est promené en Provence, en faisant, sur son passage, des autodafé de livres de toute nature. En Espagne, on brûle encore à la frontière les livres contraires à l'orthodoxie catholique qui veulent entrer dans ce pays. Autrefois, lorsque les prêtres étaient les maîtres, c'était le bourreau qui était chargé de cet acte d'égoïsme stupide, et tout le monde sait que la plupart des livres de notre littérature sont à l'index à Rome, c'est-à-dire que la lecture en est interdite à un chrétien. Il est donc indispensable en reconnaissant la propriété littéraire de se mettre en garde contre de tels hommes et leur législation impie et sacrilège. *C'est pour cela qu'un notariat spécial est indispensable pour protéger le droit de propriété littéraire et la pureté des textes.*

De toutes les choses dont l'homme a le plus besoin pour sa vie, c'est la terre ; il n'est pas d'outil plus précieux pour lui, quand il l'a mise en état de produire, la nourriture étant plus précieuse que le vêtement, d'après une parole célèbre ; on ne saurait, selon nous, rien prendre de mieux que la terre comme guide et point de comparaison, dans la question du prix à payer à des possesseurs récalcitrants. Nous proposons donc que tant que l'auteur sera vivant et majeur, c'est-à-dire non interdit par suite des infirmités de l'âge, il restera maître de son œuvre et pourra en user et abuser à son gré. — Mort, ses héritiers entreront dans son droit et auront le droit de traiter directement avec tel éditeur qui se présentera, et dans le cas où il n'y aurait pas accord, l'éditeur pourra imprimer l'ouvrage sans qu'il puisse en être empêché, en donnant, aux propriétaires des œuvres, un revenu égal à celui que la terre procure, en prenant pour base ses déboursés et d'après le nombre d'exemplaires rendus.

Ainsi, si la terre rapporte, en moyenne, de son prix d'achat, 3 0/0 en France, et qu'un ouvrage coûte 10,000 francs à imprimer, c'est 300 francs que les propriétaires auront à recevoir et qui leur seront payés au fur et à mesure des exemplaires vendus. Si on trouve que la terre ne donne pas assez, on peut augmenter le prix que demanderont les héritiers, mais il est indispensable de la prendre comme étalon et on l'augmentera d'une demie ou d'un entier selon que la sagesse du législateur le trouvera convenable : mais, je le répète, il est indispensable de la prendre comme point de repère, de même que certains propriétaires prennent le blé comme étalon du prix du fermage de leurs propriétés.

Ce dont un auteur n'est pas maître et ce qu'il est bien nécessaire de remarquer, *c'est de son sujet,* justement parce que ce qu'il traite, existe indépendamment de lui. Voltaire n'a pas créé l'action de la mort de César, il serait donc en droit naturel impuissant à interdire à un auteur le droit de traiter ce sujet parce qu'il l'a fait lui-même, et fût-il Brutus, qu'il ne le pourrait pas encore parce que c'est un fait historique et que l'histoire appartient à tout le monde. Il ne peut par conséquent empêcher les historiens de le raconter, les philosophes et les politiques de le commenter et les poètes ainsi que les dramaturges de le mettre en scène. Ce que chaque auteur peut vendre et léguer, c'est son travail et rien de plus. Ainsi en 1636 Scudéri fait la mort de César, cela n'ôtait pas le droit à Jacques Grevin en 1660 de faire César, pas plus qu'à Mlle Barbien en 1709 de faire une seconde mort de César, et en 1743 à Voltaire de faire un des chefs-d'œuvre de notre langue, sous le même titre, et après eux, tous ceux qui voudront prendre le même événement pour sujet.

Ce qu'un auteur ne peut encore non plus revendiquer exclusivement, ce sont les idées morales et scientifiques que son livre contient. Ainsi un chimiste fait des découvertes importantes, qui doivent enrichir ceux qui les appliqueront. En droit naturel, il ne peut en réclamer la propriété (comme cela s'est vu dernièrement pour la fermentation par l'acide des produits alcoolfères) et en interdire l'application à ceux qui auront acheté le livre dans lequel il les aura consignées ; mais personne ne pourra imprimer son livre sans son consentement. Le but d'un acheteur, quand il fait l'acquisition d'un livre, est d'acheter autre chose que du papier noirci par l'imprimeur ; c'est pour cela qu'il le paye plus cher que du papier blanc, et cette différence entre le prix du papier ordinaire, le travail de l'impression et le prix du livre qui est le bénéfice de l'auteur, qui fait que la substance scientifique et morale du livre devient la propriété de son acquéreur et que ce dernier peut faire une belle fortune industrielle avec quelques feuillets qu'il aura payés deux francs et qu'intrinsèquement ne valaient pas deux sous.

Il en est de même dans les arts. Tout artiste a le droit de traiter tel sujet qu'il veut : mais personne, sans son consentement, ne peut copier sa musique ou son tableau, ou mouler sa statue. Le droit passe aussi à celui à qui il a vendu son œuvre, mais cet acquéreur ne peut sous aucun prétexte détruire et altérer cette œuvre, il est bien propriétaire, mais il est aussi conservateur et la gloire de l'artiste veut qu'il la lègue aux âges futurs.

Le professeur qui enseigne le fruit de ses études est dans la même position que l'auteur d'un livre. Par son cours, il fait la lecture de son livre et l'auditeur est dans le cas de l'acheteur d'un livre. Le professeur ne peut donc réclamer comme étant sa propriété exclusive, les découvertes qu'il aurait faites et qui auraient été en même temps l'objet de son enseignement. Ses appointements ou la pension de ses élèves forment le prix de ses efforts et de ses découvertes qui deviennent la propriété de ceux qui l'ont écouté et qui souvent en retireront plus de profit que lui.

La propriété littéraire et artistique ne peut pas être placée sur le même rang que celle industrielle et scientifique créé par le brevet ; parce que dans la première les forces de la nature ne sont pas accaparées ni converties en monopole et propriété, et que les actes offrent un fond inépuisable dans lequel tout homme qui *le veut* peut *puiser indéfiniment sans nuire à personne*. Les littérateurs et artistes doivent donc séparer leur cause de celles des industriels mécaniciens ou chimistes et réclamer la loi qui leur est due.

En convertissant les productions littéraires et artistiques en propriété à l'égale des autres propriétés matérielles transmissibles et échangeables indéfiniment, les économistes vont demander ce que deviendra vis-à-vis d'elle cette belle loi de l'amortissement des capitaux, qui a pour résultat de faire passer constamment et insensiblement la richesse des mains de celui qui la possède, à celle de la masse entière du genre humain, quand cette loi fonctionne sous l'empire de la liberté absolue ; car enfin, le propriétaire d'un manuscrit pourra éternellement mettre un prix à sa reproduction ?

Je répondrai que la loi de la gratuité ne cessera pas de fonctionner pour cela, qu'elle aura accompli son dernier effet et que la valeur pécuniaire du manuscrit aura échappé aux mains de son propriétaire, le jour où il aura assez d'éditions de son livre dans le public pour satisfaire à ses besoins ? Ce jour-là, on ne se souciera pas plus de son manuscrit, fût-ce celui des harmonies de Bastiat, que d'un cahier de papier blanc quand même il aurait été payé des sommes incroyables antérieurement.

Félix Houzé.

Onnaing (Nord), le 9 avril 1878.

PROJET DE LOI

Article premier.

Il est créé à Paris un notariat, dans lequel les auteurs ou les éditeurs qui voudront conserver la propriété de leurs œuvres et la pureté de leurs textes viendront déposer deux exemplaires de leur ouvrage, qui seront signés et datés par eux à la dernière page de chaque volume et paraphés par eux à chaque vingt-cinq feuillets. Ce dépôt aura lieu indépendamment de celui ordonné par la loi dans les bibliothèques publiques.

Art. 2.

Ces éditions prendront le nom d'éditions prototypes. La garde en est confiée au notaire; elles serviront éternellement de modèles et de guides à toutes les éditions qui seront faites de l'ouvrage.

Art. 3.

Un acte de dépôt sera dressé par les soins du notaire, et signé de l'auteur ou de l'éditeur et de deux témoins. Copie de l'acte sera donnée au déposant et copie à la dernière page de l'ouvrage.

Art. 4.

Cet acte sera transcrit sur un registre *ad hoc*, dans un ordre régulier et selon les dates où les dépôts auront été faits

Art. 5.

Un droit fixe de un franc par ouvrage, quel que soit le nombre de volumes et le nombre de pages par volume, sera payé au fisc pour droits de l'enregistrement de l'acte.

Art. 6.

Les honoraires du notaire seront du prix fixe de 25 francs par ouvrage, quel que soit le nombre des volumes et le nombre de feuilles par volume.

Art. 7.

Les publications périodiques, politiques, scientifiques ou purement littéraires et artistiques, formeront un ouvrage complet (soumis aux droits portés aux articles 5 et 6) par volume.

Ainsi, si une publication quelconque forme un volume par trois mois, six mois ou un an, à l'expiration des trois mois, six mois ou de l'année, l'éditeur qui voudra conserver son droit sera tenu de faire le dépôt et d'en acquitter les droits. Il en sera ainsi quand même une histoire, un roman ou une série d'articles seraient commencés dans un volume et terminés dans un autre, comme cela arrive souvent à l'expiration de l'année.

Art. 8.

Les feuilletons ou articles retirés d'un journal ou d'une publication périodique quelconque et mis en volume seront tenus également au dépôt, si l'auteur veut conserver ses droits, nonobstant le dépôt fait préalablement par l'éditeur du journal.

Art. 9.

Les artistes qui voudront conserver la propriété de leurs œuvres seront tenus, pour les tableaux, statues et objets d'art, de déposer une ou plusieurs photographies de leurs œuvres; les graveurs et les lithographes, un exemplaire de leur gravure et de leur lithographie. Tous seront soumis au même droit que pour les œuvres littéraires.

Art. 10.

Les musiciens déposeront un exemplaire de leurs partitions.

Félix Houzé.

FIN

TABLE DES MATIÈRES

Avant-propos. VII
Liste des membres 3
1re journée. — Séance d'ouverture 15
2e journée. — Séance générale.. 31
    — Procès-verbaux des commissions 39
3e journée. — Séance générale 73
    — Procès-verbaux des commissions 84
4e journée. — Séance publique au théâtre du Châtelet. 101
    — Banquet à l'hôtel continental. 119
5e journée. — Procès-verbal de la première commission 136
6e journée — Séance générale.. 158
    — Procès-verbaux des commissions. 173
7e journée. — Séance générale 203
    — Procès-verbaux des commissions.. 230
8e journée. — Procès-verbal de la deuxième commission 243
9e journée. — Séance générale 253
    — Procès-verbal des commissions 285
10e journée. — Séance générale.. 317
    — Procès-verbaux des commissions. 333
11e journée. — Séance générale de clôture. 341
    — Résumé des résolutions votées et des vœux exprimés par le Congrès. 369

Annexe aux comptes rendus ou procès-verbaux des séances 380
Mémoire de M. Lowenthal. 380
Mémoire de M. Torrès-Caïcedo 380

EXTRAITS DE LA CORRESPONDANCE :

FRANCE. 387
ÉTRANGER. 406

Mémoires relatifs à la propriété littéraire adressés au Congrès. 438

MÉMOIRES DE M. MARCEL GUAY :

I. — De la Propriété littéraire, explication de la loi française des 14-19 juillet 1866. 442

II. — Observations sur la législation mexicaine en matière de propriété littéraire 477

III — De la propriété intellectuelle. 499

IV. — Répression de la contrefaçon en matière de propriété littéraire. . . 511

Rapport de la commission royale d'Angleterre sur la propriété littéraire. . 559

L'homme de lettres à la recherche de ses droits, par M. Otto-Von-Breitschwert. 565

Statuts de l'Union des fabricants pour la protection internationale de la propriété industrielle et artistique. 581

Législation américaine, lettre de M. Jame Parton. 591

Quelques réflexions sur les garanties stipulées en Russie pour la propriété des œuvres d'esprit et d'art, composées par des Français, par M. le comte de Suzor. 595

Observations sur la propriété littéraire, par M. G. Ticknor Curtis. 600

Loi espagnole sur la propriété intellectuelle. 670

Athénée Louisianais : Note sur la législation des États-Unis en matière de propriété littéraire. 617

Atti costitutivi dell' associazone della Stampa periodica dù Italia 625

Statuten des Vereins „ Berliner Presse. " 659

Extrait d'un manuscrit sur les brevets d'invention, par M. Félix Houzé . . 671

PUBLICATIONS DE LA SOCIÉTÉ DES GENS DE LETTRES

Trésor littéraire, 1 vol. in-8° (Hachette et Cⁱᵉ éditeurs) . . .
L'Obole des Conteurs, 1 vol. in-18 (Dentu éditeur), épuisé . . fr. 3 50
Les Plumes d'Or, 1 vol. in-18 (Dentu éditeur), épuisé. 3 50
L'offrande aux Alsaciens et aux Lorrains, 1 vol. grand in-8°
avec dessins de MM. Adolphe Henner et Charles Marchal; eaux-
fortes de MM. Léopold Flameng et Rajon . . . . 5 »
Contes de toutes les couleurs, par Edmond About, Altaroche,
André de Bellecombe, Adolphe Belot, Borel d'Hauterive,
Fortuné du Boisgobey, Champfleury, Maurice Champion, Jules
Claretie, Jules Clère, Louis Collas, François Coppée, Ferdinand
Fabre, Germond de Lavigne, H. Gourdon de Genouillac,
Ernest Hamel, Arsène Houssaye, Félix Jahyer, Henri de Lacre-
telle, Gabriel de La Landelle, Édouard Montagne, Eugène
Moret, Eugène Muller, Tony Révillon, André Theuriet, Charles
Valois, avec une préface par M. Victor Hugo, 1 vol. in-18
(Dentu éditeur). 3 50
En petit Comité, par Edmond About, Eugène d'Auriac, André
de Bellecombe, Adolphe Belot, Fortuné du Boisgobey, Augustin
Challamel, Louis Collas, Alphonse Daudet, Ferdinand Fabre,
Germond de Lavigne, Gourdon de Genouillac, Constant Gué-
roult, Félix Jahyer, Charles Joliet, Kaempfen, Gabriel de
La Landelle, Michel Masson, Édouard Montagne, Eugène Muller,
Paul Parfait, Eugène Paz, Victor Rozier, André Theuriet,
1 vol. in-18 (Dentu éditeur). 3 50

IMPRIMERIE CHARLES BLOT, RUE BLEUE, 7.

www.ingramcontent.com/pod-product-compliance
Lightning Source LLC
Chambersburg PA
CBHW052333230426
43664CB00041B/1282